LA

CAMPAGNE DE 1814

PARIS. — IMPRIMERIE L. BAUDOIN, RUE CHRISTINE, 2.

LA

CAMPAGNE DE 1814

D'APRÈS LES DOCUMENTS

des Archives impériales et royales de la guerre à Vienne

LA CAVALERIE DES ARMÉES ALLIÉES

PENDANT LA CAMPAGNE DE 1814

PAR

le Commandant WEIL

TOME QUATRIÈME

PARIS
LIBRAIRIE MILITAIRE DE L. BAUDOIN
IMPRIMEUR-ÉDITEUR
30, Rue et Passage Dauphine, 30

1895

Tous droits réservés.

LA CAMPAGNE DE 1814

(d'après les documents des Archives impériales et royales de la guerre à Vienne)

LA CAVALERIE DES ARMÉES ALLIÉES

PENDANT LA CAMPAGNE DE 1814.

CHAPITRE XVIII.

OPÉRATIONS DES ARMÉES ALLIÉES DEPUIS LE 25 MARS 1814 AU MATIN JUSQU'A LA FIN DE LA CAMPAGNE.

FÈRE-CHAMPENOISE. — SAINT-DIZIER. — PARIS.

25 Mars. — Rapport du prince de Schwarzenberg à l'empereur d'Autriche. — Le 25 mars au matin, avant de quitter son quartier général de Vitry, le prince de Schwarzenberg avait rendu compte à son souverain des graves résolutions prises par l'empereur Alexandre. Toujours prudent, toujours préoccupé du soin de mettre sa responsabilité à couvert, le généralissime poussait, cette fois encore, la circonspection jusqu'à ses plus extrêmes limites. Au lieu d'approuver sans réserve la marche sur Paris, il paraît chercher à la représenter comme une de ces nécessités inéluctables auxquelles force est de céder, bon gré, mal gré. Il fait d'abord ressortir la rapidité surprenante avec laquelle Napoléon a exécuté sa marche sur les lignes de communication de la grande armée et, après avoir consacré quelques mots à l'exposé de la situation des esprits à Paris, il s'applique à démontrer à son souverain qu'en raison même de la dissémination de l'armée de Silésie, s'étendant de Châlons à Soissons, il eût été impossible de jeter en temps utile toutes les forces de la Coalition contre l'Empereur.

Les Alliés devaient, par suite, s'efforcer d'opérer d'abord leur jonction, puis chercher à rétablir de vive force leurs communications avec leur base d'opération. « C'est afin d'opérer cette jonction, ajoute le généralissime, que les armées marchent sur Paris. Nous avons tout lieu d'espérer qu'en manœuvrant ainsi, nous anéantirons les corps de Marmont et de Mortier, destinés à servir de noyau à la formation d'une nouvelle armée. Nous priverons l'ennemi de ses principales ressources, nous assurerons nos besoins et nous tirerons parti des bonnes dispositions de la nation. Une fois ce premier résultat atteint, nous songerons à rétablir nos communications. Quant aux moyens à employer pour assurer l'exécution de cette dernière partie de notre programme, ils dépendent entièrement des circonstances et ne pourront être déterminés qu'ultérieurement. »

Aux termes de la deuxième disposition du 24 mars, la grande armée aurait dû commencer, dès la pointe du jour, son mouvement sur Fère-Champenoise et Sézanne. Mais cette fois encore les ordres étaient arrivés trop tardivement et les corps avaient été hors d'état de se mettre en marche aux heures fixées par les instructions de détail.

Marche des corps d'armée placés sous les ordres du prince royal de Wurtemberg. — Premier combat de Fère-Champenoise. — Ce fut, en effet, après minuit seulement que Pahlen reçut la disposition spéciale établie par le prince royal de Wurtemberg qui, chargé pendant la journée du 25 du commandement en chef des IIIe, IVe et VIe corps, allait prendre personnellement la direction de l'avant-garde.

Modifiant certaines parties de l'ordre général de Schwarzenberg [1], le prince royal de Wurtemberg, informé de la présence des Français du côté de Vatry, avait prescrit à Pahlen, qui devait former la pointe de sa colonne, de mettre sa cavalerie légère en

---

[1] L'ordre général faisait partir le VIe corps à 3 heures et le IVe à 4 heures.

mouvement à 2 heures du matin et de pousser vivement sur Linthes et Sézanne[1].

Un peu après 3 heures et demie du matin, Pahlen[2], quittant Drouilly, se dirigeait par Maisons-en-Champagne sur Coole. Informés par les grands'gardes de cavalerie bavaroise établies à l'ouest de Maisons, de la présence de troupes françaises qui, de Soudé-Sainte-Croix, avaient envoyé à la pointe du jour des patrouilles jusqu'à Coole, les cosaques chargés d'éclairer la colonne de Pahlen se portèrent rapidement vers ce village, en chassèrent quelques petits postes français qui se replièrent, sans s'engager, sur Soudé-Sainte-Croix[3] et rallièrent ensuite le gros du corps de Marmont.

Bien qu'il eût aperçu, dès la veille, « un horizon immense couvert de feux »[4], le duc de Raguse apprit seulement le 25 au matin, à la rentrée de ses reconnaissances, qu'il était en présence de la grande armée alliée. Au lieu de se mettre immédiatement en retraite et d'avertir Mortier du danger qui les menaçait tous deux, il se contenta d'envoyer au duc de Trévise un de ses officiers qui s'égara d'ailleurs en route. Quelques instants plus tard Mortier, inquiet et préoccupé, arrivait à Soudé-Sainte-Croix

---

[1] Ordre du prince royal de Wurtemberg : « Le général comte Pahlen formant l'avant-garde de l'armée, commencera son mouvement à 2 heures du matin. Il poussera sa cavalerie légère jusqu'à Linthes, occupera Broussy-le-Grand, Saint-Loup et Linthelles afin de couvrir la droite et le front de l'armée. Il enverra des partis sur Sézanne. La division de cuirassiers et l'infanterie de Pahlen s'arrêteront à Connantray. Le gros du VIe corps campera en deux lignes sur la hauteur en arrière de Connantray, sa gauche se reliant à la droite du IVe corps qui s'établira en arrière de Corroy. La cavalerie du IVe corps occupera Pleurs et Gaye et communiquera avec celle de Pahlen. L'ennemi s'étant montré le 24 à Vatry, le général comte Pahlen fera flanquer sa marche par un détachement qui passera par Dommartin-Lettrée, Lenharrée, et s'établira à Morains-le-Petit d'où il surveillera la route de Bergères. »

[2] La cavalerie légère de Pahlen se composait des quatre brigades suivantes : brigade Rüdinger, hussards de Grodno et de Soumy ; brigade Dochtoroff, hussards d'Olviopol et de Lubny ; brigade Lissanevitch, uhlans de Tchougouïeff et trois pièces d'artillerie à cheval (24 escadrons) ; enfin, cinq régiments de cosaques formant la brigade du général Ilowaïsky XII ; en tout 3,600 chevaux.
(*Geschichte der Feldzüge in Frankreich in besonderer Beziehung auf das Commando des Kronprinzen von Württemberg*, herausgegeben von den Offizieren des Königlich-Württembergischen General-Stabes, II, 10.)

[3] Stärke, Eintheilung und Tagesbegebenheiten der Haupt-Armee im Monate März. (*K. K. Kriegs Archiv.*, III, 1.)

[4] Marmont, *Mémoires*.

pour conférer avec Marmont, en même temps que ses troupes quittaient Vatry et remontaient par la rive gauche de la Soude pour se rapprocher du petit corps du duc de Raguse. Pendant que Mortier reprenait le chemin de Dommartin-Lettrée afin de presser la marche de ses divisions, Marmont s'établissait à Soudé-Sainte-Croix dans l'espoir de donner aux troupes de Mortier le temps d'atteindre Sommesous, où les deux maréchaux espéraient opérer leur jonction.

Vers 8 heures du matin, lorsque Belliard, qui formait avec la division de dragons de Roussel la tête de colonne de Mortier, déboucha de Dommartin-Lettrée, le duc de Raguse n'avait pas encore achevé de déployer son infanterie sur deux lignes en arrière de Soudé-Sainte-Croix. Déjà, et tout en attendant l'arrivée du prince royal de Wurtemberg qu'il avait fait prévenir de la présence des Français sur la Soude, Pahlen avait poussé ses cosaques et sa cavalerie légère au nord de la chaussée jusqu'à la rive droite de la rivière. Quelques instants plus tard, la division de cavalerie légère du prince Adam de Wurtemberg[1], marchant en colonne de pelotons, apparaissait à gauche de Pahlen, se déployait au sud de la chaussée, pendant que le prince royal de Wurtemberg rejoignait sa cavalerie et, d'une hauteur, reconnaissait la position de Marmont.

Le maréchal, qui avait envoyé sa cavalerie sur ses ailes, étendu ses lignes dans la direction de Dommartin et placé son artillerie sur son front couvert par la Soude, venait, vers 9 heures, de faire ouvrir le feu contre les escadrons de Pahlen et du prince Adam.

Ne voulant pas attendre l'entrée en ligne de son infanterie qui

---

[1] La division de cavalerie légère du prince Adam de Wurtemberg se composait, à Fère-Champenoise, de la brigade du général-major von Walsleben, régiment de hussards autrichiens n° 3 (archiduc Ferdinand) et régiment de chasseurs à cheval wurtembergeois n° 5; de la brigade du général-major von Jett, régiment de chasseurs à cheval n° 2 (duc Louis), régiment de dragons n° 3 (Prince royal) et régiment de chasseurs à cheval n° 4 (prince Adam). En tout 20 escadrons formant un total d'environ 2,000 chevaux. (*Beitrag zur Geschichte der Feldzüge in Frankreich in besonderer Beziehung auf das Commando des Kronprinzen von Württemberg*, II, 10.)

L'infanterie des IV° et VI° corps marchait dans la colonne derrière la division de cuirassiers autrichiens de Nostitz et la 2° division de cuirassiers russes de Kretoff.

ne pouvait le rejoindre que quelques heures plus tard, n'osant pas attaquer de front, rien qu'avec sa cavalerie, un ennemi dont la position couverte par un ruisseau lui semblait presque inexpugnable, le prince royal de Wurtemberg ordonna à son artillerie à cheval de contrebattre les batteries françaises. Chargeant Pahlen de manœuvrer sur la gauche des Français contre Soudé-Notre-Dame, le prince royal avec la cavalerie du prince Adam, se porta contre le flanc droit du maréchal [1] d'où l'artillerie française dirigeait un feu des plus vifs contre les escadrons wurtembergeois, tandis que la division de cuirassiers autrichiens de Nostitz [2], formée en ligne de masse, se rapprochait vivement des escadrons de première ligne et recevait l'ordre de servir de soutien à la cavalerie du IV⁰ corps.

Dès que Pahlen et le prince Adam eurent accentué leur mouvement débordant, le maréchal commença en bon ordre sa retraite sur Sommesous, ne laissant à Soudé-Sainte-Croix qu'une arrière-garde composée de quelques compagnies de voltigeurs. Celle-ci se maintint trop longtemps dans le village. Canonnée par 12 pièces d'artillerie à cheval, atteinte par la brigade du général Dochtoroff, cette arrière-garde, malgré un retour offensif tenté par quelques escadrons de Bordesoulle, n'échappa qu'à grand'peine et laissa la plus grande partie de son monde tant sur le terrain qu'entre les mains des hussards russes d'Olviopol et de Lubny.

Le mouvement de la cavalerie des IVᵉ et VIᵉ corps se dessina de plus en plus nettement vers 10 heures. Au centre, Pahlen, qui marche en première ligne avec les hussards de Grodno et de Soumy, un régiment de cosaques et l'artillerie à cheval russe, est soutenu à peu de distance par les cuirassiers russes de Krétoff [3].

---

[1] Stärke, Eintheilung und Tagesbegebenheiten der Haupt-Armee im Monate März (K. K. Kriegs Archiv., III, 1); prince royal de Wurtemberg au prince de Schwarzenberg, Corroy, 25 mars (Ibid. III, 452); rapports du prince royal de Würtemberg au prince de Schwarzenberg, Paris, 13 avril (Ibid., IV, 115), et Starklof, Historique du 2ᵉ régiment de cavalerie wurtembergeoise.

[2] Composition de la division de cuirassiers autrichiens du comte Nostitz : brigade Desfours, cuirassiers de Liechtenstein et empereur François; brigade du colonel von Seymann, cuirassiers Grand-Duc Constantin et Sommariva; 24 escadrons, soit environ 3,000 chevaux.

[3] Composition de la division de cuirassiers du général Krétoff : brigade Stahl, cuirassiers d'Ekaterinoslaw et d'Astrakhan; brigade Léontieff, cuirassiers de Gloukhoff et de Pleskoff; 16 escadrons représentant un effectif de 1300 à 1400 chevaux.

A droite, le général Lissanevitch, avec les hussards d'Olviopol et les uhlans de Tchougouïeff, et Ilowaïsky XII avec ses cosaques ont pris la direction de Dommartin et de Bussy-Lettrée et ont réussi à rejoindre, sur la route de Vatry à Sommesous, à sabrer et à rejeter sur ce dernier point la gauche de la division Charpentier, formant la queue de la colonne de Mortier [1].

De son côté Marmont avait atteint Sommesous sans encombre; il espérait y trouver les deux divisions que Mortier avait laissées le matin à Vatry et à Bussy-Lettrée. Ne voulant pas abandonner la position avant leur arrivée, le duc de Raguse établit son infanterie sur deux lignes au sud de Sommesous et de la chaussée de Fère-Champenoise à Vitry. Le front de la position était couvert par son artillerie placée en batterie en arrière de la route de Châlons à Troyes ayant la cavalerie pour soutien. Pendant une heure et demie, les feux de l'artillerie française arrêtent les cavaliers alliés et permettent aux divisions de Mortier de venir se déployer au nord de la chaussée de Vitry. Mais, les cosaques d'Ilovaïsky ayant réussi à déborder la gauche de Mortier, l'artillerie à cheval des Alliés répondit vigoureusement aux batteries des maréchaux. Le mouvement des cosaques, le feu des batteries et l'entrée en ligne des cuirassiers autrichiens de Nostitz obligent d'abord le duc de Trévise à replier son aile gauche qu'il ramène de l'autre côté de la Somme et peu après Marmont à quitter sa position de Sommesous. Les deux maréchaux séparés jusqu'alors par le cours de la Somme se mettent en retraite par Haussimont et vont prendre position sur une hauteur, leur gauche s'appuyant à la Somme du côté de Chapelaine, leur droite à Vaurefroy et au ruisseau des Auges [2]. Leur cavalerie formée sur deux lignes couvre

---

[1] Stärke, *Eintheilung und Tagesbegebenheiten der Haupt-Armee im Monate März* (*K. K. Kriegs Archiv.*, III, 1); Rapports du prince royal de Wurtemberg au prince de Schwarzenberg, Corroy, le 25 mars (*Ibid*, IV, 115); Starklof, *Historique du 2ᵉ régiment de cavalerie wurtembergeoise et Historique du 4ᵉ régiment de cavalerie Reine-Olga*, et Hiller, *Geschichte des Feldzuges 1814 gegen Frankreich unter besonderer Berücksichtigung der Antheilnahme der Königlich-württembergischen Truppen.*

[2] Stärke, Eintheilung und Tagesbegebenheiten der Haupt-Armée im Monate März (*K. K. Kriegs Archiv.*, III, 1); Rapports du prince royal de Wurtemberg à Schwarzenberg, Corroy, 25 mars (*Ibid.*, III, 452), et Paris 13 avril (*Ibid*, IV, 115); Colonel comte Baillet de la Tour, *Journal d'opérations du IVᵉ corps d'armée sous les ordres du prince royal de Wurtemberg* (*Ibid*, XIII, 56).

l'infanterie et s'étend à droite jusque vers Montépreux dans une plaine trop resserrée pour lui permettre de s'y déployer et d'agir efficacement. L'artillerie, comme à Soudé-Sainte-Croix et à Sommesous, protège le front de la position.

A midi, la cavalerie alliée s'est déployée devant la position française. A l'aile gauche, le prince royal de Wurtemberg, qui sait désormais, par l'interrogatoire des prisonniers, qu'il a devant lui les corps de Marmont et de Mortier, ne dispose en première ligne que de la brigade Jett (régiment de cavalerie wurtembergeoise Prince-Adam et hussards autrichiens Archiduc-Ferdinand) et de la brigade Desfours appartenant à la division de cuirassiers de Nostitz. Le reste de la cavalerie wurtembergeoise et l'artillerie à cheval du prince Adam, ainsi que la 2ᵉ brigade (Seymann) des cuirassiers de Nostitz, ont été retardés au passage de la Soude et à la traversée de Sommesous et ne le rejoindront que successivement. Mais comme les maréchaux, n'ayant vu devant eux que de la cavalerie, paraissaient disposés à tenir bon, le prince royal, renouvelant la manœuvre qui lui avait déjà réussi dans la matinée, résolut de les attaquer de suite et de chasser avant tout la cavalerie de leur aile droite des environs de Montépreux.

Négligeant l'aile gauche des maréchaux que la cavalerie légère de Pahlen et les cuirassiers de Krétoff sont chargés d'inquiéter et de déborder, le prince royal lance contre le front de Marmont le régiment de cavalerie wurtembergeoise Prince-Adam et contre son extrême droite les hussards Archiduc-Ferdinand. La brigade de cuirassiers autrichiens de Desfours qui relie les hussards aux cavaliers wurtembergeois, se porte également en avant; mais, au lieu de se déployer, elle s'avance en colonne de division. Tandis que le régiment Prince-Adam parvient à gagner du terrain et que les hussards autrichiens font plier le régiment de cavalerie française posté à l'extrême droite, le tir de l'artillerie française cause de terribles ravages dans les rangs de la brigade Desfours. Profitant sans perdre un instant du flottement qui se produit dans les rangs des cuirassiers autrichiens, Bordesoulle se jette sur le flanc droit du régiment de cuirassiers Liechtenstein, le culbute et le rabat sur le régiment Empereur-François. Les cuirassiers se retirent en désordre, entraînant avec eux le régiment Prince-Adam, et leur mouvement rétrograde oblige les hussards Archiduc-

Ferdinand, d'abord à s'arrêter, puis à revenir rapidement en arrière. Le prince royal de Wurtemberg[1] dont la position est quelque peu compromise parvient cependant, après avoir rallié le régiment Prince-Adam, à arrêter les progrès de Bordesoulle grâce à une charge qu'il exécute à la tête de deux régiments de chasseurs à cheval wurtembergeois (4e Prince-Adam et 5e) et des hussards autrichiens.

Heureusement pour le prince royal, Pahlen avait mieux réussi dans ses attaques dirigées contre l'aile gauche de la position française. Poussant vivement la cavalerie française dès qu'elle eût quitté Sommesous pour se replier sur Chapelaine, il avait exécuté une charge des plus brillantes, lui avait enlevé quatre canons et l'avait obligée à continuer son mouvement rétrograde pour essayer de gagner Lenharrée. Le général Rüdinger, soutenu par les cuirassiers de Krétoff, déboucha alors de Vassimont et d'Haussimont sur Chapelaine, et Pahlen se dirigea avec ses deux autres brigades et les cosaques sur Lenharrée afin de déborder la gauche des maréchaux[2].

Un peu après 1 heure de l'après-midi, la deuxième ligne (brigade Walsleben (cavalerie wurtembergeoise) et brigade Seymann (cuirassiers autrichiens) rejoignait enfin la gauche de la première ligne, au moment où le prince royal recevait du grand-duc Constantin une dépêche annonçant que la cavalerie de la garde russe, partie de Sompuis avait dépassé Poivres-Sainte-Sézanne. Le grand-duc informait le prince qu'il se proposait de déboucher sur la droite et les derrières de l'ennemi et que le

---

[1] STÄRKE, Eintheilung und Tagesbegebenheiten der Haupt-Armee im Monate März (*K. K. Kriegs Archiv.*, III, 1); STARKLOF, *Historique des régiments de cavalerie wurtembergeoise*, nos 4 et 5, et rapports du prince royal de Wurtemberg au prince de Schwarzenberg, Corroy, 25 mars (*Ibid*, III, 452) et Paris, 13 avril (*Ibid*, IV, 185).
Dans ses rapports, le prince royal écrit : « Je fis charger la cavalerie ennemie par le régiment de hussards Archiduc-Ferdinand, soutenu par les régiments de cuirassiers Liechtenstein et Kaiser. L'ennemi fut obligé de céder du terrain, mais il jeta sur mon flanc droit quelques régiments de cavalerie qui firent échouer mon attaque. »
Voir également *Szenen aus der Geschichte der K. K. 3ten Huzaren Régiments Erzherzog Ferdinand* (Oesterreichische militärische Zeitschrift, 1848, IV), et *Journal d'opérations du IVe corps d'armée* (*K. K. Kriegs Archiv.*, XIII, 56).

[2] STÄRKE Eintheilung und Tagesbegebenheiten der Haupt-Armee im Monate März (*K. K. Kriegs Archiv.*, III, 1); Rapports du prince royal (*Ibid*, III, 452 et IV, 115) et *Journal d'opérations du IVe corps* (*Ibid*. XIII, 56).

général Ocharoffsky, avec la cavalerie légère de la garde russe, n'allait pas tarder à arriver à Vaurefroy[1].

Jusqu'alors les maréchaux, disputant le terrain pied à pied, avaient conservé l'espoir d'atteindre sans trop d'encombre Fère-Champenoise. Aussi, pendant que le prince royal prenait ses dernières dispositions pour renouveler son attaque, Marmont et Mortier, prévenus par la cavalerie de leur aile droite de l'apparition des cavaliers russes du côté de Vaurefroy, avaient donné à leurs troupes l'ordre de quitter la position de Chapelaine et de se replier sur Fère-Champenoise par les hauteurs qui s'élèvent entre la Somme et le rû des Auges.

La cavalerie du prince royal suivit d'abord ce mouvement sans s'engager et laissa la cavalerie française se retirer derrière son infanterie. Celle-ci commença alors sa retraite en bon ordre et par échelon, à gauche sur Lenharrée, à droite sur Connantray.

Jusque vers 2 heures, le mouvement s'effectua avec assez de régularité, bien que Rüdinger et Krétoff eussent continué à pousser assez vivement la gauche des Français auxquels il ne restait plus, pour gagner Fère-Champenoise, qu'à traverser le ravin encaissé du rû des Auges. Mais un violent orage éclata tout à coup et, pour comble de malheur, une pluie torrentielle chassée par des rafales de vent d'est vint battre les Français à la figure, contrarier la marche des troupes et augmenter les difficultés de la

---

[1] Stärke. Eintheilung und Tagesbegebenheiten der Haupt-Armee im Monate März (*K. K. Kriegs Archiv.*, III, 1); Rapports du prince royal (*Ibid*, III, 452 et IV, 115); Journal d'opérations du IVe corps (*Ibid*, XIII, 56); Journal d'opérations de Barclay de Tolly (*Archives topographiques*, n. 29,188); *Historique du régiment des chevaliers gardes*; Krestoffsky, *Historique du régiment de uhlans de la garde* (régiment de S. M. l'Empereur).

Barclay, en entendant le canon, avait immédiatement fait partir le général Ocharoffsky avec les uhlans et les dragons de la garde qu'il voulait faire soutenir par la 3e division de cuirassiers (général Duka). Le général Depreradowitch, commandant la 1re division de cuirassiers, se trouvait auprès de lui à ce moment. Il fit remarquer à Barclay que Duka arriverait trop tard et demanda la faveur de marcher au canon avec sa division qui n'avait pas donné une seule fois depuis le commencement de la campagne. Dès que l'ordre lui en eût été donné, il rassembla immédiatement ses régiments et partit au grand trot avec ses quatre régiments et une compagnie d'artillerie à cheval de la garde. Les chevaliers-gardes formaient la tête de sa colonne.

Composition de la 1re division de cuirassiers du général Depreradowitch : brigade Arsenieff, chevaliers-gardes et régiment de la garde à cheval; brigade Rosen, cuirassiers de l'Empereur et cuirassiers de l'Impératrice; en tout, 16 escadrons, environ 1300 à 1400 chevaux.

retraite. Un peu auparavant, Pahlen, débouchant des environs de Lenharrée, s'était jeté sur la cavalerie française; après deux charges infructueuses, il avait bousculé les cuirassiers de Bordesoulle et obligé Belliard à diriger les dragons de Roussel contre le flanc gauche de la cavalerie russe. L'entrée en ligne de la deuxième ligne de Pahlen en imposa aux dragons qui, pris de panique, firent immédiatement volte-face et ne s'arrêtèrent qu'à peu de distance du défilé de Connantray. L'intervention opportune du 8e régiment de chasseurs à cheval que le général de Latour-Foissac porta résolument en avant en colonne d'escadrons, et la bonne tenue de l'infanterie arrêtèrent cependant pendant un moment les progrès de la cavalerie russe [1].

Mais, avant que les Français eussent réussi à atteindre Connantray, la cavalerie de la garde russe, conduite par le grand-duc Constantin en personne, avait débordé leur gauche; l'artillerie à cheval russe s'était mise en batterie sur la berge même du ravin, entre Vaurefroy et Connantray, et avait ouvert le feu contre les colonnes françaises.

Le général Ocharoffsky, déployant alors ses deux régiments à droite et à gauche de la batterie, se jette sur le flanc gauche des Français, et le général Depreradovitch, avec les chevaliers-gardes et les cuirassiers de l'Empereur, oblige les cuirassiers de Bordesoulle, qui viennent à peine de se rallier, à abandonner aux Russes une partie de l'artillerie et à chercher, pour la deuxième fois, un refuge derrière l'infanterie, qui forme, en toute hâte, les carrés [2].

Le prince royal de Würtemberg, qui dispose maintenant de toute sa cavalerie, lance à la fois, contre l'infanterie française, le régiment wurtembergeois Prince-Adam et les hussards Archiduc-Ferdinand.

Les cuirassiers Empereur-François et Grand-Duc-Constantin

---

[1] Marmont au major-général, Allemant, 26 mars, 8 heures du matin (*Archives de la guerre*) : « Nous avions fait trois lieues dans un ordre parfait lorsqu'une terreur panique fit prendre la fuite à notre cavalerie..... Plusieurs pièces de canon eurent leurs chevaux tués ou enlevés par les soldats du train et tombèrent au pouvoir de l'ennemi. On ne peut rien comprendre à la conduite de la cavalerie qui, si elle eût fait l'ombre d'une contenance, eût empêché tout accident. Deux fois la même scène s'est renouvelée. »

[2] Krestoffsky, *Historique du régiment de uhlans de la garde* (régiment de S. M. l'Empereur).

chargent, à trois reprises, les carrés de la jeune garde, sans parvenir à les rompre. Les voltigeurs continuent à se retirer pas à pas sur le défilé de Connantray [1], après avoir perdu cependant 2 canons. Une quatrième charge, faite par le général von Jett, à la tête des chasseurs Prince-Adam et des hussards Archiduc-Ferdinand, réussit enfin à briser la résistance d'un des carrés de la brigade Le Capitaine. L'orage, il est vrai, a redoublé de violence; les mèches sont trempées, les bassinets sont remplis d'eau, les fusils ne partent plus. La situation de l'infanterie française devient de plus en plus critique. Elle ne peut plus se défendre qu'à la baïonnette. La pluie tombe avec tant de force qu'on voit à peine ce qui se passe à quelques pas. Épuisée par les efforts qu'elle n'a cessé de faire depuis le matin, l'infanterie française essaie néanmoins de faire bonne contenance. Elle se replie pas à pas, en carrés, jusqu'à ce qu'elle arrive à l'entrée du défilé de Connantray, qu'elle trouve encombré par les voitures de vivres et de munitions que leurs conducteurs ont abandonnées, par les pièces d'artillerie qui s'y embourbent, par les fuyards qui s'y pressent. Dans l'impossibilité de traverser le ravin en carrés, les maréchaux sont obligés de ployer leur infanterie en colonne. Ils ne laissent en avant du ravin qu'une dernière masse formée par les restes des 5e, 6e, 7e et 8e régiments de voltigeurs de la jeune garde, et 9 bouches à feu. Le prince royal lance contre ce groupe les régiments de cuirassiers Kaiser-Franz et Grand-Duc-Constantin et les hussards Archiduc-Ferdinand, qui sont repoussés. Ramenés à la charge par le général comte Desfours, par le colonel prince Windischgraetz et le colonel Wimpffen, aide de camp du prince royal, qui les enlèvent par leur exemple, les cavaliers autrichiens finissent par sabrer et par rompre les carrés français. Le général Jamin, la plus grande partie de ses officiers et de ses soldats, avec 8 canons et 1 obusier, restent entre les mains des Autrichiens [2].

---

[1] STÄRKE, Eintheilung und Tagesbegebenheiten der Haupt-Armee im Monate März (*K. K. Kriegs Archiv.*, III, 1); Rapports du prince royal à Schwarzenberg, Corroy, 25 mars, et Paris, 13 avril *Ibid.*, III, 452 et IV, 115), et STARKLOF, *Historique des 2e et 4e régiments de cavalerie wurtembergeoise*.

[2] STÄRKE, Eintheilung und Tagesbegebenheiten der Haupt-Armee im Monate März 1814 (*K. K. Kriegs Archiv.*, III, 1); Rapports du prince royal à Schwarzenberg, Corroy, 25 mars (*Ibid.*, III, 452) et Paris, 13 avril (*Ibid.*, IV, 115), et *Journal d'opérations du IVe corps d'armée* (*Ibid*, XIII, 56).

Malgré la destruction de ces carrés, la bonne tenue des divisions Ricard et Christiani avait cependant permis aux maréchaux de franchir le défilé de Connantray, en sacrifiant, il est vrai, la plus grande partie de leur artillerie (24 canons et 60 caissons) et tous leurs bagages qui, embourbés dans le terrain marécageux et défoncé, barrèrent le passage à la cavalerie alliée et l'empêchèrent de pousser droit sur Fère-Champenoise. Pendant que la cavalerie du prince royal cherchait à se frayer un chemin dans le ravin, le temps s'était rasséréné, et les maréchaux avaient pu remettre un peu d'ordre dans leurs troupes [1].

Afin de continuer la poursuite, le prince royal de Würtemberg, renonçant à déblayer le défilé de Connantray, s'était vu obligé à se rejeter à droite de Connantray et à faire franchir à sa cavalerie morcelée par petits groupes le ruisseau aux berges escarpées qui coule au fond du ravin. Son artillerie à cheval, qui marchait et qui combattait depuis plus de dix heures et dont les chevaux étaient épuisés de fatigue, ne put se tirer du terrain argileux et s'arrêta définitivement sur ce point [2].

Bien que la cavalerie du prince royal eût mis longtemps à déboucher de Connantray, la seule apparition de quelques-uns de ses escadrons et l'entrée en ligne des cosaques de Seslavin, au nord d'Œuvy, suffirent cependant pour causer une nouvelle panique [3] dans les rangs des Français [4]; traversant Fère-Champenoise, ils s'enfuirent en désordre vers les hauteurs, au nord de Connantre, de Linthes et de Saint-Loup, vivement poursuivis par la cavalerie, qui sabra, chemin faisant, tout ce qu'elle put atteindre, et ramassa les pièces et les armes abandonnées par les fuyards.

Heureusement pour les maréchaux, le colonel Leclerc avait

---

[1] Marmont au major-général, Allemant, 26 mars, 1 heure du matin. (*Archives de la guerre.*)

[2] STÄRKE, Eintheilung und Tagesbegebenheiten der Haupt-Armee im Monate März (*K. K. Kriegs Archiv.*, III, 1); Rapports du prince royal à Schwarzenberg (*Ibid.*, III, 452 et IV, 115), et *Journal d'opérations du IVe corps* (*Ibid.*, XIII, 56).

[3] Marmont au major-général, Allemant, 26 mars, 1 heure du matin. (*Archives de la guerre.*)

[4] STÄRKE, Eintheilung und Tagesbegebenheiten der Haupt-Armee im Monate März (*K. K. Kriegs Archiv.*, III, 1); Rapports du prince royal de Wurtemberg (*Ibid.*, III, 452 et IV, 115) et *Journal d'opérations du IVe corps* (*Ibid.*, XIII, 56).

entendu le canon à Sézanne et demandé au général Compans l'autorisation de se diriger sur Fère-Champenoise avec les 400 chevaux dont se composait le 9ᵉ régiment de marche. Arrivé dans cette petite ville au moment où la panique était à son comble, maintenant un ordre parfait dans sa troupe, à laquelle il avait fait prendre le grand trot, il se porta rapidement à la rencontre de la cavalerie légère des Alliés, l'obligea à s'arrêter et permit aux maréchaux de reprendre pied et de rallier, entre Connantre et Linthes, ce qui restait autour d'eux. Leur infanterie vint prendre position à leur gauche, vers Broussy-le-Grand, et s'y forma sur une ligne en colonnes de bataillon. La cavalerie, formée sur deux lignes, l'une en bataille, l'autre en colonnes de régiment, s'établit à droite de l'infanterie et s'étendit dans la plaine, jusque vers Connantre.

Mais Pahlen, après avoir contourné au nord le ruisseau et le défilé de Connantray, avec la cavalerie du VIᵉ corps, avait filé par les hauteurs qui s'élèvent entre Connantray et Normée, et s'était dirigé sur Fère-Champenoise, suivi par la cavalerie du prince Adam de Würtemberg et les cuirassiers de Krétoff. Toute cette cavalerie cherchait à déborder la gauche des maréchaux.

A la gauche des Alliés, le général Ocharoffsky [1], avec la cavalerie légère de la garde russe, avait traversé le rû des Auges, aux environs de Connantray, et avait seul suivi les Français pied à pied, en leur faisant éprouver des pertes sensibles.

La cavalerie alliée séparée en deux groupes par le ruisseau qui passe par le ravin de Connantray ne parvint à se réunir qu'après avoir dépassé Fère-Champenoise et lorsque les maréchaux se préparaient à continuer leur retraite. Ilowaïsky XII, avec ses cosaques, une partie de la cavalerie de Pahlen et la cavalerie légère du prince Adam de Wurtemberg soutenus en deuxième ligne par les cuirassiers russes de Krétoff et le reste de la cava-

---

[1] Stärke, Eintheilung und Tagesbegebenheiten der Haupt-Armee im Monate März (*K. K. Kriegs Archiv.*, III, 1); Rapports du prince royal de Wurtemberg à Schwarzenberg, Corroy, 25 mars, et Paris, 13 avril (*Ibid*, III, 432 et IV, 115); *Journal d'opérations du IVᵉ corps* (*Ibid*, XIII, 56).

D'après le journal d'opérations de Barclay de Tolly (*Archives topographiques*, n. 29,188), les chevaliers-gardes avaient pris 6 canons; la garde à cheval 6; les cuirassiers 3; les uhlans de la garde 6; les chasseurs de la garde 2 et les cavaliers de Pahlen 20 pièces. En tout 43 bouches à feu.

lerie du VIe corps, s'était déployé devant l'infanterie française, tandis que les cuirassiers autrichiens de Nostitz et le grand-duc Constantin avec les escadrons de Depreradovitch et d'Ocharoffsky faisaient face à leur cavalerie.

Le prince royal de Wurtemberg entend le canon sur ses derrières et s'arrête. — Il était alors 3 heures et le prince royal de Wurtemberg, disposant d'une masse de 12,000 chevaux, se préparait déjà à attaquer les hauteurs de Linthes et de Saint-Loup pour achever la défaite des maréchaux, lorsqu'il entendit tout à coup le canon sur ses derrières.

Quelques instants plus tard, une dépêche du prince de Schwarzenberg l'informait « qu'une colonne ennemie, se dirigeant de Vertus sur Vatry, s'était rabattue sur Fère-Champenoise afin de rejoindre les maréchaux dès qu'elle avait eu connaissance de la marche de la grande armée; qu'elle avait été découverte et poursuivie par un des corps de l'armée de Silésie et que le généralissime se proposait de l'attaquer à son tour. »

Le prince royal de Wurtemberg, dont la cavalerie marchait et combattait depuis près de 12 heures, ne pouvait dans ces conditions se risquer à continuer la poursuite des maréchaux. Il crut d'autant plus imprudent d'engager à nouveau ses troupes épuisées de fatigue, qu'il ignorait absolument la force de la colonne ennemie, dont le généralissime lui signalait l'approche, et que son infanterie était trop loin de lui pour être à même de le soutenir et de le rejoindre avant la fin de la journée. S'arrêtant sur les positions qu'il venait d'atteindre, il donna immédiatement l'ordre à Pahlen de se porter avec la cavalerie légère du VIe corps à la rencontre de la colonne qui lui était signalée, au général Depreradovitch de suivre et d'appuyer le mouvement de Pahlen, et prescrivit au général Ocharoffsky de canonner les positions des maréchaux avec la seule batterie qui lui restait[1].

Dernier retour offensif de la cavalerie française. —

---

[1] Stärke, Eintheilung und Tagesbegebenheiten der Haupt-Armee im Monate März (*K. K. Kriegs Archiv.*, III, 1); Rapport du prince royal de Wurtemberg, à Schwarzenberg, Corroy, 25 mars. et Paris, 11 avril (*Ibid.*, III, 452 et IV, 115).

Retraite des maréchaux sur Allemant. — La cessation de la poursuite et le bruit du canon qui se rapprochait de plus en plus avaient rendu comme par enchantement la confiance aux troupes des maréchaux.

Ces soldats qui peu de temps auparavant ne songeaient plus qu'à chercher leur salut dans une fuite précipitée, ces troupes sourdes quelques instants plus tôt à la voix de leurs chefs hors d'état de les maintenir et de les rallier, s'arrêtèrent d'elles-mêmes. Ceux qui désespéraient naguère étaient désormais convaincus que Napoléon, revenant de la Marne et débouchant sur les derrières des Alliés, n'allait pas tarder à opérer sa jonction avec eux et qu'il leur suffirait de tenir bon, de tenter un retour offensif pour que la déroute se changeât en victoire. Se croyant certains de prendre les cavaliers alliés entre deux feux, les soldats de Marmont et de Mortier se hâtèrent de se reformer, et les maréchaux [1] profitèrent de cette confiance, qui était venue inopinément succéder au découragement le plus absolu, pour essayer d'obliger le prince royal à s'arrêter définitivement.

Si c'était, comme ils l'espéraient sans le croire, l'Empereur qui arrivait, une dernière charge devait les dégager et, dans le cas contraire, sans aggraver leur situation, grâce à l'attitude nouvelle de leurs troupes, ils pouvaient s'assurer les moyens de se donner un peu d'air, d'échapper à l'étreinte du prince royal de Wurtemberg et de la cavalerie russe et de continuer leur retraite. La cavalerie française, les cuirassiers de Bordesoulle en tête, se jeta si vivement sur la batterie de la garde russe du général Ocharoffsky, que les artilleurs eurent à peine le temps de ramener les avant-trains et d'enlever leurs pièces au galop.

Mais l'intervention opportune de la cavalerie légère wurtembergeoise (le régiment de chasseurs Prince-Adam en tête) et des cui-

---

[1] Marmont au major-général, Allemant, 26 mars, 1 heure du matin (*Archives de la guerre*):

« A la fin de notre retraite, nous avons entendu une canonnade très vive mais courte, sur la route de Vertus. Je n'ai su d'abord comment l'expliquer; mais, d'après ce que m'a dit le duc de Trévise, c'est une colonne de marche qui était venue sur Bergères à laquelle il avait envoyé l'ordre de rétrograder sur Sézanne, mais qui, sans doute, ne l'a pas reçu. Je n'étais pas informé de l'existence de ces troupes, car, si je l'eusse été, c'est sur elles que j'aurais fait ma retraite. Enfin, d'après les rapports des habitants et des prisonniers échappés, cette troupe a été détruite et enlevée. »

rassiers russes qui chargèrent sur le flanc droit des escadrons français dégagea et sauva ces pièces et fit échouer cette dernière tentative[1]. Enfin, l'entrée en ligne de Seslavin qui, venant de Salon et de Pleurs, déboucha avec ses cosaques sur l'extrême droite et sur les derrières de la cavalerie française, la contraignit à abandonner 9 de ses canons, à se retirer au plus vite et à chercher une fois encore un refuge derrière son infanterie[2].

Si l'artillerie à cheval du IVe corps n'avait pas dû s'arrêter à Connantray à cause de l'épuisement de ses attelages, le prince royal de Wurtemberg aurait vraisemblablement profité du désordre produit dans les rangs des Français par la charge infructueuse de Bordesoulle pour lancer ce qui lui restait de cavalerie sous la main contre l'infanterie des maréchaux et achever leur déroute[3]. Mais la cavalerie wurtembergeoise n'en pouvait plus; l'infanterie des IVe et VIe corps était loin du champ de bataille; le jour tombait et il aurait peut-être été imprudent, avec une cavalerie épuisée par plus de 12 heures de marche et de combat, de tenter sans qu'il fût possible de la préparer par l'action de l'artillerie, une nouvelle attaque contre l'infanterie française.

La nuit mit fin au combat; les escadrons du prince royal reçurent l'ordre de suivre, sans s'engager, la retraite des maréchaux qui, remontant vers le nord, s'arrêtèrent à 9 heures sur les hauteurs d'Allemant, au lieu de se replier directement sur Sézanne où le duc de Raguse aurait cependant pu s'appuyer sur les troupes du général Compans dont il lui était impossible d'ignorer la présence sur ce point[4].

---

[1] STÄRKE, Eintheilung und Tagesbegebenheiten der Haupt-Armee im Monate März (K. K. Kriegs Archiv., III, 1); Rapports du prince royal à Schwarzenberg, Corroy, 25 mars, et Paris, 11 avril (Ibid. III, 452 et IV, 115); Journal d'opérations du IVe corps (Ibid., III, 56), et STARKLOFF, Historique des régiments de cavalerie wurtembergeoise, n°s 4 et 5.

[2] Journal d'opérations de Barclay de Tolly (Arch. topographiques, n° 29188).

[3] STÄRKE, Eintheilung und Tagesbegebenheiten der Haupt-Armee im monate März (K. K. Kriegs Archiv., III, 1), et Journal d'opérations du IVe corps (Ibid., III, 56).

[4] Marmont, dans ses Mémoires, VI, 235, cherche à justifier son mouvement sur Allemant et prétend qu'il avait eu l'intention de se diriger sur Sézanne, mais que le colonel commandant le régiment de marche de cavalerie qui l'avait rejoint à Fère-Champenoise, lui annonça que les Alliés avaient occupé Sézanne le 25 au matin. C'est là manifestement une excuse imaginée par le maréchal

Deuxième combat de Fère-Champenoise. — Destruction des divisions Pacthod et Amey. — La violente, mais courte, canonnade, dont le maréchal parle dans les dernières lignes de sa dépêche et à laquelle il affecte d'attacher si peu d'importance, cette canonnade qui avait relevé un moment le courage de ses soldats démoralisés, n'annonçait ni l'approche de l'Empereur ni l'arrivée d'un secours inespéré. Les salves dont on avait perçu le bruit à Linthes, n'étaient autres que les derniers bruits du combat inégal et désespéré que les divisions Pacthod et Amey soutenaient, sous les yeux mêmes des souverains alliés et du généralissime, contre la cavalerie russe de l'armée de Silésie, renforcée par la cavalerie de Pahlen et de Depreradowitch.

Conformément aux ordres donnés la veille au soir par Gneiseneau, les corps russes, qui formaient l'une des deux colonnes de l'armée de Silésie, devaient commencer leur mouvement : les troupes de Langeron à 6 heures du matin, celles de Sacken à 7 heures et demie, et se porter de Châlons par Thibie et Chaintrix sur Bergères et Étoges. De même que l'armée de Bohême, les corps de l'armée de Silésie devaient réserver l'emploi de la chaussée à leur artillerie et faire marcher leur infanterie et leur cavalerie en masse à travers champs, des deux côtés de cette chaussée. L'infanterie de Woronzoff restait encore provisoirement à Châlons.

Les deux corps avaient à peine commencé leur marche, lorsqu'on reçut à l'état-major général de l'armée de Silésie l'ordre de diriger sur Sommesous l'infanterie de Woronzoff. Ce mouvement était motivé par les renseignements arrivés dans la nuit du 24 au 25 au grand quartier général, qui signalaient la marche des maréchaux sur Vatry et devait avoir pour objet de leur interdire la route de Châlons.

Pendant que Marmont et Mortier se préparaient à battre en retraite devant les masses de la grande armée de Bohême, la

---

longtemps après les événements. En effet, dans son rapport au major-général, daté d'Allemant, le 26 mars à 1 heure du matin, Marmont, qui se garde bien de parler du service signalé que lui a rendu l'arrivée si opportune de ce régiment de cavalerie à Fère-Champenoise, se borne à lui dire : « Nous nous sommes retirés sur Allemant et nous allons marcher sur Sézanne. Mais il est très probable que l'ennemi va nous suivre, car ses feux sont très près de nous. » (*Archives de la guerre.*)

division Pacthod, après avoir opéré à Sézanne, dans la nuit du 23 au 24 mars, sa jonction avec la faible division du général Amey, avait rallié un grand convoi de 200,000 rations de pain et de 80 chariots de munitions de guerre, confié à l'adjudant-commandant Noizet.

Le 24 au matin, ces deux divisions réunies s'étaient mises en marche sur Bergères où elles bivouaquèrent le 24 au soir[1]. Les troupes amenées par Noizet restèrent à Sézanne.

Le 25 mars au matin, les deux divisions reprirent leur mouvement se dirigeant sur Vatry où elles comptaient se réunir, d'abord aux corps de Marmont et de Mortier, puis à l'armée de Napoléon. Ignorant que l'armée coalisée interceptait les communications avec l'Empereur, Pacthod avait envoyé à Vatry, dans la nuit du 24 au 25 mars, un de ses officiers demander des instructions à Mortier. Pressé de se réunir aux maréchaux avec lesquels il avait communiqué la veille, Pacthod, se croyant à l'abri de tout danger une fois arrivé à Villeseneux, vers les 10 heures et demie du matin, donna l'ordre de s'arrêter pendant quelques moments. Ses gardes nationaux, épuisés par des marches ininterrompues, avaient besoin de faire halte pendant quelques heures. Les chevaux de son convoi tombaient de fatigue et n'auraient pas pu continuer avant d'avoir mangé et soufflé.

Pacthod venait à peine de s'établir à Villeseneux, que le hasard, qui avait tant de fois servi la cause des Alliés, vint leur révéler prématurément la présence de ses troupes et sauver Blü-

---

[1] La division Pacthod se composait des brigades Deiort, Bouté et Loczinsky formées uniquement, à l'exception de l'une d'entre elles, de conscrits et de gardes nationales. Elle comprenait le 1er régiment de gardes nationales de la Sarthe, le 3e régiment provisoire de gardes nationales d'Indre-et-Loire et du Loir-et-Cher, le 2e régiment d'Eure-et-Loir, le 5e régiment de Seine-et-Marne et de Seine-et-Oise et le 4e régiment du Maine-et-Loire et de la Mayenne. L'effectif total de cette division, qui n'était déjà plus que de 3,935 hommes au 1er mars lors de sa rentrée à Troyes, avait diminué depuis cette époque et ne dépassait pas, artillerie comprise, 3,500 hommes. Quant à la division Amey, composée des régiments du Calvados et de la Manche, de l'Orne et de Rochefort, des 1er et 2e régiments de Brest et du Nord: en tout, 12 bataillons, il ne lui restait plus que 800 hommes à peine sur les 5,684 hommes avec lesquels elle était arrivée à Montereau le 18 février. (Renseignements sur la force et les mouvements des divisions de gardes nationales des généraux Amey (11e corps et Pacthod (7e corps) et rapport du général Delort au Ministre sur l'affaire de Fère-Champenoise; *Archives de la guerre.*)

cher lui-même d'un danger dont il ne se doutait pas, d'une captivité presque certaine. Très souffrant encore, les yeux recouverts d'un bandeau, hors d'état de monter à cheval, dévoré par son impatience naturelle augmentée par la fièvre et l'insomnie, irrité contre lui-même, aigri par la maladie qui l'empêchait de voir, de juger, d'agir et surtout de faire agir, le vieux feld-maréchal était parti de grand matin en voiture. Accompagné de ses aides de camp, escorté par quelques cosaques, il s'avançait dans la sécurité la plus complète sur la route de Bergères, sans avoir la moindre idée de la proximité des troupes françaises. Heureusement pour lui, un colonel russe, le baron de Löwenstern, celui-là même qui avait arraché à Moreau la honteuse capitulation de Soissons, venait, quelques instants auparavant, de dépasser la calèche de Blücher. Tombé malade à Reims, Löwenstern à peine rétabli, cherchait, sous l'escorte de quelques cosaques, à rejoindre au plus vite Winzingerode, lorsqu'il donna tout à coup contre quelques hommes qui flanquaient la marche de l'infanterie française. Ses cosaques, surpris de la présence des troupes ennemies, avaient eu la bonne fortune d'enlever un sous-officier qui, habilement interrogé par Löwenstern, lui révéla la direction suivie par les divisions de Pacthod et d'Amey. Sans perdre une minute, et tout en chargeant une partie de ses cosaques d'observer la marche de l'ennemi, Löwenstern informa immédiatement Blücher de la découverte qu'il devait à un hasard providentiel et transmit ce renseignement aux généraux Korff et Wassiltchikoff[1].

A peu près au même moment, une patrouille en reconnaissance au sud de la chaussée, faisait tenir un avis analogue à Gneisenau qui envoyait à Korff, alors arrivé à Thibie avec la cavalerie de Langeron, l'ordre de faire prendre le trot à sa division et de chercher à tomber au plus vite « sur une grosse colonne d'infanterie française qui, escortant un convoi, se dirigeait vers Vatry par le chemin de Trécon à Villeseneux[2]. »

---

[1] *Tagebuch des Generals der Kavallerie Grafen von Nostitz : Die Feldzüge* 1813 *und* 1814. (*Kriegsgeschichtliche Einzelschriften herausgegeben vom grossen general-Stabe.* — Abtheilung für Kriegsgeschichte, 1884, IV, 132.)

[2] Les premières troupes de cavalerie amenées par Korff se composaient des régiments de dragons de Kargopol, de la Nouvelle-Russie et de Mittau, et des régiments de chasseurs à cheval de Tchernigoff et de Livonie, en tout 14 escadrons et 4 pièces de la batterie à cheval n° 8, qui furent rejoints un peu

Tout dans cette malheureuse journée devait tourner contre les Français, et la lenteur peut-être intentionnelle de Korff, qui ne se souciant guère, ni de s'engager à fond avant de se savoir soutenu, ni d'assumer à lui seul la responsabilité de l'affaire, allait, au lieu de sauver Pacthod, assurer sa perte. Le général Korff n'avait, en effet, aucune des qualités que doit posséder un général de cavalerie et surtout un général commandant la cavalerie d'avant-garde. Avant de se porter en avant, il crut nécessaire d'attendre l'arrivée à Thibie du général Karpoff qui avait passé la Marne avec ses cosaques en amont de Châlons et qu'il s'était empressé de faire prévenir. Le général russe perdit encore pas mal de temps pour réparer le pont de la Somme-Soude à Germinon et y faire passer la rivière à son artillerie. Arrivé sur les hauteurs de la rive gauche de cette rivière, Korff aperçut les colonnes françaises qui achevaient de pénétrer dans Villeseneux. Blücher, exaspéré par les retards volontaires de Korff, lui envoya Nostitz avec l'ordre d'attaquer immédiatement l'ennemi dont il ignorait encore la force réelle [1]. En présence des ordres formels de Blücher, Korff ne pouvant plus, comme il comptait le faire, attendre l'entrée en ligne de l'infanterie de Langeron, dut se décider à attaquer les troupes françaises. Mais, au lieu de se jeter vivement sur elles, il se contenta de les amuser sur leur front par de fausses attaques, par des démonstrations, tandis qu'il portait le gros de sa division contre leur gauche. La droite de Pacthod, en colonnes par bataillon, s'appuyait à ce moment au village de Villeseneux; à sa gauche, la division Amey s'était formée en carré; le convoi était parqué en arrière du village. Une centaine de hussards, la seule cavalerie de la colonne, éclairait timidement le terrain en avant; 18 pièces de canon couvraient le front de la position.

Comme les premières attaques des escadrons de Korff ne paraissaient pas dangereuses et comme le feu de l'artillerie française retardait forcément le déploiement de la cavalerie russe, Pacthod ne crut pas devoir reprendre immédiatement sa marche. En agissant de la sorte, il voulait, d'une part, aguerrir ses

---

plus tard par six escadrons des régiments de chasseurs à cheval de Dorpat et de Siewersk.

[1] *Tagebuch des Generals der Kavallerie Grafen von Nostitz: Die Feldzüge* 1813 *und* 1814.

hommes dont il n'avait guère eu l'occasion d'éprouver la solidité au feu, et, de l'autre, tenir à distance les escadrons russes jusqu'à ce qu'il ait pu se rendre un compte exact de sa situation.

Pendant environ une heure et demie, la faible brigade Delort formée en un grand carré, réussit à repousser les quelques charges tentées par les cavaliers de Korff; mais vers 11 heures du matin, Pacthod s'aperçut qu'en dehors des attaques dirigées contre son front, il allait être menacé sur sa gauche et sur sa droite.

En effet, pendant que le général Pantchoulitcheff, avec les régiments de dragons de Kargopol et de Tchernigoff, continuait à escadronner presque hors de portée de son canon sur son front et sur sa droite, Korff avec le reste de sa cavalerie commençait à déborder sa gauche par Germinon. Il était désormais impossible de songer à continuer la marche sur Vatry et de gagner la rive droite de la Soude. Ne pouvant abandonner le convoi dont il s'était chargé, Pacthod se décida à se mettre en retraite sur Fère-Champenoise et à donner à sa division l'ordre de se former en carrés et de se replier sur Clamanges en longeant la rive gauche de la Soude, tout en continuant à couvrir le convoi.

A 11 h. 1/4, le mouvement commença en échiquier : le convoi marchant entre les carrés sur quatre voitures de front, les pièces dans les intervalles entre les carrés.

Jusque vers midi, Korff n'osant s'approcher de la colonne française, continua à canonner les troupes de Pacthod et d'Amey en queue et sur les flancs. Il attendait pour jeter ses escadrons contre cette longue colonne, l'apparition de Wassiltchikoff qui, après avoir passé la Soude à Bierges avec la cavalerie du corps de Sacken, devait déboucher par Bergères sur Pierre-Morains et déborder l'extrême gauche et les derrières des Français. Malgré l'ordre parfait dans lequel l'infanterie française exécutait son mouvement, bien qu'elle tirât habilement parti des moindres abris du terrain, Pantchoulitcheff, qui pressait l'aile droite de Pacthod, profita de quelques flottements qui s'étaient produits pour exécuter plusieurs attaques, sabrer un bataillon et enlever quelques voitures [1].

---

[1] *La Feld-Zeitung*, n° 72, affaire de Bergères, 25 mars (*K. K. Kriegs Archiv.*, IV, 268), s'exprime en ces termes : « L'armée de Silésie allant de Châ-

La retraite commençait déjà à devenir difficile; la longueur du convoi, le temps nécessairement considérable qu'il fallait pour assurer l'écoulement de cette masse de voitures retardèrent tellement la marche que, lorsque Pacthod et Amey arrivèrent à Clamanges, ils durent se résigner à abandonner la plus grande partie du convoi afin d'essayer de sauver au moins leurs troupes et leur artillerie. Comme le temps manquait pour détruire les vivres et noyer les poudres, le général Pacthod voulait au moins conserver les chevaux du convoi et les utiliser pour doubler les attelages de l'artillerie. Afin d'exécuter cette opération, il fallait faire halte à Clamanges et chercher à tenir en respect la cavalerie de Korff. On fit occuper Clamanges par deux bataillons qui, sous les ordres du major Caille, défendirent le village contre la cavalerie russe jusqu'à ce que tout fût en ordre. On n'en avait pas moins perdu un temps précieux. « La retraite continue avec plus de rapidité. L'infanterie est formée en six carrés [1] (un par régiment) débottant et s'opposant les angles par le sommet, afin de faire feu des quatre faces. 16 canons répartis dans les intervalles sur le front et sur les flancs des carrés, essayent d'écarter la cavalerie russe par leur feu sagement dirigé. »

Mais la situation s'était singulièrement aggravée. L'artillerie russe, qui depuis midi tirait à mitraille sur la queue et les flancs de la colonne, avait profité de cette halte pour détacher une section qui, soutenue par la cavalerie, vint cribler de ses projectiles la tête même des divisions françaises, et le général-major comte Pahlen II, auquel Langeron avait prescrit de rejoindre au plus vite le général von Korff, était entré en ligne avec les régiments de chasseurs à cheval de Dorpat et de Siéwersk. Ainsi renforcé,

---

lons à Bergères, rencontre en route un corps ennemi qui, fort de 6,000 hommes, se dirigeait de Bergères sur Vitry. La cavalerie du général comte de Langeron, sous les ordres du général-lieutenant von Korff, se jette sur l'ennemi, arrête par les feux de son artillerie la colonne qui escortait un convoi de vivres et de munitions et prend, avec le convoi, un bataillon d'infanterie.

« La cavalerie du corps de Sacken a de cette façon le temps de tourner par Pierre-Morains la colonne ennemie qui commençait sa retraite sur Fère-Champenoise. C'était la division Pacthod avec 15 canons. Cette division marche en colonne serrée par bataillons en masse en se servant de son artillerie pour s'ouvrir un chemin. Quelques pièces d'artillerie à cheval de l'armée de Silésie avaient seules pu suivre le général von Korff. L'infanterie était restée en arrière. »

[1] *Journal de l'armée*, T. III, Affaire des divisions Pacthod et Amey.

Korff lança contre les carrés français qui venaient de déboucher de Clamanges, les généraux Pahlen II et Chrustschkoff avec les régiments de Dorpat et de Livonie qui coupèrent la retraite aux défenseurs de Clamanges pendant que Pantchoulitcheff s'emparait du convoi abandonné par Pacthod dans ce village [1].

Tout marchait à souhait pour le général Korff. Il savait depuis depuis longtemps déjà qu'il n'avait rien à craindre pour sa droite couverte par le mouvement débordant de la cavalerie de Wassiltchikoff.

Non seulement, il avait été rejoint par Pahlen II, mais Karpoff, qu'il avait détaché avec un millier de cosaques sur sa gauche, l'avait informé que presque sans avoir eu besoin de combattre, il avait ramassé aux environs de Vatry 47 officiers, 500 hommes et nombre de voitures chargées de vivres et de munitions.

Depuis la charge exécutée par Pahlen II et Chrustschkoff, le général Pacthod avait accéléré sa retraite; son artillerie répondait déjà plus faiblement aux volées de mitraille des pièces russes. Malgré les pertes qu'il avait subies en route, bien qu'il eut semé pas mal de monde sur son chemin, il n'en avait pas moins réussi à atteindre entre 2 et 3 heures de l'après-midi Ecury-le-Repos sans qu'aucun de ses carrés eût été entamé. La cavalerie russe de Korff paraissait fatiguée et le général espérait encore parvenir à gagner Fère-Champenoise. Mais cette dernière espérance ne devait pas tarder à se dissiper. Au débouché d'Ecury-le-Repos, l'artillerie russe le prit à revers. Pahlen II avec ses deux régiments de chasseurs à cheval, lui barra en outre la route de Fère-Champenoise. Le général Delort reçut aussitôt l'ordre de former sa brigade en colonne d'attaque. Abordant les chasseurs russes au pas de charge, il les bouscula, les obligea à rétrograder et à lui livrer passage pendant que les autres carrés continuaient à tenir la cavalerie de Korff en respect. Mais au moment où Delort croyait déjà avoir réussi à s'ouvrir définitivement la route de Fère-Champenoise, au moment où il venait de renverser l'obstacle formé par les escadrons de Pahlen, les régiments de Wassiltchikoff qui, attirés par le bruit du canon et de la fusillade, avaient aperçu, du haut du calvaire de Pierre-Morains, la

---

[1] 30 voitures chargées de munitions et de gros approvisionnements de vivres et de pain (Rapport du général Korff).

colonne française, se jetèrent sur la droite de sa brigade et l'obligèrent d'abord à se reformer en carrés, puis à se replier[1].

Toutefois, comme après cette première charge, Wassiltchikoff s'était éloigné de la colonne et s'était rejeté sur Morains-le-Petit, Bannes et Broussy-le-Grand pour achever de la déborder, comme la cavalerie de Korff, dont les chevaux n'en pouvaient plus, ne suivait que lentement et ne chargeait que mollement de quart d'heure en quart d'heure sans réussir à entamer les carrés, l'infanterie de Pacthod et d'Amey parvint une fois encore à se faire jour et reprit lentement, péniblement, mais en bon ordre, sa marche sur Fère-Champenoise.

A 5 heures, les débris de ces deux héroïques divisions étaient arrivés à une demi-lieue environ de Fère-Champenoise. « Nous aperçûmes, dit le général Delort[2], les hauteurs qui dominent Fère-Champenoise couvertes de cavalerie, d'infanterie, d'artillerie, et, dans le premier moment, nous nous étions livrés à l'espérance que ce pouvaient être les corps des maréchaux ducs de Raguse et de Trévise, et nous nous réjouissions d'avoir opéré une jonction qui n'était pas sans gloire. L'illusion fut de courte durée. Les forces sur les hauteurs se multiplièrent tellement qu'il n'y eut plus de doute que ce fût l'ennemi. D'ailleurs, la décharge d'une artillerie formidable, en éclaircissant nos rangs, nous confirma de plus en plus la présence d'un nouvel ennemi. »

Pendant que la cavalerie de Korff harcelait les troupes de Pacthod et inquiétait la colonne française, pendant que Wassiltchikoff la débordait sur sa gauche et se prolongeait sur ses derrières, le prince royal de Wurtemberg, alarmé par le bruit de ce nouveau combat, avait renoncé à poursuivre davantage les maréchaux et fait marcher au canon la cavalerie légère du VIe corps, sous les ordres de Pahlen, et la 1re division de cuirassiers russes, sous les ordres du général Depreradovitch.

D'autre part, l'empereur de Russie, le roi de Prusse et le prince de Schwarzenberg avaient quitté Vitry à 10 heures du matin. A

---

[1] Composition de la cavalerie de Wassiltchikoff, 20 escadrons appartenant aux régiments de hussards d'Akhtyr, de la Russie-Blanche, de Mariopol et d'Alexandria, représentant un effectif total d'environ 1800 chevaux.
[2] Général Delort au ministre de la guerre, Paris, 27 mai 1814, Rapport sur l'affaire de Fère-Champenoise. (*Archives de la guerre.*)

partir de Sommesous, ils avaient entendu le canon. Accélérant leur marche, traversant rapidement les colonnes en marche sur Fère-Champenoise, ils étaient arrivés dans cette petite ville un peu après 3 heures, escortés seulement par une sotnia de Cosaques de la garde et quelques pelotons de la cavalerie de la garde prussienne[1]. L'infanterie russe, retardée en route, était encore assez loin en arrière. Seuls, quelques bataillons de chasseurs à pied de la division du général Schakhoffskoï qui avaient atteint Fère-Champenoise, et une batterie à cheval russe, celle du colonel Markoff, étaient en train de gravir la colline du haut de laquelle les souverains, impatients de se faire eux-mêmes une idée exacte de la situation, allaient bientôt découvrir la colonne de Pacthod sortant d'Ecury-le-Repos et tentant de gagner Fère-Champenoise.

Pendant que l'empereur de Russie envoyait au colonel Markoff l'ordre de prendre position sur la hauteur, le prince Wolkonsky arrêtait au passage un officier porteur d'une dépêche que le général Krétoff envoyait à Pahlen et par laquelle il donnait avis du mouvement d'une colonne française se dirigeant vers Fère-Champenoise et se portant contre la droite et les derrières des Alliés.

Wolkonsky communiqua immédiatement ce renseignement au généralissime qui ne voulut pas y ajouter foi, et à l'empereur de Russie qui, refusant de prendre la nouvelle en considération, reprocha à Wolkonsky de s'exagérer toujours les forces de l'ennemi.

Quelques instants plus tard, les souverains, restés sur la colline, au nord de Fère-Champenoise, commençaient à apercevoir la colonne française signalée par Krétoff. Tandis que le général prince Wolkonsky et l'un des aides de camp de Schwarzenberg, le comte Clam-Martinitz, allaient reconnaître cette colonne, tandis qu'on expédiait de tous côtés des officiers chargés de faire arriver au plus vite les premières troupes qu'ils rencontreraient,

---

[1] Le spectacle offert par la route suivie par les Souverains était tellement lamentable que l'empereur Alexandre avait détaché de son escorte le général Araktchéieff avec deux escadrons de cosaques de la garde et les avait exclusivement chargés de ramasser les blessés français. (*Histoire du régiment de cosaques de la garde.*)

le feld-maréchal comte Wrède rejoignait les souverains. Le commandant du V⁰ corps, placé à l'arrière-garde et parti vers 10 heures du matin de Maisons, avait entendu le canon, dès qu'il était arrivé entre Coole et Soudé-Sainte-Croix, et appris à 11 heures du matin que des troupes françaises semblaient se diriger sur sa droite vers Dommartin-Lettrée. Le général bavarois avait aussitôt dirigé la cavalerie de Frimont de ce côté et prescrit à son infanterie de continuer sur Fère-Champenoise. Avec son escorte (un demi-escadron du 7⁰ de chevau-légers), il s'était porté au galop vers le lieu de l'action et avait ainsi rejoint les souverains, qui lui confièrent la direction du combat[1].

---

[1] Taxis, *Tagebuch*. (*K. K. Kriegs Archiv.*, XIII, 32.)
Hudson Lowe, le futur geôlier de l'Empereur, écrivait le 25 mars de Montmirail où se trouvait le quartier général de l'armée de Silésie, au colonel Bunbury, la lettre suivante reproduite par le biographe de Wrède, le général Heilmann : « J'entendis le bruit d'une canonnade assez éloignée du côté où nous supposions l'armée du prince de Schwarzenberg. Désireux de me rendre compte de ce qui se passait, accompagné par un cosaque, je me portai au plus vite sur une hauteur d'où j'espérais apercevoir la fumée et découvrir le terrain de la lutte. Arrivé sur cette colline j'aperçus notre cavalerie qui poursuivait une division ennemie et, à peine à 100 mètres de moi, sur une autre colline, un groupe de cavaliers et d'officiers. Je pensai bien qu'il y avait là un des états-majors de l'armée de Schwarzenberg. Je m'approchai cependant assez prudemment jusqu'à ce que j'aie pu constater que je ne me trompais pas. Frappé de la prestance d'un des officiers de ce groupe, je m'écriai assez haut pour être entendu : « Ah ! c'est le feld-maréchal comte de Wrède ! » Je n'avais vu Wrède qu'une seule fois avant ce jour ; mais sa physionomie, son uniforme et surtout son plumet m'avaient tellement frappé que je le reconnus de suite S'en tendant interpellé de la sorte, le feld-maréchal répondit : « Oui, monsieur, et « qui êtes-vous donc ? — Je suis le colonel anglais attaché à l'armée du feld-« maréchal Blücher. — Et qu'est donc ce corps que je vois là ? — C'est l'avant-« garde de l'armée du feld-maréchal qui attaque une division de l'ennemi. « — Et voilà la grande armée », me répondit Wrède en me montrant de la main une troupe de cavalerie, encore fort éloignée, arrivant d'un autre côté et que je n'avais pas encore aperçue.

« Le comte Wrède me demanda des renseignements sur la force de la colonne ennemie qui combattait contre la cavalerie russe et s'étonna de voir qu'on n'en était pas encore venu à bout. Je lui répondis qu'on l'avait à plusieurs reprises chargée, mais sans succès. « C'est une honte, s'écria le maré-« chal, cela ne devrait pas être. On aurait dû la détruire et je ne conçois pas « comment cela n'est pas déjà fait. » Le maréchal me demanda alors le nom des généraux qui commandaient la cavalerie russe. Je lui dis que c'étaient les généraux Korff et Wassiltchikoff, qui me paraissaient pleins de bonne volonté et d'ardeur. Wrède envoya aussitôt un de ses officiers au-devant des premières troupes bavaroises qu'il rencontrerait, avec l'ordre de presser leur marche. Wrède prit alors la direction du combat. Je croyais que la colonne française allait être immédiatement anéantie. Wrède, non content de donner ses ordres,

Les premières troupes appelées par Alexandre ne tardèrent pas à entrer en ligne ; la batterie du colonel Markoff ouvrit le feu dès que la colonne française arriva à portée, mais comme l'infanterie de Pacthod défilait à l'abri d'un pli de terrain, ses projectiles passèrent au-dessus d'elle sans l'atteindre et vinrent tomber dans les rangs des hussards de Wassiltchikoff. Celui-ci prenant cette batterie pour une batterie française, ordonna à son artillerie de riposter et de la canonner. Quelques boulets russes vinrent tomber sur la hauteur même où se tenaient les souverains, et à peu de distance de l'empereur Alexandre. On se hâta de mettre fin à cette méprise, et quelques instants plus tard les batteries russes, en position sur les deux flancs de la colonne française, firent converger leur tir sur les carrés de Pacthod.

Jusqu'à ce moment, Pacthod avait conservé l'espoir de parvenir à gagner Fère-Champenoise. Il n'avait eu affaire qu'à la cavalerie russe, et Korff, comme Wassiltchikoff, avait reçu l'ordre de ne pas trop le presser, afin de donner à l'artillerie le temps de rejoindre et de se mettre en batterie. Prenant les premières salves de la batterie de Markoff pour le canon des maréchaux, l'infanterie française se croyait sauvée, alors que sa perte était certaine et la catastrophe inévitable.

Pris en écharpe par l'artillerie russe, suivi par la cavalerie de Korff, débordé par celle de Wassiltchikoff, Pacthod, renonçant à s'ouvrir le chemin de Fère-Champenoise, donna à ses carrés, réduits à quatre par les pertes subies en route, l'ordre de gagner du terrain vers la droite et d'échapper, s'il était possible, à l'action des troupes qui garnissaient les hauteurs de Fère-Champenoise [1].

Bien qu'exposés aux feux convergents de l'artillerie russe et décimés par les boulets qui éclaircissaient leurs rangs à chaque

---

enleva les troupes par son exemple ; mais la persévérance et l'énergie du commandant de la colonne française firent échouer ses efforts. La cavalerie alliée fut reçue partout par les feux bien dirigés de l'artillerie et de l'infanterie françaises, et le comte Wrède ne fut pas plus heureux dans ses attaques que ne l'avaient été Korff et Wassiltchikoff. »

Taxis ajoute : « La cavalerie alliée exécute plus de vingt charges contre les carrés français qui tiennent bon et qui résistent avec une admirable ténacité à leur choc. »

[1] Rapport du général Delort au ministre la guerre, Paris, 27 mai 1814. (*Archives de la guerre.*)

pas, les carrés français marchaient encore fièrement et en bon ordre dans la direction des marais de Saint-Gond ; mais ce mouvement n'avait pas échappé à Alexandre. Pressé d'en finir avec la résistance héroïque de cette poignée d'hommes qui l'exaspérait et qu'il ne pouvait s'empêcher d'admirer, il envoya à Korff et à Wassiltchikoff l'ordre de renouveler leurs attaques.

Un des quatre carrés français, criblé par les boulets de l'artil- de Wassiltchikoff et de Markoff et presque entièrement détruit, est bientôt hors d'état de continuer la lutte et les quelques hommes qui restent encore debout sont obligés de déposer les armes. Le général Borosdin, à la tête des régiments de dragons de la Nouvelle-Russie et de Kargopol (division du général Korff) charge un deuxième carré, l'enfonce, le culbute et enlève quatre canons[1]. Les débris de ce carré groupés autour du général Pacthod rejoignirent à grand'peine les deux derniers carrés qui, battus par la mitraille et perdant du monde à chaque pas, se réunirent en une seule masse et continuèrent leur retraite vers les marais.

Pendant ce temps, les Alliés n'avaient cessé de recevoir des renforts. L'infanterie de Raïeffsky se rapprochait du champ de bataille au pas de course. La cavalerie enserrait de plus en plus le dernier carré ; mais la nuit approchait et comme on n'était plus qu'à peu de distance de Bannes, un dernier effort semblait devoir assurer le salut du dernier carré, lorsque le général Depreradovitch, débouchant à l'improviste avec les chevaliers-gardes et quatre pièces d'artillerie à cheval à l'est de Bannes entre Aulnay-aux-Planches et Morains-le-Petit, vint barrer le chemin aux soldats de Pacthod, d'Amey et du général Thévenet. Arrêtés par l'artillerie de Depreradovitch, criblés de toutes parts par la mitraille, manquant de munitions, écrasés par ces masses

---

[1] « La marche fut continuée sous le feu meurtrier de l'artillerie jusqu'à 6 heures 1/4. A cette heure, ma brigade, exténuée de fatigue, après avoir laissé sur le champ de bataille plus de 700 hommes, après avoir épuisé toutes ses cartouches qu'elle avait consommées en repoussant de son feu plus de vingt charges de cavalerie, à cette heure, ma brigade battue à mitraille en queue, en flanc et en tête par le boulet, et cernée par la cavalerie à 50 toises, après 7 heures d'un combat à jamais mémorable, est tombée au pouvoir des trois armées combinées. Il n'est personne dans ma brigade qui n'ait fait au delà de ce que prescrit l'honneur le plus délicat. » (Général Delort au ministre de la guerre, Paris, 27 mai 1814, rapport sur l'affaire de Fère-Champenoise ; *Archives de la guerre.*)

qui les entouraient sans parvenir à les entamer, les Français n'en résistaient pas moins à toutes les attaques.

Ce fut en vain que l'empereur Alexandre et le roi de Prusse s'efforcèrent de mettre fin à cette héroïque, mais inutile défense. L'un des parlementaires envoyé par le tzar, le colonel Rapatel, ancien aide de camp de Moreau et alors aide de camp d'Alexandre, fut tué en essayant d'accomplir sa mission. Le lieutenant-colonel von Thiele, envoyée par le roi de Prusse, fut plus heureux. Il parvient avec son trompette jusqu'au général Pacthod qui, le bras cassé par une balle, affaibli par la perte du sang, s'avança fièrement au-devant de lui et lui demanda ce qu'il venait faire dans les rangs français. « Rendez-vous, lui crie l'officier prussien, « vous êtes cerné. — Les règlements militaires, répond le général, « ne permettent pas de parlementer sous le feu, et mon honneur « me défend de négocier tant qu'on tire. » Puis, avec le plus grand calme et avec l'urbanité la plus exquise, il annonça à Thiele qu'il le retenait prisonnier et, sans même écouter ses réclamations, il le confia à deux de ses officiers qui, prenant son cheval par la bride, firent entrer le colonel dans le carré. La lutte n'avait pas cessé un seul instant; mais les rangs des Français s'éclaircissaient de plus en plus et les boulets russes traçaient des sillons sanglants dans ce groupe de désespérés qui se reformaient après chaque décharge. Une nouvelle charge, exécutée par les chevaliers-gardes, les cosaques de la garde du colonel Effremoff, les uhlans de la garde, les dragons de Siéwersk, de Kinburn et de Smolensk et les hussards de Lubny, parvint enfin à renverser cette muraille vivante. Transporté d'enthousiasme et profondément ému par tant de courage, l'empereur Alexandre, sourd aux représentations de ses officiers, pénétra lui-même avec son escorte dans le carré afin de mettre un terme au carnage et de sauver les braves qui avaient survécu[1].

Dès que le feu eût cessé, le tzar qui avait donné l'ordre de traiter les prisonniers avec la plus grande humanité, de relever et de soigner les blessés, se fit présenter les généraux Pacthod, Amey, Delort, Bouté, Thévenet et Jamin, leur exprima en termes émus l'admiration que lui avait inspirée leur héroïque défense et

---

[1] « Je veux les sauver ! » (Paroles d'Alexandre rapportées par KNESTOFFSKY. *Historique du régiment de uhlans de la garde de S. M. l'Empereur.*)

donna ordre de leur rendre leur épée, leurs chevaux et les objets leur appartenant.

Des deux divisions des généraux Pacthod et Amey, ce fut à peine si quelques hommes réussirent à échapper et parvinrent, grâce aux ténèbres, à gagner les marais de Saint-Gond.

Le chiffre exact des pertes éprouvées par les maréchaux, par Pacthod et par Amey dans le sanglant combat de Fère-Champenoise, est impossible à établir puisque le général Delort seul a fourni l'état des pertes de sa brigade. D'autre part, les différences sensibles qu'on trouve dans les rapports des généraux alliés ne permettent même pas d'arriver à un chiffre approximatif.

D'après le *Journal d'opérations de la grande armée*, 92 canons, 5 obusiers, 74 caissons et 6,000 hommes seraient tombés entre les mains de la cavalerie alliée.

Barclay de Tolly, dans son *Journal d'opérations*, évalue les pertes des Français à 11,000 hommes hors de combat et à 75 canons pris ou ramassés sur le terrain.

Taxis, en constatant l'anéantissement des divisions Pacthod et Amey, ne parle que de l'enlèvement de 40 bouches à feu, tandis que la *Feld-Zeitung* donne un total de 4,000 hommes et de 15 canons pris aux divisions Pacthod et Amey.

Le prince royal de Wurtemberg qui, dans son premier rapport au prince de Schwarzenberg, avait fait mention de vingt canons pris ou abandonnés et de plusieurs milliers de prisonniers, ne donne guère plus de renseignements dans sa deuxième relation datée de Paris, 13 avril, et se borne à porter à 30 le nombre des pièces prises aux maréchaux[1]. Enfin, dans la dépêche qu'il adres-

---

[1] Journal d'opérations de Barclay de Tolly (*Archives topographiques*, n° 29188); Rapport du général aide de camp baron Korff au général comte de Langeron (*Journal des pièces reçues*, n° 576); Journal d'opérations du général comte de Langeron (*Archives topographiques*, n° 29103); Relation du colonel Markoff; KARATOFFSKY, *Historique du régiment de uhlans de la garde de S. M. l'Empereur*; *Historique du régiment de cosaques de la garde* (régiment de l'Empereur); Renseignements sur la force et les mouvements des divisions de gardes nationales des généraux Pacthod et Amey (*Archives de la guerre*); Général Delort au ministre de la guerre, Paris, 27 mai 1814, rapport sur l'affaire de Fère-Champenoise (*Ibid.*).

Général HEILMANN, *Der Feld-Marschall Fürst Wrede*; Général von HEILLDORFF, *Aus dem Leben des Prinzen Eugen von Würtemberg*; *Journal de l'armée*;

sait le soir même du combat de Fère-Champenoise à Blücher[1], le généralissime lui disait : « La marche en avant de l'armée a été couronnée de succès. L'ennemi a été rejeté sur toute la ligne et culbuté malgré sa résistance. Nous lui avons pris plus de trente canons, une quantité de caissons et de voitures, cinq généraux et plusieurs milliers d'hommes. »

Considérations sur le double combat de Fère-Champenoise. — La résistance héroïque et désespérée des divisions Pacthod et Amey, en ajoutant une page glorieuse à nos annales militaires, n'a pas peu contribué à jeter un voile sur les fautes de Marmont. Sans revenir sur les faux mouvements qui empêchèrent le maréchal de contrarier et de ralentir les opérations de l'armée de Silésie, on ne saurait expliquer par la démoralisation de ses troupes, par le découragement de ses généraux, l'incompréhensible insouciance avec laquelle, tout en affectant de se conformer à l'ordre du major-général, le duc de Raguse continua à pousser sur Vitry. Jugeant superflu de s'éclairer, il ne s'aperçut de la présence des armées alliées qu'au moment où la cavalerie des IVe et VIe corps était sur le point de commencer l'attaque. Sa défaite et les pertes considérables éprouvées dans la retraite de Soudé-Sainte-Croix sur Allemant allaient, du reste, avoir des conséquences funestes. La route de Paris était ouverte et, après avoir perdu leur ligne de retraite la plus directe, c'était à peine si les maréchaux pouvaient encore espérer arriver sous les murs de la capitale avant les armées de la Coalition.

Du côté des Alliés, on aurait pu tirer un bien meilleur parti d'une situation exceptionnellement avantageuse, et les opérations

---

Affaire des divisions Pacthod et Amey, le 25 mars 1814, T. III; *Feld Zeitung*, n° 72, Armée de Silésie, Affaire du 25 mars 1814 (*K. K. Kriegs Archiv.*, IV, 268); STÄRKE, Ejntheilung und Tagesbegebenheiten der Haupt-Armee im Monate März (*Ibid.*, III. 1); TAXIS, *Tagebuch* (*Ibid*, XIII, 32); Prince royal de Würtemberg à Schwarzenberg, Corroy, 26 mars, 1 heure du matin (*Ibid.*, III, 452); Prince royal de Wurtemberg au prince de Schwarzenberg, Paris 12 avril 1814 : Relations des combats de Fère-Champenoise (*Ibid*, IV, 115); Schwarzenberg à Blücher, Fère-Champenoise, 25 mars, 10 heures du soir (*Ibid.*, III, 448); *Armee Nachrichten* (*Ibid.*, III, 431), et von HELLER, *Geschichte des Feldzuges 1814 gegen Frankreich unter besonderer Berücksichtigung der Antheilnahme der Königlich-württembergischen Truppen.*

[1] Prince de Schwarzenberg au feld-maréchal Blücher, Fère-Champenoise, 25 mars, 10 heures soir (*K. K. Kriegs Archiv.*, III, 448).

des deux grandes armées auraient dû amener des résultats bien autrement considérables. Comme les maréchaux n'avaient de retraite possible que par Étoges ou par Sézanne, comme on devait s'attendre à les voir, au lieu de rester tranquillement sur leurs positions, se diriger au plus vite sur Montmirail, on aurait dû presser la marche d'York qui, arrivé à Viffort le 24, les aurait précédés le 25 à Sézanne. Il aurait fallu dès le matin charger un corps de cavalerie, soutenu par plusieurs batteries d'artillerie à cheval, de déborder la droite des maréchaux et utiliser à cet effet la cavalerie de la garde, la faire arriver entre Connantray et Sézanne, et traîner en longueur l'attaque dirigée contre les têtes de colonne jusqu'à ce que le mouvement tournant ait eu le temps de s'effectuer. En agissant de la sorte, on aurait permis aux corps russes de l'armée de Silésie d'amener en temps opportun leur infanterie et leur artillerie sur la gauche et les derrières des maréchaux et de Pacthod.

Leur sort aurait alors été certain et leur situation presque désespérée. Comme le fait justement remarquer Clausewitz[1], « les Français n'auraient eu d'autre ressource que de se dérober vers l'Aube. N'ayant pas de routes à leur disposition, ils n'auraient pu échapper à la poursuite des Alliés. En admettant qu'ils n'eussent pas été contraints de mettre bas les armes, ils auraient été en tous cas obligés de se disperser. »

Après avoir essayé d'indiquer les graves conséquences qu'aurait eues une opération qu'il eût été si aisé de combiner rationnellement au point de vue stratégique, on ne saurait s'empêcher de faire remarquer que, comme l'écrivait le prince royal de Wurtemberg[2], « les brillants résultats de cette journée sont uniquement dus à l'action de la cavalerie ». Et le prince, entraîné par son ardeur, ajoute, sans même s'apercevoir qu'il critique lui-même la façon dont il a opéré : « Mon infanterie n'a pu arriver en ligne. De plus, j'avais dû laisser à Connantray deux de mes batteries à cheval dont les chevaux, complètement épuisés par 8 heures de marche, de combats et de poursuite continuels, étaient hors d'état de traîner plus loin les pièces. » La batterie à cheval de la

---

[1] Clausewitz, *Critique stratégique de la campagne de France de 1814.*
[2] Prince royal de Wurtemberg au prince de Schwarzenberg, Corroy, 26 mars, 1 heure matin (*K. K. Kriegs. Archiv.*, III, 425).

cavalerie légère de la garde avait seule pu donner jusqu'au bout avec un entrain et une énergie remarquables. Au lieu de se précipiter tête baissée avec sa seule cavalerie d'avant-garde sur les maréchaux, le prince royal aurait pu obtenir des résultats plus considérables en attendant tout au moins l'entrée en ligne du gros de sa cavalerie pour commencer l'attaque. Il aurait pu alors disposer vers la fin de la lutte de l'infanterie du VIe corps, utiliser toutes ses forces, tirer parti de son artillerie pendant toute la durée du combat et engager ses escadrons simultanément au lieu d'en être réduit à les jeter sur les Français au fur et à mesure de leur arrivée. Il est d'ailleurs à remarquer que les mêmes fautes ont été commises, mais dans des conditions essentiellement différentes, du côté de l'armée de Silésie, et qu'elles y ont été causées par la prudence exagérée et la timidité inexplicable du général Korff. En somme, tant à l'armée de Silésie qu'à l'armée de Bohème, on a préféré les attaques partielles à une action générale et on a facilité la résistance, atténué la gravité de la situation des maréchaux et de Pacthod en négligeant de faire préparer et soutenir les charges par les feux de l'artillerie à cheval.

Moins de précipitation de la part du prince royal de Wurtemberg, moins de prudence et d'hésitation du côté de Korff, moins de décousu dans la conduite générale des troupes engagées, plus d'habileté dans l'emploi des deux armes présentes sur le terrain, auraient suffi pour anéantir les faibles corps dont les débris allaient encore essayer de s'opposer à la marche des armées alliées et pour renverser le seul obstacle qui se dressait entre elles et Paris.

Mieux combiné et livré avec plus de sagesse, avec plus d'entente des choses de la guerre, le double combat de Fère-Champenoise leur aurait livré sans coup férir la capitale hors d'état de se défendre, par cela même que les formations nouvelles qu'on y rassemblait à la hâte n'auraient été ni renforcées, ni soutenues, ni encadrées par les troupes de Marmont et de Mortier. L'affaire de Fère-Champenoise n'en reste pas moins un fait d'armes glorieux pour la cavalerie alliée. Mais le manque de direction intelligente, l'absence de préparation raisonnée, l'intervention insuffisante du commandement supérieur qui n'a pas su tirer parti des forces dont il disposait, ont affaibli et amoindri les conséquences de cette brillante affaire de cavalerie. Entraîné par sa haine et par son ardeur, le prince royal de Wurtemberg a, comme la plupart des généraux alliés, cru superflu d'avoir recours à l'action combinée des trois armes; il a même aggravé cette faute en précipitant sa marche, en hâtant ses attaques au point d'inutiliser son artillerie et de la mettre dans l'impossibilité de prendre part à la lutte finale au moment où quelques volées de mitraille, quelques salves de ses batteries auraient consommé la perte des maréchaux. S'il avait suivi l'exemple que Napoléon avait donné à Vauchamps et à Reims, s'il avait manœuvré et employé son artillerie comme l'Empereur allait le faire le lendemain à Saint-Dizier, il aurait eu la gloire de remporter entre Fère-Champenoise et Connantray une victoire décisive qui aurait livré Paris aux Alliés et vraisemblablement mis fin à la campagne.

Mouvements des III\ :sup:`e`, IV\ :sup:`e`, V\ :sup:`e` et VI\ :sup:`e` corps et positions des différents corps de la grande armée alliée le 25 mars au soir. — Les fautes commises par les Alliés, tant au point de vue tactique qu'au point de vue stratégique, allaient du reste se faire sentir de suite, et le prince royal de Wurtemberg, en annonçant qu'il occupait avec les IV\ :sup:`e` et VI\ :sup:`e` corps les positions indiquées par l'ordre du généralissime, ajoutait en terminant son rapport [1] : « Je désire que mes troupes, fatiguées par les combats d'aujourd'hui, ne soient pas obligées de se mettre en route demain de trop bonne heure. » C'était reconnaître que les efforts excessifs demandés aux hommes et aux chevaux l'empêchaient de poursuivre l'ennemi qu'il avait mis en déroute et auquel il donnait ainsi le temps de se reformer et de reprendre de l'avance.

L'infanterie des IV\ :sup:`e`, V\ :sup:`e` et VI\ :sup:`e` corps avait exécuté sans encombre les mouvements indiqués par la disposition générale. Gyulay n'ayant reçu les ordres de mouvement que dans la nuit du 24 au 25 mars, le gros du III\ :sup:`e` corps n'avait pu quitter Mailly qu'à 5 heures du matin pour se diriger par Montepreux vers Fère-Champenoise. Dans le courant de l'après-midi, le feldzeugmeister avait, lui aussi, entendu la canonnade. Bien qu'il eût immédiatement poussé en avant les chevau-légers de Rosenberg et quelques pièces d'artillerie à cheval, ces cavaliers n'arrivèrent

---

[1] Prince royal de Wurtemberg au prince de Schwarzenberg, Corroy, 26 mars, 1 heure du matin. (*K. K. Kriegs Archiv.*, III, 452.)

sur le lieu du combat que lorsque tout était sur le point de finir. Le reste du IIIe corps, se composant des troupes placées sous les ordres du feld-maréchal-lieutenant Fresnel, avait quitté Arcis-sur-Aube le matin, escortant les colonnes de munitions et les convois de vivres. Vers midi Fresnel avait trouvé à Salon les cosaques du général Seslavin qui, avant de prendre la part que l'on sait au combat de Fère-Champenoise, avaient chassé des environs de Pleurs dans la direction de Sézanne, les quelques partis français qui s'étaient montrés de ce côté. Deux escadrons de chevau-légers de Klenau remplacèrent les cosaques de Seslavin. Afin de se couvrir contre les mouvements de la cavalerie française appartenant à la colonne du général Souham, dont on lui avait signalé la présence à Nogent-sur-Seine, Fresnel avait en outre laissé à Méry et à Plancy un escadron de chevau-légers de Klenau.

Le 25 au soir la grande armée de Bohême occupait les positions suivantes : la cavalerie légère de Pahlen s'était établie à Linthes, Linthelles, Saint-Loup et Broussy-le-Grand et avait poussé ses avant-postes jusqu'au pied de la hauteur d'Allemant où les maréchaux s'étaient arrêtés. A sa gauche, le prince Adam de Wurtemberg, cantonné avec la cavalerie du IVe corps aux environs de Pleurs, avait derrière lui les cuirassiers autrichiens du comte Nostitz à Ognes. Le reste de la cavalerie de Pahlen (cuirassiers du général Krétoff) et le grand-duc Constantin avec la cavalerie de la garde russe passèrent la nuit du côté de Vaure-froy.

Les IVe et VIe corps bivouaquèrent au sud de Fère-Champenoise, entre cette ville et Corroy, où le prince royal de Wurtemberg avait mis son quartier général. La tête du IIIe corps ne dépassa pas Œuvy et son gros se cantonna à Gourgançon. Les gardes et réserves de Barclay de Tolly, dont le quartier général vint à Connantray, s'établirent entre ce village et Vaurefroy. Enfin l'infanterie du Ve corps, qui avait passé par Faux-sur-Coole et Dommartin-Lettrée, arriva vers le soir au nord et à l'est de Fère-Champenoise. La cavalerie de ce corps, sous les ordres de Frimont, avait été poussée trop à droite et n'avait pu prendre aucune part aux derniers combats; mais elle avait enlevé un courrier porteur de dépêches importantes du ministre de la police, Savary, dépêches par lesquelles le duc de Rovigo, annonçant à Napoléon l'entrée du duc d'Angoulême à Bordeaux, lui signalait l'agitation croissante que l'on entretenait à Paris et suppliait l'Empereur de revenir au plus vite dans sa capitale [1].

La grande armée alliée tout entière était donc concentrée le 25 au soir autour de Fère-Champenoise où l'empereur de Russie, le roi de Prusse et le prince de Schwarzenberg avaient transporté leurs quartiers généraux [2].

Positions des corps russes de l'armée de Silésie le 25 mars au soir. — L'infanterie des corps russes aux ordres de Langeron, Sacken et Strogonoff, formant le gros de l'une des deux colonnes séparées de l'armée de Silésie, occupa le soir Étoges, où Blücher, furieux de se voir dans l'impossibilité de prendre une part active aux charges de cavalerie, était venu s'établir dans le courant de la journée [3].

Langeron avait poussé plus au sud avec le VIII° corps russe [4] (général Rudzewitch); mais sur l'ordre formel de l'empereur de Russie, l'infanterie de Woronzoff était restée du côté de Vatry.

La cavalerie des généraux Korff et Wassiltchikoff passa la nuit sur le champ de bataille même.

Marche des Ier et IIe corps prussiens sur Montmirail. — Mouvement de la cavalerie de Zieten sur Étoges et Fère-Champenoise. — La 2° colonne de l'armée de Silésie, formée par les Ier et IIe corps prussiens venant de Château-Thierry, s'arrêta à Montmirail occupé depuis la veille au soir par la cavalerie de réserve sous les ordres de Zieten et y prit position sur la route de Châlons. York ignorait à ce moment les résolutions de la veille, mais connaissant la direction suivie par les maréchaux, il n'avait gardé que six escadrons pour assurer le service de sûreté des deux corps. Dès la veille au soir, il avait ordonné à Zieten

---

[1] Taxis, *Tagebuch.* (*K. K. Kriegs Archiv.*, III, 32.)

[2] Stärke, Eintheilung und Tagesbegebenheiten der Haupt-Armee im Monate März (*Ibid.*, III, 1), et Journal d'opérations de Barclay de Tolly (*Archives topographiques*, n° 29188).

[3] *Tagebuch des Generals der Kavallerie Grafen von Nostitz.* (*Kriegsgeschichtliche Einzelschriften*, 1884, V, 133.)

[4] Journal d'opérations du général comte de Langeron. (*Archives topographiques*, n° 29103.)

ainsi qu'à Katzler entré le 24 à Champaubert, de continuer sur Étoges afin de chercher et de rétablir la communication avec l'autre colonne de l'armée de Silésie pendant que le colonel von Blücher (avant-garde du IIe corps), établi à Le Gault, devait se borner à envoyer un parti en reconnaissance vers Sézanne.

Sur ses derrières, les coureurs des deux corps prussiens continuaient à se répandre sur les deux rives de la Marne. Un parti de 200 chevaux, détaché par les troupes qui occupaient Château-Thierry depuis le 24 et posté à Montreuil-aux-Lions, fourrageait à son aise jusque sur les bords de l'Ourcq et jetait l'alarme à Meaux où le général Ledru des Essarts n'avait sous ses ordres que des conscrits et des gardes nationaux, n'ayant aucune instruction militaire et ne sachant ni tenir ni charger leurs armes [1].

Sur la rive gauche de la Marne, la cavalerie du IIe corps prussien avait également poussé, dans la direction de La Ferté-sous-Jouarre, Coulommiers et La Ferté-Gaucher, des partis qui, flanquant l'aile droite de Kleist et d'York, s'étaient établis dans la nuit du 24 au 25 au château de Moras vers La Ferté-sous-Jouarre et en avant de Verdelot sur la route de Rebais. Dans la matinée, puis dans l'après-midi du 25 les cosaques avaient attaqué sur la route de Château-Thierry les postes avancés de l'adjudant-commandant Michal qui, n'ayant que 200 hommes pour garder La Ferté-sous-Jouarre, ne tarda pas à évacuer cette ville [2]. Un autre parti avait ramené le corps franc du colonel Simon et quelques gardes d'honneur du général Vincent jusqu'à Rebais. Ces troupes n'y firent d'ailleurs qu'un séjour de quelques heures et se replièrent dans la nuit sur Coulommiers à la nouvelle de l'évacuation de La Ferté-sous-Jouarre.

Pendant ce temps, Zieten, précédé par l'avant-garde de Katzler (deux régiments de hussards), avait continué, le 25 au matin, sa marche vers Châlons et s'était porté sur Étoges. Arrivé sur ce point vers 3 heures de l'après-midi, il avait poussé l'avant-garde de Katzler à Bergères-les-Vertus; mais ses hommes et ses chevaux étaient tellement épuisés qu'il résolut de leur accorder quel-

---

[1] Ledru des Essarts au Ministre de la guerre, Meaux, 24 et 25 mars. (*Archives de la guerre.*)
[2] Adjudant-commandant Michal, La Ferté-sous-Jouarre, 25 mars, et général Vincent au Ministre, Coulommiers, 25 mars. (*Ibid.*)

ques heures de repos. Les troupes prussiennes venaient à peine de s'installer pour la halte que l'on entendit une violente canonnade du côté du sud, dans la direction de Fère-Champenoise. Zieten en conclut que la première colonne de l'armée de Silésie, formée par les corps russes, avait dû atteindre et attaquer les Maréchaux. Laissant alors son infanterie, son artillerie et ses voitures avec le lieutenant-colonel von Klux à Étoges, il donna aussitôt à sa cavalerie l'ordre de remonter à cheval et envoya le major comte Schmettow, avec un peloton d'escorte, prévenir Katzler de la modification qu'il faisait subir à ses projets. Zieten avait le choix entre deux partis : il pouvait, ou passer à l'ouest du marais de Saint-Gond et chercher à gagner Sézanne par le défilé de Saint-Prix, ou bien dépasser les marais et se diriger par Colligny et Morains-le-Petit sur Fère-Champenoise où il entendait tonner le canon. Dans le premier cas il avait assurément quelques chances de couper la retraite aux Maréchaux et d'assurer leur perte en paraissant sur leurs derrières; mais, pour cela, il lui fallait retirer son infanterie de Sézanne, la porter en avant et la charger de garder le défilé de Saint-Prix. Enfin, la route était longue et ses chevaux étaient trop fatigués pour lui permettre de marcher avec la rapidité voulue. D'autre part, en allant droit au canon, il s'écartait moins des instructions qu'on lui avait données; il avait moins de chemin à parcourir; il pouvait être rejoint par l'avant-garde de Katzler à laquelle il avait donné l'ordre de se rabattre à droite de la route de Châlons sur Trécon et, selon toute probabilité, il devait arriver encore à temps sur le champ de bataille. Ces différentes raisons décidèrent Zieten à donner la préférence à ce dernier parti. Mais, obligé de contourner les marais, de prendre par Colligny et Morains-le-Petit, il ne déboucha à hauteur de ce dernier village que le soir, au moment où les Maréchaux avaient déjà atteint la position d'Allemant, au moment où la cavalerie alliée avait achevé d'anéantir les divisions de Pacthod et d'Amey. Un de ses régiments (le 2ᵉ hussards du corps), qui formait la tête de colonne, avait seul réussi à traverser les marais; mais la marche de ce régiment avait tellement détérioré les passages que l'on renonça à engager le reste de la cavalerie à sa suite. Zieten résolut néanmoins de tirer parti du mouvement qu'il venait d'opérer dans la direction de Fère-Champenoise et de profiter du changement de direction qu'il avait apporté à sa marche pour essayer de prévenir à Sézanne les Maréchaux forcés de se mettre en retraite sur ce point [1].

La reconnaissance que, sur l'ordre d'York, le colonel von Blücher avait poussée de Le Gault vers Sézanne, avait donné à l'est de Mœurs, au passage du Morin, contre des postes de cavalerie française, et l'interrogatoire des prisonniers lui avait révélé la présence à Sézanne de la division du général Compans. Celui-ci, informé dès 10 heures du matin de l'apparition de la cavalerie prussienne sur la route de Coulommiers, avait fait renforcer ses avant-postes de Mœurs. La retraite presque immédiate du parti de cavalerie du capitaine von Waldow, la rapidité avec laquelle ce détachement s'était replié, lui avaient prouvé qu'il n'était pas immédiatement menacé de ce côté. Momentanément rassuré sur ce point, le général Compans [2] n'en était pas moins dans une situation des plus difficiles. Il n'avait plus avec lui que 300 chevaux et 1600 à 1800 hommes d'une solidité douteuse, avec lesquels il lui fallait assurer la garde d'un gros convoi de 130 voitures d'artillerie. Malgré la disparition du parti du capitaine von Waldow, il savait de façon positive qu'York et Kleist, postés à Montmirail, pouvaient le prendre à revers et lui barrer le lendemain le chemin de Coulommiers et de La Ferté-Gaucher. De plus, dès les premières heures de l'après-midi, il était fixé sur la tournure que prenait le combat dans lequel les Maréchaux étaient engagés. Le bruit du canon se rapprochait de plus en plus ; les fuyards, de plus en plus nombreux, arrivaient en désordre, éperdus, sans armes, apportant des nouvelles plus alarmantes les unes que les autres et malheureusement trop vraies. S'attendant à recevoir à tout instant un avis de Marmont lui annonçant qu'il se repliait sur Sézanne, le général Compans résolut par suite de rester sur ses positions jusqu'à la fin de la journée.

---

[1] GURETZKY-CORNITZ, *Historique du régiment de uhlans n° 3*; BEITZKE, *Leben des General-Lieutenants von Sohr*; HENCKEL VON DONNERSMARK, *Erinnerungen aus meinem Leben*; Journal du 1er régiment de dragons de Lithuanie; Journal du 1er régiment de dragons de la Prusse occidentale; Journal de marche de la division de cavalerie de réserve du Ier corps aux ordres du général von Jürgass.

[2] Général Compans au Ministre de la guerre, Sézanne, 25 mars, 10 heures soir. (*Archives de la guerre.*)

Le général Compans évacue Sézanne dans la nuit du 25 au 26 mars. — La nuit vint sans qu'aucun ordre lui fût parvenu et ce fut uniquement par les fuyards qu'il apprit que le duc de Raguse, au lieu de se retirer sur lui, s'était dirigé sur Allemant. La route de Fère-Champenoise à Sézanne était désormais ouverte. Vers 10 heures du soir, les coureurs alliés étaient déjà signalés à 6 ou 7 kilomètres de la ville. Craignant de compromettre inutilement le sort de sa faible division et du matériel confié à sa garde, le général Compans se décida alors à commencer l'évacuation de Sézanne que ses troupes eurent l'ordre de quitter à minuit pour se diriger sur La Ferté-Gaucher.

Il n'y laissa qu'une arrière-garde de 200 chevaux chargés d'y rester en position jusqu'au jour.

Quand, fort avant dans la soirée, le duc de Raguse lui envoya un officier pour lui demander de conserver sa position jusqu'au lendemain, il était déjà trop tard; l'évacuation était presque entièrement achevée, et le mouvement, que le Maréchal voulait empêcher, avait commencé depuis plusieurs heures.

Bülow devant Soissons. — Mouvements contre Compiègne.
A l'extrême droite de l'armée de Silésie, Bülow continuait les travaux d'approche contre Soissons et ses tranchées arrivaient, dans la nuit du 25 au 26, jusqu'à la contrescarpe du corps de place.

Plus à droite encore, du côté de Compiègne, des coureurs prussiens sortis de Noyon avaient paru dans la matinée à Clairoix; ils précédaient un assez gros détachement de cavalerie qui, établi à Janville, couvrait les quartiers que l'infanterie venait de prendre à 4 kilomètres environ plus en arrière, à Thourotte[1]. Ces mouvements n'avaient pas échappé à la vigilance de la garnison. Du reste, à Compiègne comme à Soissons, Otenin et Gérard étaient décidés à défendre à tout prix les places dont on leur avait confié la défense.

Opérations de la division légère du prince Maurice Liechtenstein. — Mouvements du général Allix. — A l'extrême gauche de la grande armée, le prince Maurice Liechtenstein se tenait avec sa division légère sur la route de Troyes à

---

[1] Major Otenin au Ministre, Compiègne, 25 mars. (*Archives de la guerre.*)

Dijon qu'il éclairait avec sa cavalerie. Posté à Chanceaux, il battait, aussi bien qu'il pouvait le faire avec les faibles effectifs dont il disposait, le pays entre la Marne, l'Aube et la Seine[1].

Bien que le général Allix eût à peine dépassé Joigny et qu'il se fût borné à envoyer le 24 quelques gendarmes à Tonnerre, bien que le général Latour à Auxerre n'eût autour de lui qu'une centaine d'hommes, le prince Liechtenstein se croyait cependant obligé à redoubler de prudence et à tâter le terrain avant d'établir sa division à Montbard, comme on venait de le lui prescrire. « Le pays entre la Loire et l'Yonne, le Nivernais et le Morvan sont très excités contre nous, écrivait-il à l'empereur François[2]. On y enlève nos partis, on prend et on massacre nos courriers et nos patrouilles. » Et il ajoutait : « Le prince de Hohenlohe, arrivé à Châtillon avec la garnison de Troyes, a fait savoir au major von Wüsthoff que, loin de le suivre, les généraux Fresnel et Crenneville ont été appelés par le feldzeugmeister comte Gyulay. » Aussi, craignant surtout pour sa gauche, Liechtenstein, avant d'exécuter son mouvement sur Montbard, avait fait partir de Chanceaux trois partis, forts chacun de 150 chevaux. L'un, celui du major Nagy, dirigé sur Montbard, devait envoyer des patrouilles volantes à Semur et à Noyers. Un deuxième, allant à Châtillon-sur-Seine, était chargé d'éclairer au centre vers Troyes, pendant qu'un troisième, celui du major von Wüsthoff, poussé plus à droite par Courban sur Château-Vilain, s'avancerait sur Chaumont.

Mouvements de Winzingerode. — Hésitation de l'Empereur. — Winzingerode[3], se conformant aux instructions spéciales dictées par l'empereur Alexandre en personne au prince Wol-

---

[1] Prince Maurice Liechtenstein au feldzeugmeister Duka. Chanceaux, 25 mars (*K. K. Kriegs Archiv.*, III, 451) : « Mes deux régiments de chevau-légers O'Reilly et Kaiser sont réduits à 600 chevaux. »

[2] Prince Maurice Liechtenstein à l'empereur d'Autriche, Chanceaux, 25 mars. (*K. K. Kriegs Archiv.*, III, 455.)

[3] Composition du corps de Winzingerode : 1° Cavalerie régulière sous les ordres du général Orurk : régiments de dragons de Saint-Pétersbourg, de Riga, de Finlande, régiments de hussards de Pavlograd, Elisabethgrad et d'Izioume (23 escadrons) ; 2° Cavalerie irrégulière : 12 régiments de cosaques ; 3° Artillerie à cheval : 42 bouches à feu ; 4° Infanterie : 800 hommes environ du 6e régiment de chasseurs ; le tout formant un total d'un peu plus de 7,000 hommes, auxquels il convient d'ajouter les troupes sous les ordres de Tchernitcheff : régi-

konsky, avait, dès le 25 au matin, quitté Thiéblemont avec le gros de son corps et, précédé par une avant garde sous les ordres de Tettenborn, il avait repris son mouvement sur Saint-Dizier.

Pendant que la cavalerie russe s'approchait de la Marne et se disposait à la franchir, Napoléon arrivé depuis la veille à Doulevant résolut de s'y arrêter pendant la journée du 25 et prescrivit à Berthier de suspendre jusqu'à nouvel ordre la marche de son armée. A 3 heures 1/2 du matin le major-général écrivait à Ney, à Macdonald et à Sébastiani : « Ce n'est que dans 4 ou 5 heures d'ici que Sa Majesté aura des idées claires sur ce que fait l'ennemi. Il est donc nécessaire que personne ne bouge [1]. »

En attendant, au lieu de marcher tout de suite sur Colombey-les-Deux-Églises, comme il en avait l'intention la veille, Napoléon se borna à envoyer d'Éclaron par Montier-en-Der sur Brienne la brigade de cavalerie du général Maurin et à la charger d'éclairer les villages de Giffaumont, Droyes, Chavanges et Margerie, les ponts de Lesmont et de Rosnay et de savoir définitivement ce que faisaient les Alliés. 500 chevaux tirés, avec 2 canons, des corps sous les ordres de Macdonald, devaient occuper Joinville où le général Defrance enverrait également un parti. Quant à Piré, il continuait sur Chaumont d'où il avait ordre de pousser des partis sur Langres afin de voir si on pourrait s'emparer de cette ville [2]. Les coureurs de Saint Germain se dirigeaient sur Bar-sur-Aube. Sébastiani s'arrêtait et faisait reposer ses troupes en attendant des ordres. Enfin un officier d'état-major filait sur Bar-sur-Aube, Nogent et Paris « pour donner des nouvelles de l'Empereur et lui en envoyer [3] ».

---

ment de uhlans de Volhynie, 1er régiment de Baschkyrs, six régiments de cosaques et une demi-batterie d'artillerie à cheval (4 pièces), représentant un effectif d'environ 2,800 hommes. Le corps volant du major prussien comte Falkenhausen, marchait avec les cavaliers de Winzingerode qui disposait ainsi d'un peu plus de 10,000 hommes et de 46 canons. (État de situation du corps de Winzingerode à la date du 24 mars.)

[1] Major général à Ney et à Macdonald, Doulevant, 25 mars, 3 heures 1/2 du matin (Registres de Berthier, Archives de la guerre), et Correspondance, n° 21541.

[2] Major-général aux généraux Maurin, Defrance et Piré (Registres de Berthier, Archives de la guerre), et Correspondance, n° 21541.

[3] Major-général à Saint-Germain et Sébastiani, et ordre à l'officier d'état-major Gentil. (Archives de la guerre.)

La perplexité momentanée de l'Empereur est assez facile à expliquer. La journée du 24 ne lui avait fourni aucun renseignement sérieux, aucune des indications positives dont il avait besoin pour continuer résolument sa marche dès qu'il aurait acquis la certitude d'avoir entraîné ses adversaires à sa suite.

Macdonald n'avait été suivi de Vitry à Saint-Dizier que par des coureurs; mais il avait reconnu la présence, sur la rive gauche de la Marne, de 3,000 chevaux qui avaient pris position, dans la nuit du 24 au 25, entre Landricourt et la ferme du Petit-Jard[1].

Les rapports envoyés par les reconnaissances de cavalerie et arrivés à Doulevant dans la matinée n'étaient pas de nature à dissiper les doutes de l'Empereur. Dans une première dépêche, partie de Daillancourt à 6 heures du matin, Piré signalait l'existence d'avant-postes alliés à Soncourt, sur la route de Chaumont à Joinville. D'après ses renseignements Chaumont était encore occupé le 24 au soir et le général, au lieu de pousser droit sur cette ville, croyait plus prudent, afin d'assurer ses communications avec l'armée, de se rendre par la traverse à Biernes, au nord de Colombey-les-Deux-Églises, d'y prendre position et d'envoyer de là des partis sur Chaumont, tant par la grande route de Colombey que par le chemin de Soncourt[2]. Saint-Germain, de son côté, faisait savoir qu'il y avait à Montier-en-Der 150 cosaques, mais qu'on avait vu des feux au sud-ouest de cette ville, à Longeville, à l'embranchement des routes de Brienne et de Lesmont. La reconnaissance envoyée sur Brienne avait ramassé quelques prisonniers à Tremilly, La Chaise, et Chaumesnil; celle envoyée à Bar-sur-Aube confirmait la nouvelle du départ de l'empereur d'Autriche et annonçait l'envoi d'un convoi de vivres qui se serait dirigé le 24 sur Brienne et sur Lesmont. Elle avait appris en outre que l'empereur de Russie avait établi son quartier général à Pougy[3]. Les partis envoyés par le général Maurin n'avaient rencontré personne, ni à Rosnay, ni à Lesmont. La patrouille poussée sur Droyes en avait chassé un petit poste qui s'était replié par la route d'Outines; mais celle dirigée de Giffaumont sur

---

[1] Macdonald au major-général, Saint-Dizier, 25 mars, 5 heures du matin. (*Archives de la guerre.*)
[2] Piré au major-général, Daillancourt, 25 mars, 6 heures du matin. (*Ibid.*)
[3] Saint-Germain au major-général, Nully, 25 mars, 5 heures matin. (*Ibid.*)

Chavanges avait été arrêtée à Joncreuil par 80 chevaux qui l'avaient empêchée d'avancer, et c'était seulement sur la foi des renseignements qu'il avait pu se procurer, que le général Maurin signalait un mouvement général des Alliés sur Vitry et Châlons[1].

C'étaient là des données bien vagues et en tout cas d'une importance secondaire surtout en un pareil moment. L'évacuation de Troyes et de Bar-sur-Aube, le départ précipité de l'empereur d'Autriche pour Dijon, l'abandon imminent de Chaumont et de Langres prouvaient seulement à l'Empereur que la panique continuait à régner sur les derrières et sur les lignes de communication des Alliés. Le mouvement sur Vitry et Châlons lui était connu. Mais Napoléon était sans nouvelle des maréchaux Marmont et Mortier, et Macdonald, au lieu d'être poussé et poursuivi vivement, n'avait été en réalité qu'observé pendant la journée du 24.

Pouvait-il, rien que sur ces seuls indices, lui qui connaissait si bien le caractère de Schwarzenberg, en conclure à une modification complète des opérations, à l'adoption d'un nouveau plan? N'y avait-il pas tout lieu de penser que le généralissime, toujours prudent et méthodique, avait voulu réunir ses corps par trop disséminés et combiner ses mouvements avec ceux des armées de Silésie et du Sud, avant de le suivre et de rétablir ses communications avec sa base? S'il se fût agi de Blücher, l'Empereur n'aurait pas hésité un instant; mais il lui était impossible d'admettre qu'après avoir à deux reprises renoncé à marcher sur Paris parce qu'en le faisant, il aurait couru le risque de perdre sa ligne de retraite, le prince de Schwarzenberg se déciderait à un pareil mouvement lorsque l'armée impériale jetait le désarroi et opérait déjà sur ses derrières. Enfin, comme le dit Jomini[2], « pour Napoléon, la capitale était bien moins Paris que l'armée sous ses ordres, que son quartier général. La chance qu'il courait en opérant sur les derrières était hasardeuse; mais c'était la seule qui lui restât, et si cette opération avait été justifiée par le succès, ceux-là mêmes qui l'ont le plus sévèrement jugée, auraient été les premiers à l'admirer. En bonne justice, on ne peut reprocher à

---

[1] Général Maurin au major-général, Morvilliers, 25 mars au matin. (*Archives de la guerre.*)

[2] Jomini, *Vie politique et militaire de Napoléon.*

l'Empereur que de s'y être résolu trop tardivement et de ne l'avoir pas mise à exécution après Montmirail et Champaubert. »

Aussi, en l'absence de nouvelles plus positives, l'Empereur se borna à envoyer, à 8 heures 1/2 du matin, le général Henrion à Bar-sur-Aube avec ordre de garder cette ville et le pont de Dolancourt[1], tandis que les dernières troupes de Macdonald, après avoir défilé par Saint-Dizier, prenaient pied sur la rive gauche de la Marne. A 10 heures du matin, le duc de Tarente[2], se conformant aux nouvelles dispositions, faisait halte dans l'ordre suivant : le 11e corps (Molitor) et deux des divisions de cavalerie de Milhaud s'arrêtaient avec les parcs de réserve à Attancourt ; le 7e corps (Oudinot) et la division de cavalerie de Milhaud restait à Humbécourt ; le général Gérard, avec le 2e corps et la cavalerie de Trelliard, s'établissait à Valcourt et faisait réoccuper Saint-Dizier par son extrême arrière-garde. Le maréchal en terminant sa dépêche ajoutait : « Rien de neuf de l'ennemi. On ne voit que quelques coureurs. »

Deux heures plus tard, la situation s'était sensiblement modifiée. On savait déjà au quartier général de Doulevant que Chaumont était évacué et on n'allait pas tarder à y recevoir la nouvelle de l'entrée dans cette ville des coureurs de Piré[3]. De Vassy, Ney annonçait que depuis 10 heures du matin, il entendait le canon du côté de Saint-Dizier ; mais ce n'était pas, comme il le présumait[4], « Barclay de Tolly qui, avec les Bavarois, les Wurtembergeois et les Russes, suivait Macdonald. » Tettenborn, avec l'avant-garde de Winzingerode, avait seul atteint la rive droite de la Marne, aux environs d'Hoéricourt, aperçu l'arrière-garde de Macdonald défilant sur Vassy et donné à son artillerie l'ordre d'ouvrir immédiatement le feu.

Combat de Valcourt et d'Humbécourt. — En sortant de Saint-Dizier, la route de Vassy, resserrée entre les hauteurs et la Marne, longe la rivière pendant près d'une lieue, jusqu'à hauteur

---

[1] *Correspondance*, n° 21543, et major-général à Drouot, Doulevant, 25 mars, 8 heures 1/2 du matin (*Archives de la guerre*).

[2] Macdonald au major-général, Ferme de Marthée, 25 mars, 10 heures du matin. (*Ibid.*)

[3] Piré au major-général, Biernes, 25 mars, et major-général à Piré. (*Ibid.*)

[4] Ney au major-général, Vassy, 25 mars. (*Ibid.*)

du village de Valcourt où elle s'infléchit brusquement vers le sud. Exposée au tir de l'artillerie russe, qui la cribla de projectiles pendant cette marche de flanc, ne pouvant ni s'abriter dans la vallée, ni escalader les flancs escarpés des collines, l'infanterie de Gérard, surprise d'abord, puis ébranlée par les pertes qu'elle éprouvait, était déjà sur le point de se débander. Heureusement, le général Trelliard, qui marchait en tête de colonne avec ses dragons, s'était empressé de dégager la route, de mettre sa cavalerie à l'abri derrière le village, pendant que deux de ses batteries s'établissaient sur le plateau, contrebattaient l'artillerie russe et permettaient à l'infanterie de gagner les hauteurs et la forêt du Val[1].

Pendant que son artillerie balayait la route, Tettenborn avait fait traverser la Marne à un régiment de cosaques. Grâce au temps brumeux et pluvieux, il espérait parvenir à couper les troupes françaises postées à Saint-Dizier; mais la petite garnison de cette ville s'était hâtée de quitter Saint-Dizier aux premiers coups de canon et, au lieu de s'engager à la suite de la colonne sur la route de Valcourt qu'elle craignait de trouver interceptée, elle s'était jetée directement dans la forêt du Val et avait rejoint le gros de l'arrière-garde, au sud de Valcourt.

Afin de gagner le temps nécessaire pour reformer ses troupes et continuer en bon ordre son mouvement dans la direction de

---

[1] Macdonald au major-général, Marthée (a), 25 mars, midi (*Archives de la guerre*) : « On entend le canon assez vivement à l'arrière-garde L'ennemi a mis dix pièces en batterie sur la rive droite de la Marne, vis-à-vis de Valcourt, soutenues par 3,000 chevaux. Pendant ce temps, on voyait défiler sur la grande route de Vitry à Saint-Dizier, une colonne de cavalerie de 10,000 chevaux avec 50 ou 60 pièces. On ignore encore à cause de l'éloignement et d'une pluie très fine, si l'infanterie suivait ou était entremêlée dans cette cavalerie. *Son grand nombre prouve que toute l'armée alliée marche probablement par les deux rives de la Marne.* »
Le duc de Tarente avait en même temps donné à Molitor l'ordre de se mettre en marche sur Vassy et d'y prendre position avec les réserves et les parcs. Oudinot allait s'échelonner en arrière du défilé d'Humbécourt jusque sur Molitor et faire garder les débouchés des forêts du Der et du Val. Gérard devait s'échelonner de Valcourt à Humbécourt, et la cavalerie de Trelliard sur les corps d'Oudinot et de Gérard. Milhaud était chargé d'observer la plaine entre Humbécourt et Attancourt. Enfin le maréchal ajoutait : « Sa Majesté a ordonné de faire halte. Cependant si Gérard craignait d'être tourné par sa droite, il préviendra Oudinot et alors tous les échelons se replieront sur Vassy. »

(a) La ferme de Marthée au sud d'Humbécourt.

Vassy, Gérard ordonna à un bataillon de voltigeurs de garnir de tirailleurs la rive gauche de la rivière, d'esssayer de passer la Marne et de contraindre l'artillerie russe, qui tenait bon sous le feu de ses deux batteries, à se reporter plus en arrière. Il obligea ainsi Tettenborn à faire avancer les hussards d'Izioume qui, pour servir de soutien à ses huit pièces, durent s'exposer aux feux de l'artillerie française.

Mais comme l'infanterie de Gérard occupait en nombre les hauteurs de Valcourt, Tettenborn, pour éviter des pertes inutiles, rappela à lui les hussards et se contenta d'observer de la rive droite les mouvements des Français, qui ne quittèrent le plateau de Valcourt que vers le soir [1]. Le général russe, passant alors sur la rive gauche, se porta rapidement sur Humbécourt, d'où il chassa l'arrière-garde française. Mais les villages voisins étaient solidement gardés par l'infanterie, et la nuit approchait. Craignant de compromettre sa cavalerie en l'engageant dans un terrain aussi accidenté, Tettenborn ne laissa que quelques avant-postes du côté d'Humbécourt et alla s'établir avec le gros de son avant-garde à Éclaron.

Pendant que Tettenborn exécutait ces mouvements par la rive droite de la Marne, Tchernitcheff, qui s'était porté le 24 de Vitry à Saint-Rémy-en-Bouzemont, avait quitté ses cantonnements le 25 de grand matin et, continuant sa marche par la rive gauche de la Marne et de la Blaise, il s'était dirigé sur Éclaron. « Mon avant-garde, écrit à ce propos Tchernitcheff [2], s'engagea dans la matinée entre Éclaron et Humbécourt, avec l'ennemi qui déploya plus de 3,000 chevaux pour couvrir la marche de ses colonnes, défilant de Saint-Dizier sur Vassy. Le terrain boisé, le village d'Humbécourt occupé par de l'infanterie, l'artillerie postée au-

---

[1] Par une dépêche adressée à 5 heures de Vassy, au major-général (*Archives de la guerre*). Ney avait aussitôt informé l'Empereur de ce qui venait de se passer à Valcourt : « Le chef d'état-major du maréchal Macdonald arrive et annonce que l'ennemi continue son mouvement offensif. Le duc de Tarente se replie sur Attancourt et Vassy. Son parc s'établit à Vaux-sur-Blaise. » En demandant des ordres au major-général, il lui mandait encore que 300 chevaux ennemis allaient partir le 24 au soir de Montier-en-Der pour le Meix-Tiercelin, l'infanterie de Brienne pour Pougy et l'artillerie de Précy pour Arcis-sur-Aube.

[2] Général-lieutenant Tchernitcheff au prince de Schwarzenberg, Pougy, 27 mars. (*K. K. Kriegs Archiv.*, III, ad 469. Original en français.)

près du village et dont les feux furent tournés contre moi, le terrain profond dans lequel les chevaux enfonçaient, ne me permirent pas d'engager un combat sérieux. Je crus devoir l'éviter d'autant plus que j'appris par les prisonniers que l'ennemi se dirigeait par Vassy et Joinville et que l'Empereur avait passé la nuit du 24 au 25 dans une de ces localités. Les troupes qui filaient devant moi étaient l'arrière-garde et appartenaient aux corps des maréchaux Ney et Macdonald. Le général Winzingerode était pendant ce temps arrivé à Saint-Dizier : son avant-garde se porta contre Humbécourt et je me dirigeai à droite par Braucourt et Montier-en-Der pour gagner avec mes troupes la tête de l'ennemi. Devant Braucourt, mes partis m'informèrent que l'ennemi était en force à Montier-en-Der[1]. Je pris, par suite, le chemin de Giffaumont pour ne pas être engagé dans les ténèbres et en pays ennemi dans un combat dans lequel l'ennemi pouvait, grâce à la proximité de son armée, se renforcer aisément et faire donner des troupes de toutes armes. »

Enfin Winzingerode, arrivé à Saint-Dizier avec le gros de sa cavalerie et rendant compte à l'empereur Alexandre des événements de la journée, terminait sa dépêche par ces mots[2] : « Je suis en présence de l'ennemi dont l'armée se concentre autour de Vassy. C'est seulement quand le gros des forces françaises sera arrivé à Doulevant que je pourrai être certain de la direction que Napoléon compte prendre. »

Ordres de l'Empereur pour la journée du 26 mars. — De leur côté, les maréchaux n'avaient pas manqué de tenir l'Empereur au courant des moindres incidents. Leurs rapports ne signalaient, il est vrai, que l'apparition de corps de cavalerie, mais il était rationnel d'admettre que cette grosse avant-garde éclairait à une ou deux journées de marche au plus les mouvements de la grande armée alliée. Macdonald qui, depuis Arcis, n'avait cessé de former l'arrière-garde française, ne conservait plus le moindre doute sur les mouvements des Coalisés. « L'armée alliée est à notre hauteur, » écrivait-il le 25 au soir, de Vassy, au major-général. Les nouvelles que Piré envoyait de Chaumont étaient

---

[1] La cavalerie du général Maurin occupait à ce moment Montier-en-Der.
[2] Winzingerode à l'empereur Alexandre Ier, Saint-Dizier, 25 mars.

galement de nature à faire croire à l'Empereur qu'il avait d'autant mieux réussi à entraîner les Alliés à sa suite que la panique prenait des proportions de plus en plus inquiétantes et qu'on se préparait même à évacuer Langres. L'interrogatoire des prisonniers russes avait cependant jeté quelques doutes dans l'esprit de l'Empereur. Tous en effet avaient été unanimes pour déclarer que les deux grandes armées alliées, après avoir opéré leur jonction, avaient pris la route de Paris et que le corps de cavalerie de Winzingerode s'était seul porté contre l'Empereur.

Ces déclarations n'avaient pas été sans produire une certaine impression sur l'esprit de Napoléon. Elles auraient peut-être suffi pour le décider à se rapprocher immédiatement de Paris et à prendre la route de Troyes, si l'on n'avait pas reçu à ce moment un rapport du maire de Saint-Dizier annonçant que Winzingerode, à peine arrivé dans cette ville, y avait requis et fait préparer de suite des logements pour les souverains et le grand quartier général. Le stratagème de Winzingerode avait réussi. Au lieu d'ajouter foi au dire des prisonniers, Napoléon, ne pouvant d'ailleurs se résigner à croire Schwarzenberg capable d'une résolution aussi énergique, persista à penser que les armées alliées le suivaient. A 9 heures du soir, sa résolution est prise. Il veut savoir définitivement ce qu'il y a derrière ce rideau de cavalerie et profiter de l'imprudence de la cavalerie russe pour la jeter dans la Marne. « L'intention de Sa Majesté, fait-il écrire par Berthier, est d'attaquer l'ennemi demain 26 mars, de l'acculer à la Marne et de reprendre Saint-Dizier. Tout porte à croire que nous aurons une bonne journée [1]. »

Les ordres partent immédiatement. Macdonald prendra pendant la nuit une bonne position sans que les Russes s'en aperçoivent. Ney se placera derrière les corps des ducs de Tarente et de Reggio. Saint-Germain ralliera ses cuirassiers et devra être rendu à 6 heures et demie du matin à Vassy, où il rejoindra la garde qui marchera toute la nuit [2].

---

[1] Berthier à Macdonald, Ney, Oudinot, Drouot, Lefebvre-Desnoëttes, Saint-Germain, Sorbier et Léry, Doulevant, 25 mars, 9 heures du soir. (*Archives de la guerre.*)

[2] Berthier à Macdonald, Ney, Oudinot, Drouot, Lefebvre-Desnoëttes, Saint-Germain, Sorbier et Léry, Doulevant, 25 mars, 9 heures du soir. (*Archives de la guerre.*)

La confiance de l'Empereur était cependant plus apparente que réelle. En effet, tandis que Berthier expédiait les ordres d'attaque de Saint-Dizier, Caulaincourt adressait à Metternich deux nouvelles lettres [1] par lesquelles il demandait au chancelier autrichien de renouer les négociations.

L'Empereur Napoléon se résignait maintenant à des sacrifices nécessaires, mais inutiles parce qu'ils étaient trop tardifs : il offrait de renoncer à la rive gauche du Rhin, d'accepter pour la France les anciennes frontières de 1792.

26 mars. — Combat de Saint-Dizier. — Affaires de cavalerie sur la rive gauche de la Marne. — En attendant, contrairement aux suppositions de Tettenborn, loin de profiter des ténèbres pour s'éloigner d'Humbécourt, les avant-postes français n'avaient cessé de tirailler pendant toute la nuit du 25 au 26 mars avec les vedettes et les grand'gardes des deux régiments de cosaques établis dans ce village. Dès que le jour parut, au moment où Tettenborn se disposait à pousser ses cosaques en avant d'Humbécourt, une grosse colonne d'infanterie française, sortant des villages d'Allichamps et de Louvemont et appartenant aux troupes sous les ordres de Milhaud et de Lhéritier, obligea les cosaques, non seulement à renoncer à leur mouvement en avant, mais à évacuer Humbécourt et à s'établir en observation au nord et à l'ouest de ce village.

De la position occupée par Tettenborn, on ne pouvait encore distinguer que la chaîne des vedettes de la cavalerie française qui venait de prendre position en avant d'Humbécourt. On n'apercevait pas encore l'infanterie de Gérard, d'Oudinot et de Macdonald auxquels le major général [2] avait, à 2 heures et demie du matin, envoyé l'ordre d'attaquer vigoureusement dès la pointe du jour. Pendant que l'infanterie de Gérard se déployait

---

[1] Lettres de Caulaincourt au prince de Metternich, Doulevant, 25 mars.

[2] Major-général à Macdonald et Oudinot, Doulevant, 26 mars, 2 h. 1/2 du matin, (*Archives de la guerre*.)

Oudinot avait aussitôt envoyé au général Leval l'ordre de faire revenir la brigade postée sur la route de Montier-en-Der, sur les positions occupées par la division Rottembourg et d'engager la brigade Chassé sur la route de Saint-Dizier. Toutes les troupes devaient être sous les armes et prêtes à marcher dès la pointe du jour. (Oudinot à Leval, Vassy, 26 mars, 2 h. 1/2 du matin; *Archives de la guerre*).

au sud d'Humbécourt, Winzingerode faisait sortir de Saint-Dizier la brigade de cavalerie de Benkendorff chargée de renforcer l'avant-garde de Tettenborn et de l'aider à reprendre Humbécourt. Après une première tentative exécutée par quelques cosaques auxquels il avait fait mettre pied à terre, il se décida à tenter une attaque générale. Chassant devant eux les piquets et les grand'gardes et les obligeant à se replier sur le village, les cavaliers russes arrivèrent jusqu'aux haies de clôture des jardins et à peu de distance des premières maisons du village ; mais, accueillis par les feux de salve de l'infanterie française qui garnissait la lisière nord et ouest d'Humbécourt et par des volées de mitraille, ils durent renoncer à une entreprise dont l'insuccès eût été certain. Quelques instants plus tard toute la ligne française, décrivant une espèce de demi-cercle, se portait en avant. Il n'y avait plus à s'y tromper. Les Français reprenaient sérieusement l'offensive et cherchaient, en débordant l'avant-garde de Tettenborn sur ses deux ailes, à la couper à la fois de Saint-Dizier et de la Marne. Le terrain ne se prêtait guère à l'action de la cavalerie qui pouvait être sérieusement compromise, si les Français, marchant à couvert par la forêt du Val, parvenaient à prendre possession de l'étroit défilé formé par le village de Valcourt. Aussi, sans attendre les ordres de Winzingerode qu'il informait de la tournure prise par le combat, Tettenborn renvoya vivement la cavalerie régulière et 6 de ses canons sur la rive droite de la Marne.

Ne pouvant croire à un mouvement général de l'armée française sur Saint-Dizier, Winzingerode se hâta de rejoindre Tettenborn sur la rive gauche de la Marne et, tenant par-dessus tout à pénétrer les intentions de son adversaire avant de prendre une résolution définitive, il ordonna à Tettenborn d'attaquer à nouveau les positions d'Humbécourt.

Mais les Français lui épargnèrent cette peine. Dessinant vivement son mouvement en avant, la cavalerie française se portait déjà à la rencontre des cosaques. L'artillerie à cheval prenait position au galop, et derrière elle de grosses masses d'infanterie débouchaient des bois et prolongeaient leurs lignes, à leur droite vers la Marne en amont et en aval de Saint-Dizier, à leur gauche sur les bords de la Blaise, se préparant à enserrer de toutes parts les cinq faibles régiments de cosaques de Tettenborn. Désormais fixé sur le caractère de la lutte qu'il allait avoir à soutenir, Winzingerode retourna à Saint-Dizier tandis que Tettenborn allait, par un dernier retour offensif, essayer de tenir sur la rive gauche pendant le temps dont son chef avait besoin pour prendre ses dispositions de combat. Gardant deux de ses régiments de cosaques en réserve, il se lance avec les trois autres contre les têtes de colonne des Français.

La configuration du terrain se prêtait d'ailleurs parfaitement aux projets de Tettenborn. Il n'avait presque rien à redouter pour ses flancs. Obligés de cheminer à travers les bois pour exécuter leur mouvement débordant, les escadrons français se trouvaient dans l'impossibilité de déboucher assez à temps pour compromettre sa retraite. Sur son front, le terrain découvert se réduisait à une sorte d'étranglement formant une vallée étroite enserrée entre les bois qui bordent des deux côtés le chemin d'Humbécourt à Valcourt. La supériorité du nombre ne pouvait se faire sentir dans ces conditions, et Tettenborn, profitant habilement des circonstances, s'en tint à des charges partielles, successives, dans lesquelles ses cosaques réussirent à remporter quelques avantages momentanés [1].

La position de Tettenborn était cependant des plus critiques ; il lui fallait traverser le défilé de Valcourt, et, traîner le combat en longueur dans de pareilles conditions, c'était courir inutilement et de gaieté de cœur au devant d'une catastrophe inévitable en donnant aux Français le temps d'atteindre Valcourt en passant sans se montrer par les bois du Grand-Jard et la forêt du Val et le moyen de couper la retraite aux cosaques. Tettenborn croyait d'ailleurs avoir pleinement accompli la mission dont Winzingerode l'avait chargé. Les Français, se renforçant constamment, garnissaient déjà les hauteurs et les bois entre Humbécourt et Valcourt ; la rive gauche devenait intenable et Tettenborn, donnant à ses cinq régiments l'ordre de battre en retraite par échelons, se replia sur le gué d'Hoéricourt, lentement, en bon ordre et en faisant tête dès qu'il était serré de trop près.

---

[1] Dans l'une de ces charges, les cosaques prirent un officier de l'état-major de Macdonald, et Tettenborn, qui interrogea aussitôt cet officier, apprit par lui que l'Empereur lui-même avec toute l'armée se portait sur Saint-Dizier.

Ce mouvement de retraite sur la rive droite de la Marne s'était effectué avec tant de calme et de régularité que Tettenborn parvint à enlever tous ses blessés et à atteindre Hoéricourt sans avoir laissé un seul homme entre les mains de ses adversaires.

La raison et la logique, les affirmations de Tettenborn, les déclarations des prisonniers, le caractère même des attaques de la cavalerie française, tout, jusqu'à la configuration du terrain, aurait dû, presque dès les premiers moments, mais surtout depuis la reconnaissance qu'il avait faite du côté d'Humbécourt, décider Winzingerode à préparer sa retraite et à rompre le plus tôt possible un combat inégal, dans lequel son entêtement avait déjà failli compromettre le sort des cosaques de Tettenborn. Mais, soit qu'il se crût lié par ses instructions, soit qu'il voulût racheter par un excès d'audace la lenteur et la mollesse qu'on lui avait tant reprochées depuis Craonne, au lieu de faire filer, dès le 26 au matin, le gros de ses troupes sur Vitry, de ne laisser à Saint-Dizier que quelques cavaliers à pied qui, chargés de tenir dans cette ville jusqu'au moment où Tettenborn aurait réussi à reprendre position sur la rive droite, se seraient ensuite repliés lestement avec les cosaques de ce général, il se trouvait maintenant dans l'obligation ou de combattre dans des conditions et sur des positions essentiellement défavorables, ou d'abandonner ses chasseurs à pied auxquels il avait imprudemment confié la défense de Saint-Dizier.

Avec un peu de circonspection et de coup d'œil, le général russe aurait pu cependant, tout en s'acquittant de la mission qu'on lui avait confiée, éviter un combat dont l'issue défavorable était certaine. N'ayant avec lui, à l'exception de ses 800 chasseurs à pied, que de la cavalerie, il eût dû s'apercevoir que le terrain, coupé de haies et de vignes, ne se prêtait nullement à l'action de cette arme. Loin de prolonger démesurément la lutte sur la rive gauche de la Marne, il eût dû prescrire à Tettenborn de se retirer lentement et en bon ordre et profiter de sa résistance pour envoyer, dès le matin, son infanterie prendre position à l'ouest de Saint-Dizier, au défilé de Perthes. Sa cavalerie se déployant en avant d'elle sur un terrain favorable, à hauteur d'Hoéricourt et d'Hallignicourt, couverte à gauche par la Garenne de Perthes, à droite par la Marne, et soutenue par son artillerie, aurait à la fois surveillé le débouché de Saint-Dizier et interdit aux Français le gué d'Hoéricourt. En disposant ses troupes de la sorte, en opposant à l'Empereur ses 8,000 cavaliers établis sur une bonne position, il aurait très probablement réussi à entretenir dans l'esprit de l'Empereur les illusions que Napoléon n'était que trop enclin à prendre pour la réalité, à l'empêcher de crever le rideau derrière lequel il s'attendait à apercevoir les armées de la Coalition et derrière lequel, quelques heures plus tard, il n'allait trouver que le vide et l'anéantissement de ses dernières espérances. C'était là ce que Winzingerode n'avait pas voulu comprendre. Pour sauver son infanterie, il lui fallait désormais défendre Saint-Dizier. Aussi, sentant bien qu'il s'exposait ainsi à être débordé et tourné, il chercha à s'assurer deux lignes de retraite, l'une sur Vitry, l'autre sur Bar-le-Duc, et ordonna à Tettenborn de prendre sur la rive droite de la Marne, sur la route de Saint-Dizier à Vitry, une position en arrière de laquelle il se proposait d'établir le gros de sa cavalerie. Il n'y avait, d'ailleurs, pas un moment à perdre si l'on voulait avoir achevé ces mouvements avant l'attaque imminente des Français.

Positions des troupes de Winzingerode le 26 mars à midi. — Un peu avant midi la cavalerie de Winzingerode, dont les deux bataillons de chasseurs continuaient à occuper Saint-Dizier, avait achevé de prendre sa formation de combat. Sa gauche, la division de dragons du général Balk, couverte sur son front par douze pièces d'artillerie à cheval, s'appuyait aux faubourgs de Saint-Dizier; l'aile droite, sous les ordres de Tettenborn et composée des hussards d'Élisabethgrad, de deux escadrons de hussards d'Izioume, des deux escadrons de landwehr prussienne du major von Falkenhausen, de neuf régiments de cosaques et de huit bouches à feu, avait sa droite à la route de Vitry, à hauteur de la Garenne de Perthes. Les généraux Orurk et Benkendorf étaient en réserve derrière l'aile gauche avec les deux autres escadrons de hussards d'Izioume, cinq régiments de cavalerie régulière, trois régiments de cosaques et 30 canons, appuyant, eux aussi, leur gauche aux dernières maisons de Saint-Dizier.

Ils avaient pour mission spéciale de couvrir la ligne de retraite sur Bar-le-Duc, dont la possession était encore assurée par un poste de chasseurs à pied établi à la lisière sud du bois de Chancenay. Quelques partis de cosaques surveillaient les bords de la Marne, depuis Saint-Dizier jusqu'à Larzicourt.

L'artillerie de Balk et de Tettenborn (en tout 20 pièces) était en batterie derrière la levée formée par la route de Saint-Dizier à Vitry, qui commande tout l'espace compris entre cette chaussée et la Marne. Il résulte de ces dispositions que Winzingerode se proposait de tenir pendant quelque temps encore à Saint-Dizier et comptait, s'il en était chassé, diriger sa retraite, non pas sur Vitry, mais sur Bar-le-Duc.

L'armée française passe sur la rive droite de la Marne. — Le général russe avait à peine achevé ses préparatifs que l'Empereur, arrivé en personne sur le plateau de Valcourt, embrassant d'un coup d'œil les positions occupées par la cavalerie russe sur la rive droite de la Marne, donnait à son artillerie l'ordre de se mettre en batterie et d'ouvrir immédiatement le feu. Persistant à croire qu'il avait devant lui l'avant-garde de la grande armée alliée, il prescrit à son infanterie d'accélérer son mouvement et ordonne à sa cavalerie, dont l'action sera protégée par le feu des batteries de Valcourt, de passer immédiatement la Marne aux gués d'Hoéricourt et de La Neuville. La cavalerie de la garde, formant quatre colonnes, fortes chacune d'une division, traverse aussitôt la rivière. Elle est suivie de près par les dragons de Milhaud et de Trelliard, puis par les cuirassiers de Saint-Germain et de Lefebvre-Desnoëttes qui, dès qu'ils ont pris pied sur la rive droite de la Marne, se déploient sur les ailes des divisions de Sébastiani. Gérard, avec le 2e corps, et Molitor, avec le 11e, se dirigent également vers le gué d'Hoéricourt. Ney et la garde doivent les suivre, tandis qu'à leur droite Oudinot, avec le 7e corps, se portera, par la route de Vassy et la forêt du Val, droit sur Saint-Dizier.

Peu de temps après, la cavalerie française tout entière a pris pied sur la rive droite de la Marne, où l'Empereur ne tarde pas à la rejoindre. Se portant rapidement en avant, elle menace la partie concave de l'arc de cercle formé par les lignes de Balk et de Tettenborn, le point d'autant plus faible de leur position que toutes les réserves étaient postées à l'extrême gauche. Mais Tettenborn a reconnu le danger auquel on s'exposait en attendant de pied ferme la charge des escadrons français qui, crevant sous le poids de leurs masses les lignes relativement minces de la cavalerie russe, auraient du premier coup réussi à couper en deux le petit corps de Winzingerode.

Dès l'arrivée des escadrons français sur la rive droite de la Marne, il avait envoyé son aide de camp, le capitaine von Lackmann, inviter le général Balk à lui prêter son concours et à se porter avec lui au devant des régiments de Sébastiani. Ce mouvement offensif était d'autant plus nécessaire que les bagages, les convois et les chevaux de main encombraient la route de Vitry. Balk, tout en acceptant les propositions de Tettenborn, ne voulut, toutefois, se porter au devant de la cavalerie française qu'après avoir essayé de l'arrêter par le tir à mitraille de son artillerie. Continuant leur mouvement, les escadrons français de la première ligne s'étaient déjà tellement rapprochés des positions occupées par les Russes, que Tettenborn se décida à se jeter sur eux sans attendre les dragons de Balk. Se plaçant en personne à la tête des hussards d'Élisabethgrad, il fait sonner la charge. Deux de ses régiments de cosaques, disposés à sa droite, se dirigent contre l'extrême gauche des Français. Deux escadrons de hussards d'Izioume prolongent la gauche de sa première ligne. Les sept autres régiments de cosaques suivent en deuxième ligne, prêts à tirer parti du moindre avantage remporté par les escadrons de première ligne. Les huit escadrons de cavalerie régulière et les deux régiments de cosaques se portent en avant avec tant de vigueur et de rapidité qu'ils parviennent à rompre et à traverser la première ligne de la cavalerie française et à la rejeter sur la deuxième au moment même où l'un des régiments de la division Balk (dragons de Saint-Pétersbourg) se dispose à les rejoindre. Mais les cuirassiers de Saint-Germain ne se sont pas laissé décontenancer et, dès que la première ligne, culbutée par Tettenborn, les a démasqués, ils s'avancent tranquillement, et en rangs serrés, contre les escadrons russes, qu'ils chassent à leur tour devant eux et dont la retraite devient d'autant plus difficile que les Français, se renforçant sans cesse, les chargent maintenant de front et de flanc, et que toute la ligne française, se portant simultanément en avant et exécutant un mouvement de conversion vers la droite, culbute les trois autres régiments de dragons de Balk, crève le centre de la ligne de bataille et s'empare de 7 canons.

Tettenborn se replie sur Vitry. — Poursuivi par la cavalerie française, exposé aux feux des batteries de la rive gauche, séparé du reste du corps de Winzingerode, Tettenborn se résigne à quitter le champ de bataille et à se replier sur Vitry. Les sept régiments cosaques de sa deuxième ligne se déploient entre la chaussée et la Marne, retardent la poursuite des Français et atteignent sans trop de peine le village de Perthes.

Macdonald, obligé de se reporter à droite pour coopérer à l'action principale dirigée contre le centre et la droite de Winzingerode, arrêta la poursuite sur ce point et se contenta de faire observer les Cosaques par quelques escadrons.

Tettenborn en profita pour rallier son monde à Perthes. Vers le soir, il continua sans encombre sa retraite sur Vitry et sur Marolles, où ses cosaques passèrent la nuit du 26 au 27[1].

Prise de Saint-Dizier. — Retraite de Winzingerode sur Bar-le-Duc. — Pendant que la cavalerie de Lhéritier et de Lefebvre-Desnoëttes obligeait Tettenborn à se rejeter sur la route de Vitry, une partie de la réserve de Winzingerode, sous les ordres du général Orurk, avait vainement essayé de dégager les dragons de Balk; mais loin de parvenir à rétablir le combat, ces deux généraux avaient été obligés de reculer et de venir se reformer sur une deuxième position plus en arrière. Les dragons du général Balk s'établirent alors sur une ligne qui courait parallèlement à la lisière sud du bois de Maurupt et de la forêt de Troisfontaines, entre cette lisière et les villages de Vouillers, Saint-Eulien et Villiers-en-Lieu. La cavalerie d'Orurk leur servait de réserve. Benkendorff, rappelé par Winzingerode avant même d'avoir rejoint Tettenborn sur la rive gauche, avait vivement traversé Saint-Dizier pour venir prendre position en arrière de cette ville, sur la route de Bar-le-Duc, et garder ainsi l'unique ligne de retraite qui restât désormais à Winzingerode. Malgré la rapidité qu'il avait imprimée à sa marche, Benkendorff avait d'ailleurs rencontré quelque difficulté dans l'exécution de ce mouvement.

Au sortir de Saint-Dizier, il avait donné à Bettancourt contre un bataillon français auquel Oudinot avait fait passer la Marne

---

[1] Major Martens au feld-maréchal Blücher, Château-Thierry, 29 mars. (K. K. *Kriegs Archiv.*, III, 493.)

en amont de Saint-Dizier, et qu'il dut faire charger et rejeter jusque sur les bords de la rivière.

La droite de Benkendorff se reliait à la cavalerie d'Orurk, qui s'étendait jusqu'aux marais voisins de Villiers-en-Lieu, sa gauche était couverte par trois régiments de cosaques sous les ordres de Narischkine et postés du côté d'Ancerville, Bettancourt et Chancenay. Son artillerie était en batterie sur la route même de Bar-le-Duc.

Sur ces entrefaites, la division Leval, ayant à sa tête le maréchal Oudinot, débouchait de la forêt du Val. Malgré la résistance acharnée des chasseurs à pied russes, elle pénétrait au pas de charge et tambour battant dans Saint-Dizier en même temps que la garde, qui avait suivi la grande route, passait la Marne plus en aval et au moment où Winzingerode, voyant son infanterie et sa ligne de retraite menacées, donnait à sa cavalerie l'ordre de se rabattre sur sa gauche et de gagner la route de Bar. Mais l'Empereur ne lui laissa pas le temps d'exécuter ce mouvement. Lançant la cavalerie de Milhaud, de Lhéritier, de Trelliard et de Letort contre les régiments de Balk et d'Orurk, il les culbute et les rejette dans la forêt de Troisfontaines où ils se débandent et s'enfuient en toute hâte dans la direction de Bar-le-Duc, pendant que, sur sa droite, la cavalerie d'Oudinot rejoint et sabre les chasseurs russes avant qu'ils aient réussi à gagner les bois. Heureusement pour Winzingerode, Benkendorff, posté à son extrême gauche avait, malgré le feu meurtrier des batteries françaises, réussi à se maintenir sur sa position, et ce fut seulement lorsque les lanciers de la garde eurent culbuté ses hussards qui se dévouèrent pour sauver son artillerie, lorsqu'Oudinot lui-même se fut mis à la tête des dragons de Trelliard, qu'il se décida à se mettre en retraite, suivi jusque sur la rive droite de la Saulx par la cavalerie française qui ne parvint ni à le rompre, ni même à l'entamer. A la tombée de la nuit, le duc de Reggio arrêta la poursuite à peu de distance du village de Brillon, où Benkendorff s'établit pour la nuit.

La belle tenue de ses troupes avait sauvé Winzingerode et permis à ses escadrons débandés de gagner Bar-le-Duc et de s'y rallier [1].

---

[1] Journal de la division Leval (*Archives de la guerre*); Martens au feld-

Le combat de Saint-Dizier avait coûté assez cher à Winzingerode. Ses deux bataillons de chasseurs à pied, presque entièrement anéantis, avaient à eux seuls laissé sur le terrain 14 officiers et 585 hommes. Les pertes totales des Russes s'élevaient à environ 1500 hommes et 9 canons [1].

Mouvements de Tchernitcheff vers la Voire. — Tchernitcheff n'avait pu prendre part au combat de Saint-Dizier ; d'ailleurs, le faible appoint qu'il aurait fourni n'en aurait en aucune façon modifié l'issue. Parti le matin de Giffaumont et passant par Chavanges, il s'était porté sur Rosnay-l'Hôpital, où son avant-garde s'engagea avec quelques patrouilles de cavalerie française venant de Brienne, et apprit par les prisonniers « que le général Maurin, avec 1500 chevaux, avait passé la nuit aux environs de Montier-en-Der et envoyé par Brienne des détachements vers la Voire ». En même temps, ses troupes découvraient du côté de Rosnay des cuirassiers « qui n'appartenaient pas à la brigade du général Maurin ».

Ignorant ce qui se passait du côté de Saint-Dizier et se voyant observé par des détachements de cavalerie qui semblaient faire partie de deux divisions différentes, convaincu que l'armée de l'Empereur marchait de Joinville et de Vassy sur Bar-sur-Aube, Tchernitcheff s'arrêta le 26 au soir à Pougy, d'où il envoya au généralissime les renseignements suivants [2] :

« Comme Brienne n'est pas occupé, il résulte positivement de cette nouvelle que l'ennemi se dirige sur Troyes. Je passe donc la

---

maréchal Blücher, Château-Thierry, 29 mars (*K. K. Kriegs Archiv.*, III, 493) ; Nouvelles officielles de l'armée (pièce interceptée par les Alliés, *Ibid.*, IV, 309 b) ; Winzingerode à l'Empereur Alexandre, Châlons-sur-Marne, 16/28 mars (*Journal des pièces reçues*, n° 600).

[1] Le Journal de la division Leval exagère les pertes de Winzingerode qui sont évaluées à 3,000 prisonniers et à la presque totalité de l'artillerie. Le major-général, dans la Nouvelle officielle de l'armée qui tomba quelques jours plus tard entre les mains des Alliés et qui, par son caractère même, doit contenir quelques exagérations destinées à ramener la confiance dans les esprits, ne parle que « de 2,000 prisonniers, 450 chevaux et de 12 pièces de canon ». — Voir Nouvelle officielle de l'armée, Saint-Dizier, 27 mars 1814. (Pièce signée par le major-général et interceptée par les Alliés; *K. K. Kriegs Archiv.*, IV, 309 b).

[2] Tchernitcheff à Schwarzenberg, Pougy, 26 mars soir. (*K. K. Kriegs Archiv.*, III, ad 469; original en français.)

nuit à Pougy, j'envoie des partis à Brienne,[1] dans la direction de Troyes et vers Piney, où je pense me rendre demain pour suivre de plus près les mouvements de l'ennemi. Les habitants prétendent que l'empereur Napoléon recevra à Troyes un renfort de 15,000 hommes venus de Paris. »

Position de l'Empereur le 26 au soir. — Ses ordres pour la journée du 27. — En d'autres temps, dans des circonstances normales, la panique qui se propageait de plus en plus sur les derrières de la grande armée alliée, l'erreur commise par Tchernitcheff, les progrès constants de la cavalerie de Piré[2] auraient suffi pour satisfaire l'Empereur et pour exercer une sérieuse influence sur les opérations en augmentant l'embarras du généralissime, en ravivant ses craintes pour ses communications. Cette fois, les mesures de précaution, que les Alliés se croyaient obligés de prendre, tant à Vesoul, où le général Oertel armait à la hâte les convalescents et arrêtait les renforts russes, qu'à Dijon, où l'on rassemblait, outre la division légère du prince Maurice Liechtenstein, les Wurtembergeois du général Spitzberg, le régiment de hussards autrichiens Blankenstein et la brigade de cuirassiers du général Kuttalek, ne parvinrent pas à dérider l'Empereur.

Les proportions considérables prises par le soulèvement général des populations, les nouvelles trouvées sur les estafettes et les courriers enlevés par les paysans armés et les cavaliers de Piré[3], qui lui auraient fait éprouver encore un ou deux jours

---

[1] L'Empereur (dans sa lettre n° 21545, Saint-Dizier, 27 mars, 10 heures du matin) dit à ce propos au major-général : « Ecrivez au général Maurin que le chef d'escadron qui a été dirigé sur Brienne a mal fait son devoir. Il avait l'ordre de rester à Brienne ; il devait y rester... Faites connaître au général Maurin qu'il n'a pas lui-même rempli le but de la mission que je lui avais donnée ; il n'a su que venir se jeter dans l'armée, tandis que je l'avais détaché pour observer l'ennemi. »

[2] Piré au major-général, Chaumont, 25 mars, 8 h. 1/2 du soir; 26 mars, 6 heures du matin, 11 heures du matin et 3 heures après-midi. (*Archives de la guerre.*)

[3] Dans sa dépêche du 26 mars à 11 heures du matin, Piré annonçait que, d'après un ordre intercepté du gouverneur de la Lorraine, M. d'Alopeus, ce fonctionnaire prescrivait de préparer des chevaux pour des voyageurs de considération partant de Nancy le 25, qu'on ignorait donc à Nancy sa présence sur les lignes de communication et qu'il faisait partir un détachement chargé de

plus tôt, une joie sans mélange et lui auraient fait entrevoir la possibilité d'arriver au résultat désiré, n'étaient déjà plus de nature à chasser ses préoccupations, à dissiper des inquiétudes que la victoire de Saint-Dizier venait encore d'accroître. L'avantage qu'il avait remporté n'avait servi qu'à augmenter les doutes qui hantaient son esprit depuis la veille. Déjà, pendant la bataille, il avait fait interroger en sa présence les officiers prisonniers, et leurs réponses avaient clairement établi qu'au lieu de se trouver en présence de l'avant-garde de Schwarzenberg, c'était uniquement à la cavalerie russe détachée de l'armée de Silésie qu'il venait d'avoir affaire.

Rentré à Saint-Dizier, après avoir erré sur le champ de bataille, seul, sombre, préoccupé, abîmé dans ses réflexions, il fait déployer ses cartes devant lui et, ignorant encore le résultat des affaires de Fère-Champenoise, ne sachant rien des résolutions prises par les souverains et par le généralissime, le 24 dans l'après-midi, il cherche en vain à pénétrer le mystère, à reconstituer par le raisonnement les mouvements probables de ses adversaires. En rompant immédiatement à gauche et en faisant des

---

s'emparer de ces voyageurs. Parlant ensuite d'un parti de 100 chevaux wurtembergeois venu jusqu'à Mandres-les-Nogent, il ajoutait : « Ils ne pourront pas échapper, car il n'y a plus de sûreté pour les partis ennemis à plus de dix lieues à la ronde. Les habitants sont en mouvement, attaquent tout ce qu'ils rencontrent et m'ont amené aujourd'hui 100 prisonniers. On m'assure que pendant que l'arrière garde du général Raigecourt se mettait en bataille devant ma reconnaissance ce matin sur Langres, les habitants des communes voisines de cette ville se sont jetés sur la queue de son convoi de bagages et l'ont enlevé. » (*Archives de la guerre.*)

Raigecourt, dans sa dépêche à Duka (Langres, 27 mars ; *K. K. Kriegs Archiv.*, III, 484 1/2 a), confirmait de son côté les nouvelles que Piré donnait au major-général. Rendant compte au feldzeugmeister des mesures défensives qu'il avait prises à Langres, il lui disait : « J'espère être renforcé bientôt par le régiment de hussards Blankenstein venant de Dijon. L'ennemi a refoulé hier mes avant-postes jusqu'à Rolampont, et les prisonniers affirment que la cavalerie française se compose de quatre régiments, les 26°, 27° et 28° de chasseurs à cheval et un régiment de hussards, sous les ordres du général de Piré, et serait l'avant-garde d'un corps marchant sur Langres. Des partis ennemis se sont montrés du côté de Montigny d'après ce qui m'est affirmé par des courriers (des officiers russes) qui ont rencontré de nombreuses bandes de paysans armés et ont dû à plusieurs reprises se frayer le chemin de vive force en chargeant avec leurs cosaques. Je fais surveiller ce côté par ma cavalerie et je donne des ordres en conséquence aux hussards de Blankenstein, qui ont une division (2 escadrons) à Saint-Geôme et une à Longeau. »

marches forcées, il lui est encore possible de gagner Paris en longeant le cours de la Seine. Mais, malgré l'unanimité et la concordance des renseignements tirés de l'interrogatoire des prisonniers, l'Empereur ne peut se décider à croire les Alliés capables d'une énergie si subite et inconnue jusqu'alors. Malgré lui, et aussi parce qu'il lui paraît impossible de conclure à l'exécution d'un mouvement sur Paris tant qu'il n'en aura pas la preuve certaine et indéniable, il repasse dans son esprit les événements les plus récents de la campagne et fait reposer ses dernières espérances sur la prudence bien connue du généralissime, sur la maladie de Blücher, sur le caractère expectant et passif des opérations des deux armées alliées. L'armée de Silésie est, pour ainsi dire, restée immobile depuis Laon. Pendant toute la durée de ses opérations sur l'Aisne, la grande armée de Schwarzenberg n'a pas bougé. Elle n'a même pas osé l'attaquer sérieusement et à fond à Arcis, le 21 mars, bien que toutes les chances de succès fussent en sa faveur. Enfin, l'empereur d'Autriche ne se serait pas enfui à Dijon si l'on n'avait pas eu l'intention de le suivre. Rien, aux yeux de Napoléon, ne lui prouvait encore que, renonçant tout à coup à son système de guerre méthodique et lente, le généralissime eût réellement consenti à perdre ses communications et à se séparer de son souverain. Vitry se trouvait, en tout cas, sur la route que les Alliés avaient dû prendre et, comptant sur leur lenteur habituelle, sur cette lenteur qui lui avait toujours permis de gagner des marches sur eux, Napoléon abandonne d'autant moins l'espoir de les atteindre que Marmont et Mortier doivent, d'après ses prévisions et ses calculs, retarder leur mouvement sur Paris. Aussi, comptant encore parvenir à les joindre, à les prendre entre lui et les maréchaux et à tirer des résultats décisifs de son action sur leurs derrières, il se décide à continuer le lendemain sa marche sur Vitry, pendant qu'Oudinot suivra sur Bar-le-Duc la cavalerie de Winzingerode, achèvera sa destruction et cherchera à opérer sa jonction avec les troupes que Durutte a dû faire sortir de Metz.

Le quartier général de l'Empereur resta donc, le 26 au soir, à Saint-Dizier, avec la plus grande partie de l'infanterie et de la garde. Oudinot s'était arrêté, avec le 7e corps et la cavalerie de Valmy et de Milhaud, sur la route de Bar-le-Duc, sur les bords de la Saulx, tandis que Macdonald, avec les 2e et 11e corps et la cavalerie de Saint-Germain, suivait la route de Vitry et faisait halte à hauteur de Perthes[1].

Avant de prendre un parti définitif, l'Empereur veut avoir la certitude matérielle, la preuve manifeste des mouvements exécutés par les Alliés. Si, comme il se l'imagine, Vitry capitule à la première sommation, il poussera vigoureusement en avant, chassera devant lui les partis alliés et arrivera enfin à découvrir et à rejoindre le gros de leurs armées.

Ordres de Schwarzenberg pour la journée du 26 mars. — Le 25 au soir, le généralissime rentré à Fère-Champenoise, « lorsque la nuit eut mis fin au combat et à la poursuite[2] », avait informé Blücher des résultats de la journée et, avant même d'expédier les ordres pour la journée du lendemain, il lui avait indiqué en quelques mots les mouvements qu'il comptait exécuter et qui devaient amener le gros de son armée jusqu'à Tréfols et Meilleray : « Demain, 26, lui écrivait-il, l'armée continuera sa marche et j'espère arriver avec mon avant-garde à La Ferté-Gaucher. Cette avant-garde est déjà à hauteur d'Allemant. Prière à Votre Excellence de venir demain à Montmirail avec son armée, si faire se peut[3]. »

En même temps, il expédiait à son armée l'ordre de mouvement pour la journée du 26 :

« La grande armée se portera sur Meilleray. Les IVe et VIe corps, formant l'avant-garde, commenceront leur mouvement à 5 heures du matin.

« La cavalerie de ces deux corps, avec celle du .[e] corps, prendra la tête de la marche. Placée sous les ordres du prince royal de Wurtemberg et chargée de la poursuite de l'ennemi, elle cherchera à gagner La Ferté-Gaucher. Elle laissera derrière elle un détachement destiné à couvrir la marche des grenadiers russes qui suivent son mouvement.

---

[1] Saint-Germain au major-général, Perthes, 26 mars soir. (*Archives de la guerre.*)

[2] Prince de Schwarzenberg au feld-maréchal Blücher, Fère-Champenoise, 25 mars, 10 heures du soir. (*K. K. Kriegs Archiv.*, III, 448.)

[3] Prince de Schwarzenberg au feld-maréchal Blücher, Fère-Champenoise, 25 mars, 10 heures du soir. (*Ibid.*, III, 448.)

« Le V⁰ corps quittera ses positions à 6 heures du matin et, laissant la route de Linthes sur sa gauche, il se dirigera sur Meilleray, en prenant par Saint-Loup et Verdey.

« Le III⁰ corps partira d'Œuvy à 5 heures du matin, escortant le parc de la réserve d'artillerie et les convois de subsistances. Il passera par Corroy, Pleurs, Saint-Rémy et Sézanne pour aller camper à Tréfols.

« Les gardes et réserves se mettront en marche à 6 heures du matin, suivront la route de Linthes à Sézanne et s'établiront au bivouac à hauteur du Vézier.

« Les grenadiers russes partiront à 4 heures, serreront sur la cavalerie, lui serviront de soutien et seront placés, pour la journée du 26, sous les ordres du prince royal de Wurtemberg qui enverra au devant d'eux un officier chargé de les diriger.

« Le grand quartier général s'établira à Tréfols.

« Le général Kaïssaroff a pour mission de garder Arcis et de pousser sur Troyes. Le général Seslavin se portera vers Provins[1]. »

Il résulte de ces ordres que les IV⁰ et VI⁰ corps fournissaient l'avant garde, que le gros de l'armée formée en trois colonnes devait marcher, l'une, celle du centre, par la chaussée de Sézanne, les deux autres, au nord et au sud de cette route ; enfin, que les grenadiers russes étaient chargés de suivre et d'appuyer le mouvement de la cavalerie des IV⁰, V⁰ et VI⁰ corps sur La Ferté-Gaucher.

Combat de nuit de Sézanne. — Pendant que le généralissime expédiait ces ordres et que le prince royal de Wurtemberg préparait ses instructions de détail, les maréchaux se disposaient, de leur côté, à lever leur bivouac d'Allemant et à gagner, par une marche de nuit Sézanne, où le général Compans, obligé de songer au salut du convoi confié à sa garde, n'avait laissé qu'une faible arrière-garde. Mais Zieten, désireux de tirer parti de la marche sur Fère-Champenoise et furieux de n'avoir pu prendre une part active au combat, s'était, de son côté, décidé à prévenir les Français à Sézanne. Continuant son mouvement dans la soirée

---

[1] Prince de Schwarzenberg, Disposition générale pour la journée du 26. Fère-Champenoise, 25 mars soir. (*K. K. Kriegs Archiv.*, III, 449.)

du 25, il gagna, sans être découvert, la chaussée d'Épernay et et de Champaubert à Sézanne. A 10 heures du soir, sa cavalerie débouchait sur la chaussée et le gros de son avant-garde faisait une courte halte à l'ouest d'Allemant, entre Broyes et la chaussée d'Épernay. Bien que ses chevaux eussent parcouru d'une seule traite environ 16 lieues, de Montmirail à Broyes, par Étoges, il n'en donna pas moins à sa cavalerie l'ordre de reprendre, un peu après minuit, la marche sur Sézanne.

Située dans la vallée formée par la rivière des Auges, la ville de Sézanne est entourée de toutes parts par des collines assez élevées qui ne s'ouvrent que du côté du sud. La route de Fère-Champenoise, dont les Français devaient se servir pour battre en retraite, passe par cette ouverture et arrive à la ville après avoir franchi la rivière des Auges. Elle s'élève ensuite à l'ouest de Sézanne pour atteindre le sommet des collines, se tient sur le plateau pendant environ deux kilomètres et redescend ensuite dans la vallée formée par le Grand-Morin.

Au sortir de ce défilé, elle continue par Mœurs et Esternay sur La Ferté-Gaucher et Paris. La route menant à Montmirail et à Soissons s'en détache à peu de distance de la rive droite du Grand-Morin et remonte dans la direction du nord-ouest.

Vers 3 heures du matin, le colonel comte Henckel, à la tête de l'avant-garde de Zieten (uhlans de Brandebourg et dragons de Lithuanie), débouchait par la chaussée d'Épernay et de Champaubert sur les hauteurs au nord de Sézanne. De la position occupée par sa cavalerie, on apercevait de l'autre côté de la ville les dernières lueurs des feux de bivouac et l'on entendait le bruit produit par la marche de l'artillerie et de la cavalerie françaises. Induit en erreur par les quelques renseignements qu'il était parvenu à se procurer, Henckel était convaincu que les Français avaient déjà évacué Sézanne et s'étaient mis en retraite sur La Ferté-Gaucher. Zieten l'avait rejoint entre temps et pensant, comme Henckel, que les troupes dont il apercevait vaguement les camps abandonnés ne pouvaient être que l'arrière-garde des maréchaux, le général prussien ordonna à Henckel de traverser vivement Sézanne avec les uhlans de Brandebourg et deux escadrons de dragons de Lithuanie et d'attaquer cette arrière-garde. Les deux autres escadrons de dragons et deux escadrons de cavalerie de landwehr qu'il conduit en personne iront s'établir aux portes de la ville avec ordre de ne laisser entrer ou sortir qui que ce soit. Le général von Jürgass, avec deux autres régiments de cavalerie du Ier corps et l'artillerie à cheval, servira de soutien et prendra position sur les hauteurs au nord de Sézanne. La cavalerie du IIe corps restera en réserve un peu plus en arrière.

Les escadrons de Henckel, pénétrant vivement dans la ville, arrivèrent jusqu'à la place du Marché. Tournant ensuite à droite pour gagner la route de La Ferté, ils s'arrêtèrent pendant quelques instants et envoyèrent un peloton reconnaître le chemin conduisant à La Ferté par laquelle le colonel voulait faire passer sa cavalerie. Il restait encore dans Sézanne quelques traînards, quelques isolés, et déjà les dragons commençaient à essuyer des coups de fusil lorsque le peloton envoyé en reconnaissance fit savoir qu'il gardait la porte et que le chemin était libre. Il importait avant tout de se retrouver en terrain découvert. Henckel, faisant immédiatement prendre le trot à ses six escadrons, s'engagea sans perdre une minute sur la route de La Ferté-Gaucher et commençait à poursuivre vivement l'arrière-garde de Compans lorsqu'il fut rejoint par l'un des deux escadrons que Zieten avait postés aux portes de Sézanne. Il apprit alors que ces deux escadrons avaient été attaqués et pris à revers par la cavalerie française. L'escadron de dragons avait seul réussi à percer [1]. Les sept escadrons de Henckel étaient donc coupés du reste de la cavalerie, puisque d'après le dire des prisonniers, l'armée des maréchaux n'avait pas encore défilé par Sézanne. La situation de Henckel était d'autant plus difficile qu'il lui fallait désormais attendre le jour pour essayer de se frayer un chemin et de rejoindre le gros de la cavalerie de Zieten. Ramenant ses dragons et ses uhlans sur la crête au sud de la route, il s'y établit en halte gardée derrière un large fossé et fit donner l'avoine à ses chevaux qui n'avaient rien mangé depuis plus de vingt-quatre heures [2].

La nouvelle apportée par les dragons était parfaitement exacte. Zieten venait en effet de donner en avant de Sézanne contre la

---

[1] Rapport du général von Jürgass sur le combat de Sézanne, château de Gif, 4 avril 1814 ; GURETZKY-CORNITZ, *Historique du 1er régiment de uhlans de Brandebourg n° 3* ; SCHNEIDAWIND, *Prinz Wilhelm von Preussen in den Kriegen seiner Zeit*.

[2] Idem in ibid.

tête de colonne des Maréchaux. Partis d'Allemant à 2 heures du matin, éclairés par les dragons du général Roussel marchant par deux dans un mauvais chemin creux, précédés par trois régiments de cavalerie de marche que suivait le gros de leur cavalerie et ce qui leur restait d'artillerie à cheval, Marmont et Mortier étaient arrivés à peu de distance de Sézanne sans se douter de leur côté de la présence de la cavalerie prussienne dans cette ville qu'ils s'attendaient à trouver occupée par l'arrière garde de Compans. L'apparition de cavaliers ennemis, que l'obscurité empêchait de compter, avait jeté l'épouvante dans la tête de colonne que Belliard et Roussel ne parvinrent à rallier qu'à grand'peine.

Zieten n'avait pas été moins surpris que les dragons de Roussel ; mais dès que ses vedettes lui eurent signalé l'approche de la cavalerie française, dès qu'il eut entendu les commandements des officiers français, il avait ordonné à un de ses deux escadrons de dragons de charger la tête de colonne afin d'essayer de se dégager et de se frayer un chemin. Il avait pu arrêter cette tête de colonne et la mettre en désordre ; mais l'avantage remporté par ses dragons n'avait été toutefois que momentané. Le jour commençait à paraître : la cavalerie française, un moment ébranlée, s'était ralliée et se préparait à attaquer simultanément l'escadron conduit par Zieten en personne et les trois autres escadrons qu'il avait chargés de la garde de Sézanne. Une batterie à cheval avait pris position et ouvert le feu ; la tête des premières troupes d'infanterie approchait, et sans le hasard qui fit découvrir à un aide de camp de Zieten une rue latérale et un chemin de traverse aboutissant aux hauteurs, le général prussien serait tombé entre les mains de la cavalerie française qui venait de rejeter les trois autres escadrons postés en observation aux abords de Sézanne.

Un renfort de trois escadrons envoyé par le général von Jürgass ne parvint ni à rétablir l'équilibre, ni à arrêter la marche de la cavalerie française.

Les escadrons prussiens, cédant à la supériorité du nombre, se replièrent d'abord sur les hauteurs qui dominent Sézanne, puis sur le plateau situé sur la rive droite du Morin au nord de Mœurs et de la route de La Ferté, et se reformèrent enfin au sud des Essarts. Le général von Röder, resté jusque-là en réserve, ne tarda pas à les y rejoindre avec deux de ses régiments et son artillerie dont le tir à mitraille arrêta les progrès de la cavalerie française.

Pendant cet engagement, la division Christiani avait traversé Sézanne au pas de course. Se faisant flanquer et éclairer par ses tirailleurs, elle avait lestement gravi les hauteurs, passé le défilé du Morin et mis fin au combat en venant à 9 heures prendre position sur les hauteurs de Mœurs, à l'ouest de l'embranchement des routes de La Ferté et de Montmirail [1].

Marche des Maréchaux sur La Ferté-Gaucher. — L'occupation de Sézanne par Zieten et la résistance qu'il avait opposée sur un point que les Français auraient pu occuper dès la veille au soir, si Marmont n'avait pas cru devoir se détourner de sa route directe pour se rejeter plus au nord sur Allemant, avaient fait perdre aux Maréchaux un temps précieux. Il leur était, de plus, absolument impossible de songer à continuer immédiatement leur marche avec des troupes épuisées et démoralisées par les affaires de la veille. Se hâtant de faire traverser Sézanne à leur infanterie, se faisant couvrir par leur cavalerie et par une batterie à cheval, ils durent se résigner à faire à Mœurs une halte de plusieurs heures, qui allait aggraver encore leur situation déjà critique, bien que la cavalerie de Zieten, épuisée elle aussi par les efforts qu'on lui avait demandés, fût hors d'état de les inquiéter. Profitant de leur côté de ce répit pour faire manger leurs hommes et reposer leurs chevaux, Zieten et Henckel se bornèrent en effet à faire côtoyer et observer par quelques coureurs la marche des troupes des Maréchaux de Sézanne jusqu'à Mœurs.

A une heure de l'après-midi, les Maréchaux quittaient Mœurs, se dirigeaient sur Esternay, y passaient sur la rive gauche du Morin et se rejetaient à droite, par Réveillon, sur La Ferté-Gaucher, où ils espéraient opérer leur jonction avec les troupes du général Compans.

Zieten, rejoint par la cavalerie de Katzler, venant de Broussy-le-Grand, se remit également en marche, dès qu'on lui eût signalé

---

[1] Rapport du général von Jürgass sur le combat de Sézanne, Château de Gif, 4 avril 1814; Journaux de marche du régiment de dragons de Lithuanie, du 1er régiment de dragons de la Prusse occidentale et de la cavalerie de réserve du 1er corps prussien.

le départ des troupes françaises ; mais, au lieu de côtoyer leur mouvement, il resta sur la rive droite du Morin, se portant des Essarts sur Tréfols et Meilleray, où l'heure avancée et la fatigue de ses chevaux l'obligèrent à s'arrêter et à passer la nuit.

Mouvements de l'avant-garde de la grande armée. — Le prince royal de Wurtemberg [1], arrivé à Sézanne avec l'avant-garde de la grande armée, à peu près au moment où les dernières troupes de Marmont et de Mortier quittaient Mœurs, s'était, un peu après midi, mis à la poursuite des Maréchaux. Cette fois, du moins, instruit par l'expérience de la veille, le prince royal, décidé à avoir largement recours à l'action de son artillerie, avait adjoint 42 bouches à feu à la cavalerie de Pahlen. A deux heures de l'après-midi, une heure environ après le départ des Maréchaux, le prince entrait à Mœurs et y trouvait des renseignements positifs sur la direction prise par les Maréchaux. Au lieu d'engager toute sa cavalerie sur la route d'Esternay, profitant de

---

[1] Le prince royal de Wurtemberg avait donné aux corps placés sous son commandement les ordres suivants :

« La cavalerie de Pahlen quittera ses bivouacs à 5 heures précises et se rassemblera dans la plaine en avant de Connantray, sa droite appuyée aux hauteurs à l'endroit même où le combat livré la veille a pris fin. Pahlen poussera aussitôt sa cavalerie légère sur Allemant, Péas et Sézanne. La division de cuirassiers ne se portera en avant qu'après avoir été rejointe par les cuirassiers du comte Nostitz qui, partant d'Ognes à 5 heures du matin, passeront par Pleurs pour arriver à hauteur des cuirassiers russes.

« L'infanterie du VIe corps suivra les cuirassiers de Pahlen et marchera par la route de Sézanne.

« Les grenadiers russes serreront sur l'infanterie du VIe corps et formeront une colonne qui marchera à gauche de la précédente.

« La cavalerie du IVe corps, chargée de couvrir la marche de l'infanterie, ne suivra pas les mouvements du reste de la cavalerie.

« L'infanterie du IVe corps et la division de grenadiers autrichiens marcheront derrière le VIe corps, sur la grande route.

« L'armée campera ce soir à Meilleray ; les convois et les parcs s'arrêteront à Tréfols. »

Le prince royal avait commencé son mouvement, à 6 heures du matin, dans l'ordre suivant :

La cavalerie légère du VIe corps marchait en tête suivie par les cuirassiers russes, qui précédaient la division de cavalerie wurtembergeoise du prince Adam et son artillerie, derrière laquelle venait une brigade de cuirassiers autrichiens. La 2e brigade de cuirassiers autrichiens et les hussards Archiduc-Ferdinand restaient plus en arrière et couvraient la marche des grenadiers russes chargés de servir de soutien à la cavalerie.

sa supériorité numérique, il voulut à la fois rechercher sur sa droite la communication avec les Ier et IIe corps prussiens, qu'il savait en marche de Montmirail sur La Ferté-Gaucher, et déborder les Maréchaux. Gardant avec lui la cavalerie des VIe et IVe corps, soutenue par les grenadiers russes, il prit, au sortir de Mœurs, la route d'Esternay et de Réveillon, et donna à Frimont l'ordre de suivre, avec la cavalerie du Ve corps, l'ancienne route, droit jusqu'à Meilleray[1].

Marche du Ier et IIe corps prussiens sur La Ferté-Gaucher. — Pendant que le corps du duc de Trévise, qui formait la tête de colonne des troupes françaises, se dirigeait sur La Ferté-Gaucher, que l'arrière-garde de Marmont couvrait la retraite et s'établissait sur une forte position, en arrière du défilé d'Esternay, et que le prince royal débouchait de Mœurs, les Ier et IIe corps prussiens avaient commencé leur mouvement de Montmirail sur La Ferté-Gaucher et quitté leurs cantonnements à six heures du matin. Éclairés par les six escadrons qui leur restaient, York et Kleist avaient rapidement défilé par le pont du Petit-Morin, la division Horn en tête de colonne, précédant la division du prince Guillaume et la réserve d'artillerie du Ier corps, que suivait d'assez loin l'infanterie du IIe corps. La cavalerie de réserve avait été détachée, depuis la veille, du côté de Sézanne. Enfin, comme le colonel von Blücher, posté depuis le 25 au soir au Gault, avait reçu trop tardivement l'ordre de rejoindre vers Sézanne le gros de la cavalerie de Zieten, on l'avait chargé de pousser aussi vite que possible sur la route de Sézanne à La Ferté-Gaucher et d'arrêter l'ennemi au passage du défilé d'Esternay.

En manœuvrant de la sorte, York comptait prévenir les Maréchaux à La Ferté-Gaucher, leur interdire la route de Meaux et permettre ainsi à la grande armée de les atteindre et de les anéantir en les prenant entre deux feux.

Retraite du général Compans sur Coulommiers. — Combat de Chailly. — A dix heures du matin, York, qui précédait sa colonne, arrivait avec deux escadrons de hussards, en vue de La

---

[1] STARKE, Eintheilung und Tagesbegebenheiten der Haupt-Armee im Monate März. (*K. K. Kriegs Archiv.*, III, 1.)

Ferté-Gaucher. Du haut des collines, qui s'abaissent en pente douce vers le Grand-Morin, il aperçut sur la rive gauche de la rivière un gros convoi se dirigeant sur Coulommiers, sous l'escorte d'un détachement fort d'environ un millier de fantassins, trois escadrons et deux canons. C'étaient les troupes du général Compans qui, après s'être replié de Sézanne sur Réveillon, avait arrêté son faible détachement à La Ferté-Gaucher et cherchait à donner au convoi le temps de gagner Coulommiers. York avait prévu ces événements et, pensant que Compans ne s'arrêterait à La Ferté-Gaucher que pendant le temps strictement nécessaire pour laisser souffler son monde, il avait prescrit au général von Horn, dont la division marchait en tête de sa colonne, de passer sur la rive gauche du Grand-Morin, à La Ferté-Gaucher, et de prendre immédiatement la route de Coulommiers. Mais cette infanterie n'avait pu marcher assez vite et, comme l'arrière-garde française commençait à évacuer La Ferté-Gaucher, York, afin de conserver le contact des Français, dut donner au colonel von Warburg l'ordre de traverser le Morin avec 300 chevaux du régiment de cavalerie nationale de la Prusse orientale et trois bouches à feu, et de suivre, en l'inquiétant, la retraite de Compans. Horn, en personne, ne tarda pas à rejoindre les cavaliers de Warburg. Détachant sur leur gauche le demi-escadron de hussards de Mecklembourg qui l'avait accompagné, il s'attacha aux pas de Compans, dont les troupes, quoique épuisées par une marche ininterrompue de près de douze heures, se retirèrent en bon ordre jusqu'à Chailly, où le général français, ne se voyant suivi que par de la cavalerie légère, arrêta sur une position avantageuse et facile à défendre deux de ses bataillons et un escadron de cuirassiers. Mais Horn, profitant de la faute commise par les cuirassiers, qui s'étaient déployés à peu de distance en avant du défilé formé par le village de Chailly, les chargea à la tête d'un escadron de cavalerie nationale, les culbuta et les rejeta en désordre sur Chailly, pendant que deux autres escadrons du même régiment débordaient les ailes de la position française et que les deux derniers escadrons, gardés en réserve, suivaient à distance l'escadron qui avait exécuté l'attaque. La cavalerie prussienne, pénétrant dans Chailly sur les talons des cuirassiers, en chassa l'infanterie française. Celle-ci, sans même essayer de tenir bon, se débanda et se jeta dans les fourrés et les bois voisins. Atteinte à la sortie de Chailly par les escadrons de Horn, elle laissa entre leurs mains 1 drapeau, 13 officiers, 275 hommes, plusieurs caissons de munitions et quelques voitures[1]. Heureusement pour les Français, le terrain défoncé ralentit la poursuite, empêcha les Prussiens de quitter la grande route et permit aux soldats de Compans de gagner en désordre Coulommiers. Le général Compans parvint à y reformer ses troupes, grâce à la présence dans cette ville du général Vincent, arrivé à Coulommiers le 26 au matin à la tête d'un millier de fuyards de Marmont, qu'il avait ralliés à grand'peine à Montmirail et à La Ferté-sous-Jouarre et qu'il avait joints à ses 100 gardes d'honneur et à ses 200 hommes de jeune garde[2]. A six heures du soir, les deux généraux, après avoir coupé les ponts du Morin, quittèrent Coulommiers, que la cavalerie de Horn occupa derrière eux. Mais l'épuisement de ses chevaux l'obligea à s'arrêter. Cet arrêt dans la poursuite permit à Compans et Vincent de prendre momentanément position sur une ligne, allant de Mouroux à Montanglaust, et d'y laisser souffler leurs troupes pendant quelques heures. A minuit, ils continuaient leur retraite sur Meaux, où ils entraient le 27 à la pointe du jour et où ils opérèrent leur jonction avec les quelques troupes du général Ledru des Essarts[3].

Combat de La Ferté-Gaucher. — Retraite de Mortier sur

---

[1] *Journal de marche du régiment de cavalerie nationale de la Prusse orientale.*
Le général Compans, dans son rapport au Ministre, de Mouroux, près Coulommiers, 27 mars, 9 heures du soir (*Archives de la guerre*), évalue ses pertes à 250 hommes et 40 chevaux et affirme n'avoir perdu qu'une seule de ses 130 voitures d'artillerie.

[2] *Journal d'opérations du général Vincent du 19 au 29 mars* (*Archives de la guerre*) et général Vincent au Ministre de la guerre (*Ibid.*).
Compans, dans le rapport qu'il adressa au Ministre de la guerre, le soir même de l'affaire de Chailly, donne quelques détails curieux, mais bien tristes, sur l'état de sa colonne : « J'ai avec moi une nombreuse colonne de cavaliers, isolés depuis le combat d'hier, ce qui est bien dangereux pour la mienne, composée de jeunes soldats sans instruction et sans expérience. *Ces cavaliers nous ont donné aujourd'hui une alerte complète.* J'ai vu avec plaisir que ma troupe, quoique intimidée par cette alerte, n'avait pas partagé la fuite des cavaliers isolés. Des officiers, qui se trouvent parmi eux, sont parvenus à les rallier, non sans peine. »

[3] Ledru des Essarts au Ministre. Meaux, 26 mars, 4 heures soir. (*Archives de la guerre.*)

Provins. — Pendant que la cavalerie de Horn suivait seule la colonne du général Compans, jusqu'à hauteur de Coulommiers, York avait fait défiler la division du prince Guillaume de Prusse par La Ferté-Gaucher et l'avait établie sur la rive gauche du Grand-Morin, sur une hauteur qui, s'élevant au sud-ouest de la ville, commande le chemin d'Esternay. Un bataillon d'infanterie occupa la ferme de la Maison-Dieu, située au pied de cette hauteur. Le manque presque absolu de cavalerie [1] empêcha les généraux prussiens de faire reconnaître les abords de leur position et de surveiller la route par laquelle les maréchaux pouvaient essayer de déboucher. L'artillerie de réserve et le corps de Kleist, retardés par les mauvais chemins, étaient encore à une assez grande distance en arrière et, comme on avait commis la faute de faire marcher les bagages du Ier corps immédiatement après l'artillerie de réserve et devant l'infanterie du IIe corps, il en résulta qu'York ne pût opposer aux Maréchaux que les 4,000 hommes du prince Guillaume.

De leur côté, les Maréchaux, n'ayant pu communiquer avec Compans et ignorant, par suite, son départ de La Ferté-Gaucher, avaient décidé de continuer leur mouvement sur cette ville. Mortier, qui marchait en tête de colonne, devait gagner la route de Coulommiers, pendant que Marmont, en se repliant de position en position, contiendrait la cavalerie de la grande armée.

Un peu après deux heures de l'après-midi [2], les éclaireurs du duc de Trévise apparurent sur le plateau, à l'ouest de Moutils, et rejetèrent les vedettes prussiennes sur le bataillon posté à la Maison-Dieu. A quatre heures, au moment où les troupes de Mortier débouchaient des bois de Moutils, l'artillerie de réserve prussienne venait d'arriver sans la moindre escorte, sans le moindre soutien, sur la rive droite du Grand-Morin. Elle avait dû s'y arrêter, sur une position d'autant plus hasardeuse, qu'on n'entendait pas le canon du côté de Sézanne et d'Esternay, et

---

[1] Il ne restait à York que quelques pelotons de hussards. Le gros de sa cavalerie avait été détaché avec Zieten sur Sézanne. Horn avait emmené le reste, et le colonel von Blücher, qu'on comptait voir arriver avec ses deux régiments, n'avait pas donné de ses nouvelles depuis le 5 au soir.

[2] *Journal d'opérations du Ier corps prussien pendant la campagne de 1814* (*Militair-Wochenblatt*, 1841) et Schneidawind, *Prinz Wilhelm von Preussen in den Kriegen seiner Zeit.*

qu'il eût suffi de la présence de quelques escadrons français sur cette rive du Morin pour enlever toute cette artillerie. A ce moment York, manquant de cavalerie, n'ayant, par suite, aucun renseignement positif, avait tout lieu de penser que l'avant-garde de la grande armée alliée avait été arrêtée par les Maréchaux, presque dès le début de sa marche, et que le gros de l'armée des Maréchaux se dirigeait de Sézanne sur La Ferté-Gaucher, par la rive droite du Grand-Morin. Dans ces conditions et avec des troupes aussi peu nombreuses que celles qu'il avait sous la main, York, auquel le brouillard ne permettait pas d'évaluer la force exacte de ses adversaires, jugea prudent d'évacuer les hauteurs en avant de La Ferté-Gaucher, de faire occuper la ville même par trois bataillons, de ramener le reste de la division du prince Guillaume en réserve sur la rive droite du Grand-Morin et d'y mettre son artillerie en batterie sur les hauteurs, d'où elle prendrait en flanc les colonnes françaises se portant sur La Ferté par la route de la rive gauche. En même temps, convaincu que les Maréchaux, pressés de s'ouvrir la route directe de Meaux et de Lagny, allaient tirer parti de leur supériorité numérique momentanée pour forcer la division du prince Guillaume à leur céder La Ferté, il envoya à la division Horn, qui aurait pu, dans ce cas, être prise entre deux feux, d'une part, par les troupes des Maréchaux, de l'autre, par celles de Compans et de Vincent, l'ordre de quitter Coulommiers et de se rejeter à droite sur Rebais, point par lequel les deux premiers corps prussiens devaient, d'ailleurs, passer le lendemain si, comme l'indiquait la disposition générale établie par Gneisenau, on persistait à diriger le lendemain l'armée de Silésie tout entière sur La Ferté-sous-Jouarre.

Pendant qu'York modifiait ainsi et réorganisait à nouveau la défense de La Ferté-Gaucher, le duc de Trévise avait procédé à la reconnaissance de la position. Poussant sa tête de colonne jusqu'au delà de la Maison-Dieu, il ordonna à la division Christiani de se porter contre La Ferté-Gaucher. Mais quelques salves des batteries prussiennes de la rive droite suffirent pour arrêter les Français. Une nouvelle attaque, mollement exécutée, n'eut pas plus de succès, et le maréchal, renonçant à tenter quoi que ce soit avec des troupes complètement démoralisées et prêtes à se débander, quitta les environs de La Ferté, se replia vers le sud sur le plateau de Chartronges, où il rallia ses régiments et où il comptait être rejoint par Marmont, auquel il avait immédiatement donné avis de la singulière résolution qu'il venait de prendre, en préférant la route de Provins au chemin de Rozoy et de Fontenay-les-Bordes[1]. Bien qu'il ne soit guère possible de justifier ce mouvement, qui éloignait sans motif les Maréchaux de Paris, il convient cependant de remarquer que le corps de Kleist venait d'entrer en ligne à la gauche du prince Guillaume de Prusse, à Saint-Martin-des-Champs, et que son artillerie, en position sur les hauteurs, avait contribué à augmenter le désordre de la retraite. L'obscurité et le manque absolu de cavalerie prussienne sauvèrent seuls le duc de Trévise. Il faisait nuit noire, lorsque 200 chevaux de cavalerie de landwehr du IIe corps, soutenus par une compagnie d'infanterie et deux canons, traversèrent La Ferté-Gaucher. Ce n'était pas avec cette poignée de cavaliers, épuisés d'ailleurs par une marche longue et difficile, qu'il était possible de tenter une attaque de nuit. Par suite du manque de cavalerie, on avait laissé passer le moment favorable et l'on dut se borner à faire réoccuper par ces quelques troupes les hauteurs sur lesquelles on avait primitivement établi la division du prince Guillaume de Prusse.

Mouvements de la cavalerie du prince royal de Wurtemberg. — Combat de Moutils. — Retraite de Marmont sur Provins. — Pahlen, de son côté, était venu donner contre l'arrière-garde de Marmont, que le maréchal avait postée en arrière d'Esternay, sur les hauteurs couvertes par le Grand-Morin; l'infanterie française occupait fortement le pont et la chaussée qu'elle avait barricadés. Le prince royal de Wurtemberg, après avoir fait préparer son attaque par son artillerie, fit traverser le Morin aux cosaques qui, débordant la droite de la position, obligèrent l'arrière-garde de Marmont à se replier sur Aulnay, où elle s'établit sur une deuxième position, s'étendant d'Aulnay à Courgivaux, en arrière d'un des ruisseaux qui vont se jeter dans le Grand-Morin.

En sortant d'Esternay, la cavalerie de Pahlen avait opéré sa jonction avec l'avant-garde prussienne du colonel de Blücher qui venant du Gault, avait fait occuper à son infanterie le village

---

[1] Marmont au major-général, Provins, 27 mars. (*Archives de la guerre.*)

des Foulons et avait poussé ses deux régiments de cavalerie à Retourneloup. L'arrivée opportune de ce renfort allait désormais mettre le prince royal de Wurtemberg en état de manœuvrer à la fois contre le front et la droite de Marmont et de contrarier plus efficacement les projets du maréchal qui cherchait, en ralentissant la marche de la cavalerie alliée, à donner à Mortier le temps de s'installer à La Ferté-Gaucher ou d'y forcer le passage. Pendant que le colonel de Blücher, s'avançant par la grande route sur Aulnay et Réveillon, avait ordre de suivre l'ennemi et de l'observer sans le presser, le prince royal de Wurtemberg et Pahlen essayaient, en se jetant à gauche, de tourner et de déborder les positions successives formées par les ruisseaux qui tombent dans le Morin. Le prince royal, prenant avec la cavalerie du IVe corps, à partir de Courgivaux, la traverse de Maisoncelles et Pierrelez, espérait en débouchant par Saint-Mars sur la route de Provins, réussir à couper l'arrière-garde française de sa retraite sur La Ferté-Gaucher et à gagner avant elle la chaussée menant à cette ville, tandis que Pahlen formant le centre de la ligne et se tenant à partir de Courgivaux entre la cavalerie du IVe corps et celle du colonel de Blücher, passait entre Saint-Martin-du-Boschet et Pierrelez, de façon à tourner Moutils en laissant à sa droite le rû de Drouilly[1]. Mais, retardés par les difficultés que le terrain marécageux opposait à la marche de la cavalerie et surtout de l'artillerie à cheval, ces mouvements ne purent s'exécuter avec la rapidité qui seule pouvait en assurer la réussite. Le duc de Raguse avait eu le temps de remarquer le changement de direction que le gros des forces alliées, chargées de le poursuivre, opérait sur sa droite, lorsqu'un avis de Mortier lui rendant compte de la résistance qu'il rencontrait devant La Ferté, le décida à faire évacuer Aulnay, à prescrire au général Joubert d'occuper et de défendre jusqu'à la dernière extrémité le village de Moutils et à poster la cavalerie de Bordesoulle au delà des bois de Moutils pour le couvrir sur ce point contre la cavalerie alliée qui cherchait à tourner le défilé[2].

---

[1] STÄRKE, Eintheilung und Tagesbegebenheiten der Haupt-Armee im Monate März. (*K. K. Kriegs Archiv.*, III, 1.)

[2] Marmont au major-général, Provins, 27 mars, 7 heures du soir. (*Archives de la guerre*.)

Le colonel von Blücher s'était conformé strictement aux ordres qu'il avait reçus et avait suivi pas à pas et sur la grande route le mouvement rétrograde de l'arrière-garde du Maréchal. S'attendant à voir Pahlen et le prince royal entrer en ligne d'un moment à l'autre sur sa gauche, il ne tarda pas à s'engager avec les tirailleurs de Joubert; celui-ci tenant énergiquement tête aux Prussiens, repoussa les attaques que leur infanterie dirigea contre son front et contre sa droite. Le prince royal et Pahlen étaient encore à ce moment à hauteur de Pierrelez et de Saint-Martin-du-Boschet. Le jour commençait à tomber et le prince royal, voyant qu'il lui serait impossible de gagner à temps Saint-Mars, craignant de compromettre son artillerie en marchant la nuit dans des chemins de traverse au milieu d'un terrain difficile et marécageux, se décida à se rejeter avec Pahlen vers le nord à hauteur de Saint-Martin-du-Boschet et à rejoindre la chaussée de La Ferté-Gaucher, à l'est de Moutils. Son apparition et l'entrée en ligne de son artillerie à cheval obligèrent enfin le général Joubert à céder Moutils à l'infanterie prussienne. Mais ce mouvement avait dégarni la gauche du prince royal où ne se trouvaient plus que quelques régiments de cosaques qui, incapables de résister à la cavalerie de Bordesoulle, furent contraints à se retirer devant elle et à abandonner au général Joubert la route de Provins. Cet officier général passant par Saint-Mars et Courtacon, rejoignit le 27 au matin les maréchaux à Provins. York et le prince Guillaume de Prusse, manquant de cavalerie, n'avaient pu les empêcher de filer pendant la nuit et de se replier sans encombre du plateau de Chartronges où ils avaient laissé souffler leurs troupes, sur Provins, où Joubert les trouva établis sur une bonne position défensive [1].

Positions des corps alliés de première ligne le 26 mars au soir. — Le 26 au soir, les corps de première ligne des armées de Bohême et de Silésie occupaient les positions suivantes :

---

[1] Les *Armee Nachrichten* (K. K. Kriegs Archiv., III, 431) donnèrent, à propos de la journée du 26 mars, le bulletin suivant: « Une affaire très chaude a eu lieu le 26 entre le IVe corps de la grande armée (prince royal de Wurtemberg) et une partie de l'armée française, qui a été atteinte dans sa retraite près de La Chapelle-Véronge et Moutils pendant que les corps d'York et de Kleist s'emparaient de vive force de La Ferté-Gaucher. »

La cavalerie des IV⁰ et VI⁰ corps bivouaqua à hauteur de Moutils; le gros de l'infanterie à Réveillon, avec quelques postes sur sa droite, à Villeneuve-la-Lionne et Meilleray. Le général Frimont, arrivé à Meilleray, y avait arrêté la cavalerie bavaroise du V⁰ corps et avait envoyé le général Spleny avec deux brigades de cavalerie autrichienne à Saint-Barthélemy. L'infanterie du V⁰ corps n'atteignit qu'assez avant dans la nuit Meilleray et Tréfols. Le colonel von Blücher quitta Moutils aussitôt après l'arrivée de Pahlen et rejoignit dans la nuit aux environs de La Ferté-Gaucher le corps de Kleist. La cavalerie de Zieten et de Katzler passa la nuit aux environs de Meilleray. Horn était venu le soir même de Coulommiers à Rebais et les I⁰ʳ et II⁰ corps prussiens campèrent sur la rive droite du Grand-Morin autour de La Ferté-Gaucher, où York et Kleist avaient établi leurs quartiers généraux.

Mouvements et positions du III⁰ corps, des gardes et réserves. — Le III⁰ corps de la grande armée, chargé de couvrir et d'escorter les parcs et les convois, partit d'Œuvy et de Gourgançon à 5 heures du matin; arrêté à Sézanne par l'encombrement que produisait l'amoncellement des bagages appartenant aux IV⁰ et VI⁰ corps et aux grenadiers russes, Gyulay avait dû y laisser son propre convoi et les parcs, et en confier la garde à la brigade Schaeffer. Le gros de l'infanterie et la cavalerie du III⁰ corps contournèrent Sézanne et poussèrent jusqu'aux Essarts et à Champguyon. On avait perdu tellement de temps à Sézanne que Gyulay, se voyant dans l'impossibilité d'atteindre Tréfols, fit camper ses troupes fatiguées entre Joiselle et Champguyon. La brigade Schaeffer, les parcs et le convoi du III⁰ corps ne purent traverser Sézanne et durent bivouaquer en arrière de la ville.

Les gardes et les réserves passèrent la nuit aux environs du Vézier, couvrant les quartiers généraux des souverains et du généralissime établis à Tréfols [1].

Mouvements de Seslavin et de Kaïssaroff. — **Mouvements et positions des corps russes de l'armée de Silésie.** — Enfin,

---

[1] Stärke, Eintheilung und Tagesbegebenheiten der Haupt-Armee im Monate März. (*K. K. Kriegs Archiv*, III, 1.)

comme on était sans nouvelles des mouvements de Napoléon sur la Marne, comme on ignorait ce qui se passait dans la vallée de la Seine, où Souham occupait encore Nogent; comme on voulait rester en communication avec la division légère de Maurice Liechtenstein[1], on avait ordonné à Seslavin de se diriger de Sézanne sur Provins et Montereau[2] et à Kaïssaroff, envoyé à Arcis, de se relier par Lesmont avec Tchernitcheff, posté à Pougy. Kaïssaroff avait, d'ailleurs, eu connaissance de l'entrée des Français à Troyes et, en communiquant cette nouvelle au généralissime, il ajoutait : « Mes partis cherchent à pénétrer la direction que prendra Napoléon; mais ne s'avançant pas de Brienne par Ramerupt et ayant occupé Troyes, il n'y a rien, d'après mon avis, de douteux qu'il ne prenne cette dernière route pour rebrousser chemin par Nogent-sur-Seine[3]. »

Un peu plus tard, à huit heures et demie du soir, il complétait encore ces renseignements en rendant compte des événements de la journée : « Un parti de cosaques avait été surpris et malmené à Vallentigny par les paysans armés, soutenus par un petit détachement d'infanterie française; il n'y avait plus à Brienne qu'un faible régiment de cavalerie française et, pendant toute la journée, on n'avait signalé aucun mouvement de troupes dans la direction de Dienville à Troyes. » Enfin, dans la nuit du 26 au 27, il transmettait au généralissime[4] la dépêche par laquelle Tchernitcheff l'informait de l'évacuation momentanée de Troyes où, d'après les renseignements recueillis par les cosaques, on attendait dans la nuit des troupes françaises venant de Bar-sur-Aube. il demandait à Schwarzenberg si, « dans le cas où les Fran-

---

[1] Le général Allix écrivait au Ministre, d'Auxerre, le 26 mars, à 5 heures 1/2 du soir : « L'arrière-garde ennemie est en retraite sur Montbard. Semur est évacué. Je me fais rejoindre par les deux bataillons laissés à Joigny et compte marcher demain vers Montbard. Les paysans m'amènent constamment des prisonniers. L'ennemi paraît avoir une peur terrible des levées. » (*Archives de la guerre.*)

[2] STÄRKE, Eintheilung und Tagesbegebenheiten der Haupt-Armee im Monate März. (*K. K. Kriegs Archiv.*, III, 1.)

[3] Kaïssaroff au prince de Schwarzenberg, Arcis-sur-Aube, 26 mars (*Original en français; K. K. Kriegs Archiv.*, III, 458), et Tchernitcheff au prince de Schwarzenberg, Pougy, nuit du 26 au 27 mars (*Ibid.* III. ad. 469).

[4] Kaïssaroff au prince de Schwarzenberg, Arcis-sur-Aube, 27 mars, 1 heure du matin. (*K. K. Kriegs Archiv.*, III, 469.)

çais feraient un mouvement de Troyes sur Nogent, il ne devrait pas se porter dans cette direction, en obliquant toutefois à droite ». Un pareil mouvement lui semblait d'autant plus opportun que « Tchernitcheff allait le masquer en se dirigeant sur Piney ».

Les corps russes de l'armée de Silésie, Langeron et Sacken, une partie de l'infanterie du corps de Winzingerode (la division Strogonoff venant d'Étoges, la division Woronzoff venant de Vitry), s'étaient portés d'Étoges sur Montmirail, où Blücher établit son quartier général, et s'étaient échelonnés depuis Viels-Maisons jusqu'à Vauchamps. La cavalerie de Wassiltchikoff n'avait rien entrepris et s'était arrêtée le soir en avant des positions de l'infanterie. On avait toutefois donné au général Emanuel (avant-garde du corps Langeron) l'ordre de filer au plus vite sur La Ferté-sous-Jouarre avec les régiments d'infanterie de la Vieille-Ingrie et d'Arkhangelgorod, un bataillon du régiment de Staroskol, le régiment de dragons de Kiew, les régiments de cosaques de Sélivanoff II et de Grekoff XXI, trois compagnies de pionniers, six bouches à feu et un équipage de pont[1], en lui prescrivant de pousser de là sur Meaux. Parti à six heures du matin et renforcé pendant sa marche par l'infanterie du lieutenant-colonel von Klüx (Ier corps), le général Emanuel arrêta, le 26 au soir, son détachement à 10 kilomètres environ de La Ferté-sous-Jouarre.

Inaction de Bülow devant Soissons. — Bülow n'avait rien entrepris contre Soissons.

La cavalerie de Grouvel se maintenait à Villers-Cotterets, éclairant de son mieux le terrain entre la forêt et Soissons.

A Compiègne, tout s'était borné à quelques tirailleries sans conséquence.

Observations sur les mouvements des Maréchaux et des généraux alliés pendant la journée du 26 mars. — Les Maréchaux, pas plus que les généraux alliés, n'avaient lieu de se féliciter et de s'enorgueillir des résultats de la journée. De part et d'autre on avait commis des fautes qui avaient modifié la nature et considérablement restreint la portée des opérations, des fautes

---

[1] Journal d'opérations du comte Langeron. (*Archives topographiques*, n° 29103.)

qui, des deux côtés, semblent avoir eu pour origine première une appréciation incomplète de la gravité de la situation. En s'établissant le 25 au soir à Allemant, alors qu'il devait se diriger droit sur Sézanne et se replier sur les troupes du général Compans, Marmont avait commis une première erreur qui aurait pu lui coûter cher si, au lieu de se heurter le 26 au matin contre la cavalerie de Zieten, il eût trouvé la route barrée par un corps plus considérable ou composé de troupes des trois armes. Le temps qu'il lui fallut employer pour chasser la cavalerie prussienne de Sézanne, la halte qu'il dut faire à Mœurs permettaient au prince royal de Wurtemberg de le rejoindre, à York d'amener une de ses divisions à La Ferté-Gaucher et d'en pousser une autre sur Coulommiers, à la suite de Compans. La fausse direction qu'il avait prise le 25 au soir, la lenteur forcée d'une marche en retraite, qui s'exécuta en combattant tout le temps, auraient dû assurer sa perte, si les Alliés, de leur côté, avaient su profiter de tous ces avantages. La mollesse dont les troupes de Mortier firent preuve lors de l'attaque inutile de La Ferté-Gaucher, la résolution incompréhensible du duc de Trévise qui, au lieu de s'établir solidement sur les plateaux au sud de La Ferté, de tourner la ville et d'aller rejoindre plus loin la route de Coulommiers et de Meaux, s'en laissa imposer par une faible division et se rejeta sur la chaussée de Provins, sont encore autant d'erreurs qui auraient dû rendre aux Alliés tous les bénéfices dont allaient les priver leurs fautes et la lenteur de leurs mouvements.

Dès qu'il eût reconnu l'impossibilité de changer la direction de la retraite et de se séparer de Mortier, Marmont était redevenu lui-même, et ce fut grâce à l'énergie et à l'intelligence dont il fit preuve dans un moment aussi critique, qu'il parvint à réparer la faute du duc de Trévise, à regagner les marches que le mouvement sur Provins devait faire perdre et à devancer les Alliés à Paris.

Les opérations des Alliés n'avaient été guère plus irréprochables que celles des Maréchaux. Il est, en effet, hors de doute que, si l'on eût pu ou voulu marcher résolument après Fère-Champenoise, que, si l'on eût poussé vivement les deux premiers corps prussiens sur le Morin, on aurait coupé la retraite aux maréchaux. Le 26, pas plus que le 25, les Alliés ne surent ni tirer parti de leur supériorité numérique, ni avoir recours à l'action combinée des trois armes, indispensable cependant pour amener des résultats décisifs. Au quartier général de la grande armée, on avait bien reconnu les fautes commises la veille et dues à une trop grande précipitation, à l'emploi exclusif et immodéré de la cavalerie. Mais on tomba dans l'excès contraire et on ralentit démesurément l'action de la cavalerie en l'alourdissant par l'adjonction d'un nombre trop considérable de bouches à feu qui se traînèrent péniblement et lentement à sa suite. Au lieu de faire agir sur une seule route toute la cavalerie placée sous les ordres du prince royal de Wurtemberg, on engagea inutilement sur le chemin de Meilleray, qu'aucune troupe française n'avait suivi, les régiments de Frimont, sans penser que Zieten, chassé de Sézanne, avait précédé les Français dans cette direction.

A l'armée de Silésie, on avait commis une faute plus grave et plus irréparable encore en ne laissant à York et à Kleist que six faibles escadrons et en les mettant, par suite, dans l'impossibilité de s'éclairer et de connaître en temps utile la ligne de marche suivie par les colonnes de Marmont et de Mortier. Le prince royal de Wurtemberg avait, d'ailleurs, paralysé complètement l'action de sa cavalerie et de celle de Pahlen, en se jetant, à partir de Courgivaux, dans des chemins de traverse impraticables ; il l'empêcha ainsi de prendre part au combat de Moutils et de briser en temps utile la résistance que le général Joubert y opposa à l'avant-garde prussienne du colonel de Blücher. Il y avait néanmoins tout lieu de supposer que la cavalerie alliée, donnant désormais la main à l'infanterie d'York et de Kleist, resterait désormais sur les talons et sur les flancs des Maréchaux et les suivrait pas à pas dans leur retraite forcée vers la Seine. Loin de procéder de la sorte, nous verrons, au contraire, les Alliés arrêter Pahlen à hauteur de Courtacon et de Champcenest, et donner à Marmont et à Mortier la possibilité de se dérober si complètement aux troupes légères des Alliés que l'on perdit complètement leur contact et que, pendant plus de deux jours, on ignora au grand quartier général des armées alliées ce qu'étaient devenus, vers quel point s'étaient dirigés les deux corps français qu'on laissa bénévolement « sortir de la plus horrible position où jamais troupes aient été placées [1] ».

---

[1] MARMONT. *Mémoires*, VI, 239.

27 mars. — Ordres de Schwarzenberg, de Blücher et d'York. — Bien qu'expédiés de Tréfols dans la soirée du 26, les ordres de mouvement, pour la journée du 27 mars, arrivèrent encore trop tard pour pouvoir être exécutés par certains corps de la grande armée. Ignorant, pendant la journée du 26, la direction prise par les maréchaux, le généralissime[1] prescrivit à la cavalerie d'avant-garde, conduite par le prince de Wurtemberg, de se diriger sur Crécy, de menacer le flanc gauche de l'ennemi et de l'empêcher de prendre la route de Melun, pendant que Pahlen, avec la cavalerie du VIe corps, pousserait sur Provins.

Le VIe corps, partant à cinq heures du matin, marchant par la chaussée et passant par La Ferté-Gaucher, Chailly-en-Brie et Coulommiers, avait ordre de pousser derrière la cavalerie jusqu'à Mouroux.

Le IVe corps, commençant son mouvement une heure plus tard, devait s'établir le soir en deuxième ligne, en arrière des positions occupées par le VIe.

Les gardes et réserves, quittant à sept heures les environs du Vezier, devaient se porter par Meilleray sur La Ferté-Gaucher, prendre la route de Coulommiers, traverser cette ville et venir camper sur le plateau de Montanglaust. Les grenadiers avaient ordre de les rejoindre, et la cavalerie de la garde était chargée de flanquer la gauche de toutes les colonnes.

Le IIIe corps, levant son camp à six heures du matin, avait ordre de prendre à gauche vers Les Hublets, d'y passer le Grand-Morin, de regagner la chaussée de La Ferté-Gaucher, à l'ouest de Réveillon, et de s'arrêter le soir à Saint-Pierre-en-Veuve, à 1 kilomètre au sud de Coulommiers.

Le Ve corps ne devait commencer son mouvement qu'à 10 heures et aller par Saint-Martin-des-Champs et La Ferté-Gaucher jusqu'à Chailly. Son infanterie devait prendre position sur les hauteurs à l'est de cette ville, mais sa cavalerie avait ordre de s'arrêter à La Ferté-Gaucher.

Les parcs d'artillerie et les convois restés à Sézanne devaient chercher à dépasser Chailly et s'arrêter le soir entre Chailly et Coulommiers.

---

[1] Prince de Schwarzenberg, Tréfols, 26 mars ; ordres de mouvement pour le 27 mars. (*K. K. Kriegs Archiv.*, III, 457.)

Pour ce qui est de Seslavin et de Kaïssaroff, le premier devait essayer de se maintenir aux environs de Provins, afin de battre le pays entre Montereau et Melun; tandis que le second, éclairant d'Arcis tout le terrain compris entre l'Aube et la Seine, avait pour mission de renseigner plus particulièrement le grand quartier général sur tout ce qui viendrait à se produire du côté de Troyes, de Lesmont et de Bar-sur-Aube.

Il résulte des ordres donnés tant aux corps d'armée qu'à Seslavin et à Kaïssaroff, qu'on voulait, tout en poussant la grande armée dans la vallée de la Marne et dans la direction de Paris, être à chaque instant en mesure de s'opposer à la marche éventuelle de l'armée de l'Empereur par la rive gauche de la Seine. L'état-major de l'armée de Silésie avait chargé les corps d'York et de Kleist et l'avant-garde du général Emanuel de forcer le passage de la Marne à Trilport, d'y jeter un pont et d'occuper Meaux. Langeron devait venir à Saint-Jean-les-Deux-Jumeaux et Sammeron; Sacken à La Ferté-sous-Jouarre avec le quartier général, et l'infanterie de Winzingerode sous les ordres de Woronzoff à Bussières.

Dans une disposition spéciale aux Ier et IIe corps, York avait, aussitôt après avoir reçu l'ordre général, prescrit au IIe corps de se mettre en marche le 27 à 5 heures et demie du matin et de se porter par Rebais et Jouarre sur Trilport. Le Ier corps devait commencer son mouvement une heure et demie plus tard et précéder l'artillerie de réserve. Deux bataillons, fournis par chacun des corps d'armée, formaient l'arrière-garde de cette colonne.

La division Horn avait ordre de se porter de Pleurs droit par la traverse sur La Ferté-sous-Jouarre. Enfin, les escadrons de Zieten et de Katzler, venant de Meilleray, devaient rejoindre leurs corps respectifs à Rebais.

Les deux corps prussiens avaient déjà commencé ces mouvements, lorsqu'à leur grande surprise, York et Kleist reçurent du généralissime un ordre parti le 26 au soir de Tréfols et leur enjoignant de se charger, de concert avec le prince royal de Wurtemberg qui leur servirait de soutien, du soin de poursuivre les Maréchaux dans leur retraite sur Rozoy ou sur Provins et de les empêcher de passer la Seine.

Cet ordre bizarre, et d'ailleurs impossible à exécuter, avait été motivé en grande partie par une dépêche du quartier général de l'armée de Silésie au prince de Schwarzenberg. Dès qu'on y eut appris que les Ier et IIe corps, au lieu de se trouver à La Ferté-sous-Jouarre s'étaient portés sur La Ferté-Gaucher, Blücher, tout en manifestant l'intention de diriger York et Kleist sur Triport, avait offert au généralissime de mettre ces deux corps à sa disposition dans le cas où le prince aurait cru leur coopération nécessaire pour couper la retraite aux Maréchaux. Un rapport du prince royal de Wurtemberg avait décidé le généralissime à accepter cette proposition. Bien qu'il se proposât de déboucher par Saint-Martin-du-Boschet sur la route de Provins et bien qu'il espérât encore parvenir à rejoindre l'arrière-garde des Maréchaux, le commandant du IVe corps mandait au généralissime qu'aussitôt après avoir rétabli le contact, il confierait la poursuite au général York et chercherait à se rapprocher de son infanterie qui n'avait plus avec elle pour éclairer sa marche que la cavalerie du Ve corps. Le prince royal ajoutait : « La nature du terrain, en arrêtant la marche de mon artillerie, m'a seule empêché d'exécuter mon mouvement projeté de Courgivaux sur La Ferté. J'en conclus que l'ennemi aura rencontré des difficultés de même genre dans sa retraite sur Provins. Mais ma cavalerie et surtout les deux divisions de cuirassiers sont tellement épuisées qu'elles ne me paraissent pas en état d'exécuter une marche qui doit s'accomplir en grande partie à travers champs. »

Combat de Trilport. — Compans évacue Meaux. — Dans l'intervalle, la situation s'était si complètement modifiée que cet ordre n'avait plus aucune raison d'être lorsqu'il fut remis à York et à Kleist. Les Maréchaux avaient, en effet, quitté le plateau de Chartronges dans la nuit, et les généraux prussiens, manquant de cavalerie, n'avaient aucune idée de la direction qu'ils avaient suivie. La presque totalité des troupes d'York et de Kleist se trouvait sur la rive droite du Morin. Horn était déjà en marche sur Jouarre ; l'infanterie du lieutenant-colonel von Klüx avait suivi le mouvement de la cavalerie d'Emanuel. Il aurait donc fallu employer la journée tout entière pour rallier les deux corps et leur faire passer le Morin. Enfin, une fois sur la rive gauche de cette rivière, on aurait été obligé de se porter à la fois sur Rozoy et sur Provins et l'on aurait perdu énormément de temps en faisant marcher les troupes par des chemins de traverse défoncés et presque impraticables. Les deux généraux se décidèrent donc à continuer leur marche sur Rebais et se bornèrent à rendre compte au généralissime et au feld-maréchal Blücher des motifs qui leur avaient inspiré cette résolution.

L'infanterie du général von Horn ne tarda pas à rejoindre, à environ une lieue de Jouarre, les avant-gardes aux ordres du général Emanuel et du lieutenant-colonel von Klüx poussées en avant par Langeron et par York, et à obliger, par son apparition, les petits postes français de l'adjudant-commandant Michal, établis au château de Venteuil et à La Ferté-sous-Jouarre, à se replier sans combat, d'abord sur la rive droite de la Marne dont ils coupèrent le pont derrière eux, puis de là, sur l'Ourcq[1].

Un peu après 5 heures de l'après-midi, la cavalerie russe d'Emanuel se montrait aux environs de Saint-Jean-les-Deux-Jumeaux. Le général Vincent, qui formait l'arrière-garde de Compans avec sa cavalerie soutenue par 400 à 500 gardes nationaux des environs, y avait pris position afin de couvrir les abords de Trilport et de donner au général Compans le temps d'achever ses dispositions de combat. Ce dernier avait été renforcé à Meaux par le général Ledru des Essarts, arrivé sur ce point avec trois bataillons de nouvelle formation et un peu d'artillerie servie par les canonniers de la marine. L'entrée en ligne de l'avant-garde de Horn, qui cherchait à déborder la droite de Vincent et à la couper de la route de Trilport en contournant par le sud les bois de Meaux, obligea le général français à quitter le plateau de Saint-Jean et à se replier sur la rive droite de la Marne et sur les postes avancés du général Ledru des Essarts.

Compans, posté avec le gros de ses troupes en avant de Meaux sur la gauche de la Marne d'où il surveillait les routes venant de Crécy, avait fait repasser la Marne à toute son artillerie, à l'exception de quatre pièces, et avait donné l'ordre au général Ledru des Essarts d'aller soutenir la cavalerie du général Vincent. Mais, lorsque le général Ledru des Essarts déboucha avec ses renforts en avant du faubourg Saint-Nicolas, il était déjà trop tard pour empêcher le passage de la Marne. Le poste établi sur la rive droite à Trilport avec ordre de couler les bateaux,

---

[1] Ledru des Essarts à Clarke, Meaux, 27 mars, 9 heures du soir. (*Archives de la guerre.*)

s'était enfui au premier coup de canon, abandonnant aux Prussiens et aux Russes, les bateaux dont ceux-ci s'étaient immédiatement servis pour jeter sur la rive opposée quelque infanterie et faire passer leur cavalerie plus en amont à hauteur de Poincy, pendant que, protégés par l'artillerie en batterie sur les hauteurs, les pontonniers russes travaillaient activement à l'établissement, à Trilport même, d'un pont de bateaux. Malgré l'inexpérience de leurs jeunes soldats, Vincent et Ledru des Essarts, renforcés successivement par tout ce que le général Compans avait primitivement gardé auprès de lui, et n'ayant affaire qu'à des troupes d'infanterie prussienne sensiblement inférieures en nombre et à quelques cavaliers, réussirent cependant à se maintenir jusqu'au soir en avant de Meaux, à hauteur des bois de Poincy et à en chasser même l'infanterie prussienne.

A 8 heures du soir, les pontonniers russes avaient achevé leur pont. Horn lançait aussitôt son infanterie sur la rive droite de la Marne. Soutenue par la cavalerie de Katzler[1] et du colonel von Blücher, elle opéra sa jonction avec les Russes du général Emanuel, et enleva aux Français les positions à l'ouest de Poincy. Établissant sans perdre une minute ses avant-postes à peu de distance des portes de Meaux, Horn donna immédiatement l'ordre de commencer la construction d'un deuxième pont de bateaux.

« Mes troupes, écrivait le soir même le général Ledru des Essarts à Clarke[2], se sont mises dans le plus grand désordre. Impossible de les retenir. Cavalerie, artillerie, infanterie, tout s'est précipité pêle-mêle dans la place en jetant ses armes. *Il est impossible d'avoir de plus mauvais soldats.* » Et il ajoutait encore : « Ne pouvant défendre Meaux avec des troupes qui ne veulent pas se battre, le général Compans vient de donner l'ordre de se retirer sur Claye. » Quelques instants plus tard, un détachement d'infanterie prussienne et 15 cosaques se glissaient dans le faubourg du Cornillon et tiraillaient une partie de la nuit avec l'ar-

---

[1] L'avant-garde aux ordres du général von Katzler se composait de 5 bataillons de fusiliers, de 2 bataillons d'infanterie, 1 bataillon mixte, de 16 escadrons et de 16 pièces d'artillerie à cheval (V. OELSNITZ, *Historique du 1ᵉʳ régiment d'infanterie prussienne*).

[2] Ledru des Essarts à Clarke, Meaux, 27 mars, 9 heures du soir. (*Archives de la guerre.*)

rière-garde de Compans. A 3 heures du matin, aussitôt après l'explosion du magasin à poudre[1], les fusiliers prussiens pénétraient dans le faubourg Saint-Nicolas, se faisaient ouvrir les portes de Meaux, poussaient jusqu'à la place du marché, y ramassaient quelques traînards et attendaient dans la ville l'arrivée des troupes d'avant-garde de Horn.

Pendant que Compans se repliait sur Claye, où il allait être rejoint par le 12ᵉ régiment de marche de cavalerie, trois bataillons de jeune garde et une batterie[2], York avait envoyé aux troupes sous ses ordres les instructions suivantes[3] :

« Le général von Horn, avec ses troupes et les avant-gardes des deux corps d'armée prussiens, prendra immédiatement position en face de Meaux.

« Les deux corps d'armée feront la soupe le plus rapidement possible. Lorsque la brigade Pirch l'aura mangée, elle défilera sur le pont de bateaux.

« Demain, à 3 heures du matin, le IIᵉ corps d'armée commencera à défiler sur le pont qui est à main droite. Le Iᵉʳ corps d'armée, suivi par la cavalerie de réserve des deux corps sous les ordres du lieutenant-général von Zieten, se servira du même pont, destiné au passage de l'infanterie et de la cavalerie. Le pont qui est à main gauche sera exclusivement réservé à l'artillerie et aux équipages.

« Les brigades devront envoyer à l'avance aux ponts des officiers qui les avertiront à temps du moment où elles pourront passer. Elles ne quitteront leurs bivouacs qu'au reçu de cet avis.

« Le passage des ponts commencera dès 3 heures du matin, et le défilé continuera sans interruption. Le quartier général des deux corps d'armée est à Trilport. »

Mouvements et positions des corps de l'armée de Silésie. — Le dernier des obstacles naturels qui s'opposait à la marche des Alliés sur Paris était désormais franchi et pendant que le gros des Iᵉʳ et IIᵉ corps campés à Trilport se préparait à suivre,

---

[1] Journal d'opérations de Langeron. (*Archives topographiques*, nº 29103.)
[2] Roi Joseph au Ministre de la guerre, Paris, 27 mars. (*Archives de la guerre.*)
[3] Ordres d'York, Trilport, 27 mars, 8 heures soir.

le 28 au matin, la division Horn sur la rive droite de la Marne, Sacken s'arrêtait le 27 au soir à La Ferté-sous-Jouarre avec le quartier général de Blücher; Langeron était échelonné de Saint-Jean-les-Deux-Jumeaux à Sammeron. L'infanterie de Woronzoff avait atteint Bussières. Un détachement fourni par ses troupes et placé sous les ordres du général Iagoff, se dirigeait par Château-Thierry sur Lizy-sur-Ourcq. La cavalerie de Zieten avait rejoint, dans la soirée du 27, York et Kleist à Trilport.

Bombardement de Soissons. — Mouvements des partisans de Geismar. — A l'extrême droite, à Soissons, Bülow désormais certain que le commandant Gérard refuserait toute capitulation, avait eu de nouveau recours au bombardement et fait pousser vivement les travaux d'approche vers le front Saint-Jean. Une surprise tentée dans la nuit du 27 au 28 mars sur la porte de Paris, n'avait pas eu plus de succès que les attaques précédentes.

Tout était resté calme du côté de Compiègne. Mais plus au nord, Geismar qui s'était arrêté à Roye, depuis le 25 au matin, s'était remis en mouvement. Les nouvelles qu'il avait reçues de Belgique, les renseignements qu'il s'était procurés sur place, l'avaient décidé à se reporter de Roye sur Montdidier que les troupes françaises avaient de nouveau évacué, et à donner la chasse à la cavalerie de leur arrière-garde à laquelle il enleva quelques hommes [1].

Mouvements des corps de la grande armée alliée. — Marche de la cavalerie des IV⁰ et VI⁰ corps sur Coulommiers. — Ilowaïsky devant Provins. — Position de cette cavalerie le 27 mars au soir. — A 6 heures du matin, la cavalerie de la grande armée avait repris la poursuite des Maréchaux. Le comte Pahlen s'était porté de Moutils par Saint-Mars sur Courlacon d'où, après avoir rejoint la cavalerie du IV⁰ corps, il devait continuer dans la direction du sud. Pahlen ne trouva plus

---

[1] Tagebuch des Streifcorps unter Befehle des Kaiserlichen russischen Obersten von Geismar, während dem Feldzuge 1814 (K. K. Kriegs Archiv., IV, 178), et Zeitschrift für Kunst, Wissenschaft und Geschichte des Krieges, 1830, V et VI.

personne à Courtacon que les Maréchaux, avaient quitté à 2 heures du matin et que l'arrière-garde aux ordres de Joubert avait évacué à 6 heures. Au moment où Pahlen se disposait à engager ses escadrons sur la route de Provins, le prince royal de Wurtemberg lui fit parvenir un ordre lui enjoignant de prendre avec le gros de la cavalerie le chemin de Coulommiers et de se borner à diriger sur Provins un détachement chargé de surveiller les Maréchaux jusqu'à l'arrivée sur ce point des cosaques de Seslavin. Confiant cette mission à un millier de cosaques sous les ordres d'Ilowaïsky XII, Pahlen, se conformant sans retard aux ordres du prince, se mit immédiatement en route dans la direction de Faremoutiers.

Entre midi et une heure, Ilowaïsky s'établissait sur les hauteurs au nord de Provins, et l'apparition de sa petite troupe suffisait pour jeter de nouveau l'alarme dans les rangs des Français qui, évacuant précipitamment Provins, allèrent s'établir sur la route de Nangis, sur le plateau de Maison-Rouge. Les renseignements rapportés par les reconnaissances françaises ne tardèrent pas à ramener un peu de calme et décidèrent les Maréchaux à conserver leurs quartiers généraux à Provins.

Si l'on peut à la rigueur expliquer l'arrêt des Maréchaux à Provins par la nécessité de reformer leurs troupes et de leur accorder quelque repos, il est plus difficile de découvrir les motifs pour lesquels ils jugèrent inutile de rappeler de Nogent la division du général Souham. Le mouvement des Alliés sur Paris n'était plus douteux ; le duc de Raguse le signale lui-même dans sa dépêche au major-général [1]. Depuis deux jours, les Maréchaux ne pouvaient plus conserver l'espoir de se relier par la Seine avec l'armée de l'Empereur. Ils devaient donc, par-dessus tout, chercher à arriver sous les murs de la capitale avant les Alliés. Aussi, bien que n'ayant pas été sérieusement inquiétés dans leur retraite de La Ferté-Gaucher sur Provins, ils avaient tout intérêt à se faire rejoindre par les troupes fraîches de Souham qu'ils inutilisèrent et qui restèrent sur la Seine jusqu'au moment où l'Empereur, revenant à marches forcées de la Marne, leur donna l'ordre de suivre le mouvement de son armée.

---

[1] Marmont au major-général, Provins, 27 mars, 9 heures soir. (*Archives de la guerre.*)

Les cosaques d'Ilowaïsky restèrent devant Provins jusqu'à dix heures du soir. Relevé à ce moment par le corps volant de Seslavin, Ilowaïsky se dirigea, sans perdre un moment, sur Condé-Sainte-Libiaire, afin de rejoindre au plus vite la cavalerie de Pahlen entre Meaux et Lagny. Ce général, après avoir défilé dans l'après-midi par Coulommiers, avait poussé vivement en avant sur la route de Crécy et rejeté sur cette ville la cavalerie française de l'arrière-garde, qui avait fait mine de vouloir ralentir son mouvement. Le gros de la cavalerie du VIe corps s'arrêta le 27 au soir à quelques kilomètres en avant de Coulommiers, sur les deux rives du Grand-Morin, et son avant-garde s'établit à La Chapelle-sur-Crécy et à Moulangis.

Le quartier général du prince royal de Wurtemberg vint à Guérard avec les cuirassiers autrichiens et le gros de la cavalerie du VIe corps passa la nuit à Faremoutiers et à Pommeuse.

L'infanterie des IVe et VIe corps avait, elle aussi, dépassé Coulommiers et campait sur les hauteurs de Mouroux, sur deux lignes, dont la première était formée par les Russes de Raïeffsky[1].

Marche et positions des IIIe et V^e corps, des gardes et réserves. — Retardé dans sa marche par les convois qui encombraient les routes et qui barraient l'accès des abords de La Ferté-Gaucher, Gyulay avait dû faire sortir son corps d'armée de la chaussée et l'engager dans des chemins de traverse jusqu'à Réveillon. Reprenant la grande route à partir de ce point, il arriva néanmoins le soir avec le IIIe corps jusqu'à Saint-Pierre-en-Veuve. Enfin, pour les motifs que nous exposerons un peu plus loin, l'infanterie du Ve corps, au lieu d'aller jusqu'à Chailly, s'arrêta, un peu après-midi, à Meilleray, où Wrède établit son quartier général. Elle y rejoignit sa cavalerie, déjà installée sur ce point depuis la veille et bivouaqua sur les hauteurs, à l'ouest de ce village. Les hussards de Szeckler et Archiduc-Joseph, détachés du côté du Petit-Morin, étaient restés immobiles à Saint-Barthélemy.

Les gardes et réserves étaient arrivées à hauteur de Coulom-

---

[1] STÄRKE, Eintheilung und Tagesbegebenheiten der Haupt-Armee im Monate März. (*K. K. Kriegs Archiv.*, III, 1.)

miers et s'étaient établies partie en cantonnements, partie au bivouac, entre Aulnay et Montanglaust.

Enfin l'empereur Alexandre, le roi de Prusse et le prince de Schwarzenberg, avant de se rendre à Coulommiers, où ils allaient transporter leurs quartiers généraux, avaient tenu, le 27 au matin, à Tréfols, un nouveau conseil de guerre, auquel Gneisenau et Diebitsch avaient assisté.

Conseil de guerre de Tréfols. — On ne possédait à ce moment, au grand quartier général des souverains alliés, que des données assez vagues sur les mouvements et les projets de l'Empereur. On n'avait pas encore reçu la nouvelle du combat de Saint-Dizier. Les rapports de Winzingerode manquaient et on n'avait pour se guider que les renseignements envoyés par Tchernitcheff et Kaïssaroff, signalant la présence de Napoléon à Bar-sur-Aube et concluant à sa marche sur Troyes. On craignait, par suite, de voir l'Empereur se rabattre de Troyes sur Paris, soit par Pont-sur-Seine, Nogent-sur-Seine et Provins, soit par Sens, Moret et Fontainebleau, et arriver sous les murs de sa capitale, sinon avant les Alliés, du moins assez à temps pour en faciliter la défense et prendre à revers les armées de la Coalition, arrêtées aux portes mêmes de Paris par la résistance de la garnison renforcée par les troupes des maréchaux Marmont et Mortier, des généraux Compans, Vincent et Ledru des Essarts. Aussi, dès son arrivée à Tréfols, l'empereur Alexandre ordonna à Toll d'écrire à Kaïssaroff et à Seslavin pour les charger de renseigner le quartier général sur la direction réelle suivie par l'armée de Napoléon. Kaïssaroff devait se rejoindre à Provins avec Seslavin, chasser devant lui les troupes françaises de Nogent, Bray et Montereau, balayer la rive droite de la Seine et empêcher l'ennemi de jeter un pont sur ce fleuve. Winzingerode recevait en même temps, et pour le cas où l'Empereur prendrait par Sens et Moret, l'ordre de déborder sa gauche par la forêt de Fontainebleau. Il devait agir constamment contre les derrières et la gauche de Napoléon, pendant que Seslavin et Kaïssaroff harcèleraient sa droite et que les deux grandes armées alliées, passant la Seine sous Paris, l'attaqueraient de front. Toutefois, malgré les craintes que ne cessait d'inspirer la possibilité d'une attaque dirigée contre les derrières mêmes des deux armées, on était, plus que jamais, décidé à continuer le mouvement sur Paris.

Quelques heures plus tard, les souverains et le généralissime recevaient à Coulommiers une dépêche du partisan prussien Falkenhausen et un rapport du colonel von Swichow, commandant de Vitry, qui, signalant tous deux le mouvement de l'Empereur de l'Aube sur Vitry, leur firent redouter des opérations dirigées directement contre leurs derrières et les décidèrent à apporter quelques modifications tant aux dispositions générales qu'aux instructions qu'on venait d'envoyer à Kaïssaroff. On reprit l'ordre qui le dirigeait sur Provins et on le laissa libre, soit de se porter sur cette ville, soit de continuer à se tenir du côté d'Arcis. On arrêta Wrède; on lui enjoignit de rester en observation avec le Ve corps tout entier et on le chargea de former l'arrière-garde de la grande armée[1].

Marche de Napoléon sur Vitry. — Il est évident qu'au moment où il prit, le 26 au soir, la résolution de se porter le lendemain sur Vitry et de se rendre maître de cette place, l'Empereur, quoique alarmé par le résultat des interrogatoires des prisonniers, quoique inquiet d'avoir eu affaire à Saint-Dizier à un corps détaché de l'armée de Blücher, ne possédait encore aucune donnée positive sur la direction suivie par Schwarzenberg. Son mouvement sur Vitry et sur Bar n'avait donc d'autre objet que celui d'acquérir la confirmation, la certitude d'un fait qui ne lui paraissait encore que probable. C'était seulement après avoir pressé les colonnes éparses qu'il avait devant lui, qu'il pensait arriver à savoir si la grande armée alliée s'était repliée sur la Lorraine ou avait pris le chemin de Paris. Les ordres dictés à Berthier[2] prouvent surabondamment que, le 27, à huit heures et demie du matin, il ignorait encore la marche des Alliés sur Paris ou ne possédait du moins que des renseignements d'une valeur par trop douteuse pour lui permettre d'ajouter foi à une résolution tellement en contradiction avec les procédés de guerre des généraux alliés.

---

[1] STÄRKE, *Eintheilung und Tagesbegebenheiten der Haupt-Armee im Monate März* (*K. K. Kriegs Archiv.*, III, 1), et TAXIS, *Tagebuch* (*Ibid*, XIII, 32).
[2] Voir *Correspondance*, n° 21,514 : Saint-Dizier, 27 mars, 8 heures 1/2 matin.

La nuit du 26 au 27 avait été tranquille; Winzingerode s'était empressé de filer vers Bar-le-Duc, sous la protection de Benkendorf. En avant de Vitry, aux environs de Marolles, il ne restait devant les avant-postes de Macdonald, de Milhaud et de Saint-Germain que la cavalerie de Tettenborn et les partisans du major prussien comte Falkenhausen. Ce dernier, qui avait fait remonter la Marne à un détachement de cavalerie de landwehr de Silésie, avait dès le matin signalé les mouvements de la cavalerie française se dirigeant de Perthes vers Vitry. A dix heures du matin, on savait que toute l'armée de l'Empereur, sauf le 2ᵉ corps (Gérard), laissé à Saint-Dizier pour servir de réserve générale et de soutien aux corps détachés sur Chaumont, quittait les positions qu'elle occupait depuis la veille au soir autour de cette ville et allait sur Vitry. A midi, les patrouilles envoyées à la découverte par le colonel von Swichow lui annonçaient l'approche de la cavalerie française. Tettenborn, quittant au même moment Marolles, s'établissait au nord de Vitry-le-François, d'abord sur la rive droite de la Saulx, vers Vitry-le-Brûlé, et venait prendre ensuite sur les hauteurs de Gravelines, sur la route de Vitry à Châlons, une position qu'il conserva jusqu'au 28 au matin, tandis que Falkenhausen partait avec ses deux escadrons de cavalerie de landwehr pour rejoindre l'armée de Silésie par La Ferté-Gaucher[1]. Enfin, dès le matin, Tchernitcheff s'était replié des environs d'Éclaron et de Giffaumont sur Rosnay-l'Hôpital et Pougy[2].

Nouvelles reçues par l'Empereur devant Vitry. — Conseil de guerre de Marolles. — Dans le courant de l'après-midi, l'Empereur parut devant Vitry avec les troupes de Macdonald, la vieille garde et 60 pièces de 12[3]. Il était décidé à bombarder et à enlever la place dans le cas où Swichow se refuserait à capituler après le bombardement. Toutes ses dispositions étaient

---

[1] Major Martens au feld-maréchal Blücher, Château-Thierry, 29 mars. (*K. K. Kriegs Archiv.*, III, 493.)
D'après Martens, Tettenborn se serait replié le 27 sur Châlons et y serait entré à 6 heures 1/2 du soir.
[2] Rapport de Tchernitcheff, Pougy, 27 mars. (*Journal des Pièces reçues*, n° 374.)
[3] Registres de Berthier. (*Archives de la guerre.*)

prises, tous ses ordres donnés, lorsque les réponses des prisonniers, le rapport des soldats échappés aux Alliés, les bulletins et les proclamations répandus dans les villages et envoyés au quartier général par les paysans des environs, les dépêches interceptées vinrent dissiper ses derniers doutes, lui confirmer d'une façon positive la marche des Alliés sur Paris et lui apporter la nouvelle de la défaite de Marmont et de Mortier, de l'anéantissement des divisions de Pacthod et d'Amey. Il devenait dès lors impossible de songer à bombarder ou même à enlever Vitry de vive force[1]. Les moments étaient précieux. On avait déjà perdu tant de temps qu'il importait par-dessus tout de prendre immédiatement une résolution radicale. Il fallait se décider, soit à courir au plus vite au secours de Paris, soit à rallier les garnisons des places et à continuer les opérations sur les derrières des Alliés.

Telles étaient les questions que l'Empereur se posait d'ailleurs depuis plusieurs jours, mais surtout depuis la veille, et dont la solution était maintenant plus pressante, plus urgente que jamais.

S'il prenait le parti de se reporter sur Paris, il fallait déterminer la route de l'armée et l'on pouvait à bon droit se demander si l'on avait chance de regagner l'avance considérable prise depuis le 25 par les armées alliées. En admettant la possibilité d'arriver encore à temps pour donner la main à la garnison de la capitale, il restait à voir si, en essayant de sauver Paris, on ne commettrait pas une faute irréparable en renonçant aux avantages considérables du soulèvement national qui prenait des proportions inattendues, aux conséquences certaines de cette espèce de *Vendée impériale* qui s'organisait avec une rapidité surprenante.

Dans d'autres circonstances, à toute autre époque de sa vie, l'Empereur n'aurait pris conseil que de lui-même et n'aurait

---

[1] C'est à tort que le major Martens, dans son rapport à Blücher (Château-Thierry, 29 mars. *K. K. Kriegs Archiv.*, III, 493), dit : « L'ennemi n'a guère pressé Winzingerode le 27 ; mais, dans la nuit du 27 au 28, il a violemment canonné Vitry, qu'il a sommé de capituler. »
L'officier prussien commet une grave erreur puisque, dans la nuit du 27 au 28, le gros des troupes françaises, que l'Empereur avait amenées sous Vitry, se reportait sur son ordre sur Saint-Dizier.

jamais songé à demander à ses maréchaux leur avis sur une situation d'autant plus grave que le sort de la dynastie impériale et le salut du pays dépendaient de la résolution même à laquelle il allait s'arrêter.

C'étaient d'ailleurs moins les craintes qu'il avait pour Paris, que l'attitude même et l'esprit de son entourage, qui lui enlevaient, dans des conjonctures aussi difficiles, l'assurance nécessaire et le point d'appui moral indispensables à ses opérations. S'il n'eût écouté que sa propre inspiration, s'il eût pu compter sur le dévouement et sur le zèle de ses maréchaux, il n'aurait pas hésité un seul instant à exécuter le projet qu'il méditait depuis si longtemps et qui avait d'autant plus de chances de produire les résultats nécessaires et désirés qu'en raison même de sa témérité, ce plan hardi pouvait seul, en étonnant les Alliés, lui permettre de se tirer de la situation presque désespérée au milieu de laquelle il se débattait vainement. Mais Napoléon n'avait pas été sans entendre les murmures et les plaintes que l'on étouffait à son approche, sans remarquer le mécontentement, le découragement et la lassitude à peine dissimulés de ses maréchaux. Craignant avec juste raison que ses lieutenants n'apportassent pas l'entrain et la confiance nécessaires à l'opération hasardeuse qu'il projetait et qui ne pouvait réussir que par la vigueur et la rapidité, il se décida à réunir à Marolles une espèce de conseil de guerre. Pour la première fois de sa vie, au lieu de donner de vive voix aux maréchaux des ordres que le major-général leur confirmait ensuite par écrit, il allait, après leur avoir fait part de ses idées, conférer avec eux et inviter Berthier, Ney et Macdonald à émettre un avis auquel, malheureusement pour lui, il eut la faiblesse de se ranger. Dès que les maréchaux se furent rendus auprès de lui, il leur exposa en peu de mots et l'ensemble de la situation et les deux seules solutions qu'elle comportait.

Il fallait, d'après lui, ou suivre à marches forcées les Alliés sur Paris par le chemin le plus court, celui de Sézanne ou de Coulommiers, ou, s'il était trop tard pour avoir chance de les joindre, se rejeter immédiatement et vivement sur la Lorraine et dans les Vosges. Désireux par-dessus tout de se rapprocher de Paris où ils avaient leurs intérêts et leurs familles, les maréchaux n'hésitèrent pas à se prononcer contre toute opération sur les derrières et sur les lignes de communication des Alliés. Mais, comme si ce n'eût pas été assez de cette première concession, Ney et surtout Berthier protestèrent contre le choix fait de la route de Sézanne et imposèrent sur ce point encore leur opinion à l'Empereur. A force d'insistance ils parvinrent à lui démontrer que l'armée mourrait de faim en traversant des régions dont toutes les ressources étaient épuisées par la présence et la marche des armées alliées et que, en admettant même qu'on réussit à l'y faire vivre, on ne parviendrait jamais à forcer près de Paris les passages de la Marne.

Le major-général s'éleva encore contre un mouvement exécuté soit par Arcis-sur-Aube, Méry et Nogent-sur-Seine, soit par Ramerupt et Troyes. Il ne restait plus qu'une route qui, bien qu'aboutissant à Paris par un long détour, réunit les suffrages des maréchaux. Profondément attristé par leur attitude, lassé par la longueur de cette interminable conférence, l'Empereur céda sur tous les points. Acceptant les propositions du major-général, il consentit à faire rétrograder le soir même l'armée sur Saint-Dizier et à la diriger sur Paris par Vassy, Bar-sur-Aube, Troyes et Fontainebleau.

A 11 heures du soir, le major-général expédiait les ordres qui consommaient la perte irrévocable de l'Empereur, pendant que les troupes, découragées par cette contre-marche exécutée par un temps horrible, reprenaient tristement et lentement le chemin de Saint-Dizier. Il ne resta sur les positions occupées pendant la journée, à Marolles et le long de la Marne, que l'infanterie de Molitor et la cavalerie de Milhaud.

Mouvements d'Oudinot et de Durutte. — Pendant ce temps Oudinot avait continué son mouvement sur Bar-le-Duc; la cavalerie de Trelliard, partie à la pointe du jour des environs de Saudrupt, était entrée à Bar dans la matinée, avait immédiatement occupé toutes les routes en avant de cette ville et fait connaître au duc de Reggio que Winzingerode se retirait par Laimont et Revigny sur Vitry et Châlons. Il ne restait devant Trelliard qu'une arrière-garde évaluée par lui à trois régiments de cosaques et deux de cavalerie régulière. L'infanterie du général Leval avait suivi le mouvement de la cavalerie de Trelliard et était venue s'établir à Bar pendant que les partis de Trelliard envoyés sur la Meuse, cherchaient à se relier et à correspondre avec les généraux Duvigneau et Durutte[1]. Ce dernier, à la tête d'une partie de la garnison de Metz, avait commencé par forcer le blocus de Thionville et, après avoir poussé vivement les troupes du prince de Hesse, il entrait le 27 à Luxembourg d'où il allait continuer à manœuvrer sur la Moselle.

Affaire des paysans armés contre la colonne du prince Biron de Courlande à La Parosche. — L'apparition des troupes de Durutte avait suffi pour décider les paysans lorrains à reprendre les armes et obliger le prince Biron de Courlande à sortir de Nancy le 24[2].

Afin de s'assurer, à tout événement, la possession d'un passage sur la Meuse et d'empêcher les coureurs français de communiquer avec les généraux Durutte et Duvigneau, Winzingerode avait, aussitôt après le combat de Saint-Dizier, envoyé à Biron l'ordre de se replier de Naives sur Saint-Mihiel, de garder solidement les ponts de la Meuse et de s'opposer aux sorties de la garnison de Verdun. Pendant que Biron exécutait ce mouvement avec une partie de son détachement, des bandes de paysans armés, soutenus par quelques troupes sorties de Verdun, essayèrent de lui barrer le chemin au défilé boisé de La Parosche qu'il avait négligé d'occuper. Il ne fallut rien moins que l'intervention de la garnison de Saint-Mihiel et de la cavalerie russe de Jussefovitch que Biron avait momentanément relevée du blocus de Metz, pour lui frayer le chemin. Tous les bagages des Russes et ceux des deux bataillons prussiens restèrent entre les mains des paysans[3].

Mais, tandis que Biron songeait déjà à la possibilité d'une retraite de Nancy sur Deux-Ponts[4], tandis que la Lorraine et le

---

[1] Général Trelliard à Oudinot, Bar-le-Duc, 27 mars matin; Oudinot au général Leval, Saudrupt, et Oudinot au major-général, aux généraux Leval et Rottembourg, Bar-le-Duc, 27 mars; Journal d'opérations de la division Leval, et général Durutte, 25 et 28 mars (*Archives de la guerre*).

[2] Composition du détachement sous les ordres du général prince Biron de Courlande (quartier général, Nancy) : 4 compagnies de chasseurs, 5 bataillons de réserve, 6 bataillons de convalescents, 7 escadrons de cavalerie, une batterie montée et 12 pièces de différents calibres.
Ces troupes fournissaient, vers la fin de mars, les garnisons de Nancy, Toul, Commercy, Void, Ligny et Saint-Mihiel.

[3] Leczynski, *Historique du 19e régiment d'infanterie prussienne*.

[4] *Mémoires de Langeron*.

Barrois n'attendaient plus qu'un signal et l'apparition de la cavalerie française pour se soulever[1], on avait fait tenir à Oudinot l'avis du mouvement rétrograde que les maréchaux avaient pour ainsi dire imposé à l'Empereur et qui entraînait forcément sa retraite. Comprenant bien qu'il ne parviendrait pas à faire reprendre au major-général des dispositions que le maréchal considérait à bon droit comme néfastes, le duc de Reggio obéit à regret et se mit en marche dès le 28 au matin[2].

Opérations de la cavalerie de Piré sur Langres. — Les nouvelles envoyées par Piré n'étaient pas moins pleines de promesses que celles recueillies et transmises par Oudinot. Du côté de Langres comme à Bar-le-Duc, on n'attendait qu'un ordre, qu'un signal, qu'un peu d'appui pour s'armer et se soulever. Les habitants de Montigny (sur la route de Neufchâteau) s'étaient déjà, quelques jours auparavant, emparés d'un convoi de cent bœufs et de son escorte et, la veille, ils avaient enlevé une vingtaine de cavaliers wurtembergeois qu'ils avaient envoyés à Piré. La ville de Langres lui faisait dire qu'elle attendait l'apparition de ses escadrons pour massacrer la garnison forte de 1000 à 1200 hommes et que le général comte de Ruigecourt semblait décidé à replier sur Vesoul dès qu'il aurait achevé de faire filer les équipages. Les paysans, à dix lieues à la ronde avaient déjà commencé à se réunir par détachements. Un certain nombre d'entre eux, montés sur des chevaux de prise, parcouraient avec rapidité tous les point occupés par les Alliés et jetaient la terreur sur leur passage. Et Piré[3] ajoutait dans la dépêche qu'il adressait au major-général, le 27 mars à 3 heures et demie :

« Je suis assailli par les paysans qui me demandent de la poudre et des armes pour marcher à l'ennemi. Rien ne serait si

---

[1] Oudinot, écrivant au major-général de Saint-Dizier, 28 mars, lui disait : « Il est incompréhensible qu'on ne profite pas de l'élan des paysans de la Lorraine et du Barrois. Il ne faut pas laisser refroidir la chaleur de ce peuple, qui ne respire que la vengeance. » (*Archives de la guerre.*)

[2] Major-général à Oudinot, Saint-Dizier, 27 mars, 11 heures soir : « D'après les renseignements, l'ennemi nous presse sur Paris, ce qui décide Sa Majesté à s'en rapprocher à grandes marches. Partez demain 28, au jour, pour revenir à Saint-Dizier et suivre nos mouvements sur Vassy et Doulevant. » (*Archives de la guerre.*)

[3] Général de Piré au major-général, Chaumont, 27 mars, 3 heures 1/2 du soir. (*Archives de la guerre.*)

facile que d'établir l'insurrection dans tout le Bassigny et je suis certain que ce mouvement s'étendrait rapidement et se communiquerait aussitôt à la Lorraine, à l'Alsace, à la Franche-Comté et à la Bourgogne. Je propose à l'Empereur de faire sonner le tocsin à une heure et à un jour fixés dans toutes les communes de la Haute-Marne. Nous marcherons sur Langres et sur Vesoul. » Mais pendant que Piré concevait et préparait ce projet, pendant qu'il se disposait à pousser vers les Vosges, on lui expédiait de Saint-Dizier, à 11 heures du soir, l'ordre de revenir sur Montier-en-Der pour couvrir le flanc droit de l'armée, de continuer de là sur Brienne et d'envoyer des nouvelles à Doulevant « d'où l'armée ira, soit sur Brienne, soit sur Bar-sur-Aube [1]. »

Mesures prises par les Alliés pour protéger leurs derrières. — Tout en reconnaissant qu'on ne saurait, même aujourd'hui, apprécier les conséquences probables qu'aurait pu avoir la réalisation du plan hardi auquel Napoléon n'avait renoncé qu'à cause de la résistance et du découragement de ses lieutenants, il suffira cependant de résumer ici les mesures de précaution prises par les Alliés pour se faire une idée des craintes qu'inspirait la possibilité d'un soulèvement général, de la terreur que l'apparition de Piré et d'Oudinot avait jetée sur les derrières des Alliés, pour se demander si, bien que parvenus à deux jours de marche de Paris, les souverains et le généralissime n'auraient pas, à la nouvelle de l'arrivée de l'Empereur à Chaumont ou à Bar-le-Duc, renoncé à leurs projets contre la capitale pour se retourner contre lui.

Ce qui est incontestable, c'est qu'à Dijon, où l'empereur d'Autriche était venu chercher un refuge et d'où le feldzeugmeister Duka essayait d'organiser la défense des lignes de communication, on croyait Langres irrévocablement perdu [2]. On avait beau

---

[1] Major-général à Piré, Saint-Dizier, 27 mars, 11 heures soir. (*Archives de la guerre.*)

[2] Le général comte de Raigecourt au feldzeugmeister Duka, Langres 27 mars soir. (*K. K. Kriegs Archiv.*, III, 484, *y*.)
Dans cette dépêche, Raigecourt rend compte au feldzeugmeister des inquiétudes que lui cause sa situation : « Le soir à 5 heures, écrit-il entre autres, la cavalerie française s'est montrée à gauche de Langres sur la hauteur de Perrancey. Une autre colonne de cavalerie a paru sur la route de Chaumont, près de Hermes. Une troisième colonne, venant par Montigny-le-Roi, s'est avancée

presser la marche des renforts en route, l'inquiétude croissait d'heure en heure.

Depuis, le 25 mars, Mauriche Liechtenstein, venu de Troyes avec sa division légère, avait dû établir son gros à Chanceaux, détacher quatre de ses escadrons à Courban et à Châtillon-sur-Seine, parce qu'on redoutait de ce côté l'apparition du détachement du général Allix posté à Auxerre[1]. Les renforts wurtembergeois, sous les ordres du général von Spitzemberg, avaient, depuis la même époque, rétrogradé de Bar-sur-Aube, occupé maintenant par la division Hanrion, sur Dijon où l'on avait arrêté les hussards de Blankenstein[2] et deux batteries autrichiennes. Tous les équipages qu'on avait fait filer de Chaumont et de Langres avaient ordre d'aller se parquer à Montbéliard. Les réserves d'artillerie restaient encore pour le moment à Vesoul, Montbéliard et Altkirch. L'alarme s'était répandue jusqu'à Besançon. La Franche-Comté s'agitait et prenait les armes, et Aloïs Liechtenstein, qui commandait les troupes chargées du blocus de la place, avait envoyé à Champlitte et à Vesoul des partis chargés de lui procurer des nouvelles de la grande armée alliée. En même temps il faisait mettre Salins en état de défense et dirigeait sur Estalens les équipages de son corps et sur Pontarlier sa réserve d'artillerie.

A Vesoul, le général russe OErtel armait à la hâte les malingres et les convalescents; il faisait arriver en toute hâte les détachements russes échelonnés sur la route de Bâle et arrêtait à Vesoul les grands-ducs Nicolas et Michel qu'il empêchait de rejoindre l'armée, tant il craignait de les voir enlever par les paysans armés. Le général Mecsery, qui devait rejoindre l'armée du Sud avec des contingents de troupes fédérales allemandes,

---

jusqu'à portée du canon de la place. Elle se compose de 6 escadrons. Je tiendrai la garnison sous les armes pendant toute la nuit. »

[1] Maurice Liechtenstein au feldzeugmeister Duka, Chanceaux, 27 mars. (*K. K. Kriegs Archiv.*, III, 484 1/2 h.) :

« Tout est tranquille devant moi, écrivait-il à cette date. L'ennemi ne bouge pas à Auxerre. Mes patrouilles, envoyées vers Semur, Nogent et Tonnerre, n'ont rien aperçu. L'ennemi a quelques vedettes à Bricon et sur la route de Châtillon à Bar-sur-Aube. »

[2] Le régiment de hussards de Blankenstein, fort de 7 escadrons 1/2, avait, dès le 16 mars, reçu l'ordre de rejoindre la grande armée et devait, d'après les calculs du prince héritier de Hesse-Hombourg, être rendu à Dijon le 24 mars.

Prince héritier de Hesse-Hombourg à Scharwzenberg. Mâcon, 16 mars. (*K. K. Kriegs Archiv.*, III, 297.)

avait reçu l'ordre de venir renforcer OErtel à Vesoul et de régler sa marche de façon à y arriver le 5 avril au plus tard [1]. Un autre bataillon de renforts (troupes wurtembergeoises) avait ordre de continuer de Bâle sur Dijon dont la garnison devait être renforcée le 30 mars par une colonne de 1250 hommes. On augmentait également de 1400 hommes l'effectif des troupes qui, sous les ordres du général bavarois von Zellern, assiégeaient Huningue. Enfin, on appelait à Dijon la brigade de cuirassiers autrichiens du général-major Kuttalek [2] et l'on prescrivait au général baron Gollner, qui venait de quitter Ulm et Memmingen à la tête de 14 bataillons de réserve, d'accélérer son mouvement sur Bâle [3].

28 mars. — Mouvements et positions de l'armée de Napoléon. — Le Capitaine avait malheureusement fléchi devant le Souverain et les intérêts dynastiques l'avaient définitivement emporté sur les considérations militaires [4]. Le sort en était jeté et, le 28 au matin, pendant que les postes avancés de Swichow signalaient au commandant de Vitry la retraite de la cavalerie française, l'armée de l'Empereur commençait en quatre colonnes sa marche sur Paris. Des deux colonnes formées par la cavalerie, l'une, celle de Piré, devait revenir de Langres et de Chaumont ; l'autre, se composant de la cavalerie de la garde sous les ordres de Sébastiani, avait ordre de passer la Marne à gué près de Saint-Dizier à 7 heures du matin et de pousser par Vassy et Montier-en-Der sur Brienne. Ney, partant à 6 heures du matin avec l'in-

---

[1] Lorsque Mecsery arriva le 1er avril à Bâle, on avait des craintes si sérieuses pour le blocus de Besançon qu'il y trouva l'ordre d'envoyer à Aloïs Liechtenstein trois de ses bataillons, qui arrivèrent sous cette place le 6 avril. Le reste du détachement du général Mecsery fut alors dirigé de Bâle, non plus sur Vesoul, mais sur Lyon.

[2] « J'ai fait partir, écrivait le prince héritier de Hesse-Hombourg à Schwarzenberg, de Vienne, le 27 mars (*K. K. Kriegs Archiv.*, III, 471), le général Kuttalek avec deux régiments de grosse cavalerie qui doivent rejoindre la grande armée. »

[3] Rapport du feldzeugmeister Duka au prince de Schwarzenberg, Dijon, 31 mars et 7 avril. (*K. K. Kriegs Archiv.*)

[4] Reconnaissant plus tard à Sainte-Hélène les fautes qu'il avait commises pendant la campagne de 1814, Napoléon s'écria à plusieurs reprises : « Si j'avais été le fils d'un empereur, le deuxième de ma dynastie, au lieu d'être le premier, aucune puissance n'aurait pu me renverser du trône ».

fanterie de la garde qui constituait la troisième colonne, devait aller sur Vassy et Montier-en-Der. Enfin la quatrième colonne (les 2e et 11e corps) devait être rejointe par le 7e corps d'Oudinot revenant de Bar-le-Duc, et former l'arrière-garde de l'armée impériale [1].

Pendant que l'armée s'engageait par un temps horrible dans des chemins de traverse dans lesquels on dût, pour faire passer l'artillerie, abandonner nombre de caissons dont les attelages servirent à renforcer ceux des pièces, les paysans amenaient à l'Empereur, sur le point de quitter Saint-Dizier, des personnages qu'ils avaient enlevés entre Nancy et Langres et parmi lesquels se trouvait, entre autres, le baron de Weissenberg, ambassadeur d'Autriche à Londres [2].

L'Empereur n'était pas homme à laisser passer un pareil incident sans essayer d'en tirer parti. Il retint l'ambassadeur à déjeuner, conféra longuement avec lui, le fit remettre en liberté avec le personnage qui l'accompagnait et le chargea d'une mission confidentielle pour l'empereur d'Autriche. Mais ce diplomate, se rendant d'abord au quartier-général allié, ne rejoignit l'empereur François que lorsque tout était irrévocablement fini. De toute façon d'ailleurs, et même en offrant d'accepter les conditions des Alliés, l'Empereur n'aurait pu rien obtenir.

Quelques instants après le départ de Weissenberg et de ses compagnons, l'Empereur, quittant lui aussi Saint-Dizier, arrivait dans l'après-midi à Doulevant et y trouvait un émissaire de La Vallette, porteur d'un billet chiffré signalant « les menées des partisans de l'étranger », insistant sur la nécessité du retour immédiat de l'Empereur dans sa capitale « que sa présence seule peut sauver » et finissant par ces mots : « Il n'y a pas un moment à perdre [3]. »

Mais les routes n'étaient pas sûres, et Napoléon ne pouvait pas s'exposer à être enlevé par des coureurs alliés. De plus, si sa

---

[1] Major-général à Drouot, Ney, Defrance, Macdonald; Saint-Dizier, nuit du 27 au 28 mars. (*Archives de la guerre.*)

[2] FAIN (*Manuscrit de 1814*) prétend que Vitrolles se trouvait au nombre des personnages amenés par les paysans et qu'il échappa au châtiment qu'il méritait en endossant la livrée d'un des domestiques de l'ambassadeur autrichien.

[3] FAIN, *Manuscrit de 1814.*

présence était indispensable à Paris, elle n'était pas moins nécessaire à l'armée sans laquelle il ne pouvait rien entreprendre et dont lui seul était capable de régler et d'accélérer les marches. Malgré son impatience et son inquiétude, force lui fut donc de rester à Doulevant, de passer la nuit du 28 au 29 à l'endroit même où il s'était arrêté, encore plein d'illusions d'espérances, et le 24 et le 25.

Le 28 au soir, les différents corps de son armée occupaient les positions suivantes : la garde (infanterie et cavalerie) avait atteint les points indiqués par les ordres de mouvement : la cavalerie de Maurin, arrêtée par la nuit, n'avait pu aller jusqu'à Brienne et s'était arrêtée à Morvilliers. Derrière elle, Saint-Germain avait installé sa cavalerie à Nully à l'embranchement des routes de Bar-sur-Aube, Brienne, Colombey et Montier-en-Der [1].

Macdonald n'avait quitté de sa personne les hauteurs de Valcourt que vers 5 heures, au moment de l'arrivée d'Oudinot avec le 7e corps. Il laissait, pour protéger les troupes d'Oudinot, le 5e corps de cavalerie échelonné à Hallignicourt, Héricourt et Eclaron. Le 2e corps occupait Champgerbeau et Attencourt ; le 11e, Eclaron, Allichamp et Louvemont. Le quartier général du duc de Tarente était à Vassy [2].

Le 7e corps s'était établi pour la nuit à Saint-Dizier. La division Rottembourg y occupait le faubourg sur la route de Vitry ; une des brigades de Leval était à l'entrée de la ville sur la route de Bar, l'autre sur la route de Vassy, la troisième dans la ville. Trelliard, posté avec sa cavalerie à Valcourt et à Héricourt, observait la Marne et la route de Vitry. Toutes les troupes du 7e corps devaient reprendre le 29, à 4 heures du matin, leur marche sur Doulevant. En rendant compte de ses mouvements au major-général, Oudinot n'avait pu s'empêcher de lui exprimer une fois encore tous les regrets que lui avaient causés les ordres auxquels il avait dû se conformer. « Laissez-moi vous dire, lui écrivait-il, qu'il est incompréhensible que dans cette circonstance on ne

---

[1] Maurin au major-général, Morvilliers, 28 mars, 8 heures du soir, et Saint-Germain au major-général, Nully, 8 heures soir. (*Archives de la guerre.*)

[2] Macdonald au major-général, Valcourt, 28 mars, 2 heures après midi, et Vassy, 8 heures du soir, et Molitor au duc de Tarente, Le Buisson, 28 mars, soir. (*Ibid.*)

profite pas de l'élan des paysans de la Lorraine et du Barrois pour opérer une diversion avec des chances qu'on ne retrouvera jamais plus, si on laisse refroidir la chaleur de ce peuple qui ne respire que vengeance [1]. »

Piré, à qui le major-général avait envoyé à 3 heures 1/2 l'ordre de venir couvrir la gauche de l'armée le 29, entre Bar-sur-Aube et Colombey-les-Deux-Églises, ignorait encore le 28, à 8 heures du soir, la direction prise et se disposait à retourner de Vignory sur Chaumont où il comptait attendre les instructions du major-général. Dans la dépêche qu'il adressait le soir au major-général, il insistait à nouveau sur la fermentation qui régnait dans le Bassigny et le Barrois [2].

Craintes des Alliés pour Langres. — Sur les derrières des alliés, on n'avait pas été sans s'apercevoir du changement de direction apporté à la marche des colonnes françaises; mais l'émotion produite par les mouvements de Piré, les craintes causées par la spontanéité, la violence et l'intensité du soulèvement national n'étaient pas encore près de se calmer.

Les dépêches envoyées par Wieland et Raigecourt à Duka, les instructions adressées par le feldzeugmeister à ces officiers, portent toutes l'empreinte des inquiétudes et des préoccupations dont on ne devait se débarrasser qu'après la chute de Paris.

---

[1] Oudinot au major-général, Saint-Dizier, 28 mars, soir. (*Archives de la guerre.*)

[2] Piré au Major-général, Vignory, 28 mars, 8 heures soir. (*Ibid.*)
Piré s'attendait si peu à la possibilité d'un mouvement sur Paris, il croyait si fort à la continuation des opérations sur les derrières, qu'il faisait écrire le 28 mars de Vignory par son officier d'ordonnance au préfet de la Haute-Marne la lettre suivante qui, interceptée par les cavaliers alliés, se trouve actuellement au *K. K. Kriegs Archiv.*, IV, 309 b :

« Monsieur le Préfet, M. le général baron de Piré me charge d'avoir l'honneur de vous faire part des nouveaux succès remportés par Sa Majesté dans la journée d'hier, dont le résultat a été de 25 canons pris.

« Sa Majesté aura ce soir son quartier impérial à Vassy, peut-être déjà à Doulevant. Vous devez donc vous attendre à l'avoir dans vos murs demain ou après.

« En conséquence, prenez toutes vos mesures. Vous le pouvez avec d'autant moins de crainte que, supposition faite qu'une patrouille ennemie vînt à pénétrer dans Chaumont, elle ne pourrait se rendre maîtresse de ce que vous aurez fait manutentionner, à défaut de moyens de transport.

« Le général me charge de vous prévenir également que, s'il ne rentre pas ce soir à Chaumont, il y sera demain matin. »

A 6 heures 1/2 du matin, le colonel Wieland, posté à Saint-Michel (à quatre lieues environ au sud de Langres sur la route de Dijon), mandait à Duka [1] qu'on avait informé le major Bereny, établi depuis le 27 au soir du côté de Saint-Geômes, de la présence de troupes de cavalerie ennemie qui se seraient montrées aux environs de Langres et principalement à l'ouest de la place où tout cependant était resté tranquille. Il mandait encore à Duka que le major comte d'Auteuil, des chevau-légers de Rosenberg, lui faisait savoir de Percey-le-Pautel, près de Longeau, que le comte de Raigecourt, décidé à s'enfermer dans Langres, plaçait sous ses ordres les deux escadrons de chevau-légers et un escadron de cavalerie russe auquel Wieland avait prescrit de pousser en avant s'il n'arrivait rien de nouveau. Un peu plus tard, dans une deuxième dépêche, Wieland disait à Duka [2] : « Mes patrouilles n'ont pas trouvé trace de l'ennemi, et le général comte de Raigecourt m'informe que tout est tranquille autour de Langres. »

Wieland annonçait en même temps l'arrivée d'un parti de 60 chevaux appartenant à la division légère de Maurice Liechtenstein et qui, venant de Chanceaux, s'était relié à l'escadron posté à Saint-Geômes. Ce parti, aux ordres du capitaine von Oenhausen, n'avait pas rencontré de troupes françaises sur sa route ; mais en chemin il avait été harcelé par les paysans armés [3]. Au moment où, après avoir communiqué avec Oenhausen, Raigecourt écrivait à Duka, il savait déjà que la cavalerie de Piré avait évacué Chaumont à 2 heures de l'après-midi. Il mandait également que, d'après le dire d'un prisonnier, Napoléon devait être de sa personne à Bar-sur-Aube et à Colombey et « qu'il avait poussé sur Rolampont les trois escadrons du comte d'Auteuil avec ordre d'envoyer de ce point des partis vers Nogent-le-Roi, Montigny et Chaumont [3]. »

Affaire des paysans armés à Fayl-Billot. — Le même jour,

---

[1] Colonel Wieland au feldzeugmeister Duka, Saint-Michel, 28 mars, 6 h. 1/2 du matin. (*K. K. Kriegs Archiv.*, III, 484 c.)

[2] Colonel Wieland au feldzeugmeister Duka, Saint-Michel, 28 mars. (*Ibid.*, III, 484 d.)

[3] Général comte de Raigecourt au feldzeugmeister Duka, Langres, 28 mars, soir. (*Ibid.*, III, 484 z.)

les gens de Fayl-Billot avaient attaqué un convoi d'artillerie composé de dix-huit voitures et un gros convoi de bagages et s'étaient emparés de ces deux convois après un combat assez vif à la suite duquel le commandant du poste de Fayl-Billot avait dû évacuer le village. Raigecourt y avait envoyé un parti de cavalerie qui lui avait rapporté la confirmation de ces faits, mais qui avait été suivi pendant toute sa marche, à l'aller comme au retour, par les coups de fusils des paysans embusqués dans les bois à travers lesquels passe la route de Langres à Fayl-Billot. « Un petit détachement, ajoutait Raigecourt [1], ne pouvant aller à Fayl-Billot, j'y enverrai demain 300 hommes d'infanterie et 60 cavaliers avec l'ordre de disperser ces bandes et de rétablir les communications. Un autre parti battra le pays entre Chaumont et Fayl-Billot. »

On était un peu moins inquiet du côté de Tonnerre et d'Auxerre. Des détachements, appartenant à la division légère de Maurice Liechtenstein, avaient pu se rendre sans incident de Tonnerre à Saint-Florentin. On redoutait néanmoins les conséquences de la présence d'Allix à Auxerre. « Le général Allix, écrivait le prince Maurice de Liechtenstein, organise d'Auxerre l'insurrection des paysans qui se forment en bandes près des villages et s'éclairent en avant par des vedettes [2]. »

Winzingerode retourne à Saint-Dizier. — Arrivé à Châlons dans la nuit du 27 au 28 mars, Winzingerode y avait opéré sa jonction avec Tettenborn. S'apercevant le 28 au matin du changement apporté à la marche des colonnes françaises, il avait quitté Châlons pour rentrer le soir avec Tettenborn à Saint-Dizier où Tchernitcheff les rejoignit quelques heures plus tard, dans la nuit du 28 au 29. Cet officier général, dérobant son mouvement à la cavalerie française, s'était rejeté de Pougy vers Trannes et avait laissé à Trannes, Soulaines et Sommevoire des postes chargés d'observer les mouvements des Français.

Malgré le dire des prisonniers et des traînards ramassés par

---

[1] Général comte de Raigecourt au feldzeugmeister Duka, Langres, 30 mars. (*K. K. Kriegs Archiv.*, III, 309 s.)

[2] Prince Maurice Liechtenstein au feldzeugmeister Duka, Chanceaux, 28 mars, (*Ibid.*, III, 484 n.)

les cosaques de Tchernitcheff, les généraux russes avaient peine à croire à la marche de l'Empereur sur Troyes. « Napoléon, écrivait Martens[1], va vraisemblablement vers Sézanne et Montmirail pour se jeter sur l'armée du prince de Schwarzenberg. » Et il ajoutait : « Le général Tettenborn pense que le général Winzingerode se dirigera pour cette raison vers Épernay afin de se rapprocher de l'armée de Votre Excellence. » Et il terminait sa dépêche par ces mots : « Il est certain que Napoléon a rebroussé chemin avec toute son armée et marche sur Provins. »

Observations sur la position des armées alliées et sur les ordres de mouvement de Schwarzenberg pour la journée du 28 mars. — Le 27 au soir, lorsque l'Empereur, cédant aux conseils de ses Maréchaux, modifiait ses résolutions primitives et revenait de Vitry sur Saint-Dizier, les deux grosses masses des Alliés, marchant vers la Marne par les routes de Coulommiers et de La Ferté sous-Jouarre, avaient atteint avec leurs avant-gardes : la grande armée, les environs de Crécy ; l'armée de Silésie, Trilport et Meaux. Les nouvelles arrivées dans la soirée du 27 au grand quartier-général étaient cependant encore assez vagues. On supposait, on inclinait de plus en plus à penser que, à la suite du combat de Saint-Dizier, Napoléon renonçant à continuer son mouvement sur les Vosges et sur Metz, se retournerait vers Paris; mais on ignorait en revanche la route qu'il avait suivie. On espérait être fixé sur ce point si grave et si important par les rapports impatiemment attendus de Winzingerode, Tettenborn, Tchernitcheff, Kaïssaroff et Seslavin. On se demandait si, en partant de Vitry et en passant par Fère-Champenoise et Sézanne, l'Empereur n'essaierait pas de rejoindre les Alliés et de les prendre à revers. On craignait également d'apprendre que, parti de Vitry le 27, poussant encore le soir même jusqu'à Sompuis et continuant de là sur Nogent-sur-Seine, l'Empereur chercherait, et parviendrait peut-être même, à amener en trois marches forcées toute son armée le 30 à Fontainebleau. On pensait que dans ce cas il ne manquerait pas de précéder ses troupes, et le généralissime, comme les sou-

---

[1] Winzingerode à l'empereur Alexandre, Châlons, 28 mars (*Journal des pièces reçues*, n° 600), et Martens au feld-maréchal Blücher, Château-Thierry, 29 mars. (*K. K. Kriegs Archiv.*, III. 493).

verains, se préoccupait déjà ce qu'il conviendrait de faire dans le cas où le 29 au soir, au moment de prendre les dispositions pour attaquer Paris, on recevrait la nouvelle de l'arrivée de Napoléon dans la capitale où sa présence aurait tout changé.

Les opérations de l'Empereur pouvaient encore revêtir pour eux un caractère de réelle gravité, dans le cas où Napoléon aurait pris le chemin de Sézanne et de Coulommiers. Le 28, en effet, les Alliés, faute de moyens suffisants et de mesures préparées à l'avance, allaient être obligés de concentrer leurs masses pour leur faire passer successivement la Marne, et, ce même jour, l'armée de l'Empereur pouvait à la rigueur être déjà près de Sézanne. La nouvelle de l'approche de Napoléon devait dans ce cas arriver au quartier général des Alliés au moment où, par suite de leurs dispositions défectueuses, leurs troupes auraient été forcément entassées dans un angle de la Marne, au moment où l'on se serait vu forcé de perdre un jour pour réparer cette faute. Dans ces conditions il eût été difficile de continuer les opérations contre Paris. Il aurait fallu se résigner à livrer une grande bataille et on aurait d'autant plus probablement pris le parti de se rabattre sur l'Aisne que Soissons tenait toujours et était si vigoureusement défendu que Bülow ne semblait guère près d'en venir à bout. On peut donc prétendre à bon droit que la chute de l'Empereur fut amenée par un moment de faiblesse, par le découragement auquel il céda à son arrivée devant Vitry le 27, par la faute qu'il commit, d'abord en demandant, puis en suivant les avis timorés des Maréchaux, au lieu de se fier comme toujours à ses propres lumières, à son activité, à son génie.

L'inquiétude des Alliés, leurs hésitations justifiées cette fois par l'absence de nouvelles positives, en sont autant de preuves indéniables. On ne saurait donc reprocher au généralissime une prudence bien naturelle en pareille circonstance. On doit au contraire reconnaître qu'il fit preuve d'un grand tact et d'une réelle intelligence en établissant, le 27 au soir, la disposition réglant les mouvements du 28 mars, en se décidant à continuer, sans rien brusquer toutefois, la marche sur Paris et en prenant des mesures de précautions, exagérées peut-être, mais nécessaires pour le cas où il aurait fallu parer de suite aux éventualités diverses qui pouvaient se produire et dont il importait plus que jamais de tenir compte si l'on ne voulait pas s'exposer à compromettre au dernier moment le résultat final.

Mouvements et positions du VIe corps et des gardes et réserves. — C'était pour cette raison qu'on avait arrêté le Ve corps entre Chailly et La Ferté-Gaucher et pour cette raison aussi que, par la disposition partie du quartier-général de Coulommiers le 28 au soir à minuit, on se contentait de pousser sur Meaux les deux colonnes formées par les corps de la grande armée. La colonne de droite (le VIe corps, les grenadiers autrichiens et les gardes et réserves) devait suivre la route de Lagny jusqu'à Couilly et prendre de là à droite pour aller par Nanteuil à Meaux. Les bagages de l'armée et le parc de réserve de l'artillerie russe avaient ordre de marcher par la même route que cette colonne, tandis que le IVe corps s'arrêterait dès son arrivée à Couilly et que le IIIe corps, défilant par Coulommiers, s'établirait à Mouroux. Ces deux corps devaient attendre des ordres ultérieurs sur ces positions.

Wrède restait à Chailly pour couvrir la marche des parcs et des bagages. On avait cru utile de le faire renforcer par la brigade autrichienne du général Schäffer et on l'avait chargé d'envoyer sur Provins et sur Sézanne des partis ayant mission de lui procurer des nouvelles sur les mouvements de l'ennemi.

Le généralissime, en communiquant cette disposition à Blücher, priait le feld-maréchal de réserver à la grande armée l'un des deux ponts de Trilport [1].

On pensait en effet que, conformément à ce que Gneisenau avait fait savoir au quartier général de la grande armée, l'armée de Silésie aurait achevé de passer la Marne à Trilport dans la matinée et, qu'à partir de 2 heures de l'après-midi, on pourrait disposer des deux ponts. Aussi, au lieu de continuer à marcher par Crécy sur Lagny, la grande armée alliée se reporta par Nanteuil sur Meaux, où les deux armées allaient opérer leur jonction. Du moment où l'on se décidait à faire ce détour, d'autant plus inutile d'ailleurs qu'on avait envoyé un régiment de cavalerie wurtembergeoise à Lagny pour y réparer le pont, on aurait

---

[1] STÄRKE, Eintheilung und Tagesbegebenheiten der Haupt-Armee im Monate März. (*K. K. Kriegs Archiv.*, III, 1.)

dû pousser rapidement la cavalerie du VI⁰ corps sur Meaux, la charger de s'emparer du pont de pierre de la Marne et remettre vivement en état le pont du canal de l'Ourcq que les Français avaient coupé le 27 au soir, en se repliant de Trilport sur cette ville.

Loin de procéder de la sorte on se fia complètement aux promesses de Gneisenau et, le 28, à 7 heures du matin, le généralissime envoyait aux différents corps de la colonne de droite l'ordre de marcher de Nanteuil, non pas sur Meaux, mais sur Trilport, d'y passer la Marne et d'aller camper sur la rive droite de la rivière à Crégy, au nord de Meaux. Mais l'armée de Silésie n'avait pas achevé son passage à l'heure fixée par Gneisenau et, vers 3 heures de l'après-midi, Barclay de Tolly écrivait de Quincy au généralissime que, vu l'heure avancée de la journée, il croyait plus sage et plus prudent de garder ses troupes sur la rive gauche de la Marne. Le 28 au soir, le VI⁰ corps s'arrêtait en conséquence à Nanteuil; les gardes et réserves avec Barclay de Tolly, à Meaux [1].

Mouvements et positions des III⁰ et IV⁰ corps. — La colonne de gauche n'avait guère fait plus de chemin que celle de droite. A midi et demi le troisième corps n'avait pas encore pu quitter son camp de Saint-Pierre-en-Veuve; la route de Coulommiers était tellement encombrée par les voitures et les convois de l'armée que le feldzeugmeister Gyulay se résigna à gagner Mouroux par la traverse de Vaux et de Coubertin. Arrivé sur ce point où il avait ordre de s'arrêter jusqu'à nouvel ordre, il forma ses bataillons en masse des deux côtés de la route. A 6 heures du soir, n'ayant reçu aucune nouvelle du quartier général, il cantonna ses troupes sur les deux rives du Grand-Morin à Pommeuse, Faremoutiers, La Celle-sur-Morin, Voisins, Boussois et Giremoutiers.

Le IV⁰ corps, de son côté, s'arrêta à Couilly, Pont-aux-Dames et Saint-Germain-les-Couilly [2].

Au lieu d'aller à Meaux, le grand quartier général resta avec les souverains à Quincy.

---

[1] Stärke, Eintheilung und Tagesbegebenheiten der Haupt-Armee im Monate März. (K. K. Kriegs Archiv., III, 1.)
[2] Ibid.

Position et mouvement du V⁰ corps. — Au V⁰ corps la cavalerie formait l'arrière-garde à La Ferté-Gaucher, couvrant de là la position de l'infanterie à Chailly ; mais la brigade Schäffer, qui avait ordre de renforcer Wrède, s'était trouvée dans l'impossibilité de le rejoindre et n'arriva à Chailly que le 28 au soir. « Les routes, écrivait Wrède, sont toujours encombrées par les convois, les parcs et les bagages, et Chailly ainsi que les villages environnants ont été si complètement pillés qu'on n'y trouve plus aucune ressource [1]. »

Considérations sur les mouvements de la grande armée alliée. — La grande armée alliée avait par suite employé toute la journée du 28 à serrer sur Meaux. Tout en tenant compte des craintes qu'inspirait l'éventualité de l'apparition de l'Empereur sur leurs derrières, tout en faisant remarquer qu'on était aussi peu rassuré au quartier général de l'armée de Silésie, puisque Gneisenau avait poussé la prudence jusqu'à écrire à Radetzky pour lui proposer, « dans le cas de l'approche de l'Empereur, de lui offrir la bataille sur le plateau qui s'étend entre La Ferté-sous-Jouarre et Montmirail [2] », il est impossible de justifier la lenteur des mouvements des Alliés, d'approuver dans leur ensemble les dispositions prises pour la journée du 28. En admettant même qu'on ne dût pas accentuer davantage la marche sur Paris avant de savoir exactement à quoi s'en tenir sur les opérations de l'Empereur, on ne saurait cependant s'expliquer pourquoi on ne prit aucune mesure de nature à remédier à l'encombrement des routes. Par cela même qu'on craignait une attaque de l'Empereur, on devait chercher avant tout à déblayer le terrain, à débarrasser les chaussées. Au lieu de s'entêter à faire défiler les deux armées par les deux seuls ponts de Trilport, on eût dû, dès le 27, diriger des équipages de ponts de Coulommiers sur Lagny, y établir des passages et éviter d'enfermer toute la grande armée alliée dans la boucle que la Marne forme près de Meaux, boucle où, en cas d'attaque, elle eût été acculée à la

---

[1] TAXIS, *Tagebuch* (*K. K. Kriegs Archiv*, XIII, 32) ; Wrède au prince de Schwarzenberg, Chailly, 28 mars (*Ibid.*, III, 480), et Schwarzenberg à l'empereur d'Autriche, Quincy, 28 mars (*Ibid.*, III, 480).

[2] Gneisenau à Radetzky, La Ferté-sous-Jouarre, 27 mars, soir.

rivière et au canal de l'Ourcq dont les Français avaient coupé les ponts derrière eux.

En manœuvrant de la sorte, les Alliés ne perdaient pas seulement une journée de marche, ils s'exposaient encore à un danger qu'aucun avantage ne compensait.

Retraite des Maréchaux. — De plus, on avait presque absolument négligé de faire suivre les Maréchaux.

Ilowaïski [1], relevé par Seslavin à Provins, s'était mis en route pour rejoindre Pahlen, et Seslavin seul observait, sans pouvoir l'inquiéter, la retraite des Maréchaux de Provins sur Nangis. Libres de leurs mouvements, les Maréchaux s'étaient portés de Nangis, le duc de Trévise sur Guignes, où il arriva à 10 heures du soir, le duc de Raguse sur Melun, où il entrait à 7 heures du soir. Sur l'ordre de Clarke et comme ils le lui avaient d'ailleurs proposé, les deux maréchaux comptaient revenir sur Paris le lendemain et opérer leur jonction au pont de Charenton le 29 dans l'après-midi [2]. Souham seul restait encore sur la Seine à Nogent et à Bray, afin d'assurer par la rive gauche du fleuve les communications avec l'Empereur.

Comme Kaïssaroff laissé à Arcis-sur-Aube depuis le 26 avec l'ordre de surveiller les mouvements de l'Empereur avait cru devoir rester avec ses cosaques entre la Seine et l'Aube, en rappelant sur la Marne toute la cavalerie de la grande armée, on s'était mis dans l'impossibilité de retarder la marche des Maréchaux et d'inquiéter, dans les plaines de la Brie, si favorables à l'action de la cavalerie, la marche de troupes harassées de fatigue et d'une solidité tellement douteuse que leurs chefs cherchaient par-dessus tout à éviter toute espèce d'engagement avant d'avoir pris leur ligne d'opération sur Paris et reçu les munitions qui leur

---

[1] Ilowaïsky XII au prince Wolkonsky, 28 mars, Rapport. (*Journal des pièces reçues*, n° 583.)

[2] Mortier au Ministre, Guignes, 28 mars, 10 heures du soir et Marmont au Ministre, Melun, 28 mars, 9 heures. (*Archives de la guerre.*)
Dans cette lettre, le duc de Raguse ne cesse de charger son collègue : « Je voudrais, écrit-il, être à Meaux et à Lagny avec le duc de Trévise, et cela serait, sans la marche absurde et ridicule que nous faisons sur Provins ». Le maréchal avait assurément oublié cette dépêche, lorsqu'en rédigeant ses *Mémoires*, il s'extasiait, au contraire, sur *la belle position de Provins*.

manquaient presque entièrement[2]. L'emploi peu rationnel de la cavalerie alliée eut pour conséquence forcée les erreurs, les craintes et l'ignorance du commandement, auquel Seslavin ne ne put faire connaître que le 28 au soir la direction suivie par les Maréchaux.

Marche des colonnes de l'armée de Silésie. — Combats de Claye et de Ville-Parisis. — Du côté des Ier et IIe corps de l'armée de Silésie, l'avant-garde de Katzler avait repris, le 28 à la pointe du jour, son mouvement vers Meaux. A 7 heures du matin le 2e hussards du corps, soutenu par un bataillon d'infanterie formant la pointe de l'avant-garde, débouchait de Meaux et s'engageait sur la route de Claye à la suite de l'arrière-garde française du général Vincent. On cherchait par-dessus tout à accélérer le mouvement, on avait hâte d'en finir et d'arriver à Paris et, comme on ne s'attendait plus à trouver en chemin la moindre résistance, on s'était si complètement départi de la prudence ordinaire que l'avant-garde prussienne, marchant sans s'éclairer, donna à l'improviste à l'entrée de Claye contre les troupes de Compans. Ce général, renforcé par des troupes venues de Paris, avait habilement tiré parti du terrain et pris une excellente position en arrière de Claye. Il n'avait laissé en avant de la ville que quelques escadrons qui, se repliant à l'approche des Prussiens, évacuèrent aussitôt Claye où les hussards s'engagèrent à leur suite.

Claye[2] se compose d'une longue rue grimpant le long de la colline et formant, à peu près au milieu de la ville, un coude assez prononcé. Deux rues latérales seules aboutissent à cette grande rue. A l'entrée même de Claye un chemin, partant de la ville et se dirigeant vers le sud, conduit vers la ferme de Voisins, qu'il atteint en franchissant la Beuvronne sur un pont. La ville de Claye même était déserte, les maisons closes, abandonnées par les habitants, qui les avaient barricadées.

Sur l'ordre de Katzler, le 1er bataillon de fusiliers de la Prusse orientale suivit le mouvement des hussards. « Un aide de camp

---

[1] Marmont au Ministre, Melun, 28 mars, soir. (*Archives de la guerre.*)
[2] Von Oelsnitz, *Historique du 1er régiment d'infanterie prussienne.*

lieutenant-colonel von Klüx m'avait apporté l'ordre de pénétrer immédiatement dans le village et de le traverser en le faisant précéder par des tirailleurs chargés de le fouiller, dit dans son rapport sur le combat de Claye le capitaine von Besserer, qui commandait par intérim le bataillon de fusiliers. Je suivais, par suite, mes tirailleurs à une certaine distance, avec mon bataillon marchant en colonne par section. A ce moment, un deuxième officier, envoyé par le lieutenant-colonel von Klüx, me prescrivit de pousser en avant sans plus tarder et d'envoyer sur ma gauche une compagnie occuper, sur la route de Voisins, le pont de la Beuvronne. Je me conformai à cet ordre, pendant que mes tirailleurs continuaient à suivre les hussards. Les sinuosités, que décrit la grande route, m'empêchaient d'apercevoir ce qui se passait avant moi, et je continuai à marcher par section. Une fois entré dans le village, je longeai avec mes hommes le côté droit de la rue, pendant que le général von Katzler, avec ses officiers, marchait sur le côté opposé. On venait de me donner l'ordre de faire halte, lorsque les hussards revinrent sur nous en désordre et au grand galop. Voici ce qui s'était passé. Les éclaireurs, après avoir fouillé Claye, étaient sortis de la ville, s'étaient établis dans l'allée qui part des dernières maisons et avaient envoyé quelques coups de feu aux vedettes françaises, pendant que les hussards, n'ayant rien découvert en avant de Claye, avaient continué à avancer.

Arrivés à cent mètres à peine des dernières maisons, ils étaient donné à l'improviste contre des cuirassiers français et des lanciers polonais qui, habilement embusqués et cachés par l'un des tournants de la route, les surprirent et les ramenèrent dans Claye, après avoir sabré les tirailleurs[1]. » Le lieutenant von Islnitz, qui commandait ces tirailleurs et qui fut pris par les Français, complète encore dans son rapport les renseignements relatifs à cet épisode du combat de Claye. « Nous avions, dit-il[2], traversé sans encombre la grande rue de Claye, tout était tranquille. On entendait à peine quelques coups de fusil isolés. Les aides de camp nous poussaient en avant, lorsque tout à coup je

---

Capitaine von BESSERER, Rapport sur le combat de Claye. (*Historique du régiment d'infanterie prussienne.*)

vis revenir le général von Katzler et une trentaine de hussards au grand galop, le sabre à la main, en pleine déroute, et nous criant : Place! Place! Derrière eux apparurent aussitôt des cuirassiers, des chasseurs, des lanciers polonais. Avant d'avoir eu seulement le temps de me reconnaître, j'étais déjà renversé, sabré, pris et mes hommes, sabrés comme moi, durent mettre bas les armes. »

La cavalerie française essaya à son tour de déboucher de Claye; mais elle fut arrêtée et ramenée par les hussards prussiens, qui la poursuivirent jusque sur la route de Ville-Parisis et arrivèrent encore assez à temps pour délivrer un certain nombre de fusiliers, qui rejoignirent leur bataillon rentré à Claye après la retraite de la cavalerie française [1].

Le reste de l'avant-garde de Katzler s'arrêta sur son ordre avant d'entrer à Claye, et Katzler attendit pour déboucher de la ville l'arrivée des généraux York et Kleist et du gros du IIe corps. La configuration même du terrain empêchait les généraux prussiens de reconnaître la position de Compans, dont les troupes occupaient le bois de Claye, la ferme de Grosbois, les boqueteaux, à l'est de cette ferme et, un peu plus en arrière, Montsaigle, qui servait de réduit à la position, et où le général avait posté son gros. Les généraux prussiens, qui n'avaient pu apercevoir que les quelques tirailleurs qui garnissaient la lisière du petit bois au sud de la route, résolurent de s'emparer des hauteurs qui s'élevaient à leur gauche, de menacer la droite de Compans et de préparer ainsi l'attaque qu'ils comptaient diriger sur le front de la position.

Dès que le prince Auguste de Prusse, à la tête des 9e et 10e brigades (généraux von Klüx et von Pirch I), eut dépassé le défilé de Claye à la suite de l'avant-garde de Katzler et de la cavalerie de réserve de Zieten, York poussa le colonel von Lettow, avec l'infanterie de Katzler, vers les hauteurs qui s'élèvent au sud de la chaussée et chargea Zieten d'accentuer, avec les uhlans de Brandebourg et de Silésie, le mouvement débordant dirigé contre la droite des Français. Étonné de la résistance aussi opiniâtre

---

[1] L'affaire de Claye et de Ville-Parisis coûta aux fusiliers prussiens 16 morts, 58 blessés, dont 1 officier, et 114 prisonniers, dont 1 officier. (Von OELSNITZ, Rapport sur le combat de Claye.)

qu'inattendue que Katzler avait rencontrée, York, toujours prudent, avait en même temps envoyé un de ses officiers prier le feld-maréchal de faire passer l'avant-garde du corps de Langeron au nord de Claye, de la diriger par Messy et Saint-Mesme sur Mory, et de la charger de tourner les bois de Saint-Denis, qui bordent la grande route et s'étendent au nord de Montsaigle et de Ville-Parisis.

Pendant ce temps, le colonel von Lettow poussait en avant avec deux bataillons de fusiliers (1er et 2e de la Prusse occidentale), obligeait les tirailleurs français à se replier vers les hauteurs de Montsaigle, que le prince Auguste de Prusse était en train de tourner avec la 9e brigade (von Klüx). La 10e brigade (von Pirch I) continuait son mouvement, parallèlement à la route.

Devant le déploiement considérable des forces prussiennes, Compans avait ramené le gros de ses tirailleurs sur Montsaigle et n'avait laissé que quelques postes d'observation à la ferme de Grosbois. Les bataillons du colonel von Lettow, précédant le gros de l'avant-garde, derrière laquelle venaient les troupes du prince Auguste de Prusse, avaient suivi de près les tirailleurs français jusqu'au moment où le général Compans résolut de tenter un retour offensif. Débouchant brusquement de Montsaigle avec son infanterie, il parvint à chasser momentanément les Prussiens des petits bois et se replia ensuite sur le bois de Claye, situé à l'est de Ville-Parisis. Mais, pendant que Compans réussissait ce retour offensif contre les lignes prussiennes, la gauche de l'avant-garde, soutenue par la cavalerie de Zieten, arrivait sur la droite de la position française par Le Pin, et la 9e brigade, achevant son mouvement débordant, atteignait les environs de Montsaigle. La 10e brigade restait en colonne, des deux côtés de la grande route où elle se dissimulait derrière un pli de terrain. Ses tirailleurs tenaient la partie nord des petits bois et l'artillerie, soutenue par quelques escadrons et un bataillon d'infanterie, commençait à contrebattre les batteries françaises en position en avant de Ville-Parisis et dont le feu bien dirigé infligeait des pertes assez sérieuses aux soutiens de l'artillerie prussienne. Menacé sur sa droite, le général Compans se décida alors à abandonner la ferme de Gros-Bois et le bois de Claye, dont la 10e brigade prussienne borda aussitôt la lisière, et le gros de ses forces vint prendre position à Ville-Parisis ; sa gauche s'appuyait à la ferme de Morfondé, sa droite à Montsaigle, qu'on avait solidement retranché et dont les bâtiments formaient une espèce de fortin. Quelques tirailleurs garnissaient les vignes et les boqueteaux des collines du côté de Le Pin. « Au moment où la 9ᵉ brigade arriva sur les hauteurs de Montsaigle, dit le prince Auguste de Prusse dans son rapport, trois bataillons, sous les ordres du lieutenant-colonel von Klüx, occupaient déjà les hauteurs et les bois adjacents. L'ennemi ne tenait plus que Montsaigle et les boqueteaux les plus rapprochés de cette ferme.

« Comme l'attaque directe de Montsaigle aurait coûté beaucoup de monde, j'ordonnai à la 9ᵉ brigade de pousser vivement en avant du côté de Ville-Parisis, afin de menacer les lignes de retraite de l'ennemi. »

Le prince Auguste oublie peut-être intentionnellement de rappeler que les tentatives faites pour enlever Montsaigle de vive force avaient échoué et avaient coûté aux Prussiens pas mal de monde. Le commandant de l'un des bataillons de fusiliers, le major von Hundt, et l'un des aides de camp de Kleist, le major von Watzdorf, moururent le lendemain des suites des blessures reçues pendant cette attaque. Les Français ne quittèrent Montsaigle et ne se replièrent sur Ville-Parisis que lorsque la 9ᵉ brigade, accourue au pas de charge, commença à déboucher sur leur droite et à menacer leur retraite. Les tirailleurs du général von Klüx poussèrent derrière eux, jusque dans la vallée, et le général von Kleist, arrêtant la brigade sur la hauteur, y fit prendre position à une batterie de six livres et à une demi-batterie à cheval qu'il chargea de canonner l'infanterie et la cavalerie françaises postées dans la vallée de Ville-Parisis. La cavalerie de Zieten vint s'établir à la gauche de la 9ᵉ brigade pendant que l'avant-garde de Katzler dépassait Montsaigle et que la 10ᵉ brigade se portait par la chaussée contre Ville-Parisis. Mais cette brigade n'y entra que le soir, après le départ de Compans qui, ramenant le gros de son petit détachement à Bondy, ne laissa derrière lui que sa cavalerie d'arrière-garde postée avec le général Vincent au Vert-Galant[1].

---

[1] Rapport du prince Auguste de Prusse sur le combat de Claye, 28 mars. (*Kriegsgeschichtliche Einzelschriften*); GURETZKY-CORNITZ, *Historique du 1ᵉʳ régiment de uhlans de Brandebourg, nᵒ 3*; *Historique du 6ᵉ régiment d'infanterie prussienne*; Rapport du lieutenant von Wedelstädt; HAGEN, *Historique du*

Positions de l'armée de Silésie le 28 mars au soir. — L'avant-garde de Katzler bivouaqua aux environs de Ville-Parisis ; la 9e brigade (Klüx) sur la hauteur de Montsaigle, la 10e (Pirch) entre Claye et Ville-Parisis, se reliant par la ferme de Grosbois avec la 9e brigade. Kleist resta avec la cavalerie de réserve de Zieten à Montsaigle.

Le 1er corps prussien s'arrêta à droite et un peu en arrière du IIe corps, la division Horn à Souilly, la division du prince Guillaume de Prusse avec York à Messy.

Langeron que, sur la demande d'York, on avait dirigé vers la Beuvronne, était arrivé à Saint-Mesmes et son avant-garde avait poussé plus avant encore jusqu'à la route des Petits-Ponts.

Les deux autres corps russes (Sacken et Woronzoff) n'avaient achevé le passage de la Marne à Trilport que vers la fin de la journée ; ils s'échelonnèrent entre Trilport et Meaux où se trouvait le quartier général de Blücher.

Bülow continuait toujours le siège en règle de Soissons ; il avait fait procéder, dans la nuit du 27 au 28, à l'ouverture de la deuxième parallèle. Une sortie énergique de la garnison réussit néanmoins à détruire et à bouleverser une partie des travaux des sapeurs prussiens.

Situation à Paris. — Conseil de guerre du 28 mars. — Jusqu'au 28 mars on avait conservé, ou tout au moins affecté de conserver, à Paris des illusions sur la situation. Mais les nouvelles reçues pendant le cours de cette journée ne laissaient plus le moindre doute sur les mouvements et les intentions des Alliés, et, lorsque le 28, à 8 heures 1/2 du soir, le roi Joseph, lieutenant général de l'Empereur, se décida à réunir d'urgence le Conseil de régence, le temps manquait pour prendre les mesures les plus indispensables, pour exécuter des travaux de défense devant lesquels on avait reculé dans la crainte d'alarmer la population [1].

3e *régiment de dragons de la Nouvelle-Marche* ; SCHNEIDAWIND, *Prinz Wilhelm von Preussen in den Kriegen seiner Zeit* ; VON WEDELL, *Historique du 18e régiment d'infanterie prussienne* ; Compans à Clarke, Vert-Galant, 29 mars, 8 heures du matin, et Opérations du général Vincent du 19 au 29 mars. (*Archives de la guerre.*)

[1] L'Empereur n'avait cependant pas ménagé les avis à Joseph, qu'il avait eu le tort de nommer son lieutenant général. Le 13 mars, par exemple, il lui avait écrit de Soissons (*Correspondance*, n° 21477) :

L'apparition des Alliés était désormais certaine. On avait à peine quelques heures encore pour aviser au plus pressé, pour exécuter les ordres formels de l'Empereur, relatifs au départ de l'impératrice et du roi de Rome, pour presser le retour des Maréchaux et de Compans.

S'il n'y avait pas eu parmi les membres du Conseil de régence un certain nombre de personnages qui n'avaient cessé de conspirer et dont les émissaires et les envoyés avaient sinon provoqué, tout au moins précipité la marche des Alliés sur la capitale, ou s'il se fût trouvé à Paris un homme énergique possédant l'autorité personnelle, l'influence et les talents qui faisaient défaut au roi Joseph, on n'aurait pas hésité à se conformer aux volontés, aux décisions de l'Empereur et le gouvernement tout entier, quittant la capitale en même temps que Marie-Louise et le roi de Rome, se serait rendu sur la Loire. Mais chacun des grands dignitaires et le lieutenant général de l'Empereur, plus que tout autre, tremblaient devant une responsabilité, même fictive, devant l'application de mesures dictées par la sagesse et ordonnées par le souverain. Les uns n'avaient à se reprocher que leur ignorance ou leur timidité; les autres, au contraire, n'osant pas jeter le masque, mais travaillant en silence au renversement de leur souverain, constataient, avec une satisfaction qu'ils dissimulaient de moins en moins, l'aggravation au point de vue politique d'une situation déjà gravement compromise au point de vue militaire.

En maintenant le gouvernement à Paris, on avait donc commis une faute encore plus grave, encore plus néfaste que celles qu'on n'avait cessé d'accumuler depuis plus de six semaines et que toute l'activité, trop tardive, de Clarke allait être impuissante à réparer. En gardant dans la capitale les grands corps de l'Etat, on venait de donner, sans s'en douter, un point d'appui de plus aux Talleyrand, aux Montesquiou, aux Dalberg, de leur fournir l'arme nécessaire à la perpétration de leurs projets, de leur

---

« Mon frère..., partout j'ai des plaintes du peuple contre les maires et les bourgeois qui les empêchent de se défendre. Je vois la même chose à Paris. Le peuple a de l'énergie et de l'honneur. Je crains bien que ce soient certains chefs qui ne veulent pas se battre et qui seront tout sots, après l'événement, de ce qui leur sera arrivé à eux-mêmes ».

assurer la possibilité d'assouvir leur haine, de satisfaire leur ambition, de s'arroger le pouvoir et de substituer à leurs menées, jusque-là occultes, des négociations couvertes par une apparence de légalité. Pendant ces lamentables journées, la trahison seule avait bien compris son rôle.

29 mars. — Insuffisance des mesures de défense prises à Paris. — Causes de cette insuffisance. — De tous les ministres, de tous les membres du gouvernement, Clarke, seul, essayait encore de rétablir la situation par un redoublement de zèle et d'activité. Jusqu'au dernier moment on s'était refusé à croire à la possibilité de la marche des Alliés sur Paris. On avait, même à une époque où personne n'aurait eu l'idée de s'en inquiéter, lorsque l'Empereur chassait devant lui les débris de l'armée de Blücher, négligé, au mois de février, de faire commencer les travaux de défense de la capitale. On avait cru inutile d'étudier, d'arrêter un plan éventuel de défense, de préparer des formations spéciales, des dépôts d'armes. On s'était uniquement occupé des renforts à envoyer à l'armée, on s'était borné à faire de Paris un immense dépôt d'hommes et de chevaux ; maintenant, en quelques heures à peine, au milieu du trouble général, du désarroi causé par le départ de l'Impératrice et du roi de Rome, il allait falloir tout créer, tout improviser, parce que, depuis le départ de l'Empereur pour l'armée, on avait perdu l'habitude de lui obéir. On avait discuté ses ordres, on lui avait caché la vérité, d'une part pour mieux travailler à sa chute, pour conspirer à l'aise et organiser la trahison ; de l'autre, parce que, lassé de ces luttes continuelles, découragé par la mauvaise fortune, on n'avait plus ni confiance en soi-même, ni foi dans le génie de l'Empereur.

Napoléon avait cependant eu le soin de déterminer et de simplifier la mission qu'il avait confiée aux hommes politiques et aux généraux laissés à Paris. Avant même de songer à quitter sa capitale, l'Empereur, reprenant une idée qu'il avait déjà eue lors de la campagne de 1805, avait en effet donné à Clarke, à la date du 11 janvier, les instructions suivantes : « Mon intention est de faire de Paris une place forte..... Il est nécessaire d'établir aux Invalides et à l'École militaire de grands ateliers d'artifice, de faire venir de tous les côtés 1000 pièces de canons de campagne,

300,000 coups de canon et 12,000,000 de cartouches. Il faut que tout cela soit prêt dans les premiers jours de février[1]. » Le lendemain, ou tout au plus quelques jours plus tard, dans sa note sur la situation actuelle de la France[2], il indiquait d'une façon bien nette et bien précise ce qu'il y avait à faire à Paris et fixait, en quelques lignes, les conditions essentielles, les bases de la défense de la capitale.

« En tout état de cause, écrivait-il, il faut prendre les mesures convenables et dans aucun cas n'admettre l'abandon de Paris. Il faut donc faire venir entre Paris et la Loire tous les dépôts, afin de les compléter à Paris, tous les cadres des soldats du train des équipages militaires, ainsi que le matériel d'artillerie non armé, afin d'avoir une immense supériorité d'artillerie sur l'ennemi. Il faut compter 60 ou 80 pièces de canon pour défendre les barrières de Paris. Il faut faire le relevé de la partie de la muraille de Paris[3] qui n'est pas achevée et commander en secret des palissades, chevaux de frise et barrières qu'on placerait de manière à fermer l'enceinte. Il faudrait faire reconnaître par des officiers du génie discrets toutes les hauteurs de Paris à occuper, ainsi que les ponts de la Seine et de la Marne et étudier la position que devrait prendre l'armée. Par ce moyen la garde nationale de Paris, avec 60 pièces de canon, assurerait la défense de la ville; la garde nationale de Saint-Cloud et de Versailles garderait les ponts de Saint-Cloud et de Sèvres, la garde nationale de Meaux, les ponts de Meaux, Corbeil et autres. » Et, dans le résumé qui terminait cette note, il insistait encore sur certains points : il ordonnait de réunir à Paris 80,000 à 100,000 sacs de farine, de manière que la subsistance de l'armée et de la ville soit assurée pendant quatre ou cinq mois; de mettre en construction des affûts de siège, de garnir de pièces et d'affûts les hauteurs de Paris, d'en placer sur les redoutes et les ponts.

Et il ajoutait encore : « Cela aurait un grand avantage : celui d'être utile et de produire un grand effet. » Il voulait connaître

---

[1] *Correspondance*, n° 21084.
[2] *Correspondance*, n° 21089. Cette note ne porte que la date de janvier 1814. Elle figure dans la *Correspondance*, à la date du 12 janvier, avec la mention « est *probablement* du 12 ».
[3] Il s'agit ici du mur d'octroi.

le nombre de toises de murailles qui n'étaient pas terminées et, comme la saison ne permettait pas de les achever en maçonnerie, il prescrivait de commander à portée une grande quantité de grosses palissades pour pouvoir, en peu de jours, les planter. Il commandait encore de faire une quantité de palissades, afin de pouvoir construire des tambours sur toutes les portes, la saison ne permettant pas d'entreprendre des ouvrages en terre, et de confectionner des chevaux de frise qu'on pût porter où l'on voudrait, pour mettre les postes d'infanterie à l'abri de la cavalerie.

Le 13 janvier il renouvelait encore ces ordres dans une lettre adressée à Bertrand[1]. Il savait, à ce moment, que la partie de Paris qui n'avait pas de murailles ne mesurait pas moins de 400 toises et réitérait l'ordre de préparer des palissades « destinées à être placées, lorsque le moment serait arrivé, en avant de la palanque actuelle qui lui semblait trop faible. » Il prescrivait encore de faire un tambour aux trente principales portes et de condamner les autres. Tout devait s'exécuter sans que les ouvriers pussent se douter de l'usage auquel on destinait leur travail.

Dix jours plus tard, le 23 janvier[2], il donnait l'ordre de former deux, et si faire se pouvait, quatre compagnies d'artillerie avec les hommes de l'Hôtel des Invalides, et de les placer aux différentes barrières. Il chargeait, en même temps, le général Chasseloup d'organiser le génie de la garde nationale, de s'occuper, avec le maréchal Moncey et le général Hulin, de la défense de Paris. Il avait si peu perdu de vue ses ordres antérieurs, qu'il demandait au ministre de la guerre de lui faire savoir quand les chevaux de frise, les barrières et les palissades qu'il avait commandés, seraient placés.

En quittant Paris pour se rendre à l'armée, en nommant Joseph lieutenant général, l'Empereur avait eu le soin de lui laisser des instructions formelles relatives à l'organisation de la défense de la capitale, à la formation de la garde nationale. Il avait nettement déterminé ses pouvoirs, placé sous ses ordres le maréchal Moncey, qui devenait son major-général, les généraux

---

[1] *Correspondance*, n° 21095.
[2] *Ibid.*, n° 21125.

Ornano et Hulin commandant, le premier, les troupes de la garde, le deuxième, celles de la 1re division militaire. Enfin, il avait appelé tout particulièrement son attention sur la question de l'armement de la garde nationale[1].

Un peu plus tard, quelques jours après La Rothière, au moment où il se préparait à tomber sur Blücher, il revenait encore sur la nécessité de tenir ferme aux barrières de Paris, de placer deux pièces de canon à chacune d'elles, d'y mettre des postes de gardes nationaux armés de fusils. Il allait même jusqu'à fixer la composition de chacun de ces postes[2].

Quarante-huit heures après, il fixait à neuf le nombre des batteries destinées pour le service de Paris et renouvelait l'ordre de faire garder les barrières par la garde nationale. « Il faut, disait-il, accoutumer la garde nationale à faire seule le service des barrières, parce que, quand on ôtera les troupes de ligne de Paris pour les porter en avant, la garde nationale se croira perdue[3]. »

Le 15 février, après avoir battu Blücher, et sur le point de se retourner contre Schwarzenberg, dont l'armée avait poussé les Maréchaux sur l'Yerres, il s'occupait à nouveau de la défense de Paris. « Je suppose, écrivait-il à Joseph[4], que les barrières du côté du Jardin des Plantes sont en état et qu'on y a placé des

---

[1] *Correspondance*, n° 21134, Instructions pour le roi Joseph, Paris, 24 janvier. « La grande difficulté pour la garde nationale est les armes : nous n'en avons pas. On essaye en ce moment l'établissement d'un atelier pour la garde nationale. Elle doit s'armer de tous les fusils de chasse qu'on pourra trouver ». Et plus loin, il ajoutait : « Il n'y a rien à Paris qui puisse contrarier la volonté du Gouvernement. »

[2] *Correspondance*, n° 21195, au roi Joseph, Nogent, 7 février : « Il doit y avoir à chaque barrière 50 hommes armés de fusils, 100 hommes armés de fusils de chasse et 100 armés de piques, ce qui fera 250 hommes à chaque poste. Vous devez former tous les jours une réserve de 400 à 500 hommes armés de fusils d'ordonnance, du double de fusils de chasse et d'un tiers armés de piques ; ce qui fera une réserve de 2,000 hommes pour se porter partout où il serait nécessaire avec des batteries attelées de la Garde ou de l'École polytechnique. » Le même jour, dans une autre dépêche adressée à Clarke (*Correspondance*, n° 21198), il insistait encore sur la nécessité « de mettre des canons en batterie aux principales barrières. La présence seule de ces canons en imposera aux partis de cavalerie ennemie ».

[3] *Correspondance*, n°s 21224 et 21226, au roi Joseph et à Clarke, Nogent, 9 février.

[4] *Ibid.*, n° 21264, La Ferté-sous-Jouarre, 15 février, 2 heures, après-midi.

corps de garde et du canon. » Les 23 et 24 février, se rendant aux observations de Joseph et de Clarke, il consentait à renoncer à son idée de doubler l'effectif de la garde nationale de Paris [1].

Le lendemain même de la bataille de Laon, répondant à une lettre de son frère à qui une inspection des barrières avait démontré que le comité de défense, attendant l'approbation d'un plan général soumis à l'Empereur, s'était borné à l'exécution de travaux insignifiants, Napoléon renouvelait de Chavignon l'ordre de faire élever des redoutes sur les hauteurs et en particulier à Montmartre. La veille encore il lui avait prescrit d'aviser aux moyens de lever, sous le titre de levée en masse des gardes nationales, 30,000 hommes « dans toute cette population qui se réfugie à Paris et dans tous les ouvriers qui se trouvent sans ouvrage. » Et il ajoutait : « Puisque vous avez des fusils, cela doit vous être facile [2]. »

Deux jours plus tard, Joseph, qui commençait à redouter les suites de ses négligences et des lenteurs du comité de défense, avait rappelé à l'Empereur que les travaux visés par ce projet avaient été retardés par le manque de fonds, et Napoléon se bornait à lui répondre « que le plan en question était trop compliqué, qu'il fallait des choses très simples [3] ».

Enfin les 14 et 18 mars il s'occupait pour la dernière fois des mesures à prendre à Paris [4], en chargeant Montalivet de lui présenter un projet de décret formant à Paris douze bataillons de 1000 hommes et en écrivant d'Épernay à Clarke : « Le mouvement de l'ennemi ayant toujours été sur Paris au point de négliger même les places fortes qu'il n'a pas bloquées, c'est sur Paris que j'ai fait venir tous les conscrits, c'est sur Paris qu'il faut faire venir tous les moyens d'armement ».

Mais ce n'était pas seulement sur l'organisation et l'armement de la garde nationale, sur la mise en état de défense de Paris que l'Empereur avait porté son attention, distraite forcément à certains moments par la gravité des événements, par l'impor-

---

[1] *Correspondance*, nos 21356, 21358 et 21360, Châtres, 23 février, et bourg des Noes, à Troyes, 24 février.
[2] *Ibid.*, nos 21460 et 21461, à Joseph, Chavignon, 10 et 11 mars.
[3] *Ibid.*, n° 21477, Soissons, 13 mars.
[4] *Ibid.*, n° 21487, à Montalivet, Reims, 14 mars, et n° 21516, Epernay, 18 mars.

tance et l'urgence des opérations militaires. Il n'avait d'ailleurs pas manqué de faire tenir au Conseil de régence des instructions formelles déterminant la conduite qu'il y aurait lieu de tenir dans des circonstances extraordinaires, de prévoir les mesures relatives au départ de sa famille et des membres du gouvernement. Quelques jours après La Rothière il mandait à Joseph de ne laisser à Paris qu'un commissaire impérial. « Voyez, lui disait-il, sur qui le choix pourrait rouler. Concertez cela avec l'archichancelier et les ministres des finances, du trésor et de l'intérieur. Je pense qu'il ne faudrait laisser aucun ministre. Mais j'espère que le cas n'arrivera pas [1]. » Et deux jours plus tard, il ajoutait : « Je vous ai répondu sur l'éventualité de Paris; vous n'avez plus à y revenir... Je vous ai ordonné pour l'Impératrice, le roi de Rome et notre famille ce que les circonstances indiquent... S'il arrivait bataille perdue ou nouvelle de ma mort, vous en seriez instruit avant mes ministres. Faites partir l'Impératrice et le roi de Rome pour Rambouillet; ordonnez au Sénat, au Conseil d'État et à toutes les troupes de se réunir sur la Loire. Laissez à Paris, ou le préfet, ou un commissaire impérial, ou un maire... Dans les circonstances bien difficiles de la crise des événements, on fait ce qu'on doit et on laisse aller le reste. » Et, comme s'il eût prévu l'avenir, il terminait cette lettre par ces paroles tristement prophétiques : « Je préférerais qu'on égorgeât mon fils plutôt que de le voir jamais élevé à Vienne comme prince autrichien... Je n'ai jamais vu représenter *Andromaque* que je n'aie plaint le sort d'Astyanax survivant à sa maison et que je n'aie regardé comme un bonheur pour lui de ne pas survivre à son père [2] ».

Le 16 mars il avait complété ses instructions d'une manière plus formelle et plus impérative encore : « Mon frère, écrivait-il à Joseph [3], conformément aux instructions verbales que je vous ai données et à l'esprit de toutes mes lettres, vous ne devez permettre que dans aucun cas l'Impératrice et le roi de Rome tombent entre les mains de l'ennemi. Je vais manœuvrer de manière qu'il serait possible que vous fussiez plusieurs jours sans avoir

---

[1] *Correspondance*, n° 21189, à Joseph, Troyes, 6 février.
[2] *Ibid.*, n° 21210, à Joseph, Nogent, 8 février, 11 heures matin.
[3] *Ibid.*, n° 21497, à Joseph, Reims, 16 mars.

de mes nouvelles. Si l'ennemi s'avançait sur Paris avec des forces telles que toute résistance devînt impossible, faites partir dans la direction de la Loire la Régente, mon fils, les grands dignitaires, les ministres, les officiers du Sénat, les présidents du Conseil d'État, les grands officiers de la Couronne, le baron de La Bouillerie et le Trésor. Ne quittez pas mon fils et rappelez-vous que je préférerais le savoir dans la Seine que dans les mains des ennemis de la France. Le sort d'Astyanax, prisonnier des Grecs, m'a toujours paru le sort le plus malheureux de l'histoire ».

L'incurie et la mollesse des uns, les intrigues, les menées occultes et la trahison des autres obligeaient l'Empereur, non seulement à diriger de loin les préparatifs de défense de Paris, à renouveler les ordres éventuels relatifs au départ de sa famille et du gouvernement en cas d'événements extraordinaires, mais à se préoccuper de l'esprit public, à signaler les principaux traîtres à ceux-là mêmes qui avaient pour devoir de conduire l'opinion publique, de découvrir, de surveiller les agissements criminels de conspirateurs, connus d'ailleurs de tous. Sans revenir ici sur les reproches qu'il avait adressés à plusieurs reprises aux ministres et dont nous avons eu lieu de parler précédemment, nous nous bornerons à reproduire quelques passages des lettres qu'il adressa à Montalivet, à Cambacérès et à Joseph à partir de la fin de février 1814. C'est ainsi que nous le voyons écrire le 26 février de Troyes à Montalivet [1] : « Je ne puis être plus mécontent que je le suis du peu que l'on fait pour l'esprit public. Ce n'est pas par des vers, des odes qu'on peut parvenir à l'animer, mais bien par des faits et des détails simples et vrais. C'est une chose bien simple à comprendre. Je ne veux pas qu'on fasse des articles à Paris. Je ne veux pas qu'on trompe le public, mais seulement qu'on mette la conduite des ennemis sous les yeux de tous... Il faut que les villes, qui ont été occupées par les ennemis, envoient des députés à Paris pour y faire le récit de ce qu'ils ont vu et appris, de ce qui s'est passé chez eux... L'ensemble de tous ces faits produira la rage et l'indignation. C'est alors que chacun sentira la nécessité de courir à sa défense. » Et il ajoute : « Mais je ne ne suis plus obéi. Vous avez tous plus

---

[1] *Correspondance*, n° 21375, à Montalivet, Troyes, 26 février.

d'esprit que moi et sans cesse on m'oppose de la résistance en m'objectant des *mais*, des *si*, des *car*... Je ne puis écrire à tous mes ministres. Cette lettre doit leur être commune. La France serait déjà tout entière sous les armes sans la pusillanimité des ministres qui craignent toujours de mettre en avant l'administration. La police doit tous les jours ramasser des quantités de lettres écrites de toutes les parties de la France... Qu'elle les fasse imprimer, qu'on mette tous les noms et qu'on ne cache rien au public ».

Après Laon, le 12 mars, il disait à Joseph[1] : « Si les Parisiens veulent voir les Cosaques, ils s'en repentiront, mais encore faut-il leur dire la vérité. Je n'ai jamais cherché les applaudissements des Parisiens. Je ne suis pas un caractère d'opéra. D'ailleurs, il faut être plus pratique que vous ne l'êtes pour connaître l'esprit de cette ville, qui n'a rien de commun avec les passions de 3,000 ou 4,000 personnes qui font beaucoup de bruit. Il est tout simple, et c'est plus expéditif, de déclarer que l'on ne peut pas faire une levée d'hommes que d'essayer de la faire. »

Que Rovigo ignorât ou non l'existence des complots ourdis contre la dynastie impériale, qu'il ait eu peur de faire arrêter Talleyrand sans un ordre formel de l'Empereur ou du roi Joseph, qu'il ait éludé l'ordre d'emprisonner ou tout au moins d'éloigner le vice-électeur de la capitale, qu'il ait été sa dupe ou son complice, c'est là chose que nous ne saurions rechercher ici. Ce qu'il y a de certain, c'est que l'Empereur, sur le point de partir pour l'armée, avait déjà dit en présence même de Talleyrand : « Je sais que je laisse à Paris d'autres ennemis que ceux que je vais combattre. » Ce qu'il y a de certain encore, c'est qu'à deux reprises il avait formellement signalé à son frère et à ses ministres les menées de Talleyrand et qu'on aurait pu, qu'on aurait dû sévir contre lui si on l'avait voulu, si l'on n'eût pas perdu l'habitude d'obéir.

L'Empereur, en effet, avait écrit, par exemple à Cambacérès de La Ferté-sous-Jouarre, le 3 mars[2] : « Mon cousin, je vois qu'à Paris vous avez de l'esprit tout plein pour avoir des sujets de peur. Il n'y a pas de remède à cela. Il suffit de penser qu'au-

---

[1] *Correspondance*. n° 21467, au roi Joseph, Soissons, 12 mars.
[2] *Ibid.*, n° 21423.

jourd'hui la capitale n'est plus réellement compromise. Cela est beaucoup avec le mauvais esprit de tout ce qui tient à l'administration, depuis le prince de Bénévent, jusqu'à je ne sais qui; ce sont eux qui ont propagé depuis novembre un si mauvais esprit dans l'opinion. »

Un mois auparavant, il avait été encore plus catégorique dans la lettre adressée à Joseph et contenant les ordres relatifs au départ conditionnel de sa famille[1]. « J'ai droit à être aidé par les hommes qui m'entourent par cela même que je les ai moi-même aidés... Je ne comprends pas comment vous couvrez d'éloges si impolitiques les propositions de traîtres indignes de conseiller rien d'honorable. Ne les employez jamais, même dans le cas le plus favorable. »

Et quelques lignes plus loin il était plus net, plus clairvoyant encore : « J'avoue que votre lettre du 7, à onze heures du soir, m'a fait mal parce que je ne vois aucune tenue dans vos idées et que vous vous laissez aller aux bavardages et aux opinions d'un tas de personnes qui ne réfléchissent pas. Or, je vous parlerai franchement. Si Talleyrand est pour quelque chose dans cette opinion de laisser l'Impératrice à Paris dans le cas où nos forces l'évacueraient, c'est une trahison qu'ils doivent comploter. Je vous le répète, méfiez-vous de cet homme. Je le pratique depuis seize années ; j'ai même eu de la faveur pour lui ; mais c'est sûrement le plus grand ennemi de notre maison, à présent que la fortune l'abandonne depuis quelque temps. *Tenez-vous aux conseils que j'ai donnés. J'en sais plus que ces gens-là.* »

Cette fois encore, l'Empereur avait vu juste, et le conseil de régence du 28 mars devait prouver trop tardivement aux quelques serviteurs restés fidèles à sa fortune au milieu de cette multitude d'intrigants, de conspirateurs et de traîtres que, quoique loin de sa capitale, Napoléon connaissait mieux qu'eux et le caractère des hommes qu'il avait laissés derrière lui et le cœur du peuple français. Mais le 28 au soir, le mal était irrémédiable.

On avait trop tardé pour pouvoir châtier les traîtres, agir sur l'opinion publique, réparer le temps perdu, procéder *in extremis* à des levées devant lesquelles on avait reculé par pusilla-

---

[1] *Correspondance*, n° 21210, au roi Joseph, Nogent, 8 février, 11 heures matin.

nimité, et entreprendre des travaux de défense qu'il était désormais impossible de faire exécuter.

Grâce à la faiblesse et à la timidité des chefs du gouvernement, grâce aux renseignements que leur haute position leur permettait de recueillir sans difficulté et sans danger, Talleyrand et ses complices avaient mené à bonne fin l'œuvre coupable qu'ils avaient entreprise. Non content de correspondre d'une façon suivie avec le quartier général des souverains, le vice-électeur, mettant sa merveilleuse habileté au service de la haine qu'il avait vouée à l'Empereur, avait réussi à agir sur l'opinion publique par trop négligée par le gouvernement, à répandre dans le peuple de la capitale des nouvelles qui ne faisaient qu'augmenter l'inquiétude, qu'accroître le découragement général.

Tel était l'état d'esprit de la population parisienne lorsque, le 28 mars au soir, on apprit que Compans avait quitté Meaux pour se replier sur Paris, lorsqu'on dut, pour se conformer aux ordres formels de l'Empereur, fixer au lendemain le départ du roi de Rome. La garde nationale n'était pas organisée, son effectif total atteignait à peine 12,000 hommes, pour la plupart incomplètement habillés et équipés et dont la moitié seulement était armée de fusils de toutes espèces et de tous calibres.

Les travaux de défense n'étaient guère plus avancés et mieux entendus que l'organisation de la garnison. Après le rejet du projet que le comité de défense avait présenté à l'Empereur dans le courant de janvier, on s'était contenté d'élever des tambours aux portes, de créneler les bâtiments des barrières, de fermer par des palissades les parties inachevées du mur d'octroi, d'affecter à la défense de l'enceinte environ 80 bouches à feu, de barricader les ponts de Saint-Maur, de Charenton et de Neuilly; mais on avait négligé de retrancher les faubourgs extérieurs, d'armer les hauteurs qui dominent la ville [1].

---

[1] Ce fut le 23 mars seulement que le roi Joseph commença à donner des signes réels d'inquiétude. Ecrivant ce jour au général Hulin, il lui fait connaître que « les opérations de l'Empereur pouvaient exiger que Paris fût dans le cas de se défendre pendant quelques jours contre des partis ou même contre un corps qui amènerait du canon ». Il informait en même temps le général qu'« à partir du 21 mars les troupes de ligne garderont et défendront les postes avancés et seront employées aux patrouilles et reconnaissances extérieures ». Afin de les rendre disponibles, il ordonne de faire relever par la garde nationale celles d'entre elles qui étaient jusque-là employées à la garde

Le 29 au matin il ne restait plus à Paris, après le départ des renforts, que le général Compans avait trouvés à Claye, après la mise en route des 1500 fantassins et des 300 cavaliers qui servaient d'escorte à l'Impératrice et au roi de Rome[1], que 600 hommes, 300 cavaliers et 4,000 conscrits dont on forma à la hâte une division improvisée placée sous les ordres du général Michel, et la garde nationale. Le général Compans s'était arrêté à Bondy et, malgré la rapidité avec laquelle les Maréchaux exécutaient leur retraite, il était encore impossible de savoir s'ils arriveraient à temps pour pouvoir participer à la défense de la capitale.

Dès l'aube, on avait affiché la proclamation du roi Joseph[1], pendant que Moncey, Ornano et Clarke, rassemblant les gardes nationales et les régiments à peine formés dont ils disposaient, répartissaient les postes entre les gardes nationales et les troupes de ligne. Les quelques fractions de la garde qui restaient à Ornano reçurent l'ordre de rejoindre Compans le jour même, pendant que la cavalerie allait occuper Pantin.

Depuis la veille au soir, Clarke se multipliait et essayait de réparer, par une infatigable activité, les erreurs qu'il avait commises, les fautes qu'il avait été impuissant à conjurer. Le général Boyer de Rebeval, bien que souffrant encore de ses blessures,

---

des barrières. La garde nationale sera désormais seule chargée de la défense de l'enceinte. Les villages et les faubourgs extérieurs qu'occuperont les troupes de ligne devant être retranchés, le roi Joseph invite le général Dejean, premier inspecteur général du génie, à faire tracer de suite les ouvrages, à faire exécuter les premiers travaux de clôture, à faire barrer les routes, chemins vicinaux ou d'exploitation qui aboutissent aux villages et faubourgs extérieurs, à faire murer les portes des murs de clôture, des murs et jardins qui donnent sur la campagne, afin que les garnisons de ces villages et de ces faubourgs aient une enceinte continue formée par ces murs et ces clôtures. Enfin, comme il est nécessaire qu'il y ait de suite de l'artillerie placée sur les hauteurs principales et à la tête des faubourgs, le roi Joseph invite encore le général Hulin à s'assurer des moyens dont dispose la direction d'artillerie de Paris pour mettre immédiatement en position quelques batteries de canons et d'obusiers.

[1] « Rien sans doute, dit Gohier, n'eût été plus propice à rassurer les Parisiens contre les alarmes de ce départ imprévu (celui de Marie-Louise et du roi de Rome) que la présence du frère de Napoléon si, aux talents militaires qui lui manquaient, il eût au moins suppléé par une résolution ferme et à toute épreuve. Mais lorsqu'il limitait la durée des efforts qu'il attendait des braves qu'il commandait, sa proclamation même annonçait une détermination chancelante. En ne leur demandant que quelques instants de résistance, il leur

était venu, comme le général Michel, se mettre à la disposition du ministre et devait prendre, le 30 au matin, le commandement d'une petite division formée de trois bataillons du 11ᵉ voltigeurs, d'un de flanqueurs-grenadiers et d'un bataillon tiré d'un autre régiment, représentant un effectif total de 1700 à 1800 hommes [1].

Avant même de se rendre au conseil de régence, le ministre avait expédié aux deux maréchaux l'ordre de continuer, sans aucun délai, leur marche sur Paris, tout en laissant sur la Seine, à Nogent et à Bray, la division du général Souham [2]. Allix devait se rapprocher de Sens pour appuyer Souham qui, chargé d'assurer la défense de la Seine de Nogent à Montereau, se repliera sur Montereau s'il y est forcé. Allix surveillera l'Yonne et le Loing, évacuera Auxerre et occupera Montereau, s'il n'y a personne à Pont-sur-Yonne [3]. Le général Grouvel tiendra le plus longtemps possible à Villers-Cotterets, jusqu'à ce que des forces trop supérieures débouchent de la forêt. Il se repliera alors par Nanteuil sur Dommartin [4].

Dans la nuit du 28 au 29, Clarke avait encore envoyé à Compans, à Bondy, des munitions, une batterie polonaise et six petits bataillons de 400 hommes chacun « avec l'ordre de tenir sa position pour gagner du temps [5]. » Enfin, rendant sommairement compte à l'Empereur des événements militaires de la veille, des positions occupées le 28 au soir par Marmont, Mortier et Compans, le ministre terminait sa courte dépêche par cette phrase : « Il n'y a que la présence de Votre Majesté qui puisse remédier aux dangers qui nous menacent [6]. »

---

annonçait assez qu'il n'était pas décidé à soutenir de longs combats.... Un chef, digne des braves qui étaient dans Paris, en eût obtenu plus que le prince Joseph ne leur demandait, aurait pu compter non pas seulement sur une *courte résistance*, sur *quelques instants* de combat, mais sur la défense la plus vigoureuse, la plus constante ». (*Mémoires* de GOHIER, président du Directoire au 18 brumaire, 3ᵉ livraison, t. II, p. 236 ; *Mémoires des Contemporains* pour servir à l'histoire de France et principalement à celle de la Révolution et de l'Empire.)

[1] Journal de Boyer de Rebeval. (*Archives de la guerre.*)
[2] Le ministre de la guerre aux maréchaux Marmont et Mortier, Paris, 28 mars 6 heures soir. (*Archives de la guerre.*)
[3] Le même à Allix et à Souham, Paris, 28 mars. (*Ibid.*)
[4] Le même à Grouvel, Paris, 28 mars. (*Ibid.*)
[5] Le même à Compans, Paris, 29 mars, 2 heures matin. (*Ibid.*)
[6] Le ministre de la guerre à l'Empereur, Paris, 20 mars, 3 heures matin. (*Ibid.*)

Ordres de mouvement de Schwarzenberg. — Tandis que Clarke essayait de faire face aux insolubles difficultés d'une situation désespérée, le généralissime avait arrêté, le 28 au soir au quartier général de Quincy, la disposition générale pour la journée du 29[1] :

« L'armée de Silésie laissera un de ses corps d'armée à Meaux, sur la rive droite de la Marne. Le reste de cette armée marchera par la route de Soissons de façon à pouvoir continuer son mouvement sur Paris, tant par Saint-Denis que par la route même de Soissons.

« Le VIe corps (colonne de droite de la grande armée alliée), passera la Marne à Trilport et réglera sa marche de manière que sa queue ait dépassé Meaux à cinq heures du matin, heure à laquelle les gardes devront défiler par les ponts de la Marne à Meaux. Le VIe corps prendra la route menant droit à Paris par Claye, occupera la forêt de Bondy et se reliera à droite avec l'armée de Silésie, en attendant l'envoi d'ordres ultérieurs.

« Le général comte Pahlen poussera à la fois sur Belleville et sur la route directe de Paris.

« Le IVe corps (colonne de gauche) se fera rejoindre par les grenadiers autrichiens, passera la Marne à Meaux, où sa tête de colonne devra être rendue à huit heures du matin au plus tard. Il devra traverser la rivière immédiatement après les gardes et réserves. Le IVe corps suivra ensuite la grande route jusqu'au moment où il lui sera possible de prendre au plus court, pour se rejeter sur la route de Lagny à Paris. Il continuera ensuite sa marche jusqu'à la hauteur de Chelles, se reliera à droite avec le VIe corps et poussera ses avant-postes le plus en avant possible du côté de Gagny et de Neuilly-sur-Marne. Le IVe corps devra en outre diriger une colonne volante sur le pont de Saint-Maur.

« Dans le cas où l'on aurait réussi à achever le pont de Lagny, le IVe corps passera la Marne sur ce point.

« Les gardes et réserves quitteront leurs positions à cinq heures du matin, passeront la Marne à Meaux et suivront le VIe corps auquel elles serviront de soutien.

« Le IIIe corps servira de soutien au IVe et continuera à être

---

[1] Prince de Schwarzenberg, Disposition pour le 29 mars, Quincy, 28 mars, soir. (*K. K. Kriegs Archiv.*, III, 478.)

placé sous le commandement supérieur du prince royal de Wurtemberg. Dans le cas où il serait impossible de faire usage du pont de Lagny, le corps ne commencera son mouvement qu'à sept heures du matin, passera la Marne à Meaux et suivra, après avoir fait une halte de trois heures, la direction prise par le IVᵉ corps. Il poussera aussi avant que possible, sans toutefois imposer aux hommes des fatigues exagérées. Les cuisiniers de ce corps partiront cette nuit, afin que les troupes puissent faire un repas chaud aussitôt après leur arrivée à la grande halte. Si le pont de Lagny est praticable, le IIIᵉ corps se dirigera sur cette ville et reprendra sa marche après une halte de trois heures, pendant laquelle on fera manger les hommes et les chevaux. S. A. R. le prince royal de Wurtemberg informera en temps utile le feldzeugmeister comte Gyulay, de la direction qu'il prendra en raison de l'état du pont de Lagny.

« Le Vᵉ corps se portera sur Meaux, s'établira sur la rive gauche de la Marne et laissera la plus grande partie de sa cavalerie sur la ligne Crécy — Sancy. Le gros de ses avant-postes restera à Coulommiers.

« L'artillerie de réserve passera la Marne à Meaux, les bagages et les colonnes de subsistances à Trilport, et y parqueront ainsi que cette artillerie à droite et à gauche de la route de Paris.

« La réserve d'artillerie russe suivra les gardes et s'arrêtera sur un point qui lui sera indiqué par S. E. le général en chef Barclay de Tolly. Les souverains viendront à Souilly, près de Claye. Le généralissime aura son quartier général à Claye. Tous les rapports devront être envoyés par la route de Paris. »

Premier et deuxième ordres de mouvement de l'armée de Silésie. — Avant d'avoir reçu communication des ordres du généralissime, on avait résolu, au quartier général de l'armée de Silésie, de donner le 29 un jour de repos aux corps d'York, de Kleist, de Langeron et de Sacken. On avait prescrit en même temps de déblayer les routes « afin de permettre au corps de Woronzoff, aux gardes et réserves de se servir de la chaussée de Paris. » On avait de plus autorisé les corps précités à se faire rejoindre par leurs bagages, les uns venant de La Ferté-Milon, les autres arrêtés près de Meaux. Enfin on avait envoyé aux généraux Jagoff et Witte l'ordre de rallier leurs corps. Mais dès qu'on eut reçu dans la nuit du 28 au 29 la disposition générale de Schwarzenberg[1], on annula le premier ordre. On prescrivit alors à Langeron de commencer son mouvement à neuf heures du matin et de prendre, en passant par Compans et Le Mesnil-Amelot, la route de Soissons à Paris ; à York et à Kleist de partir à huit heures, de passer par Mory, de s'engager sur la route des Petits-Ponts et de se faire flanquer sur leur droite par leur avant-garde.

Le corps de Sacken devait s'arrêter entre Meaux et Trilport et faire face à la Marne et au pont de Trilport.

L'infanterie de Winzingerode partant à neuf heures et passant par Crégy, Neufmontiers, Saint-Mesmes et Mory, avait ordre de s'engager à la suite des deux corps prussiens sur la route des Petits-Ponts que l'état-major prussien allait suivre, et sur laquelle on devait lui envoyer les nouvelles et les renseignements recueillis.

Les armées alliées formaient ainsi trois grosses colonnes. Celle de droite composée de l'armée de Silésie tout entière, à l'exception de Sacken qu'on arrêtait à Meaux, et de Bülow qu'on n'avait pas encore fait revenir de Soissons, devait se porter par Charny et Mory vers Aulnay-les-Bondy et la route des Petits-Ponts. Celle du centre comprenant la cavalerie de Pahlen, le VIe corps et les gardes et réserves, marchait de Claye sur Bondy par la route de Metz et de Strasbourg, tandis que les IVe et IIIe corps formant la colonne de gauche allaient de Charmentray rejoindre à l'est de

---

[1] On a prétendu, à tort selon nous, que des considérations politiques avaient motivé le mouvement vers la droite qu'on fit exécuter à l'armée de Silésie, qu'on aurait pu, en laissant continuer York et Kleist droit devant eux, attaquer Paris le 29 au soir, c'est-à-dire à un moment où les Maréchaux auraient été hors d'état de prendre part à la défense de la capitale. On a dit et imprimé que l'empereur Alexandre avait sacrifié les intérêts de la Coalition à la satisfaction d'entrer le premier à Paris à la tête de ses gardes. On a allégué, en faveur de cette opinion, erronée d'après nous, l'envoi de parlementaires porteurs de lettres adressées à Clarke et lui proposant un armistice de quelques heures destiné à faciliter l'ouverture des négociations. Mais on a oublié volontairement de voir que ce mouvement vers la droite était indispensable, que la grande armée avait besoin de la route de Strasbourg et de l'espace compris entre cette route et celle d'Allemagne pour achever son déploiement et son mouvement en avant. Enfin pour les besoins de cette cause qui nous parait difficile à soutenir, on a naturellement passé sous silence la première des dispositions de l'état-major général de l'armée de Silésie, celle qui, prise avant la réception de l'ordre général, accordait un jour de repos aux quatre corps de cette armée seuls capables d'agir sur Paris.

Chelles la route de Coulommiers et devaient se diriger de là sur Vincennes.

Retards éprouvés par les colonnes de la grande armée alliée. — Bien qu'on crût avoir tout combiné de façon à éviter le moindre accroc, le plus léger retard dans l'exécution des mouvements projetés, la plus grande partie des troupes alliées ne parvint cependant pas à atteindre les positions qui leur étaient indiquées. L'armée de Silésie n'ayant en effet achevé de défiler par les deux ponts de Trilport que le 29 mars au matin, le VIe corps se trouva dès le début de la marche dans l'impossibilité de se conformer à la disposition. Loin d'avoir dépassé Meaux à cinq heures du matin, ce corps, qui formait la tête de la colonne du centre, ne put déboucher sur la rive droite de la Marne qu'avec un retard de plusieurs heures. Il était bien près de midi lorsque la cavalerie de Pahlen atteignit Ville-Parisis et y releva l'avant-garde prussienne de Katzler, lorsque le VIe corps arriva à Claye et y reprit les positions occupées jusque-là par les troupes du IIe corps prussien. Les gardes et réserves qui avaient pu passer dès le matin sur le pont de pierre de Meaux qu'on avait réparé, suivirent le VIe corps et se dirigèrent derrière lui sur Claye.

A l'aile gauche on avait non seulement échoué dans toutes les tentatives faites pour rétablir le pont de Lagny, mais on n'avait même pas pu, à l'aide de moyens improvisés réussir à jeter sur la rive droite les 4e et 5e régiments de cavalerie wurtembergeoise. On dut donc se résigner à faire prendre le chemin de Meaux aux IVe et IIIe corps. Aussi, quand la cavalerie du IVe corps, qui s'était mise en route à cinq heures du matin, arriva à Meaux, elle y trouva le pont encombré par les gardes et réserves et par leurs bagages. Avant de pouvoir prendre rang dans la colonne, elle dut attendre si longtemps que force lui fut de s'arrêter le 29 au soir à hauteur de Chelles. L'infanterie du IVe corps qui suivait la cavalerie du général von Walsleben, ne commença à passer que vers le soir et, comme la queue du corps n'acheva son passage que le 30 vers trois heures du matin, le prince royal dut l'installer au bivouac à Annet, sur les bords mêmes de la rivière[1].

---

[1] STÄRKE, Eintheilung und Tagesbegebenheiten der Haupt-Armee im Monate März. (*K. K. Kriegs Archiv.*, III. 1.)

Le III⁰ corps arrivé à Crécy à 7 heures du matin, y avait reçu l'avis de l'encombrement du pont de la Marne, à Meaux, et était arrivé vers midi à peu de distance de cette ville. Après s'être rendu compte en personne de l'impossibilité de faire passer, le 29, son corps d'armée sur un pont qu'encombraient encore à 4 heures de l'après-midi les trains des gardes et réserves et dont le IV⁰ corps devait se servir avant lui, Gyulay ordonna à ses troupes de s'établir au bivouac, à Nanteuil-les-Meaux. Le III⁰ corps n'acheva par suite le passage de la Marne, que le 30 au matin, 24 heures plus tard que les prévisions de la disposition [1].

Le V⁰ corps, formant l'arrière-garde de la grande armée, avait, le 29 au matin, quitté les environs de Chailly-en-Brie et de La Ferté-Gaucher pour se porter sur Meaux. A son arrivée à peu de distance de Crécy, à 8 heures du matin, Wrède avait expédié au généralissime un billet du colonel von Swichow, apporté de Vitry-le-François à La Ferté-Gaucher par un officier prussien, et annonçant que l'avant-garde de l'armée de Napoléon était entrée à Sézanne le 28 au soir; Wrède, il est vrai, s'empressait d'ajouter qu'il ne croyait guère à une nouvelle que rien n'était venu confirmer.

Quelques heures plus tard le feld-maréchal bavarois était à Quincy. En présence de l'encombrement absolu des routes il avait reconnu l'impossibilité de continuer sa marche sur Meaux ; il avait par suite fait savoir au généralissime qu'il prenait le parti d'arrêter son infanterie à Quincy et il avait envoyé au général Frimont l'ordre de laisser la brigade du général von Geramb en arrière-garde à Coulommiers et de venir le rejoindre à Quincy avec le reste de sa cavalerie. Enfin, à 10 heures du soir, Wrède mandait au généralissime que le gros de sa cavalerie venait d'arriver après avoir laissé la brigade de cavalerie légère de Geramb à Coulommiers et une extrême arrière-garde à La Ferté-Gaucher. Il ajoutait « que les patrouilles de cavalerie, envoyées le 28, par Frimont à Sézanne, n'avaient trouvé nulle part la moindre trace de l'ennemi, qu'il venait d'être informé du mouvement de retraite de Winzingerode et de Tettenborn sur Châlons et sur Epernay et de la présence d'avant-postes français appartenant à

---

[1] Starke, Eintheilung und Tagesbegebenheinten der Haupt-Armee im Monate März. (*K. K. Kriegs Archiv.*, III, 1.)

l'armée de l'Empereur qui se seraient établis le 28 aux environs de Vitry ». Le feld-maréchal bavarois terminait sa dépêche en disant : « En dépit de ces renseignements, je ne pense pas que Napoléon marche par Sézanne et Montmirail et suive la cavalerie de Winzingerode ; mais je persiste à croire que, si les maréchaux Marmont et Mortier se sont réellement dirigés sur Bray, comme le général Seslavin l'annonçait hier, Napoléon suivra la rive droite de l'Aube afin d'opérer au plus vite sa jonction avec les corps des Maréchaux et la garnison de Paris [1] ».

Les patrouilles de cavalerie envoyées dans l'après-midi du 29 de Coulommiers et de Quincy sur Rebais, Sézanne et Provins, rentrèrent d'ailleurs sans avoir aperçu la moindre colonne française.

Les Souverains et le généralissime passent en route la revue des corps de l'armée de Silésie. — L'empereur de Russie, le roi de Prusse et le généralissime, partis de Quincy dès le matin et suivant la route de Meaux pour se rendre à l'avant-garde de leurs armées, avaient successivement rejoint et dépassé les différents corps de l'armée de Silésie. A Charmentray, l'em-

---

[1] TAXIS, *Tagebuch* (*K. K. Kriegs Archiv.*, XIII, 32); STÄRKE, Eintheilung und Tagesbegebenheiten der Haupt-Armee im Monate März (*Ibid.*, III, 1).
Wrède au prince de Schwarzenberg. Crécy, 29 mars, 8 heures du matin. Quincy, 3 heures après-midi et 10 heures du soir. (*Ibid.*, III, 488.)
Les troupes du V⁰ corps, peut-être parce qu'elles formaient l'arrière-garde, s'étaient fait remarquer depuis quelques jours par des actes si nombreux de pillage et de brutalité que l'empereur Alexandre, ému des plaintes motivées par la conduite des Bavarois, avait adressé, le 28 au soir, à Wrède la lettre suivante : « Maintenant que nous approchons des murs de Paris, il ne nous est possible d'atteindre les grands résultats que nous sommes en droit d'espérer que grâce au maintien de la discipline la plus sévère. Vous avez été l'un des premiers à déclarer qu'il importait de gagner à notre cause les habitants de la capitale de la France. Or ce serait agir contrairement à nos intérêts que de dévaster inutilement les environs de Paris, au lieu de les placer sous la protection de nos troupes. Connaissant vos principes et votre caractère, je suis certain que vous vous attacherez à maintenir, en cet instant décisif, l'ordre le plus complet dans les troupes placées sous vos ordres, et je vous prie instamment d'employer tous les moyens en votre pouvoir pour prévenir et empêcher tout acte de violence et de pillage. Il est absolument nécessaire de rendre les chefs de corps et de détachements personnellement responsables des désordres et des abus commis par leurs hommes. Votre intervention personnelle vous vaudra la reconnaissance générale et augmentera encore l'estime en laquelle je vous tiens. » (Lettre autographe de l'empereur Alexandre à Wrède, Quincy, 28 mars.)

pereur Alexandre avait profité de la halte faite par Sacken, auquel on venait de donner l'ordre de prendre position à Trilport, pour passer en revue ce corps d'armée, dont l'effectif présent le 17 mars s'élevait à près de 14,000 hommes et qui, bien que n'ayant pas combattu depuis cette époque, puisque la cavalerie de Wassiltchikoff avait seule donné à Fère-Champenoise, se trouvait réduit à 6,000 hommes environ. Un peu plus loin, entre Claye et Ville-Parisis, les souverains passèrent devant le front des troupes prussiennes d'York et de Kleist[1]. Se rendant ensuite sur la hauteur occupée par la brigade de Klüx, ils reconnurent les positions occupées par l'arrière-garde française et aperçurent enfin dans le lointain, Paris et les tours de Notre-Dame.

Mouvement des corps de l'armée de Silésie et 3e disposition. — Les troupes russes de Langeron et de Woronzoff s'étaient dirigées pendant ce temps vers la route de Soissons, tandis que les troupes prussiennes, obligées d'attendre l'arrivée de la tête de colonne de la grande armée alliée, chargée de les relever, restaient immobiles sur leurs positions. Dans l'intervalle l'état-major général de cette armée avait expédié un troisième ordre de mouvement. Comme les souverains et le généralissime voulaient pousser le jour même jusqu'à Bondy, Gneisenau prescrivit aux Ier et IIe corps prussiens de continuer leur marche jusqu'à Aulnay-les-Bondy; à Langeron de ne s'arrêter que lorsqu'il aurait atteint le ruisseau (la Morée), qui coule entre Dugny et Blanc-Mesnil. L'infanterie du corps Winzingerode devait s'établir avec le quartier général à Villepinte.

Comme nous l'avons dit plus haut, les deux corps prussiens avaient commencé leur mouvement sur Aulnay aussitôt après l'arrivée de la cavalerie de Pahlen et de l'infanterie du prince Eugène de Wurtemberg.

Envoi d'un parlementaire russe aux avant-postes du général Vincent. — Tandis que les souverains rejoignaient les

---

[1] D'après Droysen, le roi de Prusse aurait été tellement mécontent de l'état et de l'aspect de ces troupes que lorsque York s'avança vers lui pour lui présenter son corps, le roi se serait borné à lui dire : « Mauvaise tenue : vos hommes sont sales », et aurait immédiatement détourné son cheval, tandis qu'York aurait commandé : « *Demi-tour et en avant marche !* »

têtes de colonne, le généralissime, informé des retards que les corps de la grande armée éprouvaient au passage des ponts de Trilport et de Meaux, avait eu recours à d'autres moyens afin d'arriver à gagner le temps nécessaire pour amener les deux armées sur leurs positions. Dès le matin, à 8 heures, un aide de camp de l'empereur de Russie (le général-lieutenant Ouvaroff), porteur de lettres adressées au Ministre de la guerre, s'était présenté aux avant-postes de Vincent au Vert-Galant, et avait demandé à se rendre à Paris pour s'acquitter de sa mission et exposer au Ministre les conditions d'un armistice. Le général Vincent en référa immédiatement au général Compans. Celui-ci refusa de laisser passer l'officier russe. Il consentit cependant à transmettre sa lettre et à suspendre les hostilités jusqu'à la réception de la réponse ; mais il renvoya aux Alliés la proclamation adressée aux Parisiens que Schwarzenberg avait également confiée au général russe [1].

Combats de Bondy, du Bourget et d'Aubervilliers. — La matinée se passa tranquillement du côté du Vert-Galant jusque vers midi. Mais un peu après midi les éclaireurs du général Vincent l'informèrent que les Alliés profitaient de la suspension d'armes pour essayer de faire déborder sa gauche par la cavalerie du général Emanuel allant sur Gonesse et lui signalèrent des mouvements s'opérant sur sa droite, par la route de Lagny, dans la direction de Chelles. A ce moment la tête de colonne du VIe corps était déjà à Ville-Parisis, et le prince Eugène de Wurtemberg, faisant immédiatement soutenir la cavalerie de Pahlen par la 14e division [2] (général Helfreich), ordonnait à ces deux généraux d'occuper les hauteurs boisées de Coubron et de gagner ensuite le plateau de Romainville, en passant par Montfermeil et le parc du Raincy. Lui-même, avec le reste de son infanterie et la 2e division de cuirassiers, se mettait en marche par Livry sur Bondy qu'il voulait attaquer de front pendant que les troupes

---

[1] Compans au Ministre de la guerre, Le Vert-Galant, 29 mars, 9 heures du matin. (*Archives de la guerre.*)
[2] Composition des troupes du VIe corps qui donnèrent à Livry et à Bondy : 14e division : régiments de Tenguinsk et d'Esthonie, 25e et 26e régiments de chasseurs ; brigade Wolf (de la division du prince Schakhoffskoï) : régiments de Mourom et de Tchernigoff.

prussiennes, en se dirigeant vers Aulnay, tourneraient la lisière nord de cette forêt. Mais les généraux français, prévenus à temps par leurs coureurs, avaient déjà, sur l'ordre de Compans, commencé leur retraite sur Paris[1]. Se repliant lentement et en bon ordre, disputant le terrain pied à pied, Compans avait réussi à occuper le village et la forêt de Bondy, et le jour tirait vers sa fin lorsque le général français, attaqué par le prince Eugène de Wurtemberg, donna à ses troupes l'ordre d'abandonner, d'abord la forêt, puis le village et de se replier sur Pantin. Le général Vincent, voyant que sa cavalerie ne pouvait rendre aucun service du côté de Bondy, s'était posté à la sortie du bois pour protéger l'infanterie de Compans. Informé que la cavalerie du général Emanuel se rabattait de Gonesse sur La Villette, il s'était porté sur Pantin, avait passé le canal et barré aux cavaliers russes le chemin de La Villette. La nuit était déjà venue lorsque le prince Eugène de Wurtemberg entra à Bondy, traversa le village et, prenant à gauche, se dirigea sur Romainville où il se rejoignit avec Pahlen qui, passant par Rosny-sous-Bois, venait d'arriver sur ce plateau[2].

A droite du VIe corps l'avant-garde de Langeron avait tiraillé dans l'après-midi, entre le Bourget et Aubervilliers, avec l'extrême gauche de Compans qui, après un engagement insignifiant, s'était retirée derrière le canal de Saint-Denis.

Positions des corps alliés de première ligne le 29 mars au soir. — Comme l'aile gauche des Alliés commençait seulement à passer la Marne à ce moment, comme l'armée de Silésie (aile droite), obligée d'obliquer à droite, n'avait pu arriver à hauteur des positions occupées par le VIe corps, on ordonna au prince Eugène de Wurtemberg et à Pahlen de quitter Romainville, de ne laisser que des avant-postes du côté de Romainville et de Pantin et de se replier sur Noisy-le-Sec. Le reste du VIe corps s'éche-

---

[1] Opérations du général Vincent du 19 au 29 mars (*Archives de la guerre*); STÄRKE, Eintheilung und Tagesbegebenheiten der Haupt-Armee im Monate März (*K. K. Kriegs Archiv.*, III, 1); Journal d'opérations de Barclay de Tolly (*Archives topographiques*, n° 29188), et général HELLDORF, *Aus dem Leben des kaiserlichen russischen Generals der Infanterie Prinzen Eugen von Wurtemberg*, III, 36).

[2] STÄRKE, Eintheilung und Tagesbegebenheiten der Haupt-Armee im Monate März. (*K. K. Kriegs Archiv.*, III, 1.)

lonna de Noisy-le-Sec à Bondy; les gardes et réserves campèrent aux environs de Ville-Parisis. Les Souverains et le généralissime s'installèrent au château de Bondy. A l'aile droite l'avant-garde de Katzler s'arrêta à Drancy: les Ier et IIe corps à Aulnay-les-Bondy; Langeron à leur droite au Bourget; Woronzoff, avec l'infanterie de Winzingerode et le quartier général de l'armée de Silésie, en deuxième ligne derrière les Ier et IIe corps à Villepinte.

Positions des généraux Compans et Ornano, des maréchaux Marmont et Mortier, le 29 mars au soir. — Pendant que Compans se retirait devant les Russes du prince Eugène de Wurtemberg, Ornano, sorti de Paris avec la division Michel (conscrits tirés des dépôts de la garde), venait de dépasser Pantin. Informé du mouvement rétrograde de Compans, Ornano, pensant que ce général ne manquerait pas d'occuper Pantin, ramena sa division sur la position qui s'étend entre La Chapelle et Les Prés-Saint-Gervais. Mais au lieu de se diriger sur Pantin, Compans, croyant de son côté ce village occupé par les troupes d'Ornano, envoya à la cavalerie de Vincent, en position en avant de La Villette, l'ordre de bivouaquer en avant de La Chapelle pour couvrir les communications entre Paris et Saint-Denis et vint s'établir à l'ouest des Prés-Saint-Gervais sur la butte Beauregard qui domine ce village et se relie à la position de Belleville, laissant aux troupes du maréchal Marmont, arrivées à Montreuil dans l'après-midi du 29, le soin de défendre et d'occuper à sa droite Bagnolet et Romainville. Pantin resta par suite inoccupé, puisque les avant-postes français se tinrent à l'ouest de ce village et que les grand-gardes du général Helfreich avaient dû, par ordre des souverains, se rapprocher de Noisy-le-Sec.

Partis de Melun et de Guignes, le 29 au point du jour, les deux maréchaux, après avoir opéré leur jonction à Brie-Comte-Robert, s'étaient dirigés sur Charenton où ils arrivèrent d'assez bonne heure; mais le désarroi était si grand qu'ils n'y trouvèrent aucune instruction et qu'après avoir passé la Marne, la tête de colonne du duc de Raguse resta à Montreuil. Le gros du corps de Marmont s'arrêta à Charonne, Vincennes et Saint-Mandé; l'infanterie de Mortier, plus en arrière encore, à Bercy et Conflans; la cavalerie, à Picpus.

Il est d'autant plus difficile de découvrir l'explication de cet arrêt incompréhensible que, dès le 29 à 9 heures et à 11 heures du matin, Clarke, par la première de ses dépêches, informait Compans de l'arrivée prochaine des Maréchaux qui se porteront de son côté pour le soutenir. Dans la seconde, en lui recommandant de communiquer au plus vite avec le duc de Raguse, il ajoutait : « *Le salut de l'Etat* dépend peut-être de pouvoir contenir l'ennemi pendant deux ou trois jours » et il conseillait à Compans d'occuper les hauteurs de Romainville[1]. A 4 heures de l'après-midi, le Ministre renouvelait à Compans l'ordre de se réunir à Marmont et de prendre ses ordres. Mais au milieu des préoccupations de toute sorte qui l'assiégeaient et peu accoutumé d'ailleurs à songer à tout, à s'assurer de l'exécution des ordres donnés, Clarke oublia de compléter les instructions par trop vagues qu'il avait adressées aux Maréchaux. Malgré cela, Marmont et Mortier ne sont pas non plus exempts de reproches et, bien qu'ils puissent invoquer pour leur excuse la fatigue de leurs troupes épuisées par des marches forcées, ils auraient dû néanmoins, aussitôt après leur arrivée sur la rive droite de la Marne et de la Seine, faire demander des instructions au Ministre et au roi Joseph. La direction suivie par les armées alliées leur était bien connue et au lieu de s'arrêter au sud-est de Paris, Marmont aurait dû, dès l'après-midi du 29, se décider à pousser son avant-garde vers les hauteurs de Romainville, pendant que Mortier aurait été s'établir à la gauche de Compans et de Vincent.

Mouvements de l'armée de l'Empereur. — L'Empereur, dont l'arrivée seule aurait pu réparer les fautes commises par ses lieutenants et ses ministres et prolonger la défense de Paris pendant les quelques jours dont son armée avait besoin afin d'arriver sous les murs de la capitale, avait tenu, avant de partir de grand matin avec la cavalerie de sa garde de Doulevant pour Dolancourt, à assister à l'expédition des ordres de mouvement sur Troyes[2], qu'il avait dictés pendant la nuit au major-général.

---

[1] Clarke à Compans, Paris, 29 mars, 9 et 11 heures du matin, et Clarke à Marmont, 29 mars, 11 heures du matin (*Archives de la guerre*).

[2] Major-général à Sébastiani, Saint-Germain, Defrance, Maurin, Piré, Ney et Macdonald, Doulevant, 29 mars, 3 heures du matin. (*Archives de la guerre.*)

Dès 3 heures du matin, la division Hanrion avait reçu l'ordre de quitter Bar-sur-Aube à 6 heures et de se diriger par le plus court chemin sur Vendeuvre avec la cavalerie de Sébastiani. Cette cavalerie allant directement à Dolancourt, devait pousser aussi loin que possible sur la route de Troyes par Vendeuvre. On avait également prescrit au général Defrance, qui avait couché à Thors, d'en partir à 5 heures du matin pour se rendre à Bar et y prendre la tête de la colonne formée par les troupes du général Hanrion. Les parcs de l'armée, couverts sur leurs flancs par l'infanterie, devaient eux aussi commencer leur mouvement à 5 heures du matin.

Le général Maurin, posté avec sa cavalerie à Morvilliers, passera l'Aube, soit au pont de Dienville, soit à gué entre Brienne et Bar-sur-Aube et se dirigera sur Troyes. Il doit chercher à savoir si c'est Tchernitcheff ou un autre général qui manœuvre avec sa cavalerie sur Brienne.

Saint-Germain, partant à 7 heures, suivra par Dolancourt le mouvement de Sébastiani et fera connaître au major-général le point où il couchera. On renouvelle en même temps à Piré l'ordre donné le 28 à 4 heures 1/2 de l'après-midi de se porter avec sa division et cent gardes d'honneur qu'il trouvera à Joinville, sur Bar-sur-Aube et Colombey. Il doit chercher à se faire suivre par les vivres et les souliers qu'il avait trouvés et rassemblés à Chaumont.

Macdonald quittera sa position, dès qu'Oudinot aura dépassé Saint-Dizier et suivra la garde sur Troyes. En raison de la présence des cosaques signalés à Brienne, il fera flanquer sa marche, préviendra Oudinot de son mouvement et informera le quartier général du point où il passera la nuit.

A 4 heures du matin Ney reçoit l'ordre de prendre les armes à 6 heures du matin et de marcher par Nully et Dolancourt pour se rapprocher le plus possible de Troyes.

Arrivé à Nully l'Empereur, prévenu de l'apparition de partis de cavalerie qui rôdent dans les environs et tenant à couvrir la marche du grand parc de l'armée, ordonne à Saint Germain de communiquer avec Maurin qui est du côté de Morvilliers et de rester à Nully jusqu'à ce qu'une partie du grand parc ait défilé.

A 3 heures de l'après-midi, après la réception des courriers de Paris, il ne conserve plus aucun doute sur la gravité de la situation. Les Autrichiens sont entrés à Lyon le 21 et les armées alliées sont sur le point de paraître devant Paris. Aussitôt après le départ du général Dejean, l'un de ses aides de camp qu'il expédie à Paris pour y annoncer son retour et ordonner de prolonger la résistance, il prescrit au major général [1] d'envoyer aux maréchaux Macdonald et Oudinot un aperçu de la situation et de nouveaux ordres imposant de nouvelles fatigues à son armée. Oudinot et Macdonald doivent hâter leur marche par Dolancourt sur Troyes. Maurin partira du point où il se trouve pour aller droit sur Troyes. Un ordre analogue est envoyé à Piré « qui ne s'arrêtera que le temps nécessaire pour faire manger ses chevaux et verra l'Empereur en passant ». Dès que ces ordres sont rédigés l'Empereur continue son mouvement sur Troyes d'où, quelques heures plus tard, il ordonne au général Girardin, aide de camp de Berthier, de partir à franc étrier pour Paris et d'y confirmer la nouvelle de son arrivée immédiate.

Cependant la garde elle-même n'avait pu pousser jusqu'à Troyes. Elle dut après une marche des plus rudes s'arrêter à Lusigny, tandis que Macdonald ne parvenait pas à dépasser Nully et qu'Oudinot atteignait à grande peine Doulevant. Piré, à la rencontre duquel on avait envoyé deux escadrons et qui avait fait une marche de treize lieues, s'arrêtait à Villy-en-Trodes d'où il se disposait à continuer sur Troyes le 30 à six heures du matin [2]. Maurin, parti de Morvilliers à deux heures de l'après-midi avait sur l'ordre de Sébastiani, poussé vers Rouilly afin de couvrir la route de Piney [3].

La cavalerie de Winzingerode, Tettenborn et Tchernitcheff, avait suivi et observé de loin le mouvement de l'armée impériale. Quittant Saint-Dizier, elle vint s'établir le 29 au soir à Montier-en-Der, que les avant-gardes seules dépassèrent.

---

[1] Major-général à Macdonald et Oudinot, Pont de Dolancourt, 29 mars, 4 heures du soir : « Nous venons de recevoir les courriers de Paris. L'esprit de la ville est bon. Les ducs de Trévise et de Raguse qui n'ont pas souffert et ce qu'on a pu ramasser à Paris, sont en bataille avec une nombreuse artillerie à Claye, Blücher a dû entrer aujourd'hui 29 à Meaux. Sa Majesté sera cette nuit à Troyes, demain à Nogent ; *il faut marcher jour et nuit en prenant seulement les intervalles de repos indispensables.* » (Archives de la guerre.)

[2] Piré au major-général, Villy-en-Trodes, nuit du 29 au 30, minuit. (Archives de la guerre.)

[3] Maurin au major-général, Morvilliers, 29 mars, 1 h. 45 après-midi. (Ibid.)

Les nouvelles, que le major-général avait, sur l'ordre de l'Empereur, communiquées aux chefs de corps, avaient enlevé même aux plus optimistes d'entre eux le peu de confiance, les dernières lueurs d'espoir, les quelques illusions qui les soutenaient encore.

Macdonald lui-même, quoique le plus discipliné et le moins raisonneur d'entre eux, en écrivant dans la nuit du 29 au 30[1] au major-général, ne pouvait s'empêcher d'émettre son opinion et de s'écrier: « Il est trop tard pour secourir Paris, du moins par la route que nous allons suivre; il y a d'ici (de Nully) près de 50 lieues. En supposant que l'on marche en forçant et sans obstacles, il faudra quatre jours au moins. Mais en quel état sera l'armée s'il faut combattre, car il n'existe aucune ressource de l'Aube à la Seine, surtout de Troyes à Nogent? Les Alliés étant hier à Meaux auront poussé leur avant-garde, et nous aurons la douleur d'apprendre qu'ils sont aujourd'hui aux barrières de Paris. Sont-ce les corps réunis des ducs de Trévise et de Raguse qui les arrêteront assez de temps pour nous donner celui d'arriver? Mais les Alliés ne manqueront pas de se retourner à notre approche: ils garniront la Marne et alors plus de passage!

« Je serais donc d'avis que l'Empereur marche par Sens, appelle à lui tous les corps et détachements par Melun ou Fontainebleau; si Paris succombe, ensuite marcher à l'ennemi ou nous rabattre sur Augereau (Macdonald ignorait la prise de Lyon), livrer une bataille décisive sur un terrain choisi après avoir fait reposer nos troupes et, si la Providence a marqué notre dernière heure, au moins nous succomberons honorablement au lieu de finir comme des misérables, dispersés, pris et dépouillés par des cosaques. Si cette opération ne prévaut pas, il aurait peut-être été plus sage et plus sûr de nous jeter avec nos débris en Alsace et en Lorraine. Quoi qu'il en soit, réunissons-nous, ne nous perdons pas en détail et sans fruit pour notre malheureuse patrie. »

Dispositions générales pour la défense de Paris. — Les craintes du duc de Tarente n'étaient malheureusement que trop fondées et les événements allaient se charger de justifier ses appréhensions. Il n'y avait plus à Paris ni gouvernement, bien

---

[1] Macdonald au major-général, Nully, 30 mars, 4 heures du matin. (*Archives de la guerre.*)

que l'on eût désobéi aux ordres de l'Empereur en y gardant les ministres et les grands corps de l'Etat, ni direction, bien que le lieutenant-général de l'Empereur eût cru devoir rester dans la capitale. Redoutant la responsabilité de ses actes, n'exerçant d'ailleurs qu'une autorité nominale, le roi Joseph après avoir, dans l'après-midi du 29, procédé à une reconnaissance sommaire des points par lesquels les Alliés devaient déboucher sur Paris, était rentré aux Tuileries pour y conférer avec Clarke, les ministres et le maréchal Moncey, et arrêter, d'accord avec eux, les dispositions générales de la défense extérieure et intérieure de la capitale.

A 11 heures du soir, Clarke communiquait aux maréchaux Marmont et Mortier les ordres qui les concernaient. Pendant la nuit Marmont devait se réunir entre La Villette et Les Prés-Saint-Gervais, au corps du général Compans qui passait sous son commandement, et former l'aile droite de la défense sur tout le front s'étendant de La Villette jusqu'à Charenton.

Mortier recevait l'ordre d'opérer la nuit même sa jonction à La Villette avec la cavalerie et une partie des troupes du général Ornano, et de se charger à l'aile gauche de la direction de la défense entre La Villette et Saint-Denis.

La garde nationale sous les ordres du maréchal Moncey, et les troupes du général Hullin allaient occuper les positions de deuxième ligne et avaient pour mission de défendre les buttes de Fontarabie, de Chaumont, de Montmartre, des Batignolles, de Monceaux et de l'Étoile, les jardins de Bercy, Ménilmontant, Charonne, Belleville et la plaine de Clichy. L'artillerie de la garde nationale était chargée de desservir les batteries de l'enceinte. L'artillerie de ligne assurerait le service des batteries du Rouvroy, des Prés-Saint-Gervais et de la butte de Fontarabie.

Inquiétude des Souverains. — Conseil de guerre de Bondy.— Malgré les nouvelles rassurantes que Talleyrand, Montesquiou et Dalberg ne cessaient de faire parvenir au quartier général de l'empereur de Russie, malgré l'arrivée continuelle des affidés et des émissaires dont les rapports permettaient aux Souverains de se rendre un compte exact de la situation générale des esprits, du trouble et de la confusion qui régnaient à Paris, malgré l'enthousiasme que la vue de la capitale avait provoqué dans les rangs des armées alliées, Alexandre n'avait pu chasser de son esprit des inquiétudes et des préoccupations ravivées encore par la dépêche du colonel von Swichow, que Wrède venait de transmettre au quartier général, et d'après laquelle l'avant-garde de l'armée de Napoléon aurait occupé Sézanne le 28 au soir.

Ni Alexandre, ni Schwarzenberg ne doutaient du succès final; mais au moment de lancer les ordres d'attaque pour la journée du lendemain, leurs craintes étaient d'autant plus naturelles qu'ils n'avaient aucun renseignement positif sur la position de l'armée de l'Empereur, qu'ils ne possédaient aucune donnée précise sur la direction suivie par les Maréchaux, qu'on n'avait pas même connaissance de leur arrivée sous Paris. L'empereur de Russie et le généralissime sentaient tous deux qu'il n'y avait pas une minute à perdre, qu'il fallait à tout prix enlever Paris dans la journée du lendemain. Aussi, quelque favorable que fût en somme la situation des Alliés, on se trouvait au quartier général en présence de tant de facteurs inconnus, de problèmes d'une réelle gravité, dont on aurait voulu trouver la solution avant de prendre une résolution extrême, qu'on est malgré soi amené à comprendre et à justifier les craintes d'Alexandre et de Schwarzenberg. L'armée alliée manquait de vivres et avait presque entièrement épuisé ses munitions. Qu'allait-elle devenir si Paris se défendait énergiquement pendant deux ou trois jours et donnait à l'Empereur le temps d'arriver? Aussi, après avoir conféré pendant une partie de la soirée avec Schwarzenberg, Wolkonsky et Nesselrode, après avoir approuvé le dispositif de combat préparé par le généralissime, l'empereur de Russie n'avait pu se dissimuler que la gravité des circonstances rendait son intervention directe et personnelle plus indispensable que jamais. Dès que le conseil de guerre fut terminé, il donna à Nesselrode l'ordre verbal de profiter de toute occasion favorable pour traiter de la capitulation de Paris, et chargea Wolkonsky d'envoyer en son nom de nouvelles instructions à Blücher et au duc de Saxe-Weimar.

Dans la première de ces dépêches adressée à Blücher, l'empereur de Russie lui faisait savoir que Wrède et Sacken restaient momentanément à Meaux, pour couvrir les derrières de l'armée contre un mouvement venant de Sézanne et que Sacken passait temporairement sous les ordres du feld-maréchal bavarois.

« Votre Excellence, écrivait Wolkonsky, voudra bien donner au général Sacken les ordres en conséquence, en lui recommandant d'envoyer à Trilport trois bataillons d'infanterie pour y garder les ponts. Quand les équipages et la cavalerie de l'armée auront passé la Marne à Trilport, le général de Sacken veillera à ce qu'on lève deux des ponts et qu'on n'en laisse qu'un seul qui suffira pour assurer le passage du détachement qui se trouve à La Ferté-sous-Jouarre ». On se préparait ainsi à ramener sur la rive droite de la Marne, dès que les têtes de colonne de l'Empereur se seraient montrées, tous les détachements restés sur la rive gauche de cette rivière. Du reste Wolkonsky ajoutait dans la même dépêche : « Pour conserver notre communication avec les Pays-Bas, il ne nous reste que la route de Compiègne à La Fère. Votre Excellence verra la grande importance de s'emparer d'avance de Compiègne pour s'assurer de la ligne mentionnée[1]. » Dans cette dépêche, Wolkonsky donnait en outre à Blücher des ordres spéciaux relatifs à l'attaque :

« S. M. l'Empereur de Russie désire que V. E. fasse attaquer, demain à cinq heures du matin, la hauteur de Montmartre afin de s'en rendre maître. L'armée du prince de Schwarzenberg attaquera de son côté les hauteurs de Romainville. S. M. suppose qu'en étant maître de ces deux points, on pourra par là faciliter les négociations qu'on se propose d'entamer avec la ville de Paris. »

Cet ordre, s'il eût été exécutable[2], aurait eu des conséquences

---

[1] Wolkonsky à Blücher, Bondy, 29 mars. (*Journal des Pièces expédiées*, n° 244 ; dépêche originale en français.)

[2] L'officier prussien, le capitaine von Reichenbach, que le chef d'état-major de l'armée de Silésie avait envoyé le 29 dans l'après-midi au grand quartier général avec la mission spéciale d'en rapporter au plus vite les ordres pour la journée du lendemain, s'était d'abord rendu à Claye où l'on croyait encore le généralissime et ne l'avait rejoint à Bondy qu'après avoir fait de nombreux détours. On ne lui remit les ordres qu'entre 11 heures du soir et minuit. L'officier demanda en vain qu'on lui donnât un cheval frais et un guide. On l'obligea à se remettre en route sur le cheval exténué de fatigue qu'il avait monté toute la journée et, comme on prétendait manquer de guides, on se contenta de lui indiquer sur la carte un chemin qui, traversant la forêt de Bondy, devait le conduire à Villepinte. L'officier prussien s'égara dans la forêt. Après avoir erré toute la nuit à l'aventure, il s'estima heureux de retrouver enfin la route de Claye, mais il ne put arriver au quartier général de l'armée de Silésie que le 30 à 6 heures du matin. (D'après le *Tagebuch* du comte Nostitz (*Kriegsgeschichtliche Einzelschriften herausgegeben vom Grossen Generalstabe*, 1884, IV, 135.)

considérables, puisque l'armée de Silésie se serait dans ce cas établie sans coup férir sur des hauteurs que les soldats de Mortier n'occupèrent qu'après l'heure énoncée dans la dépêche.

Avant d'adresser à Raïeffsky, à Seslavin, à Kaïssaroff, à Tchernitcheff et Ilowaïsky XII des instructions de détail complétant la disposition du généralissime, l'empereur de Russie avait envoyé au duc de Saxe-Weimar la dépêche suivante : « Nos armées sont devant Paris, que nous attaquerons demain et dont nous espérons nous emparer. Mais la route de Compiègne et de Soissons étant notre unique ligne de communication, il est de la plus haute importance de s'en assurer et de la tenir libre. Le général von Bülow en est chargé ; mais il dispose de trop peu de monde. Sa Majesté désire que vous le fassiez rejoindre immédiatement par le général von Borstell et par toutes les troupes appartenant au IIIe corps. Sa Majesté désire également que vous preniez vivement l'offensive. Il résulte en effet des rapports du Ministre de la guerre à Napoléon, rapports que nous avons interceptés, que le général Maison n'ayant à sa disposition que 5,000 hommes, est hors d'état de vous tenir tête. »

Enfin, comme on l'avait déjà fait après Leipzig, on chercha à s'emparer de la personne de Napoléon en promettant 500,000 roubles à quiconque l'amènerait au quartier général.

Disposition générale et ordres de détail pour l'attaque de Paris. — Le généralissime n'était pas moins préoccupé que l'empereur de Russie. S'il était, comme Alexandre, parfaitement au courant du mouvement de l'opinion publique et des menées des conspirateurs, il était bien incomplètement renseigné sur la situation militaire de la capitale, sur les mesures défensives prises par le lieutenant de l'Empereur. De plus, si l'on considère que, depuis plus de vingt-quatre heures, Schwarzenberg était sans nouvelles des corps de cavalerie chargés de lui faire connaître les mouvements des Maréchaux et la direction suivie par

---

D'ailleurs, même si Reichenbach eût réussi à rentrer directement au quartier général de l'armée de Silésie, les différents corps de cette armée n'auraient guère pu recevoir leur ordre de mouvement que vers 4 ou 5 heures du matin. Enfin il est bon de se rappeler que, dans ce cas même, Langeron, posté au Bourget, aurait eu encore près de dix kilomètres à faire pour arriver au pied des buttes Montmartre et que les autres corps de l'armée de Silésie étaient tous cantonnés ou bivouaqués plus en arrière.

l'armée de Napoléon[1] et qu'il n'avait reçu que le renseignement erroné émanant du colonel von Swichow, on s'expliquera les raisons pour lesquelles, obligé de provoquer par tous les moyens une solution immédiate, le généralissime ne put dans ses dispositions qu'esquisser à grands traits le rôle réservé aux trois groupes principaux des armées alliées et se borna à délimiter la zone probable d'action de chacun de ces groupes.

« L'aile droite de la grande armée, écrivait le généralissime[2], formera le centre de l'attaque et se portera dès la pointe du jour contre les hauteurs de Romainville et de Belleville. L'aile gauche de cette armée descendra la Marne et se dirigera sur Charenton et Vincennes.

« L'armée de Silésie, formant l'aile droite, débouchera au même moment de Saint-Denis et du Bourget et attaquera Montmartre. Le feld-maréchal Blücher réglera à sa guise l'emploi et la répartition de ses troupes et prendra ses dispositions pour l'attaque quand il sera à proximité du champ de bataille.

« Les corps de Sacken et de Wrède restent pendant la bataille à Meaux et à Trilport et couvrent les derrières des troupes engagées sous Paris contre les mouvements que pourrait entreprendre l'empereur Napoléon venant de Vitry avec son armée. »

Les dispositions spéciales à la grande armée alliée ne sont guère plus précises, plus nettes et plus détaillées que la disposition générale. On se borne à régler la marche des deux colonnes qui, se servant l'une de la route de Meaux, l'autre de celle de

---

[1] Schwarzenberg, en même temps qu'il faisait partir la disposition générale, avait envoyé des instructions aux chefs des corps volants. Tchernitcheff reçut l'ordre d'envoyer, par Sens, des partis sur la route de Fontainebleau. Ilowaïsky XII devait, le 30, au matin, faire passer sur la rive gauche de la Marne des cosaques chargés de battre les routes de Lagny, Croissy, Tournant et Brie-Comte-Robert, de reconnaître les ponts existant en amont du confluent de la Marne sur la rive droite de la Seine, d'établir et de maintenir la communication avec Seslavin. On confiait à ce dernier général le soin de balayer la rive droite de la Seine, depuis Pont-sur-Seine jusqu'à Melun, d'envoyer des colonnes volantes sur les routes menant de Nemours à Paris par Moret et Fontainebleau, de se relier avec Kaïssaroff.

Après avoir chargé Kaïssaroff de la surveillance de la rive droite de la Seine entre Paris et Montereau, Seslavin devait passer sur la rive gauche, s'y établir et envoyer des renseignements précis sur la marche de l'Empereur.

[2] Disposition générale pour l'attaque de Paris, Bondy, 29 mars, 11 heures du soir; STÄRKE, Eintheilung und Tagesbegebenheiten der Haupt-Armee im Monate März. (*K. K. Kriegs Archiv.*, III, 1.)

Lagny, ont pour mission d'attaquer Paris. La colonne de droite, formée par le VIe corps auquel les gardes russes et prussiennes serviront de soutien et de réserve, est chargée d'enlever les hauteurs de Romainville et de Belleville. A l'aile gauche le IVe corps doit déboucher de Fontenay-sous Bois, se porter sur Vincennes, s'emparer du bois de Vincennes, des villages de Saint-Maur et de Charenton et investir le château de Vincennes. Le IIIe corps suivra et appuiera son mouvement.

Le Ve corps reste aux environs de Meaux pour surveiller la Marne.

Un simple coup d'œil jeté sur ces dernières instructions suffit pour démontrer d'une façon péremptoire qu'un pareil ordre était inexécutable. Sans parler de l'heure tardive de son envoi, sans même insister sur le fait que cette disposition ne parvint qu'à une heure du matin au prince royal de Wurtemberg[1], il est évident qu'aucun des deux corps de l'aile gauche n'était posté de façon à pouvoir entrer en ligne en temps utile et venir encadrer dès le matin le centre de la ligne de bataille. En effet, l'un arrêté à Annet, n'avait que sa cavalerie légère à Chelles, tandis que l'autre n'avait pas encore passé la Marne.

Il résultait donc de ces ordres et des positions occupées par les différents corps de la grande armée alliée, qu'un seul de ces corps, le VIe, et quelques heures plus tard les gardes russes et prussiennes étaient seuls en état de prendre part au combat pendant toute la matinée du 30 et couraient le risque d'être sérieusement menacés sur leur gauche. Ce danger n'avait du reste pas échappé au généralissime qui, dans la dépêche qu'il adressait à Blücher et par laquelle il lui communiquait ces dispositions, ajoutait en parlant du IVe corps: « La forte marche, que ce corps a faite aujourd'hui, retardera son entrée en ligne[2] ».

Le centre de la ligne de bataille allait se trouver d'autant plus en l'air que l'armée de Silésie reçut seulement dans la matinée du 30 la disposition de Gneisenau signée par Blücher, vers les 8 heures du matin. Le corps de Langeron, débouchant d'Aubervilliers, devait attaquer Montmartre du côté de l'ouest, par Clichy,

---

[1] Journal d'opérations du IVe corps. (*K. K. Kriegs Archiv.*, XIII, 56.)
[2] Schwarzenberg à Blücher, Bondy, 29 mars.

surveiller Saint-Denis si cette ville était encore occupée par les Français et l'attaquer du côté de la route de Paris. Les deux corps prussiens d'York et de Kleist, soutenus par l'infanterie de Winzingerode, sous les ordres de Woronzoff, devaient se diriger sur La Villette et La Chapelle, attaquer Montmartre par l'est et chercher au moment opportun à se glisser entre la butte des Cinq-Moulins et les barrières de Paris.

En un mot, grâce aux retards apportés à la transmission des ordres, grâce au temps perdu au passage de la Marne, en raison des mesures de précaution qu'on avait cru nécessaire de prendre pour couvrir les derrières contre une attaque de l'Empereur, les Alliés, au début de la bataille de Paris, n'allaient pouvoir mettre en ligne, le 30 au matin, que la faible division du général Helfreich, renforcée ensuite de 7 à 11 heures du matin par le reste du VIe corps et la deuxième division de cuirassiers russes du général Krétoff.

30 mars. — Effectifs. — Ordres de bataille et positions des troupes de l'attaque et de la défense le 30 mars au matin. — S'il est superflu de décrire un terrain trop connu de tous, bien que le temps, les agrandissements successifs de Paris, les grands travaux exécutés depuis trois quarts de siècle en aient modifié l'aspect sans altérer la configuration générale du sol, il est en revanche indispensable de jeter un coup d'œil sur les effectifs dont disposaient l'attaque et la défense, sur les positions que les troupes des maréchaux Marmont, Mortier et Moncey, des généraux Ornano, Compans et Hullin, d'une part, et les différents corps des armées alliées de l'autre, occupaient ou devaient occuper le 30 mars.

Le 30 mars, au point du jour, au moment où les tambours battaient la générale dans Paris, les troupes de la défense étaient, les unes déjà établies depuis la veille sur leurs positions, les autres en marche ou sur le point de se mettre en marche pour prendre leurs postes de combat.

Chargé depuis la veille à 11 heures du soir, de la défense de l'aile droite du front de combat, depuis La Villette jusqu'à Charenton[1], Marmont disposait à cet effet des troupes suivantes qui

---

[1] Ministre de la guerre à Marmont. Paris, 29 mars, 11 heures du soir (*Archives de la guerre.*)

occupaient ou allaient occuper dans la matinée du 30 les positions indiquées ci-après :

A l'extrême droite, la cavalerie des généraux Chastel et Vincent devait se déployer en bataille en première ligne entre Charonne et Montreuil. Le 1er corps de cavalerie (divisions Bordesoulle et Merlin) avait ordre de former une deuxième ligne en arrière de la route de Montreuil. Sur l'ordre du roi Joseph, l'infanterie du 6e corps allait s'établir : la division du duc de Padoue à Montreuil-sous-Bois et sur le plateau de Malassise ; la division Lagrange en bataille en avant du parc des Bruyères, à droite et à gauche du chemin de Belleville à Romainville ; la division Ricard, formée par bataillons en masse, en réserve dans le parc des Bruyères et en avant de la butte des Tourelles. A gauche des divisions du 6e corps et placé également sous les ordres du duc de Raguse, le général Compans, qui garnissait avec sa division le bois de Romainville et Les Prés-Saint-Gervais, avait envoyé le général Ledru des Essarts occuper la butte Beauregard. La division Boyer de Rébeval, rattachée aux troupes de Marmont et de Compans, était postée dans la plaine, au nord des Prés-Saint-Gervais, entre Belleville et le canal de l'Ourcq, couvrant la route de Pantin.

Le duc de Raguse disposait en somme, d'après les situations d'effectifs du 29 mars, de 3,310 hommes et de 1421 chevaux appartenant au 6e corps, des troupes des généraux Compans, Ledru des Essarts, Boyer de Rébeval, Chastel et Vincent, s'élevant à environ 7,000 hommes, dont 1400 à 1500 chevaux, soit un total pour l'aile droite de 11,700 hommes, sans y comprendre les 400 hommes qui gardaient le château de Vincennes, les 800 hommes fournis par la garde nationale, les vétérans, etc., qui occupaient Saint-Maur et Charenton, et les six compagnies de grenadiers de la garde nationale qui, avec les élèves de l'École Polytechnique et 28 canons, étaient en position à la barrière du Trône. La défense de l'aile droite disposait encore, en fait de batteries de position, d'une batterie de quatre pièces sur la butte de Fontarabie, enfilant la route de Montreuil ; d'une autre batterie de six pièces sur le mont Louis (Père-Lachaise), battant d'écharpe le chemin de Charonne à Ménilmontant ; de deux batteries établies, l'une au sud-ouest du parc des Bruyères, l'autre à la butte Beauregard, commandant les abords des Prés-Saint-Gervais ;

d'une batterie de douze pièces de 12 en avant des Prés-Saint-Gervais ; d'une de quatre pièces sur la butte Chaumont et enfin, sur les bords mêmes du canal de l'Ourcq au Rouvroy, au point où la gauche de la division Boyer de Rébeval se reliait à la division Michel, d'une batterie de douze pièces de 12 qui défendait le débouché entre Pantin et Romainville.

L'aile gauche placée sous les ordres du maréchal Mortier, chargé de la défense du front s'étendant depuis Pantin jusqu'à Saint-Denis, se composait des divisions de jeune garde Charpentier, Curial et Christiani (4,900 hommes) et des 1900 chevaux de Belliard.

Ces troupes parties à la pointe du jour de leurs cantonnements de Picpus, vinrent, avant d'occuper les positions de La Villette et Montmartre, renforcer vers sept heures du matin la gauche de Marmont. La division Charpentier se massa en réserve au pied des buttes Chaumont ; la division Curial, arrivée derrière Pantin, était provisoirement chargée de soutenir la brigade Secrétant de la division Michel. La division Christiani poussa seule jusque entre La Villette et La Chapelle, s'établit en soutien de la brigade Robert (division Michel), dont les avant-postes occupaient Aubervilliers. La cavalerie de Belliard devait venir se déployer entre La Chapelle et Saint-Ouen en avant de Clignancourt, à hauteur des restes des retranchements élevés en 1792. Les dépôts de cavalerie de la garde (800 chevaux sous le général Dautancourt), formaient la gauche de la cavalerie et s'appuyaient à l'avenue de Saint-Ouen.

L'effectif des troupes de Mortier s'élevait, en y comprenant la division Michel et la cavalerie de Dautancourt, à environ 11,000 hommes. 600 hommes fournis par un bataillon de jeune garde et deux cadres d'infanterie de ligne formaient la garnison de Saint-Denis, et 550 hommes provenant des dépôts d'infanterie et d'une compagnie de vétérans, gardaient les ponts de Neuilly. Saint-Cloud et Sèvres. En fait d'artillerie et sans parler ni de la batterie du Rouvroy, ni des vingt pièces ramenées par les Maréchaux. Mortier disposait à l'aile gauche d'une batterie de cinq pièces sur la butte Montmartre et de deux pièces en position au pied de cette butte, à la bifurcation des routes de Saint-Ouen et de Clichy.

Mais ces 25,000 hommes, affectés à la défense extérieure de la capitale, étaient pour la plupart en mouvement pour se rendre le 30 au matin des points où ils avaient passé la nuit aux positions de combat qu'on aurait pu et dû leur faire occuper dès la veille. Seules, les divisions nouvellement formées des généraux Boyer de Rébeval et Michel, et les troupes que Compans, Ledru des Essarts et Vincent avaient ramenées de Meaux et de Claye, garnissaient au centre, le 30 au matin, une ligne partant des abords d'Aubervilliers, rejoignant le canal de l'Ourcq en arrière de Pantin et s'étendant jusque vers le plateau de Romainville, du côté des Prés-Saint-Gervais.

Enfin, pour terminer l'exposé des forces dont disposait le roi Joseph, il est indispensable de faire entrer en ligne de compte environ 2,000 hommes appartenant aux dépôts de la ligne et de la garde, 12,000 hommes fournis par la garde nationale et postés pour la plupart depuis Bercy et Fontarabie jusqu'à la barrière de l'Étoile, un millier d'artilleurs de la garde nationale, de la ligne et de la marine. L'effectif total des forces susceptibles de prendre part à la défense de Paris s'élevait par suite à près de 42,000 hommes et 154 bouches à feu.

Malgré le temps qu'on avait perdu au passage de la Marne, malgré les pertes considérables qui avaient réduit les corps d'armée à la moitié environ de leur effectif primitif, malgré le détachement de Bülow et de la division légère de Maurice Liechtenstein et l'arrêt imposé à Sacken et à Wrède, les Alliés disposaient néanmoins, pour l'attaque, de forces plus de trois fois supérieures en nombre à celles de la défense, et plus de cinq fois plus nombreuses que les troupes de Marmont, Mortier, Compans et Ornano.

Si l'on se reporte aux termes de la disposition du généralissime on verra en effet que les corps de la grande armée devaient amener à l'aile gauche de l'attaque les 27,000 hommes des IVe et IIIe corps, au centre les 12,000 hommes du VIe corps et les 16,000 hommes des gardes et réserves russes et prussiennes, tandis que l'armée de Silésie devait entrer en ligne à l'aile droite avec 47,000 hommes fournis par les corps russes de Langeron et l'infanterie de Winzingerode et par les Ier et IIe corps prussiens. L'attaque disposait donc de troupes formant un total d'un peu plus de 100,000 hommes[1].

---

[1] Situation et ordre de bataille des armées alliées le 30 mars au matin :

Des deux côtés on avait donc, avant même de s'engager, commis des fautes que de part et d'autre on essaya de réparer dès le matin. Pendant que Mortier filait avant le jour et suivait les boulevards extérieurs de Charonne jusqu'à Belleville, Marmont qui avait comme les Alliés, reconnu l'importance de la position de

---

Grande armée sous les ordres du feld-maréchal prince de Schwarzenberg :

Aile gauche. — Prince royal de Wurtemberg : IVe corps (Wurtembergeois). — Avant-garde : général-lieutenant prince Adam de Wurtemberg ; cavalerie autrichienne et wurtembergeoise des généraux von Walsleben et Jett et brigade d'infanterie von Stockmayer. — Gros. Wurtembergeois : feldzeugmeister comte de Franquemont. 1re division : général-lieutenant baron Koch ; brigades prince Hohenlohe, von Misani et von Lalance. 2e division : général-lieutenant von Döring (régiment d'infanterie, n° 7) et la brigade Stockmayer détachée à l'avant-garde. — Autrichiens : feld-maréchal-lieutenant comte Nostitz. Brigade de grenadiers du général Trenk et brigades de cuirassiers du général comte Desfours et du colonel von Seymann. — Total du IVe corps : 15,000 hommes qui, partis à 5 heures du matin d'Annet, sont en marche sur Saint-Maur, Charenton et Vincennes.

IIIe corps : feldzeugmeister comte Gyulay. Avant-garde : feld-maréchal lieutenant comte Crenneville ; brigade Hecht. — Gros : 1re division : feld-maréchal-lieutenant von Weiss ; brigades Splény et Grimmer. — 2e division : feld-maréchal-lieutenant comte Fresnel ; brigades Pflüger et Longueville ; environ 12,000 hommes en train de passer la Marne à Meaux. — Effectif total : 27,000 hommes.

Centre. — Général d'infanterie comte Barclay de Tolly. VIe corps : général de cavalerie Raïeffsky. 1er corps d'infanterie russe : général-lieutenant prince Gortchakoff II. — 5e division : général-major Mezentzoff. — 14e division : général-major von Helfreich. 2e corps d'infanterie russe : général-lieutenant prince Eugène de Wurtemberg. — 3e division : général-lieutenant prince Schakhoffskoï. — 4e division : général-lieutenant Pischnitzky. — Corps de cavalerie : général-lieutenant comte Pahlen. Division de hussards : général-major Rüdinger. Brigade de uhlans : général-major Lissanovitch. — Total du VIe corps : 12,000 hommes.

Le VIe corps occupe le 30 au matin les positions de première ligne.

Gardes et réserves : général comte Miloradovitch. 3e corps de grenadiers : général-lieutenant comte Lambert. 1re division de grenadiers : général-lieutenant Tschoglokoff. 2e division de grenadiers : général-lieutenant Paskiévitch. Garde impériale russe : général-lieutenant Yermoloff. 1re division d'infanterie de la garde : général-lieutenant baron Rosen. 2e division d'infanterie de la garde : général-lieutenant von Udom. Brigade d'infanterie de la garde prussienne et badoise : colonel baron von Alvensleben. — Cavalerie : Division de cavalerie légère de la garde russe : général-lieutenant Tschalikoff. — Corps de cavalerie de réserve : grand-duc Constantin. 1re division de cuirassiers : général-lieutenant Depreradovitch. 2e division de cuirassiers : général-lieutenant Krétoff. 3e division de cuirassiers : général-lieutenant Duka. Brigade de cavalerie de la garde prussienne : colonel La Roche von Starkenfels. Environ 16,000 hommes en deuxième ligne et en soutien du VIe corps. — Effectif total du centre : 28,000 hommes.

Aile droite. — Armée de Silésie : Feld-maréchal von Blücher.

Romainville, était parti avant le jour de Saint-Mandé, Montreuil, Malassise et Bagnolet, dans l'espoir de les devancer sur ce point que Compans avait évacué la veille, et qu'une reconnaissance envoyée à minuit avait encore trouvé inoccupée [1].

Le général Raïeffsky avait eu la même idée que le duc de Raguse. Afin de réparer au plus vite la faute commise la veille au soir, en obligeant les généraux Helfreich et Roth à évacuer Pantin, le commandant du VI° corps avait prescrit au général

---

Corps russe du général-lieutenant comte Langeron : 8° corps d'infanterie : général-lieutenant Rudsewitch. 9° corps d'infanterie : général-lieutenant Karniéloff. 10° corps : général-lieutenant Kapsewitch. 4° corps de cavalerie : général-lieutenant baron Korff. (En marche, débouchera sur le champ de bataille à partir de 10 heures) : 17,000 hommes.

1er corps prussien : général d'infanterie von York ; 1re division : général-lieutenant Horn ; 2e division : Prince Guillaume de Prusse. Cavalerie de réserve du général von Jürgass : 10,000 hommes.

II° corps prussien : général-lieutenant von Kleist. 9° brigade : général von Klüx ; 10° brigade : général von Pirch. Cavalerie de réserve du général von Zieten : 8,000 hommes.

Corps d'infanterie russe des généraux comtes Strogonoff et Worouzoff (infanterie du corps Winzingerode) : 12,000 hommes.

Ces trois derniers corps viennent d'Aulnay et de Villepinte et suivent le corps de Langeron. — Effectif total de l'aile droite : 47,000 hommes.

Outre ces 102,000 hommes, les Alliés disposaient encore des corps suivants détachés à proximité et pouvant rejoindre au premier appel : V° corps d'armée (Austro-Bavarois) : feld maréchal comte Wrède. 20,000 hommes à Meaux et corps volants formés par les cosaques des généraux Kaïssaroff et Seslavin sur l'Aube et sur la Seine. 6,000 hommes appartenant à la grande armée.

Corps russe du général-lieutenant baron Sacken : 10,000 hommes à Trilport. Corps de cavalerie de Winzingerode du côté de Troyes : 7,000 hommes dépendant de l'armée de Silésie, soit un total de 43,000 hommes.

Il convient en outre de se rappeler que Bülow assiégeait Soissons avec les 17,000 hommes du III° corps prussien et que la division légère du prince Maurice Liechtenstein (4,000 hommes) avait été laissée du côté de Châtillon-sur-Seine, Montbard et Semur.

Enfin si, aux chiffres qui précèdent, on ajoute encore 17,000 non-combattants comprenant les troupes employées à la garde des quartiers généraux et des parcs, les soldats du train, les escortes des convois et des bagages, les pionniers, sapeurs, infirmiers, etc., on arrive pour les deux armées alliées opérant contre Paris, à un effectif total de 183,000 hommes présents sous les drapeaux le 30 mars au matin.

[1] Marmont, *Mémoires*, VI, 241/292.
Marmont reproche à l'officier envoyé en reconnaissance de n'avoir pas été à Romainville. C'est là un moyen assez simple de se décharger d'une responsabilité. L'officier envoyé par le duc de Raguse avait poussé jusqu'à Romainville et n'y avait trouvé personne. C'était par suite au maréchal de voir s'il voulait faire occuper la position de suite ou attendre le jour pour le faire.

Helfreich de mettre la 14ᵉ division en marche avant la pointe du jour ; ce général devait jeter vivement la brigade Roth (25ᵉ et 26ᵉ régiments de chasseurs) dans Pantin, et la brigade Liälin (régiments de Tenguinsk et d'Esthonie) dans Romainville. Vers 6 heures, au moment où la 14ᵉ division russe commençait le feu, le prince Eugène de Wurtemberg avait fait prendre les armes à son 2ᵉ corps et se préparait de son côté, à quitter Noisy-le-Sec. Les généraux russes espéraient parvenir à réoccuper sans coup férir leurs positions avancées de la veille. Mais la marche de Marmont, l'offensive prise par ses troupes entre Romainville et Pantin, l'importance que le duc de Raguse attachait à la possession de ces deux villages allaient, dès le début, modifier le caractère que les Alliés auraient voulu donner à l'action et les obliger à entamer sérieusement la lutte avant l'entrée en ligne du gros de leurs forces.

Observations sur la situation des troupes de l'attaque et de la défense, le 30 mars à 6 heures du matin. — Avant d'étudier dans ses détails cette bataille de Paris, engagée sans ensemble et soutenue sans direction, cette bataille dans laquelle la défense prit l'offensive pour essayer de réparer les fautes inconcevables commises dans la journée du 29, il est indispensable de jeter un rapide coup d'œil sur la situation des deux armées au moment où le premier coup de canon tiré à Pantin donnait le signal de l'action qui allait décider du sort de la France. Un heureux concours de circonstances, la direction excentrique donnée dès la veille à l'armée de Silésie, le retard apporté à la transmission des ordres remis au capitaine von Reichenbach, la répartition tout au moins singulière des corps de la grande armée alliée sur le front d'attaque allaient, non seulement permettre à la défense de regagner *in extremis* une faible portion du temps perdu en lui donnant la possibilité de faire arriver une partie de ses troupes sur les positions qu'elles auraient dû occuper dès la veille, mais encore lui assurer, pendant les premières heures de la matinée, une supériorité numérique inespérée. De part et d'autre on avait commis la faute d'abandonner Pantin et Romainville ; mais il fallait bien peu de temps au général Compans, dont l'infanterie avait bivouaqué sur la butte Beauregard, pour s'établir sur le plateau de Romainville.

De plus les troupes de Marmont n'avaient que peu de chemin à parcourir pour se porter de Malassise et de Bagnolet sur la position centrale, pour opérer leur jonction avec Compans, pour s'établir fortement sur le plateau et empêcher ainsi les Russes de déboucher de Pantin. L'aile gauche de la défense était seule dégarnie de troupes. La cavalerie de Vincent avait reçu, il est vrai, l'ordre de quitter les environs de La Chapelle; mais c'était vers 10 heures seulement qu'on pouvait s'attendre à voir déboucher sur la gauche de la division Michel les têtes de colonne du maréchal Mortier, chargé de défendre la partie du champ de bataille s'étendant du canal de l'Ourcq à Montmartre.

De ce côté, les Alliés auraient à peine rencontré un semblant de résistance si, comme le prescrivait la disposition, leur aile droite (armée de Silésie), avait pu entrer en ligne entre 5 et 6 heures du matin.

Sans insister à nouveau sur le fait que les ordres de mouvement n'étaient pas encore arrivés au quartier général de l'armée de Silésie, il fallait de toute façon tenir compte du temps matériel nécessaire pour amener sur ce front les corps échelonnés depuis Le Bourget et Le Grand-Drancy jusqu'à Aulnay-les-Bondy et Villepinte.

On avait de plus réglé d'une façon peu rationnelle les mouvements des corps appartenant à la grande armée. On s'était laissé troubler outre mesure par la dépêche, peu vraisemblable cependant, du colonel von Swichow. On avait réellement cru pendant quelque temps que Napoléon et son armée étaient arrivés le 28 au soir à Sézanne, et pour cette raison on avait immobilisé 30,000 hommes, représentés par les corps de Wrède et de Sacken. En admettant même qu'on ait pu momentanément ajouter foi à la dépêche du commandant de Vitry, il nous semble cependant qu'il eût été plus logique de laisser le corps Sacken continuer son mouvement à la suite de l'armée de Silésie. Quoi qu'il arrivât et puisqu'en cas d'attaque dirigée sur les derrières de la grande armée on se proposait de couper et de lever les ponts de la Marne, il était, d'autre part, inutile et contraire aux véritables principes d'arrêter le Ve corps. On pouvait profiter du retard éprouvé par le IIIe corps au passage de la Marne, retard qui ne lui permettait d'arriver à proximité de Paris que dans l'après-midi du 30, pour lui confier la garde des derrières et la protection des ponts, des trains et des parcs et donner aux corps de Sacken et de Wrède l'ordre de marcher par la rive droite de l'Ourcq et de venir se former au plus vite à la droite du VIᵉ corps, pendant que les 47,000 hommes de l'armée de Silésie auraient débordé Montmartre par l'ouest et auraient réussi à entrer dans Paris presque sans coup férir. Tout en cherchant à amener par les armes une solution qu'on voulait prompte et immédiate, on s'était non seulement privé du concours de plus de 30,000 hommes, mais les dispositions prises étaient si singulières que les Alliés n'allaient pouvoir opposer à Marmont et à Compans, de 6 à 7 heures du matin, que les 2,000 hommes formant la 14ᵉ division (général Helfreich), puis de 7 à 11 heures, qu'une douzaine de mille hommes du VIᵉ corps, renforcé par la 2ᵉ division de cuirassiers du général Krétoff.

Combats de Pantin et de Romainville. — La situation générale était donc loin d'être défavorable à la défense, au moment où les Russes du général Helfreich s'engageaient à Pantin avec les tirailleurs de la division Boyer de Rébeval, soutenue et encadrée à sa gauche du côté de la route d'Allemagne par la division Michel. Pendant ce temps, Compans et Ledru des Essarts s'avançaient des Prés-Saint-Gervais vers Romainville, tandis que les têtes de colonne de Marmont, débouchaient de Bagnolet et commençaient à gravir les pentes du plateau.

Pendant qu'on se fusillait à Pantin, l'empereur Alexandre, après avoir donné ses dernières instructions au comte Nesselrode et au colonel Orloff, son aide de camp, montait à cheval pour se rapprocher du champ de bataille et envoyait au prince Eugène de Wurtemberg l'ordre de soutenir, avec le 2ᵉ corps d'infanterie et les cuirassiers de Krétoff, la division du général Helfreich.

Bien que la division Helfreich eût réussi à empêcher les soldats de Boyer de pénétrer dans Pantin et les eût même obligés à se replier sur la brigade Secrétant (division Michel), le prince Eugène de Wurtemberg avait reconnu l'impossibilité, non seulement de déboucher de Pantin, puisque la vallée était balayée par les feux croisés des batteries de position du Rouvroy, de la butte Beauregard et des Prés-Saint-Gervais, mais même de se maintenir dans ce village s'il ne parvenait pas à se rendre maître, d'abord de Romainville, puis des Prés-Saint-Gervais. Il avait d'ailleurs remarqué que des colonnes de troupes françaises se portaient rapidement sur Romainville d'où elles auraient commandé toute la plaine et dominé la route de Meaux. Il s'agissait donc moins de renforcer la 14ᵉ division engagée à Pantin, que de devancer les Français à Romainville et de s'y maintenir à tout prix jusqu'à l'entrée en ligne des gardes et réserves et des corps de l'aile gauche. Aussi le prince Eugène de Wurtemberg, au lieu de se conformer aux ordres qu'il venait de recevoir, prescrivit au général prince Schakhoffskoï d'occuper sans retard Romainville avec la 3ᵉ division d'infanterie, et chargea le général Pischnitzky, auquel il fit prendre position au pied des hauteurs de Romainville, de soutenir le général Helfreich et de chasser les Français des abords de Pantin. Pendant que le général Pischnitzky accomplissait sans trop de peine la mission dont le prince l'avait chargé, les cuirassiers de Krétoff, dont il ne savait que faire pour le moment, se massaient en réserve en arrière de Pantin. Le prince s'était d'ailleurs empressé de rendre compte de la résolution qu'il avait cru nécessaire de prendre de sa propre autorité et avait adressé au général d'Auvray, chef d'état-major du VIᵉ corps, avec prière de le transmettre à Barclay, le billet suivant rédigé en français : « Romainville est la clef du terrain et doit être occupé ; un sanglant combat y attend le IIᵉ corps. Il se dévoue. Ce n'est pas la première fois. J'espère un prompt secours. Eugène[1]. » Malgré cela, Raïeffsky faisait savoir au commandant du 2ᵉ corps russe que, « se conformant aux ordres qu'il venait de recevoir », il se portait avec la 5ᵉ division d'infanterie (Mezentzoff) et la cavalerie légère de Pahlen plus à gauche dans la direction de Bagnolet et de Montreuil. Mais Barclay de Tolly, plus libre de ses actions que le général Raïeffsky, avait approuvé la résolution prise par le prince et ne tardait pas à lui annoncer que les grenadiers se mettaient en route pour le soutenir. Il s'agissait donc de tenir ferme jusqu'à l'arrivée de ces renforts, jusqu'à l'entrée en ligne de la division Mezentzoff ; c'était là chose d'autant plus difficile que, des deux divisions du 2ᵉ corps, l'une était indispensable à Pantin et l'autre, à peine suffisante pour se maintenir à Romainville et empêcher la brigade Chabert, sou-

---

[1] Journal du 2ᵉ corps d'infanterie. (*Archives topographiques*, n° 47344.)

tenue par la division Ledru des Essarts, de déboucher du bois de Romainville et de pousser vers le village.

De 7 à 9 heures du matin, les deux divisions du 2e corps russe et la 14e division (Helfreich), bien que cruellement éprouvées par le feu des Français qui leur mit plus de 1500 hommes hors de combat, parvinrent néanmoins à conserver Pantin et à se maintenir à Romainville, dont la possession était d'autant plus importante pour les Alliés que la perte de ce village aurait empêché la 5e division d'infanterie (général Mezentzoff) d'achever son mouvement sur Bagnolet. Le roi de Prusse, accompagné de ses deux fils, était arrivé sur ces entrefaites sur le champ de bataille et avait été rejoint quelques instants plus tard par l'empereur de Russie et par le généralissime. On savait déjà à ce moment que l'armée de Silésie n'avait pas pu s'engager à l'heure prescrite par la disposition et que les corps sous les ordres du prince royal de Wurtemberg n'arriveraient en ligne que dans l'après-midi du 30.

Ces considérations décidèrent les souverains et le généralissime à approuver les dispositions prises par Barclay qui, après avoir envoyé aux grenadiers russes l'ordre de venir soutenir le 2e corps, avait prescrit à la brigade des gardes prussiennes et badoises de se porter sur Pantin et aux gardes russes de se masser en avant de Noisy-le-Sec. De plus, afin d'empêcher les Français d'employer toutes leurs forces disponibles du côté de Romainville, Barclay avait invité le général Langeron à activer son mouvement vers Montmartre[1]. Enfin, on s'était empressé de faire renforcer le prince Eugène de Wurtemberg par les seules troupes qu'on eût sous la main, par la 3e brigade (général Wlastoff) de la division Mezentzoff qui vint, avec les 23e et 24e régiments de chasseurs se former en bataille à la gauche de la division Schakhoffskoï[1].

Malgré ce renfort, la situation des troupes russes était d'autant plus critique que, pendant que Mezentzoff marchait sur Bagnolet et Pahlen avec sa cavalerie sur Montreuil, l'infanterie de Marmont s'avançait rapidement par le vallon de Bagnolet et n'allait pas tarder à donner la main aux troupes de Compans et de Ledru,

---

[1] Journal d'opérations du 2e corps (*Archives topographiques*, n° 47344), et Journal de Barclay de Tolly (*Ibid.*, n° 29188).

établies dans le bois de Romainville. En effet, pendant que, du côté de Romainville, Compans et Ledru faisaient échouer toutes les tentatives du prince Eugène, que Boyer de Rébeval et Michel, soutenus par les batteries de position, couvraient et écrasaient de leurs feux les défenseurs de Pantin, que Vincent venait s'établir avec sa cavalerie à Belleville, la division Lagrange, tête de colonne de Marmont, débouchait du vallon de Bagnolet à hauteur du bois de Romainville, se reliait à la droite des troupes de Compans et de Ledru et se déployait immédiatement à cheval sur la route de Belleville à Romainville. La division Arrighi qui la suivait, reçut l'ordre de prolonger la droite de Lagrange et de s'établir sur le plateau de Malassise. Le duc de Padoue couvrait ainsi Bagnolet et se reliait à la cavalerie formée sur deux lignes s'étendant en avant de Charonne depuis L'Épine jusqu'à La Pissotte. La troisième des divisions du maréchal, la division Ricard, se plaçait en réserve générale dans le parc des Bruyères, et l'artillerie de corps venait se mettre en batterie sur la butte des Tourelles.

Dès que ces différents mouvements furent exécutés et que les troupes du 6ᵉ corps eurent achevé leur déploiement, le duc de Raguse prit l'offensive sur toute la ligne. Compans et Ledru s'avancent de nouveau sur le plateau; à leur gauche, le général Boyer de Rébeval soutient leur attaque, et ses tirailleurs, côtoyant les flancs du plateau, poussent sur Pantin; à leur droite les divisions Lagrange et Arrighi se portent également en avant. Favorisés par le terrain et profitant habilement des abris qu'il présente, les tirailleurs de la jeune garde parviennent, malgré les charges des cuirassiers de Krétoff, à arracher à la division Helfreich les premières maisons de Pantin[1]. Sur le plateau le prince Eugène de Wurtemberg a dû abandonner complètement le bois et se replier jusque sous les murs du parc de Romainville. A la droite de Marmont la division Arrighi a momentanément réussi à arrêter le mouvement des huit bataillons de la division Mezentzoff en marche sur Bagnolet et Montreuil.

---

[1] Le général-major Roth et tous les officiers supérieurs du 26ᵉ régiment de chasseurs furent blessés et mis hors de combat lors de cette attaque. (Journal de Barclay de Tolly; *Archives topographiques*, n° 29188.)

A gauche de Marmont, Mortier avait débouché dans la plaine et occupait les positions sur la rive droite du canal de l'Ourcq.

Rejoint entre dix et onze heures du matin par la brigade de chasseurs du général Wlastoff, le prince Eugène de Wurtemberg, qui avait déjà reconnu l'impossibilité de s'emparer du plateau par une attaque de front, avait envoyé au général Pischnitzky l'ordre d'exécuter, avec une partie de sa division postée du côté de Pantin, une attaque contre la gauche des troupes de Ledru et de Compans qui le serraient de près à Romainville. Malgré les difficultés que présentait un pareil mouvement et les attaques de plus en plus vives que la brigade Secrétant, soutenue par la division Curial, dirigeait sur Pantin, le général Pischnitzky prescrivit aux 4e et 34e régiments de chasseurs de gravir les pentes du plateau et de tomber sur le flanc gauche des tirailleurs de la division Boyer de Rébeval. Ces deux régiments, escaladant les pentes, surprennent, par leur attaque imprévue, les troupes de Boyer, les font plier et obligent même les troupes de Compans à céder du terrain, à abandonner le bois de Romainville et à se replier sur Les Prés-Saint-Gervais devant un retour offensif exécuté par la division Schakhoffskoï et les chasseurs du général Wlastoft. Soutenus par quelques troupes fraîches, les Français s'étaient remis rapidement. Malgré cela Compans avait dû se résigner à évacuer le bois de Romainville. Mais les deux régiments de chasseurs russes avaient perdu, dans cet engagement, leurs colonels et la plus grande partie de leurs hommes. Quant au régiment de Volhynie qui, sans en avoir reçu l'ordre et sur l'initiative directe de son chef, s'était porté de Pantin sur les derrières des troupes de Boyer, il avait été presque entièrement détruit et ses débris n'avaient réussi qu'à grand peine à regagner Pantin.

Entrée en ligne des premières troupes de l'armée de Silésie. — Il était alors un peu plus de 11 heures; de part et d'autre on n'avait encore fait aucun progrès sensible, remporté aucun avantage sérieux. On se battait en tirailleurs, sans lien, sans direction depuis Pantin jusqu'à Romainville, lorsque Barclay, qui de Romainville avait suivi les péripéties du combat désastreux dans lequel s'était engagé le régiment de Volhynie, envoya au prince Eugène de Wurtemberg l'ordre d'aller à Pantin et de se rendre sur place un compte exact de la situation des 4ᵉ et 14ᵉ divisions. Le prince venait à peine d'arriver dans ce village, lorsqu'il entendit enfin dans la plaine et sur sa droite les premiers coups de canon de l'armée de Silésie. C'étaient, d'une part le général Emanuel[1] qui ouvrait le feu du côté d'Aubervilliers, et de l'autre l'artillerie à cheval de l'avant-garde du général von Katzler qui essayait de faire taire la batterie du Rouvroy.

Aussitôt après la réception de l'ordre de mouvement qui leur était parvenu à 8 heures, York et Kleist avaient prescrit à leur avant-garde de se porter sur Pantin et d'y rétablir le pont du canal. Les Iᵉʳ et IIᵉ corps précédés par les deux batteries de 12 livres du Iᵉʳ corps, avaient ordre de suivre l'avant-garde. La cavalerie de réserve de Zieten et l'artillerie de réserve des deux corps fermaient la marche. Tous les bagages et les convois devaient s'arrêter à Aulnay et y parquer. L'infanterie russe de Woronzoff, partant de Villepinte, servait de réserve à ces deux corps et suivait également la route des Petits-Ponts. Ne possédant aucune bonne carte, les deux généraux s'étaient avancés jusque sur les bords du canal de l'Ourcq, avaient reconnu sous le feu de l'artillerie française la position des Français et ordonné à Katzler[2] d'ouvrir le feu avec ses deux batteries à cheval et de faire passer les ponts du canal aux fusiliers du corps et au 2ᵉ bataillon de fusiliers de la Prusse orientale. Dès leur arrivée sur la rive gauche du canal, ces troupes avaient ordre d'occuper la ferme du Rouvroy et de dégager les régiments de la 14ᵉ division (Helfreich) épuisés par quatre heures de combat.

Entrée en ligne des grenadiers russes et de la brigade

---

[1] Composition de l'avant-garde russe du général Emanuel : 10ᵉ, 12ᵉ, 22ᵉ et 38ᵉ régiments de chasseurs à pied ; régiment de dragons de Kiew, régiment de chasseurs à cheval de Livonie, régiments de Cosaques du Don : Sélivanoff II et Grékoff XXI ; une batterie à cheval (artillerie régulière) et 3 pièces de l'artillerie à cheval des Cosaques du Don. (Journal d'opérations du général Emanuel.)

[2] L'avant-garde de Katzler se composait de 6 bataillons d'infanterie, 2 compagnies de chasseurs, 2 compagnies de tirailleurs, sous les ordres du lieutenant-colonel von Letow ; de 4 régiments de cavalerie (2ᵉ hussards du corps, hussards de Brandebourg, hussards de Silésie et dragons de la Nouvelle-Marche), sous les ordres du colonel von Blücher, et de 2 batteries à cheval.

de la garde prussienne. — Quelques instants plus tard, vers midi, le prince Eugène de Wurtemberg recevait de Barclay de Tolly une dépêche lui annonçant que la première division de grenadiers (général Tchoglikoff) était sur le point d'arriver à Romainville, que la brigade du colonel von Alvensleben, formée par les gardes prussienne et badoise, s'approchait de Pantin et que la 2ᵉ division de grenadiers (général-lieutenant Paskiéwitch) se dirigeait, sur son ordre, de Bondy vers Montreuil pour renforcer les attaques de gauche et soutenir la division Mezentzoff [1].

Le prince Eugène de Wurtemberg, rassuré désormais sur le sort de sa droite et sachant que le général Helfreich pouvait être immédiatement relevé et soutenu par les troupes du colonel von Alvensleben, ordonna au général Pischnitzky de se porter avec le reste de sa division vers la partie basse des Prés-Saint-Gervais, de faire surveiller ce village par quelques tirailleurs et d'obliquer à gauche pour se relier sur les pentes du plateau de Romainville à la droite de la division Schakhoffskoï. Il prescrivait en même temps au général Tschoglikoff, dont la division venait d'être placée sous ses ordres, de faire occuper le bois de Romainville par deux de ses brigades. Avant de quitter Pantin pour remonter sur le plateau, le prince Eugène de Wurtemberg prescrivit encore au général Helfreich de se contenter momentanément de la possession de Pantin et de rester sur la défensive jusqu'à ce qu'il ait lui-même réussi, d'abord à déboucher du bois de Romainville, puis à s'emparer des Prés-Saint-Gervais et du parc des Bruyères. Il avait en même temps envoyé au colonel von Alvensleben l'ordre de masser sa brigade à couvert en arrière de Pantin et d'attendre sur ce point des instructions ultérieures.

Prise de Montreuil par la division Mezentzoff et une division de grenadiers russes. — La situation générale s'était d'ailleurs modifiée à l'avantage des Russes au moment où, un peu après midi, le prince Eugène de Wurtemberg rejoignit sur le plateau et dans le bois de Romainville le gros des troupes placées sous ses ordres. Les généraux Raïeffsky et Gortchakoff,

---

[1] Les deux divisions de grenadiers russes et la brigade de la garde prussienne et badoise formaient un total d'environ 12,600 hommes.

informés de l'approche des renforts formés par la division de grenadiers de Paskiéwitch, avaient fait reprendre l'offensive aux quatre régiments de la division Mezentzoff (5ᵉ division) qui, couverts et éclairés sur leur gauche par la cavalerie de Pahlen, chassèrent de Montreuil les quelques troupes que le duc de Padoue y avait établies. Aussitôt après la prise de Montreuil, Pahlen s'était séparé du général Mezentzoff; contenant avec une partie de son monde la cavalerie de Bordesoulle qui n'osa ni le charger ni même le harceler, il avait fait surveiller le château de Vincennes par quelques partis et avait dirigé le gros de son corps sur Charonne. A sa droite, Mezentzoff et Gortchakoff étaient chargés d'arracher au duc de Padoue le plateau de Malassise et le village de Bagnolet. Obligé par la conformation même du terrain de rester en observation devant Charonne qu'il lui était impossible d'enlever rien qu'avec sa cavalerie, Pahlen ne tarda pas à recevoir l'ordre de ne rien tenter avant d'avoir été rejoint et renforcé par le prince royal de Wurtemberg.

Le prince Eugène de Wurtemberg attaque Les Prés-Saint-Gervais et le parc des Bruyères. — Les progrès que Mezentzoff venait de faire du côté de Montreuil, l'arrivée du gros de la 4ᵉ division (Pischnitzky) au sud de Pantin, l'entrée en ligne des grenadiers de Tschoglikoff sur le plateau même de Romainville, décidèrent le prince Eugène de Wurtemberg à entreprendre sans plus tarder l'attaque simultanée des Prés-Saint-Gervais et du parc des Bruyères. Sa colonne de droite, la division Pischnitzky, a pour objectif le village des Prés-Saint-Gervais. Celle de gauche, formée par la division Schakhoffskoï, la brigade Wlastoff et la brigade de grenadiers du général Kniäschnin, et qu'il dirige en personne, se porte sur le parc des Bruyères. Celle du centre, comprenant les deux autres brigades de la division de grenadiers du général Tschoglikoff, est tenue en deuxième ligne et devra, après avoir chassé du bois de Romainville la brigade Chabert qui y avait repris pied, coopérer à l'attaque des Prés-Saint-Gervais. Menacé plus sérieusement que jamais sur son front et sur sa gauche, le duc de Raguse tenta un effort suprême et engagea ses dernières troupes disponibles afin de conserver ses positions. La division Ledru des Essarts reçut l'ordre de quitter Les Prés-Saint-Gervais et d'aller au plus vite renforcer Compans et la brigade Chabert que les Russes de Pischnitzky et de Tschoglikoff étaient sur le point de chasser des bois de Romainville. Pendant sa marche, cette division donna contre les troupes de Pischnitzky et les rejeta sur les pentes du plateau du côté de Pantin ; mais, prise de flanc par les grenadiers de Tschoglikoff, elle dut se replier ainsi que la brigade Chabert et reprit position entre le parc des Bruyères et Les Prés-Saint-Gervais. La colonne de gauche du prince Eugène de Wurtemberg avait également gagné du terrain : les chasseurs de Wlastoff, suivis par les grenadiers de Kniäschnin, avaient poussé jusqu'au pied du mur du parc des Bruyères que les troupes du général Lagrange continuaient à défendre avec acharnement contre un adversaire supérieur en nombre et bien que leur chef, le général Fournier, eût été mis hors de combat.

Après avoir été rejetée en bas du plateau par le général Ledru des Essarts, la division Pischnitzky avait commencé par côtoyer le plateau ; elle s'était ensuite portée sur Les Prés-Saint-Gervais et avait poussé rapidement ses tirailleurs contre ce village occupé seulement par deux bataillons de la division Boyer de Rébeval. Vivement poussés par les Russes qui commençaient à pénétrer dans le village, ces deux bataillons étaient déjà sur le point de plier et d'abandonner leur position lorsque le maréchal les fit soutenir par 400 hommes conduits par le colonel Fabvier, son aide de camp. Cet officier réussit, non seulement à dégager les bataillons de Boyer, mais parvint à rejeter les Russes sur leurs soutiens que les feux plongeants et convergents de l'artillerie française obligèrent bientôt à chercher un abri derrière les angles morts formés par les pentes du plateau.

Pour la deuxième fois depuis le commencement de la bataille, le prince Eugène de Wurtemberg s'était vu contraint à rompre le combat. Il allait d'ailleurs, quelques instants plus tard, recevoir de Barclay de Tolly l'ordre d'éviter pour le moment tout engagement sérieux et de se borner à tirailler avec les troupes avancées de Marmont. Il était alors midi passé. On n'avait réussi à enlever à la défense que Montreuil, dont la possession était sans grande importance, et les bois de Romainville. Jusque vers deux heures de l'après-midi, tout se réduisit sur le plateau à une simple fusillade entremêlée de quelques coups de canon et à quelques coups de main isolés exécutés, les uns par l'infanterie russe, les autres par la brigade de cuirassiers du général Stahl (division Krétoff)[1]. De part et d'autre, on profita de cette espèce de trêve; du côté de l'attaque, pour rallier et reformer des régiments presque entièrement déployés en tirailleurs et pour la plupart mélangés entre eux; du côté de la défense, pour rétablir l'ordre dans la ligne, essayer de résister à de nouvelles attaques et se préparer à tenir plus en arrière sur le front Prés-Saint-Gervais—Belleville—Charonne.

Continuation du combat de Pantin. — Pendant que le prince Eugène de Wurtemberg avait vainement essayé pour la deuxième fois d'arracher au duc de Raguse le plateau de Romainville, Les Prés-Saint-Gervais et le parc des Bruyères, on avait continué à se battre avec acharnement à Pantin. A midi, au moment où la brigade de la garde prussienne et badoise s'arrêtait à l'est de Pantin, le général Helfreich n'avait plus un seul homme en réserve; ses 1200 hommes, déployés en tirailleurs, résistaient péniblement aux efforts des Français qui continuaient à occuper toute la partie ouest du village. Soutenus par les pièces en position à l'entrée du village et par le tir convergent de deux batteries établies, l'une sur les hauteurs des Prés-Saint-Gervais, l'autre dans la vallée même à peu de distance du canal de l'Ourcq en arrière de la ferme du Rouvroy, les généraux Boyer de Rébeval, Michel et Curial se disposaient à renforcer la brigade Secrétant et leurs têtes de colonne étaient à peine à 600 mètres de l'entrée du village. Le prince Eugène de Wurtemberg, qui dirigeait le combat depuis le matin, avait reconnu que les Français seraient fatalement obligés de renoncer à Pantin dès le moment où l'on aurait réussi à les débusquer du plateau et à leur enlever Les Prés-Saint-Gervais; mais que, d'autre part, il serait presque impossible de déboucher du village et de progresser dans la vallée tant que l'artillerie française y ferait converger ses feux. Voulant éviter des pertes inutiles, il avait par suite ordonné au général Helfreich de s'abstenir de toute démonstration offensive, mais de conserver Pantin à tout prix. Ce fut à peu près à ce moment que la garde

---

[1] Journal d'opérations de Barclay de Tolly et Journal d'opérations du 2ᵉ corps d'infanterie russe (*Archives topographiques*, nᵒˢ 29188 et 47344); Journal de Boyer de Rébeval (*Archives de la guerre*), et Journal de Fabvier.

prussienne arriva derrière Pantin. Cette brigade n'avait pas encore tiré un coup de fusil depuis le commencement de la campagne. Officiers et soldats brûlaient du désir de combattre et de se signaler. Du point où il s'était porté pour reconnaître le terrain, le colonel von Alvensleben avait aperçu les réserves françaises se dirigeant sur Pantin. La tentation était trop forte et, sans tenir compte des instructions laissées par le prince Eugène, Alvensleben, encouragé d'ailleurs par le grand-duc Constantin et par le général russe Roth [1], ordonna au lieutenant-colonel von Block de traverser Pantin avec les deux bataillons d'avant-garde [2] et de renforcer immédiatement les Russes. Dès qu'il fut parvenu à hauteur des premières maisons de Pantin, le lieutenant-colonel von Block déploya vers sa droite ses tirailleurs qui se relièrent avec l'avant-garde de Katzler établie sur la rive droite du canal, pendant qu'Alvensleben donnait au lieutenant-colonel von Müffling l'ordre de servir de soutien aux troupes du lieutenant-colonel von Block et de s'établir à l'entrée du village avec deux bataillons, l'un prussien, l'autre badois, et deux bouches à feu. En même temps, Alvensleben faisait prendre position aux quatre autres bataillons de la garde prussienne et à cinq bouches à feu au nord de Pantin.

Débouchant avec impétuosité du village, le lieutenant-colonel von Block chargea à la baïonnette les trois bataillons français qui essayaient de pénétrer dans Pantin à la suite des Russes et les obligea à se replier sur leur gros qui occupait l'espace compris entre Les Maisonnettes et le canal et dont la droite s'appuyait sur Les Prés-Saint-Gervais. Entraînés par l'exemple de leurs officiers, les deux bataillons prussiens, bien qu'accueillis par un feu meurtrier, tentèrent vainement d'enlever Les Maisonnettes. Ecrasés par les projectiles de l'artillerie française, décimés par le feu de l'infanterie, menacés sur leurs flancs par la brigade Bigarré (division Curial), ils ne tardèrent pas à se replier sur

---

[1] Le grand-duc Constantin aurait, dit-on, demandé au colonel von Alvensleben de se porter en avant. D'autre part, il paraît certain que, pendant la reconnaissance à laquelle il procéda, Alvensleben se croisa avec le général russe Roth, qu'on conduisait à l'ambulance et qui lui cria : « Hâtez-vous, colonel ! sans cela, Pantin va devenir un autre Probstheyda ».

[2] Bataillon de fusiliers du 1er régiment de la garde et 1er bataillon du 2e régiment de la garde.

Pantin suivis seulement par quelques tirailleurs qui, loin d'attaquer le village, se bornèrent à en surveiller les abords et le débouché. Comme tous les mouvements prématurés et isolés, la tentative hardie du colonel von Block n'avait amené que des résultats tout à fait hors de proportion avec les pertes considérables éprouvées par sa petite colonne. On avait, il est vrai, dégagé les Russes d'Helfreich, arraché aux troupes du général Secrétant quelques maisons dans lesquelles il leur aurait été difficile de se maintenir bien longtemps; mais les deux bataillons, réduits à 150 hommes, avaient laissé plus des trois quarts de leur effectif sur le terrain. Tous les officiers du bataillon de fusiliers du 1er régiment de la garde, à l'exception d'un seul capitaine légèrement blessé, étaient hors de combat. A une heure de l'après-midi, le colonel von Alvensleben, craignant de compromettre inutilement toute sa brigade en engageant successivement ses bataillons établis à la sortie nord-ouest de Pantin, renonça à l'offensive et se contenta de charger son artillerie de contrebattre les batteries françaises et d'arrêter les tirailleurs.

L'armée de Silésie entre en ligne un peu après 11 heures du matin. — Pendant que les deux bataillons de la garde prussienne essayaient follement et inutilement de déboucher de Pantin, l'armée de Silésie avait fini par se rapprocher du champ de bataille et par se déployer à l'aile droite du front d'attaque. L'avant-garde de Katzler était, nous avons déjà eu lieu de le dire, arrivée vers 11 heures au Grand-Drancy, à hauteur de Pantin, et s'était déployée sur la rive droite du canal, à peu de distance du point où la route des Petits-Ponts aboutit au pont du canal. Son artillerie à cheval, renforcée d'abord par deux batteries de 12 livres, puis par une batterie de 6 et par quelques obusiers, avait pris position entre le canal et la route des Petits-Ponts et s'était étendue progressivement jusqu'à peu de distance de la route de Lille. Mais ce combat d'artillerie n'avait pas tourné à l'avantage des Prussiens qui, loin de réussir à éteindre le feu de la défense, avaient déjà eu, au contraire, plusieurs pièces démontées, au moment où la division du général von Horn, tête de colonne du Ier corps, commença à paraître sur la route des Petits-Ponts.

De tous les corps de l'armée de Silésie, le corps de Langeron, établi au Bourget, était depuis la veille au soir le plus rapproché de Paris et devait, d'après la disposition de Blücher, former la colonne de droite de l'armée de Silésie. En effet, dès que le général russe eut entendu le canon du côté de Pantin, il avait, sans attendre les ordres du quartier général, mis son corps en marche dans la direction de La Villette et prescrit au général Emanuel qui commandait son avant-garde d'enlever Aubervilliers[1]. Un peu après 10 heures, le général Emanuel avait, comme nous l'avons déjà dit plus haut, commencé l'attaque de ce village. Mais, dans l'intervalle, Langeron avait reçu la disposition de Blücher et, pour se conformer aux ordres qui lui prescrivaient d'investir Saint-Denis, il avait dû détacher contre cette petite ville fortifiée le général Kapsevitch avec les 9e et 10e corps d'infanterie. Deux heures environ plus tard, lorsqu'on eut reconnu que la prise de cette place coûterait assez de mal, lorsqu'on se fut convaincu de l'impossibilité de tenter une pareille opération, on autorisa Langeron à rappeler le gros de son infanterie et à ne laisser devant Saint-Denis que le général Korniloff avec deux régiments d'infanterie et le régiment de chasseurs à cheval de Dorpat.

Ces différents changements de direction avaient naturellement retardé la marche de la colonne de droite et lui avaient fait perdre tellement de temps qu'elle n'entra réellement en ligne qu'après les deux corps prussiens d'York et de Kleist. Ces corps qui avaient en effet dépassé Le Grand-Drancy vers 11 heures, arrivèrent entre midi et une heure à hauteur de Pantin. Le général von Katzler avait profité de l'approche des Ier et IIe corps et de l'arrivée de la division Horn pour exécuter l'ordre qu'York lui avait donné deux heures auparavant, lorsqu'il avait procédé à la reconnaissance de la position, et auquel, faute de soutiens, il n'avait pu se conformer jusque-là. Deux de ses bataillons se

---

[1] D'après les journaux de marche et d'opérations des généraux Langeron et Emanuel, l'avant-garde russe aurait occupé Aubervilliers dès le 29 au soir. Il y a là une erreur évidente, mais explicable. Il est, en effet, hors de doute que la brigade Robert (division Michel) était établie, le 30 au matin, à Aubervilliers et n'abandonna ce village qu'après une heure de l'après-midi. Il est possible, toutefois, que les Russes aient néanmoins pénétré le 29, vers le soir, à Aubervilliers, avant l'arrivée de la brigade Robert. Mais les Français réoccupèrent ce village dans la nuit et n'y trouvèrent plus personne.

portèrent au pas de course vers le pont du canal que gardaient déjà quelques tirailleurs de la garde prussienne, le traversèrent sans s'arrêter et enlevèrent à la baïonnette la ferme du Rouvroy.

Mais le général essaya d'autant moins de pousser plus avant que les feux croisés des batteries françaises continuaient à balayer toute la plaine et que l'occupation du Rouvroy coïncidait avec la retraite sur Pantin des débris des deux bataillons de la garde prussienne si follement lancés par le colonel von Block contre Les Maisonnettes et Les Prés-Saint-Gervais. Plus prudent que le colonel von Alvensleben, le général von Katzler abrita son monde au Rouvroy et attendit un mouvement décisif sur le plateau pour se reporter en avant.

Vers une heure de l'après-midi York, Kleist et Langeron reçurent du quartier général de l'armée de Silésie de nouvelles instructions. La division du prince Guillaume de Prusse (Ier corps) dut se déployer, sa droite à la route de Lille par Senlis, sa gauche bordant le canal et soutenant l'avant-garde de Katzler. La division Horn et les divisions du IIe corps, obliquant à droite, se portèrent vers La Villette et La Chapelle dès que les Russes du général Emanuel eurent pris Aubervilliers. Elles avaient pour mission d'occuper le corps de Mortier sur son front et de faciliter ainsi l'attaque de Montmartre. Aux termes de ces nouvelles instructions le gros du corps de Langeron devait s'étendre vers sa droite dans la plaine Saint-Denis et franchir le canal dont les travaux étaient à peine ébauchés. Le général Korniloff restait seul chargé de l'attaque de Saint-Denis; le général Kapsewitch, avec le 10e corps et le reste du 9e corps, reçut l'ordre de se porter d'Aubervilliers sur Montmartre, tandis que le général Rudsewitch, qui formait la droite de Langeron avec le 8e corps, marcherait sur Montmartre par la route de Saint-Ouen. Enfin le général Rudsewitch devait jeter sur son extrême droite une colonne volante dans le bois de Boulogne et charger un autre détachement de surveiller Les Batignolles. Les deux corps prussiens exécutèrent immédiatement les mouvements prévus par cette disposition. La division Horn et le IIe corps (Kleist) quittèrent la route des Petits-Ponts à hauteur du chemin de traverse menant de Bobigny à Aubervilliers; la division Horn, contournant ce village, vint se déployer au sud-ouest d'Aubervilliers, sa droite vers le canal de Saint-Denis pour se relier de ce côté avec le corps de Langeron; le corps de Kleist vint se former en bataille à l'est de ce village d'où Emanuel avait chassé vers une heure un détachement de la brigade Robert. La cavalerie de Zieten passa le canal Saint-Denis et se forma en bataille, sa gauche appuyée au canal, sa droite vers la route de La Chapelle. Une batterie de 12 livres attachée à la division Horn, avait vainement essayé de prendre position en avant de ce point. Vivement canonnée par l'artillerie de La Villette et de La Chapelle elle dut bientôt renoncer à la lutte et rentrer dans le village d'Aubervilliers. Elle ne parvint à rouvrir le feu qu'après l'entrée en ligne des batteries du IIe corps. Le corps russe de Woronzoff devait remplir plus tard le vide existant entre la gauche du IIe corps et la droite du prince Guillaume de Prusse.

La brigade de la garde prussienne essaye pour la deuxième fois de déboucher de Pantin. — Prise des Maisonnettes. — Dans l'impossibilité de quitter le plateau de Romainville avant que les corps de l'armée de Silésie ne fussent entrés en ligne, le prince Eugène de Wurtemberg avait chargé son aide de camp Helldorff de se rendre à Pantin et d'inviter Alvensleben à y rester jusqu'à nouvel ordre sur la défensive. Mais, dans l'intervalle, le colonel prussien avait obtenu de Barclay de Tolly l'autorisation de tenter vers 2 heures une deuxième attaque avec toute sa brigade qu'il forma à cet effet en deux colonnes. Le lieutenant-colonel von Müffling, resté jusque-là en réserve en arrière de Pantin, déboucha du village avec le 2e bataillon du 2e régiment de la garde prussienne et le bataillon de la garde badoise, obliqua aussitôt vers la droite et, continuant sa marche en colonne, rejoignit les tirailleurs qui garnissaient l'espace compris entre les dernières maisons de Pantin, Le Rouvroy et le canal. L'autre colonne, sous les ordres du lieutenant-colonel von Witzleben, passa au sud de Pantin et prit la formation de combat dès qu'elle fut arrivée dans la plaine. Le bataillon de fusiliers du 2e régiment de la garde se déploya en première ligne devant les deux bataillons de grenadiers du 1er régiment de la garde auxquels le bataillon de chasseurs de la garde servait de réserve. Ces deux colonnes, soutenues au centre par les débris des deux bataillons du lieutenant-colonel von Block, arrivées presque simultanément à hauteur de la lisière ouest de Pantin, venaient de commencer leur mouvement offensif à l'instant où Helldorff[1] apportait à leur chef l'ordre par lequel le prince Eugène de Wurtemberg se proposait d'éviter des pertes inutiles.

Au moment où la garde prussienne commençait son attaque, les Français occupaient devant elle les positions suivantes : Une grosse batterie établie sur la hauteur des Prés-Saint-Gervais canonnait, d'une part, les troupes du prince Eugène de Wurtemberg et le bois de Romainville, et balayait, de l'autre, la plaine de Pantin. Les tirailleurs français garnissaient les pentes du plateau et tenaient en échec les quelques compagnies russes qui s'abritaient, soit derrière les haies et les murs des jardins, soit dans les quelques maisons situées au pied de la hauteur. Deux masses d'infanterie, l'une appartenant à la division Boyer de Rébeval, l'autre formée par la brigade Secrétant, étaient déployées à droite et à gauche de la route de Pantin enfilée par 4 pièces de 6 en position sur la chaussée. Une batterie de 10 pièces de 12 établie près du canal en arrière du Rouvroy croisait ses feux avec l'artillerie du plateau. Les réserves françaises étaient : les unes abritées derrières Les Maisonnettes, les autres, celles qui appartenaient à

---

[1] Le général von Helldorff, alors aide de camp du prince Eugène, donne, dans le livre qu'il a publié sur la vie de son ancien général (*Aus dem Leben des kaiserlich russischen Generals der Infanterie Prinzen Eugen von Württemberg*) des détails curieux et intéressants sur la mission dont il avait été chargé. Helldorff raconte qu'arrivé auprès du chef de la colonne de droite et prenant le lieutenant-colonel von Müffling pour le colonel von Alvensleben, il lui avait communiqué, en excellent allemand, les ordres du prince ; l'officier prussien lui répondit : « Je ne comprends pas un mot de russe. Il m'est donc impossible de saisir ce que vous voulez dire ». Helldorff, malgré tous ses efforts, ne parvint ni à obtenir une autre réponse, ni même à savoir où il rencontrerait Alvensleben. Il résulte, d'ailleurs, d'une conversation qu'Helldorff et Müffling échangèrent plus tard, que Müffling, comme les autres officiers de la garde prussienne, étaient décidés à faire la sourde oreille, afin de permettre à la brigade de prendre une part sérieuse à une action de guerre avant la fin de la campagne. Helldorff, traversant Pantin, après avoir quitté le lieutenant-colonel von Müffling, rejoignit enfin Alvensleben. Mais les colonnes prussiennes étaient déjà en mouvement, et Helldorff, après avoir vainement essayé de le décider à ramener son monde dans Pantin, s'empressa de rejoindre le prince Eugène de Wurtemberg, qu'il retrouva près du parc des Bruyères au moment où, afin d'assurer le ralliement de ses tirailleurs, le prince faisait avancer les cuirassiers de Stahl. Helldorff lui annonça qu'il n'avait pu décider le colonel von Alvensleben à renoncer à l'attaque des Maisonnettes. (HELLDORFF, *Aus dem Leben des kaiserlich russischen Generals der Infanterie Prinzen Eugen von Wurtemberg*, III, 67, 69.)

la division Curial, en formation de rassemblement sur la rive droite du canal de l'Ourcq.

Sans se laisser arrêter par les feux croisés de l'artillerie française, la garde prussienne avait continué à se porter résolument en avant. Les troupes françaises attendirent de leur côté leur attaque de pied ferme et n'exécutèrent leur première salve au commandement que lorsque les Prussiens furent arrivés à une centaine de pas. Mais leur tir mal dirigé ne produisit aucun effet. L'infanterie prussienne, chargeant à la baïonnette, rompit les bataillons français qui, malgré les efforts de leurs chefs, ne tardèrent pas à se retirer en désordre vers les barrières de Paris, abandonnant les quatre pièces en batterie sur la chaussée à la colonne du lieutenant-colonel von Witzleben.

Une charge tentée par deux escadrons de cavalerie française vint se briser contre les baïonnettes du 2e bataillon du 1er régiment de la garde, et Alvensleben profita de cet avantage pour couvrir sa gauche contre une attaque venant des hauteurs en poussant du côté des Maisonnettes et en s'établissant dans les quelques fermes qui se trouvaient entre la chaussée et les hauteurs. En même temps il faisait demander à Barclay de Tolly de lui envoyer quelques escadrons de cavalerie et de faire occuper par quelques troupes le village de Pantin où il n'avait pu laisser personne.

A droite le lieutenant-colonel von Müffling avait poussé les Français vers le canal de l'Ourcq, enlevé les 10 pièces qui armaient la batterie en arrière du Rouvroy, pris 4 canons envoyés en soutien et occupé les maisons qui s'élevaient le long du canal de l'Ourcq.

Malgré la prise des Maisonnettes, malgré l'enlèvement de l'artillerie en batterie dans la plaine et bien que le colonel von Alvensleben eût fait prendre position à 6 pièces entre Les Maisonnettes et le canal, le feu plongeant et croisé des batteries françaises établies sur la hauteur des Prés-Saint-Gervais (butte Beauregard) et sur la rive droite du canal de l'Ourcq était encore tellement violent et tellement meurtrier que l'artillerie prussienne ne tarda pas à être réduite au silence après avoir eu deux de ses pièces démontées. Il était alors un peu plus de 2 heures. Le combat avait presque entièrement cessé sur le plateau de Romainville, et le colonel von Alvensleben, reconnaissant l'impossibilité de tirer plus complètement parti de ses avantages, arrêta son mouvement en avant. Il se contenta de garder les positions qu'il venait de conquérir jusqu'au moment où les progrès de l'armée de Silésie et du prince Eugène lui permettraient de reprendre l'offensive.

Cessation momentanée du combat. — Position des troupes alliées un peu après 1 heure. — Etonné de la ténacité d'une résistance à laquelle les Alliés étaient loin de s'attendre, Barclay de Tolly, avant de se rendre auprès des souverains et du généralissime, avait renouvelé, un peu après 1 heure, l'ordre d'arrêter complètement tout mouvement offensif, de canonner vivement les positions françaises et de profiter de ce répit pour reformer les corps dont les différentes unités, engagées successivement et presque toutes déployées en tirailleurs, s'étaient mélangées et confondues. Au centre le prince Eugène de Wurtemberg, avec sa première ligne (brigade Wlastoff et division Schakhoffskoï), bordait le parc des Bruyères; les grenadiers de Tschoglikoff et les cuirassiers de Krétoff formaient sa deuxième ligne établie dans le bois de Romainville. A la droite du prince Eugène de Wurtemberg, la division Pischnitzky se tenait au pied de la hauteur et s'abritait contre le feu des batteries des Prés-Saint-Gervais, se reliant, plus à droite du côté de Pantin, aux troupes du général Helfreich. La brigade de la garde prussienne était sur le point de renoncer à la continuation de ses attaques et se tenait entre Les Maisonnettes, Le Rouvroy et le canal de l'Ourcq. De l'autre côté du canal, l'armée de Silésie achevait son déploiement sous la protection de son artillerie. A l'aile gauche, Raïeffsky, avec l'infanterie de Mezentzoff et la cavalerie de Pahlen, attendait en avant de Montreuil, soit les progrès du prince Eugène contre Les Prés-Saint-Gervais, soit l'arrivée des grenadiers de Paskiéwitch, soit un ordre de Barclay, pour se porter sur Bagnolet et Belleville. La 1re division de grenadiers russes et une partie de la cavalerie de la garde russe étaient en réserve derrière le centre en avant de Romainville, tandis que la 2e division de grenadiers russes obliquait à gauche pour renforcer, du côté de Montreuil, Raïeffsky et Gortchakoff.

Attitude du roi Joseph. — Depuis le matin Joseph s'était établi avec Clarke et Hullin sur la butte des Cinq-Moulins. De cet observatoire, il avait pu apercevoir les mouvements de l'armée de Silésie, mais il lui avait été impossible de suivre les péripéties du combat acharné qui se livrait au centre sur le plateau de Romainville. Dissimulant de son mieux ses inquiétudes sous le masque d'une indifférente impassibilité, essayant de faire partager à son entourage une confiance qu'il n'avait jamais eue, il affectait encore de ne pas croire à la gravité de la situation, de douter de la présence sous Paris du gros des armées alliées. Il avait cependant à deux reprises invité dans la matinée sa femme à quitter la capitale et à aller rejoindre l'Impératrice et envoyé le général Allent, chef d'état-major de la garde nationale, demander à Mortier s'il ne pourrait pas détacher une partie de ses troupes pour renforcer les positions de Marmont.

Arrivée de Peyre à Montmartre. — Vers midi, l'arrivée à Montmartre d'un architecte, ingénieur de la Ville, le capitaine de sapeurs-pompiers Peyre, vint dissiper les dernières illusions du lieutenant de l'Empereur. Soit que, et c'est là ce qui nous paraît le plus vraisemblable, il eût été envoyé la veille au soir par le général Hullin en reconnaissance du côté de Pantin, soit que, comme d'autres documents permettraient de le croire, on l'eût chargé de rejoindre un parlementaire russe qu'un commandant de grand'garde avait refusé de recevoir, ce qu'il y a de certain c'est que Peyre avait été enlevé avec le gendarme qui l'accompagnait par une patrouille de Cosaques et emmené à Noisy-le-Sec. Après avoir vainement essayé d'y faire reconnaître sa qualité de parlementaire, il parvint, seulement le 30 au matin, à se faire conduire au grand quartier général à Bondy. Interrogé par Michaïloffsky-Danilewsky, il fut introduit par cet officier auprès de l'empereur Alexandre qui, désirant par-dessus tout obtenir la reddition de Paris, s'entretint avec lui pendant plus d'une demi-heure.

A 8 heures et demie, Peyre était reparti de Bondy en emportant un paquet de proclamations de Schwarzenberg. Alexandre l'avait en outre chargé d'annoncer au roi Joseph que « les Alliés, bien qu'ayant amené toutes leurs forces sous Paris, n'en étaient pas moins disposés à traiter afin d'empêcher le sac et le pillage de la capitale ». D'ailleurs, Peyre n'avait pas quitté seul Bondy ; on lui avait donné pour l'accompagner et pour transmettre au roi

Joseph en qualité de parlementaire, les propositions des Alliés, un aide de camp du tzar, le colonel Orloff. « Partez, avait dit Alexandre à Peyre, le sort de votre ville est dans vos mains[1] », et s'adressant au colonel Orloff, il avait ajouté : « Allez. Je vous donne le pouvoir de suspendre le feu partout où vous le jugerez nécessaire. Je vous autorise, sans aucune responsabilité, à arrêter les attaques les plus décisives et la victoire elle-même pour prévenir et empêcher les désastres. Paris, privé de ses défenseurs errants et de son grand homme, ne saurait résister. J'en ai l'intime conviction. Mais en m'accordant la puissance et la victoire, Dieu a voulu que je n'en use que pour donner la paix et le repos au monde. Si, cette paix, nous pouvons l'obtenir sans répandre plus de sang, tant mieux. Si non, rendons-nous à la nécessité et combattons, car, de gré ou de force, au pas de charge ou de parade, sur des décombres ou dans des palais, il faut que l'Europe couche aujourd'hui même à Paris[2]. »

Le colonel Orloff, accompagné du colonel Diékoff, aide de camp du tzarevitch, et de deux trompettes, Peyre et son gendarme arrivèrent à Pantin au plus fort du combat soutenu par Helfreich. Parvenu sur la ligne des tirailleurs, Orloff fit cesser le feu sur la ligne russe et sonner au parlementaire. Du côté des Français un officier se porta au devant d'Orloff qui s'était arrêté entre les deux lignes. Mais, avant qu'il ait pu joindre le colonel Orloff, les tirailleurs français recommencèrent tout à coup à tirer pendant qu'une vingtaine de chasseurs à cheval, chargeant les parlementaires, essayaient de les enlever et vinrent se faire prendre à Pantin. Une deuxième tentative d'Orloff n'eut pas plus de succès[3]. Pendant ce temps, Peyre avait disparu après avoir échangé, d'après Orloff, quelques paroles avec l'officier français et s'était rendu au plus vite à l'État-major, place Vendôme. N'y trouvant plus le général Hullin, il avait fini par le rejoindre auprès du roi Joseph sur la butte Montmartre.

Le roi Joseph quitte Paris et autorise les maréchaux à

---

[1] Lettre de Peyre, 2 avril 1814.
[2] Journal de Michel Fédorovitch Orloff. (*Archives topographiques*, n° 47246, texte original en français).
[3] Journal de Michel Fédorovitch Orloff. (*Archives topographiques*, n° 47246.)

capituler. — Amené aussitôt auprès du roi auquel il remit le paquet de proclamations, Peyre lui raconta ce qu'il avait vu, et lui répéta les paroles adressées par Alexandre au colonel Orloff.

Si le doute n'était plus possible, la perplexité de Joseph n'en était que plus grande. N'osant assumer sur lui une responsabilité aussi lourde que celle de la défense à outrance qui seule pouvait donner à l'Empereur le temps d'arriver, il s'empressa de prendre conseil de Clarke, d'Hullin, des personnages présents à Montmartre, et, sans même songer à se renseigner plus exactement sur la situation des Maréchaux, sur la physionomie du combat, il résolut de quitter immédiatement Paris. Avant de s'éloigner de Montmartre, Joseph avait toutefois chargé deux de ses aides de camp de remettre aux Maréchaux le billet suivant, daté de Montmartre à midi un quart : « Si Monsieur le Maréchal duc de Raguse et Monsieur le Maréchal duc de Trévise ne peuvent plus tenir, ils sont autorisés à entrer en pourparlers avec le prince de Schwarzenberg et l'empereur de Russie qui sont devant eux[1]. »

Pendant que Joseph, les ministres et les hauts fonctionnaires filaient sur Rambouillet, les jeunes troupes des Maréchaux avaient profité du répit que leur avait laissé Barclay de Tolly pour se reformer, et Marmont lui-même désespérait encore si peu qu'il venait d'envoyer à Montmartre, où il ne trouva plus Joseph, son aide de camp, le colonel Fabvier, pour lui dire que si le reste de la ligne n'était pas en plus mauvais état, il espérait pouvoir prolonger la résistance jusqu'à la nuit.

Entrée en ligne de l'aile gauche des Alliés sous les ordres du prince royal de Wurtemberg. — Combat et prise de Saint-Maur et de Charenton.

— Le prince royal de Wurtemberg, dont l'infanterie n'avait achevé de passer la Marne que vers 3 heures du matin, tandis que sa cavalerie était depuis le 29 au soir à Chelles, avait, au reçu de la disposition du généralissime, prescrit à son infanterie de lever le camp à 5 heures du matin et

---

[1] *Mémoires du roi Joseph*, X, 23. 24. — Marmont, dans ses *Mémoires*, date ce billet de 10 heures 1/4, heure à laquelle Peyre était encore hors de Paris. Marmont reçut d'ailleurs ce billet, apporté par le général Stroltz, un peu après 1 heure. Il n'est pas absolument certain que Joseph adressa à la même heure le même billet à Mortier, puisque le duc de Trévise n'eut avis du départ du roi et ne reçut communication de ce billet qu'à 5 heures.

de se porter par Chelles sur Neuilly-sur-Marne. La brigade de cavalerie du IV⁰ corps avait ordre de pousser sur Montreuil, Nogent-sur-Marne, Fontenay et le bois de Vincennes, de reconnaître et de fouiller ces points et de se relier avec la gauche du VI⁰ corps. A 10 heures du matin, le prince royal de Wurtemberg arrivait à Neuilly-sur-Marne avec la cavalerie sous les ordres du prince Adam, chassait après une courte escarmouche les postes français de Fontenay-sous-Bois et de Nogent-sur-Marne, et les obligeait à se replier: les uns sur le bois de Vincennes, les autres sur Saint-Maur où la défense avait établi une batterie de 8 pièces chargée de couvrir les abords du bois et du pont.

A une heure de l'après-midi, l'infanterie du IV⁰ corps entrait en ligne sur le plateau entre Fontenay et Nogent. Le prince royal de Wurtemberg[1], laissant un bataillon à Nogent, forma son infanterie en deux colonnes. L'une, celle de gauche (brigade du prince Hohenlohe en première ligne; les brigades Misani et Lalance en deuxième ligne), devait immédiatement prendre à gauche de la route de Lagny, se porter contre le bois de Vincennes, pratiquer une brèche dans le mur de clôture et jeter dans le bois un de ses bataillons qui devait se rabattre sur le pont de Saint-Maur, tandis que le reste de la brigade de tête continuerait son mouvement en longeant la lisière du bois et en côtoyant la Marne. La colonne de droite, formée par la brigade Stockmayer soutenue par quatre bataillons de grenadiers autrichiens, devait suivre la route même de Lagny jusqu'à la lisière est du bois de Vincennes, y pénétrer par l'entrée principale et prendre à revers le pont de Saint-Maur pendant que la brigade

---

[1] S'il faut en croire les *Mémoires du général-lieutenant von Bismarck*, alors colonel et chef d'état-major du prince Adam de Wurtemberg, les souverains et le généralissime, informés de l'inutilité des ouvertures faites par Nesselrode et par le colonel Orloff et rendus plus circonspects encore par le manque imminent de munitions, auraient tenu une espèce de conseil de guerre entre midi et 1 heure. On y aurait décidé de renouveler une fois encore l'attaque sur toute la ligne, de faire donner les gardes russes au centre et, en cas d'insuccès, de se retirer par la route de Compiègne, dès que la nuit serait venue. Toujours d'après Bismarck, le colonel autrichien von Varnbühler, chargé de transmettre ces résolutions au prince royal de Würtemberg, le rejoignit dans le bois de Vincennes, au moment où il cherchait à s'assurer les passages de la Marne. Questionné par le prince royal sur la situation générale, Varnbühler ne lui aurait pas caché les inquiétudes et les craintes du quartier général, et aurait même ajouté qu'on n'y croyait plus à la prise de Paris.

Hohenlohe exécuterait l'attaque de front et détournerait l'attention des défenseurs. La brigade Stockmayer pénétra sans grande difficulté dans le bois et détacha un bataillon sur le château de Vincennes. La brigade Hohenlohe tiraillait déjà avec les 400 conscrits chargés de défendre Saint-Maur et servant de soutien aux 8 pièces, lorsque Stockmayer, débouchant du bois, lança son régiment de tête sur Saint-Maur. En moins d'une demi-heure, Stockmayer avait réussi à en déloger les Français et à s'emparer de 6 canons[1].

Maître de Saint-Maur, le prince royal de Wurtemberg dirigea contre Charenton, en la faisant passer par le bois de Vincennes, la brigade Hohenlohe et le général Trenk avec les quatre bataillons de grenadiers autrichiens et le régiment de hussards Archiduc-Ferdinand, pendant qu'un bataillon marchait ostensiblement par les bords mêmes de la Marne. Le général von Stockmayer, après avoir confié la garde de Saint-Maur à un de ses bataillons, se portait en même temps sur le château de Vincennes dont le commandant refusait de se rendre et dont la brigade Lalance, tenue jusque-là en deuxième ligne, devait l'aider à compléter l'investissement.

A Charenton, comme à Saint-Maur, on avait cru assurer suffisamment la défense en construisant sur la rive gauche de la Marne un tambour armé de huit pièces d'artillerie à l'entrée du pont de pierre. La garde de ce poste était confiée à une compagnie de vétérans, au bataillon improvisé formé par les élèves de l'École vétérinaire d'Alfort, et à quelques canonniers, renforcés au dernier moment par la petite poignée d'hommes qui avaient réussi à s'échapper de Saint-Maur. A l'approche de la colonne de Hohenlohe, les Français avaient amené sur la rive droite de la Marne cinq de leurs pièces et essayé ainsi d'arrêter la marche des Wurtembergeois. Ces pièces avaient à peine pu ouvrir le feu qu'elles étaient déjà réduites au silence et que le mouvement débordant et convergent des Austro-Wurtembergeois, qui cherchaient à prendre le village à revers par la route de Bercy, obligeait les Français à les ramener derrière le tambour. Le prince

---

[1] STÄRKE, Eintheilung und Tagesbegebenheinten der Haupt-Armee im Monate März (*K. K. Kriegs Archiv.*, III, 1), et Prince royal de Wurtemberg, Paris, 13 avril 1814, Relation de la bataille de Paris (*Ibid.*, IV, 115).

de Hohenlohe à la tête de deux bataillons pénétra à leur suite dans le village, mais ne parvint cependant pas à les en chasser complètement[1]. « Je dus, afin de venir à bout de cette résistance, dit le prince royal de Wurtemberg, faire soutenir la brigade Hohenlohe par deux bataillons de grenadiers autrichiens à l'aide desquels on finit par s'emparer du pont, des huit canons et d'une centaine d'hommes. » Les Français avaient vainement essayé de faire sauter le pont de la Marne, et les troupes légères du prince royal de Wurtemberg purent, par suite, pousser sur la rive droite de la Seine, jusqu'à hauteur de Port-à-l'Anglais, dans l'espoir de se servir du bac qu'on avait heureusement eu le soin de détruire.

Les restes de la petite garnison de Charenton, après avoir traversé le fleuve à Alfort, gagnèrent ensuite la route de Choisy et s'y réunirent dans la soirée avec les troupes en retraite sur Fontainebleau[2].

Marche du IIIe corps. — Bien qu'il eût, lui aussi, fait passer toute son artillerie sur la rive droite de la Marne, dans la nuit du 29 au 30, et qu'il eût mis en marche son infanterie dès 4 heures du matin, Gyulay avait employé près de douze heures pour amener son IIIe corps sur la ligne Fontenay—Montreuil. A 4 heures, le feldzeugmeister, qui venait d'informer le prince royal de son arrivée, recevait du commandant du IVe corps, l'ordre de faire attaquer par l'aile droite de son corps La Pissotte et Vincennes et d'étendre son aile gauche de façon à se relier avec le IVe corps. Le IIIe corps devait, dès que les Français auraient évacué le bois de Vincennes, se porter vers les barrières de Paris.

La division légère du comte Crenneville n'eut guère de peine à enlever La Pissotte et le village de Vincennes et à rejeter quelques petits postes français dans le donjon. Le reste du IIIe corps ne prit aucune part à la bataille de Paris et se borna à compléter, du côté du nord, l'investissement du donjon.

---

[1] Prince royal de Wurtemberg, Paris, 13 avril 1814, Relation de la bataille de Paris. (K, K. Kriegs, Archiv., IV, 115.)

[2] STÄRKE, Eintheilung und Tagesbegebenheiten der Haupt-Armee im Monate März (K. K. Kriegs Archiv., III, 1). Manquant d'attelages pour enlever les pièces prises à Saint-Maur et à Charenton, les troupes du IVe corps reçurent l'ordre de les enclouer.

Pendant que la brigade Hohenlohe et les grenadiers autrichiens attaquaient Charenton, le prince royal avait détaché sur leur droite, dans la direction de Bercy et de La Grande-Pinte, quelques escadrons de cavalerie légère qui vinrent donner de ce côté contre quelques postes de garde nationale, occupèrent le château de Bercy et prirent position entre Saint-Mandé et Bercy, sans chercher toutefois à se rapprocher davantage de la barrière. Quelques instants plus tard, vers 5 heures de l'après-midi, au moment où il se disposait à attaquer sérieusement le faubourg Saint-Antoine, le prince royal de Wurtemberg reçut l'ordre de cesser les hostilités, confia au IIIe corps la ligne des avant-postes, du côté de la barrière du Trône, et se borna à faire occuper Saint-Mandé par quelques troupes du IVe corps [1].

Les Alliés reprennent l'offensive au centre et enlèvent Malassise, Bagnolet, Charonne et le parc des Bruyères. — Barclay de Tolly n'avait attendu que l'entrée en ligne de l'aile gauche, pour recommencer l'attaque avec plus d'ensemble et plus de vigueur. A son aile gauche, Raïeffsky et Gortchakoff se portèrent avec la division du général Mezentzoff, couverte sur son flanc extérieur par la cavalerie de Pahlen, contre Arrighi, qui occupait encore Malassise, Bagnolet et Charonne. La configuration même de la position de Malassise qui, s'il s'était entêté sur ce point, aurait compromis la retraite de sa faible division, obligea le duc de Padoue à l'évacuer presque sans combat et à laisser une partie seulement de son monde dans les villages de Bagnolet et de Charonne, contre lesquels l'artillerie russe, chargée de préparer l'attaque, ouvrit immédiatement le feu. Mais dans l'intervalle le maréchal Marmont, vivement pressé sur le plateau à hauteur du parc des Bruyères et se sachant menacé sur sa droite, avait fait tenir à Arrighi l'ordre de se replier sur le parc de Saint-Fargeau et de ramener en arrière la cavalerie de Bordesoulle et de Chastel qui, passant par les fonds de Charonne, devra venir s'établir sur la hauteur entre Aunay et Ménilmontant. Les tirailleurs de Mezentzoff, profitant de la retraite du duc

---

[1] Prince royal de Wurtemberg, Paris, 13 avril 1814, Relation de la bataille de Paris (*K. K. Kriegs Archiv.*, IV, 115), et STÄRKE, Eintheilung und Tagesbegebenheiten der Haupt-Armee im Monate März (*Ibid.*, III, 1).

de Padoue, débouchèrent aussitôt de Charonne et cherchèrent, en forçant la barrière de Fontarabie, à tourner le Mont-Louis (Père-Lachaise). Arrêtés par le tir de la batterie établie sur la butte de Fontarabie et par les feux des gardes nationaux qui lui servaient de soutien, les tirailleurs russes furent obligés de rentrer dans Charonne. Gortchakoff, renonçant momentanément à de nouvelles tentatives se contenta de masser ses troupes à Charonne et à Bagnolet [1].

En même temps que les colonnes de gauche des Russes menaçaient le flanc droit des positions de Marmont, leur droite et leur centre, formés en trois colonnes, avaient repris l'offensive sur le plateau. La colonne du centre, conduite par le prince Eugène de Wurtemberg, qui se mit en personne à la tête de la division Pischnitzky, obliqua légèrement à gauche et se porta contre le parc des Bruyères. Elle était flanquée, à droite par les grenadiers de Tschoglikoff, à gauche par le général Stahl avec les cuirassiers d'Astrakhan et de Pskoff.

Malgré la disproportion des forces le général Chabert essaya de tenir bon. Il abrite ses tirailleurs derrière les plis de terrain, les haies, les murs, mais ne tarde pas cependant à être obligé de plier sous le nombre. Marmont n'avait plus sous la main que la division Ricard, tenue en réserve et massée par bataillons derrière le parc des Bruyères. Toutes ses autres troupes étaient, les unes déployées en tirailleurs, les autres engagées. Le mouvement rétrograde de la brigade Chabert s'accentuait. Commencé en bon ordre, il était sur le point de dégénérer en déroute et menaçait de compromettre la ligne tout entière dont les Russes cherchaient à crever le centre. Il n'y avait plus une minute à perdre si l'on voulait prévenir une catastrophe et donner aux troupes le temps de se rallier.

Un retour offensif pouvait seul rétablir momentanément la situation. Le Maréchal, se mettant à la tête de la brigade Clavel dont l'effectif total s'élevait à peine à 600 hommes, la forme rapidement en colonne d'attaque et se porte au-devant des régiments de Pischnitzky. Mais cette poignée d'hommes a à peine

---

[1] STÄRKE, Eintheilung und Tagesbegebenheiten der Haupt-Armee im Monate März (*K. K. Kriegs Archiv.*, III, 1), et Journal d'opérations de Barclay de Tolly (*Archives topographiques*, n° 29188).

débouché du parc des Bruyères qu'une batterie russe établie sur un des mamelons du bois de Romainville, la crible de mitraille et jette le désordre dans ses rangs. Le 20ᵉ régiment de chasseurs à pied russes se jette sur la brigade pendant que les cuirassiers de Stahl la chargent sur son flanc droit et l'enfoncent. Les fuyards entraînent dans leur déroute la 2ᵉ brigade de leur division et laissent entre les mains des Russes le général Clavel qui a vainement tenté de les reporter en avant. Marmont lui-même est sur le point d'avoir le même sort et ne doit son salut qu'au courage et au dévouement du plus brave soldat et du plus brave homme qu'il ait, dit-il, jamais connu, le colonel Genheser [1]. Cet officier, débouchant du parc des Bruyères, se précipita sur les derrières des bataillons russes à la tête d'une poignée de soldats rassemblés à la hâte, arrêta un moment leurs progrès [2], mais ne put parvenir à leur reprendre le parc des Bruyères. L'intervention du colonel Genheser et la présence d'esprit du général Compans qui s'était empressé d'occuper avec un bataillon de jeune garde la butte du Télégraphe, avaient du moins permis au maréchal de faire prendre à ses troupes une dernière position et d'assurer pendant quelque temps la défense de Belleville. Il ne restait à ce moment au maréchal que 5,000 hommes à peine, avec lesquels il lui fallait occuper au plus vite et de son mieux une position trop étendue pour un effectif aussi peu considérable et pour des troupes d'une solidité douteuse, fatiguées et démoralisées tant par les efforts et les privations des jours précédents que par la lutte acharnée qu'elles soutenaient depuis le matin.

Le duc de Padoue, qu'on a rappelé de Charonne et de Bagnolet, s'établit au parc de Saint-Fargeau. A sa gauche, les divisions Ricard, Lagrange, Compans et Ledru, se reformant à la hâte, se déploient de la butte du Télégraphe jusque vers la butte Beauregard et se relient de ce côté à la droite de la division Boyer de Rébeval, qui occupe toujours Les Prés-Saint-Gervais. A gauche de Boyer de Rébeval les troupes de Michel (brigade Secrétant) gardent dans la vallée l'espace compris entre Les Mai-

---

[1] MARMONT, *Mémoires*, VI, 244; STÄRKE, Eintheilung und Tagesbegebenheiten der Haupt-Armee im Monate März (*K. K. Kriegs Archiv.*, III, 1); Journal d'opérations de Barclay de Tolly (*Archives topographiques*, n° 29188); Journal d'opérations du 2ᵉ corps (*Ibid.*, n° 47344).

[2] *Ibid.*

sonnettes et le canal de l'Ourcq. Le manque de temps empêche seul le maréchal de rappeler de son extrême droite la cavalerie de Bordesoulle et de Chastel immobilisée sous le feu des batteries alliées entre Ménilmontant et le Mont-Louis, et qui aurait pu rendre de véritables services à l'aile gauche de la défense.

Maître du parc des Bruyères, Barclay de Tolly se dispose de son côté à porter à Marmont un coup décisif en lui enlevant ses nouvelles positions par une attaque générale, et à le rejeter sur la ville.

Prise de la batterie des Prés-Saint-Gervais par les Prussiens. — La garde prussienne n'était pas restée complètement inactive pendant l'attaque que les Russes venaient d'exécuter sur le plateau au centre même de la ligne de bataille.

Malgré les pertes considérables que sa brigade avait eu à subir depuis son entrée en ligne, le colonel von Alvensleben avait reconnu qu'il lui était impossible de se contenter des quelques avantages qu'il venait de remporter. S'il avait réussi à obliger les Français à se retirer sur Les Maisonnettes, ceux-ci n'en continuaient pas moins à être maîtres du pont du canal près de La Villette et de ce village, dont il importait de les débusquer. D'autre part, son artillerie avait peine à se maintenir sous le feu meurtrier dirigé contre elle par les batteries françaises des buttes Beauregard et Chaumont qui enfilaient la gauche de sa position. De ce côté, la situation pouvait, d'un moment à l'autre, devenir extrêmement grave. Il suffisait, en effet, de l'arrivée de quelques renforts aux Prés-Saint-Gervais, d'un retour offensif des Français, pour arracher à la garde prussienne et aux débris de la 14e division le terrain qu'ils avaient eu tant de peine à conquérir, pour les obliger à reculer et peut-être même à abandonner Pantin.

Le colonel von Alvensleben, ignorant les dispositions prises par Barclay de Tolly et par York et la mise en route de troupes destinées à le soutenir et à le relever, commença par confier la protection de sa gauche au 1er bataillon du 1er régiment de la garde, aux chasseurs de la garde et aux débris du bataillon de fusiliers de la garde qu'il établit à la lisière est des Maisonnettes. Les cinq autres bataillons lui servirent à former trois colonnes; l'une, celle de droite (lieutenant-colonel von Müffling avec deux bataillons), devait longer le canal et enlever le pont de La Villette ; les deux autres avaient ordre de s'avancer des deux côtés de la route de Pantin, contre la barrière de Pantin.

La colonne de droite ne parvint pas à s'emparer du pont ; après plusieurs attaques infructueuses, on dut ramener en arrière le bataillon de la garde badoise qui n'avait plus de munitions et jeter dans les maisons voisines le bataillon de la garde prussienne trop faible pour forcer à lui seul le passage. Les colonnes du centre et de gauche avaient été plus heureuses ; elles avaient réussi à s'établir aux Maisonnettes, à en déboucher et à dessiner leur mouvemement vers la barrière de Pantin.

Mais à l'extrême gauche des positions occupées par la garde prussienne, le capitaine von Nayhauss avait réussi à gravir avec une compagnie de chasseurs de la garde les pentes septentrionales du plateau des Prés-Saint-Gervais et s'était emparé à mi-côte de quatre des pièces de la batterie dont le tir avait fait tant de mal aux Prussiens. Arrêtés sur ce point par l'infanterie française qui protégeait les pièces de position en batterie sur la hauteur même, les chasseurs prussiens ne reprirent leur mouvement qu'après avoir été rejoints par la garde russe du général Yermoloff.

Dispositions pour l'attaque générale sur le centre. — Malgré ce hardi coup de main, il était néanmoins absolument indispensable de soutenir au plus vite la brigade du colonel von Alvensleben qui, réduite au tiers de son effectif et manquant de munitions, n'avait été renforcée que par les deux bataillons de l'avant-garde de Katzler établis au Rouvroy ; il importait surtout de la mettre à même de tirer parti des quelques avantages qu'elle avait si chèrement achetés. Le moment décisif était arrivé et, pour exécuter avec une plus grande chance de succès l'attaque générale contre la dernière position de Marmont, il s'agissait de la faire coïncider pour le moins avec un mouvement offensif dirigé de Pantin et du Rouvroy contre les barrières de Pantin et du Combat. Or, ce mouvement, Alvensleben et Helfreich ne pouvaient l'entreprendre qu'avec l'appui des troupes fraîches du prince Guillaume de Prusse que York allait, vers 3 heures 1/2, faire entrer en ligne et pousser en avant sur les deux rives du canal de l'Ourcq.

Décidé à prendre à revers Les Prés-Saint-Gervais pendant que le prince Eugène de Wurtemberg aborderait cette position de front, Barclay de Tolly ne voulait et ne pouvait rien tenter avant que les Prussiens eussent complètement chassé les Français des abords de Pantin, leur eussent arraché les ponts du canal de l'Ourcq et fussent parvenus à les rejeter sur la barrière de Pantin. Ignorant d'ailleurs les ordres donnés au prince Guillaume de Prusse, Barclay avait prescrit au général Yermoloff de pousser en avant de Pantin le général Udom avec les régiments de grenadiers de la garde et Pawlowsky, et de faire occuper le village par la première division de la garde (général Rosen : régiments Préobrajensky, Séménoffsky, Ismaïloffsky, chasseurs et marins de la garde).

La garde russe, placée sous les ordres de Miloradovitch, était chargée de renforcer la brigade de la garde prussienne d'Alvensleben ; mais, après avoir facilité ses progrès dans la plaine, elle devait se porter par la route qui passe entre les buttes Beauregard et Chaumont pour prendre Les Prés-Saint-Gervais et Belleville à revers et donner la main au prince Eugène de Wurtemberg. Au centre, le prince Eugène attendait un ordre ou un signal pour se lancer sur Les Prés-Saint-Gervais. Les grenadiers de Tschoglikoff étaient chargés d'aborder Belleville. A gauche Paskéwitch allait attaquer Ménilmontant de front. Enfin Gortchakoff et Mezentzoff, couverts sur leur gauche par la cavalerie de Pahlen, devaient se porter par les hauteurs d'Aunay et du Mont-Louis contre la droite de la position de Ménilmontant.

Le prince Guillaume de Prusse avait exécuté les ordres envoyés directement du quartier général de l'armée de Silésie qui lui enjoignaient de renforcer la garde prussienne et l'avant-garde de Katzler ; laissant ses trois régiments de cavalerie sous les ordres du colonel von Blücher, dans la plaine en avant de La Villette, le prince, pour éviter à sa division des pertes inutiles, avait remonté le cours du canal de l'Ourcq, passé le pont au-dessus de Pantin et établi sa division en avant du village, sa gauche appuyée à la grande route vers Les Maisonnettes, sa droite au canal, de façon à pouvoir à la fois s'opposer à un retour offensif des Français contre Le Rouvroy et coopérer à l'attaque de La Villette.

Attaque et prise de Ménilmontant, des Prés Saint-Gervais, des Maisonnettes, des buttes Beauregard et Chau-

mont. — La supériorité des forces et la simultanéité des attaques ne pouvaient plus laisser de doutes sur le résultat final. A l'extrême gauche, Mezentzoff, malgré le feu des batteries du Père-Lachaise et quelques efforts tentés par la cavalerie de Chastel qu'il contraint bientôt à se replier sur Paris, pénètre dans Ménilmontant. A sa gauche la cavalerie de Pahlen chasse de Fontarabie et du Petit-Charonne les derniers avant-postes français et menace la droite de Bordesoulle. L'artillerie russe prend pied sur les hauteurs du Mont-Louis et de Ménilmontant, prête à ouvrir le feu contre les boulevards extérieurs et à bombarder la ville.

Le prince Eugène de Wurtemberg, à la tête de la 3ᵉ division Schakhoffskoï et de la brigade Wlastoff (de la 5ᵉ division), a laissé Belleville sur sa droite et couronné, de concert avec Mezentzoff et Paskiéwitch, les hauteurs de Ménilmontant et du Mont-Louis.

La position de Saint-Fargeau est désormais intenable et le duc de Padoue, menacé sur ses derrières par Mezentzoff, pressé de front par Gortchakoff, débordé du côté des Tourelles par les grenadiers de Tschoglikoff, est contraint de se replier sur Belleville. Blessé pendant la retraite, il remet le commandement de sa faible division au général Lucotte qui va prendre position à la butte du Télégraphe.

Au centre, la division Pischnitzky se dirige droit sur Les Prés-Saint-Gervais. A sa droite, tandis que la division du prince Guillaume de Prusse exécute une conversion à droite pour se rapprocher du canal de l'Ourcq, les Russes de Yermoloff sont venus soutenir la garde prussienne d'Alvensleben au moment où elle rejetait des Maisonnettes jusque vers la barrière de Pantin la faible brigade du général Secrétant. Mortier, pressé à La Villette, a dû quelques instants plutôt rappeler à lui les troupes de Charpentier et de Curial, tenues jusque-là en réserve au pied des buttes Chaumont. Maître des Maisonnettes, Yermoloff laisse la garde prussienne continuer vers la barrière de Pantin et engage ses deux régiments et son artillerie, précédés par des tirailleurs, dans la gorge entre les buttes Chaumont et Beauregard où ils se séparent et marchent en deux colonnes : l'une gravit les pentes de la butte Chaumont, déborde la batterie dont elle s'empare et se dirige sur Belleville; l'autre, escaladant les pentes de la butte Beauregard, vient déboucher sur les derrières de Boyer de Rébeval et de Compans au moment où la division Pischnitzky les attaque de front. Pris entre deux feux et mis en déroute, les bataillons français ne durent leur salut qu'à la charge d'un escadron de lanciers polonais, le seul dont disposât le général Compans. Les défenseurs des Prés-Saint-Gervais parviennent grâce à cette charge opportune, à se retirer, non sans peine sur Belleville, où ils barricadent à la hâte les passages, occupent les maisons, tout prêts à recommencer le combat. Mais ils ont dû laisser entre les mains des Russes 17 bouches à feu que, faute d'attelages, il leur aurait de toute façon été impossible d'emmener.

Maître des Prés-Saint-Gervais, des buttes Beauregard et Chaumont, Pischnitzky pousse aussitôt sur Belleville ses tirailleurs qui se rejoignent à l'entrée de ce faubourg avec ceux d'Yermoloff[1].

Mouvement de la cavalerie de Pahlen. — Charge des uhlans de Tchougouïeff contre l'artillerie du major Evain. — Pendant ce temps, Pahlen avait profité de l'entrée en ligne du IV⁰ corps, de son mouvement sur Saint-Maur et Charenton et de la retraite de la cavalerie de Bordesoulle et de Chastel pour descendre du plateau, s'établir entre Montreuil et Vincennes et envoyer quelques partis vers la barrière du Trône, faiblement occupée par des gardes nationaux.

Le major Evain, qui commandait sur ce point un gros groupe d'artillerie de réserve composé de 28 pièces servies par les élèves de l'École polytechnique et destiné à se porter au premier signal sur les points les plus menacés, n'avait reçu aucun ordre. Bien que n'ayant pour tout soutien que quelques gendarmes, le major Evain, lassé du rôle passif qu'il jouait depuis le matin, crut un peu après 3 heures qu'il pouvait sans danger s'engager sur la chaussée en remblai menant à la barrière du Trône et sur laquelle il ne pouvait marcher qu'en colonne par deux pièces. Le major espérait arrêter par le feu de ses 28 pièces les progrès de Pahlen et opérer une diversion utile à Marmont. Arrivé à hauteur du point où la chaussée de Charenton à Charonne coupe la chaussée de Vincennes, le major Evain ordonna à ses pièces de tête qu'il établit,

---

[1] Journal de Barclay de Tolly (*Archives topographiques*, n° 29188); Journal du prince Eugène de Wurtemberg (*Ibid.*, n° 47344), et Journal de Boyer de Rébeval (*Archives de la guerre*).

les unes sur la chaussée, les autres au sud de cette chaussée, de canonner la cavalerie russe débouchant par la route de Montreuil. Pahlen lui répondit immédiatement avec ses batteries à cheval dont le tir bien dirigé démonta quelques pièces et jeta le trouble dans cette longue colonne d'artillerie conduite par des conducteurs inexpérimentés.

En même temps, Pahlen prescrivit au général Kameneff d'enlever les pièces en batterie avec les uhlans de Tchougouïeff soutenus par un escadron wurtembergeois, d'arriver sur cette artillerie en masquant son mouvement et en dissimulant le plus possible ses cavaliers derrière les maisons du Petit-Vincennes. Exécutant une conversion à droite dès qu'il fut parvenu à hauteur de la chaussée, le général Kameneff se précipita sur la batterie au moment où le major Evain ordonnait d'amener les avant-trains et de se mettre en retraite. Les gendarmes avaient d'ailleurs filé sur la barrière dès qu'ils avaient aperçu les uhlans russes, et la charge, ne rencontrant aucun obstacle, arriva sur les pièces, les dépassa et pénétra dans la colonne. L'inexpérience et la terreur des conducteurs, l'encombrement de la chaussée obstruée par une partie des canons qu'on avait renversés en voulant leur faire faire précipitamment et maladroitement demi-tour, augmentèrent le désarroi. Malgré la valeur déployée par les élèves de l'École polytechnique, la colonne tout entière serait infailliblement tombée entre les mains des uhlans de Tchougouïeff, si les généraux Vincent et Laville n'avaient aperçu le mouvement des Russes. Les lanciers polonais de Vincent se portèrent aussitôt en avant et menacèrent les derrières des uhlans pendant que le colonel Ordener, à la tête du 30e dragons, se frayant un passage à travers les pièces, les chargeait sur leur flanc droit et les obligeait à reculer en abandonnant une bonne partie de leurs prises. Grâce à l'intervention opportune du 30e dragons, le major Evain, couvert par un détachement de garde nationale, put ramener environ les deux tiers de son artillerie à la barrière du Trône. Les uhlans russes trop faibles pour renouveler leur coup de main et d'ailleurs trop éloignés de leur division se retirèrent de leur côté en emmenant 9 des 15 pièces qu'ils avaient enlevées, 6 caissons et un certain nombre de prisonniers. Pahlen craignant d'être pris en flanc par Bordesoulle et Chastel, n'avait pas osé soutenir les uhlans de Tchougouïeff auxquels il envoya l'ordre de rejoindre le gros de sa cavalerie. Il se borna dès lors à surveiller d'assez loin les abords de la barrière du Trône [1].

Marmont envoie des parlementaires aux Alliés. — Débordé sur sa droite et sur sa gauche, pressé sur son front, Marmont, resserré dans Belleville, craignant à tout moment d'être rejeté à l'intérieur de Paris, crut le moment venu de faire usage de l'autorisation de Joseph. S'il faut en croire le récit du prince Eugène de Wurtemberg, en même temps qu'il envoyait en parlementaires trois officiers, parmi lesquels le colonel de Labédoyère, et dont un seul, l'aide de camp du général Lagrange, parvint à pénétrer dans les lignes russes, le duc de Raguse aurait donné avis de sa démarche au maréchal Mortier. En raison de la distance assez considérable qui séparait les deux maréchaux, de la difficulté des communications entre eux, il est presque impossible d'admettre que, comme il le prétendit dans sa lettre à l'Empereur, Marmont ne se décida à capituler qu'après s'être concerté avec le duc de Trévise. La version donnée par le prince Eugène de Wurtemberg est bien autrement vraisemblable. Le prince affirme que le duc de Trévise qui, on le sait, n'avait pas encore reçu communication des ordres de Joseph, répondit à son collègue : « Depuis trois heures, je fais infructueusement chercher le lieutenant de l'Empereur. Je ne prendrai aucune résolution avant d'avoir reçu ses ordres. »

Mais lorsque Marmont reçut cette réponse, la situation s'était modifiée du tout au tout, et le moment critique était arrivé.

Défense de Belleville. — La division Schakhoffskoï et la brigade Wlastoff étaient maîtresses des hauteurs de Ménilmontant et du Mont-Louis. Le général Tschoglikoff, après avoir chassé les troupes du duc de Padoue du parc de Saint-Fargeau, continuait à pousser sur Belleville, où la 4e division (Pischnitzky) et la 2e division de la garde russe étaient sur le point de pénétrer par l'ouest. La tête de colonne de Yermoloff, débouchant de la butte Beauregard, venait même de s'engager dans la grande rue de Belleville.

---

[1] Journal d'opérations de Barclay de Tolly (*Archives topographiques*, n° 29188); *Mémoires de Löwenstern*; Journal du général Vincent, opérations du 19 au 30 mars (*Archives de la guerre*).

moindre hésitation pouvait tout perdre. Marmont réunit à
te les quelques hommes qu'il a sous la main et se met à leur
avec les généraux Meynadier, Ricard, Pelleport et Boudin.
chal a son cheval blessé, ses habits criblés de balles ; le gé-
l Pelleport est blessé ; le général Ricard contusionné, mais
petite troupe « dont les Russes ne pouvaient apercevoir la
esse dans un pareil défilé »[1], a réussi à faire faire demi-tour
tête de colonne russe. La retraite est désormais possible : le
chal, tout en repliant une partie de son monde sur le plateau
rrière de Belleville[2], a pu faire reprendre position aux
pes d'Arrighi, de Ricard, de Joubert et de Lagrange et
ger les Russes à se tenir à distance. Ce retour offensif lui
la possibilité d'attendre, sans se compromettre la rentrée
arlementaire envoyé à Schwarzenberg qui, avec les souve-
, suivait les péripéties du combat des hauteurs à l'est de
ville.

**pérations de l'aile droite des armées alliées. — Retour
sif de Mortier en avant de La Villette. — Attaque et
e de La Villette.** — Tandis que le centre des Alliés rejetait
ont sur Belleville, que l'aile gauche s'établissait à Saint-Maur
arenton, que la cavalerie de Pahlen surveillait Vincennes et
rrière du Trône, les Russes et les Prussiens de l'aile droite
nt eux aussi accentué leurs progrès. Sérieusement attaqué à
r de deux heures par les troupes de l'armée de Silésie, Mor-
s'était vu contraint à rappeler à lui les divisions Curial
arpentier qu'il avait jetées, la première dans La Villette, la
nde dans La Chapelle.

maréchal, tout en cherchant à s'opposer aux projets des
s qui se déployaient et s'étendaient sur sa gauche, avait
rqué le mouvement de la division du prince Guillaume de
se envoyée en soutien des Russes et de la garde prussienne
ntin. Afin de dégager la gauche de Marmont et de ralentir
rogrès des Alliés en avant de Pantin, le duc de Trévise avait,

---

Mémoires de Marmont.
ournal d'opérations de Barclay de Tolly (*Archives topographiques*, n°
8) ; Journal d'opérations du prince Eugène de Wurtemberg (*Ibid.*,
344), et Stärke, Eintheilung und Tagesbegebenheiten der Haupt-Armee
onate März (*K. K. Kriegs Archiv*, III,

vers trois heures, tenté un retour offensif en avant de La Villette et repoussé au delà du pont du bassin les troupes prussiennes qui l'occupaient. Le prince Guillaume, poussant alors ses tirailleurs le long de la levée du canal, lança à la baïonnette deux bataillons du régiment d'infanterie de Brandebourg et le 14ᵉ régiment de landwehr, qui rejetèrent les Français sur La Villette et leur enlevèrent deux canons pendant que le reste de sa division exécutait un changement de front vers la droite.

Afin de couvrir la droite de son artillerie établie sur le tracé des anciens retranchements de 1732, au moment où il faisait reprendre l'offensive à son infanterie, le duc de Trévise avait prescrit à la brigade de dragons de Christophe de se porter en avant de La Villette et d'enlever la batterie prussienne qui canonnait vivement les débouchés de La Villette et n'avait pour soutien qu'un bataillon de fusiliers du 6ᵉ régiment d'infanterie. Culbutant les fusiliers prussiens qui ont vainement essayé de dégager la batterie, les dragons étaient sur le point d'enlever les pièces lorsque l'intervention de la cavalerie du général von Katzler rétablit l'équilibre. Sans laisser aux dragons le temps de se rallier, Katzler les fait charger de front par le 2ᵉ régiment de hussards du corps, soutenu en deuxième ligne et plus à droite par les hussards de Brandebourg, les ramène en désordre et les rejette dans La Villette. Profitant ensuite de la confusion et du désarroi causés par la réussite de sa charge, il déborde la batterie française et s'empare de 14 pièces.

L'artillerie prussienne a repris position et prépare maintenant par ses feux l'assaut que vont donner à La Villette les Prussiens du prince Guillaume et les Russes de Woronzoff [1].

Sans perdre un instant et bien qu'il soit tout à fait en pointe, Katzler a poussé vers les premières maisons de La Villette le bataillon de fusiliers qui n'a plus à se préoccuper désormais de la garde des batteries du Iᵉʳ corps prussien. Il a en même temps

---

[1] *Historique du 6ᵉ régiment d'infanterie prussienne*; HAGEN, *Historique du 3ᵉ régiment de dragons de la Nouvelle-Marche*; SCHNEIDAWIND, *Prinz Wilhelm von Preussen in den Kriegen seiner Zeit*; BEITZKE, *Leben des General-Lieutenants von Sohr*; C. VON W., *Feldzüge der schlesischen Armee*; COLOMB (general-lieutenant von), *Beiträge zur Geschichte der Preussischen Kavallerie seit 1808*; STÄRKE, *Eintheilung und Tagesbegebenheiten der Haupt-Armee im Monate März (K. K. Kriegs Archiv.*, III, 1).

fait connaître les derniers événements à Woronzoff dont la tête de colonne est arrivée à peu de distance de La Villette. Le prince Guillaume vient du reste de faire passer le pont du canal à sa division. Attaquant alors La Villette du côté du bassin, il s'empare des pièces en batterie à l'entrée du village et y pénètre en même temps que le général Krasowsky. Le général russe, appuyé par la batterie du lieutenant-colonel Vinsper, entre dans la partie nord de La Villette à la tête des 13e et 14e régiments de chasseurs russes, d'une partie du régiment de Toula, enlève ce qui reste de pièces et, de concert avec les Prussiens, oblige le général Curial à abandonner la tête du village et à se rapprocher des barrières.

Malgré le feu terrible dirigé contre La Villette, bien que le général Krasowsky eût été renforcé par le reste du régiment de Toula, par celui de Navaguinsk et le 1er régiment de Cosaques du Bug, bien que le gros du corps de Woronzoff se fût déployé en avant d'Aubervilliers, sa gauche à la route de Senlis, le duc de Trévise était d'autant moins disposé à abandonner La Villette que, sur sa droite, les débris de la brigade Secrétant et quelques vétérans tenaient encore bon au pont du canal et arrêtaient les progrès de la garde prussienne en avant des Maisonnettes. Aussi, décidé à tenter un suprême effort pour reprendre La Villette, le maréchal, tout en envoyant quelques faibles renforts à la brigade Secrétant, avait lancé la division Christiani sur la partie du village occupée par les Russes et les Prussiens et repris quatre des pièces qu'on avait perdues, lorsque la garde prussienne, débouchant des Maisonnettes, rejeta Secrétant et les chasseurs vétérans sur la rive droite du canal. Il était dès lors impossible de songer à se maintenir à La Villette, et le maréchal dut se résigner à donner aux troupes de son aile droite l'ordre de se replier sur la barrière de La Villette. Cette retraite s'exécuta dans l'ordre le plus parfait, par échelons, sous la protection de l'artillerie, malgré les efforts des Russes et des Prussiens et bien que le prince Guillaume de Prusse eût à ce moment opéré sa jonction avec la garde prussienne avec laquelle sa gauche se relia du côté de la barrière de Pantin[1].

---

[1] Journal d'opérations de Barclay de Tolly (*Archives topographiques,*

Prise de La Chapelle et mouvement du II⁰ corps prussien sur la butte des Cinq-Moulins. — A droite de Krasowsky et du prince Guillaume, le général von Horn, suivi par la division du prince Auguste de Prusse, avait traversé Aubervilliers et s'était formé en bataille en avant de La Chapelle que son artillerie et celle du II⁰ corps criblèrent de projectiles [1]. Obligé d'employer toutes ses réserves à La Villette et sur le canal de l'Ourcq en avant de Pantin, le maréchal Mortier ne disposait plus sur sa gauche que de la division Charpentier postée à La Chapelle et de la brigade Robert établie entre ce village et Montmartre. Malgré l'infériorité du nombre, Charpentier fit si bonne contenance à La Chapelle qu'une des brigades du prince Auguste de Prusse dut se déployer à la gauche de la division de Horn. L'entrée en ligne de ces troupes fraîches ne parvint pas à déloger les Français, et Charpentier n'évacua La Chapelle que lorsque le maréchal Mortier, obligé d'abandonner La Villette, lui envoya l'ordre de se replier. Comme Christiani, Charpentier se retira, sous la protection de l'artillerie, lentement, en bon ordre, par échelons, sur la barrière Saint-Denis, tandis que la brigade Robert allait prendre position sur la butte des Cinq-Moulins.

La division Horn, ainsi s'exprime le prince Auguste de Prusse dans son rapport [2], reçut à ce moment (4 heures 1/2 de l'après-midi) l'ordre d'attaquer Montmartre en débouchant de La Chapelle. La 10⁰ brigade lui servait de soutien; la 9⁰ brigade suivait et formait la réserve. Au moment où les troupes prussiennes, s'avançant au pas de charge en poussant des hourrahs, commençaient à s'élever sur les pentes de la butte des Cinq-Moulins, elles reçurent l'ordre de s'arrêter [3]. « On avait conclu l'armistice, dit encore le prince; Paris demandait à capituler. Nos troupes occupèrent les hauteurs de La Chapelle et les faubourgs jusqu'à la barrière Montmartre. »

Sur la droite de Mortier, le prince Guillaume de Prusse et le

---

n⁰ 29188); SCHNEIDAWIND, *Prinz Wilhelm von Preussen in den Kriegen seiner Zeit.*

[1] Rapport du prince Auguste de Prusse sur la bataille de Paris. (*Kriegsgeschichtliche Einzelschriften herausgegeben vom Grossen Generalstabe.*)

[2] *Id. in ibid.*

[3] Nous résumons plus loin toutes les négociations relatives à la conclusion de l'armistice et à la capitulation de Paris.

colonel von Alvensleben se disposaient eux aussi à briser le dernier obstacle qui se dressait encore devant eux.

Ils se préparaient à donner l'assaut à la barrière de Pantin, lorsqu'on leur prescrivit de suspendre leur mouvement. Le prince Guillaume se borna dès lors à pousser jusqu'à 200 ou 300 mètres des palissades la chaîne de ses tirailleurs, soutenus par le reste de sa division, formée par bataillons en masse. La brigade de la garde prussienne s'établit un peu en arrière, en deuxième ligne.

Mouvements et opérations de la colonne de droite des Alliés. — Marche de Langeron sur Montmartre. — Prise de la butte. — Pendant ce temps Langeron, après avoir, pour nous servir des expressions mêmes que Chrapovitzky emploie dans son Journal[1], d'abord piétiné sur place, puis marché à pas de tortue, avait cependant fini par gagner peu à peu du terrain vers Montmartre, Les Batignolles et le bois de Boulogne. Aussitôt après la prise d'Aubervilliers, le général Emanuel, renforcé par les régiments de dragons de Kargopol et de Mittau et par un escadron des chasseurs à cheval de Tchernigoff, avait été dirigé par Clichy sur la barrière de l'Étoile et Neuilly[2]. A la tête d'un corps de cavalerie d'un peu plus de 2,000 chevaux, cet officier général devait s'emparer des ponts de Neuilly, de Saint-Cloud, de Sèvres et d'Iéna. En même temps, les généraux Kapsewitch et Rudsewitch exécutaient en avant d'Aubervilliers et de Saint-Ouen, un grand mouvement tournant afin d'aborder Montmartre, le premier par Clignancourt, le deuxième encore plus à l'ouest, par les pentes du côté des Batignolles. Le duc de Trévise, dont toutes les troupes étaient déjà engagées vers la barrière de Pantin, à La Villette, à La Chapelle, contre les Prussiens du prince Guillaume de Prusse et d'Alvensleben, contre les Russes d'Yermoloff, contre l'infanterie de Woronzoff et les divisions de Horn et du prince Auguste de Prusse, ne pouvait opposer à Langeron et à Emanuel que la cavalerie de Belliard. Ce général, dès qu'il eut remarqué le mouvement exécuté par la

---

[1] Journal du conseiller d'Etat Chrapovitzky sur la campagne de 1814.
[2] Journal d'opérations du général Emanuel et Journal de Langeron. (*Archives topographiques*, n° 29103.)

cavalerie d'Emanuel, sur la route de la Révolte, et l'approche de l'infanterie de Rudsewitch et de Kapsewitch, avait dû se rapprocher du pied des buttes et appuyer sa droite à Clignancourt, sa gauche à la route des Batignolles à Saint-Ouen. Quelques cavaliers tirés des dépôts de la garde et 300 gardes nationaux lui servaient de réserve.

La cavalerie de Belliard était manifestement hors d'état d'arrêter la marche des deux colonnes russes sur Montmartre. L'enlèvement même des buttes était d'autant plus certain qu'au moment du départ de Joseph on avait envoyé, tant aux Batignolles que dans la plaine Clichy, la plus grosse partie des gardes nationaux qui y étaient établis depuis le matin ; il n'y restait plus que trente bouches à feu dont le service était incomplètement assuré, une centaine de vétérans et de conscrits et le bataillon de sapeurs-pompiers de Paris, fort d'environ 280 hommes, qui n'était arrivé sur la butte que dans l'après-midi. Bien qu'il n'eût rencontré aucune résistance, Langeron ne tenta même pas d'enlever Montmartre par un coup de main. Il fit méthodiquement préparer son attaque par les feux de son artillerie et attendit pour dessiner son mouvement que toutes ses colonnes, y compris celle que Rudsewitch avait sur son ordre poussée vers Les Batignolles par la route de Saint-Ouen, fussent arrivées à égale hauteur et que la cavalerie du général Emanuel eût repoussé sur Les Batignolles les tirailleurs de la garde nationale établis en avant de Monceaux et des Ternes et fût déjà sur le point de se montrer à la Porte-Maillot. Toute cette partie de la ligne, depuis Montmartre jusqu'au delà de Neuilly, n'était d'ailleurs défendue et gardée que par les gardes nationaux du maréchal Moncey. Un peu après 4 heures, au moment où les colonnes de Langeron achevaient leur déploiement, Moncey, qui s'était tenu jusque-là à la barrière Clichy, fit avancer sur la route de Saint-Ouen une batterie chargée de contrebattre la batterie russe en position au pied du mamelon de la butte des Gardes au point où le chemin de Saint-Ouen coupe la croupe qui descend en pente douce vers Clichy, et d'arrêter les progrès de l'infanterie. Les gardes nationaux refoulés sur Les Batignolles occupaient le village ; d'autres détachements s'établissaient aux Ternes et à Monceaux. La batterie postée à la place de l'Étoile avait été portée en avant et couverte par des abatis.

Les dispositions du maréchal n'avaient pas échappé aux généraux russes.

Pendant que la colonne de Clignancourt restait au pied de la butte, en soutien de son artillerie, le général Emanuel arrivait à la porte Maillot. S'arrêtant avant de s'engager dans le bois de Boulogne et de pousser vers le pont de Neuilly, il détacha vers la barrière de l'Étoile de la cavalerie et quelques pièces qui se bornèrent à tirailler avec les gardes nationaux.

Précédées par leur artillerie les troupes de Langeron avaient continué leur mouvement convergent sur Montmartre et étaient arrivées à portée de fusil de la cavalerie de Belliard ; celle-ci fait charger leurs têtes de colonne par le général Dautancourt : mais ses chasseurs sont ramenés par le feu des Russes et obligés à se rallier derrière la deuxième ligne ; une autre charge conduite par le général Sparre (5e et 12e dragons) n'a pas plus de succès. Débordé sur ses deux ailes, coupé des plaines par lesquelles il aurait voulu se retirer, mitraillé par l'artillerie de Langeron, Belliard n'a d'autre ressource que de remonter au galop les chemins qui aboutissent au sommet de la butte. Il jette en toute hâte dans un enclos, sur la gauche de la butte, le bataillon de sapeurs-pompiers qui seul peut ralentir la marche de Kapsewitch et de Rudsewitch, et donner à la cavalerie le temps de rentrer dans Paris.

Quelques instants plus tard l'infanterie russe couronne les hauteurs de Montmartre. Pendant ce temps deux des escadrons de Belliard se portent en toute hâte par Les Batignolles en avant de Monceaux, que l'extrême droite de Langeron est sur le point d'enlever.

Mais bientôt, pressés par le nombre, ces deux escadrons, que la garde nationale refuse de soutenir, sont obligés de rétrograder sur la barrière de Monceaux pendant que les Russes pénètrent dans Les Batignolles et poussent en désordre sur la barrière de Clichy les gardes nationaux postés dans ce faubourg. A la gauche de Langeron, Horn et Kleist ne trouvant plus personne devant eux, avaient occupé la butte des Cinq-Moulins [1].

---

[1] Gneisenau dans sa lettre à Eichhorn, en date de Paris, 20 avril 1814, citée par les *Kriegsgeschichtliche Einzelschriften*, 1884, V, 136, écrit à ce pro-

Combat de la barrière de Clichy. — Malgré la gravité de la situation et le désarroi causé par les progrès des Russes, le maréchal Moncey, décidé à tenter l'impossible pour empêcher les Alliés de forcer les portes de Paris, avait rallié les gardes nationaux chassés des Batignolles et achevé d'organiser la défense de la barrière de Clichy, vers laquelle semblaient converger les troupes de Langeron. En arrière du tambour élevé à la barrière même, il avait improvisé un deuxième retranchement. Les pièces servies par les Invalides avaient été amenées dans les embrasures du tambour, dont les meilleurs tireurs de la garde nationale garnissaient les créneaux. Les grenadiers et les chasseurs de cette garde s'étaient postés aux fenêtres et sur la plate-forme du grand bâtiment de la barrière. Le reste de la garde nationale était formé en bataille des deux côtés de la rue de Clichy.

Le vieux maréchal avait réussi par son exemple à rendre la confiance à la garde nationale, à faire passer son énergie dans le cœur de ces soldats improvisés.

Un feu bien nourri accueille les têtes de colonne de Langeron et oblige les Russes à s'établir dans les maisons du faubourg d'où ils répondent vivement aux gardes nationaux et aux canonniers-vétérans de Moncey et continuent à tirailler avec eux jusqu'au moment où ils reçoivent, eux aussi, l'ordre de cesser le feu [1].

Derniers coups de feu tirés à Saint-Denis et à la barrière de l'Etoile. — Korniloff, détaché sur Saint-Denis qu'il avait vainement essayé d'enlever à trois reprises après avoir fait brèche dans les murs, avait eu quelque peine à se maintenir contre une vigoureuse sortie de la petite garnison avec laquelle il tiraille sans succès jusqu'au soir et qu'il ne put décider à capituler [2].

---

pos : « Nous allions donner l'assaut à Montmartre lorsque nous reçûmes l'avis officiel de l'armistice. Je voulais empêcher l'assaut, mais il n'était plus possible d'arrêter les troupes, et c'est ainsi qu'on enleva par la force des positions qu'on nous aurait cédées à la suite des négociations. »

[1] Journal d'opérations du général comte de Langeron. (*Archives topographiques*, n° 29103.)

[2] *Id. in ibid.*

Enfin pendant que les Russes de Langeron escaladaient Montmartre, le général Emanuel avait envoyé un parti occuper le pont de Neuilly; le gros de sa colonne continuait à tirailler avec les gardes nationaux postés à l'Etoile. Séparé du reste de la ligne de bataille par quelques escadrons de cavalerie française se dirigeant sur le bois de Boulogne, Emanuel reçut le dernier l'avis de l'armistice et le feu ne cessa de ce côté qu'à la nuit [1].

La bataille de Paris avait coûté cher aux Alliés; les pertes des Russes (y compris les corps de Langeron et de Woronzoff appartenant à l'armée de Sibérie) s'élevaient à plus de 100 officiers et de 7,000 hommes. La garde prussienne et badoise avait laissé sur le champ de bataille 69 officiers et 1286 hommes; les corps d'York et de Kleist avaient été moins éprouvés et n'avaient perdu que 700 hommes; le corps du prince royal de Wurtemberg n'avait eu que 216 hommes hors de combat. 86 bouches à feu (si l'on ne comprend pas dans ce chiffre les 29 pièces laissées à Montmartre et que Langeron enleva sans combat) étaient tombées entre les mains des Alliés [2].

Négociations. — Armistice. — Un peu après 4 heures, l'aide de camp du général Lagrange, envoyé en parlementaire par Marmont, avait réussi à franchir les lignes des Alliés et à se faire conduire près des souverains et du généralissime. Les pouvoirs donnés à l'officier français étaient peu étendus : il devait se borner à obtenir une suspension d'armes. En raison même des progrès faits par l'attaque, de la prise des positions qui dominaient Paris, il était impossible d'admettre que les souverains et le généralissime se contenteraient d'une convention semblable, renonceraient aux avantages qu'ils venaient de remporter et consentiraient à donner à la défense, naturellement désireuse de traîner les négociations en longueur, la possibilité d'attendre l'arrivée de l'armée de l'Empereur. Le tzar se garda bien toutefois de repousser l'occasion qu'il recherchait depuis la veille et qu'il avait déjà essayé de faire naître le matin. Il chargea

---

[1] Journal d'opérations du général comte de Langeron. (*Archives topographiques*, n° 29103), et Journal d'opérations du général Emanuel.
[2] Journal d'opérations de Barclay de Tolly. (*Archives topographiques*, n° 29188.)

donc le colonel Orloff, son aide de camp qui avait déjà accompagné Peyre à Pantin, de s'aboucher avec le parlementaire français. L'entretien fut de courte durée. L'insuffisance des pouvoirs donnés à l'officier français ne lui permettant pas de s'engager, le tzar chargea Orloff et le colonel comte Paar de se rendre avec lui auprès de Marmont. Traversant au galop et sous un feu terrible la chaîne des tirailleurs russes et français, Orloff aperçut un général français vers lequel il se dirigea et qui donna aussitôt l'ordre de cesser le feu. « Je suis le duc de Raguse, dit-il en se portant à la rencontre de l'officier russe, et vous, qui êtes-vous ? — Le colonel Orloff, aide de camp de S. M. l'empereur de Russie. Sa Majesté désire conserver Paris à la France et au monde. — C'est aussi notre désir et notre espoir. Quelles sont vos conditions ? — Le combat cessera immédiatement. Les troupes françaises se retireront en arrière des barrières. On nommera de suite une commission chargée d'arrêter les bases de la capitulation. — *J'y consens.* Le duc de Trévise et moi nous nous rendrons à la barrière de Pantin où nous vous attendrons. Nous allons nous hâter de faire cesser le feu sur toute la ligne. Au revoir. »

En partant pour rejoindre son souverain, Orloff se retourna encore une fois vers le maréchal et lui dit : « Les hauteurs de Montmartre sont-elles au nombre des points que vos troupes doivent évacuer ? » — Marmont réfléchit une minute avant de répondre : « Sans doute, puisqu'elles sont en dehors des barrières. »

A son retour auprès des souverains, Orloff trouva le tzar sur la hauteur en avant de Belleville en train de donner l'ordre d'y établir une batterie. Dès que le colonel lui eut rendu compte de sa mission, Alexandre fit appeler le comte de Nesselrode et lui communiqua les instructions qu'il avait préalablement arrêtées avec le roi de Prusse et le prince de Schwarzenberg. Nesselrode, Orloff et le colonel comte Paar, aide de camp du généralissime, désignés pour faire fonction de commissaires et accompagnés par le capitaine Petersen, chambellan de l'empereur de Russie, se dirigèrent sans tarder vers la barrière de Pantin où ils arrivèrent vers 5 heures.

A ce moment le feu avait complètement cessé sur tout le front des positions de la grande armée alliée et de Marmont. On n'entendait plus la canonnade et le bruit de la mousqueterie que du côté de l'armée de Silésie et de la face Nord de l'enceinte. Marmont seul, entouré de son état-major, attendait les commissaires alliés à la barrière de Pantin. Mortier n'avait pas paru. Après quelques minutes d'entretien, les commissaires alliés, accédant à la proposition du duc de Raguse, consentirent à aller, d'abord jusqu'à La Villette, puis jusqu'à La Chapelle, où l'on trouva enfin le duc de Trévise. Les commissaires alliés et les deux maréchaux entrèrent alors pour discuter les bases de la capitulation dans une auberge, à peu de distance de la barrière Saint-Denis.

Dans l'intervalle le duc de Trévise avait été rejoint vers 4 heures par le général Dejean qui, après avoir vainement couru après le roi Joseph, avait apporté au maréchal l'annonce de l'arrivée prochaine de l'Empereur et l'ordre verbal, mais formel, de se défendre jusqu'à la dernière extrémité. Le général Dejean avait en même temps informé le maréchal Mortier qu'il était porteur d'une lettre de l'Empereur à Schwarzenberg, lettre par laquelle Napoléon faisait savoir au généralissime qu'il avait soumis directement à son beau-père des propositions qui devaient amener la paix. Mortier, bien qu'il n'eût pas encore reçu l'ordre laissé par Joseph à son départ de Montmartre et qu'il ne se fît aucune illusion sur l'accueil réservé à une communication de ce genre faite dans un semblable moment, avait néanmoins chargé le général Lapointe, son chef d'état-major, de demander un armistice et de remettre au généralissime la lettre confidentielle qui lui était destinée [1].

Dès l'ouverture de la conférence, à l'auberge du « *Petit-Jardinet* », Nesselrode posa des conditions inadmissibles : Paris devait être remis aux Alliés, toute la garnison mettrait bas les armes. Le commissaire russe essaya vainement de calmer l'indignation des Maréchaux en leur déclarant que les souverains alliés n'imposaient de semblables conditions que pour obliger Napoléon à faire la paix. Les Maréchaux n'en restaient pas moins inébranlables, lorsqu'on entendit tout à coup une violente

---

[1] D'après Koch, Schels et Damitz, le général Lapointe aurait été envoyé directement par Mortier au quartier général des Alliés. Nous avons, au contraire, donné la préférence à la version du comte Orloff qui a retracé dans son Journal les moindres événements des pourparlers et des négociations qui ont abouti à la signature de la capitulation.

canonnade et le bruit d'une fusillade des plus vives. C'était Langeron qui couronnait les hauteurs à peine défendues de Montmartre. Nesselrode, pensant que ce nouveau progrès des Alliés pourrait décider les Maréchaux à accepter ses conditions, revint une fois encore à la charge; mais devant leur refus catégorique, il dut se résigner à lever la conférence et à retourner avec ses collègues chercher de nouvelles instructions à Belleville. « Les commissaires alliés, dit Orloff, étaient accompagnés par le général Lapointe, porteur de la lettre apportée par le général Dejean. Éconduit par le généralissime, le général Lapointe ne tarda pas à rentrer à Paris par la barrière de La Villette [1]. »

A 7 heures du soir, les commissaires alliés, munis de nouvelles instructions, étaient de retour au cabaret où les attendaient les Maréchaux.

Les nouvelles propositions n'étaient guère moins dures que les premières.

Les souverains consentaient à laisser les troupes sortir de Paris avec armes et bagages ; mais ils voulaient, en revanche, déterminer à leur choix la direction de leur retraite.

Les Maréchaux protestèrent vivement contre ces prétentions d'autant plus inadmissibles que, comme Marmont le fit remarquer aux commissaires alliés, Paris n'était pas bloqué. Pour lui, comme pour Mortier, les troupes françaises devaient pouvoir utiliser pour leur retraite toutes les routes encore à leur disposition.

Le duc de Raguse invita d'ailleurs Nesselrode à lui faire connaître celle des routes que les Alliés comptaient leur attribuer dans le cas où ils auraient accepté ces inacceptables propositions. Dès qu'il sut qu'on comptait les obliger à prendre la route de Bretagne, Marmont déclara que : « Décidé à défendre, dans ce cas, Paris pied à pied, et ne pouvant, en tous cas, être rejeté que sur le faubourg Saint-Germain et de là sur la route de Fon-

---

[1] Journal du comte Orloff (*Archives topographiques*). Orloff qui conférait à Belleville avec l'empereur Alexandre, n'a pas eu connaissance de la réponse faite par Schwarzenberg à la lettre remise par le général Lapointe. Le généralissime fit savoir au maréchal qu'il était mal informé, que les liens sacrés et indissolubles qui unissaient les souverains mettaient son souverain dans l'impossibilité de traiter séparément de la paix et joignit à sa lettre un exemplaire de la déclaration faite par les souverains alliés lors de la rupture du congrès de Châtillon.

tainebleau, il lui était impossible de concéder par un armistice incompatible avec l'honneur d'un vieux soldat ce que les Alliés seraient hors d'état d'obtenir par la force. » Visiblement ému par les prétentions exorbitantes des commissaires, le maréchal ajouta en finissant : « La fortune vous favorise ; le succès de vos armes est certain. Les conséquences de votre victoire sont incalculables. Soyez modérés et généreux. Ne nous poussez pas aux dernières résolutions. La grandeur d'âme est souvent plus utile et plus profitable que la force. »

Tout en reconnaissant la justesse des arguments des Maréchaux, les commissaires, liés par leurs instructions, n'osaient et ne pouvaient rien céder. Dans ces conditions, la discussion continua sans aboutir jusqu'au moment où le maréchal Mortier, renonçant à jouer plus longtemps un rôle de diplomate qui convenait peu à son caractère, déclara aux commissaires qu'il abandonnait au duc de Raguse le soin de négocier avec eux, et qu'il les quittait afin d'aller prendre les mesures nécessaires pour assurer et continuer la défense de la capitale.

Suspension des pourparlers et des négociations, le 30 mars, à 8 heures du soir. — La nuit était venue. Il était alors 8 heures du soir. On discutait depuis près de trois heures, sans pouvoir arriver à une solution. La situation paraissait d'autant plus grave aux commissaires alliés qu'ils avaient connaissance de l'arrivée du général Dejean, et qu'ils savaient l'Empereur et son armée en marche sur Paris.

Le colonel Orloff fit alors remarquer à Nesselrode que, les Alliés ne pouvant attaquer Paris pendant la nuit, il leur était par suite absolument impossible d'empêcher les Français de se retirer par la route que les Maréchaux choisiraient. Il fallait, à son avis, ou signer immédiatement la capitulation, ou suspendre les négociations et le laisser en otage à Paris jusqu'à la signature de l'armistice ou jusqu'à la reprise des hostilités. Le comte de Nesselrode n'osant enfreindre les instructions formelles de l'empereur Alexandre accepta la proposition d'Orloff, et leva la séance en déclarant au duc de Raguse que les Alliés ne recommenceraient pas les hostilités avant que le colonel Orloff n'ait été rappelé et ramené aux avant-postes russes.

Marmont, accompagné d'Orloff, rentra à Paris. Nesselrode, le colonel comte Paar et le capitaine Petersen retournèrent au quartier général d'Alexandre.

Ordres donnés par Schwarzenberg le 30 mars, à 6 heures du soir. — Pendant qu'on négociait sans parvenir à tomber d'accord sur les conditions de la capitulation, le généralissime avait, dès 6 heures, envoyé à ses différents corps une première disposition et renouvelé l'ordre de cesser les hostilités sur toute la ligne. Aux termes de cette disposition l'armée de Silésie devait s'établir à Montmartre et couvrir sa droite en occupant le bois de Boulogne et les ponts de la Seine, depuis Neuilly jusqu'à Paris. Les grenadiers russes et le VI⁶ corps allaient bivouaquer sur les hauteurs de Belleville et de Bagnolet, ayant pour soutien les gardes et les réserves arrêtées sur les hauteurs en arrière de Pantin et de Romainville. Le IV⁶ corps, ayant derrière lui le III⁶ corps, restait dans le bois de Vincennes et gardait le pont de Charenton.

Le quartier général retournait à Bondy. Les troupes alliées décrivaient ainsi autour de Paris un immense arc de cercle s'appuyant à la Seine en amont et en aval de la capitale. A gauche, le prince royal de Wurtemberg avait réparti ses troupes légères entre le bois de Vincennes et Charenton. Le gros du IV⁶ corps resta pour la nuit à Nogent et Neuilly-sur-Marne. Derrière lui, le III⁶ corps campait en deuxième ligne entre Montreuil et Fontenay-sous-Bois. La brigade Crenneville, employée à l'investissement du château de Vincennes, avait son gros à La Pissotte. La cavalerie de ces deux corps était à Saint-Mandé, couverte par une ligne de vedettes établies à portée de fusil des barrières de Paris.

Au centre le VI⁶ corps et les grenadiers russes avaient allumé leurs feux de bivouac sur les hauteurs de Belleville, Ménilmontant, Mont-Louis et Charonne, les grenadiers en première ligne, le VI⁶ corps en deuxième. La 1ʳᵉ division de la garde russe prolongeait la droite des grenadiers sur les hauteurs et s'étendait dans la plaine, au nord des Prés-Saint-Gervais. La 2⁶ division de cette garde et la brigade de la garde prussienne et badoise campaient dans la plaine en avant de Pantin. Les cuirassiers russes et la cavalerie de la garde russe et prussienne restaient en deuxième ligne, aux environs de Pantin. L'artillerie russe était en batterie à Charonne, Mont-Louis et Belleville.

Barclay de Tolly, qu'on venait de nommer feld-maréchal, s'installa à Romainville.

Le roi de Prusse vint s'établir à Pantin. L'empereur de Russie et Schwarzenberg avaient gardé leur quartier général au château de Bondy.

A l'aile droite, l'avant-garde de Katzler n'avait pas bougé du Rouvroy; le prince Guillaume de Prusse occupait La Villette; la cavalerie de Zieten s'établit à hauteur de La Chapelle; la division Horn campa entre la butte des Cinq-Moulins et Montmartre; le IIe corps et le corps de Langeron sur la butte Montmartre et Woronzoff devant Clignancourt.

Des détachements fournis par le corps de Langeron occupèrent Monceaux et Les Ternes, Clichy et Neuilly, Boulogne et Auteuil [1].

Blücher, bien que souffrant encore cruellement de son ophtalmie, était remonté pour la première fois à cheval vers la fin de la journée et, sans avoir rien vu de ce qui s'était passé, sans avoir pris la moindre part à la direction des combats livrés par son armée, il avait été s'établir d'abord près de La Villette, puis dans une maison complètement dévastée et pillée sur la butte Montmartre [2].

La lenteur des négociations n'avait pas été sans inquiéter les généraux alliés et surtout l'état-major de l'armée de Silésie. Pour être prêt à parer à tout événement, on avait établi à Montmartre une grosse batterie de 84 pièces et donné l'ordre de tenir les troupes prêtes, soit à recevoir l'attaque des Français, soit à donner l'assaut. On avait en outre informé les commandants de corps et de division que, sans attendre l'avis de la dénonciation de l'armistice, ils auraient à se porter en avant dès que la grande armée reprendrait l'offensive. York et Kleist, roulés dans leurs manteaux, s'étaient étendus sur une botte de paille. Toujours prudent, toujours enclin à prévoir des difficultés, le commandant du Ier corps s'attendait si bien à voir la lutte se renouveler le lendemain qu'il avait donné ordre de mettre la nuit à profit pour

---

[1] Stärke, Eintheilung und Tagesbegebenheiten der Haupt-Armee im Monate März. (*K. K. Kriegs Archiv.*, III, 1.)

[2] Tagebuch des Generals der Kavallerie Grafen von Nostitz. (*Kriegsgeschichtliche Einzelschriften*, 1884, V.)

distribuer à ses troupes qui n'avaient plus de cartouches les munitions abandonnées par les Français. Vers 11 heures il se rassura quelque peu lorsque le comte de Brandenburg, qu'il avait envoyé au quartier général du roi de Prusse, lui rapporta de Pantin une dépêche lui annonçant que les Maréchaux allaient être obligés de se retirer sur Rennes, mais que la capitulation n'était cependant pas encore définitivement signée[1].

Positions des corps de Wrède et de Sacken. — Les deux corps de Wrède et de Sacken avaient été, on s'en souvient, laissés à Meaux et à Trilport pour couvrir les derrières des Alliés. Dans le courant de l'après-midi, le feld-maréchal bavarois avait rendu compte au généralissime des positions occupées par le Ve corps et par les Russes. Il lui mandait, en outre, que le gros de la cavalerie de Frimont se tenait à Quincy, l'avant-garde à Crécy; deux escadrons de la pointe occupaient sur le Grand-Morin le pont de Coulommiers. Le général Sacken avait poussé le gros de sa cavalerie sur Château-Thierry et détaché des partis sur la route de La Ferté-Gaucher. Ni les cosaques de Sacken, ni les cavaliers de Frimont n'avaient aperçu la moindre colonne de troupes françaises.

Mais les bagages et les convois n'avaient pas achevé de passer la Marne. « Demain seulement, disait Wrède en terminant sa dépêche, il ne restera plus sur la rive gauche de la Marne que la cavalerie[2] ».

Disposition provisoire du généralissime pour le 31 mars. — Le généralissime, après avoir donné à 6 heures du soir les ordres que nous avons reproduits plus haut, n'avait d'ailleurs pas attendu la signature et la conclusion définitive de l'armistice pour envoyer à ses lieutenants des instructions provisoires réglant les mouvements du lendemain.

Par les rapports fournis par Seslavin et Kaïssaroff, il savait déjà, avant de rentrer à son quartier général de Bondy, que l'armée de

---

[1] Droysen, *Vie du feld-maréchal comte York von Wartenburg*, II, 388-89.
[2] Feld-maréchal comte Wrède au prince de Schwarzenberg, Meaux, 30 mars après-midi (*K. K. Kriegs Archiv.*, III, 496), et Taxis, *Tagebuch* (*Ibid.*, XIII, 32).

l'Empereur était en marche sur la route de Troyes à Sens et se dirigeait sur Fontainebleau[1]. L'arrivée de Nesselrode ne lui laissant plus de doutes sur l'issue des négociations, il adressa sans plus tarder de nouvelles instructions à Wrède, au prince royal de Wurtemberg, à Raïeffsky et au feld-maréchal Blücher.

La dépêche destinée à Wrède était conçue en ces termes : « Les maréchaux Marmont et Mortier vont probablement se replier sur Fontainebleau, et Napoléon, paraît-il, marche sur Paris par la route de Sens. Ne laissez qu'un détachement sur La Ferté-Gaucher. Venez demain avec votre corps d'armée à Chelles afin de pouvoir arriver sous Paris après-demain, 1ᵉʳ avril. Le corps de Sacken restera jusqu'à nouvel ordre à Meaux et enverra des partis sur Montmirail et La Ferté-sous-Jouarre[2] ».

Raïeffsky devait pousser, dès le 31 au matin, sa cavalerie légère sur la route de Fontainebleau et la charger de poursuivre vivement les troupes françaises sortant de Paris[3].

Le prince royal de Wurtemberg recevait de son côté l'ordre de passer la Marne à Charenton, de marcher sur Melun et de s'assurer du pont de la Seine[4].

---

[1] STÄRKE, Eintheilung und Tagesbegebenheiten der Haupt-Armee im Monate März. (*K. K. Kriegs Archiv.*, III, 1.)

[2] Prince de Schwarzenberg au feld-maréchal comte Wrède, Bondy, 30 mars soir. (*Ibid.*, III, 504.)

[3] Prince de Schwarzenberg au général Raïeffsky, Bondy, 30 mars soir. (*Ibid.*, III, 503.)

[4] Prince de Schwarzenberg au prince royal de Wurtemberg, Bondy, 30 mars soir. (*Ibid.*, III, 502.)

Le prince royal de Wurtemberg répondit encore dans la nuit du 30 au 31, de Fontenay-sous-Bois, à la dépêche du généralissime. Il l'informa que, dès 10 heures du matin, un régiment wurtembergeois et deux bataillons de grenadiers autrichiens du IVᵉ corps, un régiment d'infanterie autrichienne du IIIᵉ seraient rendus à Pantin et que les troupes du IVᵉ corps garderaient les barrières comprises entre la barrière du Trône et la Seine. Une deuxième brigade du IIIᵉ corps devait aussi renforcer les troupes chargées de l'investissement du château de Vincennes. Le gros des deux corps passerait la Marne à Charenton et irait prendre position sur la ligne Villeneuve-Saint-Georges—Noiseau. L'avant-garde du IVᵉ corps pousserait vers Melun et celle du IIIᵉ corps sur Brie-Comte-Robert avec ordre de surveiller de là la route de Provins. Le prince royal modifia d'ailleurs quelques heures plus tard les instructions relatives au IIIᵉ corps. Ce corps reçut l'ordre de commencer son mouvement à 8 heures, de passer le pont de Saint-Maur et de prendre position : le gros à Boissy-Saint-Léger, l'avant-garde à Brie-Comte-Robert, surveillant les routes menant à Tournan, à Fontenay, à Rozoy et à Guignes.

Comme le généralissime avait décidé qu'une partie seulement de l'armée alliée entrerait à Paris, il avait joint à ses dispositions des instructions relatives aux positions que les différents corps de l'armée alliée auraient à occuper le 31 mars, dès 7 heures du matin. L'armée de Silésie devait garder les barrières depuis La Villette jusqu'à la Seine du côté de Passy et pousser de là sur la rive gauche; le VI⁰ corps avait à fournir les postes depuis la barrière de Pantin jusqu'à la route de Montreuil; le IV⁰ corps, ceux établis depuis Montreuil jusqu'à la Seine.

Observations sur la bataille de Paris. — Avant de revenir une dernière fois sur la conclusion de la capitulation et de reprendre l'exposé des négociations auxquelles elle donna lieu, il nous paraît indispensable de jeter un dernier coup d'œil sur le caractère même de la bataille de Paris. De part et d'autre, du côté de l'attaque comme de celui de la défense, la conduite des opérations donne lieu à plus d'une critique.

Quoique prévue et désirée par les généraux alliés autant qu'elle était redoutée par le roi Joseph et par ses conseillers, la bataille de Paris présente avant tout cette singulière particularité qu'elle a, pendant la plus grande partie de la journée, affecté le caractère d'un combat de rencontre par cela même que la direction supérieure et la préparation rationnelle du combat ont fait défaut des deux côtés. Bien que malgré l'effacement complet de Joseph, malgré des fautes aussi graves que l'abandon de Romainville et de Pantin, les Maréchaux aient pu tenir pendant toute la journée, on aurait néanmoins tort de vouloir attribuer à leurs dispositions la durée d'une résistance que la faiblesse du commandement et le manque de direction des armées alliées ont seuls rendue possible.

Sans parler même du luxe superflu de précautions prises pour couvrir les derrières des masses amenées devant Paris, de l'arrêt inutile de deux corps d'armée à Meaux et à Trilport, on a peine à s'expliquer les raisons pour lesquelles on dirigea les deux corps de Gyulay et du prince royal de Wurtemberg vers l'extrême gauche de l'attaque sur des points où la résistance ne pouvait être sérieuse, tandis qu'on confiait au seul corps de Raïeffsky la difficile mission d'enlever le plateau de Romainville.

On avait également donné une extension démesurée au front

d'attaque et négligé surtout de régler la marche des différentes colonnes de façon qu'elles fussent à même d'entrer en ligne au moment voulu et en état de se soutenir réciproquement. Loin de profiter de la faute commise par les Français de l'abandon de Pantin et de Romainville, les Alliés avaient évacué ces villages le 29 au soir. Sans l'initiative du prince Eugène de Wurtemberg qui, par son coup d'œil et son énergie, répara en partie, dans la limite des forces dont il disposait, les erreurs et suppléa à l'insuffisance du commandement supérieur, Marmont aurait réussi à occuper les hauteurs et à empêcher le VI⁰ corps de prendre pied sur le plateau dont la possession pouvait seule permettre aux Alliés de déboucher de Pantin.

Les mouvements de l'armée de Silésie n'avaient été ni mieux combinés, ni plus habilement préparés que ceux de la grande armée. Ils s'exécutèrent avec tant de lenteur que Mortier eut le temps de venir s'établir sur des positions qu'on aurait pu occuper sans coup férir si, dès le matin, on avait marché au canon et poussé Langeron, des environs d'Aubervilliers, vers les bords du canal de l'Ourcq et sur La Villette. Enfin, pendant que les Russes de Raïeffsky et la brigade de la garde prussienne soutenaient tout le poids de la lutte, on ne voulut pas, au quartier général de l'armée de Silésie, se départir des procédés habituels de Gneisenau et, au lieu de chercher à dégager le centre du front de combat par une offensive brusquée contre la gauche des lignes françaises, on prépara méthodiquement l'attaque des positions au nord du canal de l'Ourcq par l'action de l'artillerie.

Les Alliés ont du reste chèrement payé les fautes qu'ils ont commises, et c'est, nous le répétons encore, au manque d'une direction unique, aux dispositions défectueuses du commandement, à leurs efforts successifs, à leurs attaques partielles qu'on doit attribuer les pertes relativement considérables que leurs troupes éprouvèrent pendant la journée du 30 mars.

Signature de la capitulation. — A 11 heures du soir, l'empereur de Russie avait évidemment accepté en principe les conditions posées par Marmont et que Nesselrode s'était chargé de soumettre à son approbation puisque le généralissime, écrivant à Blücher, lui disait : « Par suite de la capitulation, les troupes françaises évacueront Paris demain matin à 7 heures et se retireront vraisemblablement par la route de Fontainebleau. Vous reconnaîtrez avec moi qu'il importe d'autant plus de les poursuivre que nous ne stipulons rien en faveur de l'ennemi après sa sortie de Paris. Vous ferez donc assurer cette poursuite très énergiquement et, par la route la plus courte, par celles de vos troupes les plus avantageusement placées à cet effet. La cavalerie légère du VIe corps a ordre de participer à cette poursuite. Elle sera soutenue par les IIIe corps et IVe corps qui pousseront leurs troupes légères sur les routes menant à Melun et sur les routes voisines [1]. »

Pendant ce temps, Marmont, accompagné par Orloff, était rentré à Paris. Tout ce qui restait dans la capitale de hauts fonctionnaires et de personnages officiels y attendait avec impatience le retour du maréchal. Le général de Girardin, aide de camp du major-général, arrivé de Troyes dans la soirée, s'était lui aussi rendu à l'hôtel du maréchal, et malgré les protestations des assistants, tous, à l'exception de La Valette, partisans de la capitulation, il avait renouvelé au maréchal l'ordre formel de continuer la défense et déclaré de nouveau au duc de Raguse qu'il précédait seulement de quelques heures l'Empereur en personne. Rien n'était encore fait; rien n'était définitivement arrêté.

On pouvait donc recommencer la lutte le lendemain. L'arrivée de Talleyrand [2], l'entretien particulier qu'il eut avec le maréchal, succédant aux insinuations perfides de Bourrienne, aux éloges, aux félicitations dont ne cessaient de le combler les personnages réunis chez lui, triomphèrent des dernières hésitations du maréchal et le décidèrent, pour nous servir des termes mêmes employés par le général-lieutenant von Bismarck, « à sacrifier son

---

[1] Le prince de Schwarzenberg au feld-maréchal Blücher, Bondy, 30 mars, 11 heures du soir. (*K. K. Kriegs Archiv.*, III, 564.)

[2] Le colonel Orloff raconte que Talleyrand, après l'entretien qu'il venait d'avoir avec Marmont, traversa le salon et, se dirigeant vers l'officier russe qui se tenait à l'écart, lui dit d'un ton solennel : « Monsieur, veuillez bien vous charger de porter aux pieds de S. M. l'empereur de Russie, l'expression du profond respect du prince de Bénévent. » « Prince, répondit à mi-voix Orloff, je porterai, soyez-en sûr, ce blanc-seing à la connaissance de Sa Majesté. » Un fin sourire se dessina sur les lèvres de Talleyrand qui, satisfait du sens de ses paroles, s'éloigna aussitôt et quitta l'hôtel du maréchal. (Journal de Michel Fédorovitch Orloff; *Archives topographiques*, n° 47346.)

honneur et l'honneur national à la haine qu'il portait à Napoléon. »

A 2 heures du matin, le colonel comte Paar [1] rejoignait Orloff et lui apportait les pouvoirs nécessaires pour signer la capitulation, et qui autorisaient les commissaires alliés à accepter les conditions posées par Marmont et Mortier. Quelques heures plus tard, Orloff et Paar, au nom de l'empereur de Russie et du généralissime, les colonels Fabvier et Denys de Danrémont [2], aides de camp de Marmont et délégués par lui, signaient la capitulation suivante dont le texte avait été lu préalablement par Marmont lui-même aux personnages réunis dans son salon :

« Article premier. — Les corps des maréchaux Marmont et Mortier évacueront la ville de Paris, le 31 mars, à 7 heures du matin.

« Art. 2. — Ils emporteront avec eux *l'attirail* de leurs corps d'armée.

« Art. 3. — Les hostilités ne pourront recommencer que deux heures après l'évacuation de Paris, c'est-à-dire le 31 mars, à 9 heures du matin.

« Art. 4. — Tous les arsenaux, ateliers, établissements et magasins militaires seront laissés dans l'état où ils se trouvaient avant qu'il fût question de la présente capitulation.

« Art. 5. — La garde nationale ou urbaine est totalement séparée des troupes de ligne. Elle sera conservée, désarmée ou licenciée selon les dispositions des puissances alliées.

« Art. 6. — Le corps de la gendarmerie municipale partagera entièrement le sort de la garde nationale.

« Art. 7. — Les blessés et maraudeurs restés à Paris après 7 heures seront prisonniers de guerre.

---

[1] La lettre du comte de Nesselrode était conçue en ces termes : « A Monsieur le colonel Orloff. Monsieur, S. M. l'empereur, d'accord avec le maréchal prince de Schwarzenberg, trouve plus avantageux pour les armées alliées de ne point insister sur la condition qu'il avait mise à la sortie des troupes en se réservant la faculté de les faire poursuivre sur la route par laquelle elles se dirigeront. Vous êtes donc autorisé, conjointement avec M. le colonel comte Paar, à conclure une convention relative à la remise et à l'occupation de Paris aux conditions dont nous étions convenus avant mon départ avec MM. les ducs de Trévise et de Raguse. Bondy, 18/30 mars. » (Journal d'Orloff ; *Archives topographiques*, n° 47346.)

[2] Le même qui fut tué à l'assaut de Constantine.

« Art. 8. — La ville de Paris est recommandée à la générosité des hautes puissances alliées. »

La capitulation n'était et ne pouvait être que purement militaire ; mais il restait encore un grand nombre de questions à régler, questions qui, bien que d'une importance capitale, ne pouvaient être résolues que par les autorités civiles, que par une députation qu'on convint d'envoyer auprès du tzar et que le colonel Orloff promit de conduire à Bondy et de présenter à son souverain. Le colonel russe, qui avait mené ces tristes négociations avec un esprit de modération et une délicatesse qui correspondaient aux instructions de l'empereur Alexandre, avait d'ailleurs eu le soin de déclarer que l'article 8 avait été rédigé sur l'ordre formel du tzar, désireux « d'épargner aux habitants de Paris l'humiliation de voir les clefs de la ville figurer dans quelque musée étranger. »

Conduite par le colonel Orloff, la députation de Paris, composée du préfet de la Seine Chabrol, du préfet de police Pasquier, de quelques membres du Conseil municipal, du chef d'état-major de la garde nationale Allent, de Tourton et d'Alexandre de Laborde, adjudants-commandants de cette garde, se mit en route pour Bondy. Après avoir présenté la députation au comte de Nesselrode, le colonel Orloff monta à la chambre du tzar, lui rendit compte de sa mission et se prépara à repartir pour la barrière de Pantin où les commissaires français et alliés devaient se retrouver le 31 à 8 heures du matin [1].

Position des corps de Marmont et de Mortier le 30 mars au soir. — Les troupes françaises n'avaient pas attendu la signature définitive de la capitulation pour commencer leur mouve-

---

[1] Journal de Michel Fedorovitch Orloff (*Archives topographiques*, n° 47346). Orloff y raconte en ces termes l'entretien qu'il eut à Bondy avec le tzar qui n'était pas encore levé : « Quelles nouvelles m'apportez-vous ? » — « La capitulation de Paris, Sire ? » — Le souverain saisit l'écrit, le lut, le replia, le glissa sous son oreiller en disant au colonel : « Je vous félicite d'avoir attaché votre nom à ce grand événement ». L'empereur se fit donner par Orloff des détails sur son séjour à Paris et surtout sur son entretien avec Talleyrand. « Ce n'est encore qu'une anecdote, mais cela peut devenir de l'histoire », ajouta-t-il en congédiant Orloff. Quelques instants après l'empereur de Russie dormait de nouveau d'un profond sommeil.

ment de retraite et pour sortir de Paris. Dès qu'il eut quitté le *Petit-Jardinet*, le maréchal Mortier avait fait remettre les barrières à la garde nationale et donné au général Curial l'ordre d'évacuer Paris, de gagner par les boulevards extérieurs et le pont d'Austerlitz la route de Fontainebleau et de s'établir militairement à hauteur de Villejuif. A minuit, le mouvement était achevé.

Le corps de Marmont se rallia aux Champs-Élysées où il passa la nuit. Quelques bataillons seuls étaient restés à peu de distance des dernières positions de combat[1]. Tout le 6e corps d'armée avait ordre de se mettre en route le 31 mars vers 4 heures du matin, de passer les ponts d'Iéna et de la Concorde et de sortir par les barrières d'Orléans et du Maine pour aller s'établir à Essonnes.

La cavalerie de Belliard, précédant la colonne du général Curial, était en marche vers Juvisy.

Mouvements de l'armée de l'Empereur pendant la journée du 30 mars. — Avant de quitter Troyes, le 30 mars à 10 heures du matin, l'Empereur, de plus en plus inquiet, avait employé toute la matinée à presser la marche de son armée sur la route de Troyes à Sens et Fontainebleau[2].

A 6 heures du matin, il avait envoyé au général Maurin l'ordre de partir pour Nogent-sur-Seine dès l'arrivée de la tête de colonne de Sébastiani. Maurin y trouvera le général Souham qui a fait réparer le pont et a dû en construire un deuxième. Cet officier général devait avec sa division se porter sur Montereau et se charger en outre de la garde des ponts de Moret et du Loing.

A 9 heures du matin, l'Empereur mandait à Saint-Germain qu'il venait de prescrire au général Maurin d'aller à Villeneuve-l'Archevêque et que l'armée prenant la route de Sens, Saint-Germain devait avec sa cavalerie suivre le mouvement de Maurin.

A 10 heures, il expédiait ses dernières instructions aux Maréchaux et les prévenait qu'il se dirigeait de sa personne sur Fontainebleau. Ney suivra d'aussi près que possible le mouvement

---

[1] Journal de la division Boyer de Rébeval. (*Archives de la guerre.*)
[2] Stärke, Eintheilung und Tagesbegebenheiten der Haupt-Armee im Monate März. (*K. K. Kriegs Archiv.*, III, 1.)

de l'Empereur. Macdonald marchera par Doulevant, Nully, le pont de Dolancourt, Troyes et Villeneuve-l'Archevêque sur Sens et Fontainebleau. Oudinot, qui fait l'arrière-garde, suivra la même route [1].

Positions des corps de l'Empereur, le 30 mars au soir. — Tout en forçant ses marches, la garde impériale à pied et à cheval n'avait pu cependant aller plus loin que Villeneuve-l'Archevêque. Précédé par la cavalerie du général Defrance, Ney avait été obligé de s'arrêter à Troyes où la division Lefol n'arriva que fort avant dans la soirée. Le manque absolu de vivres et la nécessité de prendre à Troyes le pain, que le prince de La Moskowa y faisait fabriquer, avaient empêché le maréchal de pousser jusqu'à Saint-Liébault comme il se l'était proposé [2].

Macdonald avait quitté Nully à la pointe du jour. Afin de gagner du temps, son infanterie marchait en colonne par bataillons à droite du chemin, les bataillons séparés les uns des autres par une distance convenable, la tête de l'artillerie à hauteur des premiers bataillons, les chevaux de main, cantines, etc., etc., à la gauche du chemin. La cavalerie de Milhaud flanquait la marche. Mais ces troupes, arrivées à 11 heures du soir, étaient tellement exténuées que le maréchal ne put faire atteindre La Villeneuve-au-Chêne qu'au 11e et au 5e de cavalerie [3]. Le 2e corps avait dû s'arrêter à Vendeuvre, où Oudinot arriva dans la soirée avec le 7e corps et le 6e de cavalerie [4]. Piré, qui faisait diligence pour rejoindre la tête de l'armée, passait la nuit avec sa cavalerie à Fontaines [5]. Souham, disposant seulement de 6 bataillons de

---

[1] Major-général au général Maurin, Troyes, 30 mars, 6 h. 1/4 et 9 heures du matin ; au général Souham, *ibid.*, 8 heures 1/2 ; au général Saint-Germain, 9 heures ; aux maréchaux Ney, Macdonald et Oudinot, 10 heures du matin. (Registres de Berthier, (*Archives de la guerre*.)

[2] Ney au major-général, Troyes, 30 mars, 4 heures du soir. (*Archives de la guerre*.)

[3] Macdonald au major-général, Nully, 30 mars, 4 heures du matin. « Les villages sur nos derrières et sur nos flancs sont remplis de traînards de toutes sortes et de tous les corps. Si nous ne marchons pas avec un peu d'ordre, nous formerons une longue queue et l'apparition de quelques cosaques suffira pour amener la dissolution de la colonne. » Macdonald au major-général, Villeneuve-Mesgrigny, 30 mars, 10 heures soir. (*Archives de la guerre*.)

[4] Oudinot au major-général, Vendeuvre, 30 mars soir. (*Ibid.*)

[5] Piré au major-général, Fontaines, 30 mars soir. (*Ibid.*)

ligne et d'un bataillon de gardes nationales, représentant un effectif total de 1800 hommes et de 150 chevaux, et, par conséquent, trop faible pour garder la ligne de Montereau à Moret et les ponts du Loing, avait rappelé les postes placés sur la rive gauche de la Seine, et quittant Nogent, il s'était mis en marche sur Montereau [1].

Arrivée de l'Empereur à La Cour-de France. — Pendant que ses troupes exécutaient ces marches forcées, l'Empereur, accompagné par le vieux maréchal Lefebvre, par Caulaincourt, Drouot, Flahaut et Gourgaud, était parti de Troyes à 10 heures, escorté par les escadrons de service jusqu'à Villeneuve-l'Archevêque. Sûr alors que la route est libre, il se jette dans une voiture de poste.

A partir de Sens, où il arrive à une heure, les mauvaises nouvelles se succèdent de relai en relai. En changeant de chevaux, il apprend d'abord que l'impératrice et le roi de Rome ont quitté Paris, puis que les Alliés attaquent sa capitale. Au lieu de s'arrêter à Fontainebleau, comme il en avait l'intention, il continue sa course sur Paris, n'emmenant avec lui que Berthier, Caulaincourt et Flahaut.

A 11 heures du soir, pendant qu'il change de chevaux à La Cour-de-France, le général Belliard y arrive avec sa cavalerie. Surpris de rencontrer des troupes françaises de ce côté de Paris, inquiet du grand silence qui règne dans la direction de la capitale et que le bruit du canon ne vient plus interrompre, l'Empereur fait appeler Belliard, le prend à part et, marchant avec lui sur la route, il l'accable de questions auxquelles l'aide-major général a à peine le temps de répondre. En quelques mots, Belliard lui raconte les événements de la journée. L'Empereur s'arrête et se retournant vers Caulaincourt et les autres officiers : « Vous entendez, Messieurs, ce que dit Belliard. Allons ! il faut aller à Paris. Caulaincourt, faites avancer ma voiture ! »

Malgré les observations de Belliard et de Caulaincourt, l'Empereur, persistant dans son projet d'aller à Paris, continuait à s'avancer sur la route, attendant sa voiture qui n'arrivait point.

---

[1] Souham au major-général, Nogent, 30 mars. (*Archives de la guerre.*)

Marchant à grands pas, questionnant Belliard, commentant en termes violents la conduite de Joseph et de Clarke, il pousse à pied jusqu'à Athis où il rencontre la colonne du général Curial[1]. Cédant enfin aux instances de Berthier, de Caulaincourt, de Belliard, il appelle Flahaut, il le charge de courir à francs étriers à Paris, de rejoindre Marmont, d'ordonner au duc de Raguse de rompre les pourparlers et de continuer la lutte avec son corps d'armée et la garde nationale.

Dès que Flahaut est parti, l'Empereur retourne à La Cour-de-France et y rédige à la hâte les instructions qui, accréditant Caulaincourt auprès des souverains et du généralissime, « l'investissent de tout pouvoir[2] pour négocier et conclure la paix. »

Un peu après 4 heures, un courrier de Caulaincourt annonçait à l'Empereur que la capitulation avait été signée à 2 heures du matin et que les Alliés[3] entreraient dans Paris le 31 au matin. Quelques instants plus tard, Flahaut revenait à son tour porteur d'une lettre de Marmont. D'après le maréchal, « la garde nationale et les Parisiens sont décidés à ne pas se défendre » et, comme le duc de Raguse doit toujours accuser quelqu'un, il n'hésite pas à trouver l'explication de ce revirement soudain de l'état des esprits dans le départ de Joseph et des membres du Gouvernement. Se gardant bien de parler des sentiments de l'armée, Marmont terminait sa dépêche en disant qu'il mettrait ses troupes en mouvement à 5 heures du matin, afin de n'avoir pas sur les bras la cavalerie alliée qui pourrait inquiéter sa marche à partir de 9 heures[4].

Tout était consommé, et Napoléon, n'ayant plus de raisons pour rester à La Cour-de-France, se décida à retourner à Fontainebleau où il arriva un peu après 6 heures du matin.

31 mars. — L'empereur de Russie reçoit à Bondy la députation de Paris et le duc de Vicence. — En attendant le réveil d'Alexandre, Nesselrode avait conféré avec la députation de Paris

---

[1] *Mémoires de Belliard.*
[2] L'Empereur à Caulaincourt, La Cour-de-France, 31 mars. (*Correspondance*, n° 21516.)
[3] Fain, *Manuscrit de 1814.*
[4] Marmont à l'Empereur, Paris, 31 mars, 4 h. 1/2 du matin.

et envoyé au généralissime les officiers de la garde nationale, plus spécialement chargés de régler les conditions de la remise des barrières. Schwarzenberg consentit sans peine à laisser à la garde nationale le soin de fournir, tant aux barrières mêmes qu'à l'intérieur de la ville, les postes nécessaires pour maintenir l'ordre et la tranquillité. Un officier russe et un des deux adjudants-commandants de la garde nationale repartirent aussitôt pour Paris afin d'assurer sur place l'exécution de ces mesures. L'adjudant-commandant Laborde ne tarda pas à les suivre. Nesselrode l'avait chargé d'inviter Talleyrand à ne pas s'éloigner de Paris.

Peu de temps après, la députation de Paris était présentée au tzar, qui la reçut avec bienveillance. Exposant en quelques mots les raisons qui l'avaient obligé à faire la guerre, non pas à la France, mais à l'empereur Napoléon, dont il évitait d'ailleurs de prononcer le nom, faisant allusion à la proclamation qu'il allait lancer quelques heures plus tard, déclarant qu'il désirait connaître le vœu de Paris et l'opinion du pays, l'empereur de Russie promit de sauvegarder les musées, les monuments publics et les propriétés particulières. Sur les instances des délégués il consentit même à conserver la garde nationale et demanda seulement qu'on prît les mesures nécessaires pour faire vivre les troupes alliées désignées pour entrer dans la capitale.

Dès que la députation eut repris le chemin de Paris, Caulaincourt fut introduit à son tour près du tzar. L'accueil fait au duc de Vicence fut cordial, mais l'audience fut de courte durée et n'amena aucun résultat. Impatient de partir, Alexandre refusa d'écouter les propositions que Caulaincourt lui apportait et se borna à l'inviter à revenir conférer avec lui le jour même à Paris, s'engageant d'ailleurs à le recevoir à toute heure.

Ordres de Schwarzenberg. — A 6 heures du matin, Schwarzenberg avait arrêté les dispositions relatives aux mouvements à opérer dans la journée du 31 et désigné les corps appelés à entrer avec les souverains à Paris. Sachant que les Maréchaux se retireraient sur Fontainebleau, voulant d'autre part ne montrer aux Parisiens que celles de ses troupes dont la tenue ne laissait pas trop à désirer et dont les uniformes n'étaient pas trop en lambeaux, il ordonna aux gardes russes et prussiennes, à un régiment d'infanterie wurtembergeoise, aux grenadiers russes et à deux bataillons de grenadiers autrichiens, à la cavalerie de réserve et de la garde de se masser à 9 heures et demie du matin entre Pantin et le faubourg Saint-Martin[1]. Les gardes russes et prussiennes devaient seules être maintenues à l'intérieur de Paris.

La cavalerie légère de Pahlen, chargée de poursuivre les Maréchaux, devait commencer son mouvement à 9 heures, traverser Paris de la barrière du Trône au pont d'Austerlitz, et s'engager sur la route de Fontainebleau. Les IIIe et IVe corps restaient momentanément aux barrières de Charenton; le VIe corps à Belleville. Le Ve corps avait ordre de venir à Chelles. La garde des barrières, depuis la Seine en amont de Paris jusqu'à la porte de Pantin, était confiée aux troupes des IIIe, IVe et VIe corps[2]. Les corps russes et prussiens de l'armée de Silésie restaient sur leurs positions de la veille devant les portes de Paris, à l'exception de la cavalerie du général Emanuel qui devait continuer à suivre les Maréchaux[3].

Entrée des souverains alliés à Paris. — Vers 11 heures du matin, l'empereur de Russie, le roi de Prusse et Schwarzenberg[4], entourés des commandants de corps et d'un innombrable état-major, précédés par les cosaques de la garde, franchissaient la barrière de Pantin. Descendant le faubourg Saint-Martin, ils longèrent les boulevards et s'arrêtèrent à la place de la Concorde pour voir défiler devant eux la colonne formée par la cavalerie légère de la garde russe, deux bataillons de grenadiers autri-

---

[1] 1000 hommes appartenant au 2e corps russe (prince Eugène de Wurtemberg) furent chargés d'aller occuper l'Hôtel de Ville. Le prince Eugène ne put se conformer à l'ordre formel de Barclay aux termes duquel ce détachement devait être formé d'hommes ayant des bottes et non des sabots et revêtus d'uniformes russes. Or, à ce moment de la campagne, les soldats de Raïeffsky et du prince Eugène n'avaient que des shakos d'ordonnance et au lieu de leurs capotes usées, ils avaient tous endossé les uniformes français ramassés sur les champs de bataille d'Arcis-sur-Aube et de Fère-Champenoise. (*Mémoires du prince Eugène de Wurtemberg.*)

[2] Disposition de Schwarzenberg pour la journée du 31 mars, Bondy, 31 mars, 6 heures du matin.

[3] Dispositions de Gneisenau pour la journée du 31 mars, Disposition spéciale à l'armée de Silésie.

[4] Blücher, trop malade encore, était resté à Montmartre. Il entra à Paris le 1er avril seulement et alla habiter le logement qu'on lui avait préparé dans l'hôtel de Fouché. (Tagebuch des Generals der Kavallerie Grafen von Nostitz; *Kriegsgeschichtliche Einzelschriften*, 1884, V.)

chiens, deux bataillons d'infanterie autrichienne du III⁰ corps, deux bataillons du 5⁰ régiment d'infanterie wurtembergeoise Prince-Frédéric, les grenadiers russes, les gardes russes et prussiennes derrière lesquelles venaient les trois divisions de cuirassiers russes.

Conférence à l'hôtel Talleyrand et proclamation des Alliés. — Après la revue, les troupes alliées s'établirent au bivouac, au Champ-de-Mars, dans les Champs-Élysées, sur la place de la Concorde, et l'empereur Alexandre s'installa à l'hôtel Talleyrand. Le prince de Bénévent y était déjà depuis quelques heures en conférence avec Nesselrode et avait réglé en principe avec le secrétaire d'État du tzar les principales questions qu'il importait de résoudre de suite. Quand Alexandre arriva rue Saint-Florentin, Pozzo di Borgo, le duc de Dalberg, l'abbé de Pradt, le baron Louis et le général Dessoles y attendaient son arrivée. Quelques instants après, le roi de Prusse, Schwarzenberg et le prince Liechtenstein rejoignaient l'empereur de Russie. Grâce à l'accord préalable qui s'était déjà établi entre Nesselrode et Talleyrand, décidé à tout mettre en œuvre pour assurer la chute de l'Empereur, grâce aux déclarations royalistes du duc de Dalberg et du baron Louis, on amena les souverains et le généralissime à déclarer dans une proclamation signée par l'empereur de Russie qu'ils ne traiteraient ni avec Napoléon, ni avec aucun membre de sa famille, et à inviter le Sénat à nommer « un gouvernement provisoire qui puisse préparer une Constitution »[1].

---

[1] Proclamation des souverains alliés : « Les armées des puissances alliées ont occupé la capitale de la France. Les souverains alliés accueillent le vœu de la nation française. Ils déclarent :

« Que si les conditions de la paix devaient renfermer les plus fortes garanties lorsqu'il s'agissait d'enchaîner l'ambition de Bonaparte, elles doivent être plus favorables lorsque *par un retour vers un gouvernement sage*, la France elle-même donnera l'assurance de ce repos.

« Les souverains alliés proclament en conséquence :

« Qu'ils ne traiteront plus avec Napoléon Bonaparte ni avec aucun membre de sa famille.

« Qu'ils respectent l'intégrité de l'ancienne France, telle qu'elle a *existé sous ses rois légitimes*.

« Ils peuvent même faire plus parce qu'ils professent toujours le principe que, pour le bonheur de l'Europe, il faut que la France soit grande et forte.

La chute de l'Empereur semblait dès lors irrévocablement décidée, et l'on avait, on le voit, écarté même l'idée de confier la régence à Marie-Louise, lorsque Caulaincourt se présenta à l'hôtel Talleyrand. Il essaya vainement de fléchir l'empereur de Russie et n'ayant pu, ni lui faire accepter les conditions posées par les Alliés eux-mêmes à Châtillon, ni lui arracher la promesse de reconnaître le roi de Rome, il était parti en emportant ces dernières paroles du tzar : « Rapportez-moi l'abdication, on verra ensuite pour la régence. »

Mouvements et positions des corps alliés restés hors Paris. — Pendant que Talleyrand et ses acolytes, heureux d'avoir enfin réussi à assouvir aux dépens de l'honneur national la haine qu'ils avaient vouée à l'Empereur, se préparaient à tirer parti de cette déclaration d'Alexandre qui engageait solennellement l'avenir et se disposaient à rendre le Sénat complice de leur œuvre d'intrigues et de vengeance, les différents corps des armées alliées restés hors Paris avaient employé la journée du 31, les uns à opérer les quelques mouvements prescrits par le généralissime, les autres à s'installer de leur mieux dans des cantonnements qu'ils ne devaient occuper que peu de temps.

Mouvements de la cavalerie d'Emanuel et de Pahlen. — Dans la nuit du 30 au 31 mars, le général Emanuel, à la tête d'environ 2,000 chevaux du corps Langeron, avait passé la Seine à Saint-Cloud. Le 31 au matin il avait continué son mouvement dans la direction de Versailles, Berny et Chevreuse et ramassé sur sa route une centaine de traînards, mais il n'avait pu parvenir à atteindre les dépôts qu'on s'était empressé de faire filer dès la veille[1].

« Qu'ils reconnaîtront et garantiront la Constitution que la nation française se donnera. Ils invitent, par conséquent, le Sénat à désigner un gouvernement provisoire qui puisse pourvoir aux besoins de l'administration et préparer la Constitution qui conviendra au peuple français.

« Les intentions que je viens d'exprimer me sont communes avec toutes les puissances alliées.
    P. S. M. I.   ALEXANDRE.
Le Secrétaire d'Etat, comte DE NESSELRODE.
    Paris, le 31 mars 1814, 3 heures après-midi. »

[1] Colonel du 6ᵉ hussards au ministre de la guerre, Le Perray, 30 mars,

Emanuel, ne trouvant plus rien devant lui, avait aussitôt obliqué à gauche, et le 31 au soir ses avant-postes, établis sur les bords de la Bièvre, se reliaient avec ceux de Pahlen[1].

Cet officier général, auquel on avait adjoint le 31 au matin les cuirassiers russes de Krétoff qu'un contre-ordre arrêta à la barrière du Trône et dont les cosaques sous Ilowaïsky XII étaient encore détachés entre la Seine et la Marne, avait passé la Seine au pont d'Austerlitz avec un millier de chevaux et 12 pièces d'artillerie à cheval et pris la route de Fontainebleau. « D'après ce que j'ai appris, écrivait-il le soir à Schwarzenberg, le gros de l'ennemi semble avoir suivi cette route. J'ai trouvé nombre de traînards près des barrières. A Villejuif j'ai donné contre la queue de l'infanterie et j'ai poussé sur Rungis où j'ai établi mon gros. La chaîne de mes avant-postes va des bords de la Seine, près d'Ablon, jusqu'à la route d'Orléans[2]. »

A l'approche de la cavalerie de Pahlen l'arrière-garde française avait d'ailleurs quitté sa position de Chevilly, repris son mouvement rétrograde et passé l'Yvette et l'Orge. Pahlen l'avait fait observer de loin par les uhlans de Tchougouïeff qui s'arrêtèrent à Juvisy et poussèrent leurs vedettes jusque vers Ris et Grigny, parallèlement à la ligne des petits postes français. Bien qu'il n'eût rencontré aucune résistance, le général Pahlen était loin d'être rassuré. « Les prisonniers, disait-il encore dans sa dépêche, prétendent que le maréchal Marmont est sur la route de Fontainebleau. Une partie des troupes ennemies aurait pris avec lui la route d'Orléans. »

Et il ajoutait en finissant : « Il m'est impossible de rien entreprendre d'utile et de sérieux à cause du faible effectif des troupes

---

11 heures soir; Ministre de la guerre au général de Préval; Général de Préval au ministre de la guerre, Versailles, 30 mars, et général Fririon au ministre de la guerre. (*Archives de la guerre.*)

« Les partis que j'avais laissés à Saint-Germain et à Versailles ont abandonné ces villes le 31 mars, à 4 heures du matin. Hier 31, 3,000 chevaux ont pris position à Saint-Cloud. » (Général de Préval au ministre de la guerre, Mantes, 1ᵉʳ avril, 5 heures du matin; *Archives de la guerre.*)

[1] STÄRKE, Eintheilung und Tagesbegebenheiten der Haupt-Armee im Monate März (*K. K. Kriegs Archiv.*, III, 1), et Journal d'opérations de Langeron (*Archives topographiques*, n° 29103).

[2] Général comte Pahlen au prince de Schwarzenberg. Rungis, 31 mars, 7 h. 3/4 soir. (*K. K. Kriegs Archiv.*, III, 512.)

dont je dispose. Quelques escadrons suivent l'ennemi. Je continuerai à marcher demain[1]. »

Mouvements des IV⁰ et III⁰ corps. — Le gros du IV⁰ corps avait passé la Marne à Charenton et vint s'établir à Villeneuve-Saint-Georges. La cavalerie du prince Adam de Wurtemberg, formant l'avant-garde du corps, poussa entre l'Yères et la Seine sur les routes de Corbeil et de Melun; la brigade Jett, marchant par la route de Melun, s'avança jusqu'à Combs-la-Ville et Lieusaint; la brigade Walsleben, éclairant du côté de Corbeil, occupa Soisy-sous-Etiolles et Draveil : un de ses deux régiments resta en soutien à Montgeron[2].

Au III⁰ corps, la brigade Grimmer et un escadron avaient relevé les Wurtembergeois et la division légère de Crenneville devant Vincennes qui continuait à se défendre. Le gros du corps, commençant son mouvement à 8 heures du matin, avait traversé le pont de Saint-Maur, s'était engagé sur la route de Rozoy et de Provins, et s'échelonnait le soir entre Sucy-en-Brie et Boissy-Saint-Léger; la division Crenneville formant l'avant-garde de Gyulay, alla jusqu'à Brie-Comte-Robert; quelques escadrons flanquaient et éclairaient la gauche du corps du côté de Tournan[3].

Mouvements du V⁰ corps. — Positions du corps de Sacken et des corps de l'armée de Silésie. — L'infanterie du V⁰ corps défila par Claye, mais ne dépassa pas Chelles. Seul le général Frimont poussa avec sa cavalerie jusqu'à Saint-Mandé. La brigade Geramb, détachée du côté de Crécy et de Coulommiers et qui avait même poussé des partis sur La Ferté-Gaucher, avait reçu l'ordre de rallier le gros du V⁰ corps, et bien qu'elle se fût mise en route immédiatement il lui était matériellement impossible de rejoindre le feld-maréchal bavarois avant le lendemain au plus tôt[4].

---

[1] Pahlen à Schwarzenberg, Rungis, 31 mars, 7 h. 3/4 soir (*K. K. Kriegs Archiv.*, III, 512), et STÄRKE, Eintheilung und Tagesbegebenheiten der Haupt-Armee im Monate März (*Ibid.*, III, 1).

[2] STÄRKE, Eintheilung und Tagesbegebenheiten der Haupt-Armee im Monate März. (*K. K. Kriegs Archiv.*, III, 1.)

[3] *Id in ibid.*

[4] TAXIS, Tagebuch (*K. K. Kriegs Archiv.*, XIII, 32), et STÄRKE, Eintheilung und Tagesbegebenheiten der Haupt-Armee im Monate März (*Ibidem*, III, 1).

Sacken, rappelé par le tzar et nommé gouverneur militaire de Paris, avait remis à Wassiltchikoff le commandement de celles de ses troupes qui restaient encore à Meaux. Enfin Saint-Denis avait capitulé dans l'après-midi du 31 et avait été occupé par un des régiments de Woronzoff.

Quand l'Empereur rencontra dans la nuit du 30 au 31 mars la cavalerie de Belliard, la convention n'était pas encore signée et, sans les représentations de Belliard et d'Hullin, nul doute qu'il n'eût donné suite à sa première idée et n'eût marché sur Paris dès le 31 au matin. La présence de l'Empereur, la seule nouvelle de son arrivée aurait vraisemblablement suffi pour modifier du tout au tout la situation. Même après la signature de la capitulation, rien ne s'opposait à ce qu'on fît rentrer à Paris les troupes des Maréchaux. L'article 3 de la capitulation légitimait un semblable procédé, puisqu'on avait simplement stipulé que les hostilités pourraient reprendre le 31 mars à 9 heures du matin. La rentrée de l'Empereur à Paris, le 31 mars au matin, à la tête des troupes de Marmont et de Mortier aurait ranimé tous les courages. Rien n'était encore désespéré ni perdu [1].

Talleyrand, hors d'état de continuer ses intrigues, se serait empressé de quitter Paris et, bien qu'il soit impossible de déterminer le caractère et la portée des événements qui auraient été la conséquence de cette résolution, il y a tout lieu de penser que les Alliés auraient hésité à livrer un nouveau combat dans les rues mêmes de la ville. C'était là un événement dont se préoccupaient, non sans raison, plusieurs des généraux alliés, et York en particulier. La capitulation, en effet, n'avait pas suffi pour dissiper les craintes du commandant du Ier corps de l'armée de Silésie. Resté hors Paris pendant que les souverains y faisaient leur entrée, York, causant avec les officiers de son état-major, leur disait que Napoléon, semblable à un sanglier blessé, allait se précipiter tête baissée sur les Alliés et jouer sa couronne en les obligeant à lui livrer bataille. Ne croyant pas à la sincérité des sentiments qu'on prêtait à la population de la capitale, aux

---

[1] Dans la lettre qu'il fit écrire le 31 mars au matin, au préfet du Loiret, l'Empereur lui disait : « Si on avait seulement retardé de trois heures la convention, l'arrivée de l'Empereur aurait empêché la chute de la capitale. » (*Archives de la guerre.*)

quelques manifestations sympathiques qui avaient marqué l'entrée des souverains, le général prussien était convaincu qu'il faudrait en tout cas laisser à Paris même une garnison nombreuse. Blâmant la légèreté et l'insouciance des stratèges du grand quartier général, il critiquait d'autant plus sévèrement l'entrée à Paris que l'on manquait de munitions. Son corps d'armée avait tout consommé, et le dernier caisson contenant les dernières réserves de poudre et de munitions avait sauté pendant la bataille du 30 [1].

Positions des troupes françaises autour de Paris. — Malheureusement pour lui et bien qu'il n'eût plus rien à ménager, Napoléon, cédant aux représentations de ses lieutenants [2], renonça à son premier projet. Rentré à Fontainebleau, il avait ordonné à Marmont de faire l'avant-garde, de réunir toutes ses troupes à Essonnes, d'envoyer les magasins de Corbeil à Fontainebleau, de diriger les poudres, les dépôts de cavalerie, d'infanterie et les trains des équipages et d'artillerie sortis de Paris sur Orléans où le Gouvernement devait s'établir. Mortier recevait en même temps l'ordre de masser son corps d'armée entre Essonnes et Fontainebleau. Orléans devenait momentanément le pivot de l'armée [3].

Mouvements et positions de Ney, Souham et Maurin. — Tandis que les troupes des Maréchaux s'établissaient derrière l'Essonne [4], le gros de l'armée impériale continuait sa marche

---

[1] Droysen, Das Leben des Feld-Marschalls Grafen York von Wartenburg, II, 390.

[2] On trouve à ce propos dans les *Aufzeichnungen* du général von Bismarck la phrase suivante que le général wurtembergeois attribue à Louis XVIII : « Les premiers ingrats à Bonaparte furent ses compagnons de gloire, des hommes comblés de ses bienfaits, enrichis de ses trésors, anoblis par sa puissance. Les maréchaux sacrifièrent tout à un seul but, celui de conserver leur position. Ils oublièrent toute mesure, toute dignité personnelle. La masse du peuple, les fonctionnaires civils, les sous-lieutenants, c'est-à-dire l'armée, restèrent fidèles à l'Empereur. Mais la fortune de la France n'était pas attachée à eux seuls. »

[3] Major-général à Marmont, Mortier, Feltre; Registres de Berthier (*Archives de la guerre*); Journal de Boyer de Rébeval (*Ibid.*), et Stärke, Eintheilung und Tagesbegebenheiten der Haupt-Armee im Monate März (*K. K. Kriegs Archiv.*, III, 1).

[4] Marmont de Corbeil à Essonnes. Mortier derrière lui entre Essonnes et Fontainebleau avec son quartier général à Mennecy.

forcée sur Fontainebleau où l'Empereur, hésitant encore entre deux projets, l'attaque de Paris ou la retraite derrière la Loire, voulait concentrer toutes ses forces. Ney, qui marchait en tête de colonne avec la garde, avait quitté Troyes le 31 au matin. A midi il arrivait à Villeneuve-l'Archevêque. La vieille garde était entre cette ville et Pont-sur-Yonne. Deux bataillons, composés des meilleurs marcheurs, la précédaient avec la cavalerie de Sébastiani que le général de Piré avait ordre de rejoindre. La cavalerie de Saint-Germain flanquait le mouvement du prince de La Moskowa. Mais bien que les troupes du maréchal eussent fait les plus fortes marches possibles pour rejoindre le quartier impérial, la garde impériale s'arrêta le 31 au soir à Champigny-sur-Yonne. La cavalerie de Saint-Germain resta, sur l'ordre du prince de La Moskowa, à Villeneuve-la-Guyard jusqu'à ce que la garde eût achevé de défiler. Le général Hanrion passa la nuit à Sens qu'il devait quitter le 1er avril à la pointe du jour pour venir prendre position à Fossard. Sa division était chargée de servir d'escorte au parc d'artillerie de l'armée. Les généraux Lefol et Defrance avaient ordre de s'établir à Villeneuve-la-Guyard et d'en partir le 2 avril pour Fontainebleau. Le quartier général du maréchal Ney était, le 31 au soir, à Pont-sur-Yonne[1].

Souham, venant de Nogent et arrivé à Montereau à 3 heures de l'après-midi, avait fait occuper Moret par un bataillon et Nemours par des gardes nationaux. Il devait, sur l'ordre de Ney, apporté par le général Monthion, rester le lendemain derrière l'Yonne et ne commencer que le 2 à midi son mouvement sur Fontainebleau[2].

La cavalerie de Maurin était arrivée à Fontainebleau et s'était établie au bivouac à l'entrée de la ville[3].

Mouvements de Kaïssaroff et de Seslavin. — Renseignements envoyés par ces généraux. — Quoiqu'elle n'eût pas été

---

[1] Ney au major-général, Troyes, 31 mars, 3 heures du matin ; Villeneuve-l'Archevêque, 31 mars, midi ; Pont-sur-Yonne, 31 mars, 7 heures du soir. (*Archives de la guerre.*)

[2] Souham au major-général, Montereau, 31 mars, 7 heures soir, et Ney au major-général, Pont-sur-Yonne, 31 mars, 7 heures soir. (*Ibid.*)

[3] Général Maurin au major-général, Fontainebleau, 31 mars soir. (*Ibid.*)

inquiétée, la marche du corps de Ney et des troupes de Souham avait été cependant remarquée et signalée au quartier général des Alliés par Seslavin et Kaïssaroff.

Ce dernier, arrivé à Provins le 31 mars à 6 heures du soir[1], avait pu communiquer avec Seslavin, dont les partis battaient le pays le long de la Seine de Nogent à Melun. Seslavin avait en effet occupé Nogent quelques heures après le départ de Souham. Il y avait appris que l'Empereur était parti la veille pour se rendre droit à Paris par Fontainebleau et que le corps de Ney allait à Sens et devait continuer le lendemain sur Fontainebleau[2].

Mouvements de Macdonald et des corps sous ses ordres. — Macdonald, à la tête du 2e échelon de l'armée impériale, était arrivé à Troyes dans la matinée du 31 mars avec le 11e corps et le 5e corps de cavalerie. Après une halte de deux heures à Sainte-Savine[3] il avait repris sa marche, et son infanterie s'était arrêtée le soir entre Estissac et Saint-Liébault. Le 5e corps de cavalerie couvrait sa droite et bivouaquait du côté de Dierrey-Saint-Pierre et de Dierrey-Saint-Julien. Derrière lui, Oudinot, qui avait quitté Vendeuvre le matin, n'avait pu, comme le duc de Tarente l'espérait, arriver jusqu'à Fontvannes. Deux de ses divisions d'infanterie avaient été dans l'impossibilité d'aller plus loin que Troyes où le duc de Reggio établi avait son quartier général. Le 6e corps de cavalerie occupait Pont-Sainte-Marie, Creney et Sainte-Maure, et faisait observer les routes de Piney, Pougy, Ramerupt, Arcis et Plancy[4].

---

[1] Dans la dépêche qu'il adressait à Schwarzenberg, de Provins, 31 mars, 6 heures soir (*K. K. Kriegs Archiv.*, III, 518), Kaïssaroff annonçait même au généralissime que les premières troupes de l'armée impériale passaient déjà la Seine à Montereau. Il ajoutait qu'il se proposait le lendemain « de côtoyer l'armée française en se rapprochant le plus possible de la rive droite de la Seine afin de mieux découvrir les mouvements de l'ennemi. » (Dépêche originale en français.)

[2] Seslavin, billets en français en date de Nogent, 31 mars, 2 heures après-midi et 9 heures soir (*K. K. Kriegs Archiv.*, III, 516 et 516 a), et STARKE, Eintheilung und Tagesbegebenheiten der Haupt-Armee im Monate März (*Ibid.*, III, 1).

[3] Macdonald au major-général, Sainte-Savine, 31 mars, et major-général à Macdonald. (*Archives de la guerre.*)

[4] Macdonald au major-général, Sainte-Savine, 31 mars; major-général à Macdonald et Oudinot; ordres de mouvement, Vendeuvre, 30 mars, 6 heures soir, et Troyes, 31 mars soir. (*Archives de la guerre.*)

Tous ces corps avaient ordre de se remettre en marche le 1er avril à 4 heures du matin, pour se rendre à Sens en passant par Villeneuve-l'Archevêque.

Mouvements de Winzingerode, Tettenborn et Tchernitcheff. — Événements sur les derrières des Alliés pendant les journées des 29, 30 et 31 mars. — Ordres de Duka. — Opérations du prince Maurice de Liechtenstein. — Winzingerode, après avoir rallié Tchernitcheff le 29 mars à Saint-Dizier, s'était arrêté le soir à Montier-en-Der. Suivant de loin les colonnes françaises dont il avait perdu la trace, il avait, dans la journée du 30, poussé Tettenborn dans la direction de Troyes. Mais tous ces mouvements s'exécutèrent avec tant de prudence et de lenteur que les Cosaques n'arrivèrent à Troyes qu'après le départ des dernières troupes françaises. Bien que plus spécialement chargé de suivre les corps de l'armée de Napoléon, Winzingerode avait hésité à s'attacher à eux avant d'être rassuré sur ce qui se passait du côté de Chaumont, de Langres et de Dijon où l'inquiétude causée par l'apparition des troupes françaises était encore loin d'être calmée.

Malgré le changement de direction des corps que l'Empereur ramenait sur Paris, l'insurrection se propageait de tous côtés et avait pris des proportions si considérables que le feldzeugmeister Duka, quoique momentanément rassuré sur le sort de Langres et de Dijon, se croyait encore obligé de redoubler de vigilance et de précaution. Les renseignements contradictoires que Raigecourt et le colonel Wieland avaient envoyés au feldzeugmeister Duka[1], l'absence de nouvelles positives du généralissime et de la grande armée alliée ne permettaient pas encore à Duka de modifier les mesures qu'il avait prises pour couvrir le quartier général de l'empereur François. Il savait cependant, depuis le 28 mars au soir, que le poste français de Rolampont s'était retiré en arrière de Vesaignes vers Chaumont. Pensant que la ca-

---

[1] Duka, écrivant le 29 au matin à Raigecourt, lui disait : « Les renseignements que vous me donnez ne concordent nullement avec ceux que m'envoie le colonel Wieland. Envoyez de forts détachements de cavalerie dans toutes les directions, surtout à droite vers Joinville pour savoir exactement ce que fait l'ennemi. » (Feldzeugmeister Duka au général-major comte de Raigecourt, Dijon, 29 mars, 9 heures du matin ; *K. K. Kriegs Archiv.*, III, 484 a.)

valerie française avait abandonné Chaumont, et sachant que tout était tranquille à Langres, il avait prescrit au colonel Wieland d'envoyer des partis vers Chaumont et de pousser des patrouilles à gauche vers Château-Villain afin de se relier du côté de Chanceaux [1] avec le prince Maurice Liechtenstein. Un escadron de la division légère de ce général devait venir par Vitteaux jusqu'à la croisée des routes de Semur et d'Avallon afin de couvrir Dijon et de surveiller les bandes qui s'étaient organisées dans le Morvan [2].

Le 29 au matin, tranquillisé sur ce qui se passait à Langres et à Chaumont, mais de plus en plus préoccupé des progrès des bandes de paysans armés [3] rassemblés du côté de Semur et d'Avallon qui, poussant du côté de Beaune et de Chalon, menaçaient ses communications avec Lyon, Duka prescrivit à Wieland de rétrograder sur Dijon et de régler sa marche de façon à y arriver le 31 mars. Le colonel avait ordre de se faire suivre par les escadrons détachés du côté de Chaumont et de donner avis à Raigecourt de son mouvement [4].

Maurice Liechtenstein devait également faire rentrer ses partis détachés du côté de Langres et de Chaumont, ne laisser dans ces parages que les troupes nécessaires pour fournir les postes et observer la route de Châtillon-sur-Seine et la vallée vers Tonnerre et Montbard où l'on s'attendait à voir arriver le général Allix venant d'Avallon [5].

Bien qu'il n'eût presque rien devant lui, bien qu'il sût depuis le 28 que les Français n'avaient plus personne à Arc-en-Barrois, Château-Villain et La Ferté-sur-Aube, le prince Liechtenstein ne pouvait cependant pas suffire à la tâche qu'on lui avait imposée. Chargé de surveiller tout le pays depuis la Marne jusqu'à Mont-

---

[1] Feldzeugmeister Duka au général-major comte de Raigecourt, Dijon, 28 mars soir. (*K. K. Kriegs Archiv.*, III, 484.)

[2] Feldzeugmeister Duka au prince Maurice Liechtenstein, Dijon, 28 mars, 7 heures soir. (*Ibid.*, III, 484 *m*.)

[3] Nous aurons lieu de parler en détail au chapitre XX : *Opérations de l'armée autrichienne du Sud pendant le mois de mars*, des événements auxquels fait allusion le feldzeugmeister Duka.

[4] Feldzeugmeister Duka au colonel Wieland, Dijon, 29 mars. (*K. K. Kriegs Archiv.*, III, 484 *o*.)

[5] Feldzeugmeister Duka au prince Maurice Liechtenstein, Dijon, 29 mars. (*Ibid.*, III, 484 *s* et *u*.)

bard, il avait détaché à cet effet 11 escadrons. Enfin, obligé par les derniers ordres de Duka, motivés par la fausse nouvelle signalant l'apparition de la cavalerie française à Semur, de s'étendre au sud de Montbard jusqu'à Vitteaux, il protestait avec raison contre cette mesure qui lui enlevait ses dernières réserves et l'obligeait « à mettre tout son monde en détachement ou en piquet »[1].

Des renseignements recueillis et transmis par Liechtenstein au feldzeugmeister, il résultait que les Français avaient évacué Bar-sur-Seine et que leur premier poste était du côté de Clairvaux.

Mais de toutes parts les rapports signalaient la présence de nombreuses bandes de paysans armés. Un capitaine autrichien[2], qui avait accompagné le colonel de Galbois aux avant-postes français, avait informé le prince Maurice Liechtenstein, à son retour, « qu'il avait été à plusieurs reprises arrêté dans les bois de La Ferté. » Le major Wüsthoff, détaché à Courban, faisait savoir à Liechtenstein qu'à cause du grand nombre de paysans armés, il se trouvait dans l'impossibilité d'avancer et devait prendre de grandes précautions pour ne pas être surpris et enlevé[3]. Plus à l'est, un autre détachement, envoyé vers Chalancey et Prauthoy (au sud de Langres), avait donné partout contre des paysans en armes et n'avait pu percer nulle part.

A la gauche de Liechtenstein, le parti envoyé le 28 au soir à Semur n'y avait pas relevé la moindre trace de la cavalerie française signalée de ce côté, mais il avait trouvé tout le pays en pleine ébullition et avait été reconduit à coups de fusil[4] dès qu'il se replia pour revenir sur Chanceaux.

---

[1] Feldzeugmeister Duka au prince Maurice Liechtenstein, Dijon, 29 mars, 8 heures matin (*K. K. Kriegs Archiv.*, III, 484 *u*), et prince Maurice Liechtenstein au feldzeugmeister Duka, Chanceaux, 29 mars (*Ibid.*, III, 484 *v* et *t*). Liechtenstein terminait la dernière de ces deux dépêches en disant à Duka : « Je rends compte de ces faits au prince de Schwarzenberg, mais en attendant ses ordres, j'envoie mon dernier escadron à Vitteaux. »

[2] Capitaine Pichl au prince Maurice de Liechtenstein, Courban, 29 mars. (*K. K. Kriegs Archiv.*, III, 509 *f.*)

[3] Prince Maurice de Liechtenstein au feldzeugmeister Duka, Chanceaux, 29 mars. (*Ibid.*, III, 509.)

[4] Prince Maurice Liechtenstein au feldzeugmeister Duka, Chanceaux, 29 mars. (*Ibid.*, III, 488 *g.*)

L'insurrection se généralisant de plus en plus, Liechtenstein avait demandé, le 29 au soir, à Duka de faire relever les détachements qu'il avait dû fournir du côté de Semur, d'Avallon et de Montbard, et avait fait part au feldzeugmeister de son projet de se porter le 30 sur Châtillon et le 31 sur Bar-sur-Seine¹. Mais le 29 au soir Duka lui faisait, au contraire, tenir l'ordre d'entreprendre quelque chose contre le général Allix. Liechtenstein ne devait toutefois se diriger vers Joigny, Sens et la vallée de la Seine, que lorsque les troupes envoyées par le feldzeugmeister et renforcées par deux régiments de cavalerie venant de l'armée autrichienne du Sud auraient réussi à disperser les rassemblements armés de Semur, d'Avallon et d'Autun².

Il convient d'ailleurs de remarquer que les nouvelles de l'Est étaient de moins en moins rassurantes et bien peu de nature à disposer Duka à affaiblir les forces qu'il croyait nécessaires pour couvrir Dijon en laissant Liechtenstein s'éloigner de lui. Le général-major Hirsch, qui commandait à Vesoul, venait de lui signaler l'apparition de paysans armés dans les bois de Cintrey et de Lavoncourt et de lui annoncer qu'il avait dû charger le détachement établi à Combeaufontaine de battre le pays du côté de Cintrey. Le général Hirsch ajoutait dans cette dépêche : « Le pays devient de moins en moins sûr du côté de Lavoncourt, et je prie Votre Excellence de faire passer par Gy les courriers venant de Gray. Les routes de Bourbonne par Jussey et celle de Vauvillers par Luxeuil et Faverney sont sûres jusqu'à présent. Les terribles excès des Cosaques et les exigences inouïes des convoyeurs qui conduisent les bagages de l'armée m'ont obligé d'en faire fusiller quelques-uns qui attaquaient nos postes de police, de correspondance et de sûreté »³.

Inquiet des proportions que prenait le soulèvement dans les départements de l'Est, sachant que les troupes françaises occupaient encore Bar-sur-Aube, le feldzeugmeister Duka envoya, le

---

¹ Prince Maurice Liechtenstein au feldzeugmeister Duka, Chanceaux, 29 mars. (*K. K. Kriegs Archiv.*, III, 488 *h.*)

² Duka à Maurice Liechtenstein, Dijon, 29 mars, 11 heures soir. (*Ibid.*, III, 488 *f.*)

³ Général-major Hirsch au feldzeugmeister Duka, Vesoul, 29 mars. (*Ibid.*, III *ad* 496.)

30 au matin, au colonel Wieland [1] l'ordre de rester sur ses positions à Thilchâtel. La présence du général Allix à Auxerre, la nouvelle de sa marche sur Avallon et Montbard et l'apparition de ses troupes dans la vallée du Serain, du côté de Sauvigny, étaient autant de causes de préoccupation pour Duka qui annonçait à Liechtenstein l'envoi de renforts composés d'un régiment de cavalerie et d'une batterie à cheval.

Les rapports de Liechtenstein, s'ils continuaient du reste à être peu rassurants, donnaient en revanche une idée exacte de la situation dans ces parages, de l'état d'esprit des populations, de l'extension de l'insurrection et de l'importance des services qu'aurait pu rendre à l'Empereur une levée générale, si elle avait été bien organisée.

« Le général Allix, écrivait le prince Maurice Liechtenstein à la date du 30 mars [2], ne pourra guère être pris. Il ne s'arrête nulle part, se contente d'organiser les armements et de faciliter la formation des bandes. Il connaît toujours tous nos mouvements. Tout ce que je pourrai faire, ce sera de le rejeter sur Montargis et peut-être sur Orléans. *Les paysans armés sont déjà très à craindre et deviendront de jour en jour plus redoutables. Il y a peu de chose à faire contre eux quand on a une autre mission militaire à remplir. Il faudrait envoyer contre eux des colonnes mobiles d'infanterie légère qui ne rencontreront guère de résistance sérieuse.* Les traînards, les isolés, les estafettes, les petits partis de cavalerie sont seuls menacés par les bandes de paysans armés qui s'embusquent dans les bois, dans les vignes, sur les flancs des coteaux ; mais ces bandes ne s'aventurent pas en terrain découvert. Le Morvan est la région la plus dangereuse pour nous. Il en est de même de celle comprise entre Autun, Semur, Avallon, Auxerre et de là jusqu'à Montargis et Orléans, comme de tout le territoire s'étendant depuis Autun jusque vers Nevers et Mâcon, parce que le pays est boisé et accidenté, les villages assez rares, les maisons isolées, les habitants féroces et prêts à tout. Si on envoyait vers Paris un corps de

---

[1] Le feldzeugmeister Duka au colonel Wieland, Dijon, 30 mars. (*K. K. Kriegs Archiv.*, III, 509.)

[2] Prince Maurice Liechtenstein au feldzeugmeister Duka, Chanceaux, 30 mars. (*Ibid.*, III, 488.)

l'armée du Sud il faudrait le faire passer par Autun et Auxerre pour en finir avec ces bandes. » Et Liechtenstein ajoutait comme preuve de son dire : « Mon détachement, qui est resté à Avallon, y a eu de nombreuses affaires. Il a eu ses communications coupées, ses estafettes enlevées, ses vedettes et ses éclaireurs tués ou blessés. Seule l'attitude énergique du major Wüsthoff à Avallon et du capitaine Oenhausen à Autun [1], les a tirés de cette situation critique. Le major Nagy a été du côté de Semur avec 60 chevaux; il est entré dans cette ville où il n'y avait pas de troupes ennemies. Il y a relevé des traces de leur passage, mais il n'a pu rien savoir quant à la direction prise par les Français. Il est revenu hier soir et a laissé à Semur un petit parti de cavalerie [2]. »

Dans la nuit du 30 au 31 Allix, établi à Sauvigny-en-Terre-Plaine, se disposait à reprendre dès 2 heures du matin son mouvement sur Montbard, lorsqu'un courrier du ministre de la guerre lui apporta l'ordre de revenir sur Sens. Modifiant aussitôt ses dispositions, Allix se dirigea en suivant la vallée du Serain par Noyers et Chablis sur Seignelay où il arriva le 1er avril au soir [3].

Les patrouilles de Liechtenstein purent par suite aller de Montbard à Semur sans rien rencontrer, sans apercevoir ni troupes régulières françaises, ni bandes de paysans. Le détachement envoyé en reconnaissance sur Tonnerre, où les Français n'avaient plus personne, avait été cependant attaqué à son retour par des paysans armés embusqués dans les bois.

A la droite de Liechtenstein le détachement qu'il tenait à Courban continuait à être immobilisé et n'osait même pas, à cause du grand nombre et de l'audace des bandes et de l'étendue des bois, s'éclairer et pousser sur Bar-sur-Aube [4].

---

[1] Nous aurons lieu de parler en détail des événements d'Autun au chapitre XX.

[2] Prince Maurice Liechtenstein au feldzeugmeister Duka, Chanceaux, 30 mars. (*K. K. Kriegs Archiv.*, III, 488.)

[3] Général ALLIX, *Souvenirs politiques et militaires*.

[4] Prince Maurice Liechtenstein au feldzeugmeister Duka, Chanceaux, 31 mars. (*K. K. Kriegs Archiv.*, III, 509.)

Opérations du IIIe corps prussien contre Soissons. — Au Nord de Paris, en attendant l'arrivée de Borstell que le duc de Saxe-Weimar n'avait laissé se mettre en route que le 29 et le 30 mars, Bülow continuait sans plus de succès à assiéger Soissons. Une sortie énergique de la garnison avait réussi à détruire et à bouleverser, dans l'après-midi du 28, les travaux d'approche des Prussiens. Sous la protection de ses batteries Bülow avait toutefois non seulement réparé les travaux détruits, mais il avait même, dans la nuit du 29 au 30, achevé le passage blindé du bastion Saint-Jean. L'énergie du commandant Gérard ne se démentait pas un instant et, dans la nuit du 30 au 31, il réussit à incendier le blindage.

Le 31 au matin, à la surprise de Gérard et de la garnison, les Prussiens avaient enlevé leur artillerie, désarmé leurs batteries de siège, abandonné les tranchées pour se reporter plus en arrière sur les hauteurs qui entourent et dominent Soissons. Bülow se préparait dès ce moment à lever le siège de Soissons. Toutefois, avant de commencer son mouvement sur Paris, il avait donné le 30 au général von Krafft, l'ordre de se porter avec sa brigade sur Compiègne et de s'emparer de cette place par une attaque brusquée.

Mouvements du corps volant de Geismar du 29 au 31 mars. — Affaire de Venette et tentative sur Compiègne. — Le 29 mars au matin le colonel von Geismar, parti de Montdidier, avait poussé avec son corps volant jusqu'à Cuvilly, à la croisée des routes menant de Roye et de Montdidier à Pont-Sainte-Maxence et Compiègne. Informé par ses émissaires que des renforts, évalués à 2,000 hommes de troupes polonaises, étaient attendus dans cette place, il résolut de la reconnaître le lendemain et d'essayer de l'enlever par un coup de main.

Bien qu'il eût cherché à dissimuler la direction prise par sa colonne à laquelle il avait eu le soin de ne faire suivre que des chemins de traverse; bien qu'il eût marché lestement, il ne parvint ni à surprendre la garnison, ni à tromper la vigilance du major Otenin. Quand le corps volant déboucha sur le plateau de Margny, son approche avait été signalée, la garnison était sous les armes, le tocsin sonnait partout. Le colonel von Geismar, obligé de renoncer à un coup de main désormais impossible, voulut au moins faire la reconnaissance des abords de la place et poussa à cet effet deux détachements sur les villages de Venette et Margny qu'occupaient quelques paysans armés et que les Cosaques incendièrent[1].

Maître de ces deux villages, Geismar put reconnaître d'assez près les abords mêmes de la place et constater qu'il était impossible de rien tenter contre elle sans le concours de troupes d'infanterie. Il se décida donc à retourner à son bivouac de Cuvilly où il resta pendant la journée du 30. Avant de quitter Venette et Margny il avait rendu compte de la situation à Bülow en lui demandant de faire soutenir par une de ses brigades l'attaque qu'il comptait tenter le 31.

Le 31 au matin, Geismar se reporta de nouveau contre Compiègne. L'incendie de Venette et de Margny avait porté ses fruits et les paysans armés se gardèrent bien d'inquiéter ou de signaler sa marche sur Margny. La reconnaissance du 29 avait toutefois donné l'éveil à Compiègne, et le major Otenin, s'attendant à tout moment à avoir à résister à une attaque sérieuse, avait placé une partie de ses troupes en avant du pont sur la rive droite de l'Oise, surveillant ainsi les chemins de Venette, de Cuvilly et de Noyon.

L'approche de Geismar lui avait été immédiatement signalée par ses éclaireurs. Du reste le colonel russe, croyant trouver devant Compiègne l'infanterie prussienne sans laquelle il ne pouvait rien entreprendre, se borna à tirailler avec les avant-postes français entre Margny et Venette. Mais le gros de la 6e brigade prussienne (général von Krafft) venant de Soissons n'avait pas dépassé Trosly-Breuil et Cuise-Lamotte.

Le colonel von Sydow, venant de Noyon, arriva toutefois vers la fin de la journée à Venette et Margny avec quelques bataillons et quelques bouches à feu; il était trop tard pour s'engager, et Geismar et Sydow, attendant l'arrivée du général von Krafft qui

---

[1] Major Otenin au ministre de la guerre et maire de Compiègne au ministre, Compiègne, 29 mars. (*Archives de la guerre.*)

« Les cavaliers de Geismar incendièrent 60 maisons à Venette et y massacrèrent les habitants. Le colonel de Geismar dans son Tagebuch (*K. K. Kriegs Archiv.*, IV, 178) dit qu'il brûla Venette « *parce que les habitants avaient fait sonner le tocsin pour donner l'alarme et appeler tout le monde aux armes.* »

devait les rejoindre pendant la nuit, s'établirent au bivouac sur les hauteurs[1].

1ᵉʳ avril. — Immobilité presque complète des armées alliées pendant la journée du 1ᵉʳ avril. — Dès le 31 mars au soir, à l'issue de la conférence tenue à l'hôtel de la rue Saint-Florentin, les opérations militaires avaient cessé d'occuper le premier rang dans les préoccupations des souverains présents à Paris et du généralissime. La politique avait repris le dessus. Sans parler du roi de Prusse qui ne voyait plus que par les yeux d'Alexandre, le généralissime lui-même, peut-être en raison de l'absence de l'empereur François, se trouvait dans la nécessité de prêter plus d'attention, d'accorder plus d'importance aux menées de Talleyrand qu'aux mouvements des maréchaux Marmont et Mortier et aux projets de Napoléon.

Le Sénat avait été convoqué extraordinairement par Talleyrand afin de nommer un gouvernement provisoire. Les membres de ce gouvernement, soigneusement choisis par lui, soit parmi ses amis particuliers comme le duc de Dalberg et le marquis de Jaucourt, soit parmi les royalistes militants comme l'abbé de Montesquiou, soit parmi ceux qui, quoique comblés de bienfaits par l'Empereur, espéraient comme le général de Beurnonville [2]

---

[1] Major Guillemin (du 24ᵉ d'infanterie) au ministre de la guerre, Le Mans, 20 avril (*Archives de la guerre*); Tagebuch des Streifcorps unter Befehle des kaiserlichen russischen Obersten von Geismar, während dem Felzuge 1814 vom 13ᵗᵉⁿ Februar bis 11ᵗᵉⁿ April (*K. K. Kriegs Archiv.*, IV, 178); Schreiber, *Historique du régiment d'infanterie prussienne n° 21* et Zeitschrift für Kunst und Wissenschaft des Krieges, année 1830.

[2] Ce ne fut que deux ans plus tard, en juillet 1816, que Beurnonville finit par obtenir le bâton de maréchal. On trouve à ce propos, dans le dossier du maréchal conservé aux Archives administratives, des renseignements curieux qui ne laissent aucun doute sur les visées de Beurnonville. En mettant, en juillet 1816, ses états de service sous les yeux de Louis XVIII, l'ancien ministre de la guerre de la Convention rappelle au roi que : « Lors de l'entrée des Alliés à Paris, le 30 mars 1814, il a été fait membre du gouvernement provisoire et que *c'est lui qui, après avoir combattu la régence dans la nuit du 5 au 6 avril chez l'empereur de Russie, détermina le roi de Prusse à se déclarer contre.* »

Réclamant le maréchalat auquel il fut élevé le 3 juillet 1816, il avait avait ajouté de sa main à ce mémoire la note suivante, assez curieuse si l'on se rapporte à l'époque à laquelle elle a été écrite : « La bataille de Jemmapes est la seule qui n'ait pas donné de maréchaux à la France et c'est la plus ancienne comme la première de toutes. »

obtenir d'un régime nouveau des récompenses auxquelles ils n'avaient aucun droit et ne devaient être que des instruments dociles entre les mains du vice-électeur. Les résultats de cette séance absorbèrent à un tel point l'attention que l'on songea à peine à prendre les mesures strictement nécessaires imposées par la situation militaire, par la nécessité de faire face à une attaque improbable, mais cependant possible. On se borna à laisser Wrède continuer sa marche de Chelles sur Rosny et Paris. Le gros du Ve corps s'arrêta le soir à Saint-Mandé. L'avant-garde occupa le faubourg Saint-Antoine [1].

La destruction des ponts de Choisy-le-Roi et l'impossibilité de faire passer les IIIe et IVe corps sur la rive gauche de la Seine obligèrent toutefois le généralissime à modifier les ordres donnés au prince royal de Wurtemberg et à Gyulay et à faire revenir leurs troupes sur Charenton. La cavalerie wurtembergeoise resta seule en avant-garde à Créteil et à Maisons-Alfort.

Mouvements de la cavalerie de Pahlen, d'Ilowaïsky XII et d'Emanuel. — Le VIe corps, après avoir remis aux grenadiers la garde des barrières de Paris, resta pendant toute la journée du 1er avril sur ses positions de Belleville à l'exception toutefois de quatre bataillons de chasseurs des 4e et 34e régiments qui, franchissant le pont d'Austerlitz, s'avancèrent sur la route de Fontainebleau afin d'échelonner l'avant-garde de Pahlen.

On trouve d'ailleurs dans une autre pièce de ce même dossier un autre document non moins intéressant daté du 14 avril 1819 : « Dès le 3 juin 1814, le roi avait daigné dire au général de Beurnonville qu'il réparerait l'injustice qu'il avait éprouvée lors de la première promotion des maréchaux et qu'il serait le premier qu'il ferait. Sa Majesté n'ignorait pas *qu'à l'époque à laquelle cette dignité militaire avait été supprimée en France au mois de septembre 1792, elle avait été remplacée par le grade de général d'armée* qui avait été conféré aux généraux Dumouriez, Kellermann et Beurnonville qui avait dû jouir de ses prérogatives ; que le général de Beurnonville aurait, par conséquent, dû être fait maréchal le deuxième de la première promotion après le général Kellermann, le général Dumouriez ayant quitté le service français ; Elle l'a en conséquence élevé à la dignité de maréchal de France le 3 juillet 1816, et le 14 du même mois le maréchal de Beurnonville a prêté son serment entre les mains du Roi. » (*Ministère de la guerre, Archives administratives.*)

[1] Taxis, Tagebuch. (*K. K. Kriegs Archiv.*, XIII, 32.)

De Rungis où il avait passé la nuit, Pahlen¹ avait, dès 7 heures du matin, prévenu le généralissime que les arrière-gardes françaises, qui s'étaient arrêtées le 31 au soir à une lieue et demie de Ris, s'étaient repliées à 4 heures du matin et marchaient dans la direction de Fontainebleau. Le général russe avait aussitôt donné l'ordre de suivre le mouvement rétrograde des troupes françaises ; mais, justement préoccupé pour ses derrières et ses communications, il écrivait en même temps au généralissime : « Je prie Votre Altesse de me faire savoir sur quel point se trouveront mes soutiens, vu que jusqu'à présent il n'y a aucune troupe entre les barrières de Paris et moi et qu'il n'y a même pas de postes à ces barrières². » Arrivé à 3 heures de l'après-midi au château de Petit-Bourg près d'Evry, Pahlen complétait encore les renseignements envoyés le matin³ et mandait au quartier général que « les quelques escadrons aperçus en arrière de Ris s'étaient à son approche retirés jusqu'à Essonnes, et que des troupes françaises des trois armes y occupaient une bonne position sur la rive droite de la rivière. » Les quelques prisonniers qu'il avait ramassés en route avaient encore appris au général russe qu'on avait déjà fait sauter une des arches du pont de pierre de Corbeil. Pahlen avait en outre communiqué avec Ilowaïski XII dont les Cosaques étaient arrivés à même hauteur que lui, sur la rive droite de la Seine. Un de ces Cosaques avait passé la Seine à la nage pour lui annoncer la présence de troupes françaises à Melun. En même temps qu'il écrivait au généralissime, Pahlen avait également correspondu avec le général Emanuel qui, continuant à s'avancer par la route d'Orléans, n'avait ramassé que des convois et des traînards et comptait pousser le même jour jusqu'à Longjumeau ou Montlhéry. Le gros de l'avant-garde de la cavalerie de l'armée de Silésie arriva en effet le 1ᵉʳ avril au soir à Montlhéry et sa pointe ne s'arrêta qu'à Arpajon. Enfin avant de ramener le soir le gros de sa cavalerie à Juvisy et de disposer ses vedettes le long de l'Essonne, Pahlen avait rendu compte au

---

¹ Pahlen à Schwarzenberg, Rungis, 1ᵉʳ avril, 7 heures du matin. (Original en français. *K. K. Kriegs Archiv.*, IV, 3.)

² *Id. in ibid.*

³ Pahlen à Schwarzenberg, Château de Petit-Bourg par Evry, 1ᵉʳ avril, 3 heures après-midi. (*K. K. Kriegs Archiv.*, IV, 1.)

généralissime des mouvements qui s'étaient produits un peu après 3 heures dans les lignes françaises. « Les avant-postes m'annoncent, écrivait-il en Post-Scriptum, que l'infanterie ennemie prend les armes à Essonnes et que la cavalerie monte à cheval. On entend le tambour et les cris de *Vive l'Empereur!* Il est probable que l'Empereur vient d'arriver et il peut fort bien se faire que les troupes d'Essonnes se portent encore aujourd'hui contre moi [1]. »

Ordres de Napoléon à Marmont et à Mortier. — Pahlen ne se trompait pas. C'était bien l'Empereur qui était venu inspecter à Essonnes les positions de ses troupes et s'assurer par lui-même de la façon dont les maréchaux Marmont et Mortier avaient exécuté ses ordres.

En effet le 1er avril, à 6 heures du matin, le major-général avait fait savoir aux deux maréchaux que l'Empereur, voulant réunir le gouvernement à Orléans et y rassembler toutes ses réserves de l'intérieur, avait résolu de se placer avec son armée entre Fontainebleau et Paris et de faire occuper, par Marmont la droite, par Mortier la gauche de la position d'Essonnes, afin d'obliger, en cas d'attaque, les Alliés à tenter un passage de rivière sur des points qu'il aurait choisis. En attendant l'arrivée de l'armée qui devait le rejoindre sur ces positions, il prescrivit aux deux maréchaux de faire fortifier le cours de l'Essonne et de mettre Corbeil et Essonnes en état de défense. Prévoyant enfin les mouvements de la cavalerie de l'armée de Silésie, l'Empereur recommandait encore au maréchal Marmont d'envoyer de la cavalerie à Arpajon, de mettre cette localité à l'abri des coups de main des Cosaques et de pousser son avant-garde et ses reconnaissances aussi loin que possible sur la route de Paris [2].

---

[1] Pahlen à Schwarzenberg, Petit-Bourg, 1er avril, 3 heures après-midi. (*K. K. Kriegs Archiv*, IV, 1.)

[2] Major-général aux maréchaux Marmont et Mortier, Fontainebleau, 1er avril, 6 heures du matin. (Registres de Berthier, *Archives de la guerre*.)

Mortier rendant compte au major-général, lui annonçait qu'il avait pris position, sa droite au Plessis-Chenet, sa gauche à Mennecy, sa cavalerie à Mennecy et Fontenay-le-Vicomte. Le maréchal avait en outre fait occuper en avant de son front le village d'Ormoy, situé dans la vallée de l'Essonne, au pied même du plateau. Le parti détaché par le maréchal sur Arpajon n'était pas encore rentré au moment où il expédiait sa dépêche. (Mortier au major-général, Le Plessis-Chenet, 1er avril ; *Archives de la guerre*.)

Afin d'être plus complètement couvert sur sa gauche et d'être mieux renseigné sur ce qui pouvait se produire du côté d'Arpajon, l'Empereur avait encore envoyé au général Defrance, appelé à cet effet de Villeneuve-la-Guyard, l'ordre d'aller avec sa division à Saint-Germain-sur-Ecolle et de s'éclairer sur La Ferté-Aleps et la route d'Arpajon [1].

Ordres donnés à Macdonald. — Mouvements des corps de Ney, Macdonald et Oudinot. — Le 31 mars au soir, en même temps qu'il informait Macdonald de la capitulation de Paris, l'Empereur lui avait mandé de faire séjourner le 1er avril ses troupes et celles d'Oudinot sur les positions où elles auraient couché. Il y a donc tout lieu de penser qu'à ce moment l'Empereur n'avait pas encore pris de parti définitif et voulait, en arrêtant momentanément une partie de ses troupes, leur épargner des marches inutiles et éviter une perte de temps dans le cas où il aurait résolu de se diriger vers le Sud et de prendre position derrière la Loire.

Lorsque la dépêche du major-général [2] fut remise à Macdonald à 9 heures du matin, à Villeneuve-l'Archevêque, les corps étaient en marche depuis 4 heures du matin. Ils s'arrêtèrent par suite : le 11e corps et le 5e de cavalerie à Villeneuve-l'Archevêque, le 7e corps et le 6e de cavalerie à Saint-Liébault [3]. Dans l'intervalle l'Empereur était revenu à l'idée de la marche sur Orléans. A 9 heures du matin il mandait à Ney de continuer vivement son mouvement sur Fontainebleau et annulait l'ordre précédemment donné à Macdonald [4].

Ce dernier ordre ne parvint plus au duc de Tarente dans la journée du 1er avril, puisqu'à 6 heures du soir, l'impossibilité de faire vivre ses troupes et l'apparition d'assez nombreux partis

---

[1] La division du général Defrance ne comptait plus, lors de son arrivée à Saint-Germain-sur-Ecolle, que 430 combattants et 68 officiers. (Général Defrance au major-général, Saint-Germain-sur-Ecolle, 1er avril. (*Ibid*.).

[2] Major-général au maréchal Macdonald, Fontainebleau, 31 mars, 6 heures soir. (Registres de Berthier, *Archives de la guerre*.)

[3] Macdonald au major-général, Villeneuve-l'Archevêque, 1er avril, 9 heures du matin. (*Archives de la guerre*.)

[4] Major-général à Ney, Macdonald, Oudinot. Fontainebleau, 9 et 11 heures du matin, 1er avril. (Registres de Berthier, *Archives de la guerre*.)

de Cosaques sur ses flancs et sur ses derrières, décidèrent le maréchal à écrire au major-général et à l'informer « qu'il avait donné à ses troupes l'ordre de partir au jour pour Sens où il comptait les concentrer »[1].

Les coureurs de Tettenborn, en marche de Méry sur Sens, s'étaient montrés en force sur la droite d'Oudinot du côté de Prunay et de Faux-Villecerf et avaient obligé le duc de Reggio à les faire tenir en respect par la division Jacquinot[1].

Biron lève le siège de Verdun et vient s'établir à Bernecourt. — Sur les derrières des Alliés il ne s'était produit pendant la journée du 1er avril aucun incident, ni du côté de Langres, ni du côté de Chanceaux. Mais le prince Biron de Courlande qui, après l'affaire du 27 mars aux Paroches, avait investi Verdun le lendemain, avait dû se décider à lever le siège de cette place à la nouvelle de l'approche du général Durutte qui se portait contre lui à la tête de 9,000 à 10,000 hommes tirés des garnisons de Metz, de Thionville et de Luxembourg. Biron avait appris au même moment que M. von Alopeus, gouverneur général de la Lorraine, avait dirigé sur Neufchâteau les troupes russes du général Jussefovitch, relevées sous Metz par les Hessois du général Müller que Durutte avait rejetés du côté de Luxembourg. Ne sachant pas, si des environs de Verdun le général Durutte tenterait un coup de main sur Nancy ou suivrait au contraire le chemin de Bar-le-Duc, Biron, après avoir fait filer un de ses régiments de Saint-Mihiel sur Nancy, résolut de prendre position à Bernécourt, à moitié chemin entre Saint-Mihiel et Nancy. Ne se sentant pas assez fort pour tenir seul tête à Durutte, Biron avait rappelé à lui le général Jussefovitch.

---

[1] Macdonald au major-général, Villeneuve-l'Archevêque, 1er avril, 6 heures soir (*Archives de la guerre*) et Oudinot à Macdonald, Saint-Liébault, 1er avril. (*Ibid.*)

Le duc de Tarente, écrivant à 6 heures du soir au général Friant, lui disait : « Je n'ai pas de nouvelles du quartier-général. Je ne sais ce que l'on veut faire. La prise de Paris nous a consternés. Quelles en seront les suites pour notre malheureuse patrie ? »

Le maréchal, avant même d'avoir reçu les ordres du major-général, avait du reste prescrit à Molitor de rassembler le 11e corps, à 1 heure du matin, pour aller prendre position sur la route de Sens du côté de Foissy, à Gérard de venir entre Lailly et Molinons.

Celui-ci, renonçant à son mouvement sur Neufchâteau motivé par les coups de main de plus en plus sérieux des paysans du côté de Chaumont, vint le rejoindre à Bernécourt le 2 avril. Quelques jours plus tard Durutte, informé de la marche de l'Empereur sur Paris et craignant à son tour d'être coupé de Metz, rentrait dans cette place qu'investirent jusqu'à la fin de la campagne les troupes de Biron, de Jussefovitch et de Müller, et que ces trois généraux se disposaient à attaquer au moment où ils reçurent l'ordre de cesser immédiatement les hostilités.

Attaque de Compiègne par la brigade Krafft et le corps volant de Geismar. — De tous les corps des armées alliées opérant sur le principal théâtre de guerre, le IIIe corps prussien (Bülow) fut le seul qui s'engagea pendant la journée du 1er avril. Chargé d'essayer d'enlever Compiègne par un coup de main, le général von Krafft avait résolu d'attaquer cette place par les portes d'Hulme et de Pierrefonds, pendant que le colonel von Geismar, renforcé par un bataillon de chasseurs prussiens, renouvellerait sur la rive droite de l'Oise ses tentatives de la veille. Geismar, placé ainsi à l'aile droite de la ligne d'investissement en aval de Compiègne, commença par démolir à coups de canon les murs des jardins, pendant que les chasseurs prussiens tiraillaient avec les défenseurs de la ville et que quelques pelotons de sa cavalerie remplissaient les vides de la ligne. La composition même du corps de Geismar ne se prêtait guère à un combat de ce genre et la matinée tout entière se passa sans que l'attaque eût fait de ce côté le moindre progrès.

Sur la rive gauche de l'Oise, le général von Krafft, après avoir pris position en amont de Compiègne, avait prescrit dès le matin à deux bataillons du régiment de Colberg de tâter la place par la route de Soissons, de rejeter l'ennemi dans la ville, de reconnaître sa force et sa position et de couvrir le mouvement de la batterie russe qui marchait avec eux. Les trois autres bataillons de la 6e brigade envoyés plus à gauche étaient chargés de l'attaque sur la face Sud.

Les deux bataillons du régiment de Colberg, repoussant sans peine les avant-postes français établis à environ 1,000 mètres de la place, pénétrèrent à leur suite dans le grand parc. La batterie russe prit position, dirigea ses feux contre le château et ouvrit une brèche dans le rempart. Une première sortie de la garnison bouscula les tirailleurs prussiens, que le général von Krafft fut obligé de faire renforcer et qui parvinrent ainsi à réoccuper leurs anciennes positions qu'une deuxième sortie ne tarda pas à leur faire reperdre. Jusqu'à 3 heures de l'après-midi le combat continua à rester indécis; malgré leur nombre, malgré le feu terrible de leur artillerie, les Prussiens n'avaient pas réussi à arracher un pouce de terrain à la garnison. A ce moment le général von Krafft, prévenu qu'on avait découvert un point faible par lequel il semblait possible de pénétrer dans la place, se décida à donner un assaut général. Deux compagnies de chasseurs et un détachement de fusiliers se portent vers le point désigné, pénètrent dans le petit parc, gravissent les rampes aboutissant à la terrasse et s'approchent du château. Fusillés par les défenseurs de ces terrasses, mitraillés par les pièces de la défense, les Prussiens reculent et se reforment derrière la grille du petit parc. Repoussés lors d'une deuxième attaque, ils reculent jusque sur leurs premières positions.

L'attaque tentée par l'autre colonne prussienne n'avait pas eu plus de succès; elle avait réussi à pousser jusqu'aux portes, mais n'ayant rien pour tenter l'escalade et écrasée par les feux de la place, elle avait été contrainte à se replier sur le faubourg.

Sur la rive droite, les chasseurs prussiens envoyés en soutien des partisans de Geismar et flanqués par les hussards saxons avaient essayé d'enlever le pont et de pénétrer dans la ville. Arrivés à peu de distance de la porte, ils avaient été arrêtés par des volées de mitraille, puis repoussés par les défenseurs et obligés, eux aussi, à se retirer dans une grande maison et dans des jardins clos de murs où ils tinrent bon jusqu'à la fin du combat.

Renonçant définitivement à triompher de la résistance acharnée de la garnison, le général von Krafft dut se résigner le soir même à ramener ses troupes à Lamotte et à rappeler le bataillon détaché au corps volant de Geismar. Le colonel russe resta pendant la nuit sur la montagne de Margny et, se séparant des Prussiens pour reprendre le cours de ses opérations interrompues par ce coup manqué, il retourna le 2 avril au matin à Cuvilly[1].

---

[1] Major Guillemin au ministre, Le Mans, 30 avril (*Archives de la guerre*); Tagebuch des Streifcorps unter Befehle des kaiserlichen russischen Obersten

Bien que le siège eut été levé dès le 2 au matin les Prussiens envoyèrent le 3 un parlementaire prévenir le commandant de la capitulation de Paris. Le 4, Borstell, arrivé à Vic-sur-Aisne, fit partir pour Compiègne un nouveau parlementaire. Dans l'intervalle le major Guillemin, qui avait pris le commandement de la place après la mort du major Otenin, avait été renseigné sur les événements de Paris; manquant d'ailleurs de munitions il consentit à capituler et à signer le 5 avril une convention aux termes de laquelle sa petite garnison réduite à 1300 hommes, était autorisée à quitter la place avec ses armes et bagages, à rejoindre l'armée et à emmener son matériel.

Combat de Gondreville et de Crépy-en-Valois. — L'approche du général von Borstell, parti de Bavay le 29 mars pour venir par Pont-sur-Sambre, Avesnes et Laon, remplacer le IIIe corps prussien devant Soissons, avait permis à Bülow de ne laisser momentanément devant cette place que la 4e brigade (von Thümen) qui devait, après l'arrivée des troupes attendues de Flandre, suivre son mouvement sur Paris et former avec la 6e brigade (général-major von Krafft) son deuxième échelon.

Se conformant aux ordres venus du grand quartier-général le commandant du IIIe corps avait dirigé, le 1er avril au matin, le reste de son infanterie sur Villers-Cotterets et Nanteuil-le-Haudoin. Sa cavalerie sous les ordres du général-lieutenant von Oppen, après avoir chassé de Lévignen quelques piquets de cavalerie française, avait même poussé derrière eux jusqu'à Crépy-en-Valois. Mais cette petite ville était occupée par quelques compagnies d'infanterie et quatre escadrons de cavalerie. Rejetant cette avant-garde, les troupes françaises obligèrent la cavalerie prussienne à se replier sur Gondreville où elle tint bon jusqu'à l'arrivée de renforts, qui lui permirent, non seulement de forcer la cavalerie française à se replier sur Crépy, mais d'envoyer un escadron occuper Nanteuil-le-Haudoin et de fermer ainsi au petit détachement français la route de Dammartin. Le

---

von Geismar, während dem Feldzuge 1814 vom 13ten Februar bis 11ten April (K. K. Kriegs Archiv., IV, 178); Major von Bagensky, *Geschichte des 9ten Infanterie Regiments, genannt Colbergsches*; Schreiber, *Geschichte des Infanterie Regiments n° 20* et Rapport du lieutenant-colonel von Reckow.

général von Oppen résolut en conséquence d'enlever ce détachement le 1er avril et confia cette mission au colonel von Treskow. L'escadron d'avant-garde (un escadron du 2e dragons) poussa si rapidement en avant qu'il prit une avance de 6 kilomètres sur le gros. A 2 kilomètres de Crépy cet escadron, après avoir surpris une grand'garde française, chargea deux escadrons et les poussa sur Crépy. Entraîné par l'ardeur de la poursuite, l'officier qui commandait cette pointe ne s'aperçut pas de la présence d'un troisième escadron français qui, formé en bataille, avait laissé passer les Prussiens et tomba sur leurs derrières. Heureusement pour le commandant de l'escadron prussien, l'officier qui commandait son dernier peloton avait reconnu à temps le danger et, chargeant en queue l'escadron français, il l'obligea à faire demi-tour et à disparaître derrière Crépy où les dragons prussiens arrivèrent jusqu'à la place du Marché. Recueillis par leur infanterie les cavaliers français, qui avaient eu le temps de se reformer, rejetèrent en fin de compte l'avant-garde prussienne hors de Crépy. Bien que renforcée peu de temps après par un escadron de dragons de la Reine, cette avant-garde ne parvint à rentrer dans Crépy que lorsque la cavalerie française, menacée d'être tournée et coupée par quatre autres escadrons de dragons prussiens, se vit contrainte à se replier sur Senlis. Le colonel von Treskow la suivit vivement avec sa brigade, y arriva presque en même temps qu'elle, la chassa de Senlis et coupa ainsi la retraite aux quelques fantassins qui, restés à Crépy, furent ramassés par le gros de la cavalerie du général von Oppen[1].

L'infanterie de Bülow ne dépassa pas ce jour-là Villers-Cotterets.

2 avril. — L'Empereur réorganise son armée. — Positions des différents corps. — Pendant que le Sénat, habitué si longtemps à obéir aveuglément à l'Empereur, se faisait l'exécuteur docile des volontés de Talleyrand, constituait un gouvernement provisoire composé des personnages choisis par le Vice-Électeur et confiait les différents ministères aux amis du prince de Bénévent, pendant que le Conseil général et le Conseil

---

[1] Rittmeister von Bärensprung, *Geschichte des westpreussischen Kürassier Regiments n° 5 von seiner Stiftung bis zur Gegenwart.* (Ce régiment portait en 1814 le nom de 2e régiment de dragons de la Prusse occidentale.)

municipal, devançant la résolution du Sénat, se hâtaient de demander le rétablissement de Louis XVIII, les colonels Fabvier et Damrémont avaient rejoint Marmont au moment où l'Empereur venait d'achever l'inspection de ses positions.

Les nouvelles qu'ils apportaient de Paris étaient peu rassurantes ; la déclaration du tzar, dont Napoléon n'avait pas encore eu connaissance, suffisait d'ailleurs pour lui prouver qu'il lui fallait ou se résigner à disparaître, ou continuer la guerre. Aussi, rentré vers le soir seulement à Fontainebleau, il ne songea plus qu'à presser la marche de Ney, de Macdonald et d'Oudinot, qu'à procéder immédiatement à une réorganisation de son armée.

L'immobilité des Alliés depuis la capitulation de Paris, le faible effectif des corps de cavalerie qu'ils avaient timidement poussés sur les routes de Fontainebleau et d'Orléans, la dispersion de leurs troupes, avaient laissé entrevoir à l'Empereur la possibilité de tenter une fois encore le sort des armes, de tirer parti de leur situation peu conforme aux grands principes de l'art de la guerre, en refoulant sur la capitale des forces à peine supérieures en nombre aux siennes, en faisant appel au patriotisme du peuple de Paris, en profitant du trouble causé par son approche pour rentrer dans sa capitale en vainqueur. Mais avant de recommencer les opérations, il était d'abord indispensable pour lui de procéder à la reconstitution immédiate de son armée. Aussi, dès le 1er avril au soir, il donna au major-général l'ordre de dissoudre les régiments provisoires dont les différents détachements devront rejoindre immédiatement leurs corps d'origine. Le parc fournira à Marmont et à Mortier le nombre de pièces nécessaire pour que ces deux maréchaux disposent au moins de 60 bouches à feu.

Les restes de la division Boyer de Rébeval furent attribués au duc de Trévise dont le quartier-général était à Mennecy. On rattacha au corps de Marmont deux bataillons de vétérans de la garde et la division du général Souham qui, venant de Montereau, reçut l'ordre de partir de grand matin et d'arriver entre 9 et 10 heures à Fontainebleau pour continuer de là sur Essonnes.

Le général Friant, avec l'infanterie et l'artillerie de la vieille garde, devait aller s'établir au débouché de la forêt de Fontainebleau, à une lieue environ en arrière des positions assignées aux troupes de Ney.

La cavalerie de la garde sous les ordres de Sébastiani, renforcée par les détachements du général Ornano et du général Guyot, qui prenait le commandement de la division Colbert, ainsi que la brigade Piré, devaient quitter Fontainebleau aussitôt après avoir été passées en revue. La brigade du général Piré, qui allait prendre position à Montceaux, était mise à la disposition de Marmont. Quant à Sébastiani, dont le quartier général était à Pringy, on lui prescrivait de cantonner ses trois divisions, les deux premières à Auvernaux, Champcueil, Nainville et Perthes, la troisième à Saint-Sauveur-sur-Ecolle et à Pringy, de façon toutefois à pouvoir les porter sur l'Essonne au premier signal. Le général Defrance, rejoint par la cavalerie du général Vincent et rattaché au corps de Marmont, se portait dès le 2 au matin sur Fontenay-le-Vicomte pour éclairer l'Essonne depuis La Ferté-Aleps et jeter des partis sur Arpajon.

Les cuirassiers de Saint-Germain devaient presser leur marche de façon à être passés en revue dans la cour du Cheval-Blanc et à pouvoir aller, dans la journée du 2, prendre position à Saint-Germain et à Soisy-sur-Ecole.

Enfin le major-général envoyait au général Allix l'ordre de se porter sur Sens, de garder Pont-sur-Yonne et les passages de la rivière et d'y relever les troupes que Macdonald y laissait jusqu'à son arrivée [1].

Maître des ponts de Corbeil et de Melun, s'éclairant et se reliant sur sa gauche avec Orléans où il venait d'appeler sa famille et ses ministres, l'Empereur voulait dès le 4, aussitôt après l'entrée en ligne des corps de Ney, de Macdonald, d'Oudinot, de Molitor et de Gérard, se jeter à la tête de près de 70,000 hommes contre un adversaire qui, pensant avoir atteint son but en entrant à Paris, ne se souciait guère de déboucher de la capitale, renonçait à l'offensive et craignait de tout compromettre dans une dernière bataille livrée au sud de la capitale.

---

[1] *Correspondance*, n° 21549, Registres de Berthier, et major-général aux généraux Defrance, Sorbier, Souham, Sébastiani, Drouot, Saint-Germain, Allix, aux maréchaux Marmont et Mortier. Fontainebleau, 2 avril, 4 heures du matin. (*Archives de la guerre*.)

Mouvements des armées alliées. — Ordres de Schwarzenberg. — Tout marchait en effet au gré des souverains alliés ; le Sénat préparait l'acte officiel qui allait le lendemain prononcer la déchéance de l'Empereur. Pour éviter cette bataille qui pouvait tout remettre en question, pour assurer plus complètement encore son triomphe et accélérer la chute de son ancien maître, Talleyrand avait ourdi de nouvelles trames, imaginé de nouvelles machinations. Sans s'endormir sur les avantages acquis, il cherchait à tirer parti du découragement, de la lassitude des maréchaux, il travaillait à détacher de l'Empereur celui-là même de ses lieutenants qui couvrait avec ses troupes la concentration de l'armée impériale.

Le généralissime, auquel ces intrigues ne pouvaient que convenir, se borna par conséquent à prendre quelques mesures de sûreté et à modifier quelque peu la position de certains de ses corps. Sachant par les rapports de Winzingerode, de Seslavin et de Kaïssaroff que l'armée française se rassemblait à Fontainebleau, Schwarzenberg résolut de concentrer ses forces sur la rive gauche de la Seine et de renforcer sa position entre Longjumeau et Juvisy.

Dès le moment où en raison même des considérations politiques que nous avons indiquées plus haut, Schwarzenberg renonçait à profiter de son immense supériorité numérique, s'interdisait la continuation de l'offensive et cherchait uniquement à couvrir Paris contre les entreprises éventuelles de son adversaire, on ne saurait qu'approuver sans restriction la disposition du généralissime et le choix qu'il fit de la ligne Palaiseau—Longjumeau—Juvisy, couverte dans toute son étendue par les vallées de l'Yvette et de l'Orge. Le généralissime avait en outre prévu le cas où Napoléon forçant le passage de l'Yvette aurait chassé devant lui l'avant-garde des Alliés. Une fois arrivé sur le plateau, l'Empereur trop faible pour attaquer simultanément les deux grosses masses des Alliés aurait dû se décider à se jeter, soit contre sa droite (armée de Silésie), soit contre sa gauche (grande armée alliée). Quelle qu'eût été la résolution prise par l'Empereur, l'aile qu'il aurait attaquée avait ordre de livrer un combat purement défensif qui devait dans l'esprit du généralissime permettre à l'autre armée de se porter sur les flancs et les derrières des Français. On avait à cet effet mis le parc de Morangis en état de défense et chargé la nombreuse cavalerie alliée de contrarier, de harceler et de ralentir les mouvements de l'Empereur. Dans le cas où l'Empereur aurait cherché à déborder la droite de la position des Alliés, on avait étudié un mouvement qui aurait assuré à l'armée de Silésie la possession des hauteurs s'étendant des environs de Chevreuse jusqu'à Versailles. Au contraire, si en raison du nombre et de la force des positions des Alliés, l'Empereur, renonçant à se porter sur Paris par la rive gauche de la Seine, dessinait un mouvement offensif entre la Seine et la Marne, on avait pris toutes les mesures nécessaires pour assurer les passages de la Seine et de la Marne au moyen de ponts de bateaux jetés à Charenton et l'on se croyait certain de précéder l'Empereur et d'occuper avant lui les positions sur lesquelles les troupes françaises avaient essayé d'arrêter les Alliés pendant la journée du 30 mars.

Aux termes de cette disposition arrêtée par le généralissime dans la soirée du 1er avril, les IIIe et IVe corps[1] qui s'étaient massés le 1er avril au soir à Charenton et dont les avant-postes occupaient Maisons-Alfort et Créteil, auraient dû passer la Seine à Choisy-le-Roi. La destruction de ce pont les obligea à revenir sur leurs pas et à défiler par Paris. Retardée au pont d'Austerlitz par le VIe corps, l'infanterie du IVe corps s'arrêta et bivouaqua le 2 au soir près d'Athis. La cavalerie poussa ses dragons jusqu'à Ris; la brigade Jett s'établit entre Viry et Grigny.

Le régiment de chasseurs wurtembergeois Duc Louis alla jusqu'à Fleury-Mérogis, qu'il quitta le soir même après avoir été relevé par la cavalerie du VIe corps, et vint prendre les avant-postes du côté de Petit-Bourg et d'Evry-sur-Seine.

Le IIIe corps s'arrêta derrière le IVe à Orly et Villeneuve-le-Roi et le Ve corps, qui avait traversé Paris le matin même, vint prendre position à la droite du IIIe, à Rungis et Paray.

Les gardes et réserves restèrent à Paris et se chargèrent de l'investissement de Vincennes.

Le VIe corps, après avoir remis le 1er au matin la garde des barrières de Paris aux grenadiers russes, s'était, dès la pointe

---

[1] Prince de Schwarzenberg, 1er avril au soir, disposition générale pour le 2 avril.

du jour, servi du pont d'Austerlitz pour jeter sur la rive gauche quatre de ses bataillons qui, destinés à servir de soutien à l'avant-garde de Pahlen, s'engagèrent sur la route de Fontainebleau et rejoignirent la cavalerie à Juvisy. Le gros du corps, parti de Belleville, s'arrêta le soir en avant des positions du IVe corps et bivouaqua aux environs de Juvisy. Son avant-garde, sous les ordres de Pahlen, renforcée par la 3e division de cuirassiers de Duka et rejointe par les cosaques d'Ilowaïsky XII venant de la rive gauche de la Marne, poussa jusqu'à Fleury-Mérogis et Bondoufle. Ses avant-postes, établis sur une ligne allant de Villabé à Echarcon, se reliaient à gauche avec les avant-postes du IVe corps, à droite avec ceux de l'armée de Silésie.

Le généralissime avait transféré son quartier général à Chevilly[1].

Le général Kaïssaroff, venant avec ses cosaques de La Chapelle-Gauthier, avait envoyé dès la veille au soir son avant-garde jusqu'aux faubourgs de Melun et poussé avec son gros jusqu'à Brie-Comté-Robert[2].

---

[1] A 9 heures du soir, Marmont signalait au major-général l'existence d'un camp considérable sur les hauteurs de La Cour-de-France. (*Archives de la guerre*). — TAXIS, Tagebuch (*K. K. Kriegs Archiv.*, XIII, 32), et Rapport de Barclay de Tolly au prince Wolkonsky du 22 mars/3 avril (*Journal des pièces reçues*, n° 624).

[2] Kaïssaroff, en écrivant le 2 au matin, de Guignes au comte de Crenneville lui annonçait que les Français travaillaient à reconstruire le pont de Melun et terminait sa dépêche par ces mots : « En portant ces faits à la connaissance de Votre Excellence, je vous supplie, mon général, de me dire la direction du corps que vous commandez, ainsi que la connaissance que vous pourrez avoir sur la position de notre armée et celle du grand quartier général. » Kaïssaroff à Crenneville. Guignes, 2 avril. (Original en français, *K. K. Kriegs Archiv.*, IV, 21.)

Quelques heures plus tard, arrivé à Brie-Comté-Robert, il adressait au généralissime le rapport suivant qu'il nous a paru utile de reproduire parce qu'il contient quelques données intéressantes et curieuses :

« L'ennemi a renoncé à continuer la reconstruction du pont de Melun et n'a jeté entre les arches que quelques poutres et planches pour le passage de quelque infanterie.

« La cavalerie qui était de ce côté se retire sur l'autre bord de la rivière. Il ne reste de ce côté que quelque infanterie. J'ai mon poste devant la ville.

« Le pont de Corbeil est sauté. L'armée française se trouve toute sur l'autre bord de la Seine. Les habitants la supposent de 80,000 à 100,000 hommes avec 80 pièces de canon. Mon poste près de la ville a remarqué dans la nuit beaucoup de feux de bivouac de l'autre côté.

Quant à Seslavin, venant de Nangis, il n'était arrivé qu'assez avant dans la soirée du 2, à Guignes[1].

Blücher, toujours malade et dans l'impossibilité d'exercer le commandement, avait aussitôt après l'entrée des Alliés à Paris demandé à Frédéric-Guillaume III l'autorisation de quitter l'armée de Silésie, à la tête de laquelle les souverains placèrent Barclay de Tolly. Le 2 au matin, Gneisenau, rentrant dans la suite du roi de Prusse, résigna également ses fonctions que le général von Müffling exerça pendant les dernières journées.

Le 2 au matin, l'armée de Silésie, formant l'aile droite des armées alliées, quitta ses cantonnements au nord de Paris pour venir se former sur la rive gauche de la Seine, à hauteur de la grande armée de Schwarzenberg. Le Ier corps (York) et le IIe corps prussiens, sous les ordres du prince Auguste de Prusse remplaçant le général von Kleist, retenu à Paris par le roi de Prusse,

---

« Dans la matinée on a vu l'ennemi défiler sur Paris en côtoyant les montagnes (sic) et la rivière. Napoléon a couché au château de Coudray.

« La partie de la ville de Corbeil se trouve occupée par deux ou trois bataillons avec quatre canons, et mes cosaques tiraillent toute la journée. Je me suis porté à Brie-Comte-Robert dans l'intention d'observer de plus près Melun et Corbeil, ayant un parti à Villeneuve qui doit découvrir la route qui vient de Choisy et se dirige sur Charenton.

« Ayant tous ces points en vue, je garde tous les passages de la Seine et je vois tous les mouvements de l'autre côté de la rivière.

« Etant dans une parfaite ignorance de la direction que prend notre armée, je me suis vu obligé de suivre simplement celle de l'Empereur et si mes mouvements se trouvaient n'avoir pas été conformes à ceux de la grande armée, daignez, Votre Altesse, y porter votre indulgence et m'honorer de vos ordres. Le général Seslavin se portera, je l'espère, de Nangis à Guignes. »

Général-major Kaïssaroff au prince de Schwarzenberg, Brie-Comte-Robert, 2 avril. (Original en français, K. K. Kriegs Archiv., IV, 4.)

[1] Rapport du général-major Seslavin au général-lieutenant Sabaneïeff, Guignes, 28 mars/4 avril. (*Journal des pièces reçues*, n° 648.)

Le 2 avril, à 7 heures du soir, le général Maurin rendait compte au major-général des événements de la journée et, signalant les mouvements de Kaïssaroff et de Seslavin, il lui faisait connaître qu'après le départ du duc de Vicence et de l'officier russe qui l'accompagnait, un parti de 50 cosaques avait tenté de pénétrer dans la ville par la route de Montereau et avait été chassé par ses avant-postes. D'autres partis cosaques avaient paru sur plusieurs points et patrouillé en vue de Melun et il ajoutait : « Après le passage de la voiture du duc de Vicence, on n'a conservé au pont qu'un passage pour l'infanterie et quelques chevaux. D'après le dire de deux cosaques faits prisonniers, Seslavin serait à deux lieues d'ici avec quatre régiments de cavalerie. »

Général Maurin au major-général. Melun, 2 avril, 7 heures du soir. (*Archives de la guerre.*)

défilèrent par la barrière de l'Étoile et le pont d'Iéna, s'engagèrent sur la route d'Orléans et, passant par Bourg-la-Reine et La Croix-de-Berny, s'arrêtèrent le 2 au soir, le Ier corps à Palaiseau, le IIe à Champlan. L'avant-garde, sous les ordres de Katzler, s'établit à Villejust et poussa ses avant-postes jusque vers Monthléry, tandis que Zieten occupait Orsay avec la cavalerie de réserve, couvrait la droite de l'armée de Silésie et s'éclairait par des patrouilles qui, envoyées sur Gometz-la-Ville et Janvry, se reliaient à gauche aux avant-postes de Katzler[1].

Le corps de Langeron, après avoir passé la Seine au pont de la Révolution (pont de la Concorde), avait suivi le IIe corps prussien et avait pris position à sa gauche autour de Longjumeau.

Woronzoff (infanterie du corps Winzingerode) s'était servi du pont Royal pour traverser la Seine et vint s'établir un peu en arrière du corps de Langeron à Chilly-Mazarin et Morangis. Le quartier-général de Barclay de Tilly s'installa à Massy.

Le corps de Sacken, placé sous les ordres du général-lieutenant Wassiltchikoff et venant de Meaux où l'on n'avait laissé qu'un détachement peu important, arriva le 2 au soir à La Villette.

Bülow, après avoir confié provisoirement le blocus de Soissons à la brigade Thümen qui devait y être relevée par la brigade Borstell venant de Belgique, avait, à la tête de sept bataillons, huit escadrons et trois batteries et demie du IIIe corps prussien, continué sa marche sur Paris et s'arrêtait le 2 au soir à Nanteuil-le-Haudoin.

Winzingerode se bornait à suivre prudemment et d'assez loin la marche des corps en route pour rejoindre l'Empereur et n'était entré à Troyes que dans l'après-midi du 1er avril.

Macdonald, arrivé à Sens à 5 heures du soir sans avoir été autrement inquiété que par un hourrah insignifiant tenté par quelques centaines de Cosaques, se disposait à reprendre le 3, à 4 heures du matin, sa marche par Pont-sur-Yonne et Villeneuve-la-Guyard.

---

[1] Le maréchal Mortier signalait au major-général dans sa dépêche du 3 au matin, l'apparition des premiers coureurs alliés sur la route de Monthléry à Arpajon où ces coureurs se seraient montrés dans l'après-midi du 2. Il demandait qu'on fît couper ou garder le pont de La Ferté-Aleps, seul point où la cavalerie russe et prussienne pouvait passer l'Essonne. — Mortier au major-général, Mennecy, 3 avril au matin. (*Archives de la guerre.*)

Le général Allix, qui n'avait pas encore reçu l'ordre du major-général de revenir sur Sens, avait quitté Seignelay le 2 au matin, et s'était arrêté le soir à Maligny, après avoir envoyé un bataillon à Chablis et un autre à Tonnerre.

Enfin, malgré le mouvement de l'Empereur sur Paris et la disparition des troupes françaises qui s'étaient montrées un moment du côté de Chaumont et de Langres, les paysans n'avaient pas perdu courage et, le 2 avril, Raigecourt écrivait encore à Duka pour lui dire qu'une reconnaissance envoyée de Langres à Fayl-Billot avait été assaillie dans les bois, et qu'à Luzy, à une lieue environ au sud de Chaumont, des bandes avaient attaqué une compagnie d'infanterie et un escadron de cavalerie [1].

Arrivée de Caulaincourt à Fontainebleau. — Mais pendant que l'Empereur, tout en se préparant à la continuation de la lutte, ne renonçait pas à l'espoir d'obtenir encore une solution pacifique, Talleyrand veillait à Paris. La haine qu'il avait vouée à l'Empereur, cette haine ravivée encore par la crainte des dangers que pouvait faire courir à sa personne le maintien de la dynastie impériale, avait inspiré de nouvelles subtilités à son génie inventif et devait rendre inutiles les suprêmes efforts et l'infatigable dévouement de Caulaincourt. S'il lui avait été impossible de décider l'empereur Alexandre à refuser une nouvelle et dernière audience au duc de Vicence, le Vice-Électeur avait manœuvré de façon à annihiler les résultats possibles de cette entrevue et à amener la rupture de négociations qui pouvaient peut-être compromettre et retardaient en tout cas la réalisation de ses espérances.

Dans les conférences que, malgré les efforts de Talleyrand, il avait réussi à se ménager à l'hôtel de la rue Saint-Florentin, Caulaincourt avait pu se convaincre de l'impossibilité d'amener le tzar à consentir à un traité de paix basé sur les conditions demandées par les Alliés à Châtillon. Aussi, dans la dernière audience, il s'était contenté d'obtenir d'Alexandre, sous la condition d'une abdication de l'Empereur, « un retour favorable aux intérêts de la régente et de son fils [2] ».

---

[1] Le général-major comte de Raigecourt au feldzeugmeister Duka, Langres, 1er et 2 avril. (*K. K. Kriegs Archiv.*, IV, 308 et 309.)
[2] Fain, *Manuscrit de 1814.*

Le duc de Vicence ne s'illusionnait pas du reste sur la situation et, au moment où il se mettait le 2 au soir en route pour Fontainebleau, il savait que le Sénat, convoqué par Talleyrand, allait avoir à se prononcer sur une proposition de déchéance dont l'acceptation était certaine[1]. Quand le soir, à son arrivée à Fontainebleau, Caulaincourt répéta à l'Empereur les paroles d'Alexandre, Napoléon avait déjà deviné ce qui s'était passé à Paris. S'attendant à la vengeance de Talleyrand il écouta, avec un calme mêlé d'une indignation qu'il ne parvint pas à contenir jusqu'au bout, les communications de son envoyé et, ne voulant pas prendre à l'improviste un parti aussi grave, il refusa de céder aux pressantes instances du duc de Vicence. Dès que le jour parût, sans vouloir s'expliquer, sans faire la moindre allusion aux communications qui venaient de lui être faites, il monta à cheval. Décidé à tenter un dernier effort pour reprendre Paris aux Alliés, il allait essayer de communiquer une fois encore à ses troupes l'enthousiasme que sa présence provoquait d'ordinaire, de réveiller la confiance en son génie plus nécessaire que jamais pour ranimer l'ardeur de soldats harassés de fatigue, leur arracher un dernier effort, obliger les maréchaux à secouer leur torpeur et prévenir les effets dissolvants des nouvelles alarmantes répandues dans les camps par les émissaires de Talleyrand.

3 avril. — Ordres de Schwarzenberg et de Barclay de Tolly. — Positions et mouvements des armées alliées. — Aux quartiers généraux de Chevilly et de Massy, on croyait peu à l'imminence et à la possibilité d'un retour offensif de Napoléon. On s'attendait plutôt à un mouvement de l'armée impériale vers la Loire. Mais le tzar tenait avant tout à ne rien risquer; il avait atteint son but en entrant à Paris. Il désirait maintenant s'assurer la possession incontestée de la capitale et voulait être en mesure de parer à toute éventualité. Par son ordre, le gros de l'ancien corps de Sacken, commandé maintenant par Wassiltchikoff, se massa à Charenton, fournissant seulement des tra-

---

[1] Cette proposition, immédiatement mise aux voix, fut acceptée sans discussion et le décret motivé de déchéance, présenté par Lambrecht dans la séance du 3 avril, fut voté à l'unanimité. Le Corps législatif ratifia la décision du Sénat, mais refusa d'accepter ses considérants.

vailleurs et des gardes aux ponts de bateaux qu'on jetait à Villeneuve-Saint-Georges, Choisy-le-Roi et Conflans[1]. Les hussards du corps Sacken se cantonnèrent à L'Hay.

Le généralissime de son côté se désintéressait, en apparence du moins, de l'œuvre entreprise par Talleyrand. Il avait eu, il est vrai, la précaution et l'habileté de ne laisser aucun espoir à Caulaincourt. Metternich avait adopté la même tactique et, comme Schwarzenberg, il avait eu le soin de fermer l'oreille à toutes les ouvertures du duc de Vicence.

Les ordres, que Schwarzemberg envoya de Chevilly le 3 avril au matin, permettent du reste de se rendre un compte exact de l'idée qu'il se faisait de la situation. Ne voulant rien compromettre et surtout décidé à ne rien entreprendre il se borne à indiquer à ses lieutenants le rôle qu'en cas d'événements improbables, mais possibles, ils auront à jouer, les uns si l'empereur Napoléon reprend l'offensive, les autres si l'on apprend que l'armée impériale se retire vers la Loire.

Dans cette disposition, envoyée de Chevilly le 3 avril au matin, Schwarzenberg se borne en effet à prescrire aux commandants des IIIe, IVe et Ve corps de tenir leurs troupes prêtes à se porter au premier signal sur la ligne Champlan — Morangis — Juvisy. Les IIIe et IVe corps en première ligne, du château de Morangis à Champlan, le Ve corps en réserve sur la gauche de ces deux corps. Le prince royal de Wurtemberg, dont les troupes étaient depuis la veille à Juvisy, avait ordre de mettre le parc de Savigny-sur-Orge en état de défense, d'occuper les villages de Viry et de Ris et d'établir ses avant-postes sur une ligne allant de Fleury-Mérogis à la Seine.

Le VIe corps restant sur ses positions de la veille, occupait le parc de Morangis, faisait garder les passages de l'Yvette et envoyait sur les hauteurs d'Épinay-sur-Orge et de Villemoisson quelques détachements, tirés de son avant-garde, qui devaient s'éclairer en avant d'eux jusque sur Montlhéry et se relier à gauche, du côté de Fleury-Mérogis, avec les avant-postes du prince royal de Wurtemberg[2].

---

[1] Rapport de Barclay de Tolly au prince Wolkonsky. Massy, 3 avril. (*Journal des pièces reçues*, n° 624.)

[2] Toll au prince Wolkonsky, Chevilly, 3 avril 1814.

Kaïssaroff[1] et Seslavin devaient, de leur côté, redoubler de vigilance et signaler de suite les moindres mouvements de l'armée française.

Du reste, comme Toll l'écrivait encore au prince Wolkonsky, Schwarzenberg était décidé à éviter tout engagement pendant les journées des 3 et 4 avril. Il comptait sur l'effet que produirait sur l'esprit de l'armée française la proclamation du gouvernement provisoire qu'il avait trouvé le moyen de jeter et de répandre aux avant-postes établis sur les rives de l'Essonne.

A l'exception des grenadiers russes qui, sortant de Paris, vinrent s'établir à Rungis derrière le Ve corps, la grande armée resta dans une immobilité presque absolue pendant toute la journée du 3.

En cas d'attaque Schwarzenberg comptait déployer l'armée de Silésie sur les hauteurs au nord de Longjumeau et Barclay de Tolly, commentant la disposition du généralissime, avait fait connaître à ses lieutenants qu'il accepterait la lutte sur la rive gauche de l'Yvette. Croyant toutefois à la possibilité d'un mouvement de retraite du gros de l'armée française vers la Loire, il avait prescrit à York de pousser l'avant-garde du général von Katzler jusqu'à Limours, avec ordre d'envoyer des partis de cavalerie en avant de lui à Rochefort sur la route de Chartres, sur sa gauche à Angervilliers et Saint-Maurice et de faire occuper Fontenay-le-Vicomte par un détachement chargé de se relier, du

---

[1] Le prince de Schwarzenberg au général-major Kaïssaroff, Chevilly, 3 avril 1814 (original en français) : « Je viens de recevoir les nouvelles importantes que vous aviez eu la bonté de me communiquer en date de La Chapelle-Gautier le 1er avril.

« Je vous remercie infiniment, M. le général, du zèle que vous mettez pour vous instruire de tous les mouvements de l'ennemi. Je vous prie de continuer avec la même exactitude à m'en faire part.

« Il est de la dernière importance de connaître sur-le-champ toutes les manœuvres et tous les mouvements que l'ennemi puisse entreprendre.

« Je vous engage, Monsieur le général, d'employer toute votre attention et de mettre en œuvre tous vos moyens pour vous informer des marches de l'ennemi à l'instant même qu'il les entreprend.

« Comme il pourrait ou marcher en avant par Essonnes, ou, sous la protection d'un corps laissé à la rivière de l'Essonne, tâcher d'un côté de gagner la route d'Orléans pour se jeter sur notre flanc droit, ou de l'autre côté passer sur la rive droite de la Seine pour marcher sur Paris, il est nécessaire de diriger votre attention principale sur ces trois points. » (K. K. Kriegs Archiv., IV, 24.)

côté d'Arpajon, avec la cavalerie du général Émanuel. Les renseignements fournis par cet officier général [1] semblent d'ailleurs avoir fait croire à Barclay de Tolly que l'Empereur n'avait laissé qu'un rideau de troupes sur l'Essonne et se disposait à se diriger, avec le gros de ses forces sur Orléans [2].

Le nouveau commandant en chef de l'armée de Silésie avait du reste, pour cette raison, envoyé dès le matin à Bülow l'ordre de faire occuper Versailles par une avant-garde forte de trois à à quatre bataillons et de 500 chevaux et de se porter avec le gros du IIIe corps, qui venait d'arriver à Paris, de Montmartre jusque vers Bourg-la-Reine et Antony, afin de pouvoir se diriger de là, selon les événements, soit sur Versailles, soit sur Longjumeau, soit sur Rungis.

Winzingerode avait, sans se presser, continué de Troyes sur Sens. Le général Tchernitcheff, le précédant avec ses cosaques, était arrivé le 3 avril dans l'après-midi et « se disposait à marcher le lendemain par Chéroy, à passer le Loing à Souppes et à agir sur le flanc gauche de l'ennemi [3]. »

Plus au sud, Maurice Liechtenstein suivait avec sa division légère les mouvements d'Allix qui venait de recevoir à Maligny

---

[1] Le général-major Emanuel au général comte de Langeron, 3 avril 1814 :
« Je conclus de la destruction des ponts de l'Essonne que l'ennemi pourrait bien vouloir se porter sur Orléans par Malesherbes. » (*K. K. Kriegs Archiv.*, IV, *ad* 30.)

[2] Le comte Barclay de Tolly au prince de Schwarzenberg : Massy, 3 avril 1814.
« J'ai l'honneur d'envoyer à Votre Altesse un rapport adressé d'Arpajon par le général Emanuel au général comte de Langeron et annonçant son arrivée sur ce point d'où il a poussé des partis sur Etampes.
« Le général comte Pahlen est encore à Fleury; ses avant-postes à Vert-le-Grand sont reliés à ceux du général Emanuel.
« L'ennemi occupe encore fortement la rive gauche de l'Essonne, mais il a détruit tous les passages, ce qui montre qu'il n'a pas l'intention de prendre l'offensive de ce côté, mais il pourrait bien se porter sur Orléans et c'est ce que le général Emanuel va chercher à découvrir.
« Je n'ai encore aucune nouvelle du détachement envoyé sur Chartres.
« Versailles est occupé par des troupes du corps York qui seront relevées aujourd'hui par une brigade du corps Bülow. » (*K. K. Kriegs Archiv.*, IV, 30.)

[3] Le général-major Seslavin au général-lieutenant comte Toll, Guignes, 5 avril. (Traduction textuelle envoyée par Toll à Radetzky, *K. K. Kriegs Archiv.*, IV, 68 *a*.)

l'ordre du major-général lui enjoignant de venir à Sens et d'y relever les troupes laissées sur ce point par Oudinot[1].

La retraite des troupes françaises n'avait pas abattu le courage des populations. Une des patrouilles que Liechtenstein avait envoyée d'Aisy-sur-Armançon à Tonnerre, y avait été reçue à coups de fusil et avait dû s'enfuir en toute hâte en laissant sur le terrain quelques hussards et chevau-légers[2].

Du côté du Nord les Prussiens se bornaient à observer et à bloquer Soissons. Tout avait été tranquille devant Compiègne. Les Prussiens n'avaient pas jugé à propos de renouveler l'attaque infructueuse du 1er avril. On préférait de toute façon attendre Borstell qui, venant de Belgique et arrivé à Vic-sur-Aisne dans la soirée du 3, envoya le 4 avril un parlementaire annoncer au commandant de place la capitulation de Paris. Le major Guillemin, manquant de munitions, accepta, comme nous l'avons dit, une convention en vertu de laquelle la petite garnison, emmenant son matériel, rejoignait librement l'armée française.

Derniers mouvements du corps volant de Geismar. — Geismar, rentré à Cuvilly le 2 avril au matin, avait recommencé ses opérations pour son compte et avait poussé jusqu'à Pont-Sainte-Maxence. Retardé sur ce point par la rupture du pont de pierre, dont les Français avaient fait sauter une arche, il réussit néanmoins à passer l'Oise dans la nuit du 3 au 4. Longeant le cours de la rivière le colonel russe arriva le 4 vers midi à Chantilly où il s'empara du magasin d'habillement du régiment de lanciers polonais de la garde. Continuant le même jour jusqu'à Beaumont-sur-Oise il se hâtait de faire réparer le pont. Le 5 le corps volant entrait à Pontoise et, le même jour, Geismar envoyait un de ses détachements occuper Meulan que les quelques troupes françaises, qui s'y trouvaient, évacuèrent à son approche. Le 6,

---

[1] Major-général au général Allix, 2 avril. (Registres de Berthier, *Archives de la guerre.*)

[2] Prince Maurice Liechtenstein au feldzeugmeister Duka, Aisy, 3 avril. (*K. K. Kriegs Archiv.*, IV, ad 325.)

Le feldzeugmeister Duka devait d'ailleurs dès le lendemain (V. *K. K. Kriegs Archiv.*, IV, 325, Dijon, 4 avril), envoyer à Liechtenstein l'ordre « de châtier sévèrement les habitants de Tonnerre pour la part qu'ils ont prise à l'insurrection ».

après avoir laissé des postes à Pontoise, puis à Poissy où il avait passé la Seine, il arrivait à Saint-Germain où ses partisans campaient dans le jardin du château. Le 7 au matin, le corps volant était renforcé par deux bataillons d'infanterie; mais ses opérations étaient désormais terminées et, le 9 au matin, Geismar recevait l'ordre de commencer immédiatement sa retraite et de se diriger par Saint-Denis sur Luzarches [1].

Si l'on résume en quelques lignes les opérations du corps volant, on verra que le colonel de Geismar avait, avec une poignée de cavaliers et loin de toute troupe de soutien, franchi de Leuze à Saint-Germain-en-Laye près de 800 kilomètres et que dans le laps de temps compris entre le 14 février et le 11 avril il avait marché en réalité pendant vingt-cinq jours et livré neuf combats. Le corps volant avait parfois été en mouvement pendant six jours consécutifs sans pouvoir prendre de repos. Il avait parcouru fréquemment des distances variant entre 50 et 65 kilomètres et exécuté de nombreuses marches de nuit par des temps horribles. Pendant les jours de halte le colonel avait constamment fait pousser des reconnaissances jusqu'à plus de 20 kilomètres en avant du point où le gros de son corps s'était arrêté.

En somme le corps volant de Geismar s'était montré dans les neuf départements de la Lys, de l'Escaut, du Pas-de-Calais, du Nord, de la Somme, de l'Aisne, de l'Oise, de la Seine et de Seine-et-Oise. Sans avoir, la plupart du temps, de ponts à sa disposition, Geismar avait passé dans son raid l'Escaut, la Lys, la Somme, l'Aire, l'Oise et la Seine. Il avait réussi à se glisser entre les places fortes de Lille, Ypres, Aire, Saint-Venant, Arras, Amiens, Abbeville, Hesdin, Péronne, Ham, Saint-Quentin, La

---

[1] Tagebuch des Streifcorps unter Befehle des kaiserlichen russischen Obersten von Geismar während dem Feldzuge von 1814 von dem 13ten Februar zum 11ten April. (*K. K. Kriegs Archiv.*, IV, 178.)
De Luzarches, où il avait fait halte le 9 au soir, Geismar se rendit le 10 à Senlis. Comme il avait reçu l'ordre de surveiller l'Oise, il établit en conséquence des postes à Beaumont, Creil, Pont-Sainte-Maxence et Verberie. Le 11 avril, Geismar, passant par Creil et Clermont, continua son mouvement sur Montdidier où il arrivait le 13, fit séjour le 14 et le 15 avril. Le 16 il était à Ham et le 17 à Saint-Quentin. Les hussards saxons furent dirigés de là sur la Meuse pour rejoindre le 3e corps fédéral (duc de Saxe-Weimar). Les cosaques cantonnèrent à Saint-Quentin jusqu'à ce qu'on leur envoyât l'ordre de repasser le Rhin.

Fère et Compiègne. En rase campagne il avait eu le dessus contre les corps qui avaient essayé de lui barrer la route; il avait fait de nombreux prisonniers, renvoyé les conscrits dans leurs foyers, remis en liberté les prisonniers alliés et rendu des services signalés en enlevant et occupant Messines, Bailleul, Cassel, Hazebrouck, Saint-Pol, Doullens, Arras, Roye, Noyon, Chauny, Saint-Quentin, Clermont, Montdidier. Il avait échoué, il est vrai, dans ses attaques de vive force contre Cassel et Compiègne; mais il avait étouffé l'insurrection, empêché la levée en masse dans le nord de la France, pris 118 canons, une grande quantité d'armes, de munitions, de bagages, de voitures, d'effets d'équipement et une des caisses de l'armée.

Le raid exécuté par le colonel de Geismar montre donc une fois de plus combien un petit corps de cavalerie, bien conduit, bien composé, commandé par un chef énergique, prudent et habile peut, même au cœur d'un pays hostile, faire de mal à l'ennemi. N'ayant aucun souci pour ses communications, apparaissant tantôt ici, tantôt là, opérant bien au delà de la sphère d'action de l'armée, répandant la terreur dans des régions qui croyaient n'avoir rien à craindre, contrariant l'organisation et la marche des réserves, détruisant les magasins d'armes et de vivres, levant des contributions, dispersant les rassemblements armés, de pareils corps volants exerceront toujours une action incalculable sur l'esprit des populations.

Mouvements et positions des corps français. — Pendant que l'Empereur passait en revue, dans la cour du Cheval-Blanc, les divisions Friant et Hanrion arrivées depuis la veille à Fontainebleau et ranimait par ses paroles l'ardeur de ses soldats sur lesquels sa présence produisit cette fois encore son effet habituel, Berthier avait envoyé à Ney l'ordre de rapprocher dans l'après-midi ses troupes d'Essonnes et de les y cantonner dans les villages; à Drouot, de faire prendre position le 3 au soir, entre Pringy et Tilly, aux divisions Friant et Hanrion et à l'artillerie de la garde. Le grand quartier général devait venir s'établir au château de Tilly [1].

---

[1] Major-général à Ney et à Drouot; Fontainebleau, 3 avril, 3 heures du matin. (Registres de Berthier, *Archives de la guerre*).
Les troupes de Ney se cantonnèrent à La Rochette, Dammarie, Chailly-en-

Macdonald avait accéléré sa marche autant que le lui permettait l'épuisement de ses hommes et de ses chevaux. Le 3 au soir les 2e et 11e corps étaient à Montereau; le 5e corps de cavalerie à Noisy-le-Sec et La Ville-Saint-Jacques; Oudinot et le 6e corps de cavalerie étaient aux environs de Villeneuve-la-Guyard, moins la brigade Chassé laissée, moitié à Sens, moitié à Pont-sur-Yonne, en attendant l'arrivée du général Allix[1]. La marche s'était effectuée sans incident, sauf un hourrah tenté à Malay-le-Vicomte, à une demi-lieue de Sens, par les cosaques de Benkendorf[2] détachés du corps de Tchernitcheff qui avait pris plus au Sud vers Villeneuve-le-Roi.

En prescrivant à Macdonald, dans sa dépêche du 3 au matin, d'accélérer sa marche sur Fontainebleau, le major-général avait ajouté ces mots : « Il est possible que nous nous battions. » Aussi, tout en annonçant de Cannes le 3 au soir, son arrivée à Fontainebleau pour le lendemain, le maréchal croyait de son devoir de dire au major-général que « ses troupes ne seront pas en état de se battre. Hommes et chevaux sont exténués. Il ne sera guère possible d'utiliser les chevaux de l'artillerie. Nulle

---

Bière, Villers-en-Bière, Pringy, Montgermont, Perthes, Cély et Fleury-en-Bière. Ney avait en outre reçu l'ordre de rassembler, le 4 au matin, la division Lefol, que l'Empereur voulait passer en revue, à l'ouest de la route du château de Tilly, en avant du château des Bordes et de Moulignon. (Ney au major-général, Fontainebleau, 3 avril, et ordres de Ney pour le 4 avril, *Archives de la guerre*.)

[1] Macdonald à Oudinot, Pont-sur-Yonne et au major-général, 4 avril. (*Ibid.*)

[2] Tandis que dans sa dépêche au major-général, le duc de Tarente affirme qu'on n'a perdu à Malay-le-Vicomte qu'une trentaine d'hommes et que le général Lhéritier a vengé cette perte, Benkendorf prétend, au contraire, que l'affaire fut bien plus sérieuse. « A une demi-lieue de Sens, dit-il dans son livre *Des Cosaques*, j'eus à traverser un village n'offrant qu'un passage étroit et sur la gauche duquel on trouvait, à deux cents pas de la chaussée, un hameau occupé par une centaine d'hommes d'infanterie. Comme le terrain était inégal et coupé de vignes, je fis faire halte au régiment de Sisoïeff à l'entrée du village et je marchai avec le régiment de Giroff, rompu par six, contre la cavalerie française qui formait 4 escadrons placés en échelon depuis le hameau jusqu'à la porte de Sens, avec des intervalles d'environ vingt pas. L'escadron de tête nous reçut par une décharge générale de carabines et voyant l'assurance de ma troupe tourna bride. Les réserves avaient été maladroitement placées fort au loin. Les escadrons plièrent les uns après les autres devant les mouvements rapides du régiment de Giroff et se retirèrent en désordre dans la ville avec une perte de beaucoup de tués et de 230 prisonniers dont 4 officiers. Si nous avions été plus nombreux ou si le régiment de Sisoïeff avait été plus près de nous, il est vraisemblable que rien n'aurait pu nous échapper. »

part, on ne trouve de vivres. Les colonnes qui nous précédaient ont tout enlevé [1]. »

Négociations avec Marmont. — Les menées de Talleyrand et les négociations occultes entamées sur son ordre par M. de Montessuy devaient d'ailleurs, en portant le dernier coup aux projets et aux espérances de l'Empereur, rendre inutiles les efforts, les fatigues et les privations imposées aux corps de Macdonald, de Molitor, d'Oudinot et de Gérard. Sans scrupules quant au choix des moyens, décidé à tout mettre en œuvre pour assurer le triomphe immédiat et définitif de la cause qui servait si bien ses intérêts et ses rancunes, guidé par la profonde connaissance du caractère d'hommes que ses longs rapports avec eux lui avaient permis d'étudier pendant près de dix ans, le prince de Bénévent avait résolu d'achever avec l'aide de M. de Montessuy l'œuvre souterraine qu'il avait entreprise dès le soir de la bataille de Paris. La visite qu'il avait faite au duc de Raguse le 31 au soir, l'entretien particulier qu'il avait su se ménager avec le maréchal dans son hôtel de la rue Paradis-Poissonnière, avaient suffi pour lui montrer la voie qu'il devait suivre pour arriver à ses fins. Dès qu'il eut pu se convaincre par lui-même du mécontentement mal dissimulé, de la vanité froissée et insatiable, de la faiblesse de caractère de Marmont, il n'avait plus eu qu'une pensée : trouver l'homme que son passé, son intelligence, sa situation personnelle, ses relations antérieures avec le maréchal, ses engagements avec les personnages qui avaient préparé la Restauration, mettaient à même de remplir la mission délicate et confidentielle qu'il était urgent de lui confier. Le choix de Talleyrand s'arrêta sur un ancien aide-de-camp de Marmont, M. de Montessuy, qui, après avoir quitté l'armée, s'était lancé dans l'industrie et avait embrassé avec ardeur, pour nous servir des termes mêmes employés par Marmont dans ses *Mémoires*, « les idées dont toutes les têtes étaient alors remplies à Paris ».

Montessuy n'avait pas besoin d'être accrédité auprès du maréchal. Aussi, quand il arriva à Essonnes, il apporta uniquement

---

[1] Major-général à Macdonald, Fontainebleau, 3 avril (Registres de Berthier), et Macdonald au major-général, Cannes, 3 avril, 7 heures soir. (*Archives de la guerre.*)

la copie de l'acte de déchéance et quelques lettres de Schwarzenberg, du général Dessoles et de Pasquier [1]. Talleyrand, toujours prudent et bien que presque certain d'en venir à ses fins avec le duc de Raguse dont il avait su démêler les faiblesses, avait eu le soin de confier à Montessuy d'autres lettres destinées aux principaux lieutenants de l'Empereur, dont l'une, entre autres, écrite à Macdonald par son ancien ami le général Beurnonville et portant une suscription inexacte [2], devait être ouverte et lue par Marmont avant d'être remise le lendemain 4 à son véritable destinataire lors de son arrivée à Fontainebleau. Les nouvelles verbales données par Montessuy à Marmont, ses exhortations, ses promesses, les flatteries qu'il prodigua à l'orgueil et à la vanité du maréchal, l'influence personnelle qu'il avait su conserver sur l'esprit de son ancien chef, triomphèrent de ses dernières hésitations.

Quand Montessuy quitta Essonnes, le duc de Raguse était irrémissiblement compromis. Que l'envoyé de Talleyrand ait seulement emporté une promesse verbale, ou qu'il ait arraché au duc de Raguse son adhésion écrite à un projet de convention, comme le prétend Bogdanowitch qui cite à l'appui de son dire une lettre écrite par Montessuy à Schwarzenberg et datée de Petit-Bourg le 3 avril, il n'en est pas moins certain que le maréchal, au lieu de rester sourd aux propositions qui lui étaient faites, avait dès ce moment consenti à entamer des pourparlers avec le généralissime. Le 3 au soir, en effet, ou au plus tard dans la nuit du 3 au 4, Marmont faisait connaître à Schwarzenberg [3] les con-

---

[1] MARMONT, *Mémoires*, tome VI, livre XX.

[2] Cette lettre était adressée à *Monsieur le maréchal Macdonald, duc de Raguse.*

[3] En réponse aux communications verbales et ensuite à la lettre par laquelle le duc de Raguse s'engageait à quitter avec ses troupes l'armée de l'empereur Napoléon dès que le généralissime aurait accepté et garanti par écrit les conditions posées par le maréchal, Schwarzenberg avait aussitôt fait rédiger et remettre à Marmont la convention suivante :

« Moi, Charles, prince de Schwarzenberg, maréchal et commandant en chef les armées alliées, garantis à toutes les troupes françaises qui, par suite du décret du Sénat du 1ᵉʳ avril, quitteront les drapeaux de Napoléon Bonaparte, qu'elles pourront se retirer librement en Normandie sous le commandement de leurs chefs respectifs, avec armes, bagages et munitions, comme troupes amies des puissances alliées avec les mêmes égards et honneurs militaires que les troupes alliées se doivent réciproquement.

« Que si, par suite de ce mouvement, les événements de la guerre faisaient

ditions qu'il réclamait pour abandonner son poste, découvrir la ligne de l'Essonne et livrer aux Alliés la route de Fontainebleau. Le maréchal, il est vrai, a prétendu depuis lors dans ses *Mémoires* (T. VI, Liv. xx. Correspondance) que la *garantie*, faite par le généralissime, a été antidatée pour mettre à l'abri les officiers et les soldats du 6ᵉ corps, mais il a, malheureusement pour lui, oublié le démenti formel qu'infligent à ses assertions les ordres de Schwarzenberg et de Barclay de Tolly pour la journée du 4 avril.

4 avril. — Ordres de Schwarzenberg et de Barclay de Tolly. — L'ordre donné par le généralissime à la grande armée alliée commence en effet par ces mots : « Le corps ennemi du maréchal Marmont, passant par Juvisy, marchera par la grande route jusqu'à Fresnes-les-Rungis où il fera la soupe avant de reprendre son mouvement dans la direction qui lui sera indiquée par le gouvernement provisoire.

« Dès la tombée de la nuit, les IIIᵉ, IVᵉ, Vᵉ et VIᵉ corps de la grande armée alliée devront, par suite, se tenir prêts à parer à toute éventualité. Il en sera de même de l'armée de Silésie.

« Deux régiments de cavalerie du Vᵉ corps escorteront jusqu'à Fresnes le corps français que deux régiments de la cavalerie russe de réserve accompagneront à partir de ce point jusqu'à Versailles. Tant pour ce motif qu'en raison de l'état des esprits à Versailles, cette ville devra être fortement occupée par les troupes alliées. »

Les instructions données par Barclay de Tolly à l'armée de Silésie sont encore plus formelles et plus catégoriques : « Le maréchal français Marmont, s'étant engagé *à passer de notre côté* ce soir avec son corps fort de 10,000 hommes, se portera par Fresnes sur Versailles. Il pourrait se faire que Napoléon, mis au courant des projets du maréchal Marmont, voulût en profiter pour tenter une attaque de nuit contre notre aile gauche. Il importe

---

tomber entre les mains des puissances alliées la personne de Napoléon Bonaparte, sa vie et sa liberté lui seront garanties dans un espace de terrain et dans un pays circonscrit au choix des puissances alliées et du gouvernement français. »

« *A mon quartier général, à Chevilly, le 4 avril 1814.* »

donc que les commandants de corps tiennent leurs troupes prêtes à marcher jusqu'à ce qu'on leur ait fait savoir d'une manière positive que le corps français a réussi à exécuter son mouvement sans encombre et a traversé nos lignes. »

Barclay avait en conséquence déterminé les positions que ses corps auraient à occuper si l'Empereur se décidait à exécuter le coup de main que le général russe semblait redouter.

Woronzoff, envoyé à Morangis, aurait servi de réserve à Raïeffsky, établi sur le plateau de Juvisy. Le gros de ce corps devait être disposé de façon à pouvoir éventuellement appuyer les mouvements de Langeron. Cet officier général, dont le corps était destiné à garnir les hauteurs de Longjumeau, devait y attendre l'ordre ou de se porter à gauche en soutien de Woronzoff et de Raïeffsky, ou de prendre l'offensive en débordant et en tournant la position de Fleury-Mérogis.

Dans le cas où l'armée française aurait dessiné un mouvement sur Ris et Juvisy, l'avant-garde de Langeron, sous les ordres de Wassiltchikoff, était chargée d'agir avec sa cavalerie contre le flanc gauche des colonnes françaises, tandis que l'infanterie de cette avant-garde, postée sur la rive gauche de l'Orge, assurerait les communications avec le gros du corps. Quant aux deux corps prussiens d'York et de Kleist, ils devaient, dès qu'on entendrait le canon, recevoir l'ordre, soit de laisser Longjumeau à droite et de venir soutenir l'aile gauche, soit de déboucher par La Ville-du-Bois et Fleury-Mérogis sur le flanc gauche et les derrières des corps français. Les dispositions de Barclay prévoyaient en outre le cas où, en même temps qu'il dirigerait une attaque sérieuse contre la gauche des Alliés, l'Empereur dessinerait une démonstration contre les avant-gardes de Langeron et d'York et celui dans lequel il se jetterait au contraire sur l'armée de Silésie. Enfin Barclay avait poussé la prudence jusqu'à indiquer à ses commandants de corps la conduite qu'ils auraient à tenir en supposant que l'Empereur réussît à percer dans la direction de Versailles, jusqu'à fixer la place même où il se tiendrait lui-même, si l'une de ces différentes hypothèses venait à se réaliser.

Ordres de Napoléon. — Pendant que ces graves événements se préparaient à Essonnes, loin de soupçonner que celui de ses Maréchaux, dont il se croyait le plus sûr parce qu'il n'avait cessé de le combler de faveurs et de bienfaits et de l'honorer d'une amitié toute particulière, négociait avec le généralissime des armées alliées et le gouvernement provisoire, l'Empereur n'attendait plus, pour reprendre ses opérations, que l'entrée en ligne des troupes de Macdonald et d'Oudinot. Il savait à ce moment que leur tête de colonne arriverait dans la matinée du 4 à Fontainebleau et que la queue formée par le 7e corps y serait le 5 au plus tard. Désormais en mesure d'agir avec des forces d'un effectif respectable, l'Empereur était décidé à amener par les armes la solution qu'on avait refusée aux efforts et à la diplomatie de Caulaincourt.

Les ordres envoyés par le major-général dans la matinée du 4 avril ne laissent aucun doute à ce sujet.

Le 2e corps (général Gérard) devait être établi le 4 au soir entre Pringy et Boissise; le 11e corps (Molitor), de Chailly-en-Bière à Villers-en-Bière; le 7e corps (Oudinot), à Fontainebleau; les 5e et 6e corps de cavalerie le long de l'Ecolle, depuis Saint-Germain jusqu'à Boissise[1].

Ces premières instructions subirent d'ailleurs dans la matinée du 4 quelques légères modifications. Sébastiani reçut l'ordre d'envoyer à Fontainebleau la division Lefebvre-Desnoëttes. Le général Defrance devait aller à La Ferté-Alais, pousser des partis sur Etampes et Malesherbes et faire ensuite occuper cette dernière ville par une de ses brigades. Oudinot, au lieu d'envoyer de l'infanterie à Nemours, devait laisser à Moret 500 chevaux et 2 canons chargés d'assurer la garde du pont et placer le gros du 7e corps près de Fontainebleau sur la route de Nemours. On prévenait en même temps le duc de Reggio que Trelliard, au lieu d'aller sur l'Ecolle, se porterait avec le 6e corps de cavalerie sur la route de Fontainebleau à Nemours vers Bourron et occuperait Nemours; que le 11e corps resterait sur ses positions de Chailly et de Villers, enfin que le 2e corps, tout en s'établissant en avant de Fontainebleau sur la route de Corbeil, enverrait une de ses divisions à Ury et Chapelle-la-Reine sur la route de Fontainebleau à Malesherbes[2].

---

[1] Major-général à Macdonald, Fontainebleau, 4 avril. (Registres de Berthier; *Archives de la guerre.*)

[2] Major-général au général Sébastiani, au général Defrance, au maréchal

L'Empereur remet à Caulaincourt, Ney et Macdonald son abdication en faveur du roi de Rome.

— Comme la veille, l'Empereur avait tenu à passer en revue les troupes qui venaient d'arriver à Fontainebleau et qui allaient en repartir pour se rapprocher de Marmont et de Mortier en position sur l'Essonne. Comme la veille, sa présence et ses paroles avaient réveillé l'enthousiasme et l'ardeur des officiers et des soldats, leur avaient fait oublier les privations endurées, les fatigues supportées pendant ces marches forcées [1]. Satisfait de l'accueil qu'il avait reçu et de l'esprit des troupes, l'Empereur venait de se retirer dans son cabinet pour donner ses dernières instructions au major-général et au duc de Vicence, lorsqu'il fut suivi par les maréchaux Ney, Lefebvre, Oudinot et Macdonald.

Il ne saurait rentrer dans le cadre de ce travail d'insister sur la nature de cette conférence, sur l'attitude triste ou menaçante, embarrassée ou comminatoire des Maréchaux dont le découragement et la lassitude contrastaient avec la confiance et l'ardeur des officiers et des soldats. Sans rechercher ce qu'a été en réalité la longue et pénible scène qui eut lieu dans le cabinet de Napoléon, il suffit de constater que, douloureusement impressionné par la manifestation de sentiments qu'il ne s'attendait pas à trouver chez ses vieux compagnons d'armes, malgré toutes les remarques qu'il avait pu faire pendant les dernières campagnes, l'Empereur, après avoir congédié les Maréchaux, rédigea de sa main l'acte par lequel il se sacrifiait et se « déclarait prêt à descendre

---

Oudinot, Fontainebleau, 4 avril (Registres de Berthier; *Archives de la guerre*); *Correspondance*, n° 21554, et Belliard au major-général (Correspondance de Belliard; *Archives de la guerre*.)

Belliard avait été chargé de déterminer les emplacements des 5e et 6e corps de cavalerie qui ne devaient pas se mêler avec la garde. Des rapports qu'il adressa le 4 au major-général, il résulte que les gardes d'honneur allaient à Fontenay-le-Vicomte et Ballancourt, le général Roussel à Mennecy, Bordesoulle à Essonnes, Piré à Montceaux, Saint-Germain à Saint-Germain-sur-Ecolle; que le 5e corps de cavalerie (Milhaud) allait à Bréau, Orgenoy et Saint-Sauveur-sur-Ecolle, le 6e corps de cavalerie à Perthes, Cély et Fleury.

[1] Dans l'ordre que le maréchal Ney avait donné à Lefol, le 4 au matin, il disait à ce général : « Si l'Empereur n'est pas arrivé à midi pour la revue, vous établirez votre quartier général avec le mien à Ponthiéry, votre 1re brigade à Ponthiéry, Auvernaux, Moulignon, Les Bordes et Boissise-le-Roi; la 2e à Montgermont, Pringy, Vauve, Bréau et Saint-Sauveur-sur-Ecolle. (Ney, Ordres à Lefol, 4 avril; *Archives de la guerre*.)

du trône, à quitter la France pour le bien de la patrie, inséparable des droits de son fils, de ceux de la régence de l'Impératrice et du maintien des lois de l'Empire. »

Quelques heures plus tard, Caulaincourt, Ney et Macdonald recevaient, avec les dernières instructions de Napoléon, l'ordre de porter cet acte à Paris, de passer par Essonnes et de le communiquer à Marmont que l'Empereur, toujours indulgent pour son ancien aide de camp, laissait maître de les accompagner ou de voir s'il ne serait pas plus utile en restant à la tête de son corps d'armée [1].

Mouvements de la cavalerie alliée et des corps détachés. — En raison même de la situation morale et matérielle des deux adversaires, la journée du 4 avril, la dernière à proprement parler de la campagne, ne pouvait présenter et ne présenta en effet qu'un intérêt presque nul au point de vue des opérations militaires.

Quelque grande et naturelle que fût son impatience, malgré tout son désir de tenter un coup désespéré, indispensable pour essayer de sortir d'une position tellement critique que rien ne pouvait plus ni l'aggraver ni la compromettre, Napoléon avait encore besoin de 24 heures au moins pour disposer de la totalité de ses faibles ressources. De leur côté, les Alliés ne se souciaient nullement de brusquer les événements et de remettre au sort des armes, aux hasards d'une bataille, une solution qu'ils étaient de plus en plus certains d'obtenir sans risques, sans dangers, par des moyens moins glorieux, mais plus sûrs. Tout se borna donc, du côté des Alliés, à quelques reconnaissances de cavalerie et à quelques mouvements des corps détachés.

A l'extrême droite des Alliés, un parti de uhlans de Brandebourg et du 2ᵉ régiment de hussards du corps poussa une pointe vers Chartres et ramassa un certain nombre de traînards et d'isolés [2].

Tchernitcheff, laissant à Winzingerode et à Tettenborn le soin d'enlever Sens et de s'opposer au général Allix, avait passé le

---

[1] Fain, *Manuscrit de 1814*.
[2] Guretzky-Cornitz, *Historique du 1ᵉʳ régiment de uhlans du Brandebourg*, nᵒ 3.

Loing près de Souppes et était arrivé vers midi à Malesherbes sans avoir rien rencontré en route et sans qu'on ait eu vent de son approche. Un convoi d'artillerie escorté par 600 à 700 hommes venait de sortir de cette ville et de s'engager sur la route d'Orléans. Chargeant et culbutant avec les cosaques de Schiroff, de Sisoïeff et de Wlassoff III, l'escorte qui n'eut même pas le temps de former le carré, Tchernitcheff s'empara de 22 bouches à feu. L'interrogatoire des prisonniers lui ayant appris qu'un autre convoi d'artillerie avait filé sur la route de Pithiviers, le général russe poussa jusqu'à cette ville qu'il enleva encore le soir même, sans avoir pu toutefois parvenir à rejoindre le convoi.

Comme l'alerte était donnée et comme il se trouvait par trop en l'air, Tchernitcheff évacua Pithiviers dans la nuit et se dirigea sur Étampes[1].

Winzingerode se rapprochait de Sens dont les cosaques de Tettenborn occupèrent les faubourgs[2]. Après avoir vainement tenté de pénétrer de vive force dans la ville, ils s'étaient contentés d'y jeter quelques obus dans l'espoir d'intimider la population et d'obliger la garnison à capituler.

Sur la rive droite de la Seine, Seslavin, posté à Guignes avec son gros, observait par des détachements le cours du fleuve entre Melun et Montereau et le cours de l'Yonne depuis cette ville jusque vers Pont-sur-Yonne. Il occupait le faubourg de Montereau, mais n'avait osé rien tenter contre la ville même « qui, disait-il, renferme encore assez d'infanterie et de cavalerie ennemies ». Il terminait sa dépêche en ces termes : « Les troubles parmi les paysans n'ont pas encore cessé. Dans plusieurs villages on voit des cadavres cosaques et les petits partis sont presque toujours arrêtés et massacrés[3] ».

---

[1] Rapport de Tchernitcheff à l'empereur de Russie, Pithiviers, 23 mars-4 avril (*Journal des pièces reçues*, n° 663); Toll au feld-maréchal lieutenant comte Radetzky, Paris, 6 avril (*K. K. Kriegs Archiv.*, IV, 68).
Le général Rigau, détaché par le général Trelliard avec sa brigade et arrivé à Nemours dans la journée du 4, faisait, de son côté, savoir à son général, le 4, à dix heures du soir, qu'une colonne de cavalerie russe forte de 2,000 chevaux était le 3 à Souppes, qu'elle avait pillé. Cette colonne avait passé, le 4, à 7 heures du matin, le Loing à gué et s'était dirigée sur Puiseaux. (*Archives de la guerre.*)

[2] Toll à Radetzky, Paris, 6 avril. (*K. K. Kriegs Archiv.*, IV, 68.)

[3] Général-major Seslavin au général-lieutenant Sabancïeff, Guignes, 23 mars-

Affaire de Melun. — Kaïssaroff, dont les avant-postes étaient depuis la veille en vue de Melun, avait attaqué la ville et en avait débusqué, après un engagement de peu de durée, les gardes nationales et les quelques cavaliers du général Chanez. Ainsi qu'il l'écrivait au généralissime à 11 heures du soir, il avait réussi à occuper entièrement la ville et à casser le dernier pont qui joint à la rive gauche l'île qu'il défendait avec son artillerie et ses tirailleurs [1] ». Tenant à donner un peu d'importance à une opération qui n'avait guère présenté de difficultés, Kaïssaroff évaluait « à 1500 hommes d'infanterie postés dans la ville et à 1200 chevaux établis sur la rive gauche de la Seine, les troupes françaises qu'il avait, disait-il, chassées à coups de grenades sur la route de Fontainebleau ». Mais, si on laisse de côté cette exagération voulue et qu'il croyait nécessaire pour faire valoir les services rendus par ses Cosaques, Kaïssaroff qu'on n'avait pas jugé à propos de mettre au courant des négociations entamées et des agissements du gouvernement provisoire, appréciait très nettement et très logiquement sa situation militaire. Dans la première de ses deux dépêches, dans celle qu'il avait adressée à Toll, il lui disait : « Je ne suis pas certain que l'ennemi ne tente pas demain de reprendre la ville. Je ferai de mon côté tout pour défendre le pont, mais il faudrait y envoyer de l'infanterie [2] ». Revenant encore sur ce sujet dans le rapport qu'il envoyait à 11 heures du soir à Schwarzenberg, il lui écrivait : « Ce pont étant le seul où Bonaparte peut faire une tentative sur Paris par la rive droite, il est probable qu'il ne sera pas abandonné par lui et, en tout cas, je construis dans la nuit une flèche sur le côté droit de la ville qui ne permettra pas de long-

---

4 avril (*Journal des pièces reçues*, n° 648), et général-major Seslavin au général-lieutenant comte de Toll, Guignes, 5 avril (Traduction en français envoyée par Toll à Radetzky et mentionnée dans la dépêche du 6 avril; *K. K. Kriegs Archiv.*, IV, 68 a).

[1] Kaïssaroff au prince de Schwarzenberg, Melun, 4 avril, 11 heures soir. (Original en français; *K. K. Kriegs Archiv.*, IV, 41.) Le général russe avait déjà, quelques heures plus tôt, annoncé au généralissime, par l'intermédiaire de Toll (dépêche originale en français. *Ibid.*, IV. 68 b.), « qu'il avait occupé Melun par assaut, abattu le pont et planté ses canons sur la moitié du grand pont. »

[2] Kaïssaroff au général-lieutenant comte de Toll, Melun, 4 avril. (Original en français; *K. K. Kriegs Archiv.*, IV, 68 b.)

temps la reconstruction du pont. La position de ce bord est si belle qu'il est à regretter de n'avoir pas d'infanterie ici [1] ».

Il est d'ailleurs juste de reconnaître que Kaïssaroff, posté seul sur la rive droite de la Seine, informé par le piquet qu'il tenait près de Corbeil de l'existence d'un gros rassemblement de troupes françaises de toutes armes sur les hauteurs d'Essonnes, avait de bonnes raisons pour insister sur l'importance de Melun et pour réclamer l'envoi immédiat de quelque infanterie. Les craintes de Kaïssaroff étaient d'autant plus justifiées qu'on s'était préoccupé au quartier général français de ce qui se passait du côté de Melun et qu'à 7 heures du soir, le major-général envoyait à Molitor l'ordre de faire partir, un quart d'heure après la réception de sa dépêche, deux bataillons et six canons qui devaient se rendre en toute diligence à Melun où, disait-il, on tiraille depuis 5 heures du soir. « Si la garde nationale qui défendait le pont s'est retirée, ajoutait encore le major-général [2], vous ferez réattaquer et vous établirez une vive canonnade pour empêcher l'ennemi de travailler au pont pendant la nuit. Le général Maurin avec sa cavalerie est près de Melun. Que l'infanterie et l'artillerie marchent au pas accéléré. »

Le major-général avait en même temps avisé Maurin des ordres qu'il donnait à Molitor, posté à Chailly, et insisté sur l'importance que l'Empereur attachait à la possession de Melun [3].

Départ des Maréchaux et de Caulaincourt pour Paris. — Défection du 8e corps. — Pendant qu'on échangeait ainsi à Melun les derniers coups de fusil de la campagne, Caulaincourt, Ney et Macdonald avaient quitté Fontainebleau, passé par Ponthiéry un peu après 4 heures [4] et s'étaient arrêtés vers 5 heures

---

[1] Kaïssaroff au prince de Schwarzenberg, Melun, 4 avril, 11 heures soir. (Original en français; *K. K. Kriegs Archiv.*, IV, 41.)

[2] Major-général au général Molitor, 4 avril, 7 heures soir. (Registres de Berthier; *Archives de la guerre.*)

[3] Major-général au général Maurin, 4 avril. (Id. in ibid.)

[4] Belliard, écrivant à Sébastiani à 5 *heures du soir*, lui disait : « Je n'ai encore reçu aucun ordre, ni aucune nouvelle. Je viens d'être informé que les ducs de Vicence et de Tarente sont passés il y a *une demi-heure* à Ponthiéry, se rendant à Paris. Il y a apparence qu'ils sont en négociations. » (*Archives de la guerre.*)

à Essonnes afin de mettre Marmont au courant des événements et de lui faire connaître les intentions de l'Empereur. Bien que le duc de Raguse eût employé toute la journée à pressentir et à préparer successivement ses généraux, à l'exception toutefois du général Lucotte, les nouvelles que lui apportaient les commissaires, l'offre de cette abdication, conditionnelle il est vrai, mais qui contrecarrait ses projets, la confiance même que lui témoignait l'Empereur en le laissant libre ou de se joindre aux commissaires ou de rester à la tête de son corps d'armée, le plongèrent au premier moment dans une profonde perplexité. Mais le temps pressait. Il fallait prendre un parti. Et comme les trois commissaires, tout dévoués à l'Empereur, espéraient encore servir la cause de leur souverain en s'adjoignant le maréchal, le duc de Raguse, heureux de pouvoir, en s'éloignant de ses troupes, se dérober à l'exécution matérielle des engagements criminels qu'il regrettait d'avoir pris, pensant peut-être qu'il avait assez fait en remettant le commandement au général Souham et en lui prescrivant de n'entreprendre aucun mouvement jusqu'à son retour, se joignit à Caulaincourt, Ney et Macdonald. Il ne songea même pas à faire demander à Fontainebleau et à attendre à Essonnes les pouvoirs préparés pour lui et qui seuls pouvaient l'accréditer auprès des souverains. A 6 heures, les commissaires de l'Empereur, accompagnés par Marmont, quittaient Essonnes et se rendaient au quartier général de Schwarzenberg pour y prendre les sauf-conduits nécessaires. Avant de partir de son quartier général, Marmont avait néanmoins eu le temps de commettre une nouvelle faute. Il avait annoncé à ses lieutenants l'abdication conditionnelle de Napoléon et les avait chargés de la porter par la voie de l'ordre à la connaissance des soldats qu'il voulait, avant de s'éloigner, achever de détacher de l'Empereur.

Quelques heures plus tard, l'arrivée de l'ordre enjoignant aux maréchaux et aux principaux généraux d'avoir à se rendre à 10 heures du soir au palais de Fontainebleau[1] et leur prescrivant de prendre les mesures nécessaires pour être de retour à leur poste avant le jour, enfin l'apparition de Gourgaud, chargé par l'Empereur d'amener à Fontainebleau le duc de Raguse ou

---

[1] *Correspondance*, n° 21553, et Registres de Berthier (*Archives de la guerre*).

l'officier général qui le remplaçait, précipitaient la catastrophe que Marmont se flattait d'avoir conjurée par les instructions laissées à Souham lors de son départ pour Paris. Un peu avant minuit, les troupes du 6ᵉ corps, ne sachant pas où on les menait, croyant simplement qu'elles allaient occuper de nouvelles positions, se mettaient en route, à l'exception de la division Lucotte qu'on s'était gardé d'informer de ce mouvement, et transversaient l'Essonne. Trompés par des chefs qui, exclusivement préoccupés d'une situation personnelle qu'ils croyaient menacée, songeaient uniquement à mettre leurs personnes à l'abri de tout danger, induits en erreur par les précautions mêmes prises lors de la levée du camp, par les dispositions adoptées pour l'exécution de la marche, les soldats du 6ᵉ corps n'avaient pu remarquer, au milieu des ténèbres, que les lignes des Alliés s'étaient ouvertes pour leur livrer passage. Quand le jour parut, le mal était irréparable. Encadrés et escortés par la cavalerie alliée, les régiments du 6ᵉ corps durent continuer, bon gré, mal gré, leur route de Fresnes jusqu'à Versailles. Ni la fureur et les clameurs des soldats, ni la rage des officiers désespérés d'avoir forfait malgré eux à l'honneur militaire et violé leur serment, ni les tentatives faites pour sortir de Versailles et pour essayer de gagner Rambouillet n'y pouvaient plus rien changer. L'intervention personnelle de Marmont triompha des derniers scrupules de ses soldats ; ses paroles donnèrent une fois encore le change à ses officiers, et le 6ᵉ corps calmé, mais morne et triste, prit dans la journée du 5 le chemin de Mantes.

En raison même du caractère de ce travail, nous ne voulons, ni insister sur les pourparlers qui précédèrent la défection d'Essonnes, sur les causes qui l'ont motivée ou précipitée, ni nous appesantir sur l'influence que le départ du 6ᵉ corps exerça sur l'issue des négociations confiées à Caulaincourt, Ney et Macdonald, sur la chute de l'Empereur, sur le sort même de la France.

Mais, tout en nous gardant bien de vouloir juger les actes du duc de Raguse, il nous est impossible de ne pas remarquer que, quand un homme éprouve si fort le besoin de se défendre et d'expliquer sa conduite, il est, la plupart du temps, bien près de s'accuser lui-même et de faire l'aveu de sa propre culpabilité. Marmont, du reste, n'a pas eu d'accusateur plus sévère que lui-même, et les phrases suivantes, que nous extrayons des *Mémoires* du maréchal (T. VI, livre XX, page 256), renferment, non pas la justification qu'il prétend fournir, mais la condamnation même qu'il a inconsciemment tracée de sa main, le jugement que, malgré lui, il a porté sur sa propre conduite : « Il est facile à un homme d'honneur de remplir son devoir quand il est tout tracé; mais qu'il est cruel de vivre dans des temps où l'on peut et où l'on doit se demander : où est le devoir ? Et ces temps, je les ai vus; ce sont ceux de mon époque ! Trois fois dans ma vie j'ai été mis en présence de cette difficulté ! Heureux ceux qui vivent sous l'empire d'un gouvernement régulier ou qui, placés dans une situation obscure, ont échappé à cette cruelle épreuve ! Qu'ils s'abstiennent de blâmer : ils ne peuvent être juges d'un état de choses inconnu pour eux ! »

Que pourrait-on ajouter à ces tristes paroles, plus tristes et plus navrantes encore dans la bouche d'un soldat ! Un de nos plus grands écrivains, M. Cuvillier-Fleury, s'est d'ailleurs chargé de faire justice des prétentions inconcevables du maréchal : « Marmont, dit M. Cuvillier-Fleury, en appréciant les *Mémoires* du duc de Raguse qui, pour lui, ne sont pas seulement le monument, mais le triomphe de l'orgueil, Marmont est un glorieux exclusif et intolérant. L'orgueil est sa foi et son culte. C'est un amoureux de lui-même, c'est un idolâtre briseur d'images. »

Le jugement si juste et si sévère porté par M. Cuvillier-Fleury, est en effet la seule excuse qu'on puisse faire valoir en faveur du maréchal. Si l'Empereur lui-même, toujours indulgent pour son ancien aide de camp, a pardonné à l'homme qui a causé sa chute et a poussé l'indulgence jusqu'à dire de lui à Sainte-Hélène : « Ses sentiments valent mieux que sa conduite, son cœur vaut mieux que ne vaudra sa mémoire », l'histoire et l'opinion publique ne pourront jamais l'absoudre.

Loin de vouloir nous arrêter plus longtemps sur la lamentable défection d'Essonnes, loin de chercher à établir la part de responsabilité qui incombe à ceux qui ont eu le tort impardonnable de prêter l'oreille aux propositions du maréchal, de respecter et d'exécuter ses engagements, nous n'ajouterons plus qu'un seul mot. Il nous semble que le souvenir et que l'exemple de Dumouriez auraient dû suffire pour arrêter Marmont, pour l'empêcher de trahir son souverain et son pays, de forfaire à l'honneur militaire. Mais, comme l'a dit Montesquieu, *il y a des exemples qui sont pires que des crimes!* Et, malheureusement pour la France, le duc de Raguse devait trouver des imitateurs qui, soit en abandonnant leurs troupes à la veille d'une bataille décisive, soit en subordonnant les intérêts de leur armée à des combinaisons politiques, ont, comme lui, manqué à leur devoir de soldat et, comme lui, consommé la perte du pays qu'ils avaient juré de défendre !

On ignorait encore à Fontainebleau les événements d'Essonnes alors qu'ils étaient déjà connus à Paris. L'annonce du mouvement du 6ᵉ corps avait fait échouer les généreux efforts de Macdonald, modifié définitivement la politique et les intentions des Alliés, coupé court aux dernières hésitations de l'empereur Alexandre, jusque-là encore indécis. La cause de l'empire était définitivement perdue. Il ne pouvait plus être question de faire accepter une abdication conditionnelle en faveur du roi de Rome, et la restauration des Bourbons était désormais inévitable et imminente.

5 avril. — Ordres de Schwarzenberg. — Bien qu'il n'eût jamais douté de la réussite des négociations conduites par M. de Montessuy, bien qu'il se crût en droit de compter sur l'exécution formelle de la convention passée entre Marmont et lui, le prince de Schwarzenberg, redoutant néanmoins un de ces coups hardis et désespérés auxquels il fallait s'attendre avec l'Empereur, avait insisté à nouveau, le 4 avril à 9 heures et demie du soir, sur les instructions qu'il avait données le matin. Dans sa disposition pour la journée du 5, il revenait une fois de plus sur la nécessité d'occuper et de tenir le plateau couvert par l'Yvette et par l'Orge et renouvelait à l'armée de Silésie l'ordre de s'assurer la route d'Orléans, de prendre l'offensive si Napoléon dessinait une attaque contre le plateau de Juvisy, Savigny, et Morangis, et dans ce cas, de venir menacer la gauche et les derrières de l'armée française. La grande armée alliée avait ordre de manœuvrer de la même façon dans le cas où les Français prendraient pour objectif les positions de l'armée de Silésie.

Premières mesures prises par l'Empereur dans la nuit du 4 au 5 avril. — Toutes ces recommandations étaient d'ailleurs superflues. La marche, inattendue pour lui, des évènements avait obligé l'Empereur à modifier ses résolutions. Bien qu'il n'eut

[...]ais cru au succès des négociations dont il avait chargé ses plé[ni]-
[po]tentiaires, il avait d'autant plus facilement consenti à cette
[der]nière tentative de conciliation que, comme nous l'avons dit,
[il avai]t besoin de cette journée du 5 pour avoir tout son monde sous
[la m]ain, pour passer en revue le corps d'Oudinot et réveiller
[son] enthousiasme. En prévision d'un refus probable, d'une nou-
[velle] rupture des négociations, il voulait être prêt à tenter même
[l'im]possible. Mais les mauvaises nouvelles se succédaient avec
[une] rapidité effrayante. Il venait à peine de recevoir une lettre
[du g]énéral Lucotte annonçant la mise à l'ordre du 6ᵉ corps de
[son a]bdication et d'entendre le récit de Gourgaud de retour de sa
[mis]sion à Essonnes, lorsque quelques officiers qui avaient réussi
[à s'é]chapper de la colonne de Souham, à sa sortie d'Essonnes,
[app]ortèrent l'avis officiel de la défection du 6ᵉ corps. Le doute
[n'éta]it plus possible et l'Empereur donna immédiatement à Bel-
[liard] l'ordre de « prendre avec lui les escadrons qu'il trouvera
[sous] sa main et d'aller garnir les positions découvertes par le
[dép]art des troupes de Marmont, jusqu'à l'arrivée de Mortier, qui
[deva]it venir reprendre les avant-postes et occuper la ligne de
[l'Es]sonne¹. En même temps il prescrivait au général Lefol (du
[corp]s de Ney) de se porter sur Soisy-sur-Ecole, afin de barrer le
[chem]in à l'infanterie et à la cavalerie alliée, dont on avait signalé
[le p]assage à La Ferté-Alais et qui pouvait se diriger sur ce
[poin]t².

[C]omme Schwarzenberg, l'Empereur recommandait d'être sur
[le q]ui-vive. « Il est possible, disait-il, que l'ennemi attaque. »
[Puis], dominant son émotion, maîtrisant les sentiments qui l'op-
[pres]saient, après avoir adressé à son armée l'ordre du jour³ dans
[lequ]el il exposait éloquemment à ses compagnons d'armes les
[tristes] événements d'Essonnes et de Paris, il passa une dernière
[fois] en revue les troupes du 7ᵉ corps qui, arrivées le matin à
[Fon]tainebleau, l'accueillirent avec le même enthousiasme qu'aux
[jour]s de sa plus grande puissance, qu'au lendemain de ses plus
[écla]tantes victoires.

---

[1] Major-général à Mortier, 5 avril, 3 heures du matin. (Registres de Ber-
[thier] ; Archives de la guerre.)
[2] Major-général au général Lefol, 5 avril, 3 heures du matin. (Ibid.)
[3] Correspondance, nº 21557.

Mais, dès ce moment, Napoléon avait pris son parti. Ne pouvant marcher sur Paris à la tête d'une armée aussi faible, il s'était décidé à se diriger vers la Loire. Ne voulant toutefois prendre une résolution définitive qu'après le retour des plénipotentiaires ou l'arrivée d'un courrier annonçant le rejet de ses propositions, il se borna, dans le courant de l'après-midi, à faire revenir sa garde de Tilly à Fontainebleau.

Position des troupes alliées de première ligne. — Si, du côté des Français, tout s'était réduit aux rectifications de position indiquées par les ordres de l'Empereur, les troupes alliées n'avaient guère fait plus de mouvements. Elles s'étaient cependant quelque peu rapprochées des positions françaises. Wassiltchikoff avait prescrit au général Emanuel de dépasser La Ferté-Alais, de faire traverser l'Essonne à une partie de sa cavalerie et de pousser des reconnaissances dans la direction de Fontainebleau. La ligne des avant-postes prussiens s'étendait encore d'Arpajon à Limours, mais leurs pointes et leurs partis battaient le pays en avant et se répandaient sur toute la région comprise entre Étampes, Dourdan, Rambouillet et Montfort-l'Amaury.

Le prince royal de Wurtemberg, qui avait fait relever à Melun les cosaques de Kaïssaroff par deux bataillons et une demi-batterie du IIIe corps, avait rapproché l'avant-garde du IVe corps de l'Essonne où elle vint donner contre les avant-postes de Mortier. Mais, au lieu de s'engager, le prince Adam de Wurtemberg et le général Lucotte convinrent de suspendre les hostilités et de ne les reprendre qu'après avis préalable.

Pahlen avait passé une convention analogue avec le commandant des avant-postes français établis devant ses cavaliers.

Allix, qui avait refusé et les proclamations envoyées par Tettenborn et l'entrevue que le général russe lui avait fait demander, avait chassé les cosaques des faubourgs de Sens et continuait à occuper Auxerre, Joigny, Villeneuve-le-Roi, Sens et Pont-sur-Yonne [1].

Winzingerode et Tettenborn n'occupèrent Sens que lorsque le général Allix eut reçu l'ordre d'évacuer la ligne de l'Yonne.

---

[1] Général Allix au ministre de la guerre, Sens, 5 avril, 4 heures soir. (*Archives de la guerre.*)

L'Empereur donne le 5 avril au soir l'ordre de se replier vers la Loire. — Pendant ce temps l'Empereur faisait établir les ordres de mouvement pour la journée du 6. La garde devait partir le 6 à 6 heures du matin, les autres corps à des heures correspondantes, pour se porter sur Pithiviers par Malesherbes. Le corps de Mortier était chargé de former l'arrrière-garde. Le mouvement, s'il eût été exécuté, était réglé de façon que Fontainebleau restât occupé pendant la journée du 6 et que la tête d'avant-garde atteignît le jour même Pithiviers [1].

Mais tous les ordres relatifs à ce mouvement furent repris sans que la correspondance du major-général donne cependant le motif de cette révocation.

Retour des plénipotentiaires à Fontainebleau. — Dans la soirée du 5 avril les plénipotentiaires étaient de retour à Fontainebleau; mais Ney et Macdonald s'étaient arrêtés en route pour signer à Chailly, avec le prince de Schwarzenberg, un armistice de 48 heures pendant lequel les troupes françaises et alliées devaient rester immobiles sur leurs positions. Caulaincourt les avait précédés à Fontainebleau. Réellement dévoué à son souverain, il s'était chargé de rendre compte à l'Empereur du rejet des propositions qu'avec l'aide de Ney et de Macdonald il avait eu l'espoir de faire accepter au tzar et auxquelles Alexandre lui-même semblait assez disposé à acquiescer, lorsque la défection du 6ᵉ corps était venue fournir au gouvernement provisoire et à Talleyrand un argument sans réplique qui décida du sort de la France et permit à l'intrigue d'arriver, avec l'aide de la trahison, à une solution que l'empereur de Russie n'avait jamais désirée, à la restauration d'une dynastie que le tzar ne croyait pas capable de gouverner la France nouvelle.

Il serait oiseux et superflu de chercher à remonter jusqu'aux facteurs moraux, jusqu'aux considérations politiques qui, après le retour des trois plénipotentiaires et surtout après la suprême entrevue qu'il eut avec ses Maréchaux, dans la matinée du

---

[1] Ordres de mouvement pour le 6 avril; major-général à Trelliard, Piré, Saint-Germain, Milhaud, Defrance, Gérard, Lefol, Maurin, Oudinot et Mortier, 5 avril, 11 heures soir (Registres de Berthier; *Archives de la gurrre*), et *Correspondance*, nᵒ 21556.

6 avril, décidèrent l'Empereur à renoncer à l'exécution du mouvement vers la Loire. Nous nous bornerons donc à enregistrer sommairement les principaux événements qui marquèrent les derniers jours du séjour de l'Empereur à Fontainebleau, les manifestations qui caractérisèrent les étapes de son voyage, les incidents qui permettent de se rendre un compte exact de l'esprit des populations.

6 avril 1814. — Armistice de 48 heures. — Proclamation de Louis XVIII. — L'Empereur consent à abdiquer. — Le 6 avril, après avoir vainement fait appel à l'amitié, au dévouement de ceux qu'il avait comblés d'honneur et gorgés de richesses, cédant à la lassitude, au découragement des Maréchaux [1], Napoléon consentit au dernier sacrifice. Dès la veille au soir le maréchal Ney avait d'ailleurs prévu cette solution et écrit à Talleyrand : « L'Empereur paraît se résigner et consentir à l'abdication entière et sans restriction. C'est demain matin, je l'espère, qu'il m'en remettra lui-même l'acte formel et authentique. » Et en effet, au moment où Ney confirmait de vive voix la nouvelle de l'abdication, au moment où le Sénat proclamait Louis XVIII, on informait l'armée française que le duc de Vicence, le prince de La Moskowa et le duc de Tarente avaient signé un armistice de 48 heures pendant lequel chacun devait rester sur ses positions [2].

Dernières sorties de la garnison de Soissons. — Dernières opérations des paysans dans l'Est. — A partir de ce moment le vide se fit autour de l'Empereur. Mais si les grands digni-

---

[1] « Napoléon m'a dit il y a quelques jours, écrivait de l'île d'Elbe, le 27 mai 1814, le colonel Campbell, commissaire du gouvernement britannique dans l'île, qu'il regrettait de n'avoir pas laissé ses maréchaux sans emploi dans la dernière campagne ; car ils étaient fatigués de la guerre. Il regrettait de n'avoir pas pris de plus jeunes chefs en les tirant des autres généraux et des colonels. Il dit que ce fut une des causes de sa ruine. »

[2] 6 avril 1894. (*Archives de la guerre.*)
Cet armistice ne fut notifié par Berthier aux commandants de corps, à Allix, Augereau, Soult et Suchet que le 9 avril au matin. Le major-général leur donnait en même temps communication de la fixation de la ligne de démarcation arrêtée le 8 avril, à Paris, entre Schwarzenberg et les trois commissaires. (*Archives de la guerre*; Registres de Berthier et de Belliard.)

taires, ses Maréchaux, ses anciens frères d'armes le quittèrent les uns après les autres, si ceux mêmes qui restèrent auprès de lui envoyèrent successivement leur adhésion au nouvel état de choses, les officiers, les soldats et les populations mirent moins d'empressement à accepter la cocarde blanche, à abandonner le drapeau tricolore, à déposer les armes.

Le 6 avril, un détachement fort de 600 hommes, 150 chevaux et 2 canons sortit de Soissons, se porta sur Crouy, rejeta les avant-postes prussiens et se maintint dans le village jusqu'à la tombée de la nuit [1]. Quatre jours plus tard, le 10 avril, la garnison de Soissons enlevait, du côté de Billy-sur-Aisne, un convoi destiné aux troupes assiégeantes, et ramenait les cavaliers qui lui servaient d'escorte.

A Fontainebleau comme à Paris, à Versailles comme à Blois, à Orléans comme à Tours, en Bretagne comme en Normandie, on s'entêtait à crier « Vive l'Empereur » et à fouler aux pieds la cocarde blanche.

A Soissons, par une singulière ironie du sort, on chantait le jour de Pâques, le dimanche 10 avril, au moment où la chute de l'Empereur était déjà consommée, le dernier *Domine salvum fac Imperatorem* qui retentit en 1814 sous les voûtes d'une cathédrale française.

Dans l'Est, on n'était guère disposé à désarmer, bien que les Alliés n'eussent pas manqué de répandre dans les villages la nouvelle de la prise de Paris et de la déchéance de l'Empereur. C'est ainsi que le 6 avril, le feldzeugmeister Duka écrivait de Dijon au général-major comte de Raigecourt, en le blâmant de n'avoir pas fait fusiller les paysans pris les armes à la main, la veille et les jours précédents [2]. Le même jour, le commandant d'un escadron envoyé à Vignory avait voulu faire manger ses chevaux à peu de distance de ce village quand il remarqua un groupe de 50 hommes armés. Le capitaine d'Aillimont [3] qui commandait cet escadron, fit mettre pied à terre à une partie de son

---

[1] Von Schmidt, Oberstlieutenant, *Das 3 Pommersche Infanterie Regiment n° 14, von seiner Gründung bis zum Jahre 1888*; Fleury, *Histoire de l'Invasion de 1814 dans les départements du nord-est de la France*.

[2] Feldzeugmeister Duka au général comte de Raigecourt, Dijon, 6 avril. *K. K. Kriegs Archiv.*, IV, 344.)

[3] Rapport du capitaine d'Aillimont, 6 août. (*Ibid.*, IV, 370 d.)

monde et battre les bois. Dans son rapport il annonçait qu'il y avait de tous côtés des bandes armées d'un effectif assez considérable, et qu'il avait fait fusiller un soldat et deux paysans pris les armes à la main.

Le lendemain, 7 avril, à 4 heures du soir, le major Cinicelly [1], informé de la disparition d'un officier et d'un certain nombre d'hommes de son bataillon, qu'aussitôt après réception du rapport du capitaine d'Aillimont il avait fait partir pour Vignory avec ordre de le renseigner sur ce qui s'y était passé la veille, y envoyait une forte patrouille de cavalerie qui lui rapportait ce curieux billet du maire de Vignory [2] : « Le maire de Vignory certifie que des lanciers de Schwarzenberg se sont présentés aujourd'hui, à 10 heures du matin, à la mairie, à la recherche d'un détachement d'infanterie qui y a logé hier depuis 11 heures jusqu'à 4 heures, et qui, en retournant à Chaumont, a été attaqué et enlevé à trois quarts de lieue, suivant les rapports faits ici. »

L'agitation n'était d'ailleurs pas près de se calmer, et plus d'un mois après la signature du traité de Fontainebleau, le général de Beckers, écrivant de Colmar, *le 15 mai*, au général Frimont [3], lui annonçait qu'il avait prescrit au général comte de Pappenheim d'avoir à retirer les détachements d'exécution postés dans les communes de Saales et de Rothau (à peu de distance de Saint-Dié). Mais il ajoutait qu'il venait « de faire attaquer dans les Vosges des bandes de paysans armés, conduits par un nommé Bertrand, ancien officier de la garde ; que le major Visconti avait dispersé ces bandes et pris 38 de ces brigands. »

Cependant tout était irrévocablement fini depuis le 6 avril, depuis le moment où, découragé par tant de défections, l'Empereur avait signé son abdication pure et simple. Le 8 au soir, on avait arrêté à Paris la ligne de démarcation entre les armées.

Cette ligne suivait depuis la mer la ligne qui sépare les départements de la Somme, de l'Oise, de Seine-et-Oise, de l'Yonne, de la Côte-d'Or, de Saône-et-Loire et du Rhône, de ceux de la

---

[1] Major Cinicelly au général-major comte de Raigecourt, Chaumont, 7 avril 1814, 4 heures du soir. (*K. K. Kriegs Archiv.*, IV, 370 *c.*)
[2] Certificat établi par le maire de Vignory, Vignory, 7 avril 1814. (*Ibid.*, IV, 370 *b.*)
[3] Général Beckers au général Frimont, Colmar, 15 mai 1814. (*Ibid.*, V, 103.)

Seine-Inférieure, de l'Eure, de l'Eure-et-Loir, du Loiret, de la Nièvre, de l'Allier et de la Loire pour longer, à partir de là, la limite du département de l'Isère jusqu'au Mont-Cenis. En Seine-et-Marne, les Alliés allaient occuper la rive droite et les Français la rive gauche du fleuve [1].

Le 11, pendant que Metternich et les plénipotentiaires français signaient le traité de Fontainebleau, les dernières troupes françaises évacuaient le département de Seine-et-Oise et la garde impériale elle-même partait pour Châteaudun, à l'exception des 1500 hommes destinés à l'escorte de Napoléon [2].

Plus encore qu'Alexandre, Talleyrand avait atteint son but. Les Bourbons remplaçaient l'Empereur. La déchéance de l'Empereur s'étendait à son fils. La vengeance et la haine du prince vice-électeur avaient triomphé de tout. On bannissait de France l'homme qui avait tant fait pour sa gloire. On laissait à celui devant lequel le monde avait tremblé si longtemps, à celui qui avait traversé le Niémen à la tête d'un demi-million d'hommes la souveraineté dérisoire de l'île d'Elbe et le commandement de 400 grenadiers. Napoléon payait chèrement la faute d'avoir appelé ou toléré auprès de lui des gens indignes de sa confiance.

Le triomphe de Talleyrand, les illusions, que les souverains alliés avaient pu concevoir au moment où ils restauraient la monarchie légitime, ne devaient être qu'éphémères.

L'épopée impériale n'était pas finie, et, malgré les discours pompeux, les démonstrations bruyantes, mais creuses, des partisans des Bourbons, la population tout entière, si l'on en excepte les habitants de quelques localités du Midi, allait pendant le long voyage de l'Empereur accourir pour voir encore une fois, pour saluer de ses acclamations enthousiastes le César tombé.

« On s'efforça vainement, écrit à ce propos le général-lieute-

---

[1] Registres de Berthier, 9 avril (*Archives de la guerre*); Ordres du prince de Schwarzenberg, cantonnements, dispositions pour le 10 avril (*K. K. Kriegs Archiv.*, IV, 86), et Barclay de Tolly à Schwarzenberg, Paris, 11 avril (*Ibid.*, IV, 88).

[2] Ce fut dans la nuit du 12 au 13 avril que Napoléon, dans un accès de désespoir causé par le lâche abandon de tous ceux qu'il avait comblés de richesses et d'honneurs, essaya de s'empoisonner.

nant comte von Bismarck, dans ses *Aufzeichnungen*, de diffamer, de rabaisser celui qui avait glorifié la France, qui lui avait rendu l'ordre et la religion. On chercha à ternir la gloire de celui qui, par son génie organisateur, son esprit d'entreprise, sa force de volonté, son indomptable énergie, avait pu se substituer à la Révolution et être pendant 14 ans l'arbitre des destinées du monde. On aurait voulu, si toutefois on l'avait pu, anéantir jusqu'à son nom, jusqu'au souvenir de ses actions. »

Ce fut en vain, en effet, qu'on essaya de détacher de sa personne et de sa gloire l'armée et la nation.

Pour n'en citer qu'un exemple, en 1824, lors de la publication de ses *Mémoires sur la guerre de* 1809, le général Pelet justifiait éloquemment l'armée dans son introduction et n'hésitait pas à écrire les lignes suivantes : « Ceux qui ne sont pas insensibles aux sentiments généreux ou même à une douce pitié ne sauraient désapprouver l'action d'un soldat qui élève un monument à la vieille armée et à son général, à celui qu'elle appelait son père. Cette armée était comme une famille dans laquelle tout se tenait, depuis le dernier soldat, enfant dévoué, mais juge éclairé et sévère de la conduite de ses chefs, jusqu'au commandant suprême qui se montra constamment et était reconnu le père de tous. *Le plus bel éloge de Napoléon, éloge que rien ne pourra détruire, est dans l'amour et dans la fidélité de cette armée française, si loyale, si généreuse et si fière!* L'armée sous l'Empire n'a pas cessé un instant d'être nationale. Elle l'a assez prouvé par sa conduite entière et surtout par son dévouement sublime en 1814 et 1815, dans cette continuelle bataille où elle disputait, au prix de tout son sang, chaque coin de la France au sabre de l'étranger, où elle s'immolait, tandis que ses antagonistes intriguaient. Après avoir effacé par ses exploits les prodiges des héros de l'antiquité, elle a donné au monde le plus bel exemple de patriotisme. . . . . Il faut le répéter, le constant amour du soldat est le panégyrique de Napoléon, comme le constant dévouement de l'armée, au milieu des crises les plus terribles, est notre plus beau titre de gloire. »

Quant au peuple, ébloui par tant de gloire suivie de tant de malheurs, c'était bien peu connaître son caractère et sa fierté que de s'attendre à le voir oublier du jour au lendemain l'homme qui, de son vivant, était déjà devenu un personnage légendaire, accepter la cocarde blanche et renier le drapeau tricolore. La retraite de Russie, Leipzig, l'Invasion, La Rothière avaient pu momentanément abattre les courages et dissiper la foi aveugle dans l'étoile du César si longtemps triomphant et invaincu.

Champaubert, Montmirail, Vauchamps, Étoges, Mormant et Montereau avaient suffi pour lui rendre son ancien prestige. Ce fut assurément dans les rangs du peuple, plus que dans les autres classes de la société, qu'on maudit le plus l'homme qui, après avoir versé le sang français aux quatre coins de l'Europe, avait fini par compromettre la grandeur et l'existence de la France. Mais quand ce peuple le vit tenir fièrement tête à la mauvaise fortune, lutter seul et si glorieusement avec des débris mutilés, avec des vieillards sans forces et des enfants sans expérience, contre les armées de l'Europe entière, lorsqu'il le vit se multiplier, se prodiguer, remplacer la force par l'audace, le nombre par le génie, ce peuple, oubliant ses griefs et ses sacrifices, revint à lui avec plus d'enthousiasme que jamais, trop tard pour empêcher sa chute, mais à temps du moins pour l'entourer d'une popularité qui ne devait pas périr et qui prouva au monde que la France, malheureuse, vaincue, terrassée, envahie, ne cesse jamais d'admirer et de vénérer ce qui est grand et glorieux.

CHAPITRE XIX.

OPÉRATIONS EN BELGIQUE ET DANS LE NORD DE LA FRANCE, DEPUIS LE 3 MARS JUSQU'A LA CESSATION DES HOSTILITÉS.

5 mars. — Mesures prises par le duc de Saxe-Weimar. — L'insuccès des entreprises tentées par le colonel Hobe et le major Helwig, la retraite de leurs détachements sur Audenarde et sur Deynze, l'attitude résolue des troupes françaises, la concentration de forces relativement nombreuses à Courtrai et les mouvements de Maison dans la direction de Gand et d'Audenarde, n'avaient pas été sans inquiéter sérieusement le duc de Saxe-Weimar. Comme nous l'avons dit en terminant le chapitre XII, le duc avait transféré, le 4 mars, son quartier général d'Ath à Tournai et fait venir à Leuze le bataillon de la garde saxonne et une demi-batterie de 12 livres. Les renseignements rapportés par les émissaires, l'interrogatoire des déserteurs et des gens du pays, enfin les événements des derniers jours indiquaient clairement que, loin de se contenter de tenir bon à Courtrai, de chercher uniquement à aguerrir ses troupes et de vouloir tâter et fatiguer celles du duc par des reconnaissances offensives ou de simples démonstrations, Maison se proposait de communiquer avec Anvers et d'en retirer une partie de la garnison. Aussi le duc de Saxe-Weimar avait prescrit au général von Borstell de faire immédiatement renforcer le colonel von Hobe par quelques bataillons, et au prince Paul de Wurtemberg de s'établir, le 4 mars, à Ath, le 5 à Tournai avec le gros de la division d'Anhalt-Thuringe, remplacée à Alost et à Termonde par trois bataillons de landwehr prussienne venant de Gorcum et d'envoyer son bataillon de fusiliers et ses chasseurs rejoindre le général von Ryssel du côté de Mons.

Combat d'Audenarde. — Les mouvements de Maison justifiaient d'ailleurs les mesures de précaution prises par le duc de Saxe-Weimar. Afin de se conformer aux instructions de l'Empereur, contenues dans la lettre que le Ministre de la guerre lui avait écrite le 2 mars, Maison avait commencé, le 5 mars au matin, son mouvement sur Audenarde à la tête d'environ 6,000 hommes et de 1000 chevaux. Il se proposait d'enlever cette place au colonel von Hobe, d'y passer l'Escaut, de se rabattre sur Renaix, de déborder la droite du duc de Saxe-Weimar et de lui donner de l'inquiétude pour Bruxelles où il ne restait que deux bataillons et 80 cavaliers. En même temps, afin de faciliter la sortie de la garnison d'Anvers et la marche de la division Roguet, il avait posté sur sa gauche, à Vive-Saint-Eloy, 600 à 700 hommes qui, sous les ordres du général Penne, devaient essayer d'enlever Gand par surprise et d'y donner la main aux troupes sorties d'Anvers.

Un peu avant 11 heures du matin la tête de colonne de Maison, débouchant d'Avelghem, rencontrait en avant de Kerkhove la cavalerie prussienne. Trop faible pour résister aux troupes françaises, celle-ci leur disputa le terrain pied à pied et se retira lentement sur Peteghem où elle fut recueillie par un bataillon et une section d'artillerie, que le colonel von Hobe y avait établis en avant-poste, afin de se ménager le temps nécessaire pour achever l'organisation de la défense d'Audenarde.

Pendant que la cavalerie française et 2 pièces d'artillerie légère continuaient à s'avancer par la route, le général Barrois déployait trois de ses bataillons en colonne à droite et à gauche de cette route, enlevait Peteghem et en chassait le bataillon qui allait se reformer plus en arrière sur les hauteurs situées en avant de Beveren et que le colonel von Hobe avait fait occuper par deux bataillons, six escadrons, 4 canons et 2 obusiers; deux autres bataillons et 4 pièces étaient en réserve aux portes mêmes d'Audenarde prêts à soutenir les bataillons établis sur la hauteur.

Maison commença aussitôt l'attaque en plaçant 6 pièces dans les intervalles de ses trois bataillons qui, marchant en masse à intervalle de déploiement sur les côtés de la route, se portèrent droit contre les hauteurs que les bataillons du colonel von Hobe, se repliant sur Audenarde, abandonnèrent sans combat à l'infanterie de Barrois.

Audenarde avait encore des restes de fortifications et un fossé très profond alimenté par l'Escaut qui inondait à ce moment toutes les avancées de la ville. De ce côté on ne pouvait pénétrer dans la ville que par une seule porte et un pont établi sur l'ancien fossé des fortifications. Le colonel von Hobe avait eu le temps d'aménager, sur les saillants des anciens ouvrages, des tranchées derrière lesquelles son infanterie était à l'abri. Il avait en outre élevé un ouvrage qui couvrait la porte et placé son artillerie de façon à battre les abords du pont qu'il avait détruit. La partie de la ville située sur la rive gauche de l'Escaut formait ainsi une espèce de tête de pont très difficile à attaquer. Après l'avoir enlevée il aurait fallu d'abord passer les ponts de l'Escaut, puis déboucher sur la forte position qui se trouve sur la rive droite.

Malgré les difficultés que présentait une attaque de vive force entreprise dans de semblables conditions, la possession d'Audenarde était d'une importance telle que Maison essaya néanmoins à deux reprises, à partir de 4 heures de l'après-midi, d'intimider Hobe et de le décider à évacuer la ville. Tentées avec peu de monde ces attaques ne produisirent aucun résultat.

A 8 heures du soir Maison, arrêtant son infanterie, se borna à bombarder la place. Il avait d'ailleurs appris que des troupes venant de Tournai cherchaient à se joindre à celles du major Hellwig qui, après sa pointe sur Thielt, était revenu à Deynze, que 1200 hommes de la garnison de Bruxelles s'étaient portés sur Gand et que le 5, à 9 heures du matin, 1000 hommes et 2 canons avaient suivi dans la même direction. Maison, jugeant que la prise d'Audenarde lui imposerait des sacrifices hors de proportion avec sa force [1], renonça à son projet. Il avait d'abord eu l'intention de marcher avec toutes ses troupes sur Gand. Mais ce mouvement n'était pas sans présenter de graves inconvénients. Il suffisait en effet de quelques ponts coupés, d'une résistance, probable d'ailleurs, qui l'eût arrêté 12 heures devant Gand et d'un mouvement exécuté par les troupes prussiennes d'Audenarde, pour mettre la colonne de Maison dans une position des plus fâcheuses. De plus, l'occupation de Gand par les troupes alliées rendait très problématique sa jonction avec les troupes sortant d'Anvers.

Retraite de Maison sur Courtrai. — Le colonel von Hobe

---

[1] Maison au Ministre, Courtray, 6 mars soir. (Correspondance de Maison; *Archives de la guerre.*)

évacue **Audenarde dans la nuit du 5 au 6 mars**. — Prévenu par le duc de Saxe-Weimar à Audenarde et à Gand, Maison résolut en conséquence de se retirer sur Courtrai, pour essayer de s'y faire rejoindre d'une autre façon par une division de la garnison d'Anvers [1].

En prenant ce parti, Maison avait peut-être agi avec un excès de prudence et cédé à la crainte de compromettre le sort de la petite colonne qu'il avait eu tant de peine à former. Il ignorait, il est vrai, la résolution prise par le colonel von Hobe, le 5 au soir. Craignant de voir les Français forcer l'une des portes d'Audenarde, ou passer l'Escaut en amont de la ville pour déborder sa gauche, le prendre à revers et le couper de Tournai, sachant de plus que les trois bataillons d'Anhalt-Thuringe, qu'il espérait pouvoir appeler à lui, avaient quitté Grammont, le colonel von Hobe, après avoir consulté ses officiers, ramena, dans la nuit du 5 au 6 mars, son artillerie et le gros de ses troupes sur la route de Renaix et ne laissa dans Audenarde que son avant-garde qui l'informa, le 6 au matin, de la retraite des Français. Plus au nord, la marche du général Penne dans la direction de Deynze avait révélé les projets de Maison au major Hellwig, qui porta aussitôt tout son monde sur Gand.

Ordres donnés par le duc de Saxe-Weimar au général von Borstell. — Bien qu'il crût les corps d'Hellwig et de Hobe suffisamment forts, l'un pour tenir bon à Gand et interdire au général Penne la route d'Anvers, l'autre pour déjouer à Audenarde les entreprises de Maison, le duc de Saxe-Weimar résolut néanmoins de mettre un terme aux velléités offensives de son adversaire. Incomplètement rassuré sur le sort d'Audenarde, dont il voulait rester maître à tout prix, il envoya dans l'après-midi du 5 l'ordre au général von Borstell de dégager le colonel von Hobe et d'exécuter à cet effet une vigoureuse démonstration sur Courtrai et les lignes de retraite de Maison.

6 mars. — Démonstration contre Courtrai. — Afin de faciliter l'exécution de cette opération il fit venir à Leuze une

---

[1] Maison au Ministre, Courtray, 6 mars soir. (Correspondance de Maison, *Archives de la guerre*.)

partie des troupes qu'il avait dirigées sur Condé[1] et prescrivit au général-major von Ryssel de pousser, de Mons à Ath, deux bataillons qui devaient être rejoints sur ce point par une demi-batterie venant d'Enghien.

Dans la nuit du 5 au 6 mars, dès 4 heures du matin, le général-lieutenant von Borstell avait fait partir de Tournay une colonne volante sous les ordres du colonel von Schön[2] et ordonné au général-major prince Paul de Wurtemberg[3] d'aller s'établir à Warcoing pour y servir de soutien au détachement du colonel von Schön, couvrir sa droite et surveiller la route d'Audenarde.

Le colonel von Schön, éclairant soigneusement sa marche, s'était hâté d'occuper Belleghem. Laissant deux bataillons à la croisée de la route de Courtrai et du chemin menant à Zweveghem, il avait continué sur cette ville avec le reste de son monde et arrêté son gros à peu de distance des faubourgs. Ses hussards seuls pénétrèrent dans les faubourgs, en chassèrent une grand'garde de cavalerie française et poussèrent jusque sur la place du marché. Accueillis à coups de fusil par un poste d'infanterie française, les hussards se replièrent sans être autrement inquiétés. Ne se croyant pas assez fort pour enlever Courtrai et surtout pour s'y maintenir, sachant de plus que le prince Paul de Wurtemberg, au lieu de s'arrêter à Warcoing, avait suivi son mouvement, craignant de se voir coupé de Tournay dans le cas où les Français auraient dirigé une de leurs colonnes d'Audenarde sur Avelghem, Espierres et Warcoing, le colonel von Schön, qui avait fait prier le prince Paul de Wurtemberg de réoccuper au plus vite Warcoing, resta encore quelque temps en observation à peu de distance de Courtrai et ne quitta sa position que lorsque l'artillerie française ouvrit le feu contre lui.

Maison se replie d'Audenarde sur Courtrai. — Au moment où le colonel prussien commençait sa retraite, Maison, dont le

---

[1] Un bataillon et demi d'infanterie, un escadron de hussards et une section d'artillerie sous les ordres du colonel prince Schönburg.

[2] Composition de la colonne volante du colonel von Schön : deux bataillons prussiens, un bataillon saxon, un escadron de hussards saxons et quatre canons.

[3] Composition du détachement du prince Paul de Wurtemberg à Warcoing : deux bataillons, un escadron et quatre pièces.

gros était encore à une lieue de Courtrai, envoya quelques escadrons et de l'artillerie légère occuper au plus vite la porte de Tournay et dirigea ensuite de Zweveghem sur Belleghem une petite colonne d'infanterie et de cavalerie chargée de prendre en flanc et à revers le colonel von Schön qu'il se proposait d'attaquer en tête. Mais le colonel, considérant sa mission comme terminée, n'attendit pas l'attaque des Français. Continuant lestement sa retraite, il atteignit Warcoing sans encombre, y opéra sa jonction avec le prince Paul de Wurtemberg et s'y établit au bivouac. L'avant-garde française s'arrêta à Coyghem. Le gros des troupes de Maison (division Barrois) occupa Courtrai. Le général Penne, que Maison avait rappelé à lui dès qu'il avait vu que le coup de main projeté sur Gand n'avait plus aucune chance de réussir, avait pris position à Belleghem, et le général d'Audenarde à Zweveghem. Une partie de la cavalerie et deux bataillons couvraient Courtrai au nord, et des postes établis à Harlebeke, Cuerne et Heule surveillaient les routes de Gand et de Bruges [1].

7 mars. — Combat de Courtrai. — Le duc de Saxe-Weimar avait, de son côté, dirigé de Leuze sur Tournay le général-lieutenant Lecoq, qui amena avec lui et poussa sur Warcoing le détachement du colonel prince Schönburg. Le général Lecoq avait ordre de prendre, le 7 au matin, le commandement des troupes auxquelles on confiait le soin d'observer les places de Lille et de Condé. Quant au général von Borstell, chargé des opérations sur Courtrai, il concentra à cet effet 12 bataillons, 6 escadrons et 28 bouches à feu. Le gros de cette colonne, moins un bataillon laissé à la garde du pont de bateaux d'Hérinnes, se porta droit de Warcoing sur Courtrai. Sur sa droite, le détachement du prince Schönburg avait ordre de flanquer la marche du gros et de se relier avec le détachement du colonel Hobe en mouvement d'Audenarde sur Courtrai. Au nord de Courtrai le major Hellwig et le colonel Byhaloff, venant de Gand et de Deynze, se portaient en même temps sur Harlebeke.

Parti de Warcoing dans la matinée, Borstell, une fois arrivé à

---

[1] Maison au Ministre de la guerre, Courtrai, 6 mars soir. (*Archives de la guerre.*)

Coyghem, avait déjà commencé à pousser sur Belleghem où le général Penne n'avait que deux faibles bataillons, deux pièces et 100 chevaux, lorsqu'il reçut l'ordre de s'arrêter et de ne s'engager qu'après avoir reçu l'avis de l'approche de la colonne du colonel von Hobe. Cette colonne devait lui être signalée par le colonel von Ziegler que le duc de Saxe-Weimar venait d'envoyer à Avelghem ; mais à une heure de l'après-midi la colonne du colonel von Hobe n'avait pas encore paru.

Dispositions prises par le duc de Saxe-Weimar. — Tout en n'osant pas risquer une attaque contre Courtrai sans avoir toutes ses forces sous la main, le duc de Saxe-Weimar résolut néanmoins de profiter des quelques heures de jour qui lui restaient pour s'emparer des points dont la possession lui était indispensable et devait faciliter l'entreprise qu'il se croyait obligé de remettre au lendemain. En conséquence, un peu après 3 heures, il donna au général von Borstell, qui tiraillait depuis le matin avec les postes du général Penne, l'ordre d'attaquer Belleghem, au colonel von Ziegler de se porter d'Avelghem contre Zweveghem.

Trop faible pour se maintenir à Belleghem, qu'il avait cependant mis en état de défense, le général Penne se replia sur une hauteur voisine du village qu'il abandonna aux Prussiens. Maison, pensant que l'attaque principale de Borstell se ferait sur ce point, tira, de la petite réserve qu'il tenait à Courtrai, trois bataillons, 200 chevaux et 4 pièces qui permirent au général Penne de conserver sa position jusqu'à la nuit [1].

Du côté de Zweveghem le colonel von Ziegler avait échoué jusqu'à 5 heures dans les attaques dirigées contre le général d'Audenarde. Renforcé par le détachement du colonel prince Schönburg, Ziegler ne parvint que vers le soir à obliger les défenseurs de Zweveghem à se replier sur Courtrai [2].

Au nord de Courtrai, Hellwig et Byhalow n'avaient pas réussi à débusquer les postes français de Cuerne et d'Harlebeke qu'ils n'occupèrent que dans la nuit et après le départ des Français [3].

---

[1] Maison au Ministre, Roncq, 8 mars. (*Archives de la guerre.*)
[2] Id. in ibid.
[3] Lippe Weissenfels, *Geschichte des Königlich-preussischen 6ten Husaren Regiments (ehedem 2ten Schlesischen).*

Décidé à enlever Courtrai le lendemain, le duc de Saxe-Weimar avait chargé Borstell de l'attaque principale par la route de Tournay. Le colonel von Ziegler, débouchant de Zweveghem, avait pour mission d'appuyer les opérations des Prussiens pendant que le colonel von Hobe, qu'on avait fait venir à l'aile droite, devait, en se portant par Lannoy sur Roubaix, menacer les lignes de retraite de Maison qui, pour revenir sur Lille, était obligé de se servir, soit de la route directe de Tourcoing, soit de prendre plus au nord par Menin.

8 mars. — Évacuation de Courtrai par Maison. — Mais le général français n'avait pas attendu l'attaque du duc de Saxe-Weimar. Débordé sur sa droite par les Prussiens de Borstell qui occupaient depuis la veille Belleghem et Rolleghem, menacé sur son front par les Saxons du côté de Zweveghem, sur sa gauche par les Cosaques et le corps d'Hellwig du côté de Cuerne et d'Harlebeke, Maison, qui n'avait occupé Courtrai que parce que cette position, « peu susceptible d'une bonne défense, lui paraissait de nature à servir de base et de point d'appui à une invasion en Belgique »[1], s'était décidé à se replier pendant la nuit sur Menin et sur Roncq. L'une de ses colonnes, repassant à Menin sur la rive droite de la Lys, y garda le pont; l'autre, prenant par Lauwe et s'établissant au mont d'Halluin et à Roncq, observa de concert avec la première les débouchés de Menin et de Tourcoing sur Lille. Ces mouvements s'exécutèrent sans encombre et presque à l'insu des Prussiens et des Saxons.

Observations sur les opérations de Maison. — A son arrivée à Roncq, le 8 mars au matin, Maison y trouva une dépêche partie de Paris le 4 mars et par laquelle Clarke[2], revenant à nouveau sur sa lettre du 2 mars, lui reprochait de disséminer ses troupes en petites colonnes et lui prescrivait de se porter sur Anvers, de n'y laisser que 3,000 hommes de garnison, de dégager Bruxelles et d'inquiéter les communications des Alliés, « qui, disait le Ministre, sont partout, mais ne sont en force d'aucun côté ».

---

[1] Maison au Ministre, Roncq, 8 mars. (*Archives de la guerre.*)
[2] Clarke à Maison, Paris, 4 mars ; lettre portée par le capitaine Morel, ancien aide de camp du général Avy. (*Archives de la guerre.*)

Comme il le faisait observer au Ministre, en lui répondant de Roncq le 8 mars [1], Maison n'avait nullement disséminé ses forces. En effet, pendant qu'il réunissait les troupes destinées à agir contre Menin et Courtrai et qu'il en chassait les détachements alliés, presque aussi nombreux que son petit corps d'opération, il avait ordonné à Carra-Saint-Cyr, commandant supérieur à Condé, Valenciennes et Bouchain, de réunir la garnison de Valenciennes à celle de Condé et d'attaquer, comme ce général le fit d'ailleurs, les postes saxons de Peruwels. De même que la démonstration de Carra-Saint-Cyr, le mouvement de Castex qui, après avoir poussé une reconnaissance au delà de la Marque, était venu rejoindre le commandant du 1er corps à Menin dans les derniers jours de février, avait eu pour but de détourner l'attention des généraux alliés. Afin de constituer un semblant de corps d'opération Maison avait en outre tiré des places tout ce qu'il était possible d'en faire sortir sans compromettre leur sécurité. Ce n'était d'ailleurs pas avec 5,000 hommes, « dont plus de la moitié était des enfants à peine en état de porter leurs armes et qu'on avait toutes les peines à tirer des maisons [2] », que le général pouvait entreprendre quelque chose de sérieux. En raison de l'infériorité de ses forces, des mesures prises par le duc de Saxe-Weimar pour assurer la défense d'Audenarde et de Gand, il fallait au contraire une certaine hardiesse pour essayer, à la tête d'une poignée d'hommes, de donner la main à la garnison d'Anvers. Une pareille opération ne pouvait réussir que par la surprise.

Dès son arrivée à Audenarde, Maison s'était rendu un compte exact des difficultés de sa situation. S'il eût tardé quelque peu à prendre le parti de se replier sur Courtrai, il aurait été coupé de cette ville par les troupes prussiennes et saxonnes qui, venant de Tournay, arrivèrent presque en même temps que lui à Courtrai. Dans l'impossibilité de s'y maintenir contre les forces supérieures en nombre du duc de Saxe-Weimar, il aurait peut-être pu, au lieu de filer par les routes de Menin et de Lauwe, marcher par la route de Tourcoing et essayer de se rabattre au jour sur

---

[1] Maison au Ministre de la guerre, Roncq, 8 mars. (*Archives de la guerre.*)
[2] *Id. in ibid.*

le flanc gauche des troupes prussiennes. Mais cette opération, assez hasardeuse en elle-même, n'aurait pas changé la situation générale et aurait eu d'ailleurs d'autant moins de chances de succès que le petit corps français aurait été à son tour pris de flanc et à revers par la colonne du colonel von Hobe, que le duc de Saxe-Weimar voulait envoyer sur Roubaix. Enfin, comme il le disait en terminant sa dépêche au Ministre[1], Maison, en raison du faible effectif et du peu de solidité de ses troupes, ne pouvait faire plus qu'inquiéter son adversaire, chercher à le battre isolément et le forcer à employer, pour observer différents points, des forces supérieures aux siennes. « Je suivrai ce système, écrivait-il, le seul que je puisse adopter, et je tiendrai toujours mon petit corps réuni et en activité. »

Occupation de Courtrai et de Menin. — Positions des troupes du duc de Saxe-Weimar, le 8 mars au soir. — Le 8 mars, à 4 heures du matin, le duc de Saxe-Weimar, informé par ses avants-postes de la retraite des Français, reprit l'ordre donné au colonel von Hobe, poussa son avant-garde, d'abord sur Courtrai, puis sur Menin, que l'arrière-garde de Maison évacua pour venir se poster à Halluin. Dans l'après-midi, le duc de Saxe-Weimar entra dans Courtrai à la tête de toutes ses troupes. Mais, comme Maison l'avait prévu[2], il ne se décida pas à s'y établir en force. Quittant Courtrai le jour même avec le gros de son corps pour retourner à Tournay, où Borstell devait

---

[1] Maison au Ministre, Roncq, 8 mars. (*Archives de la guerre.*)

[2] Maison termine, en effet, une des dépêches qu'il adressa le 8 mars, de Roncq, à Clarke, par ces mots : « L'ennemi, qui a atteint son but en me délogeant de Courtrai, va se diviser de nouveau pour reprendre des positions sur l'Escaut. S'il ne le fait pas de lui-même, je l'y obligerai en passant la Marque vers Tournay, en l'inquiétant par mes mouvements et en courant sur ses détachements. C'est tout ce que je puis faire avec mes 4,000 hommes. Du reste, j'ai atteint le but que je me proposais en attirant sur moi des forces plus que doubles des miennes ». (*Archives de la guerre.*)

Deux jours auparavant, Maison avait d'ailleurs annoncé au ministre qu'en exécution des ordres de l'Empereur, il avait rassemblé tout ce qui était susceptible de tenir la campagne; qu'il ne restait au Quesnoy et à Landrecies que 150 hommes de garnison. Maison disait encore dans cette dépêche, en date du 6 mars : « Je crois que les Alliés, vu les avantages que leur donne la possession d'Avesnes, vont faire le siège de Maubeuge, Condé, Landrecies et du Quesnoy. » (*Archives de la guerre.*)

le rejoindre le lendemain, il confia la garde de Menin à un parti de Cosaques, ne laissa à Courtrai que le détachement du major Hellwig, et rentra dans ses anciennes positions. La seule modification qu'il fit subir à la répartition de ses troupes, consista à poster à Warcoing le prince Paul de Wurtemberg, qui devait, avec cinq bataillons et une demi-batterie, y servir de soutien à Hellwig, et à charger la division Borstell de fournir les avant-postes du côté de Condé.

En somme, le duc de Saxe-Weimar était encore loin de voir clair dans le jeu de son adversaire. Ne voulant rien compromettre et se croyant obligé d'occuper un front démesurément étendu, dans l'espoir d'être en mesure de faire échouer les coups de main des détachements de Maison, il se croyait d'autant moins en état de continuer les opérations offensives que les nouvelles venues d'Anvers lui causaient de sérieuses inquiétudes. Certain désormais que Maison et Carnot avaient pu communiquer et combinaient leurs opérations, le commandant en chef du IIIe corps fédéral s'attacha par-dessus tout à observer les places de l'ancienne frontière et à s'assurer solidement les routes menant à Anvers.

Sorties des garnisons d'Anvers, de Condé, Maubeuge, Philippeville et Ostende. — Le duc de Saxe-Weimar venait, en effet, d'apprendre que, pendant que Maison opérait sur Courtrai et sur Audenarde, les garnisons françaises de Condé, Maubeuge, Philippeville et Ostende avaient simultanément attaqué les troupes laissées devant ces places pour les observer, et que Carnot avait fait sortir d'Anvers 5,000 hommes de la garnison, sous les ordres du général Roguet. Ce général, débouchant de la Tête-de-Flandre sur Beveren et marchant par la rive gauche de l'Escaut, avait occupé, le 7 mars, Saint-Nicolas et Ruppelmonde, surpris un parti de Cosaques de Byhalow à Waesmunster et poussé jusqu'à Lokeren, à une journée de marche de Gand. Ce mouvement, qui coïncidait avec celui de Maison, et qui, de Lokeren comme de Waesmunster, pouvait être continué soit sur Gand, soit sur Termonde, avait d'autant plus alarmé le duc de Saxe-Weimar, que le colonel comte Lottum avait dû détacher de la garnison de Bruxelles deux compagnies de chasseurs volontaires et quelques cavaliers pour réoccuper Termonde, évacué par le major von Klinkowström qui, rappelé d'urgence par Bülow, s'était refusé à y rester plus longtemps [1].

La démonstration faite par la garnison d'Anvers n'avait donc pas été inutile, bien qu'elle se fût produite un peu tardivement, et que Carnot eût rappelé à lui les troupes qu'il avait fait sortir de la place, dès qu'il eut connaissance de la retraite de Maison et du mouvement de concentration des Anglais sur Calmpthout.

Tentative infructueuse des Anglais sur Berg-op-Zoom. — Ne se croyant pas suffisamment fort pour rien tenter contre Anvers, le général Graham avait résolu d'enlever par surprise Berg-op-Zoom, qu'il s'était jusque-là contenté de bloquer. Le général anglais avait préparé longuement le coup de main qu'il voulait exécuter dans la nuit du 8 au 9 mars, dans l'espoir de célébrer par un brillant succès l'anniversaire de la naissance du prince d'Orange. Grâce aux intelligences qu'il avait réussi à se ménager dans la place, il savait que la garnison, réduite à 2,700 hommes environ par les désertions et les maladies, les fatigues et les privations, suffisait à peine pour assurer le service de garde. Parfaitement renseigné par ses émissaires, il n'ignorait pas que le corps de place était à peine revêtu et que la glace encore fort épaisse facilitait le passage des fossés sur nombre de points qu'on lui avait indiqués. Dès le 6 mars, afin de mieux tromper la vigilance du général Bizanet, Graham avait ordonné à ses troupes de s'éloigner de la place. Mais cette manœuvre n'avait pas donné le change au gouverneur. Loin de rien modifier aux mesures de précaution qu'il avait prises depuis le commencement du blocus, le général Bizanet doubla au contraire ses gardes, piquets, postes et sentinelles, installa de nouveaux postes, multiplia les rondes et les patrouilles, établit sa batterie de sortie sur la place d'Armes, et répartit toutes les troupes dans les bastions qui leur étaient assignés comme postes de combat en cas d'alarme. Les journées des 7 et 8 mars se passèrent tran-

---

[1] Rappelé en France par un ordre de Bülow, au corps duquel il appartenait, le major von Klinkowström ne consentit à retarder son départ et à réoccuper Termonde et Alost, le 11 mars, que sur un ordre formel du duc de Saxe-Weimar. « Un soldat, lui écrivit le duc de Saxe-Weimar, n'a pas le droit de quitter son poste quand l'ennemi s'approche de lui. »

quillement. Mais, dans la soirée du 8, 4,800 Anglais[1], profitant de la marée basse, s'avancèrent en quatre colonnes, guidées par des habitants. La première de ces colonnes, forte d'environ un millier d'hommes et chargée de l'attaque de gauche, avait pour objectif la partie de la place comprise entre le port et la porte d'Anvers. Les 1200 hommes dont se composait la deuxième colonne, devaient agir au centre et se diriger à droite de la porte de Bréda. La troisième colonne (650 hommes), ne devait faire qu'une démonstration contre la porte de Stevenbergen et servir ensuite de réserve. L'attaque principale était confié aux 1100 hommes de la quatrième colonne, placée sous les ordres des généraux Skerret et Goore.

Se dirigeant vers la porte d'Eau, cette colonne avait ordre de pénétrer à marée basse dans le quartier du port séparé du reste de la ville par des maisons et des murs de clôture et ne communiquant avec elle que par les remparts et par un vieux château connu sous le nom de Fausse-Porte. Un fois maîtresse du quartier du port, elle devait y opérer sa jonction avec la première colonne et pousser avec elle dans l'intérieur de la ville pour ouvrir la porte d'Anvers à la cavalerie du général Graham et celle de Bréda à la deuxième colonne.

Un peu après 9 heures 1/2 du soir la troisième colonne se présenta à l'improviste devant la porte de Stevenbergen, culbuta la garde de l'avancée et réussit à pénétrer dans la demi-lune qui lui servait de réduit. Arrêtés sur ce point par un tambour en palissades élevé en avant du pont-levis et par trois pièces qui tirèrent sur eux à mitraille, les Anglais arrivèrent malgré le feu des défenseurs jusqu'au pont-levis. Quelques hommes, escaladant l'escarpe, parvinrent sur le terre-plein du rempart où ils ne tardèrent pas à être pris ou tués. La garnison avait couru aux armes dès les premiers coups de fusil. L'artillerie des bastions 11 et 12 tirait à mitraille. L'un des adjudants de place qui avait couru dès le commencement de l'attaque à la porte de Stevenbergen, dirigeait les feux de l'infanterie sur la lunette et les

---

[1] Le général Bizanet, dans son rapport au ministre (*Archives de la guerre*), évalue l'effectif total des troupes anglaises chargées de l'attaque à 8,000 hommes et 1000 chevaux.

glacis de l'avancée¹. Toutefois, comme on le sut plus tard, le tir à mitraille et la mousqueterie ne firent que peu de mal aux assaillants qui s'étaient couchés à plat ventre à l'extrémité du glacis « attendant le lever de la lune, la marée basse et un signal convenu². »

A 10 heures 1/2 du soir, les Anglais essayèrent, mais sans succès, de forcer le pont-levis de la porte de Stevenbergen et durent renoncer à leur entreprise devant le feu meurtrier de deux pièces qui les criblèrent de mitraille.

La quatrième colonne venant d'Halsteren, était parvenue à l'extrémité de la digue de Tholen, près de l'écluse d'inondation. Longeant la queue du glacis vis-à-vis le bastion 15, elle était descendue dans le chenal sans être aperçue par les marins des embarcations, avait tourné le batardeau du bastion, franchi les abatis qui défendaient l'accès de l'escarpe et débouché sur le parapet sans essuyer un coup de fusil. Conduits par le général Goore les Anglais s'emparèrent sans coup férir de la porte d'Eau dont ils ne purent cependant baisser le pont-levis et vers laquelle le général Bizanet dirigea la plus grande partie de ses réserves, en leur prescrivant de passer par la Fausse-Porte.

Au même moment, pendant que le général Goore filait avec une partie de sa colonne et poussait le long des remparts vers les portes d'Anvers et de Bréda, la première des colonnes d'attaque, profitant de la laisse de basse mer entre l'Escaut et la place, se portait contre le bastion Orange, escaladait le rempart, égorgeait les sentinelles, pénétrait dans le bastion et y faisait prisonniers les 3 officiers et les 120 hommes chargés de le défendre. Cette colonne, repoussant tout ce qu'il y avait dans les bastions 3 et 4, y opérait sa jonction avec les troupes des généraux Goore et Skerret, déjà maîtresses des bastions 1 et 2 de la porte d'Eau.

Le général Goore, dont le mouvement avait facilité l'escalade

---

¹ Le capitaine adjudant de place Barcelle, qui dirigea la défense du pont de Stevenbergen (bastions 11, 12, 13, 14 et 15), dit dans son rapport (*Archives de la guerre*) qu'il obligea à ce moment 1 colonel, 15 officiers et 170 hommes à se jeter dans un souterrain et que ces hommes, coupés de leurs camarades, se rendirent un peu plus tard.

² Rapport du colonel du génie Legrand sur la surprise de Berg-op-Zoom. Nuit du 8 au 9 mars. (*Archives de la guerre.*)

de la première colonne, pénétra dans le bastion 5 et chercha à atteindre la porte d'Anvers dont la cavalerie de Graham, postée sur la route d'Anvers, attendait l'ouverture pour entrer dans la place. Une autre colonne, se dirigeant vers la porte de Bréda, avait pris possession des bastions 6 et 7 et essayait de s'emparer du bastion 8, pendant qu'une quatrième colonne, filant au pied du glacis, se dirigeait vers l'écluse d'inondation du front formé par les bastions 9 et 10.

A 11 heures 1/2 du soir, des quatre attaques dirigées, l'une contre la porte de Stevenbergen, l'autre contre le port, la troisième contre le bastion Orange et la dernière contre la porte de Bréda, deux, celles du port et du bastion Orange (1re et 4e colonnes), avaient complètement réussi et la garnison ne possédait plus que 4 des 15 bastions du corps de place.

Malgré ces premiers avantages la situation des Anglais devenait de plus en plus critique. Leur surprise avait été déjouée par la vigilance des assiégés. Ils n'avaient pu pénétrer à l'intérieur de la ville proprement dite et avaient dû laisser au général Bizanet le temps d'organiser de son côté ses colonnes d'attaque. Le poste français de la porte de Bréda n'avait pu être entamé et, à la porte de Stevenbergen, la garnison n'avait cessé d'avoir le dessus. Avant d'essayer de reconquérir toutes les positions occupées par les Anglais, le général Bizanet qui, pour éviter des méprises, ne voulait donner le signal de l'attaque qu'à la pointe du jour, prescrivit au major Hugo de Neufville de reprendre le bastion 8. Après un combat violent et meurtrier les Anglais abandonnèrent ce bastion au 3e bataillon du 12e de ligne et se replièrent sur le bastion Orange.

Un peu avant l'aube le général Bizanet lança ses trois colonnes. Deux d'entre elles avaient ordre de marcher par les remparts, la troisième de se diriger contre la Fausse-Porte et toutes trois devaient se réunir à la porte d'Eau. Après trois quarts d'heure de combat les Français avaient repris les bastions 5 et 6 et réoccupé le poste de la porte d'Anvers. A partir de ce moment l'issue du combat n'était plus douteuse. Les Anglais ne tenaient plus que quelques bastions et le quartier du port où ils s'étaient solidement installés dans les maisons, mais d'où il leur était désormais impossible de déboucher. Chassés successivement des bastions 13 et 14, 4 et 3, de l'Arsenal, puis des bastions 15 et 1, obligés d'évacuer le quartier du port, ils cherchèrent un dernier refuge au bastion 2. Acculés au rempart, entourés de toutes parts, ne pouvant, à cause de la marée haute, essayer de sortir par le chenal et par la laisse de basse mer qui avait facilité leur entrée dans la place, obligés pour s'échapper de sauter des remparts dans les fossés dont la glace se brisait sous le poids de ceux qui eurent recours à ce moyen, les Anglais allaient être écrasés et anéantis, lorsqu'un de leurs officiers supérieurs fait prisonnier pendant la nuit, convaincu de l'inutilité de la résistance de ses frères d'armes, s'offrit au gouverneur pour faire cesser cette boucherie. Quelques instants plus tard le feu cessait et, vers 9 heures du matin, le général Skerret et les 2,077 Anglais qui restaient encore dans la place, se décidaient à mettre bas les armes. Cette affaire avait coûté au général Graham 4 drapeaux et près de 4,000 hommes dont 1800 morts ou blessés. Des trois généraux anglais qui étaient entrés à Berg-op-Zoom, l'un, le général Goore, avait été tué pendant le combat avec les colonels Clifton, Mercer, Macdonald et Carlton, l'autre, le général Cooke, grièvement blessé, mourut dans la journée du 9.

Les pertes de la garnison s'élevaient à 113 tués, dont 7 officiers; 308 blessés, dont 8 officiers, et à 123 prisonniers, enlevés au début de la surprise [1].

Découragé par l'insuccès d'un coup de main qui avait si heureusement commencé, le général Graham demanda, et obtint le 10 mars, une suspension d'armes de trois jours pour enterrer ses morts, évacuer les blessés et échanger les prisonniers [2].

9-11 mars. — Positions du duc de Saxe-Weimar. — Mesures prises par Maison. — Les sorties de la garnison d'Anvers, l'échec essuyé par les Anglais du général Graham devant Berg-op-Zoom, enfin l'obligation où il se trouvait de couvrir les communi-

---

[1] Rapport du général Bizanet, Berg-op-Zoom, 13 mars (*Archives de la guerre*); rapport du capitaine adjudant de la place Barcelle (*ibid.*), et relation du colonel du génie Legrand.

[2] Les Anglais se bornèrent, à partir de ce moment, à bloquer Berg-op-Zoom. La garnison reconnut, le 11 avril, le gouvernement de Louis XVIII et rentra en France lors de la conclusion de la paix.

cations de l'armée de Silésie avaient achevé de dérouter complètement le duc de Saxe-Weimar. Le commandant du IIIe corps fédéral, renonçant à l'offensive aussitôt après la reprise d'Audenarde, résolut d'attendre, d'une part des nouvelles de Blücher, de l'autre l'arrivée des renforts que devait lui amener le général-lieutenant von Thielmann et de maintenir jusque-là ses troupes sur la longue ligne qu'il croyait utile d'occuper afin d'être en mesure de surveiller les places de la frontière.

Cette inaction du duc de Saxe-Weimar allait permettre à Maison de se conformer aux ordres que l'Empereur venait de lui faire tenir. Dès le 9 mars le général français avait prescrit aux généraux Brenier et Carra-Saint-Cyr de ne laisser que des gardes nationales dans les villes relevant de leur commandement [1]; le lendemain 10 mars, comme le duc de Saxe-Weimar avait concentré du monde à Pecq, Saint-Léger et Dottignies, Maison vint prendre position à Roubaix, tout en conservant cependant Tourcoing. Ses avant-postes continuèrent à occuper Roncq, Neuville-en-Ferrain, Wattrelos et Lannoy [2]. Laissant momentanément le commandement de ses troupes de première ligne au général Barrois, Maison quitta Roubaix le 10, pour aller prendre à Lille les mesures d'organisation prescrites par l'Empereur [3].

---

[1] Général Maison, Ordres aux généraux Brenier et Carra-Saint-Cyr, 9 mars. (*Archives de la guerre.*)

[2] Maison au Ministre, Roubaix, 10 mars. (*Ibid.*)

[3] Sur l'ordre de l'Empereur, Clarke, par une dépêche du 7 mars, avait prescrit à Maison de réorganiser son armée, de réunir toutes les troupes disponibles des garnisons dans les places de Flandre, de se porter sur Anvers pour en retirer toutes les troupes, à l'exception de 3,000 marins, de disposer d'une partie de la garnison de Berg-op-Zoom, de marcher ensuite sur Bruxelles pour dégager cette ville et inquiéter les communications du duc de Saxe-Weimar. A cette dépêche, d'après laquelle il ne devait rester dans les places de Flandre que de la garde nationale, à Anvers que les matelots et les ouvriers du port, à Berg-op-Zoom qu'un millier d'hommes, était joint un tableau de formation du corps de Maison. D'après les calculs de l'Empereur et du Ministre, Maison aurait alors disposé de 41 bataillons représentant un effectif de 22,487 hommes et de 2,053 chevaux. Au lieu de prendre une ligne d'opération fixe, Maison devait être continuellement en mouvement dès que son corps serait organisé, se porter tantôt à Anvers, tantôt à Bruxelles, tantôt devant Condé et Tournay et tantôt sur la Meuse. « Le mal que vous ferez à l'ennemi par cette manière d'opérer sera incalculable, écrivait le Ministre, et ranimera la confiance et l'énergie des habitants lorsqu'ils se sentiront protégés par un corps d'armée toujours à la poursuite des partis ennemis qui désolent les petites villes de la

Tout en se conformant aux ordres de son souverain, Maison, avant même d'être arrivé à Lille, faisait remarquer au Ministre que le tableau d'organisation était fortement exagéré. Il ne pouvait en effet rien tirer d'Ypres qui lui demandait des renforts, ni d'Ostende où il n'y avait que 900 hommes. La 4e division de la garde, que Clarke supposait être de 4,334 hommes, n'avait que 1930 hommes dans ses trois régiments de tirailleurs et le 12e voltigeurs ne comptait que 800 hommes. Enfin, après les derniers événements, il paraissait presque impossible à Maison de parvenir à opérer sa jonction avec les garnisons d'Anvers, Berg-op-Zoom et Maëstricht, et il ajoutait en terminant : « Je le répète, avec d'aussi faibles moyens que ceux que je pourrai réunir, je regarde comme très incertain le succès d'une opération sur Anvers »[1].

En somme on ne fit pour ainsi dire aucun mouvement de part et d'autre pendant les journées des 9 et 10 mars. Du côté des Alliés, sur la foi de renseignements plus ou moins exacts sur les positions occupées par le gros des forces de Maison et à la nouvelle de la rentrée à Menin d'un parti français qui en avait délogé les Cosaques appartenant au corps volant d'Hellwig, on avait envoyé à Audenarde 2 bataillons, un demi-escadron et une section d'artillerie tirés des troupes d'Anhalt-Thuringe laissées jusque-là à Warcoing.

Affaires de Quiévrain, Solre-le-Château et Vieux-Reng. — Pendant toute la durée des opérations contre Audenarde et Gand les garnisons des places françaises avaient, elles aussi, continué leurs coups de main. Le 7 mars, un parti de cavalerie française, sorti de Valenciennes, avait levé une contribution à Quiévrain et réquisitionné des vivres que l'arrivée de la cavalerie alliée l'empêcha de ramener à Valenciennes. Le lendemain 8 mars, une petite colonne française partit de Maubeuge afin

---

campagne. » L'Empereur prescrivait à Maison d'organiser dans les places le service à la turque, « c'est-à-dire que les mêmes hommes doivent rester constamment chargés de la défense d'un même poste et d'un même bastion et y coucher comme dans une caserne. Cette méthode facilite beaucoup le service puisqu'il ne faut, pour garder une place, que le quart des hommes qu'on est obligé d'employer suivant notre manière ordinaire ». (*Archives de la guerre.*)

[1] Maison au Ministre, Roubaix, 10 mars. (*Ibid.*)

d'enlever un gros convoi de farine qu'on savait arrivé à Solre-sur-Sambre. Quoique surprise par les Français, qui réussirent un moment à pénétrer dans la ville, l'infanterie russe qui servait d'escorte à ce convoi parvint, après un engagement assez vif, à repousser les Français et à les obliger à reprendre le chemin de Maubeuge.

L'insuccès de cette tentative ne découragea pas le commandant de Maubeuge. Informé qu'une colonne de 400 à 500 prisonniers français, venant de Soissons, couchait le 10 mars à Solre-sur-Sambre et devait continuer le lendemain sur Mons, il fit sortir de la place, le 11 mars à 5 heures du matin, 400 hommes d'infanterie, une trentaine de chasseurs à cheval et 2 pièces de canon sous le commandement du major Reinhartz, avec l'ordre de s'établir au village de Vieux-Reng, situé près de la route que devait suivre la colonne de prisonniers, d'embusquer une partie de sa troupe dans les ravins et d'attaquer l'escorte aussitôt qu'elle se présenterait. Le major conduisit son opération avec beaucoup d'habileté et de circonspection : au moment où la tête de colonne déboucha, il la fit charger par ses chasseurs à cheval et fusiller aussitôt après par 100 de ses fantassins. Quoique forte de 150 hommes et d'une quarantaine de chevaux, l'escorte prussienne, surprise par cette attaque imprévue, n'opéra qu'une faible résistance et s'enfuit au plus vite sur Rouveroy, abandonnant aux Français les 500 prisonniers dont la plus grande partie appartenait aux grenadiers et aux chasseurs de la garde. Une colonne russe que, sur la demande du général von Ryssel, le colonel Nasakyn avait chargée de surveiller de Solre-sur-Sambre la route d'Avesnes à Mons, arriva trop tard pour atteindre le petit corps français qui avait repris au plus vite le chemin de Maubeuge[1]. La réussite de ce coup de main décida le duc de Saxe-Weimar et le général von Ryssel à renforcer assez sensiblement l'effectif des troupes d'infanterie et de cavalerie affectées à la garde de la ligne d'étapes entre Mons et Avesnes.

---

[1] Commandant Schouller au général Maison, Maubeuge, 12 mars (*Archives de la guerre*); Maison au Ministre, Roubaix, 13 mars (*Ibid*), et *Geschichte der Entstehung des Kaiser Alexander Grenadier Regiments* (*Zeitschrift für Kunst, Wissenschaft und Geschichte des Krieges*, 1853, III).

12-15 mars. — Pointe de la garnison française d'Ostende sur Bruges. — A peu près à la même époque, l'extrême droite des lignes du duc de Saxe-Weimar avait été, elle aussi, inquiétée et tenue en haleine par les mouvements offensifs des Français. Une colonne volante, tirée des garnisons d'Ostende, de Nieuport et de Dunkerque, s'était réunie à Ostende sur l'ordre du général Brenier; sortie de cette dernière place, le 12 à la pointe du jour, elle chassa de Bruges les cavaliers du major comte Pückler, y leva une contribution en argent et en drap et rentra à Ostende le même soir[1] ramenant avec elle le maire et un conseiller de préfecture qu'on garda comme otages jusqu'au payement des 15,000 francs que cette ville, frappée d'une contribution de 40,000 francs, n'avait pu acquitter immédiatement[2].

Renseignements et renforts reçus par le duc de Saxe-Weimar. — Toutes ces entreprises, tous ces coups de main, quoique peu importants en eux-mêmes, contribuèrent à entretenir les inquiétudes du duc de Saxe-Weimar et à exercer une influence réelle sur ses résolutions. Mais, à partir du 12 mars, la situation du commandant en chef du IIIe corps fédéral changea du tout au tout. Ignorant jusqu'à ce moment le résultat des opérations de Blücher, chargé plus particulièrement de couvrir la base d'opérations et les lignes de communications de l'armée de Silésie avec les Pays-Bas, satisfait du résultat qu'il avait obtenu en empêchant Maison d'opérer sa jonction avec les troupes que le général français voulait faire sortir d'Anvers, en l'obligeant à évacuer Audenarde et Courtrai et à reprendre position en avant de Lille; voulant d'autre part faire front de tous côtés et surveiller toutes les places, il avait jugé prudent de renoncer à l'offensive et avait cru bien faire en disposant ses troupes en cordon sur un long arc de cercle dont la corde, passant par Bruxelles, s'étendait d'Anvers jusque vers Beaumont, à 30 kilomètres environ au sud-est de Mons.

Les nouvelles arrivées le 12 mars au quartier général du duc de Saxe-Weimar, lui permirent de modifier son attitude et de

---

[1] Général Maison au Ministre, Roubaix, 15 mars, et général Brenier au Ministre, Lille, 15 mars. (*Archives de la guerre.*)

[2] Commandant d'Ostende au Ministre, Ostende, 15 mars. (*Ibid.*)

renoncer à un système qui aurait eu des conséquences fatales pour lui, si le général Maison avait réellement disposé d'un corps suffisamment nombreux pour lui permettre de tenir la campagne et s'il avait pu abandonner à elles-mêmes les places fortes de l'ancienne frontière. Jusqu'à ce moment, le duc n'avait même pas osé pousser les troupes du général Borstell de Tournay sur Roubaix. Il avait même cru nécessaire de garder à Alost et à Termonde le détachement du major von Klinkowström, bien que Bülow eût envoyé à cet officier l'ordre de le rejoindre, parce qu'il était fermement résolu à ne rien entreprendre avant d'être renseigné sur la situation de l'armée de Silésie.

Reconnaissances de Schönburg et d'Hellwig sur Lannoy et Tourcoing. — Mais le 12 mars le duc de Saxe-Weimar reçoit à la fois la nouvelle de la victoire de Laon[1] et de l'arrivée à Bruxelles des renforts que le général-lieutenant von Thielmann lui amenait de Saxe. Au lieu de reprendre immédiatement l'offensive il préféra attendre l'entrée en ligne de ces renforts et consacrer quelques jours à la réorganisation de son armée. Toutefois, comme on continuait à signaler l'existence de rassemblements français à Lannoy et à Roubaix, comme on craignait de nouveaux mouvements offensifs de Maison, le duc de Saxe-Weimar, avant de donner au général Borstell l'ordre de tenter dans la nuit du 13 au 14 une surprise sur Roubaix, chargea le major Hellwig et le colonel prince Schönburg de reconnaître dans la matinée du 13 mars, les postes de Tourcoing et de Lannoy et de chercher à se procurer des données positives sur la position, les forces et les intentions des Français.

Le colonel prince Schönburg chassa de Wattrelos un petit

---

[1] Le 13 au matin, le commandant des avant-postes prussiens en avant de Courtrai avait fait parvenir aux avant-postes français le billet suivant :
« Monsieur mon Camarade,
« Il n'y a pas longtemps que vous avez eu la bonté de me faire parvenir quelques petites relations pour des victoires que l'armée française doit avoir remportées. J'ai l'honneur de vous annoncer avec le plus grand plaisir que Son Excellence Monseigneur le Maréchal de Blücher vient de remporter une victoire complète sur l'armée française commandée par l'Empereur des Français, le 9, à Laon. Monsieur, j'ai l'honneur d'être..... »
PONGE,
Officier des avant-postes.

(*Archives de la guerre.*)

poste français qui se replia sur Roubaix, où la division Barrois était en position.

La reconnaissance d'Hellwig s'était portée sur Tourcoing, mais sans s'engager. Maison, qui au premier moment avait cru à une attaque sérieuse, fit réoccuper Wattrelos et suivre la retraite des reconnaissances alliées quand elles rentrèrent à Saint-Léger.

Bien que ces mouvements n'eussent donné aucun résultat et eussent seulement permis de constater la présence de la division Barrois à Roubaix, le mauvais état des chemins et l'impossibilité de faire accompagner les troupes par leur artillerie décidèrent le duc de Saxe-Weimar à renoncer au coup de main projeté sur Roubaix.

16 mars. — Positions de l'armée du duc de Saxe-Weimar après l'arrivée des renforts. — Répartition des troupes chargées d'opérer contre Maubeuge. — Rejoint pendant les journées des 14 et 15 par les Saxons de Thielmann [1], disposant désormais de 27,000 hommes, 3,200 chevaux et 45 bouches à feu, le commandant du IIIe corps fédéral résolut de se conformer sans plus tarder aux ordres envoyés par le quartier général de l'armée de Silésie, et, afin de faciliter l'opération qu'il allait entreprendre contre Maubeuge, il assigna à son corps d'armée les positions suivantes :

Le général von Ryssel, chargé de surveiller Condé et Valenciennes et de couvrir Mons avec quatre bataillons saxons, quatre escadrons de hussards de Poméranie et une batterie à cheval, garda la rive droite de la Hayne, du côté de Condé, occupa Quiévrain et établit le gros de son monde à Saint-Ghislain. A sa gauche, le général von Borstell (10 bataillons, 9 escadrons et 16 bouches à feu) était cantonné à Bavay, masquant ainsi Valenciennes et Le Quesnoy, et faisait observer Landrecies par quelques troupes postées à Pont-sur-Sambre. Plus à gauche encore, le gros de la division saxonne du général Lecoq (6 bataillons et

---

[1] Composition des renforts amenés par Thielmann et par le général-major de Brause : 1 escadron de cuirassiers, 3 bataillons du 1er régiment de landwehr, 2 bataillons d'Anhalt-Dessau-Köthen qu'on envoya de Bruxelles à Tournay, 1 bataillon de ligne et 3 bataillons de landwehr qu'on dirigea sur Mons. Enfin 1 bataillon de landwehr de Schwarzburg qui resta, dans le principe, à Bruxelles.

demi, 3 escadrons et 24 pièces, dont 12 de gros calibre et 12 de siège), était chargé des opérations contre Maubeuge[1]. Le général Lecoq avait en outre l'ordre de laisser à Beaumont un bataillon et un escadron destinés à couvrir le blocus de Maubeuge, du côté de Philippeville. Enfin, le colonel russe Nasakyn, posté à Avesnes, surveillait Landrecies.

Sur sa droite, le duc de Saxe-Weimar avait confié au général-lieutenant von Thielmann, détaché à Tournay avec dix bataillons, quatre escadrons et dix-sept bouches à feu, le soin d'immobiliser les troupes françaises, que Maison avait ramenées sous Lille. Le corps volant d'Hellwig, qui couvrait la droite et occupait Courtrai et Menin, était momentanément laissé à la disposition du général von Thielmann, ainsi que les Cosaques de Byhalow, postés à Gand, et le parti du major Pückler, établi à Bruges.

On n'avait rien changé à la disposition des troupes de deuxième ligne; trois bataillons de landwehr continuaient à former la garnison de Bruxelles, et le détachement du général-major von Gablenz, posté à Malines, se reliait avec les Anglais de Graham et assurait avec eux le blocus d'Anvers[2].

Le plan conçu par le duc de Saxe-Weimar était d'autant plus inexplicable que la possession de Maubeuge ne pouvait lui assurer aucun avantage réel. Maîtres d'Avesnes depuis le commencement de février, les Alliés pouvaient, rien qu'en évitant Maubeuge, communiquer librement et facilement de Belgique en Champagne. Depuis près de six semaines, ils se servaient de la route Mons — Avesnes — La Capelle — Vervins sans que, faute de monde au Quesnoy, à Landrecies et à Maubeuge, on eût jamais pu inquiéter sérieusement cette communication. Enfin, comme les renseignements apportés par deux douaniers déser-

---

[1] Les troupes de Lecoq, chargées des opérations sur Maubeuge, étaient réparties comme suit : sur la rive droite de la Sambre, 4 bataillons d'infanterie saxonne, dont 3 de grenadiers, 1 escadron de cuirassiers et toute l'artillerie; sur la rive gauche de la Sambre, 2 bataillons 1/2 et 2 escadrons.

[2] Si l'on ajoute aux troupes du duc de Saxe-Weimar et de Graham l'armée suédoise cantonnée d'Aix-la-Chapelle à Liège et le corps du général-lieutenant Wallmoden qui venait d'arriver de Brême, l'effectif total des troupes alliées dans les Pays-Bas s'élevait à ce moment à plus de 60,000 hommes et 9,500 chevaux, disposant de 170 bouches à feu.

teurs confirmaient les données que possédait déjà le duc de Saxe-Weimar; comme il savait d'une façon presque positive que la garnison de Maubeuge se composait tout au plus d'un millier de douaniers, de conscrits et de gardes nationaux, et que la place était hors d'état de soutenir un siège, il était évidemment contraire à tous les vrais principes d'employer contre cette place la division de Lecoq, de détourner des opérations actives les troupes des généraux Borstell et Ryssel, et de les immobiliser en les chargeant de surveiller Condé, Valenciennes et Landrecies.

Situation de Maison. — Une dépêche de Maison à Clarke, en date du 16 mars, dans laquelle le commandant du 1er corps exposait l'exiguïté de ses ressources, permet de se rendre un compte exact des résultats que le duc de Saxe-Weimar aurait pu obtenir s'il avait persévéré dans une offensive à laquelle il renonça sans raison aussitôt après l'avoir prise, et si, au lieu de disséminer ses forces, il avait profité de l'arrivée de ses renforts pour pousser vigoureusement la poignée d'hommes à la tête desquels Maison avait tenté de donner la main à la garnison d'Anvers. « Malgré le danger que courent les places du Nord en les dégarnissant du peu de troupes que j'y avais laissées, écrivait Maison au Ministre[1], mes observations n'ayant pu détruire les ordres que Sa Majesté a donnés pour leur réunion à mon corps d'armée, j'ai retiré de Valenciennes un bataillon du 75e, qui arrivera le 17 à Lille. Il ne reste plus dans cette place qu'un bataillon du 72e, que je devrais également en retirer; 500 hommes du 25e, qui étaient à Landrecies et au Quesnoy, seront mis en marche le 19 pour être à Lille le 22. Ainsi ces deux places sont réduites à 150 hommes de garnison chacune. Landrecies n'ayant que 1500 âmes, la population offre peu de ressources pour la défense de cette place, située sur la grande communication de l'ennemi.

---

[1] Maison au Ministre de la guerre, Roubaix, 16 mars 1814. (*Archives de la guerre.*)
Maison n'avait pas encore reçu à ce moment la dépêche que Clarke lui adressait, à la date du 14, et dans laquelle le ministre de la guerre se bornait d'ailleurs à lui annoncer que « les observations relatives aux difficultés que présente l'organisation de son corps d'armée et les conséquences qui en résulteraient pour la défense des places sont tellement importantes qu'il a cru devoir envoyer cette lettre à l'Empereur ». (Ministre de la guerre au général Maison, Paris, 14 mars; *Archives de la guerre.*)

Je ne doute pas que les Alliés, manquant leur invasion de Paris, ne reviennent à des opérations plus régulières et ne commencent alors à s'assurer des places qui gênent leurs communications et dont la possession, en tout état de choses, leur permettrait de se retirer avec sécurité et d'établir le théâtre de la guerre dans les Pays-Bas. »

Après avoir signalé au Ministre les préparatifs que les Alliés faisaient en vue de l'attaque des places, Maison, rectifiant les états de situation de son corps à la date du 14, mandait que « la division Barrois n'avait que 95 officiers et 2,742 hommes présents sous les armes; la cavalerie de Castex, 48 officiers et 832 chevaux ». Et il ajoutait : « La division Solignac, que je commence à organiser, se monte en tout à 1404 hommes.

« Les difficultés que j'ai annoncées à Votre Excellence que j'éprouverais pour retirer des dépôts de la 16ᵉ division les hommes portés sur les états comme disponibles, se sont réalisées. Nous sommes loin du résultat que nous espérions. Le 55ᵉ, qui devait fournir 500 hommes, n'en a envoyé que 100 qui ne sont ni habillés ni équipés. Ils sont sans capotes et vêtus d'une veste blanche. Le général Brenier m'a prévenu que la plupart des hommes à recevoir des dépôts se trouveraient dans le même cas, vu l'état de pénurie de ces dépôts. Votre Excellence sait qu'il est impossible de mettre en campagne des soldats qui n'ont ni capote ni fourniment, et je la prie de faire envoyer à Lille un millier de capotes. »

17-18 mars. — Sortie de la garnison d'Anvers. — Mouvement de Lecoq vers Maubeuge. — Les mouvements des différents corps du duc de Saxe-Weimar allaient d'ailleurs mettre une fois de plus Maison dans l'impossibilité de se conformer aux ordres de l'Empereur et l'empêcher de faire entrer dans la composition de ses troupes d'opérations les quelques fractions qu'il comptait tirer de Valenciennes, de Landrecies et du Quesnoy. Pendant que la garnison d'Anvers inquiétait à nouveau, le 17 au matin, les troupes de blocus du général von Gablenz, au point d'obliger cet officier général à appeler à lui sa réserve postée à Malines, le général Lecoq avait commencé son mouvement sur Maubeuge. Parti le matin de Mons, il s'arrêtait le soir à Merbes-le-Château et occupait par ses troupes avancées Grand-

Reng, Erquelines et Jeumont afin de s'assurer la possession du pont de la Sambre.

Continuant le 18 mars son mouvement sur Maubeuge, par les deux rives de la Sambre, Lecoq arrêta le gros du corps de siège à Recquignies et Boussois, fit jeter entre ces deux villages des ponts volants sur la rivière et établit ses avant-postes à Cerfontaines, Roussies et Assevent. S'exagérant évidemment la force de la garnison de Maubeuge[1], pensant par suite que les Français devaient occuper l'ancien camp retranché de Roussies, créé lors du premier siège en 1793, et les hauteurs d'Assevent, où ils ne montraient que des patrouilles, Lecoq employa les journées des 19 et 20 mars à reconnaître les abords et les avancées de la place et commença les travaux préparatoires d'un siège en règle en faisant fabriquer des fascines et des gabions dans les bois de Roussies.

19-24 mars. — Siège de Maubeuge. — Le 19 il poussa sur la rive droite de la Sambre ses avant-postes de Cerfontaines jusqu'à Ferrières-la-Grande et envoya sur Hautmont une reconnaissance chargée de déterminer l'emplacement d'un pont et de chercher à se relier avec la colonne de Borstell qui devait, de Bavay, observer Valenciennes, Le Quesnoy et Landrecies.

Le 20, on acquit la conviction qu'il serait impossible de jeter un pont à Hautmont. Le duc de Saxe-Weimar rejoignit Lecoq et se chargea dès lors de la direction des opérations. Jusqu'à ce moment le colonel Schouller, forcé de ménager le peu de troupes dont il disposait, s'était borné à tirailler avec les avant-postes saxons et à les tenir en haleine.

Le 21 au matin le colonel Schouller, voyant que les Saxons se

---

[1] La lenteur de la marche de Lecoq permit au colonel Schouller de compléter les préparatifs nécessaires et de rendre compte à Maison des projets des Alliés. Le colonel avait, dès le 18, mandé à Maison que les Alliés, se dirigeant sur Maubeuge, avaient avec eux des mortiers, des canons de gros calibre, des outils et des échelles capables de porter 6 hommes de front et que l'ennemi tenterait un coup de main après avoir bombardé la ville. Il ajoutait qu'il ne craignait pas un coup de main, « mais que la place était hors d'état de soutenir un siège en règle » et, ne pouvant compter sur la garde nationale, il priait le général en chef de ne retirer personne de Maubeuge et de lui envoyer du renfort. (Colonel Schouller, commandant à Maubeuge, à Maison, Maubeuge, 18 mars, et Maison au Ministre, Lille, 19 mars ; *Archives de la guerre.*)

rapprochaient de tous côtés de la place, attaqua vivement leurs avant-postes du côté d'Assevent et obligea même Lecoq à les faire soutenir par des troupes venues de la rive droite de la Sambre.

Dans le courant de la journée du 21 mars les trois bataillons prussiens du major Klinkowström rejoignirent le corps de siège; cet officier, qui venait de se mettre en route pour rallier en France le corps de Bülow, avait en effet trouvé à Beaumont l'ordre du duc de Saxe-Weimar lui enjoignant de se diriger de cette ville sur Cerfontaines et l'informant qu'il ne reprendrait son mouvement qu'après la fin du siège de Maubeuge. Disposant à partir de ce moment de 9 bataillons concentrés sur la rive droite de la Sambre aux environs de Ferrières-la-Grande, de 7 compagnies et d'un escadron postés en observation sur la rive gauche, le duc de Saxe-Weimar rapprocha de la place les troupes de la rive droite et occupa sans coup férir le camp de Roussies qui domine complètement la place.

Dans la nuit du 21 au 22 on pressa les travaux d'établissement et d'armement des trois batteries de siège; celle des attaques de gauche, placée au sud de la route de Maubeuge à Beaumont à hauteur des premières maisons des faubourgs de la place, devait recevoir 6 mortiers anglais et 2 pièces de 12. Pour la batterie du centre, qu'on allait établir au nord de cette route et armer de 8 pièces de 12 livres, on utilisa les restes d'une ancienne redoute. En avant de cette batterie et à peu de distance de la crête du glacis on avait disposé des plates-formes et des épaulements pour 2 mortiers. Enfin on avait choisi pour l'emplacement de la batterie de droite, à laquelle on avait attribué 4 canons anglais de 24 livres, les fossés d'un des anciens ouvrages.

La garnison, qui n'avait pas cherché à inquiéter les travailleurs pendant la nuit, sortit le 22 au matin par la porte de France. Appuyée par le tir de l'artillerie de la place, elle chassa devant elle les gardes des tranchées et ne rentra dans Maubeuge qu'après midi. Le colonel Schouller avait en même temps fait inquiéter les postes saxons de la rive gauche de la Sambre, du côté d'Assevent, et le tir presque ininterrompu de son artillerie entrava et retarda sérieusement les travaux des assiégeants, qui ne purent les reprendre qu'à la nuit.

Afin d'être en mesure de se garantir à l'aide des pièces de gros calibre, contre les tentatives ultérieures des assiégés et d'enfiler les débouchés de la porte de France et la route de Beaumont, le commandant du III° corps fédéral résolut d'établir, à la gauche de la redoute et de la batterie du centre, des épaulements pour les 2 obusiers primitivement destinés à la batterie de gauche. Le duc de Saxe-Weimar prescrivit en outre au général von Borstell, dont le gros se tenait du côté de Bavay, de relever le poste saxon d'Hautmont et d'y garder le pont.

Dès le 20, le colonel Nasakyn avait, sur l'ordre du commandant du III° corps fédéral, tâté Landrecies et laissé, avant de rentrer à Avesnes le 21, un poste d'observation à Maroilles. De plus, afin de suppléer à l'insuffisance numérique de sa cavalerie, le duc de Saxe-Weimar, informé par le colonel Nasakyn de la présence entre Beaumont et Philippeville du régiment de cosaques de Rebreeff provenant du blocus de Wesel, avait envoyé à ce régiment l'ordre de le rejoindre immédiatement.

Le 23 mars, à 4 heures du matin, les batteries de siège ouvrirent le feu et commencèrent le bombardement, bien qu'on ne disposât en tout que de 1624 coups, soit environ 90 coups par pièce. La place qui, pendant les premières heures, avait négligé de répondre, riposta vivement à partir de 6 heures et, à 9 heures du matin, la batterie du centre, dont le magasin contenant 140 bombes venait de sauter, était réduite au silence et presque complètement détruite. Les deux autres batteries exposées au feu des 26 pièces du colonel Schouller continuèrent à tirer jusqu'au soir, mais avec si peu de succès que le duc de Saxe-Weimar renonça à la continuation du bombardement. En présence de l'attitude résolue de la garnison il eût été insensé de tenter l'escalade et, bien qu'il n'y eût guère lieu d'espérer qu'on pourrait faire accepter une capitulation, quelque honorable qu'elle pût être, à l'officier qui défendait si énergiquement la place qu'on lui avait confiée, le duc de Saxe-Weimar envoya cependant au colonel Schouller un parlementaire qui rapporta la réponse à laquelle s'attendait du reste le commandant du III° corps.

Le 23 au soir les Saxons cessèrent le feu et profitèrent de la nuit pour désarmer leurs batteries, et le 24 au matin les troupes de Lecoq, qui avaient couvert la retraite du parc de siège sur Beaumont et sur Mons, revinrent sur les positions de Saint-Ghislain qu'elles avaient occupées le 21.

Sorti de la place à 8 heures du matin, avec 500 hommes et 30 chevaux, le colonel Schouller avait chassé l'arrière-garde saxonne de Ferrières-la-Grande.

Après avoir autorisé le major von Klinkowström à reprendre le lendemain le mouvement qu'il lui avait fait interrompre à deux reprises, le duc de Saxe-Weimar retourna de son côté à Mons, et chargea les généraux Lecoq et Ryssel, qui ne laissèrent à Saint-Ghislain qu'un bataillon, 3 escadrons et une section d'artillerie à cheval, d'assurer jusqu'à nouvel ordre le blocus de Maubeuge.

Le 24 au soir les troupes saxonnes occupaient sur la rive droite de la Sambre, Ferrières-la-Petite, Ferrières-la-Grande, Roussies, Recquignies et, plus en arrière, Beaumont et Solre-le-Château; sur la rive gauche, Assevent, Boussois et Ellesmes. Les Cosaques flanquaient la droite de leurs lignes du côté de Mairieux et de Bettignies, éclairaient le front de la position de Lecoq et observaient de loin les travaux de réfection que le colonel Schouller avait fait entreprendre aussitôt après la retraite des assiégeants.

19 mars. — Situation de Maison. — Mécontentement du prince royal de Suède. — Pendant que ces événements se déroulaient sur la gauche des lignes alliées, dès qu'il eut vu les Saxons prononcer leur mouvement vers Maubeuge et Borstell se charger de l'observation du Quesnoy, de Valenciennes et de Condé, Maison, justement inquiet sur le sort de places aussi faiblement défendues, avait renvoyé à Valenciennes le bataillon qu'il en avait retiré et fait entrer dans Maubeuge le bataillon provenant de Landrecies et du Quesnoy, qui avait ordre de rejoindre le Ier corps d'armée. A ce moment l'effectif total de l'infanterie de ce corps était d'environ 4,500 hommes, dont il convient de défalquer le bataillon renvoyé à Valenciennes et les 1500 hommes que Maison aurait dû laisser à Lille s'il lui avait fallu s'éloigner de cette place. Dans ces conditions et surtout en raison du peu de valeur des quelques troupes [1] dont il disposait,

---

[1] Dans sa dépêche au Ministre de la guerre, en date du 19 mars, Maison, après lui avoir fait connaître les positions et les forces de ses adversaires, après lui avoir démontré que les Alliés avaient une armée nombreuse devant

Maison ne pouvait faire autrement que de rester momentanément sur ses positions de Lille et de Roubaix.

Avant de nous occuper des opérations qu'après avoir relevé Borstell à Tournay, le général Thielmann ne devait pas tarder à entreprendre, il nous reste encore à signaler un événement politique important, un fait qu'on a souvent contesté et dont la preuve évidente ressort cependant d'une dépêche que Maison adressa de Lille, le 20 mars, au major-général et au Ministre de la guerre. Nous voulons parler de l'attitude de Bernadotte. On se rappelle que nous avons eu lieu d'insister au chapitre XII sur la défiance que les lenteurs du prince royal de Suède avaient inspirée à Bülow, sur l'envoi et la présence à Liège, au quartier général de ce prince, d'un agent du roi Joseph, M. de Franzemberg, sur la tension des rapports entre Blücher et le commandant de l'armée du Nord, sur le mécontentement qu'avait causé à Bernadotte le départ pour la France des deux corps de Bülow et de Winzingerode, détachés de son armée et attribués à l'armée de Silésie, et qu'avait encore augmenté la destination réservée au

---

la frontière du Nord où « nous n'avons pas même de quoi mettre garnison dans les places », lui faisait un triste tableau de sa situation.

« La mesure de retirer des dépôts les hommes disponibles, lui écrivait-il, ne produit rien ; il m'est déjà arrivé ici 500 à 600 hommes des 28e, 43e, 46e et 55e. Il n'y en a pas 200 en état d'entrer en campagne. Tous les autres sont absolument nus, sans chaussures, sans gibernes. Ce sont presque tous des isolés appartenant à différents corps d'armée et qu'on a incorporés dans les dépôts de cette division. Grand nombre d'entre eux sont faibles, malingres et incapables de servir. Je ne parle pas de la désertion qui a eu lieu en se rendant de leur dépôt à Lille. Il résulte de cet exposé qui n'est que trop vrai et de la mesure que j'ai dû prendre de renforcer les garnisons de Maubeuge et de Valenciennes, que je ne pourrai pas organiser une division d'infanterie de ligne de 6 bataillons.

« Je répète à Votre Excellence qu'on ne peut plus compter sur les gardes nationales urbaines. Tous les commandants de place le disent. Le caractère dominant de l'esprit public dans ce pays est l'apathie et l'absence la plus absolue de tous sentiments français, nobles et généreux. Ce pays-ci est résigné à tout. Il n'attend pas l'ennemi en libérateur. Mais il supportera le joug et ne veut rien faire pour s'éviter ce malheur. Tous les conscrits de ces départements-ci qui sont dans les corps, même de la garde, désertent d'une manière effrayante. Dans une seule compagnie d'artillerie de la division Barrois, on compte jusqu'à 23 déserteurs. Et cependant ces troupes n'ont jamais manqué de rien depuis que je les commande. Ce qu'il y a de plus incroyable, c'est que *la plus grande partie de ces déserteurs passe à l'ennemi*, chose inouïe dans nos armées depuis les guerres de la Révolution. » (Maison au Ministre de la guerre, Lille, 19 mars ; *Archives de la guerre.*)

corps du duc de Saxe-Weimar qui avait, lui aussi, reçu l'ordre de rejoindre ultérieurement Blücher. On se rappellera également que nous avons reproduit la lettre en date du 18 mars dans laquelle le prince royal de Suède, protestant contre ces procédés, d'abord comme général, puis comme représentant un roi et une nation alliée, avait formellement déclaré que « mis par la privation de ces trois corps, dans l'impossibilité de faire quelque mouvement utile, il resterait, en attendant l'exécution des traités, sur l'emplacement que l'armée suédoise occupait depuis le 4 mars[1] ».

Le duc de Saxe-Weimar partageait lui aussi les idées et la défiance de Bülow. Il croyait à l'existence de relations suivies entre le prince royal de Suède et son ancien aide de camp, le commandant des troupes françaises du Nord. On lui avait signalé de nombreuses allées et venues entre le quartier général suédois de Liège et les lignes de Maison, et l'envoi auprès de ce général de Benjamin Constant. Il est vrai que l'on avait eu soin de déclarer, tant au général Dörenberg et aux officiers allemands attachés à l'état-major du prince royal de Suède, qu'au jeune prince de Croy-Solre, que le duc de Saxe-Weimar avait détaché auprès de Bernadotte uniquement afin d'être renseigné sur ce qui se passait à Liège, qu'on cherchait à décider Maison à trahir la cause de l'Empereur et à passer aux Alliés. Sans vouloir aller jusqu'à prétendre, comme Marmont l'a fait[2], que le prince royal de Suède ait sérieusement songé à déchirer les traités qui le liaient à la Coalition et à retourner ses armes contre les troupes prussiennes et fédérales employées en Belgique, il n'en est pas moins certain que l'on aurait peut-être pu tirer parti du mécontentement de Bernadotte en flattant son ambition, en prêtant l'oreille à ses ouvertures, en cherchant à deviner quelles étaient ses pensées intimes, ses désirs secrets. Une dépêche de Maison, trop intéressante pour ne pas être reproduite *in extenso*, permettra d'ailleurs de se faire une idée exacte de l'état d'esprit du prince royal de Suède :

« J'ai l'honneur de rendre compte à Votre Altesse, écrivait-il

---

[1] Prince royal de Suède au feld-maréchal Blücher, Liège, 18 mars.
[2] MARMONT, *Mémoires*, VII.

au major général et au Ministre de la guerre, le 20 mars [1], qu'un officier suédois a amené le 19 aux avant-postes d'Ypres 40 prisonniers français de différents grades, que Son Altesse Royale le prince de Suède renvoie sur parole. Il paraît, d'après la déclaration de plusieurs généraux rendus, que l'officier suédois aurait voulu entrer en pourparlers pour établir un échange. Il est reparti en recommandant beaucoup à ces Messieurs la demande contenue dans la lettre du général Spaar, remise au commandant d'Ypres.

« D'après tout ce que rapportent les prisonniers, *le prince royal de Suède semble être dans des dispositions dont Sa Majesté pourrait tirer parti pour le détacher de la cause de la Coalition.* Si l'on établissait l'échange que ce prince fait demander, il serait possible de lui faire faire des propositions directes qui auraient vraisemblablement un résultat favorable. Le prince est mécontent des Alliés; il les accuse de n'avoir pas rempli les engagements contractés réciproquement. Une grande défiance et même de la mésintelligence règne entre lui et le duc de Saxe-Weimar. L'officier suédois était chargé, au cas qu'il ne voulût pas laisser passer les prisonniers, de demander au duc son refus par écrit et de déclarer que, *si l'on s'opposait à leur retour en France, le prince enverrait un détachement pour les faire passer de force, et ferait faire feu sur les troupes de n'importe quelle puissance qui s'opposerait à ses dispositions.*

« *Après s'être fortement prononcé contre le projet de rétablir les Bourbons en France, le prince a engagé tous les prisonniers à mourir près de l'Empereur, plutôt que de souffrir que cette famille avilie remonte jamais sur le trône, et il leur a conseillé d'insurger leurs provinces pour repousser ce nouveau projet des Alliés.* Dans la conversation, le prince a aussi dit à ces officiers qu'il était à Liège avec toutes ses troupes, et qu'il n'en sortirait qu'à bonne enseigne.

« J'ai cru devoir entrer dans ces détails par l'importance que je conçois qu'on peut attacher *aux dispositions que manifeste pour ainsi dire publiquement le prince de Suède.*

« M. de Franzemberg, que je suis parvenu à faire passer aux

---

[1] Maison au major-général et au Ministre de la guerre, Lille, 20 mars. (*Archives de la guerre.*)

avant-postes ennemis en trompant le général prussien Borstell sur le but de son voyage, m'avait déjà fait connaître à son retour quelque chose des dispositions du prince de Suède. Ce qu'en disent maintenant les officiers rendus, me confirme dans l'opinion que des ouvertures directes et officielles de Sa Majesté achèveraient de détacher la Suède qui doit commencer à sentir que les choses sont allées trop loin pour sa propre sûreté. »

Dans ces conditions, certain désormais que les Alliés se disposaient à entreprendre des opérations sérieuses sur sa droite, Maison[1] se serait peut-être décidé à marcher sur Valenciennes et Maubeuge si les Alliés n'avaient pas menacé Ypres et s'il n'avait pas eu connaissance de la concentration des Saxons de Thielmann et du corps volant d'Hellwig à Courtrai et à Tournay. De toute façon d'ailleurs, et même si Thielmann fût resté sur la défensive, l'impossibilité de rien tirer des places, l'habillement et l'équipement plus qu'insuffisants des hommes venus des dépôts, la lenteur apportée par les autorités à l'organisation des gardes nationales urbaines et leur mauvais esprit, le manque de canonniers, de conducteurs et de chevaux qui ne lui avait permis d'atteler que vingt-trois pièces[2], auraient empêché Maison de reprendre de suite la campagne.

21 mars. — Reconnaissance offensive de Thielmann sur Lille. — Combat de Bouvines. — En effet, tandis que Borstell quittait Tournay le 19 mars et allait s'établir à Bavay et à Pont-sur-Sambre pour appuyer les opérations contre Maubeuge à l'aide de démonstrations dirigées contre Valenciennes et Le Quesnoy, Thielmann, qui occupait Tournay avec 10 bataillons, 4 escadrons et 17 bouches à feu, avait résolu de profiter de l'immobilité forcée de Maison pour exécuter, avec le concours du corps volant d'Hellwig, chargé d'agir sur sa droite, une grande reconnaissance offensive et faire un fourrage aux portes de Lille.

Ne laissant que les troupes strictement nécessaires pour assurer le service des avant-postes du côté de Courtrai, la protection du pont de bateaux d'Herinnes et la garde de Tournay, Thielmann

---

[1] Maison au Ministre de la guerre, Situation à la date du 20 mars, Lille, 21 mars. (*Archives de la guerre.*)
[2] *Id. in ibid.*

forma, le 21 mars, sa division en trois colonnes. Celle de droite, sous les ordres du colonel prince Schönburg, avait pour mission de gagner les rives de la Marque à hauteur de Chéreng ; celle du centre, conduite par le major von François, se dirigeait sur Bouvines et servait de soutien à la colonne de droite ; celle de gauche, plus forte que les deux autres et placée sous le commandement du général-major von Brause, devait être réunie à 10 heures du matin à Rumes, prête à se porter en avant dès qu'elle en recevrait l'ordre ; 100 voitures de réquisition escortées par deux compagnies tirées de la garnison de Tournay et parquées près des routes d'Orchies et de Saint-Amand-les-Eaux, devaient accompagner les colonnes.

Le colonel prince Schönburg, qui avait suivi jusqu'à Chéreng la grande route de Lille, y rétablit vivement le pont dont il confia la garde à son infanterie et fit passer la Marque à ses hussards, auxquels il recommanda de pousser sur Lille, en leur défendant toutefois de s'engager sérieusement. Conformément aux instruction de Maison, les postes français se replièrent sans combattre sur les réserves d'avant-postes placées à Hellemmes et Lezennes. Rendu plus entreprenant par les progrès de ses hussards, qui rencontrèrent d'autant moins de résistance qu'Hellwig s'était montré presque au même moment au nord de Lille et avait inquiété le poste que Maison avait établi au Pont-Rouge pour communiquer avec Ypres et les piquets des Écluses et de Quesnoy-sur-Deule, le colonel prince Schönburg, enfreignant les ordres de Thielmann, poussa sa cavalerie jusqu'à peu de distance du faubourg de Fives. Cette pointe inconsidérée, — que Thielmann appelle, dans son rapport, *un excès de bravoure*, — l'incertitude et la divergence des mouvements des Alliés démontrèrent à Maison qu'ils n'avaient d'autre but que de détourner son attention de sa droite ou de faire une grande reconnaissance sur lui. Réunissant au plus vite quatre bataillons, cinq escadrons et une batterie, il établit de suite sa droite au village de Sainghin, menaça les flancs et les derrières des troupes du colonel Schönburg pendant qu'une autre colonne française, chassant devant elle la cavalerie saxonne, la rejetait sur Pont-à-Tressin et Anstaing, et la poursuivait vivement jusque sur les bords de la Marque.

La deuxième colonne saxonne, postée à Bouvines, avait envoyé quelques renforts à la colonne de droite. Mais attaqué lui-même sur sa droite par les troupes françaises débouchant du village de Sainghin que les Saxons avaient vainement essayé d'enlever, inquiété par un autre détachement qui, venant de Fretin et de Péronne, cherchait à déborder sa gauche, le major von François dut abandonner Bouvines aux Français. La cavalerie de Maison, traversant la Marque à gué et à la nage, poursuivit alors les troupes de Schönburg jusqu'à Baisieux où la première colonne bivouaqua, et jusqu'à Cysoing celles du major von François qui s'arrêtèrent à Bourghelles où elles passèrent la nuit.

La troisième colonne s'était, pendant ce temps, dirigée par Orchies sur Le Pont-à-Marcq où elle avait eu un engagement insignifiant avec un bataillon du 75e et 200 chevaux; elle retourna le 21 au soir à Orchies.

Au nord de Lille, les cavaliers d'Hellwig, qui s'étaient montrés dans la journée à Bondues et à Marcq-en-Barœul, avaient donné près de cette dernière localité contre un poste de 300 hommes et repris le soir le chemin de Menin.

Le 22 mars, toutes les troupes de Thielmann rentraient sur leurs anciennes positions autour de Tournay et les avant-postes français s'établissaient à Orchies [1].

A partir de ce moment, Maison était décidé à reprendre l'offensive. Il se proposait, comme il l'écrivait au Ministre, de marcher sus au corps d'Hellwig qui était sur la Lys, à Menin, de recommencer ses opérations offensives le 24, et de chercher à nouveau à donner la main à la garnison d'Anvers.

Sortie de la garnison d'Anvers. — Pendant que le duc de Saxe-Weimar et Thielmann échouaient dans leurs entreprises sur Maubeuge et sur Lille, la garnison d'Anvers n'était pas restée inactive. Le 21 mars, à 5 heures du matin, Carnot avait fait sortir de la place des troupes qui remontèrent la rive gauche de l'Escaut et qui, appuyées par une flottille de 8 bâtiments, poussèrent jusqu'à Ruppelmonde.

23-24 mars. — Préparatifs de Maison. — Sortie de la garnison d'Anvers. — Rassuré sur le sort de Maubeuge, voyant

---

[1] Maison au Ministre de la guerre, Lille, 22 mars. (*Archives de la guerre.*)

que ses adversaires, bien que disposant de forces considérables, agissaient sans plan arrêté et se contentaient d'observer Anvers et les places de la frontière du Nord, renseigné par une dépêche du colonel de Geismar qu'on avait réussi à intercepter, sachant que le duc de Saxe-Weimar avait porté du côté de Maubeuge la plus grande partie de son armée et dégarni sa droite, Maison, sentant plus que jamais la nécessité d'opérer sa jonction avec la division Roguet, se hâta de prendre les dernières mesures nécessaires pour tenir la campagne et chercha à induire en erreur le duc de Saxe-Weimar en faisant annoncer partout qu'il allait se porter en avant pour dégager Maubeuge.

Afin de mieux donner le change aux Alliés, de parvenir à leur dérober ses projets, à leur cacher la direction réelle de sa marche et l'objectif des mouvements qu'il se proposait d'exécuter, Maison avait invité Carnot à attirer sur lui l'attention du duc de Saxe-Weimar. Après avoir, pendant toute la journée du 23 mars, inquiété la ligne des avant-postes de Graham et de Gablenz, la garnison d'Anvers poussa dans la matinée du 24 une sortie dans la direction de Lierre, bouscula le poste de Contich assez sérieusement pour obliger de nouveau le général von Gablenz à diriger des troupes de Malines sur Düffel et Waerlos.

25 mars. — Maison enlève Menin et Courtrai. — Fausses mesures prises par le duc de Saxe-Weimar et par Thielmann. — Le 24 au soir, Maison avait achevé ses derniers préparatifs, ravitaillé ses troupes d'opérations et organisé son équipage de ponts. Quittant Lille à l'improviste avec un peu plus de 5,000 hommes, 1100 chevaux et 20 bouches à feu [1], il chassait de Roncq les avant-postes d'Hellwig, attaquait et culbutait le gros du corps volant à Menin et s'emparait de cette ville. Puis, sans laisser au major prussien le temps de souffler, il entrait sur ses talons à Courtrai et le faisait poursuivre sur la route d'Audenarde,

---

[1] « Je monte à cheval, écrivait Maison au Ministre, de Lille le 25 au matin. Mes troupes sont en marche sur Courtrai. Demain 26, je m'approcherai de Gand, à moins que je ne trouve des forces trop considérables. J'espère dans trois jours communiquer avec Anvers. Je ne doute pas que mes communications avec Lille soient coupées aujourd'hui. Votre Excellence ne recevra plus de mes nouvelles que lorsque je serai revenu sur la ligne des places. »

Le petit corps d'opération de Maison se composait des divisions Barrois et Solignac et de la cavalerie du général Castex.

pendant que son avant-garde s'engageait sur la route de Gand et s'arrêtait, le 25 au soir, à Saint-Éloy-Vive.

Avant même d'être chassé de Menin, Hellwig s'était empressé de donner l'alarme au général von Thielmann et de lui faire savoir que, d'après lui, Maison paraissait vouloir menacer Bruxelles. Le général saxon avait aussitôt donné au général von Brause l'ordre d'essayer de dégager Hellwig en poussant une reconnaissance sur Lille. Grâce à cette démonstration qui resta sans effet, Thielmann espérait décider Maison à revenir sur ses pas et gagner le temps dont il avait besoin pour concentrer pendant la nuit ses forces, qu'il avait commis la faute de disséminer.

Transmise aussitôt au quartier-général du duc de Saxe-Weimar, à Mons, la nouvelle du départ de Maison de Lille y causa d'autant moins d'inquiétude qu'on pensait avoir complètement assuré la protection des points vers lesquels le général français semblait vouloir se diriger.

On croyait Thielmann parfaitement en mesure de tenir seul tête à Maison, et, comme on disposait en outre de la deuxième colonne de troupes saxonnes amenées par le colonel von Seydewitz [1] et arrivées depuis quelques jours à Bruxelles, au lieu de la laisser continuer sur Mons, on ordonna au premier échelon de cette colonne de s'arrêter, le 25 au soir, à Braine-le-Comte et Soignies, au deuxième échelon de se diriger droit sur Enghien.

26 mars. — Occupation de Gand et mouvements vers Anvers. — Sans perdre une minute et sans laisser à Hellwig et à Thielmann le temps de se reconnaître et de voir clair dans son jeu, Maison partit de Courtrai le 26 avant le jour ; se portant à marche forcée par Deynze sur Gand, il arriva à 2 heures de l'après-midi devant les portes de cette ville. Prévenu de l'approche de la colonne française par ses avant-postes que Maison avait chassés de Deynze, le colonel Byhaloff, qui n'avait avec lui que 150 à 200 Cosaques, une pièce de 4 et le noyau d'un régiment belge, essaya de tenir bon à Gand. L'infanterie du général Penne

---

[1] Composition de la colonne du colonel von Seydewitz : 7 bataillons d'infanterie, 1 escadron de hussards, une batterie de 12 et le parc d'artillerie, représentant un effectif total de 6,300 hommes, 778 chevaux et 8 canons.

n'eut pas grand'peine à briser ce semblant de résistance. Quelques escadrons du 2e lanciers poursuivirent les Cosaques sur la route d'Alost jusque vers Melle, s'emparèrent de la pièce de 4 et ramenèrent une centaine de prisonniers parmi lesquels se trouvaient le colonel Polis et la plupart des officiers du régiment belge [1].

Aussitôt après son entrée à Gand, Maison, informé de la présence de coureurs alliés entre Loochristy et Lockeren, fit partir

---

[1] Maison au Ministre, Gand, 26 mars, et Lille, 1er avril. (*Archives de la guerre.*)

La prise de Gand et la captivité du colonel Polis donnèrent lieu, quelques jours plus tard, à un échange de lettres tellement curieuses entre le duc de Saxe-Weimar, le général Thielmann et le général Maison, que nous croyons utile de reproduire ici les quatre lettres dont les originaux se trouvent aux *Archives de la guerre*.

Afin de régulariser la situation du colonel Polis, le général Thielmann avait commencé par adresser à Maison la lettre suivante :

« Le général-lieutenant baron de Thielmann au général comte Maison.

« Audenarde, 29 mars 1814. — Monsieur le comte, Ayant appris que le commandant du régiment belge formé à Gand est tombé au pouvoir de Votre Excellence, j'ai l'honneur de la prier de bien vouloir le regarder et le faire traiter comme prisonnier de guerre.

« Je dois l'informer que dans le cas où cela ne se faisait pas, je suis autorisé à agir de toutes les représailles possibles.

« Veuillez agréer, Monsieur le Comte, les assurances de la très haute considération, avec laquelle j'ai l'honneur d'être, de Votre Excellence,

« Le très humble et très obéissant serviteur.

« Le lieutenant-général baron de THIELMANN. »

Cette lettre, d'autant plus inconvenante et arrogante que Thielmann avait servi dans les rangs de l'armée française à côté de Maison, lui valut le jour même la réponse suivante :

« Gand, 29 mars 1814.

« Le général de division comte Maison au général-lieutenant baron de Thielmann.

« Monsieur le baron, Votre officier m'a remis la lettre que vous m'avez adressée.

« M. Polis a été traité comme tout autre officier prisonnier de guerre.

« Si j'avais fait exécuter les lois de l'Empereur, votre réclamation, Monsieur le général, me serait parvenue trop tard. Des sentiments d'humanité m'ont empêché de prendre aucun parti à son égard.

« J'ai tout lieu de penser que, quel que soit à l'avenir le sort de M. Polis, vous sentirez que des représailles exercées sur quelques-uns de nos officiers, ne pourraient qu'en amener de semblables sur ceux des puissances alliées qui sont en notre pouvoir.

« Agréez, Monsieur le Baron, l'assurance de ma haute considération.

« Comte MAISON. »

Enfin, le même jour, le duc de Saxe-Weimar éprouvait, lui aussi, le besoin d'intercéder en faveur de la ville de Gand et d'essayer d'intimider Maison par des menaces aussi inutiles que déplacées :

pour Anvers un détachement composé de 50 chevaux et d'une compagnie d'infanterie transportée sur des voitures du pays sous les ordres du colonel Villatte ; cet officier, chargé d'ouvrir la communication avec Anvers, devait remetre au général Roguet les dernières instructions du général en chef[1].

Mouvement de Thielmann sur Courtrai. — Pendant que, grâce à la rapidité de sa marche, aux mesures intelligentes qui avaient présidé à la préparation et à l'exécution de ses mouvements, Maison réussissait à donner le change à ses adversaires et à assurer sa jonction avec la division Roguet, Hellwig constatait, à sa grande surprise, que les Français renonçaient à l'inquiéter à Audenarde ; ses coureurs n'avaient rencontré, du côté

« Le duc de Saxe-Weimar, général en chef au service de Sa Majesté Impériale de toutes les Russies, à Monsieur le général de division comte Maison.
« Bruxelles, 29 mars 1814.
« Si vous faisiez des violences aux habitants de la ville de Gand et contrée, je vous promets que vous seriez instruit au plus tôt des représailles que S. M. I. l'empereur de toutes les Russies fera exécuter sur les officiers généraux et supérieurs qui sont en grand nombre en son pouvoir.
« J'ai l'honneur de vous présenter mes hommages. »
Au lieu de répondre directement au duc de Saxe-Weimar, Maison adressa sa réponse au général Wallmoden qui lui avait fait parvenir l'avertissement peu chevaleresque et peu conforme aux règles de la guerre que le commandant du IIIe corps fédéral avait cru nécessaire de donner au général français. Le fils du paysan d'Epinay devait faire preuve de plus de tact, de plus de grandeur d'âme que le prince allemand, et la fière réponse qu'il adressa le lendemain à Wallmoden, peint bien le caractère loyal et énergique de Maison :
« Le général comte Maison au comte Wallmoden, lieutenant général au service de la Russie.
« Courtrai, 30 mars 1814.
« Monsieur le Comte, J'ai reçu votre lettre et celle du duc de Saxe-Weimar qu'elle contenait. Les menaces ne font peur qu'aux lâches et sont déplacées envers nous.
« Les habitants de Gand tombés en mon pouvoir seront traités comme S. M. l'empereur Napoléon, mon maître, leur seul et légitime souverain, l'ordonnera, quelles que soient les représailles dont on menace les officiers français au pouvoir des Alliés.
« Dans cette guerre d'extermination qu'on nous fait, il n'est pas un de nous qui ne préfère la mort au joug et surtout à laisser à des ennemis le droit de nous insulter.
« Recevez, Monsieur le Comte, l'assurance de ma haute considération.
« Général comte MAISON. »

[1] Maison au Ministre, Gand 26 mars, et Lille, 1er avril. (*Archives de la guerre.*)

de Belleghem, que quelques patrouilles françaises. Le major prussien prévint immédiatement Thielmann et concluait à la présence de troupes françaises à Courtrai, tout en reconnaissant qu'il n'avait pu se procurer aucune donnée sur la direction prise par le gros des forces de Maison.

Afin de s'orienter quelque peu sur la situation, Thielmann, qui espérait encore atteindre tout au moins la queue de la colonne de Maison à Courtrai, l'obliger à s'engager avec lui et contraindre de la sorte le général français à revenir sur ses pas pour la dégager, ne laissa à Tournay que 2 bataillons et se dirigea sur Warcoing avec ce qu'il avait de forces disponibles (8 bataillons, 4 escadrons et 9 bouches à feu). Comme depuis le 18 mars on avait replié le pont de bateaux d'Hérines pour le jeter sur l'Escaut, à hauteur du château de Chin, il crut nécessaire de faire prendre position à Ramegnies à un de ses bataillons qu'il chargea de couvrir le pont et d'échelonner sa colonne.

Arrivé à Warcoing, il divisa ses troupes en deux groupes, détachant un bataillon, un demi-escadron et une pièce à droite contre Zweveghem, se porta sur Belleghem où il arrêta le gros de sa colonne et poussa sa cavalerie sur Courtrai. Ses escadrons ne purent que constater le départ de Maison et transmettre les premières nouvelles de la marche des Français sur Gand et Anvers.

27 mars. — Thielmann rentre à Courtrai. — Dans ces conditions Thielmann n'avait plus aucune raison pour s'établir à Courtrai; arrivé trop tard pour contrarier le mouvement des Français et se croyant trop faible pour agir utilement sur leurs derrières, il retourna, le 27 au matin, à Tournay pour y attendre des ordres et des renforts.

Indécision et craintes du duc de Saxe-Weimar. — La nouvelle de la pointe hardie de Maison sur Gand, les renseignements envoyés de Bruxelles par le colonel comte Lottum, de Malines par le général-major von Gablenz, la retraite des Cosaques de Byhaloff sur Alost, l'apparition de troupes sorties d'Anvers et qui avaient poussé par la Tête de Flandre jusqu'à Saint-Nicolas, Ruppelmonde, Tamise et Waesmunster, les mouvements exécutés sur l'Escaut par une flottille composée d'une vingtaine de bateaux légers qui s'étaient avancés jusqu'au confluent de la Ruppel, avaient augmenté les indécisions et les craintes du duc de Saxe-Weimar et complètement désorienté le quartier-général de Mons.

On ne savait pas si, comme le général Graham semblait le redouter, Maison ne pousserait pas jusqu'à Anvers et ne chercherait pas à déboucher de cette place pour faire lever le siège de Berg-op-Zoom. On se demandait si, comme le pensaient les généraux Thielmann et Gablenz, le général français ne préférerait pas percer de Gand sur Alost et sur Bruxelles et n'essaierait pas de frapper, par la prise de cette ville, un coup dont l'effet moral aurait été incalculable et aurait pu amener de graves complications en faisant perdre aux Alliés les avantages que leur avaient assurés, au point de vue de l'organisation du pays, deux mois de possession incontestée, en détachant d'eux des populations qui, n'ayant de préférences et de sympathies marquées pour aucun des deux adversaires, ne voulaient que le calme, la tranquillité et la paix.

Premières mesures prises par le duc de Saxe-Weimar. — En attendant, et avant de prendre un parti définitif, il fallait cependant aviser au plus pressé. On approuva les idées émises par le général Thielmann qui, afin de couvrir immédiatement Bruxelles, proposait de confier la garde de Tournay au colonel von Egloffstein avec 2,000 hommes et 4 bouches à feu et de filer sans retard avec le reste de son monde par Ath sur Alost et Termonde. Afin de faciliter l'exécution de ce mouvement sans trop compromettre le sort des troupes qu'on laissait sur leurs anciennes positions, on donna à l'escadron de hussards appartenant à la colonne saxonne du colonel von Seydewitz l'ordre de se porter de Leuze à Renaix et de rejoindre sur ce point le corps volant du major Hellwig. Le bataillon saxon, posté à Enghien, passa par Grammont et alla s'établir à Paricke sur la route d'Audenarde, tandis que les trois autres bataillons, qu'on avait arrêtés à Braine-le-Comte, suivaient dans la même direction et poussaient jusqu'à Grammont.

Le colonel comte Lottum, qui commandait à Bruxelles, reçut l'ordre de se rendre de sa personne à Termonde et de faire venir à Alost les deux bataillons de landwehr de Weimar et

Gotha, postés jusque-là à Bruxelles, et de concentrer sur ce point toutes les troupes disponibles.

On prescrivit en même temps au général von Gablenz de diriger sur Alost toutes les fractions de troupes dont, sans trop s'affaiblir, il pourrait se passer momentanément devant Anvers. Les sorties et les mouvements de la garnison et de la flottille d'Anvers empêchèrent le général von Gablenz de se conformer à ces ordres ; mais le colonel von Lottum prit sur lui d'emmener, outre les deux bataillons de Weimar et de Gotha, deux bataillons de landwehr de la division d'Anhalt-Thuringe qui auraient dû se porter de Bruxelles à Enghien.

Enfin, on chargea le lieutenant-colonel von Thümen, posté à Péruwels avec deux bataillons, trois escadrons et deux pièces d'artillerie à cheval, d'occuper Leuze et d'envoyer, s'il y était requis, des détachements sur Tournay. On informa en même temps le général Borstell qu'il devrait, tant qu'il resterait à Bavay, continuer à faire des démonstrations sur Valenciennes et Condé et renforcer le détachement du lieutenant-colonel von Thümen de façon à assurer le maintien des communications avec Tournay.

Le duc de Saxe-Weimar, dont le corps détaché de l'armée du Nord relevait désormais de Blücher, s'empressa de rendre compte au feld-maréchal, d'insister sur les dangers résultant du mouvement de Maison et de l'éventualité de son entrée à Anvers, sur la difficulté qu'il y aurait à conserver Bruxelles et à maintenir les communications avec l'intérieur de la France et de lui demander d'écrire au prince royal de Suède pour le décider à quitter immédiatement Liège et à amener ses Suédois à Bruxelles.

Mais le temps pressait, les moments étaient précieux, la situation paraissait trop grave pour pouvoir attendre le résultat plus que douteux d'une démarche à laquelle Bernadotte devait vraisemblablement opposer une fin de non-recevoir. Le duc de Saxe-Weimar résolut, en conséquence, d'envoyer sans plus tarder le colonel von Zeschwitz au général von Wallmoden-Gimborn qui, quoique placé sous les ordres du prince royal de Suède, paraissait plus disposé que son chef à prendre une part active et immédiate aux opérations.

Cet officier général, auquel on avait confié le commandement de la légion russo-allemande (7 bataillons d'infanterie formant

2 régiments, 1 bataillon de chasseurs hanovriens, 8 escadrons de hussards et 3 batteries dont 2 à cheval, représentant un effectif total de 7,471 hommes, 1970 chevaux et 24 bouches à feu), avait quitté Brême les 27 et 28 février. Passant par Osnabrück, Münster, Hamm et Hagen, il était arrivé à Dusseldorf le 12 et le 13 mars. Chargé par le prince royal de Suède d'observer Venloo et Maëstricht, Wallmoden avait fait passer le Rhin et la Meuse à ses troupes qu'il cantonna les 17 et 18 mars entre Ruremonde et Maasseyck. Le 23 mars, sur la demande du général Graham, qui réclamait l'envoi immédiat de renforts dans la direction d'Anvers, le prince royal de Suède avait autorisé Wallmoden à se porter par Asch, Hasselt, Diest et Louvain sur Malines [1]. Arrivé le 27 à Louvain, rejoint sur ce point par le colonel von Zeschwitz et par un courrier du général Graham, Wallmoden consentit sans peine à remplacer à Bruxelles les troupes que le colonel von Lottum venait d'emmener à Alost et à relever à Lierre et à Malines la brigade du général-major von Gablenz.

28 mars. — Maison communique avec Anvers. — Arrivée à Gand de la division Roguet. — Obligé de rester à Gand, pour atteindre le but qu'il s'était proposé, Maison avait profité de son séjour dans cette ville pour s'y procurer les approvisionnements dont il avait besoin et les fonds nécessaires pour payer à ses troupes une partie de leur arriéré de solde. Pendant ce temps le colonel Villatte entrait à Anvers le 27 au matin. Maison avait donc réussi à communiquer avec Carnot 48 heures après son départ de Lille et, le lendemain 28, la division Roguet, forte de 4,500 hommes et de 14 bouches à feu, venant d'Anvers par la rive gauche de l'Escaut, arrivait sans encombre à Gand et y opérait sa jonction avec les troupes de Maison.

Positions des corps alliés. — Malgré l'arrivée de ce renfort qui, en doublant presque les forces dont disposait le général français, le mettait à peu près en mesure de tenir la campagne,

---

[1] WEINGARTEN, *Geschichte des Armee Korps unter Befehlen des General-Lieutenants Grafen von Wallmoden-Gimborn* (*Oesterreichische Militärische Zeitschrift*, 1827).
L'effectif du corps Wallmoden n'était plus à ce moment que de 6.000 hommes, y compris la cavalerie.

malgré l'effet considérable que sa marche avait produit sur l'esprit des populations, la situation générale des Alliés, loin de s'aggraver, s'était au contraire sensiblement améliorée, grâce au concours que le général Wallmoden [1] avait consenti à prêter et aux mouvements qu'il s'était engagé à exécuter de suite, sans attendre l'approbation du quartier général suédois de Liège. Quelque peu rassuré sur le sort de Bruxelles, le duc de Saxe-Weimar renonça à diriger Thielmann sur Alost et Termonde et à aller lui-même s'établir à Audenarde avec les sept bataillons, les quatre escadrons et les 13 pièces qui lui restaient. De cette ville Thielmann pouvait, selon les événements, menacer l'ennemi tant qu'il resterait à Gand, rendre sa retraite difficile s'il essayait de revenir sur Lille, enfin se relier aux troupes postées à Alost, dans le cas où Maison dessinerait un mouvement nettement offensif sur Bruxelles.

Dès son arrivée à Audenarde, dont Hellwig avait assuré la garde jusqu'à ce moment, Thielmann envoya le corps volant du major prussien à Avelghem avec ordre de pousser ses avant-postes dans la direction de Courtrai et d'Harlebeke et lui adjoignit un bataillon de landwehr et 2 canons.

Presque au même moment le général Wallmoden entrait à Bruxelles à la tête de quatre bataillons, quatre escadrons et deux batteries et y remplaçait les troupes que le colonel von Lottum avait emmenées à Alost, pendant que son deuxième échelon (trois bataillons, quatre escadrons et une batterie à cheval) passait par Vilvorde et allait relever à Malines et à Lierre, la brigade du général-major von Gablenz.

Le lendemain 29, le général Wallmoden, s'établissant avec sa première colonne entre Alost et Assche, prenait le commandement des troupes qui couvraient Bruxelles.

Vainement sollicité par le général von Gablenz, le général Graham avait refusé de rien entreprendre contre Anvers et s'était, lui aussi, adressé de nouveau au général Wallmoden en lui demandant de venir le renforcer.

---

[1] Profitant de l'absence de Bernadotte qui s'était rendu au quartier-général des souverains, Wallmoden s'était borné à donner avis de son mouvement au feld-maréchal suédois Stedingk et à lui conseiller de se porter, lui aussi, en avant afin de couvrir Bruxelles.

29 mars. — Départ de la division Borstell. — Positions nouvelles occupées par la division Lecoq. — S'exagérant les dangers de sa situation, s'attendant à tout instant à voir Maison, qui n'avait cependant rien entrepris depuis la veille, pousser avec toutes ses forces sur la capitale, le duc de Saxe-Weimar avait cru nécessaire de transférer le 29 au matin son quartier général de Mons à Bruxelles. En présence des ordres formels envoyés à Borstell, le duc avait dû laisser le général prussien commencer sa marche vers l'intérieur de la France et se diriger sur Laon en passant par Pont-sur-Sambre et Avesnes. Par suite, il s'était vu contraint à modifier la position des troupes saxonnes du général Lecoq. Avant de partir pour Bruxelles il lui avait envoyé l'ordre de lever le siège de Maubeuge, de se borner à observer cette place, de se charger du maintien des communications entre Beaumont et Avesnes, de s'établir sur une longue ligne s'étendant de Ville-Pommerœul en passant par Givry jusqu'à Beaumont, et de fournir, en avant de son front et aux deux extrémités de sa ligne, les postes de Saint-Ghislain et de Solre-sur-Sambre.

Indécisions et fautes des généraux alliés. — Résolution prise par Maison. — Une démonstration faite par une petite colonne française qui, débouchant de Melle, occupa les villages de Westrem et d'Oordeghem, poussa au delà de ces villages jusque vers les points occupés en avant d'Alost par les avant-postes du colonel comte Lottum et tirailla avec eux jusqu'à la nuit, acheva d'induire le duc de Saxe-Weimar en erreur et de lui faire croire à l'imminence d'un mouvement des Français sur Bruxelles.

En admettant même, ce qui nous paraît d'ailleurs plus qu'hypothétique, que Maison eût un moment songé à enlever Bruxelles, il est hors de doute qu'il avait déjà renoncé à ce projet. Il savait, et sa correspondance en fait foi[1], que des forces, supérieures à celles qu'il avait réussi à rassembler à Gand, couvraient la capitale de la Belgique, que le corps de Thielmann était réuni à Audenarde et qu'Hellwig se dirigeait sur Courtrai. Son but était

---

[1] Maison au Ministre, Lille, 1ᵉʳ avril. (*Archives de la guerre.*)

atteint : il s'était renforcé de la division Roguet désormais inutile à Anvers ; il avait obligé les Alliés à lever le siège de Maubeuge, à évacuer Bruges et le département de la Lys ; il était parvenu à donner le change à son adversaire : il l'avait décidé à faire refluer ses forces sur Bruxelles. Le moment était venu pour lui de couronner cette belle opération en se rapprochant des places de l'ancienne frontière.

Parfaitement renseigné sur les mouvements de son adversaire, Maison avait d'ailleurs reconnu qu'il n'avait plus un moment à perdre et qu'il lui fallait, dès le lendemain au plus tard, entreprendre une marche de flanc d'autant plus risquée que force lui était de défiler entre la Lys et l'Escaut et que les Alliés étaient maîtres des trois ponts existant sur le fleuve. Heureusement pour lui, ses mouvements sur la route de Bruxelles et sa démonstration sur Alost avaient complètement désorienté le commandant du IIIe corps fédéral.

Une autre circonstance, la divergence de vues, la diversité de tempérament des généraux alliés, devait encore servir les projets de Maison et lui permettre de prendre l'avance dont il avait besoin pour dérober sa marche et pour échapper au danger d'être débordé et coupé de sa ligne de retraite.

Plus prudent, plus circonspect parce qu'il sentait peser sur lui le poids d'une responsabilité qui lui semblait trop lourde, le commandant du IIIe corps n'avait songé qu'à concentrer le plus de troupes possible en avant de Bruxelles, qu'à amener sur la ligne Audenarde — Alost — Assche 18,000 à 20,000 hommes avec lesquels il voulait d'abord couvrir la capitale, puis, dès que le moment lui paraîtrait venu, agir contre les lignes de retraite de son adversaire observé d'une part, par le corps volant d'Helwig posté à Courtrai, Harlebeke et Deynze, de l'autre, par le détachement du major comte Pückler qui battait encore la campagne entre Bruges et Gand.

L'immobilité apparente de Maison pendant les journées des 28 et 29 mars semblait jusqu'à un certain point justifier le plan du duc de Saxe-Weimar. Les généraux placés sous ses ordres étaient loin de partager sa manière de voir ; Thielmann prenait à peine le soin de dissimuler ses velléités d'indépendance : depuis son arrivée à Audenarde, il cherchait à s'affranchir de la direction immédiate du général en chef et rêvait d'exécuter pour son compte, ou tout au plus avec le concours de Wallmoden, une opération qui convenait à son caractère entreprenant et dont tout l'honneur aurait été pour lui.

Dès qu'il eut connaissance du mouvement de Wallmoden sur Bruxelles et sur Alost, il s'empressa de lui faire part de ses projets et de les communiquer en même temps au quartier général du duc de Saxe-Weimar. Thielmann, passant à Audenarde sur la rive gauche de l'Escaut, voulait se charger de prendre Maison à revers pendant que Wallmoden l'attaquerait de front.

Ce plan d'opérations fut rejeté et par Wallmoden et par le duc de Saxe-Weimar ; le premier condamna énergiquement un projet, qui lui paraissait hasardeux parce qu'il augmentait la dispersion des forces des Alliés ; le second prescrivit à Thielmann de rester à Audenarde et insista sur le fait qu'en raison même de l'immobilité de Maison, de l'absence de tous renseignements sur ses projets, on pourrait avoir besoin de ramener les Saxons à Alost et à Ninove et qu'il importait, en tout état de cause, d'attendre l'entrée en ligne de Wallmoden pour reprendre l'offensive.

Le duc de Saxe-Weimar, connaissant le tempérament ardent de Thielmann, avait avant tout voulu l'empêcher de se jeter seul dans une aventure qui aurait pu coûter cher à sa division. Il est évident que Thielmann, si on l'avait laissé déboucher d'Audenarde et s'établir entre l'Escaut et la Lys, aurait pu se trouver pris dans ses propres filets. Maison, en effet, n'aurait pas attendu l'attaque de Thielmann à Gand ; après avoir coupé les ponts de l'Escaut, il se serait retourné contre le général saxon et l'aurait chassé devant lui, soit sur Audenarde, soit sur Lille, ou bien encore il l'aurait débordé et serait tombé sur lui en se servant, à cet effet, de l'équipage de pont qu'il avait emmené avec lui et qui lui assurait une entière liberté de mouvements.

Obligé d'obéir, Thielmann n'avait pourtant pas renoncé à ses projets ; dans l'après-midi du 29 mars, il renvoya à Wallmoden, à Alost, un de ses officiers chargé de revenir à la charge et d'obtenir le concours de ce général pour le mouvement qu'il projetait. Loin de se rendre au désir du général saxon, Wallmoden, dont les propositions avaient été dans l'intervalle acceptées par le commandant du IIIe corps fédéral et qui comptait d'ailleurs être rejoint le jour même, ou au plus tard le lendemain, par la brigade du général-major von Gablenz, invita, au contraire, Thielmann à se porter, le 30 au matin, d'Audenarde sur Sotteghem, environ à mi-chemin d'Alost, pour opérer sur ce point sa jonction avec lui et se trouver, le lendemain 31, en mesure d'agir avec toutes leurs forces réunies contre le corps de Maison. C'était là, dans la situation résultant de la concentration en avant de Bruxelles, un projet essentiellement raisonnable, ne compromettant rien et permettant soit d'attaquer Gand, si Maison persistait à y rester, soit de le joindre et de l'inquiéter s'il se décidait à se replier sur Courtrai et sur Lille.

Mais, bien que Thielmann disposât des chau.... qui mènent d'Audenarde à Grammont et de Grammont à Gand, il prétendit que l'état des chemins rendait un pareil mouvement absolument impossible et insista de nouveau sur son ancien projet, tout en avouant à Wallmoden que l'effectif total de ses troupes n'était que de 6,500 hommes, un millier de chevaux et 13 bouches à feu.

30 mars. — Le duc de Saxe-Weimar à Assche. — Ordres formels envoyés à Thielmann. — Le 30 mars au matin, le duc de Saxe-Weimar transférait son quartier général de Bruxelles à Assche et se rendait en personne à Alost pour y conférer avec Wallmoden. Mis par cet officier général au courant des projets de Thielmann et de l'inutilité des efforts qu'il avait tentés pour lui faire accepter ses idées, réfréner son ardeur intempestive et l'amener à combiner leur action et à opérer leur jonction avant de rien tenter contre Maison, le duc, sentant qu'il était nécessaire de mettre fin à des mésintelligences qui affaiblissaient l'autorité du commandement, envoya à Thielmann l'ordre de venir immédiatement s'établir à Sotteghem, à moins d'événements imprévus motivant le maintien de ses troupes à Audenarde. Le duc faisait en même temps savoir à Thielmann qu'il n'y avait plus lieu d'avoir de craintes pour Tournay. Le détachement du colonel von Egloffstein y avait, en effet, relevé les 2,000 hommes du lieutenant-colonel von Thümen, auquel on avait fait prendre position à Leuze, et l'on avait, en outre, poussé de Mons à Ath un bataillon d'infanterie et une batterie de 12 livres.

Marche de Maison de Gand sur Courtrai. — Positions de

ses troupes le 30 mars au soir. — Mais, tandis que le duc de Saxe-Weimar se disposait à attaquer Gand le 31 mars, Maison avait quitté cette ville le 30 mars au matin sur deux colonnes : l'une, celle du général Solignac, longea la rive gauche de l'Escaut et se dirigea sur Peteghem ; l'autre prit la route directe de Courtrai par la rive droite de la Lys. Chassant sans peine de Deynze le détachement du major Pückler, d'Harlebeke et de Courtrai le corps volant d'Hellwig qui se replia sur Avelghem, culbutant les petits postes avancés de Thielmann du côté de Peteghem, Maison exécuta sans encombre cette marche de flanc, qui aurait dû être si dangereuse pour lui, et arriva le soir même à Courtrai où il prit position. La division Barrois occupa Harlebeke et fournit un poste à Zweveghem. La division Solignac s'établit à Courtrai, occupant Belleghem par son avant-garde ; la division Roguet était en réserve à Courtrai, et la cavalerie de Castex observait la route d'Ypres[1]. Enfin, pour donner plus complètement le change aux Alliés, le général Brenier avait envoyé de Lille sur Tournay une reconnaissance qui, protégée par le brouillard, surprit plusieurs petits postes saxons et poussa jusqu'aux faubourgs de la ville[2].

Mouvements de Wallmoden et de Thielmann. — Dans l'après-midi du 30 mars, informé par les Cosaques de Byhaloff et par les avant-postes du colonel comte Lottum de l'évacuation de Gand par les troupes françaises, Wallmoden ordonna aussitôt aux Cosaques, renforcés par le 1er régiment de hussards de la légion russo-allemande, de suivre le mouvement de Maison ; au colonel Lottum de quitter sans retard ses positions d'Alost et de Termonde, d'entrer à Gand et de se porter, dès le 31 au matin, sur Deynze. Croyant plus que jamais à la nécessité d'une action combinée, il faisait en même temps savoir à Thielmann qu'il comptait quitter Alost le 30 au soir avec toutes ses troupes renforcées par la brigade Gablentz, faire une grande halte à Sotteghem, arriver le 31 vers midi à Audenarde pour y opérer sa jonction avec lui et attaquer ensuite Maison.

---

[1] Maison au Ministre de la guerre, Lille, 1er avril. (*Archives de la guerre.*
[2] Général Brenier au Ministre de la guerre, Lille, 20 mars. (*Ibid.*)

Mais dans l'intervalle, Thielmann, profitant du changement qui venait de se produire dans la situation pour reprendre toute son indépendance et donner libre jeu à son esprit d'entreprise, s'était borné à exposer sommairement au duc de Saxe-Weimar les mouvements qu'il allait exécuter le soir même.

Convaincu qu'une partie des troupes françaises avait dû reprendre le chemin d'Anvers, craignant de voir Maison lui échapper et croyant qu'il n'aurait plus affaire qu'à son arrière-garde, Thielmann, au lieu d'attendre l'arrivée des troupes de Wallmoden à Audenarde, lui fit, au contraire, savoir « qu'il était décidé à attaquer l'ennemi à la pointe du jour, qu'il se considérait d'ailleurs, même dans le cas où l'ennemi tiendrait bon, comme suffisamment fort pour l'occuper à lui tout seul jusqu'à l'entrée en ligne des troupes venant d'Alost ». Rappelant à la hâte tous ses détachements, le général saxon concentra tout son monde le 30 au soir à Avelghem, à l'exception toutefois du bataillon établi à Grammont qu'il envoya renforcer la garnison de Tournay. Il posta à sa droite, vers Heestert, les cinq bataillons, les trois escadrons et les 6 pièces du général-major von Brause, dont la brigade allait lui servir d'avant-garde ; à sa gauche, les cinq bataillons, les deux escadrons et les 7 canons du prince Paul de Wurtemberg [1]. Enfin, le corps volant du major Hellwig devait se diriger sur Belleghem, afin de couvrir et de prolonger la gauche de Thielmann, dès que l'avant-garde du général von Brause se serait emparée de Zweveghem.

31 mars. — Combats de Courtrai et de Zweveghem. — Le 31 mars, vers 6 heures du matin, la colonne von Brause donna, en avant de Zweveghem, contre les avant-postes français et les poussa sur le village qu'ils ne tardèrent pas à évacuer pour se replier sur Courtrai. Croyant de plus en plus qu'il ne trouverait plus devant lui que l'arrière-garde de Maison, Thielmann ne laissa à Zweveghem que deux escadrons de cuirassiers et deux pièces, et poussa sur Courtrai tout le reste de la brigade Brause formée sur deux lignes et suivie à 1000 mètres environ par trois bataillons et 5 pièces de la brigade du prince Paul de Wurtem-

---

[1] *Geschichte des königlich sächsischen Garde-Reiter Regiments*; Döring, *Geschichte des 7ten Thüringischen Infanterie Regiments n° 96.*

berg ; les deux autres bataillons de cette brigade formaient un quatrième échelon entre la queue de la 2e brigade et les escadrons laissés à Zweveghem.

Maison laissa les colonnes saxonnes s'avancer jusqu'à un kilomètre de Courtrai et commencer leur déploiement dans la plaine. Dès qu'il eût reconnu les forces et les dispositions de Thielmann, il résolut de l'amuser sur son front et de l'attaquer vivement par les deux ailes. Voulant à la fois empêcher Thielmann d'achever son déploiement et le rejeter dans l'espèce de défilé par lequel il était venu, il prescrivit au général Barrois de partir d'Harelbecke et de se porter droit sur Zweveghem pour attaquer la droite des Saxons, les prendre en flanc et leur couper la retraite sur Audenarde. Le général Solignac devait attaquer la gauche de Thielmann. Maison en personne s'était réservé la direction de la colonne du centre composée de la division Roguet, serrée en masse à droite et à gauche de la chaussée d'Audenarde, et de la cavalerie des généraux Castex et Meuziaux. Cette colonne, destinée d'abord à contenir les troupes de Brause, puis à les suivre aussitôt que les Saxons commenceraient leur retraite, se porta en avant dès que les divisions des ailes dessinèrent leur attaque et coupa en deux les lignes saxonnes. Thielmann ne s'aperçut du danger qui le menaçait que lorsqu'il était déjà trop tard pour y porter remède et lorsque ses troupes, et plus particulièrement la brigade du prince Paul de Wurtemberg, étaient déjà si vivement engagées qu'il était impossible de rompre le combat.

Poussées de front par les troupes de Roguet, les troupes du général von Brause se mirent en retraite sur Zweveghem, puis sur Avelghem. Hellwig, menacé d'être coupé du côté de Belleghem, se replia en toute hâte, pendant que, sur la droite de Thielmann, la brigade du prince Paul de Wurtemberg, débordée par un des régiments de la division Barrois, se débandait, s'enfuyait dans le plus grand désordre jusqu'au delà d'Avelghem et entraînait par son exemple la brigade Brause qui avait jusque-là exécuté sa retraite en assez bon ordre. Une charge vigoureuse des généraux Castex et Meuziaux à la tête des chasseurs à cheval acheva la déroute des Saxons. Deux escadrons de cuirassiers et une demi-batterie essayèrent vainement d'arrêter les progrès des Français qui poursuivirent vivement les troupes débandées de Thielmann jusqu'au delà de Kerkhove, sur la route d'Audenarde, où les fuyards furent recueillis par les troupes du général von Gablenz.

Cette affaire, causée uniquement par le caractère violent, par l'entêtement et l'ambition de Thielmann et qui avait à peine duré deux heures, coûta cher à sa division. Les pertes des Saxons s'élevaient à 3 officiers et 252 hommes tués, 17 officiers et 423 blessés, 19 officiers et 1194 prisonniers ou disparus, et 2 canons [1].

Vers 5 heures du soir le colonel Lottum, venant de Gand et de Deynze, se présenta par Harelebeke sur Courtrai et aurait peut-être réussi à pénétrer dans la ville, à reprendre les prisonniers, si Maison n'avait eu la précaution d'y laisser le général Daudenarde avec les lanciers, un régiment de la division Barrois et la gendarmerie [2].

Tentative de Maison sur Tournay. — Décidé, malgré le succès qu'il venait de remporter, à continuer son mouvement sur Lille, Maison ne laissa à Avelghem que la division Barrois. Accélérant la marche du reste de ses troupes, il se dirigea sur Tournay dans l'espoir de profiter du désarroi causé par la défaite de Thielmann pour essayer de s'emparer de cette ville par un coup de main. Maison savait, en effet, que le colonel von Egloffstein, qui commandait à Tournay, ne disposait que de trois bataillons d'infanterie, d'une trentaine de chevaux et de 4 pièces. Il ignorait, il est vrai, que le colonel avait reçu de Thielmann l'ordre de soutenir son opération sur Courtrai et avait pris position le 31 au matin à Pecq. Resté sans nouvelles de Thielmann, Egloffstein, informé par ses patrouilles des échecs essuyés par ce général, s'était empressé de se replier sur Tournay et de faire occuper à ses troupes leurs postes de combat. Vers 5 heures de

---

[1] Maison au Ministre de la guerre, Lille, 1er avril (*Archives de la guerre*); Döring, *Geschichte des 7ten Thüringischen Infanterie Regiments n° 96*; Lippe Wessenfels, *Geschichte des königlich-preussischen 6ten Husaren Regiments (ehedem 2ten Schlesischen)*; *Geschichte des königlich-sächsischen Garde-Reiter Regiments*; *Verzeichniss der Offiziere und Mannschaften des dritten deutschen Armee Corps, welche in den verschiedenen Gefechten geblieben verwundet, gefangen, vermisst wurden.*

[2] Maison au Ministre de la guerre, Lille, 1er avril. (*Archives de la guerre.*)

l'après-midi, l'avant-garde du général Solignac se montrait aux portes de Tournay et tentait un coup de main qui échouait grâce à l'arrivée opportune du bataillon d'infanterie venant de Grammont. Il était trop tard pour donner l'assaut avec des troupes fatiguées par de longues marches et par un premier combat, et Maison, remettant l'attaque au lendemain, se borna à amener son artillerie en position et à lui faire tirer quelques coups contre les remparts.

1er avril. — Maison rentre à Lille. Conséquences de ses opérations sur Gand. — Mais, informé dans la soirée de l'arrivée dans la place du détachement du lieutenant-colonel von Thümen venant de Leuze, de l'approche de la brigade Gablenz, dont on lui avait signalé le départ d'Audenarde, Maison, qui avait pris position sur les hauteurs d'Orcq, ramena le lendemain ses troupes derrière la Marque et rentra le 1er avril à Lille. « Je donnerai, écrivait-il à Clarke, un jour de repos à mes troupes, après quoi je me porterai du côté de Maubeuge[1]. »

La division Barrois avait, de son côté, quitté Avelghem le 31 au soir et s'était repliée sur Lille, sans avoir été un seul instant inquiétée par les troupes de Thielmann et d'Hellwig.

L'entêtement et la suffisance, l'ambition et l'aveuglement de Thielmann qui, malgré toutes les observations de Wallmoden, en dépit des instructions formelles du commandant du IIIe corps fédéral, avait inconsidérément engagé de jeunes troupes contre les bataillons français déjà aguerris par une série de marches, de combats et de coups de main, avaient permis à Maison, non seulement de couronner son expédition par une brillante victoire, malheureusement inutile parce qu'elle était trop tardive, mais encore de rétablir les affaires de l'Empereur sur l'Escaut.

Sans parler de l'effet moral qu'elle produisit en Belgique, de la situation nouvelle résultant de l'adjonction de la division Roguet à son corps d'opération, la pointe hardie de Maison sur Gand et l'heureuse issue d'une opération dont le succès était uniquement dû à l'énergie et à l'habileté du général français, allaient avoir des conséquences qui auraient pu affecter un carac-

---

[1] Maison au Ministre de la guerre, Lille 1er avril. (*Archives de la guerre.*)

tère de réelle importance sans la tournure critique et désespérée prise par les affaires sur le principal théâtre de la guerre.

Répartition nouvelle du III⁰ corps fédéral. — Les Alliés avaient reconnu, en effet, qu'il était indispensable de s'établir solidement à Gand et que, sans la possession incontestée de cette ville, il leur était impossible de prévenir le renouvellement d'entreprises du même genre et d'empêcher l'intervention active de la garnison d'Anvers. Continuer à ne tenir à Gand qu'une colonne volante ou un détachement de cavalerie, c'était s'exposer à voir les Français profiter à nouveau d'une faute qui venait déjà de coûter bien cher aux Alliés, c'était laisser Bruxelles et la Flandre occidentale à la merci d'un coup de main, permettre à la garnison d'Anvers de communiquer avec les troupes d'opérations de Lille, lui abandonner toute la rive gauche de l'Escaut et enfin lui donner la faculté de réquisitionner à son gré du côté de Gand, de Termonde et vers la côte. De plus, comme les nouvelles reçues au quartier général du III⁰ corps signalaient la formation d'un corps français composé de troupes tirées des garnisons de Metz, Luxembourg et Sarrelouis, sa concentration à Thionville et ses mouvements sur Longwy, on pouvait craindre de voir Maison, qui disposait désormais pour les opérations actives d'un noyau de 13,000 à 14,000 hommes, reprendre la campagne et manœuvrer de façon à opérer sa jonction avec les troupes françaises des Ardennes, déjà sur le point d'arriver à Longwy, soit afin d'arracher la Belgique aux Alliés, soit afin d'agir efficacement sur les derrières des Alliés, de s'établir sur leurs lignes de communication, de les couper des Pays-Bas et d'essayer ensuite de rejoindre Napoléon.

Il fallait donc conserver Mons, Tournay et Bruges, et poster des réserves respectables à Ath et peut-être même à Gand. Il importe toutefois de remarquer que, malgré l'arrivée des renforts que lui avait amenés Wallmoden, le duc de Saxe-Weimar ne pouvait prendre les mesures qu'il jugeait nécessaires qu'après avoir obtenu du feld-maréchal Stedingk, qui commandait l'armée du Nord en l'absence de Bernadotte, la promesse de couvrir Bruxelles, de participer au blocus d'Anvers et de relever la 2⁰ brigade de Wallmoden.

1ᵉʳ-3 avril. — Positions des troupes du duc de Saxe-

Weimar. — En attendant la réponse du quartier général de Liège, le duc de Saxe-Weimar fit occuper Courtrai par le corps volant du major Hellwig, renvoya à Gand le détachement du colonel comte Lottum, maintint provisoirement à Audenarde et à Sotteghem, pendant la journée du 1er avril, la 1re brigade du général Wallmoden et ordonna à Thielmann de se porter le lendemain sur Tournay.

La réponse du feld-maréchal Stedingk permit au duc de Saxe-Weimar de procéder à une répartition nouvelle de son corps qui forma désormais deux grands groupes soutenus par des réserves et chargés d'observer la concentration de troupes françaises qu'on signalait du côté de Valenciennes. Le premier de ces groupes s'établit à Tournay, où le général Thielmann arriva le 2 avril avec douze bataillons, quatre escadrons et demi et 16 bouches à feu. Les avant-postes de ce groupe étaient établis sur la droite à Ramegnies, au centre à Orcq, Marquan et Blandain, au sud à Ere, Willemeau et Antoing et surveillaient de loin Courtrai, Lille et Condé. Le second groupe, formé par quatorze bataillons et quatre escadrons, les deux régiments de Cosaques de Byhaloff et de Rebréïeff et les 14 pièces du général Lecoq, avait son centre à Mons et tenait à Saint-Ghislain, Bavay et Beaumont des postes dont la mission consistait à observer Condé, Valenciennes, Maubeuge et Philippeville et à couvrir la route d'Avesnes.

Derrière ces deux groupes principaux, le général von Wallmoden, investi du commandement en chef des réserves, avait sous ses ordres la brigade saxonne du général Gablenz qui occupait Ath avec six bataillons, quatre escadrons et 14 bouches à feu et disposait en deuxième ligne des sept bataillons, huit escadrons et 24 pièces de la légion russo-allemande en marche de Grammont sur Lessines. Le corps volant d'Hellwig vint s'établir à Gand et ne laissa à Audenarde qu'un poste d'observation. Un bataillon de landwehr resta provisoirement à Enghien avec le quartier général du duc de Saxe-Weimar.

Les deux bataillons de landwehr de Gotha et de Schwarzburg fournirent la garnison de Bruxelles; enfin une brigade d'infanterie suédoise était en marche de Liège sur Louvain.

4 avril. — Mouvement de Maison sur Valenciennes. — Ces dispositions essentiellement défensives, inspirées au duc de

Saxe-Weimar par la résolution bien arrêtée de ne rien entreprendre avant que le général français ne lui eût révélé ses projets, n'étaient pas faites pour déplaire à Maison. Les Alliés lui donnaient ainsi le temps d'achever ses préparatifs, d'attirer à lui quelques renforts et de se ravitailler. Plus que jamais décidé à continuer les opérations actives, Maison quitta de nouveau Lille le 4 et se porta par Orchies et Saint-Amand-les-Eaux sur Valenciennes.

Bien que le duc de Saxe-Weimar eût été informé officiellement, le 3 avril au soir, de la capitulation de Paris, la nouvelle de la marche de Maison causa une véritable inquiétude au quartier général du IIIe corps. Dès le 4 avril, à 6 heures du soir, on avait appris à Tournay que Maison, sorti de Lille le matin, s'était dirigé vers le sud. On prétendait qu'il s'était fait suivre par un nombre considérable de voitures destinées à accélérer le transport de son infanterie. On savait qu'une de ses colonnes, composée exclusivement de cavalerie et de 4 pièces d'artillerie à cheval et qui paraissait flanquer la marche du gros, avait passé par Orchies et y avait annoncé aux habitants qu'elle devait continuer sa marche sur Condé et Valenciennes. Mais on avait cru que les cavaliers français avaient reçu l'ordre de répandre ces bruits afin de donner le change aux patrouilles de Thielmann et on en avait conclu à la probabilité d'un mouvement dirigé sur Douai. L'absence de tous renseignements qu'on espérait recevoir par les coureurs que le général Lecoq avait envoyés entre Condé et Saint-Amand, contribua à corroborer cette croyance.

5-6 avril. — Mesures prises par le duc de Saxe-Weimar. — Maison retourne à Lille. — Le 5 avril se passa sans qu'on fût guère plus avancé que la veille et sans qu'on eût réussi à découvrir les projets du général français. Thielmann avait cependant signalé le départ de Maison de Saint-Amand-les-Eaux et annoncé qu'il avait continué sa marche sur Valenciennes, à la tête d'une colonne forte de 8,000 hommes, 1200 chevaux et 23 bouches à feu. Mais si un des espions de Lecoq, arrivé de Valenciennes, affirmait y avoir vu Maison le jour même, il ajoutait d'autre part qu'il n'avait pu parvenir à savoir si les troupes françaises, qu'il disait prêtes à reprendre leur mouvement, allaient se diriger sur Maubeuge et sur Mons.

En raison même des événements de Paris, on inclinait à croire au quartier général du duc de Saxe-Weimar que Maison n'avait opéré sa concentration à Valenciennes que pour essayer de rejoindre l'Empereur en se portant par Avesnes au-devant de l'armée impériale. Aussi, pour être plus complètement en mesure de parer à toute éventualité, le commandant du IIIe corps fédéral se disposa à rapprocher ses troupes de Valenciennes et prescrivit au général Thielmann de se tenir prêt à laisser, le 6 avril, ses bataillons les moins solides à Tournay et à se porter sur Bury avec le reste de sa colonne. Il informait en même temps le général Lecoq qu'il aurait à s'établir à Frameries, entre Mons et Maubeuge, les généraux Gablenz et Wllamoden qu'ils seraient incessamment dirigés, le premier sur Belveil, le deuxième sur Ath.

Mais, au moment où le duc de Saxe-Weimar communiquait ses instructions aux généraux placés sous ses ordres, les affaires avaient déjà complètement changé d'aspect. Prévenu à son arrivée à Valenciennes des événements survenus à Paris, prévoyant les conséquences de l'entrée des Alliés dans la capitale, Maison avait laissé à Valenciennes la brigade du général Penne, jeté en passant quelques bataillons de renfort à Bouchain et à Douai et était rentré le 6 avril au soir à Lille, où sa présence était devenue indispensable.

7 avril. — Dernières opérations en Flandre. — Malgré la gravité des nouvelles qui lui étaient parvenues, Maison n'en voulait pas moins continuer jusqu'au dernier moment, jusqu'à la notification officielle d'une solution définitive qui lui paraissait inévitable et prochaine, la guerre de chicane qui lui avait si bien réussi.

Le 7 avril au matin, 1600 hommes d'infanterie et 400 chevaux, soutenus par quelques bouches à feu, sortaient sur son ordre de Valenciennes, culbutaient les Cosaques postés à Quiévrain et venaient reconnaître les avant-postes de Saint-Ghislain.

Cette reconnaissance offensive qui, deux jours auparavant, aurait sérieusement inquiété le duc de Saxe-Weimar, produisit d'autant moins d'effet sur lui qu'il avait déjà connaissance de la rentrée de Maison à Lille et que les nouvelles venues du grand quartier général des souverains ne laissaient plus subsister aucun doute sur la déchéance prochaine de l'Empereur, sur la cessation imminente des hostilités.

9 avril. — Suspension d'armes. — Dernière sortie de la garnison d'Anvers. — Réponse de Carnot à Bernadotte. — Maison n'avait d'ailleurs pas pu réussir à cacher plus longtemps à ses troupes des événements déjà connus de la population. Obligé de chercher, par tous les moyens en son pouvoir, à maintenir la discipline dans ses régiments, à combattre la désertion, il dut accepter le 9 avril la suspension d'armes que le duc de Saxe-Weimar lui avait fait offrir. Le même jour, la garnison d'Anvers exécutait une dernière sortie par la Tête de Flandre, poussait jusqu'à Malsele et Beveren et ramenait dans la place des fourrages et des vivres.

Informé par Bernadotte de la constitution d'un gouvernement provisoire, invité par lui à mettre fin aux hostilités et à lui ouvrir les portes d'Anvers, Carnot lui adressa, le lendemain 10 avril, une fière et noble réponse que nous ne pouvons résister au plaisir de reproduire :

« Prince, c'est au nom du gouvernement français que je commande dans la place d'Anvers. Lui seul a le droit de fixer le terme de mes fonctions. Aussitôt que le gouvernement sera définitivement et incontestablement établi sur ses nouvelles bases, je m'empresserai d'exécuter ses ordres.

« Cette résolution ne peut manquer d'obtenir l'approbation d'un prince né français et qui connaît si bien les lois que l'honneur prescrit. Les habitants d'Anvers ne souffrent pas. La paix règne chez eux, plus peut-être que sur aucun point de l'Europe. Ils sentent tous comme moi la nécessité d'attendre que l'ordre politique ait pris son assiette, et sans aucun doute nous ne tarderons pas à recevoir directement les instructions que nous devons suivre [1]. »

12 avril. — Armistice de Pont-à-Tressin. — Le 12 avril Maison, qui avait reçu dans l'intervalle des instructions du gouvernement provisoire, signait avec le duc de Saxe-Weimar l'armistice de Pont-à-Tressin.

---

[1] Carnot à Bernadotte, Anvers, 10 avril. (*Archives de la guerre.*)

Considérations générales sur l'attitude et la conduite de Maison. — Grâce à son infatigable activité, Maison avait réussi, à la tête d'une poignée d'hommes, si ce n'est à tenir en échec, du moins à immobiliser pendant près de quatre mois les forces considérables que les Alliés lui opposèrent. Obligé d'abandonner la Belgique, il avait, en disputant le terrain pied à pied, réussi à conserver les places fortes, à protéger notre ancienne frontière du Nord, à repousser toutes les attaques et à organiser la petite armée qui remporta la victoire de Courtrai, le jour même où les souverains alliés faisaient leur entrée à Paris.

La campagne de Belgique, pleine d'enseignements utiles, suffirait donc pour honorer à elle seule toute une carrière, pour ajouter une belle page à l'histoire de Maison. Mais le commandant du 1er corps avait su s'acquérir d'autres titres à la reconnaissance et à l'estime de ses contemporains. N'écoutant que son honneur de soldat, esclave de son devoir, Maison, bien qu'il n'eût pas été, comme tant d'autres de ses compagnons d'armes, comblé d'honneurs, de richesses et de faveurs par l'Empereur, n'en avait pas moins donné, pendant les derniers jours de cette campagne, un magnifique exemple de patriotisme et de fidélité trop rare à cette époque. C'est cet acte, trop peu connu et qui mérite cependant d'être précieusement conservé, cet acte qui met pleinement en lumière la droiture et la loyauté du général Maison, que nous croyons devoir rappeler, avant de terminer le chapitre que nous avons consacré aux dernières opérations de la campagne de Belgique.

« Durant le cours de cette campagne, c'est ainsi que s'exprimait *le duc de Broglie* dans le discours qu'il prononça à la Chambre des Pairs le 22 mars 1842, à l'occasion du décès de M. le maréchal marquis Maison, la fermeté du général Maison fut mise à plus d'une épreuve. Le gouvernement impérial penchait vers sa ruine. La Grande Armée était écrasée, la France était épuisée, la Restauration se préparait. En Flandre, en Artois, le parti royaliste commençait à se montrer. On savait que le général Maison n'avait jamais été compté parmi les hommes qu'attachaient à l'Empereur les liens d'une ancienne affection et d'une reconnaissance personnelle. Quel triomphe s'il eût été possible de le détacher de la cause impériale et de s'assurer le concours d'une armée, petite sans doute, mais victorieuse. *Vers la fin du mois de mars, le roi Louis XVIII fit offrir au général Maison le bâton de maréchal, le gouvernement à vie des places de Belgique qu'il avait si vaillamment défendues et un établissement proportionné à cette haute fortune.* Ces propositions furent repoussées comme elles devaient l'être. La cause impériale était encore à cette époque la cause de la France. Bien loin de trahir l'Empereur, bien loin de l'abandonner dans cette extrémité désespérée, le général Maison se hâtait, dès le lendemain de la victoire de Courtrai, de réunir toutes les troupes dont il pouvait disposer pour opérer une diversion puissante en se portant à marches forcées sur les derrières de l'ennemi, lorsque la nouvelle de l'abdication de Fontainebleau l'obligea de poser les armes.

« Cet événement terminait tout.

« La France était appelée de nouveau à se donner un gouvernement. Chaque citoyen recouvrait le droit de concourir librement à ce choix. Le général Maison, consulté confidentiellement par l'un de ses compagnons d'armes, le général Dessolle, alors engagé dans la négociation qui se suivait auprès des souverains alliés en faveur de la maison de Bourbon, se déclara prêt à reconnaître et à servir le gouvernement qui obtiendrait l'assentiment de la France; mais il exprima de grands doutes quant à la possibilité de fonder, sur les idées inséparables d'une restauration, un ordre de choses solide, durable et national.

« Il faut rendre au roi Louis XVIII cette justice qu'au moment où le général Maison lui fut présenté à Calais, il ne se souvint ni de ses offres refusées, ni de la liberté avec laquelle le général avait énoncé son opinion, ou plutôt que, s'il s'en souvint, ce fut pour honorer la fidélité et récompenser le patriotisme. Il accueillit le général Maison avec empressement, le félicita des services qu'il venait de rendre à la France, persista à lui destiner la dignité de maréchal et le nomma gouverneur de Paris. « Comme vous avez « été fidèle à l'Empereur, lui dit-il, vous serez fidèle au Roi de « France. »

« C'était penser et agir en roi : la confiance de ce prince éclairé ne fut point trompée. Tant que dura la première Restauration, le général Maison remplit les devoirs de sa charge avec un dévouement inaltérable donnant au gouvernement nouveau de salutaires conseils, arrêtant, autant qu'il dépendait de lui, des prétentions surannées, contenant avec une égale fermeté tous les partis, demeurant étranger à tous les complots. Lorsque éclata ce qu'on a nommé la révolution des Cent-Jours, non seulement il resta jusqu'au dernier moment à son poste près de Louis XVIII, mais, en prenant congé du monarque exilé pour la deuxième fois, il déclara hautement qu'aucune considération ne pourrait le déterminer à s'associer aux événements qui se préparaient, qu'il regardait son épée comme brisée et sa carrière comme terminée. La cause de l'émigration n'avait jamais été à ses yeux la cause de la France, il ne pouvait l'embrasser; la cause impériale ne l'était plus, il ne pouvait la soutenir.

« Il exécuta sa résolution sur-le-champ ; il se retira dans une terre qu'il possédait sur les bords du Rhin. Là il repoussa avec regret, mais avec persévérance, les instances réitérées, les sollicitations pressantes de l'Empereur, avec indignation, les efforts tentés pour le décider à prendre parti dans un sens directement opposé [1]. »

Enfin, afin de justifier le général Maison d'accusations injustes portées à ce propos contre lui, nous emprunterons encore quelques lignes au discours de M. le duc de Broglie [1] :

« Cette partie de la vie du général Maison a été diversement appréciée. Il a toujours dédaigné de repousser les attaques dirigées contre lui de plusieurs côtés. Il a agi comme ont agi deux hommes dont le souvenir est cher à la France et dont l'histoire a placé les noms parmi les plus honorés : M. le maréchal Saint-Cyr et M. le maréchal Macdonald. Toutefois, en exposant à ses amis les motifs de sa détermination, en confiant à ses enfants le soin de faire connaître au besoin toute la vérité sur ce sujet délicat, en déposant dans leurs mains tous ses papiers, toute sa correspondance, il attachait un grand prix à répéter qu'il considérait son opinion comme lui étant propre et exclusivement personnelle, qu'il avait obéi surtout à des devoirs de position et qu'à défaut de son bras, son cœur avait toujours été au milieu de ses frères d'armes et sous le drapeau de son pays. »

---

[1] *Chambre des Pairs*, séance du 22 mars 1842 : discours prononcé par M. le duc de Broglie à l'occasion du décès de M. le maréchal marquis Maison.

CHAPITRE XX.

Opérations de l'armée autrichienne du sud, du 3 mars 1814 jusqu'à la fin de la campagne.

3 mars 1814. — Positions, mouvements et situation générale des armées française et autrichienne. — Avant de reprendre le récit des faits de guerre qui se déroulèrent dans les vallées de la Saône, du Rhône et de l'Isère pendant le mois de mars 1814 et jusqu'à la cessation des hostilités, il est indispensable de résumer en quelques lignes la situation, à la date du 3 mars, des armées employées sur cette partie du théâtre de la guerre.

Inquiet des progrès faits par les Français, tant du côté de Genève que dans le Jura, craignant pour ses communications avec sa principale ligne d'opérations, voulant à tout prix couvrir son aile gauche et ses derrières, le prince de Schwarzenberg avait, on se le rappelle, chargé le feld-maréchal lieutenant Bianchi de la direction des opérations confiées aux troupes autrichiennes sur la rive droite de la Saône. Il avait en outre ordonné au général de cavalerie prince héritier de Hesse-Hombourg, auquel il avait confié le commandement en chef de l'armée du Sud, de presser la marche des réserves autrichiennes et des contingents appartenant au VIe corps fédéral dont les colonnes, venant de Bâle, devaient se diriger sur Besançon et Dôle.

Afin de dégager Genève, le généralissime avait prescrit à Bianchi de ne laisser devant Auxonne qu'une des brigades du feld-maréchal lieutenant Wimpffen et d'employer aux opérations actives contre Lyon le reste de cette division qui marcherait par la rive gauche de la Saône.

Dès le 3 mars, les troupes autrichiennes commençaient leur mouvement en trois colonnes. Sur la rive droite de la Saône, l'ancienne division Bianchi, placée désormais sous les ordres du général Bakony, allait de Dijon à Cîteaux et celle du comte Ignace Hardegg, de Cîteaux à Seurre. La division du prince de

Wied-Runkel se portait en même temps de Dijon sur Beaune et y opérait sa jonction avec la division du feld-maréchal lieutenant Lederer dont l'avant-garde, la division Scheither, postée à Chalon-sur-Saône, envoyait des partis en avant de son front sur Tournus, couvrait sa droite dans la direction d'Autun et s'éclairait sur sa gauche par des coureurs envoyés sur la rive gauche de la Saône vers Louhans.

Toutes ces troupes, appartenant au Ier corps autrichien, formaient la colonne de droite.

Afin de menacer la droite d'Augereau à Lons-le-Saunier, le feld-maréchal lieutenant comte Wimpffen, dont la division constituait la colonne du centre, avait laissé devant Auxonne 2,500 hommes sous les ordres du général Rothkirch, réuni son autre brigade à Moissey et commencé sa marche vers le Doubs. Enfin le feld-maréchal lieutenant prince Aloïs Liechtenstein se disposait à renforcer la colonne de gauche (prince héritier de Hesse-Hombourg) de toutes les troupes dont le maintien devant Besançon n'était pas absolument indispensable. Il avait à cet effet poussé du côté d'Arbois le détachement du colonel Wieland[1] et l'avait chargé d'observer les mouvements d'Augereau.

A l'extrême gauche des lignes autrichiennes, Bubna, enfermé dans Genève, avait détruit les ponts de l'Arve.

Comme il l'avait mandé au Ministre de la guerre par sa lettre du 2 mars[2], Augereau, toujours timoré, toujours indécis, avait attendu la prise ou l'évacuation de Genève pour réunir son armée, se porter en avant en Franche-Comté et essayer de faire lever le siège de Besançon. Opérant sans plan arrêté, sans but nettement déterminé, décourageant ses généraux et fatiguant ses troupes par l'envoi constant d'ordres contradictoires, il avait commencé, tout en s'établissant avec une partie de son armée à Lons-le-Saunier, par adjoindre aux généraux Marchand et Dessaix, chargés d'enlever Genève, d'abord la brigade Bardet, puis la division Musnier qui, passant au prix des plus grands efforts par Les Rousses, avait pénétré jusqu'à Saint Cergues dans le canton de Vaud.

---

[1] Composition du détachement du colonel Wieland : 2 bataillons et 4 escadrons de hussards de Blankenstein.

[2] Augereau au Ministre de la guerre, 2 mars. (*Archives de la guerre.*)

Le 3 mars, en effet, Dessaix avait à nouveau sommé Bubna de se rendre.

Le général autrichien avait cette fois répondu à cette sommation en chargeant Fabry, un des conseillers de la préfecture du Léman, de déclarer qu'il abandonnerait la ville s'il n'était pas secouru sous deux jours. A ce moment Genève était, à peu de chose près, cernée de tous côtés : sur la route de Lons-le-Saunier par la division Musnier en marche sur Nyons et dont l'avant-garde était à Saint-Cergues, sur la route de Lyon par le général Bardet, sur celle de Chambéry par les troupes de Dessaix qui établi sur le plateau d'Arare, avait son extrême droite à Véry et à sa gauche la brigade Pouchelon.

Sans vouloir discuter ici le plan général des opérations d'Augereau que l'Empereur avait autorisé, il est vrai, à marcher sur Lons-le-Saunier, mais seulement après la reprise de Genève, il est hors de doute qu'après avoir détaché Musnier, il fallait au moins le laisser achever son mouvement et menacer Genève par la rive septentrionale du lac. Loin d'agir de la sorte, dès le 2 mars, Augereau envoya, à ce général l'ordre de revenir sur ses pas, de reprendre la route qu'il avait suivie et de se mettre immédiatement en marche pour rejoindre, par Saint-Laurent et Champagnole, les divisions Pannetier et Digeon qui lui semblaient trop faibles pour battre à elles seules le IIe corps autrichien du prince Aloïs Liechtenstein.

Non content de ces mesures qui lui paraissaient encore insuffisantes, renonçant pour ainsi dire du jour au lendemain à toute tentative sérieuse contre Genève, concluant à l'impossibilité d'enlever cette ville avec une insouciance et une désinvolture égales à la légèreté qui lui avait fait admettre quelques jours plus tôt que la seule apparition de ses troupes sous les murs de Genève suffirait pour décider Bubna soit à capituler, soit à évacuer la ville, il prit trop tardivement le parti de concentrer des forces qu'il n'aurait jamais dû disséminer.

Mais dès qu'Augereau eut modifié son plan, dès qu'il eut rappelé à lui Musnier et Bardet, Bubna s'empressa de rompre les négociations. La résolution d'Augereau est donc d'autant plus inexplicable, que de toute façon le maréchal aurait eu le temps de prendre Genève, d'y laisser une garnison, de faire repasser ensuite le Rhône à Musnier et à Bardet, à Seyssel et à Bellegarde, de venir en trois ou quatre marches prendre position en avant de Lyon et d'y précéder les Alliés. En un mot, comme le dit du Casse, dans son *Précis historique des opérations de l'armée du Rhône*, la conduite d'Augereau d'un bout à l'autre est de nature à inspirer plus que d'amères réflexions.

4 mars 1814. — Augereau se prépare à marcher sur Besançon et rappelle à lui les troupes des généraux Musnier, Bardet et Pouchelon. — D'ailleurs, au moment où le maréchal se résignait enfin à exécuter les ordres de l'Empereur, il lui était de toute façon impossible de réparer les fautes qu'il avait commises. Ignorant encore les mouvements et les préparatifs des Autrichiens, il comptait commencer son mouvement sur la Franche-Comté, dès le 4 mars au matin. Mais son armée, au lieu d'être concentrée, occupait une longue ligne allant de Lons-le-Saunier, où depuis quelques jours déjà il avait établi son quartier général, à Poligny, Saint-Laurent et Morez.

N'osant pas accentuer son mouvement vers Besançon et de là vers le Haut-Rhin, sans être sûr d'être soutenu, puis rejoint par les troupes qu'il avait détachées du côté de la Suisse, convaincu désormais que Bubna, qu'il croyait jusque-là incapable de résister, était à même de tenir à Genève, il envoyait, le 4 mars, aux généraux Bardet et Pouchelon l'ordre de se mettre en marche pour venir par Bourg à Lons-le-Saunier[1]. Il faisait en même temps connaître au général Marchand les motifs qui ne lui permettaient plus de laisser trop de monde au blocus de Genève qu'allaient seules assurer les troupes de ce général et celles de Dessaix.

Il lui annonçait aussi qu'il pourrait d'autant plus aisément suffire à ce service et contenir Bubna à Genève, qu'il allait être renforcé par les troupes disponibles en Dauphiné, par un bataillon envoyé par le vice-roi d'Italie et par les 6,000 à 8,000 hommes de renfort promis par le prince Borghèse et qui avaient dû quitter Turin[2].

---

[1] Augereau au général Bardet, Lons-le-Saunier, 4 mars, et général Bardet au général Marchand, Farges, 4 mars. (*Archives de la guerre.*)
[2] Augereau à Marchand, Lons-le-Saunier, 4 mars. (*Archives de la guerre.*)

Mouvements de Bianchi. — Mieux renseigné que son adversaire, Bianchi avait constaté que les rapports fournis par son avant-garde étaient absolument exacts. Certain désormais qu'Augereau n'avait que peu de monde sur la Saône, voulant d'autre part donner aux réserves autrichiennes du prince héritier de Hesse-Hombourg, qui, bien qu'elles eussent forcé leurs marches, n'étaient encore qu'à Baume-les-Dames, le temps d'entrer en ligne, et tout au moins leur assurer la possibilité de soutenir les troupes du prince Aloïs Liechtenstein sous Besançon, Bianchi se décida à continuer sa marche sur Mâcon afin d'obliger Augereau à s'arrêter.

Le Ier corps resta pendant la journée du 4 sur ses positions de la rive droite de la Saône, à l'exception de la division Ignace Hardegg qui, opérant seule sur la rive gauche de cette rivière, devait chercher à se relier avec les troupes de Wimpffen et du colonel Wieland. Parti de Seurre dans la matinée du 4 mars, Ignace Hardegg s'arrêta à Mervans, mais son avant-garde occupa le soir même Louhans et s'éclaira dans la direction de Lons-le-Saunier, tandis que les partis de Scheither venaient de Tournus à Cuisery et éclairaient la route de Cuiseaux [1].

A gauche et en arrière d'Hardegg, Wimpffen avait passé le Doubs à Dôle et poussé sur la route menant à Poligny et Arbois, jusqu'à Villettes-les-Dôle.

Combat de Poligny. — S'attendant à voir les troupes françaises prononcer leur mouvement en avant, le colonel Wieland avait évacué Arbois le 3 au matin. Mais comme la journée s'était passée tranquillement, il y était rentré le jour même à 7 heures du soir. Chargé de reconnaître les positions d'Augereau et de se relier à la colonne de Wimpffen, Wieland avait quitté Arbois le 4 mars à la pointe du jour et attaqué vers 7 heures du matin, en avant de Poligny, les avant-postes du général Gudin, qui, formant aussitôt sa brigade, culbuta les Autrichiens et les poursui-

---

500 hommes envoyés d'Italie par le prince Camille sur les sollicitations instantes de M. de Saint-Vallier avaient renforcé le général Marchand à Carouge; mais le 2 mars, l'ordre arriva de Turin de renvoyer au prince Camille ces 500 hommes qui reprirent, le 3 mars, le chemin du Piémont.

[1] STÄRKE, Eintheilung und Tagesbegebenheiten der Haupt-Armee im Monate März. (*K. K. Kriegs Archiv.*, III, 4.)

vit jusqu'à Arbois, après leur avoir fait perdre 300 à 400 hommes et leur avoir enlevé une centaine de prisonniers. Wieland, blessé dans le combat et obligé de remettre le commandement au colonel Leiningen, ne parvint à rallier ses troupes qu'aux environs de Salins [1].

5 mars 1814. — Augereau renonce au mouvement sur la Franche-Comté et se replie sur Lyon. — Mais au moment où Gudin l'informait des avantages qu'il venait de remporter, au moment où il se disposait à se porter enfin en avant, Augereau apprenait dans la soirée le mouvement du corps de Bianchi sur Chalon, l'approche des réserves autrichiennes du prince héritier de Hesse-Hombourg et l'apparition de détachements autrichiens à Louhans et dans la direction de Bletterans. Des courriers destinés à Bubna et au prince Aloïs Liechtenstein, interceptés par sa cavalerie, confirmaient ces graves nouvelles pendant que, d'autre part, on lui signalait le passage à Tournus, sur la rive gauche de la Saône, de partis [2] qui, se répandant sur son flanc gauche, semblaient vouloir menacer ses communications et masquer le mouvement des colonnes de Bianchi. Ces nouvelles ravivèrent les craintes du maréchal pour Lyon. Renonçant à son expédition sur la Franche-Comté, comme il venait de renoncer à la reprise de Genève, il résolut de réunir immédiatement les divisions Musnier et Pannetier et sa cavalerie, et se décida à marcher contre Bianchi. Mais, au moment d'entreprendre ces nouvelles opérations, Augereau avait à choisir entre deux partis : l'un, le seul rationnel et utile, consistait à aller droit aux Autrichiens par Tournus et Mâcon et à forcer le passage de la Saône sur l'un de ces points ; l'autre, auquel il n'aurait dû se résigner que dans le cas où les divisions de Bianchi auraient déjà dépassé Mâcon et pris sur lui une avance considérable, consistait, au contraire,

---

[1] Augereau au Ministre de la guerre, Lons-le-Saunier, 5 mars. (*Archives de la guerre.*)

[2] Augereau prétend dans son rapport au Ministre, Lyon, 9 mars (*Archives de la guerre*), « qu'une nuée de troupes légères, la plupart cosaques, (espèce de troupes qui n'avait pas encore paru dans ce pays), passa la Saône à Tournus ». Le maréchal était bien mal renseigné ou a commis là une erreur volontaire. Il n'y avait, du côté de Tournus, que les coureurs de Scheither, et le corps de Bianchi était exclusivement composé de troupes autrichiennes.

à faire rétrograder sur Lyon, par la route de Bourg, les forces réunies autour de Lons-le-Saunier. Malgré les inconvénients manifestes et les dangers d'un pareil mouvement qui permettait à Bianchi de continuer sans encombre sa marche par la rive droite de la Saône, ce fut cependant à ce dernier parti qu'Augereau donna la préférence. Il se flattait de prendre ainsi son adversaire à revers et croyait avoir paré à tout en divisant encore une fois ses forces et en prescrivant au général Bardet, qu'il rappelait à cet effet de Genève à Bourg, de faire une fausse attaque sur Mâcon [1].

Cette inconcevable et déplorable résolution, qui allait compromettre irrévocablement le sort de toute la campagne, reçut cette fois une exécution immédiate. Il était cependant évident que, si Augereau avait réussi à forcer le passage sur la rive droite de la Saône, même à Mâcon, dans le cas où le mouvement sur Tournus lui eût semblé trop hasardeux, la présence sur ce point d'une armée française aurait imprimé une impulsion nouvelle au soulèvement, péniblement comprimé, de ces régions, et surtout du Charolais, et aurait donné au maréchal l'avantage de choisir une bonne position sur la ligne même de marche des Autrichiens. Mais la crainte d'être inquiété dans son mouvement sur Mâcon par Hardegg et Wimpffen, postés sur son flanc gauche, l'emporta sur ces considérations essentielles. Et, dès le 5 mars, Augereau, réunissant le gros de ses forces à Lons-le-Saunier et rappelant à lui la brigade du général Gudin, ainsi que les postes établis du côté de Sellières, ordonna à ce général, qui devait former son arrière-garde, de prendre position à Château-Chalon et de le renseigner sur ce qui se passait du côté de Bletterans [2].

Influence des résolutions d'Augereau sur la situation devant Genève. — La résolution prise par Augereau ne pouvait d'ailleurs se produire à un plus mauvais moment. L'affaiblissement des troupes qui opéraient contre Bubna et Klebelsberg, conséquence de la singulière direction donnée par le duc de Castiglione à son mouvement de retraite, allait contraindre le

---

[1] Augereau au Ministre de la guerre, Lyon, 9 mars. (*Archives de la guerre.*)
[2] Augereau au général Pannetier, Lons-le-Saunier, 5 mars, 2 heures du matin. (*Archives de la guerre.*)

général Marchand à renoncer à des attaques sérieuses contre Genève, au moment même où elles paraissaient devoir amener le résultat désiré, et l'obliger à se borner à bloquer une place dont le commandant venait de demander un délai se terminant le 7 mars et à l'expiration duquel il aurait vraisemblablement évacué la ville si les assiégeants n'avaient pas été forcés par les circonstances à modifier leur attitude [1].

Obligé de prendre les mesures indispensables pour résister à un bombardement, Bubna était d'autant plus inquiet pour ses derrières, qu'il s'était vu contraint à détacher du monde pour réprimer les tentatives de plus en plus fréquentes de soulèvement du pays de Gex. De tous côtes d'ailleurs, l'insurrection nationale faisait des progrès et gagnait du terrain. Les populations des départements de l'Ain, du Jura, de Saône-et-Loire et du Mont-Blanc étaient sous les armes et attaquaient à tout instant les postes et les détachements des Alliés. Mais à la grande surprise de Bubna, au lieu des attaques qu'il attendait, du bombardement qu'il avait cru imminent, la journée tout entière se passa sans le moindre incident [2].

Mouvements des troupes du prince héritier de Hesse-Hombourg. — D'autre part, le prince héritier de Hesse-Hombourg avait reçu, le 5 au matin, l'avis de l'échec éprouvé la veille par Wieland et la dépêche par laquelle le généralissime, le mettant au courant des mouvements prescrits à Bianchi, lui ordonnait de commencer sans retard les opérations contre Augereau [3]. Troublé par les mauvaises nouvelles de Genève, par les rapports lui signalant les sorties continuelles des garnisons de Besançon et d'Auxonne, par l'issue désavantageuse du combat de Poligny, convaincu qu'Augereau allait profiter de sa supériorité numérique momentanée pour accentuer vigoureu-

---

[1] « Je présume », écrit en effet Augereau, de Saint-Amour, le 6 mars, au général Bardet, « que Bubna qui, d'après les courriers que j'ai interceptés, comptait beaucoup sur la diversion (de Bianchi) aura cherché à amuser le général Marchand en demandant jusqu'au 7 de ce mois pour évacuer Genève. » (Correspondance d'Augereau ; *Archives de la guerre*.)

[2] STÄRKE, Eintheilung und Tagesbegebenheiten der Haupt-Armee im Monate März. (*K. K. Kriegs Archiv.*, III, 1.)

[3] Le prince de Schwarzenberg au prince héritier de Hesse-Hombourg, Bar-sur-Aube, 4 mars. (*K. K. Kriegs Archiv.*, III, 82.)

sement son mouvement offensif, il se décida à marcher en deux colonnes, d'un côté par Dôle, de l'autre par Arbois et Poligny sur Lons-le-Saunier, se ménageant ainsi la possibilité de rejoindre Bianchi ou d'aller donner la main à Wimpffen et à Ignace Hardegg. Il avait à cet effet ordonné aux réserves autrichiennes, sur le point d'arriver à Dôle, de se porter par la grande route contre l'aile gauche de la position française; au prince de Cobourg [1] de quitter Salins avec les troupes tirées du IIe corps et de marcher par Arbois et Poligny contre le front de cette position.

Mouvements et positions du Ier corps autrichien (Bianchi). — Avant de prendre définitivement l'offensive et de commencer les opérations, Bianchi avait jugé à propos de profiter de la journée du 5 mars pour masser autour de Chalon-sur-Saône les trois divisions Bakony, Wied-Runkel et Lederer et pour les y établir en cantonnements resserrés qu'il comptait occuper jusqu'à l'arrivée des autres colonnes à sa hauteur. Le général Scheither, qui lui servait d'avant-garde et dont le gros occupait Tournus, s'avança quelque peu à l'est de la rive gauche de la Saône, pendant que de forts détachements, chargés de couvrir la droite du Ier corps, allaient à Saint-Léger, à Couches et vers Autun.

On avait de plus envoyé à Saint-Gengoux-le-Royal le corps volant du lieutenant-colonel Menninger (un bataillon et deux escadrons) chargé de chasser de ces parages le partisan Damas qui, deux jours auparavant, avait tendu à Saint-Boil une embuscade à une reconnaissance autrichienne, lui avait tué ou blessé 15 hommes et fait une vingtaine de prisonniers [2].

Sur la rive gauche de la Saône le comte Ignace Hardegg s'était avancé de Mervans jusqu'à Saint-Germain-aux-Bois et s'était étendu du côté de Lons-le-Saunier jusqu'à Bletterans, pendant qu'à sa gauche Wimpffen s'arrêtait le soir à Villiers-Robert [3].

---

[1] Composition du détachement du général-major prince de Cobourg : 5 bataillons d'infanterie ; 4 escadrons de cuirassiers Archiduc François ; 6 escadrons de dragons Archiduc Jean ; 2 escadrons de hussards de Kienmayer.

[2] STÄRKE, Eintheilung und Tagesbegebenheiten der Haupt-Armee im Monate März (*K. K. Kriegs Archiv.*, III. 1), et rapport de G. de Damas, chef des partisans de la 19e division militaire, au Ministre de la guerre, 4 mars. (*Archives de la guerre.*)

[3] STÄRKE, Eintheilung und Tagesbegebenheiten der Haupt-Armee im Monate März. (*K. K. Kriegs Archiv.*, III, 1.)

6 et 7 mars 1814. — Immobilité des troupes de Bianchi. — Organisation de l'armée autrichienne du Sud. — Les différentes fractions du Ier corps restèrent complètement immobiles dans leurs cantonnements de Chalon pendant la journée du 6 mars. La colonne de Wimpffen continua seule sa marche et poussa jusqu'à Seillières pendant que le prince héritier de Hesse-Hombourg arrivait à Dôle[1]. Les Alliés consacrèrent la plus grande partie de la journée du lendemain 7 mars à l'organisation de l'armée du Sud. Placée sous les ordres du prince héritier de Hesse-Hombourg, cette armée se composait de deux corps chargés d'opérer contre Lyon (62 bataillons, 74 escadrons et 13 batteries), représentant un effectif de 43,200 hommes environ[2].

Mouvements et positions d'Augereau. — Parti de Lons-le-Saunier le 6 à 5 heures du matin, Augereau avait atteint, le 6 au soir, Saint-Amour d'où il avait de nouveau envoyé au général Bardet l'ordre formel de venir le rejoindre par Bourg et d'emmener avec lui la brigade Pouchelon[3]. Le lendemain 7 mars, le gros de son armée était à Bourg, tandis que le général Bardet se mettait en route à marches forcées et ne laissait que cent hommes au fort l'Écluse[4].

---

[1] Prince de Schwarzenberg, rapport journalier à l'empereur d'Autriche, 6 mars. (*Ibid.*, III, 111.)

[2] D'après les *Tagesbegebenheiten* (*Ibid.*, III, 1), l'armée du Sud devait se composer de 99 bataillons et 126 escadrons, en y comprenant les renforts encore en marche. A la date du 7 mars, le prince héritier de Hesse-Hombourg disposait, pour les opérations contre Lyon, du Ier corps autrichien de Bianchi formé de la 1re division Lederer (brigade Scheither); 2e division Bianchi remplacé par Bakony (brigades Retsey et Quallenberg); 3e division, prince de Wied-Runkel (brigade Salins), et de la division Wimpffen (brigades Gall, Haugwitz et Mumb), et du corps du feld-maréchal lieutenant prince Philippe de Hesse-Hombourg, comprenant la 1re division prince Émile de Hesse (brigades Folenius, Möser et Fürstenwerther); la 2e division Wartensleben (brigade Kuttalek), enfin de la division Ignace Hardegg (brigades Henri Hardegg et prince de Cobourg).

[3] « Que Genève soit prise ou non à l'époque où vous recevrez cette lettre, vous viendrez de suite me joindre par Bourg où vous trouverez de nouveaux ordres et vous amènerez le général Pouchelon et ses troupes. » (Augereau au général Bardet, Saint-Amour, 6 mars. *Archives de la guerre.*) Voir également général Bardet à général Marchand, Farges, 6 mars, et Marchand à Bardet. Carouge, 6 mars. (*Ibid.*)

[4] Général Bardet au général Marchand, Farges, 7 mars. (*Ibid.*)

Ni les représentations du général Marchand qui l'avait vainement supplié de retarder de quelques jours le départ de Bardet et de Pouchelon[1], ni l'immobilité de ses adversaires, ni l'assurance de l'approche de renforts envoyés d'Italie, rien ne put parvenir à modifier les idées qu'Augereau s'était faites de la situation, rien ne parvint à l'éclairer sur la faute irréparable qu'il s'entêtait à commettre en revenant sur Lyon. Il lui eût cependant suffi d'un instant de réflexion, d'un coup d'œil jeté sur la carte pour reconnaître les inconvénients du mouvement sur Lyon, les avantages d'une entreprise sur Mâcon et de préférence sur Tournus, pour voir qu'il pouvait, de Lons-le-Saunier, arriver en trois ou quatre marches au plus sur la rive droite de la Saône. Grâce à la lenteur et à l'immobilité de ses adversaires qui ne s'étaient pas rendu compte de son mouvement, il pouvait encore tout sauver le 7 mars si, au lieu de dépasser Bourg, il avait pris le parti de s'engager sur la route de Mâcon où il aurait pu s'établir avec le gros de son armée dans la journée du 8 mars.

7 mars 1814. — Premiers mouvements de Bianchi. — Bianchi, en effet, n'avait eu connaissance du départ d'Augereau de Lons-le-Saunier que dans la matinée du 7 mars. Mais, ignorant complètement la direction prise par le maréchal et n'ayant pu parvenir à découvrir si le duc de Castiglione s'était porté

---

[1] Le général Marchand, écrivant le 7 mars de Carouge à Augereau, lui disait : « Il est bien malheureux que le général Bardet nous quitte pour aller vous rejoindre. Je suis convaincu qu'au bout de trois jours d'attaque de son côté, Genève aurait été forcée de se rendre. J'espère que Votre Excellence ne me desapprouvera pas de garder le général Pouchelon jusqu'à l'arrivée des renforts venant par le mont Cenis. Si, après le départ du général Bardet, le général Pouchelon nous quittait, nous risquerions d'être rechassés sur Chambéry. » (*Archives de la guerre.*)

Comme le général Marchand l'écrit au comte de Saint-Vallier, le maréchal Augereau lui transmet, le 7 mars, l'ordre de faire partir le général Pouchelon.

Dans le *post-scriptum* de sa lettre à Saint-Vallier, le général Marchand ajoute : « Je crains bien après cela d'être obligé de me replier sur Frangy pour ne pas compromettre ma troupe. Je viens de me concentrer avec le général Dessaix, et il est probable que nous allons nous porter sur Frangy *pour avoir une bonne position, au lieu qu'ici elle est extrêmement étendue.* » Du reste, comme le général Marchand l'avait écrit dès le 5 mars : « C'est en avant de Frangy qu'est la seule bonne position dans laquelle nous puissions penser de nous maintenir, si l'ennemi, nous voyant si affaiblis, prend l'offensive. »

sur Mâcon ou sur Bourg, il n'avait pas voulu reprendre son mouvement avant de posséder des renseignements positifs sur les projets de son adversaire. Sachant que le prince de Cobourg marchait sur Poligny, que le gros de la division Wimpffen devait venir à Plainoiseau, il avait prescrit aux généraux Hardegg et Wimpffen de pousser leurs avant-gardes sur Lons-le-Saunier et leurs découvertes sur la route de Saint-Amour. En avant de son front, il avait fait partir pour Saint-Trivier-de-Courtes une colonne volante sous les ordres du colonel baron Hammerstein et ordonné au général Scheither d'occuper immédiatement Mâcon. Enfin, sur sa droite, le lieutenant-colonel Menninger, envoyé de Saint-Gengoux-le-Royal à Cluny, avait eu en route plusieurs affaires assez vives avec les paysans armés et les partisans de Damas [1].

8 mars 1814. — Augereau continue sa marche sur Lyon. — L'aveuglement ou l'entêtement d'Augereau, arrivé à Bourg le 7 mars au soir, l'empêcha de tirer parti de ces circonstances favorables, des chances inespérées qui s'offraient encore à lui, de la dernière occasion de profiter d'une supériorité numérique momentanée, de chasser de Mâcon la faible brigade de Scheither et d'obliger Bianchi à s'arrêter à Chalon. Bien qu'on lui eut signalé la présence de troupes autrichiennes à Mâcon, il n'eut pas un instant l'idée de contrôler l'authenticité de ce renseignement qu'il communiqua cependant au préfet du Rhône [2], il ne songea même pas à reconnaître la force du détachement que son adversaire pouvait y avoir. Pressant son mouvement sur Lyon par Meximieux, il se contenta de régler la marche de sa colonne, d'envoyer l'ordre aux généraux Bardet et Pouchelon de venir à

---

[1] Stärke, Eintheilung und Tagesbegebenheiten der Haupt-Armee im Monate März. (*K. K. Kriegs Archiv.*, III, 1.)

[2] « L'ennemi, » écrivait Augereau au préfet de Lyon, de Saint-Amour, le 7 mars, « était, paraît-il, le 6 au soir à Mâcon. Je compte l'y attaquer ; mais il serait possible qu'il fût déjà en marche sur Lyon. Il faut le savoir d'une manière positive et s'il couche ce soir à Villefranche. Dans le cas où l'ennemi marcherait par Villefranche, je me dirigerai par Meximieux pour défendre Lyon. » (*Archives de la guerre.*)

Il est essentiel de remarquer que le renseignement était faux, que Scheither entra seulement à Mâcon le 7 au soir ; qu'Augereau, au lieu de s'adresser au Préfet, devait s'éclairer et se renseigner par sa cavalerie.

Pont-d'Ain, au général Rémond de prendre position avec ce qu'il avait de disponible au faubourg de Vaise[1].

Intimement convaincu que, pendant qu'il se porterait de Bourg vers la Saône et essayerait de déboucher sur Mâcon en forçant le passage à Saint-Laurent-de-l'Ain, Bianchi ne manquerait pas de jeter ses troupes légères contre Lyon et réussirait peut être à enlever cette grande ville, gardée presque exclusivement par des gardes nationaux et dont les habitants paraissaient peu disposés à se défendre, craignant par-dessus tout de perdre ses communications, d'être coupé de ses dépôts et séparé de ses renforts venant de l'armée de Catalogne, Augereau se décida à Bourg à faire le grand détour sur Lyon et abandonna à son adversaire l'avantage de pouvoir à son gré jeter des troupes sur les deux rives de la Saône[2].

Bianchi renseigné sur la marche d'Augereau. — Affaire de Crèches. — Scheither rejeté sur Mâcon. — Pendant ce temps Bianchi avait réussi à se procurer des renseignements positifs sur la marche du duc de Castiglione et avait prescrit à Scheither de porter son avant-garde de Mâcon à Saint-Symphorien-d'Ancelles. Mais les détachements poussés par ce général et envoyés en reconnaissance de Mâcon vers La Maison-Blanche, s'étaient laissé surprendre à Crèches et avaient été rejetés en désordre sur Mâcon. La moindre démonstration sérieuse entreprise par les Français pouvait compromettre d'autant plus gravement cette brigade qu'elle était absolument en l'air et qu'elle n'avait pour tout soutien qu'un régiment d'infanterie, que Bianchi envoya avec une batterie à Tournus, et la brigade de cavalerie du général-major Kuttalek qu'on venait de faire partir de Châlon-sur-Saône pour Sennecey-le-Grand[3].

---

[1] Augereau au préfet du Rhône, aux généraux Bardet et Pouchelon, et ordre de marche pour le 8 mars, Saint-Amour, 7 mars. (*Archives de la guerre.*) — Du Casse, *Précis historique des opérations de l'armée du Rhône.*

[2] Augereau au préfet du Rhône, aux généraux Bardet et Pouchelon, et ordre de marche pour le 8 mars, Saint-Amour, 7 mars. (*Archives de la guerre.*) — Du Casse. *Précis historique des opérations de l'armée du Rhône.*

[3] Stärke, Eintheilung und Tagesbegebenheiten der Haupt-Armee im Monate März. (*K. K. Kriegs Archiv.*, III, 1.) — Du Casse, *Précis historique des opérations de l'armée du Rhône.*

Mouvement des colonnes autrichiennes de Bianchi. — Opérations de Bubna. — Sur la rive gauche de la Saône Wimpffen et le général-major prince de Cobourg, qui venait de le rejoindre, étaient entrés à Lons-le-Saunier, avaient poussé leurs avant-gardes jusqu'à Cousance et détaché une colonne, forte d'un bataillon et de deux escadrons, qui devait se diriger vers Genève et rétablir les communications avec Bubna. Cet officier général avait profité du calme qui régnait depuis le départ du général Bardet et de l'immobilité des Français sur la rive droite de l'Arve pour faire occuper Bonneville par le major von Blankenstein et s'assurer la possession de la vallée de l'Arve, pour cantonner la cavalerie de sa division à Bernex et charger le feld-maréchal lieutenant Klebelsberg d'éclairer du côté du Jura et de pacifier le pays de Gex [1].

9 mars 1814. — Augereau à Lyon. — Marche de Bianchi sur Mâcon. — Le 9 mars, pendant que le général Bardet arrivait à Bourg et que le général Pouchelon s'établissait à Neuville-sur-Ain et Pont-d'Ain, le gros de l'armée d'Augereau traversait Lyon, débouchait sur la rive droite de la Saône et s'engageait sur la route de Mâcon, précédé par les bataillons de garde nationale du général Rémond qui occupaient Villefranche [2]. Bianchi quittait au même moment Chalon et marchait sur Mâcon en deux colonnes : l'une, composée du gros de ses forces, se dirigea droit de Chalon sur Tournus par la vallée de la Saône, couverte sur sa droite par la deuxième colonne formée par la division Wied-Runkel. Chargé de disperser les rassemblements armés du Charolais, le prince de Wied avait ordre de se porter par Givry sur Saint-Gengoux-le-Royal. Une de ses brigades (la brigade Jakardowsky), passant par Montcenis, Blanzy, Saint-Romain-sous-Gourdon [3], Le Rousset et Saint-Bonnet-de-Joux, devait aller

---

[1] Prince de Schwarzenberg, rapport journalier à l'empereur d'Autriche, Pont-sur-Seine, 15 mars. (*K. K. Kriegs Archiv.*, III, 272.)

[2] Augereau au Ministre de la guerre, aux généraux Bardet, Pouchelon et Rémond, Lyon, 9 mars. (*Archives de la guerre.*)

[3] STÄRKE, Eintheilung und Tagesbegebenheiten der Haupt-Armee im Monate März. (*K. K. Kriegs Archiv.*, III, 1.)
La brigade détachée sur Charolles devait couper le canal du Centre (que le document autrichien appelle canal de la Saône à la Loire), à hauteur de Saint-Romain-sous-Gourdon.

occuper Charolles pendant que le prince, avec la brigade Salins, arriverait de son côté à Cluny[1]. La brigade de cuirassiers du général Kuttalek s'avança de Sennecey-le-Grand jusqu'à Saint-Alboin afin d'être plus à même de soutenir ou de recueillir Scheither. Celui-ci, reprenant le mouvement qui avait échoué la veille, poussa jusqu'à La Maison-Blanche, au sud de Saint-Symphorien-d'Ancelles et dispersa sur sa route les paysans armés qui avaient surpris et malmené ses partis à Crèches[2].

Sur la rive gauche de la Saône le comte Ignace Hardegg, venant de Louhans, s'était rapproché des bords de cette rivière et arrivait le 9 au soir à Cuisery, à deux lieues à peine à l'est de Tournus. A sa gauche l'avant-garde de Wimpffen avait poussé de Saint-Amour jusqu'à Bourg et avait appris en route qu'Augereau avait gagné Lyon par la route de Meximieux[3].

Enfin le prince héritier de Hesse-Hombourg avait poussé le gros des réserves autrichiennes jusqu'à Seurre et fait occuper Saint-Amour par la brigade du prince de Cobourg.

10 mars 1814. — Mouvement des troupes d'Augereau sur les deux rives de la Saône. — Insuffisamment renseigné sur les forces et les projets de Bianchi, sachant seulement qu'on évaluait à 15,000 hommes l'effectif des troupes autrichiennes qui s'avançaient par la rive droite de la Saône, ayant vaguement connaissance de l'entrée à Mâcon de l'avant-garde de la colonne principale, informé également de la marche d'une autre colonne autrichienne sur Bourg, Augereau résolut d'arrêter Bianchi et de lui enlever Mâcon où il ne croyait trouver que 1500 à 2000 hommes, en attaquant[4] cette ville par les deux rives de la Saône.

Laissant à Lyon la division Pannetier et deux de ses trois

---

[1] STÄRKE, Eintheilung und Tagesbegebenheiten der Haupt-Armee im Monate März. (*K. K. Kriegs Archiv.*, III, 1.)

[2] Prince de Schwarzenberg, rapport journalier à l'empereur d'Autriche, Troyes, 14 mars. (*Ibid.*, III, 254.)

[3] STÄRKE, Eintheilung und Tagesbegebenheiten der Haupt-Armee im Monate März. (*Ibid.*, III, 1.)

[4] Augereau à Musnier et Bardet, Lyon, 9 mars. (Correspondance d'Augereau; *Archives de la guerre.*)

régiments de cavalerie, il prescrivit à Musnier de se porter avec sa division et le 12ᵉ hussards sur Villefranche, occupé déjà par le général Rémond, de continuer le lendemain 11 sur Mâcon, de reconnaître la position et la force des Autrichiens et de les attaquer. Cette attaque devait être soutenue par le général Bardet auquel le maréchal envoyait l'ordre de se porter de Bourg sur Saint-Lesmont-de-l'Ain. Le général Pouchelon[1] devait venir de Pont-d'Ain remplacer le général Bardet à Bourg. Enfin le maréchal, au lieu de pousser toutes les troupes qu'il avait à Lyon contre un ennemi dont la force lui était inconnue, gardait sans raison en réserve, à une journée de marche en arrière de la division Musnier, la division Pannetier qu'il ne voulait amener que le 11 à Villefranche[2].

Satisfait d'avoir pu prévenir les Autrichiens à Lyon, le maréchal se rendait si peu compte de la gravité de la situation que, avant de se décider à porter le 11 la division Pannetier et la cavalerie de Digeon à Villefranche, il avait commencé par donner à Pannetier l'ordre de tenir un régiment d'infanterie, un escadron et deux pièces prêts à se porter, soit sur la route de Bourg, soit sur celle de Mâcon, pour renforcer les troupes de Bardet ou de Musnier dans le cas où elles viendraient à être repoussées, qu'un peu plus tard, il se contenta d'envoyer à Villefranche un des régiments d'infanterie de Pannetier, et enfin qu'il ne quitta lui-même Lyon, avec les divisions Pannetier et Digeon, que le 11 mars à 11 heures du soir[3].

Mouvement des troupes autrichiennes. — Affaire de Bourg. — Escarmouche de Fleyriat. — Pendant ce temps, les troupes autrichiennes exécutaient les mouvements suivants : Bianchi, avec le gros du Iᵉʳ corps, entrait à Mâcon vers midi ; mais le manque de vivres résultant du soulèvement national

---

[1] Le général Marchand, écrivant le 10 mars de Carouge à Augereau, lui disait : « Le départ des troupes des généraux Bardet et Pouchelon a compromis ma situation. Je crains d'être obligé de reculer sur le département du Mont-Blanc. » (*Archives de la guerre.*)

[2] Augereau aux généraux Musnier, Bardet et Pouchelon. Ordres de mouvement pour le 11, Lyon, 10 mars. (Correspondance d'Augereau ; *Archives de la guerre.*)

[3] Ordres aux généraux Pannetier et Digeon et ordres de mouvement, Lyon, 11 mars. (Correspondance d'Augereau ; *Archives de la guerre.*)

l'obligeait à donner à ses troupes des cantonnements plus étendus que la prudence et la raison ne le conseillaient. A sa droite, le prince de Wied-Runkel était arrivé à Cluny avec la brigade Salins. Son autre brigade s'arrêtait, le 10 dans l'après-midi, à Saint-Romain-sous-Gourdon et se disposait à continuer le lendemain sa marche sur Charolles. En avant de son front, Scheither, qui avait repris position à La Maison-Blanche, mandait au commandant du Ier corps autrichien qu'il n'avait rien de nouveau à lui signaler et que la tranquillité la plus complète continuait à régner sur la ligne des avant-postes français du côté de Villefranche [1].

Sur la rive gauche de la Saône, le prince héritier de Hesse-Hombourg s'était avancé jusqu'à Mervans avec les réserves autrichiennes, et le feld-maréchal lieutenant Wimpffen avait poussé jusqu'à Saint-Amour. Le colonel Simony avait momentanément occupé Bourg avec les hussards de Hesse-Hombourg; mais, attaqué par l'avant-garde du général Bardet, il avait perdu une cinquantaine d'hommes et avait été vivement poursuivi jusque vers Saint-Étienne-au-Bois par les Français, qui s'arrêtèrent sur la rive gauche du Sevron.

Enfin le comte Ignace Hardegg, qui s'était proposé d'arriver jusqu'à Bourg, avait trouvé les troupes françaises de Bardet en position à hauteur de Fleyriat. Se conformant aux ordres du généralissime qui avait formellement recommandé d'éviter tout engagement partiel toutes les fois que l'ennemi aurait pour lui la supériorité du nombre, le feld-maréchal lieutenant avait immédiatement rompu le combat et ramené sa division à Montrevel [2].

11 mars 1814. — Combat de Mâcon. — Le 11 mars, la division Musnier précédée par le 12e hussards, débouchant de Villefranche, surprenait à Saint-Georges-de-Reneins, à 3 kilomètres au sud de Belleville-sur-Saône, les avant-postes de Scheither qui, croyant n'avoir rien à craindre, avait négligé de se garder, les poussait vivement sur La Maison-Blanche, culbutait la réserve

---

[1] STÄRKE. Eintheilung und Tagesbegebenheiten der Haupt-Armee im Monate März. (*K. K. Kriegs Archiv.*, III, 1.)

[2] STÄRKE, Eintheilung und Tagesbegebenheiten der Haupt-Armee im Monate März. (*K. K. Kriegs Archiv.*, III, 1.)

postée sur ce point et la rejetait en désordre sur le gros de la brigade que Scheither venait de faire monter à cheval et de réunir sur la hauteur au nord de Saint-Symphorien-d'Ancelles. Sans laisser aux escadrons autrichiens le temps de se déployer et de reconnaître la faiblesse de son avant-garde, le colonel Colbert sabra la cavalerie de Scheither qui, blessé et démonté dans le combat, fut obligé de se sauver à pied, lui enleva deux canons et rejeta sur la route de Mâcon l'avant-garde autrichienne.

Dès le début de l'affaire, Bianchi avait donné aux deux divisions l'ordre de prendre les armes et de venir occuper au sud de la ville une position s'étendant depuis la Saône à Saint-Clément-les-Mâcon jusqu'à Charnay. Il avait en même temps envoyé l'ordre au prince de Wied de revenir au plus vite avec la brigade Salins, de Cluny sur Mâcon, qu'il lui fallait conserver à tout prix, et fait partir pour Saint-Symphorien-d'Ancelles le général Haugwitz avec deux bataillons chargés de recueillir Scheither et d'arrêter le mouvement des Français. L'arrivée de ce renfort permit à Scheither de rallier ses escadrons et de se jeter avec les chevau-légers de Vincent et les hussards de Westphalie sur les hussards de Colbert. Ceux-ci, épuisés par le combat qu'ils avaient été seuls à soutenir et par la vivacité d'une poursuite aussi prolongée, étaient sur le point de plier, lorsque l'entrée en ligne de deux compagnies d'infanterie légère obligea Scheither à continuer sa retraite et à se replier à 11 heures sur Varennes. Les bataillons d'Haugwitz, qui avaient repris position sur ce point [1], parvinrent à s'y maintenir jusqu'à 2 heures de l'après-midi contre les efforts de la cavalerie de Colbert et de l'avant-garde d'infanterie de Musnier.

Dans l'intervalle, Bianchi avait eu le temps de faire prendre

---

[1] On trouve dans l'*Historique du régiment de dragons autrichiens n° 4* (Grand-duc héritier de Toscane), publié par l'*Oesterreichische militarische Zeitschrift*, 1838, I, 312, des détails intéressants sur cette première partie du combat de Mâcon : « L'avant-garde du général-major Scheither, surprise à La Maison-Blanche fut obligée de rétrograder par Varennes sur Charnay pendant que le gros des troupes françaises, poussant par la grande route de Lyon à Mâcon, menaçait les villages de Vinzelles et de Saint-Léger. Le capitaine Ast couvrit à ce moment avec autant d'habileté que de valeur le flanc droit du général Scheither qui était plus particulièrement menacé pendant la retraite, et réussit à sauver trois compagnies du régiment des confins militaires de Brodi qui, postées à l'extrême droite et vivement poussées par l'ennemi, étaient sur le point d'être coupées et prises. »

position à ses troupes. Le général Fürstenwerther avec sa brigade de grenadiers s'était établi sur les hauteurs de Saint-Clément-les-Mâcon ; 16 canons mis en batterie sur son front devaient arrêter le mouvement des troupes françaises qui auraient essayé de se porter sur Mâcon en passant entre le village de Saint-Clément et la Saône. Une autre batterie de 4 pièces et le régiment de Simbschen gardaient les abords du village et se reliaient du côté des Carteronnes avec les brigades Quallenberg et Hirsch. A l'aile droite de Bianchi, Charnay, où l'on attendait l'arrivée de la brigade Salins, était occupé par un bataillon d'infanterie et deux escadrons de dragons avec trois bouches à feu. Afin de contrecarrer un mouvement tournant dirigé contre cette aile droite, Bianchi avait jeté dans Vinzelles un bataillon d'infanterie et une section d'artillerie. Les cuirassiers du général Kuttalek, que la configuration du terrain n'aurait pas permis d'employer sur le champ de bataille, étaient en réserve au nord de Mâcon, et un bataillon, servant de soutien à une section d'artillerie (2 pièces), gardait dans la ville même le pont de pierre de la Saône.

A 2 heures de l'après-midi, Musnier parvenait enfin à chasser Scheither et Haugwitz de Varennes et à les rejeter sur Saint-Clément. La résistance acharnée qu'il venait de rencontrer à Varennes, les renseignements positifs et concordants, que lui avaient donnés les habitants du pays et les prisonniers, auraient dû démontrer à Musnier qu'il allait avoir affaire, non pas à une avant-garde ou à un détachement isolé, mais à un corps d'une force supérieure à celle de sa division.

Il aurait donc dû se contenter des résultats obtenus, arrêter ses troupes sur la position de Varennes et de Chaintré, s'y établir solidement et attendre l'arrivée du reste des troupes du maréchal pour tenter avec quelque chance de succès l'attaque de Mâcon. Une autre considération aurait dû d'ailleurs le décider à s'en tenir là. La diversion, que le général Bardet devait exécuter sur la rive gauche de la Saône, ne s'était pas produite, et il y avait tout lieu de penser, en raison de l'heure déjà avancée, qu'une circonstance quelconque avait empêché ce général de se jeter de Bourg sur Saint-Laurent-de-l'Ain.

Aveuglé par les progrès rapides de sa cavalerie, oubliant qu'il se trouvait absolument en l'air et que ses soutiens les plus proches étaient à une grande journée de marche en arrière, le général Musnier, aussitôt après la prise de Varennes, disposa rapidement sa division et compromit encore sa situation déjà très aventurée en marchant contre Mâcon en deux colonnes. Pendant que Bianchi ramenait en arrière de cette ville les troupes très éprouvées de Scheither et ce qui restait des deux bataillons du général Haugwitz, Musnier se portait des environs de Varennes contre Saint-Clément, en faisant suivre la grande route à son artillerie et aux hussards flanqués sur leur droite par les deux régiments de la brigade Estève (20e et 67e), et chargeait en même temps le général Ordonneau de déborder la droite autrichienne en se portant des hauteurs de Chaintré sur Vinzelles, Saint-Léger et Charnay.

Bien que décimés par les feux de l'artillerie de Bianchi, les deux régiments du général Estève continuèrent leur mouvement sur Saint-Clément, attaquèrent le régiment de Simbschen et parvinrent à s'emparer des hauteurs et du village de Saint-Clément. Mais ce fut en vain qu'ils essayèrent à deux reprises d'en déboucher, de donner l'assaut aux positions occupées en arrière de ce village par les grenadiers de Fürstenwerther et couronnées par une formidable artillerie.

Obligé de se contenter de la possession de Saint-Clément, Musnier espérait encore que le mouvement débordant de la colonne du général Ordonneau déciderait son adversaire à lui abandonner Mâcon. Les quatre bataillons du général Ordonneau avaient pendant ce temps enlevé Vinzelles à l'infanterie autrichienne et poussé à sa suite, d'abord sur Saint-Léger, puis contre Charnay.

Rassuré sur le sort de sa gauche, voyant que si les Français avaient renoncé de ce côté à leurs attaques, la colonne d'Ordonneau était sur le point d'enlever Charnay et menaçait la batterie établie à l'ouest de ce village, Bianchi résolut d'en finir. Profitant d'un moment d'hésitation et d'un certain flottement qui se produisit dans les rangs des troupes d'Ordonneau, il poussa résolument en avant les brigades Hirsch et Quallenberg et lança contre les bataillons français ce qu'il avait de cavalerie à l'aile droite. La charge exécutée à ce moment par le major Ehrenstein, à la tête de deux escadrons de hussards de Würzburg et d'un escadron de vélites du régiment de hussards de l'Empereur [1], décida

---

[1] L'historique du 4e régiment de dragons autrichiens (en 1814 dragons de

du sort de la journée. Rompus par les escadrons autrichiens, les bataillons d'Ordonneau se replièrent en toute hâte sur Loché où ils essayèrent de reprendre pied. Mais au même moment, l'infanterie autrichienne se porta en avant sur toute la ligne et obligea le général Musnier, qui avait imprudemment engagé toutes ses troupes sans se ménager la moindre réserve, à abandonner successivement toutes les positions qu'il avait conquises.

Poursuivi par la cavalerie autrichienne jusqu'à hauteur de La Maison-Blanche, le général Musnier ramena à Saint-Georges-de-Reneins sa division à laquelle le combat de Mâcon avait coûté de 600 à 700 hommes et 2 pièces démontées qu'on avait dû laisser à Saint-Clément. Les pertes du Ier corps autrichien s'élevaient à un millier d'hommes[1].

Le 11 au soir, les troupes de Bianchi, qui avaient pris part au combat, campaient en avant de Mâcon, à l'exception de la brigade Scheither qui réoccupa La Maison-Blanche et Saint-Symphorien-d'Ancelles.

Grâce à la témérité imprudente de Musnier, mais surtout grâce aux déplorables dispositions d'Augereau, une journée qui avait heureusement commencé se terminait par un échec d'une réelle gravité. Il est, en effet, incontestable que s'il avait eu le soin de donner des ordres formels et précis à Musnier, s'il n'avait pas

---

Würzburg), auquel nous avons déjà fait précédemment un emprunt, contient quelques détails intéressants sur la charge décisive de la cavalerie autrichienne :

« L'ennemi s'avançant à ce moment par la route de Saint-Léger à Charnay, menaçait de prendre à revers Saint-Clément et de tomber en même temps sur le flanc droit du feld-maréchal Bianchi. Il occupa même Charnay, attaqua les hauteurs à droite de ce village sur lesquelles le feld-maréchal lieutenant avait établi une batterie... A ce moment, l'escadron du capitaine Ast chargea sur la route de Charnay avec tant d'à-propos et d'entrain qu'il obligea l'ennemi à se retirer jusqu'à Loché. Au même moment, deux autres escadrons du régiment chargèrent la colonne ennemie qui débouchait de Saint-Léger, puis l'un des escadrons de dragons, soutenu par un escadron de hussards de l'Empereur, se précipita sur les bataillons ennemis qui commençaient à déborder l'aile droite autrichienne et les culbuta pendant que l'autre escadron réussissait à faire mettre bas les armes à 200 fantassins qui s'étaient enfermés dans une ferme. » (*Oesterreichische militärische Zeitschrift*, 1838, 1, 312-316.)

[1] STÄRKE, Eintheilung und Tagesbegebenheiten der Haupt-Armee im Monate März. (*K. K. Kriegs Archiv.*, III, 1.) — *Armee Nachrichten*, n° 9, Troyes, 13 mars (*Ibid.*, III, 246), et prince de Schwarzenberg, rapport journalier à l'empereur d'Autriche, Troyes, 14 mars (*Ibid.*, III, 234); Augereau au Ministre de la guerre, Villefranche, 12 mars (*Correspondance d'Augereau*; *Archives de la guerre*).

essayé de faire arriver simultanément sur le champ de bataille deux divisions venant de directions absolument opposées, séparées par des distances considérables et par un cours d'eau aussi important que la Saône et par suite dans l'impossibilité de communiquer entre elles, le maréchal aurait pu épargner à son armée la défaite qu'elle venait d'essuyer. Enfin, si, au lieu de garder à Lyon la division Pannetier et la cavalerie de Digeon, Augereau s'était porté avec toutes ses forces réunies contre les positions de Bianchi, il aurait eu d'autant plus de chances d'atteindre son but, d'arrêter les Autrichiens en avant de Lyon, que le général autrichien avait de son côté commis la faute de s'affaiblir en détachant sur sa droite la division Wied-Runkel [1], que

---

[1] Augereau comprenait si peu sa situation, il était si mal renseigné, ou bien il tenait si peu compte des renseignements qui lui parvenaient, qu'écrivant dans le courant de la journée du 11 mars au général Musnier pour le féliciter des avantages remportés contre Scheither, il lui disait : « Si vous ne croyez pas pouvoir vivre à Villefranche, choisissez une bonne position et attendez l'arrivée des troupes qui partiront ce soir, si le régiment d'infanterie et les 50 hussards partis ce matin ne vous suffisent pas ». (Augereau au général Musnier, Lyon, 11 mars. — Correspondance d'Augereau ; *Archives de la guerre.*)

On trouve, d'ailleurs, de curieux aperçus sur la conduite du maréchal Augereau et du général Musnier dans une dénonciation anonyme datée de Lyon, 16 mars, et qui a dû être écrite par un agent secret de Clarke. Nous hésitons d'autant moins à reproduire cette pièce qu'elle fut prise en considération par le Ministre et donna lieu au rapport qu'on lira un peu plus loin :

« Je ne suis pas militaire. Il n'est peut-être pas bien à moi de parler de la guerre, mais les circonstances critiques et impérieuses où se trouve la France peuvent faire excuser un citoyen qui dit ce qu'il voit et juge d'après ses yeux. Le maréchal duc de Castiglione a organisé une armée. Il est sorti de Lyon avec 20,000 hommes, dont 10,000 de l'armée de Catalogne qui sont les plus braves et les plus magnifiques soldats qu'on puisse voir. Son Excellence porta son quartier général à Lons-le-Saunier, en dirigeant 6,000 hommes sur Genève pour renforcer le général Marchand, lorsqu'elle apprit que l'ennemi qui, à notre approche, avait évacué Mâcon et même Chalon, se renforçait prodigieusement dans cette dernière ville et pouvait, en descendant la Saône, faire un coup de main sur Lyon dégarni. A l'instant, le maréchal fit une retraite précipitée. L'ennemi, arrivé à Mâcon avant lui, fit une tête de pont du côté de Bourg et mina le pont. Le maréchal ne voulant ou ne pouvant rien tenter de Bourg sur Mâcon, rentra à Lyon avec 9,000 hommes, après en avoir laissé 6,000 à Meximieux. Sur-le-champ, il fit partir pour Villefranche une division commandée par le général Musnier et dans laquelle étaient 2 régiments de Catalogne. Le 11 mars, cette division poussa jusqu'aux faubourgs de Mâcon, lorsqu'elle donna dans une batterie masquée qui lui fit beaucoup de mal et l'obligea à se replier en ramenant toutefois 2 canons et 500 des 1100 hommes qu'elle avait pris le matin. De suite, le maréchal fait partir, à 11 heures du soir, tout ce qui restait disponible à Lyon, et à sa tête prend la

ses troupes légères furent surprises par l'offensive des Français et que les diverses colonnes de l'armée du Sud étaient encore loin d'être réunies.

---

route de Villefranche. Les 12, 13 et 14 mars, il n'a pas attaqué. On ne sait encore ce qui s'est passé hier.

« L'ennemi, en tenant le pont de Mâcon, a une position avantageuse, car il divise notre armée et peut se retirer sur telle rive de la Saône qu'il jugera favorable, tandis qu'il nous faut faire un retour à Lyon pour reporter du secours au côté le plus menacé. Ce serait donc une faute commise par le maréchal de n'avoir pas, dans la première attaque de Mâcon, gardé le pont ou l'avoir fait sauter. Il eût évité des marches forcées à son armée et aurait porté la totalité de ses forces sur un seul point. Cette faute n'a pas échappé aux militaires; ils en parlent hautement et la défaveur qu'ils ont pour le maréchal Augereau est de nature à paralyser leur courage...

« Le maréchal Augereau, tout vaillant guerrier qu'il est, n'est pas l'homme qu'il faut. Serait-il donc impossible de faire venir le maréchal Suchet ou le maréchal Ney? En tout cas, le général de division Musnier est un homme inepte et dangereux, puisque sur le champ de bataille il balbutie en donnant ses ordres. C'est lui qui, lorsque l'ennemi était aux portes de Lyon avant l'organisation de l'armée, se trouvant à l'Hôtel de Ville et, entendant des femmes crier : « *Voilà l'ennemi !* », se sauva du conseil auquel il assistait et laissa son chapeau et son épée. L'armée de Lyon a impérieusement besoin d'être mieux commandée...

« Ce rapport est fidèle. Je ne le regarde pas comme une dénonciation. J'en suis incapable, mais comme un avertissement secret propre à éclairer le gouvernement. Sans doute, vous pouvez ne pas y ajouter foi entière; mais, Monseigneur, daignez écrire aux colonels des 1ᵉʳ, 7ᵉ, 20ᵉ et 67ᵉ de ligne, 4ᵉ et 12ᵉ hussards venus de Catalogne. Ils vous instruiront à fond... » (*Archives de la guerre.*)

Complétée par quelques détails insignifiants sur les événements postérieurs, cette dénonciation anonyme ne partit de Lyon que le 19. Malgré les difficultés que devait présenter à ce moment la transmission des nouvelles, elle parvint assez rapidement à Paris, puisque le 24 mars, Dupont de Vieusseux remettait au duc de Feltre la note caractéristique suivante :

« La *lettre confidentielle* écrite de Lyon, sous la date du 19 courant, est d'accord avec d'autres avis parvenus ici à plusieurs personnes. Il n'y a qu'un cri dans l'armée et dans Lyon sur l'incapacité de celui qui commande, et tout le monde est convaincu d'avance des malheurs qui résulteront infailliblement de la manière dont les opérations sont dirigées dans cette partie de la France.

« Si Son Excellence ne juge pas convenable d'envoyer à Sa Majesté la lettre anonyme qu'Elle a reçue de Lyon, il serait aisé de faire un rapport à Sa Majesté pour lui faire connaître ce qui se passe et propre à faire juger de la nécessité de prendre des mesures efficaces à cet égard. »

Le même jour, Clarke prenait une résolution contenue dans la note jointe au rapport de Dupont de Vieusseux : « Faire un rapport à Sa Majesté. Envoyer le colonel Balthazar à l'armée de Lyon pour y séjourner. Il faudrait au maréchal des instructions dont il ne pût pas s'écarter. »

Nous aurons lieu de revenir sur ce sujet un peu plus loin et de faire allusion au rapport dont le Ministre avait demandé l'établissement et qu'il transmit à l'Empereur le 26 mars, après avoir adouci quelque peu les termes et la forme de la rédaction de Dupont de Vieusseux.

La présence de la division Ignace Hardegg, qui pouvait facilement de Montrevel se jeter sur le flanc droit de sa colonne ou lui couper la retraite, avait vraisemblablement empêché le général Bardet d'entreprendre le mouvement projeté sur Saint-Laurent-de-l'Ain. La nouvelle de l'arrivée des troupes du feld-maréchal lieutenant Wimpffen et du prince de Cobourg à Coligny, à une petite journée de marche de Bourg, avait, en outre, contribué à décider Bardet à rester sur ce point dont la possession lui paraissait importante.

Les réserves autrichiennes, conduites par le prince héritier de Hesse-Hombourg, étaient venues pendant la journée du 11 mars de Mervans à Louhans.

12 mars 1814. — Bianchi concentre son corps d'armée autour de Mâcon. — Après l'issue favorable du combat de Mâcon, on devait s'attendre à voir le Ier corps autrichien continuer sans trêve ni répit son mouvement offensif sur Lyon. Les troupes de Musnier, épuisées par les efforts qu'on leur avait demandés la veille, par une longue marche en avant, par une retraite prolongée, auraient été hors d'état de prendre part le 12 mars à une nouvelle affaire et Bianchi n'aurait trouvé devant lui à Villefranche que la division Pannetier et la cavalerie de Digeon. Mais la situation personnelle faite au général autrichien par l'organisation même de l'armée du Sud ne lui permettait pas d'agir avec autant d'indépendance. D'une part, en effet, il était obligé de se conformer aux ordres formels du généralissime qui, pendant qu'il exécutait sa marche de Dijon sur Mâcon, lui avait à nouveau recommandé d'attendre sur la position de Mâcon l'entrée en ligne des réserves autrichiennes et de ne continuer son mouvement sur la rive droite de la Saône que lorsque ces troupes seraient de leur côté sur le point de déboucher de Bourg-en-Bresse; d'autre part, relevant désormais du prince héritier de Hesse-Hombourg, il lui était impossible d'entreprendre une opération aussi importante que la marche sur Lyon, sans y être autorisé par le commandant en chef de l'armée autrichienne du Sud. Enfin, soit parce qu'il se trouvait trop faible pour continuer l'offensive avec ses seules forces, depuis qu'il avait jugé nécessaire de détacher deux de ses divisions, l'une, celle du prince de Wied, à sa droite sur Charolles, l'autre, celle de Wimpffen, sur la rive gauche de la Saône; soit que, comme le disent les *Tagesbegebenheiten*, afin de justifier les dispositions du généralissime, la nouvelle de l'arrivée d'une division d'infanterie qui avait renforcé l'armée ennemie lui eût fait croire à l'imminence d'une attaque d'Augereau à la tête de 18,000 hommes, Bianchi se borna à prendre, le 12, ses dispositions pour résister à une opération de ce genre et se contenta de faire occuper à ses troupes, rejointes par la brigade Salins, des cantonnements resserrés autour de Mâcon [1].

Positions d'Augereau en avant de Villefranche. — Évacuation de Bourg. — Augereau, toujours sans nouvelles de ce qui se passait du côté de Bourg, profita de ce temps d'arrêt inespéré pour donner un jour de repos aux troupes harassées de fatigue de Musnier, pour les faire relever par celles de Pannetier et de Digeon et pour se masser sur la position de Saint-Georges-de-Reneins. Ses avant-postes s'établirent à Belleville, Saint-Jean-d'Ardière et Cercié [2].

Sur la rive gauche de la Saône, le général Bardet, dont la division ne comptait que 3,400 hommes, se voyant menacé par les forces supérieures d'Ignace Hardegg, qui manœuvrait sur ses flancs pour le tourner, abandonna Bourg aux Autrichiens et, se dirigeant sur Meximieux, s'établit le 12 au soir à Marlieux et Chalamont [3].

Positions des troupes autrichiennes sur la rive gauche de la Saône. — La division Wimpffen s'arrêta à Saint-Étienne-au-Bois, à 10 kilomètres au nord de Bourg, tandis que le prince de Cobourg, se rapprochant de la rive gauche de la Saône, passait par Montrevel et se portait de Coligny à Pont-de-Veyle. Les réserves autrichiennes atteignirent Saint-Trivier-de-Courtes et le prince héritier de Hesse-Hombourg établit son quartier général à Cuisery.

---

[1] Stärke, Eintheilung und Tagesbegebenheiten der Haupt-Armee im Monate März. (*K. K. Kriegs Archiv.*, III, 1.)

[2] Augereau au Ministre de la guerre et au préfet du Rhône, Villefranche, 12 mars. (*Archives de la guerre*.)

[3] Augereau au major-général, Villefranche, 13 mars (*Archives de la guerre*), et prince de Schwarzenberg, rapport journalier à l'empereur d'Autriche. Troyes, 13 mars (*K. K. Kriegs Archiv.*, III, 238).

13 mars. — Conseil de guerre de Saint-Trivier. — Positions de l'armée autrichienne du Sud. — La journée du 13 mars se passa de part et d'autre aussi tranquillement que celle du 12. Le prince héritier de Hesse-Hombourg réunit à Saint-Trivier un conseil de guerre auquel assista le feld-maréchal Bianchi. En raison des difficultés que la configuration du terrain et l'existence des nombreux marais qu'on rencontre sur la rive gauche de la Saône, vers le confluent de cette rivière, auraient opposées à la marche d'une grosse colonne de troupes, on résolut de faire passer sur la rive droite la division du feld-maréchal lieutenant baron Wimpffen et le corps d'armée formé par les réserves autrichiennes et placé sous les ordres immédiats du prince Philippe de Hesse-Hombourg. Ces troupes devaient opérer à Mâcon leur jonction avec le Ier corps et se porter avec lui sur Lyon [1]. La division Ignace Hardegg et la brigade du prince de Cobourg restaient seules sur la rive gauche et devaient se porter sur Lyon en deux colonnes : l'une, celle de droite, côtoyant la rivière en passant par Thoissy et Neuville-l'Archevêque (Neuville-sur-Saône) ; l'autre, celle de gauche, se dirigeant de Bourg par Marlieux et Chalamont sur Meximieux et Montluel. Afin de couvrir les derrières de l'armée du Sud contre les entreprises des partisans de Damas et des bandes de paysans armés, un détachement de troupes légères allait pousser jusqu'à la Loire. Enfin, le régiment de hussards Archiduc Ferdinand, qu'on laissait à Chalon-sur-Saône, devait occuper Charolles et Autun et chercher à se relier avec la division légère du prince Maurice Liechtenstein qui opérait du côté d'Auxerre et assurait, par Avallon et Saulieu, les communications entre la grande armée alliée et l'armée autrichienne du Sud. Les bataillons de réserve des deux régiments d'infanterie Kottulinsky et Joseph Colloredo, avec une batterie, étaient désignés pour former la garnison de Mâcon. Le régiment de hussards Blankenstein devait aller rejoindre la grande armée, dès que la jonction des différentes colonnes se serait opérée et que l'armée du Sud aurait repris sa marche sur Lyon [2].

---

[1] Stärke, Eintheilung und Tagesbegebenheiten der Haupt-Armee im Monate März. (*K. K. Kriegs Archiv.*, III, 4.)
[2] Stärke, Eintheilung und Tagesbegebenheiten der Haupt-Armee im Monate März. (*K. K. Kriegs Archiv.*, III, 4.)

D'ailleurs, pendant la journée du 13 mars, tant sur la rive droite que sur la rive gauche de la Saône, les troupes autrichiennes restèrent pour la plupart sur leurs positions de la veille, si l'on en excepte toutefois les réserves qui firent ce jour-là une toute petite étape et vinrent de Saint-Trivier à Montrevel.

Positions d'Augereau et reconnaissance de Saint-Symphorien-d'Ancelles. — Augereau, continuant à rester immobile, n'avait envoyé sur Saint-Symphorien d'Ancelles qu'une petite reconnaissance qui se contenta d'inquiéter un moment les avant-postes autrichiens et de constater la présence de l'avant-garde de Bianchi à La Maison-Blanche. Une brigade de la division Pannetier et un escadron du 4e hussards occupaient Belleville ; 2 bataillons de la 2e brigade de la division Musnier, le 13e cuirassiers et l'artillerie de réserve étaient massés à Villefranche. Le gros de la 2e brigade de Musnier avait pris position en avant de cette ville, tandis que la 1re brigade de cette division et le 12e hussards occupaient Arnas et surveillaient la route de Beaujeu, et que la 2e brigade de Pannetier et le gros du 4e hussards, postés à Saint-Georges-de-Reneins, fournissaient les avant-postes [1].

14 mars. — Rétablissement des communications des Alliés avec Genève. — Mouvement rétrograde des troupes de Marchand. — Le départ des troupes de Bardet et de Pouchelon, l'évacuation de Farges par les quelques troupes françaises qui y étaient restées et qui s'étaient repliées sur le fort l'Écluse, avaient permis à Bubna d'aviser au rétablissement de ses communications avec l'armée du Sud. Le général Marchand avait vainement demandé des renforts au maréchal, qui s'était contenté de lui annoncer que l'arrivée prochaine de la division Vedel, venant d'Italie et attendue incessamment à Chambéry, ne tarderait pas à le mettre en mesure de reprendre ses opérations contre Genève [2]. Dès le lendemain, la présence d'un gros détachement

---

[1] Augereau au général Pannetier, Villefranche, 13 mars. (Correspondance d'Augereau ; *Archives de la guerre.*)

[2] Augereau au général Marchand, Villefranche, 13 mars. (*Archives de la guerre.*)

autrichien envoyé de Bourg sur Pont-d'Ain, rétablissait les communications avec Bubna et interceptait la route directe de Genève à Lyon.

Sachant désormais qu'il ne pourrait compter que sur les quelques troupes qu'il avait avec lui, Marchand se prépara à la retraite. Il prescrivit au poste du Pont-de-Brugny de se replier sur Frangy, à celui de Frangy d'aller à Seyssel et d'y détruire le pont, si les Autrichiens essayaient de déboucher de Nantua sur Seyssel, et d'envoyer une reconnaissance d'un bataillon sur le pont de Luce qui conduit à Bellegarde et qu'il importait de conserver pour pouvoir exécuter, le cas échéant, un mouvement rétrograde sur Rumilly[1]. Le même jour, du reste, Augereau faisait savoir au général Marchand « qu'en raison de la gravité de sa propre situation, il lui était impossible de lui envoyer des renforts, et que s'il était forcé de quitter sa position avant l'arrivée de la division Vedel, il devrait faire sa retraite sur Chambéry en ayant soin de ne pas s'en laisser couper par Annecy ». Et il ajoutait en terminant sa dépêche : « Vous vous retirerez même sur Grenoble, s'il le faut; mais je ne pense pas que Bubna ose vous attaquer[2] ».

Marche de la colonne du prince Philippe de Hesse-Hombourg. — Continuant son mouvement sur Mâcon, le feld-maréchal lieutenant prince Philippe de Hesse-Hombourg amena les réserves autrichiennes de Montrevel à Bâgé-le-Châtel, pendant que le prince de Cobourg se portait de Pont-de-Veyle sur Thoissey et que quelques coureurs de Hardegg se montraient à Châtillon-sur-Chalaronne[3].

---

[1] Général comte Marchand au commandant Jomard, Carouge, 14 mars. (*Archives de la guerre.*)

[2] Augereau au général Marchand, Villefranche, 14 mars. (Correspondance d'Augereau; *Archives de la guerre.*)
L'Empereur écrivait le même jour de Reims à Clarke : « *Si vous jugiez plus convenable d'employer le général Decaen sur la frontière des Pyrénées, je pense qu'il serait utile de faire venir le duc d'Albuféra à Lyon; car je crains bien que le duc de Castiglione n'ait ni l'activité, ni les moyens nécessaires, son armée étant augmentée.* » (*Correspondance*, N° 21482, à Clarke, de Reims, 14 mars.)

[3] STÄRKE, Einthelung und Tagesbegebenheiten der Haupt-Armee im Monate März (*K. K. Kriegs Archiv.*, III, 1), et Correspondance d'Augereau Villefranche, 14 mars (*Archives de la guerre*).

15 mars. — Jonction des deux colonnes de l'armée autrichienne du Sud. — La jonction des deux principales colonnes de l'armée du Sud était désormais un fait accompli et, le 15 dans la matinée, le prince héritier de Hesse-Hombourg, précédant de quelques heures seulement les troupes du prince Philippe[1] et la division Wimpffen qui n'acheva son passage que le lendemain, transférait son quartier général à Mâcon[2].

Marche du Ier corps d'armée sur Saint-Symphorien-d'Ancelles. — Le même jour, Bianchi avait commencé son mouvement sur Lyon. Le gros du Ier corps s'arrêta, le 15 au soir, sur la ligne Saint-Symphorien-d'Ancelles — La Chapelle-de-Guinchay ; ses avant-postes prirent position à Lancié. Le feld-maréchal lieutenant avait en outre détaché sur sa droite des partis qui, passant par Corcelle, poussèrent jusqu'à Beaujeu d'où le major Gavaulx chassa un rassemblement armé[3]. D'autre part, afin de mettre le comte Ignace Hardegg plus complètement en mesure de déboucher de Bourg sur Lyon et de pousser en même temps par la route de Pont-d'Ain vers Nantua, on lui avait, dans la journée du 15, envoyé un renfort de 4 bataillons et 6 escadrons[4].

16 mars. — Mouvements des divisions Wimpffen et Hardegg et de la brigade Cobourg. — Le lendemain 16 mars, la division Wimpffen défila par Mâcon et alla, sur l'ordre du prince héritier de Hesse-Hombourg, prendre position à Varennes, tandis que les 7 et 1/2 escadrons de hussards de Blankenstein s'acheminaient sur Dijon où ils devaient arriver le 24.

« J'ai donné à toutes les troupes de la rive droite, écrivait à

---

[1] Composition du corps de réserves autrichiennes du prince Philippe de Hesse-Hombourg à son arrivée à Mâcon : 8 bataillons d'infanterie, 5 de grenadiers et 4 régiments de cuirassiers provenant de l'ancien VIe corps d'armée général.

[2] Prince héritier de Hesse-Hombourg au prince de Schwarzenberg, Mâcon, 15 mars. (K. K. Kriegs Archiv., III, 291.)

[3] STÄRKE, Eintheilung und Tagesbegebenheiten der Haupt-Armee im Monat März (Ibid., III, 1), et Correspondance d'Augereau, Villefranche, 15 mars. (Archives de la guerre.)

[4] STÄRKE, Eintheilung und Tagesbegebenheiten der Haupt-Armee im Monat März (K. K. Kriegs Archiv., III, 1); et prince héritier de Hesse-Hombourg au prince de Schwarzenberg, Mâcon, 16 mars. (Ibid., III, 297.)

cette date le commandant de l'armée autrichienne du Sud au généralissime, l'ordre de se porter en avant et d'atteindre Belleville afin de pouvoir opérer contre Villefranche dès le 18. J'ai laissé en arrière ma grosse cavalerie qui ne peut pas me servir dans un terrain aussi coupé et aussi accidenté[1] ».

Sur la rive gauche de la Saône, Ignace Hardegg, qui était encore à Bourg, avait fait partir pour Nantua une colonne volante composée d'un bataillon et de deux escadrons. A sa droite, le prince de Cobourg occupait Saint-Trivier-sur-Moignans et Saint-Cyr.

Positions d'Augereau, de Bardet et de Marchand. — Augereau, s'attendant à être attaqué le 16 au matin, s'était borné à informer le général Pannetier qu'en cas d'une attaque venant par la route de Beaujeu, il devrait se replier sur Villefranche et avait fait prendre les armes aux divisions de Musnier et de Digeon[2].

Bardet était encore à Meximieux.

Du côté de Genève, le général Marchand, qui avait cru prudent de venir garder les débouchés du Rhône par lesquels les Autrichiens auraient pu arriver sur ses derrières, avait employé sa journée à inspecter les postes qu'il avait établis de ce côté. Quatre compagnies occupaient Seyssel avec l'ordre d'y brûler le pont en cas d'attaque. Quatre autres compagnies s'étaient dirigées sur Châtillon-de-Michaille pour observer la route de Nantua, et deux compagnies gardaient le pont de pierre de Bellegarde que le général Marchand avait fait miner[3].

Réduit à sa faible division, le général Marchand attendait avec une légitime impatience l'arrivée des renforts d'Italie (division Vedel), dont l'entrée en ligne pouvait seule lui permettre de résister avec quelque chance de succès aux entreprises des Autrichiens[4]. La position de Marchand, qui, depuis le départ des

---

[1] Prince héritier de Hesse-Hombourg au prince de Schwarzenberg, Mâcon, 16 mars. (*K. K. Kriegs Archiv.*, III, 297.)

[2] Augereau au général Pannetier, Villefranche, 16 mars, 2 heures du matin. (*Archives de la guerre.*)

[3] Comte de Saint-Vallier au Ministre, Grenoble, 18 mars. (*Archives de la guerre.*)

[4] Cette division marchait avec une lenteur qui désespérait le général Marchand. Elle ne faisait guère qu'une étape en deux jours et elle était attendue

troupes des généraux Bardet et Pouchelon, avait dû se borner à prendre une position défensive derrière l'Arve, était, en effet, devenue plus critique encore après l'évacuation de Bourg. Son flanc gauche était complètement à découvert et les Autrichiens pouvaient à tout instant venir le prendre à revers, d'un côté par Nantua, de l'autre par la vallée de Saint-Rambert, d'où une belle route les aurait conduits au pont de Seyssel. Obligé de garder ces deux points essentiels pour lui, de se mettre ainsi à l'abri de toute surprise, le général Marchand [1] n'avait pu laisser à Carouge que le général Dessaix qui, avec 4,000 hommes, était à peine en mesure de tenir tête à Bubna.

17 mars. — Combat de Belleville. — Le 17 mars, l'armée autrichienne du Sud se porta en deux colonnes contre Belleville.

La première colonne (colonne de droite), comprenant toutes les troupes du Ier corps d'armée, se forma entre La Maison-Blanche et Lancié. Elle avait ordre d'obliquer à droite à partir de Lancié et de se diriger sur Belleville en passant par le défilé de Cercié. La colonne de gauche (division Wimpffen), concentrée en arrière de La Maison-Blanche, devait se porter droit sur Belleville par la grande route. Le prince Philippe de Hesse-Hombourg, qui avait ordre de partir de Crèches, à 11 heures du matin avec les troupes autrichiennes et allemandes appartenant à l'ancien VIe corps fédéral, servait de réserve générale et marchait également par la grande route [2].

Un peu après midi, l'avant-garde de Wimpffen attaquait les avant-postes français à Saint-Jean-d'Ardière et enlevait ce village au moment où la tête de colonne de Bianchi débouchait de Cercié et s'engageait sur la route de Belleville. Augereau, ne jugeant pas cette position propre à recevoir une bataille, évacua Belle-

---

à Chambéry le 20 mars, et, le 15 mars, le duc de Feltre avait pressé le prince Borghèse de renforcer Marchand au plus vite. (Voir *Archives de la guerre*. Ministre de la guerre au prince Camille Borghèse, 15 mars.)

[1] Marchand au Ministre, Frangy, 19 mars, soir. (*Archives de la guerre.*)

[2] Effectif des troupes de l'armée du Sud sur la rive droite de la Saône, le 17 mars : Ier corps, 19,000 hommes, 3,000 chevaux et 64 bouches à feu. Colonne du feld-maréchal lieutenant Wimpffen : 12,000 hommes, 1000 chevaux et 24 bouches à feu. Colonne du prince Philippe de Hesse-Hombourg : 16,000 hommes, 1400 chevaux et 24 bouches à feu.

ville, rompit le combat et ramena ses troupes sur la position de Saint-Georges-de-Reneins[1].

Positions des deux armées le 17 mars au soir. — Malgré ce léger mouvement rétrograde des avant-postes français, les deux armées bivouaquèrent en présence. L'avant-garde du Ier corps (général Scheither) s'établit pour la nuit en avant d'Odenas, sur la route de Beaujeu à Villefranche; celle de la colonne de Wimpffen se cantonna de son mieux autour de Belleville où le prince héritier de Hesse-Hombourg, décidé à livrer bataille le lendemain, établit son quartier général. Les troupes du prince Philippe de Hesse passèrent la nuit à Saint-Jean-d'Ardière[2]. Un régiment d'infanterie posté avec deux canons aux Pilliers assurait les communications entre la première et la deuxième colonne.

Du côté des Français la division Pannetier, renforcée par le 4e régiment de hussards, garda sa position primitive en avant de Saint-Georges et se relia à gauche, par Layé et Longsard, avec l'une des brigades de Musnier établie avec le 12e hussards au débouché de la route de Beaujeu. La 2e brigade de Musnier et le 13e régiment de cuirassiers avaient ordre de quitter Villefranche à la pointe du jour et de former la réserve à la croisée des routes de Beaujeu et de Villefranche[3].

Augereau avait en même temps envoyé au commandant de la première colonne des troupes venant de Catalogne, qui devaient arriver à Lyon le 18 mars au matin, l'ordre d'en partir quatre heures après son arrivée pour se rendre à marche forcée à Villefranche, et invité le général Marchand à diriger sur Lyon le général Vedel et son artillerie, dès que la division amenée par ce général aurait opéré sa jonction avec lui[4].

---

[1] Stärke, Eintheilung und Tagesbegebenheiten der Haupt-Armee im Monate März (*K. K. Kriegs Archiv.*, III, 1), et prince héritier de Hesse-Hombourg, relation des combats livrés pendant la marche de l'armée du Sud sur Lyon (*Ibid.*, III, 812); Augereau au Ministre, Villefranche, 18 mars, 10 heures du matin (*Archives de la guerre*).

[2] Stärke, Eintheilung und Tagesbegebenheiten der Haupt-Armee im Monate März. (*K. K. Kriegs Archiv.*, III, 1.)

[3] Augereau au général Pannetier, Villefranche, 17 mars, soir. (*Archives de la guerre*.)

[4] Augereau au commandant de la 1re colonne des troupes de Catalogne, Villefranche, 17 mars, soir (*Ibid.*), et Augereau au général Marchand, Villefranche, 17 mars (*Ibid.*).

Retraite du général Bardet sur Miribel. — L'inquiétude naturelle d'Augereau, sur le point d'être attaqué par des forces tellement supérieures en nombre[1], s'augmentait encore en raison des craintes que lui inspirait la position de Bardet.

« Si Bardet était forcé sur la rive gauche, » écrivait-il au Ministre, de Villefranche, le 18 mars dans la matinée, quelques instants avant le commencement du combat de Saint-Georges, « et que je dusse me retirer, je ferais ma retraite par Vienne sur Pont-Saint-Esprit, avec d'autant plus de raison que j'ai vu par une lettre interceptée que le plan de l'ennemi est d'occuper Lyon et de se mettre en communication avec le général Wellington qu'il suppose devoir être bientôt maître de Toulouse[2]. »

Les événements que le maréchal redoutait n'allaient pas tarder à se produire.

Le général Bardet avait en effet dû se retirer devant les forces supérieures des Autrichiens, leur abandonner Meximieux et rétrograder jusqu'à Miribel, à trois lieues de Lyon. L'avant-garde du comte Ignace Hardegg, dont le gros était encore à Marlieux, n'osa pas, malgré le départ de Bardet, s'établir à Meximieux et s'arrêta à Villars et Chalamont.

A sa droite, le prince de Cobourg qui s'était avancé de Saint-Cyr à Saint-Trivier-sur-Moignans (Saint-Trivier-en-Dombes), se tenait à hauteur du gros des troupes d'Ignace Hardegg et avait poussé quelques partis et quelques coureurs dans la direction de Trévoux[3].

A Genève tout était tranquille. Bubna, comme le généralissime le mandait à l'empereur d'Autriche, y attendait l'arrivée de la colonne autrichienne venant par Nantua pour reprendre l'offensive[4].

---

[1] L'effectif des troupes réunies par le prince héritier de Hesse-Hombourg, sur la rive droite de la Saône, s'élevait à environ 47,000 hommes, plus de 5,000 chevaux et 112 canons. Augereau ne disposait, à ce moment, que de 12,000 hommes, 2,000 chevaux et 24 bouches à feu.
Sur la rive gauche, Hardegg et Cobourg à la tête de 4,000 hommes, 4,000 chevaux avec 24 bouches à feu, n'avaient devant eux que les 3,000 hommes et les 4 canons de Bardet.
[2] Augereau au Ministre de la guerre, Villefranche, 18 mars, 10 heures du matin. (*Archives de la guerre.*)
[3] Stärke, Eintheilung und Tagesbegebenheiten der Haupt-Armee im Monate März. (*K. K. Kriegs Archiv.*, III, 1.)
[4] Prince de Schwarzenberg, rapport journalier à l'empereur d'Autriche, Arcis-sur-Aube, 17 mars. (*Ibid.*, III, 309.)

18 mars. — Combat de Saint-Georges. — Le 18 mars au matin, la division Pannetier et la brigade Ordonneau, formant la première ligne de la petite armée d'Augereau, occupaient leur poste de combat. Leur front s'étendait depuis le village de Saint-Georges-de-Reneins, point d'appui de leur droite, par Layé, centre de la position, jusqu'à Longsard et Le Chambély qu'occupait leur extrême gauche. La brigade Gudin était en réserve avec le 13e cuirassiers à hauteur d'Arnas, et appuyait sa droite à la route de Mâcon à Villefranche, sa gauche au chemin de Beaujeu. Le village et le château de Layé avaient été mis en état de défense.

Malgré l'infériorité de ses forces, Augereau se croyait en mesure d'arrêter l'armée du Sud et, au moment même où les Autrichiens l'attaquaient sur tous les points, il écrivait au Ministre de la guerre que « ses dispositions étaient prises de manière à être tranquille sur le résultat [1] ».

Le 17 au soir, le prince héritier de Hesse-Hombourg avait envoyé à Bianchi, à Wimpffen et au prince Philippe de Hesse, la disposition suivante : « L'armée marchera demain 18 à l'ennemi dans le même ordre qu'aujourd'hui.

« La première colonne (Bianchi) se rassemblera à 6 heures du matin à Odenas et se portera sur Arnas en passant par Néty.

« La deuxième colonne (Wimpffen) se formera un peu après 8 heures en avant de Saint-Jean-d'Ardière sur la grande route de Villefranche. Elle détachera sur sa gauche deux compagnies de chasseurs, un bataillon d'infanterie et un escadron qui traverseront Belleville, s'avanceront sur Saint-Georges, en se tenant entre la grande route et la Saône, et chercheront à attirer sur eux l'attention de l'ennemi.

« Le corps du feld-maréchal lieutenant prince Philippe de Hesse-Hombourg se formera à 9 heures, à hauteur de Saint-Jean-d'Ardière, et suivra à une certaine distance le mouvement

---

[1] Augereau au Ministre de la guerre, Villefranche, 18 mars, 10 heures du matin. (*Archives de la guerre.*)

A ce moment, Augereau était en effet intimement convaincu de l'efficacité de ses dispositions. Ecrivant au préfet du Rhône, le 18 au matin, il lui disait en *post-scriptum* : « *Si par hasard, ce que je suis loin de croire, nous étions forcés à la retraite*, elle se ferait sur le Dauphiné par Vienne, afin de nous joindre aux troupes venant d'Espagne. Ceci de vous à moi. » (*Ibid.*)

de la deuxième colonne. L'opération de demain a pour objet de pousser le gros de l'armée au delà de Villefranche et d'atteindre avec les avant-gardes Anse et La Chassagne[1] ».

Le Ier corps autrichien, chargé de déborder la position des Français et de les prendre à revers, descendit des hauteurs d'Odenas et traversa la Vauxonne. Afin de maintenir la liaison avec la deuxième colonne, Bianchi, dès qu'il fut arrivé sur la rive droite de la Vauxonne, poussa vers sa gauche un régiment d'infanterie, un demi-escadron et deux pièces qui, placées sous le commandement du colonel Papp, reçurent l'ordre de se porter par Gandager sur Layé. Quelques instants plus tard, l'avant-garde du Ier corps (feld-maréchal lieutenant Lederer) s'engageait vivement avec l'ennemi du côté de Marsangue.

La résistance opiniâtre, que la brigade Ordonneau opposa à Marsangue et à Layé, obligea Bianchi à faire soutenir son avant-garde, d'abord par le régiment d'infanterie Hiller, puis par la brigade Salins. Malgré leur supériorité numérique, les Autrichiens échouèrent dans les attaques successives qu'ils dirigèrent contre la gauche d'Augereau. Bianchi, voyant qu'une attaque de front contre les villages de Layé et de Longsard lui coûterait trop de monde et pourrait même compromettre le résultat de la journée, donna au prince de Wied l'ordre d'obliquer avec sa deuxième brigade (général Söldenhofen) à droite du chemin de Beaujeu à Villefranche, de prendre sa direction sur Les Rues, de déborder la gauche française et de pousser sur ses derrières, en débouchant par Ouilly sur Villefranche.

Pendant que ces événements se déroulaient sur la ligne Marsangue — Layé — Longsard et que la brigade Ordonneau tenait en échec les troupes de Bianchi, la brigade hessoise du général Gall (avant-garde de la deuxième colonne) attaquait les positions de la division Pannetier qui dut momentanément se replier en arrière de Saint-Georges. Mais le maréchal Augereau, voyant que les jeunes troupes du général Gall se laissaient entraîner par leur ardeur et débouchaient du village sans avoir pris le temps de se reformer, fit immédiatement exécuter un retour offensif contre l'infanterie hessoise qui, surprise par cette attaque impré-

---

[1] Prince héritier de Hesse-Hombourg, Belleville, 17 mars, soir, Disposition pour l'attaque de la position de Saint-Georges.

vue, dut à son tour abandonner Saint-Georges et redescendit les hauteurs dans le plus grand désordre, au moment où la tête du gros de la deuxième colonne (feld-maréchal lieutenant Wimpffen) débouchait sur le champ de bataille. Afin de rétablir le combat, d'arrêter les progrès de Pannetier et de donner au général Gall le temps de rallier sa brigade, Wimpffen lança contre Saint-Georges la brigade Haugwitz (régiments de Simbschen et de Hesse-Hombourg). L'attaque à la baïonnette tentée par cette brigade échoua. Au bout de quelques instants, le général Haugwitz et un grand nombre d'officiers étaient hors de combat, et le général Czollich, chef d'état-major de Wimpffen, qui avait pris le commandement des deux régiments, se voyait contraint à ramener sur les hauteurs de la rive gauche de la Vauxonne ses troupes qu'il avait eu grand'peine à dégager. La bonne tenue du régiment de Simbschen et quelques charges tentées par les dragons de Würzburg lui permirent seules de résister aux Français et de conserver ses positions jusqu'à l'arrivée du gros de la colonne que le feld-maréchal lieutenant Wimpffen amenait au pas de course. « Ce ne fut qu'après une longue lutte à la baïonnette, après un combat corps à corps dans lequel le village fut plusieurs fois pris et repris que les Autrichiens réussirent à arracher Saint-Georges aux Français [1].

Bien que la brigade Ordonneau eût réussi à se maintenir jusque-là à Layé et à Longsard, bien que le mouvement tournant de la brigade Söldenhofen (de la division du prince de Wied) eût été retardé par les difficultés que le terrain accidenté et le mauvais état des routes opposèrent à la marche de son artillerie, le maréchal Augereau s'était rendu compte du danger qui menaçait sa gauche. La perte du village de Saint-Georges le décida à commencer la retraite sur Villefranche et à prescrire à Ordonneau de disputer le terrain pied à pied. Il espérait arriver de la sorte à donner à la droite et au centre la possibilité de battre en retraite, à la cavalerie le temps de venir prendre position en arrière de Saint-Georges et de couvrir le mouvement rétrograde de l'infanterie de Pannetier. Mais avant que ce général eût eu le temps de

---

[1] Historique du régiment d'infanterie Hesse-Hombourg (*Oesterreichische militärische Zeitschrift*, 1845, II, 209), et Historique du régiment d'infanterie autrichienne n° 48 (en 1814, régiment baron Simbschen) (*Ibid.*, 1845, I).

reformer ses régiments, un escadron de dragons de Würzsburg, débouchant à l'improviste de Saint-Georges, se jeta avec impétuosité sur les hussards, les culbuta et, soutenu par trois autres escadrons du régiment, les poursuivit vivement et les rejeta jusque sur l'infanterie dans les rangs de laquelle ils portèrent le désordre. Le feld-maréchal lieutenant Lederer, prenant à ce moment le commandement de l'avant-garde des deux colonnes autrichiennes qui venaient de se réunir, essaya en même temps de couper la retraite aux troupes françaises du centre et de la droite et d'arriver avant elles à la sortie du défilé de Saint-Georges.

Heureusement pour Augereau, la brigade Ordonneau, placée à sa gauche, avait continué à faire bonne contenance. Se retirant pied à pied et en bon ordre, elle arrêta par ses feux la cavalerie autrichienne, l'obligea à ralentir sa poursuite et parvint à couvrir la retraite du maréchal sur Villefranche.

La deuxième brigade du prince de Wied (brigade Söldenhofen) n'atteignit Les Rues que juste à temps pour envoyer quelques coups de canon à l'arrière-garde française. Trop éloigné encore pour pouvoir prendre part à la poursuite, sachant qu'une partie des troupes françaises, après avoir traversé Villefranche, avait pris position sur les hauteurs de Limas, le prince de Wied vint s'établir à Ouilly et y opéra, à 3 heures de l'après-midi, sa jonction avec le gros de la colonne de Bianchi qui prit aussitôt les mesures nécessaires pour débusquer les Français de Limas. Mais Augereau ne s'y était arrêté que le temps nécessaire pour remettre un peu d'ordre dans ses régiments et avait continué ensuite sa marche sur Limonest.

Le combat de Saint-Georges avait coûté cher à l'armée autrichienne du Sud dont les pertes s'élevaient à 23 officiers et 1386 hommes hors de combat[1].

---

[1] STÄRKE, Eintheilung und Tagesbegebenheiten der Haupt-Armee im Monate März. (*K. K. Kriegs Archiv.*, III, 1.) — Prince héritier de Hesse-Hombourg, relation des combats livrés pendant la marche de l'armée du Sud sur Lyon. (*Ibid.*, III, 312.) — Relation du combat livré le 18 mars 1814 par la 2ᵉ colonne (colonne de gauche de l'armée du Sud). (*Ibid.*, III, 373.) — Historique du régiment de dragons autrichiens n° 4 (en 1814, dragons de Würzburg.) (*Oesterrichische militärische Zeitschrift*, 1838, I, 312-316). — Historique du régiment d'infanterie autrichienne Hesse-Hombourg. (*Ibid.*, 1843, II,

Position de l'armée du Sud le 18 mars au soir. — Le 18 au soir l'armée autrichienne du Sud occupa les positions suivantes: l'avant-garde de Scheither (1re colonne) s'arrêta à La Chassagne; la division du prince de Wied à Pommiers et le reste du Ier corps à Limas. L'avant-garde de la deuxième colonne passa l'Azergues et poussa jusqu'à Ambérieux, et le gros de la colonne bivouaqua à hauteur d'Anse. Le corps du prince Philippe de Hesse-Hombourg, arrivé sur le champ de bataille au moment où l'action prenait fin, vint à Villefranche où le commandant de l'armée du Sud établit son quartier général.

Sur la rive gauche de la Saône, Ignace Hardegg était venu, de Marlieux et de Chalamont, s'établir à Meximieux [1] et avait poussé quelques partis sur Montluel et Miribel.

Le prince de Cobourg s'était de nouveau rapproché de la rive gauche de la Saône et s'était avancé de Saint-Trivier-sur-Moignans à Frans. Pendant qu'il exécutait cette marche, le lieutenant-colonel comte Thurn, qui flanquait son mouvement et observait depuis la veille la Saône de Guercins jusqu'à Montmerle, avait repoussé un détachement français qui essayait de passer la Saône en aval de Montmerle et l'avait obligé à se rembarquer et à regagner la rive droite de la rivière [2].

Du côté de Genève, Bubna, avait fait partir une colonne chargée d'enlever le fort de l'Ecluse.

Affaires contre les paysans armés. — Le soulèvement national continuait à s'étendre dans les départements de l'Ain et du Jura malgré la retraite et le départ des troupes françaises. Les gardes nationaux du canton de Belley et de la vallée de Saint-Rambert eurent, pendant la journée du 18 mars, une série d'engagements assez vifs avec la cavalerie autrichienne. Entre Nantua et Saint-Claude une grosse colonne autrichienne, se

---

209.) — Historique du régiment d'infanterie autrichienne n° 48 (en 1814, régiment baron Simbschen). (*Ibid.*, 1845, I.) — Augereau au Ministre de la guerre, Limonest, 19 mars, matin. (*Archives de la guerre.*)

[1] Stärke, Eintheilung und Tagesbegebenheiten der Haupt-Armee im Monate März. (*K. K. Kriegs Archiv.*, III, 1.)

[2] Historique du régiment de hussards autrichiens n° 3 Archiduc Ferdinand. (*Oesterreichische militärische Zeitschrift*, 1845, IV, 317.)

portant sur Saint-Claude par La Cluse, avait été attaquée par 400 paysans armés à Maillat et avait incendié le village[1].

19 mars. — Mouvements des corps du prince héritier de Hesse-Hombourg. — Le prince héritier de Hesse-Hombourg, décidé à attaquer Augereau le 20 mars, si celui-ci persistait à rester à Limonest et à tenter encore une fois le sort des armes avant de se résigner à lui abandonner Lyon, profita de la journée du 19 mars pour rapprocher ses corps des points occupés par les Français et pour les établir à proximité des positions qu'ils étaient chargés d'attaquer. La colonne de Wimpffen se porta droit devant elle d'Ambérieux sur Les Chères et fit occuper par ses avant-postes une ligne qui, s'étendant sur la rive droite de l'Azergues à gauche depuis Poleymieux et passant par Lissieu, appuyait sa droite à ce cours d'eau à peu de distance de Lozane. Le Ier corps avait poussé en même temps de La Chassagne vers l'Azergues, s'était assuré du pont de Dorieu et avait établi ses camps sur la rive gauche de cette rivière, sur les hauteurs entre Saint-Jean-des-Vignes et Lozane. L'avant-garde et les troupes légères du Ier corps passèrent sur la rive droite de l'Azergues, dont la division Wied-Runkel gardait tous les passages, et vinrent occuper Dommartin. Une colonne volante, exclusivement composée de cavalerie, couvrait l'extrême droite et se tenait à la Tour-de-Salvagny. Le corps du prince Philippe de Hesse-Hombourg resta à Villefranche, à l'exception de la brigade Moser qu'on envoya à Anse[2].

Augereau modifie la position de ses divisions. — Les mouvements exécutés par les Autrichiens, et qu'on avait aisément pu suivre des hauteurs de Limonest, ne laissaient plus

---

[1] Prince héritier de Hesse-Hombourg, relation des combats livrés par l'armée du Sud pendant sa marche sur Lyon (*K. K. Kriegs Archiv.*, III, 312); Stärke, Eintheilung und Tagesbegebenheiten der Haupt-Armee im Monate März (*Ibid.*, III, 1), et général Marchand au Ministre de la guerre, Frangy, 20 mars (*Archives de la guerre*). « 1500 Autrichiens et 650 cavaliers se rendant de Nantua par La Cluse à Saint-Claude, avaient été arrêtés à Maillat par 400 paysans. Ils brûlèrent le village pour se venger de la résistance qu'ils avaient rencontrée. »

[2] Stärke, Eintheilung und Tagesbegebenheiten der Haupt-Armee im Monate März. (*K. K. Kriegs Archiv.*, III, 1.)

aucun doute sur les projets du prince héritier de Hesse-Hombourg. Le sort de Lyon dépendait d'une bataille. Afin d'essayer de sauver la ville, Augereau se décida à accepter la lutte malgré la très grande infériorité de ses forces. En raison même des préparatifs de son adversaire, il modifia dans la journée du 19 la répartition de ses troupes sur la position de Limonest.

Craignant de voir les Autrichiens renouveler la manœuvre qu'ils avaient essayée à Saint-Georges et déborder sa gauche en se servant de la route de L'Arbresle, reconnaissant d'ailleurs que son adversaire se garderait bien de diriger son attaque principale par la grande route de Mâcon et n'essayerait pas d'emporter de haute lutte la série d'escarpements qui aboutissent à la position de Limonest, il ne laissa entre la Saône et la grande route, sur les hauteurs qui dominent Couzon au Mont-d'Or, Saint-Romain-de-Couzon, Limonest et Saint-Fortunas, que la division Musnier. La brigade Pouchelon (de la division Pannetier) vint s'établir avec le 4e régiment de hussards et le 13e régiment de cuirassiers sur le plateau qui court dans la direction du sud du village de Limonest vers Dardilly qu'il fit occuper par la brigade Estève, chargée d'enlever, dès le 20 au matin, La Tour-de-Salvagny[1]. Afin de tenir en échec les Autrichiens qui auraient essayé de déboucher par La Tour-de-Salvagny, le général Digeon, avec le 12e hussards, forma la réserve et prit position en avant de Grange-Blanche où le général Beurmann, arrivé de Catalogne à Lyon dans la nuit du 19 au 20, devait le rejoindre dans la matinée du 20 mars[2].

Positions et mouvements des troupes autrichiennes sur la rive gauche de la Saône. — Sur la rive gauche de la Saône Ignace Hardegg n'avait pas bougé de Meximieux ; mais son avant-garde avait pris au delà de Montluel le contact avec les postes du général Bardet qu'il avait ordre d'attaquer le lende-

---

[1] Augereau avait eu un moment l'intention de détacher un bataillon d'infanterie et 100 chevaux et de les envoyer à La Tour-de-Salvagny. — Voir Augereau au général Digeon, Limonest, 19 mars (*Archives de la guerre*), et Augereau au général Pannetier (*Ibid.*).

[2] Augereau aux généraux Musnier, Pannetier, Digeon et Beurmann, Limonest, 19 mars. (*Archives de la guerre.*)

main[1]. Le gros des troupes de Bardet était en position à Miribel. Deux bataillons, détachés par le général à Caluire, étaient chargés de contenir la colonne du prince de Cobourg qui marchait le long de la Saône par la route de Trévoux[2].

Bombardement du fort de L'Écluse. — Affaires contre les paysans armés du côté de Nantua. — Sorti de Genève le 18 mars, le général Klebelsberg avait sommé le commandant du fort de L'Écluse, occupé seulement par une centaine d'hommes, de lui livrer la place et répondu à son refus en le bombardant sans succès pendant trois heures. Après avoir épuisé ses munitions, Klebelsberg reprit la route de Genève; mais pendant sa retraite, il ne cessa d'être harcelé par les paysans armés qui le reconduisirent vivement jusqu'au delà du Féron, lui enlevèrent et lui mirent hors de combat une centaine d'hommes[3].

La colonne autrichienne du capitaine Schell, envoyée de Bourg par Nantua sur Châtillon-de-Michaille et Seyssel, avait été encore plus maltraitée. Arrêtée à chaque pas par les paysans armés, elle n'avait pu passer par les défilés, et le comte Hardegg avait dû envoyer à Ambérieux une colonne volante, composée d'un régiment d'infanterie et de deux canons sous les ordres du colonel Leiningen, pour châtier les habitants et déblayer la route de Nantua.

20 mars. — Disposition du prince héritier de Hesse-Hombourg. — Le 19 au soir, le prince héritier de Hesse-Hombourg envoya la disposition suivante aux commandants de ses deux colonnes et de sa réserve :

« Le Ier corps d'armée commencera son mouvement le 20 mars, à 6 heures du matin, et se portera, par Dorieu et Dommartin, contre l'aile gauche ennemie en position sur les hauteurs de Dardilly.

---

[1] Stärke, Eintheilung und Tagesbegebenheiten der Haupt-Armee im Monate März. (*K. K. Kriegs Archiv.*, III, 1.)

[2] Augereau au Ministre, rapport sur la bataille de Limonest, Vienne, 21 mars. (*Archives de la guerre*.)

[3] Stärke, Eintheilung und Tagesbegebenheiten der Haupt-Armee im Monate März (*K. K. Kriegs Archiv.*, III, 1), et Marchand au Ministre, Frangy, 19 mars, soir (*Archives de la guerre*).

« La deuxième colonne (colonne de gauche) se rassemblera, à 7 heures, à Montluisan, marchera par la grande route et attaquera de front la position de Limonest.

« La colonne du prince Philippe de Hesse-Hombourg se formera à la même heure aux Échelles (aux Chères) et suivra le mouvement de la colonne du feld-maréchal lieutenant Wimpffen[1]. »

Bataille de Limonest. — Afin de perdre le moins de temps possible au passage de l'Azergues, Bianchi forma ses troupes en deux colonnes qui franchirent ce cours d'eau à Lozane et à Dorieu et se réunirent à Dommartin. Arrivé sur ce point, il poussa successivement chacune de ses brigades vers sa droite de façon à s'étendre jusqu'à la route de L'Arbresle à Lyon. Vers midi, l'avant-garde du Ier corps occupait La Tour-de-Salvagny et un peu avant une heure, dès que le Ier corps eut achevé son déploiement en avant de ce village, Bianchi donna l'ordre d'attaquer le plateau de Dardilly.

Malgré les difficultés du terrain et la raideur des pentes, le prince de Wied, à la tête des régiments d'infanterie Albert Gyulay et Reuss-Plauen et de deux bataillons des régiments d'infanterie Hiller et Colloredo, parvint à déboucher sur le plateau et obligea la brigade Estève à lui abandonner Dardilly et à se replier vers la gauche où ce général comptait opérer sa jonction avec les troupes des généraux Digeon et Beurmann.

Maître de la clef même de la position, dont les mouvements de Wimpffen lui avaient facilité la prise, Bianchi se hâta de faire avancer son artillerie et d'établir sur le plateau une batterie de 8 pièces dont le tir devait lui permettre de tirer parti de ses premiers avantages et de déborder la gauche française.

A la gauche des lignes autrichiennes, le feld-maréchal lieutenant Wimpffen avait reconnu qu'il risquait de perdre trop de temps et trop de monde en essayant d'enlever Limonest par une attaque de front. Tout en continuant sa marche, ralentie forcément par la configuration du terrain et le mauvais état des chemins et des sentiers, il avait chargé le général-major Mumb de suivre la ligne

---

[1] Prince héritier de Hesse-Hombourg, Villefranche, 19 mars, soir, Disposition pour la journée du 20 mars.

de faîte à partir de Chasselay, de se diriger vers les hauteurs qui dominent Couzon au Mont-Dore, Saint-Romain-de-Couzon et Salagon, d'en chasser les postes français, de tourner ainsi l'extrême droite des lignes françaises et de menacer les derrières de la position de Limonest contre laquelle il se borna à exécuter de fausses attaques. Vers une heure, la colonne du général Mumb avait accompli la mission difficile dont Wimpffen l'avait chargée et le général Musnier, se voyant menacé à la fois sur sa gauche par l'artillerie de Bianchi qui venait de prendre position à Dardilly, sur sa droite par l'apparition de la brigade Mumb, n'essaya même pas de déloger les Autrichiens des hauteurs et commença, sous le feu de la batterie de Dardilly, sa retraite sur Vaise. Wimpffen, accélérant sa marche, s'établit aussitôt à Limonest et à Saint-Fortunas et se relia à droite, par la colonne volante du lieutenant-colonel Nageldinger, avec Bianchi qui venait de donner au Ier corps d'armée l'ordre de déboucher de Dardilly et de pousser vigoureusement en avant.

Mais dans l'intervalle, le général Digeon, rejoint par les 2,000 hommes d'infanterie et les 6 pièces du général Beurmann, ignorant ce qui s'était passé à Dardilly et à Limonest, mais renseigné par sa cavalerie sur les mouvements de Bianchi, avait donné au général Beurmann l'ordre de se porter avec trois de ses bataillons, 300 chevaux et 4 canons, sur La Tour-de-Salvagny. L'apparition imprévue de cette colonne sur la route de L'Arbresle, à hauteur de Dardilly, obligea Bianchi à renoncer au mouvement qu'il se préparait à exécuter et à donner à la division du prince de Wied-Runkel l'ordre d'arrêter les progrès du général Beurmann. Ce changement de direction dans la marche des colonnes du Ier corps facilita singulièrement la retraite de la division Musnier. Bien que le mouvement de la division Wied-Runkel eut suffi pour lui prouver que les Autrichiens étaient maîtres du plateau de Dardilly, le général Beurmann n'hésita pas néanmoins à s'engager et ne se décida à se retirer sur La Grange-Blanche en disputant le terrain pied à pied que lorsque la colonne du lieutenant-colonel Nageldinger fut sur le point de déborder sa droite et de gagner avant lui la croisée des routes de Roanne et de Clermont. Le général Digeon avait d'ailleurs reconnu l'importance de cette position. Décidé à y tenir jusqu'à la dernière extrémité, il avait confié la défense de ce point à l'adjudant-commandant Ricard, établi deux bataillons sur la hauteur située au nord de la route de L'Arbresle, deux autres sur celle qui s'élève à la croisée même des deux routes et gardé le 12ᵉ hussards en réserve près de la demi-lune. Grâce à ces intelligentes dispositions, les troupes des généraux Beurmann et Digeon déjouèrent, jusqu'à 5 heures de l'après-midi, toutes les tentatives faites par la division Wied-Runkel.

Mais, malgré la diversion si heureusement exécutée par le général Beurmann, Bianchi et Wimpffen avaient continué leur mouvement, le premier en obliquant à gauche à partir de Dardilly, l'autre en se déployant et en se portant en avant vers l'extrémité sud des hauteurs de Limonest et de Saint-Didier.

A 3 heures, le duc de Castiglione, revenant de Lyon où il avait cru devoir se rendre pour conférer avec les autorités, trouva les divisions Musnier et Pannetier en pleine retraite et à peu de distance des portes de la ville. « Je me portai, écrit le maréchal Augereau au Ministre, sur ce point où tout était en désordre et je fis des dispositions, hélas! trop tardives. » Retrouvant pour un moment son ancienne énergie, le maréchal rallie à la hâte les régiments débandés de ces deux généraux et les lance à la baïonnette contre les positions de La Duchère et des Roches-Cardon. Une de ces colonnes d'infanterie arrête les progrès de Wimpffen, crève une partie de ses lignes et cerne un de ses bataillons qui n'est dégagé qu'à grand' peine par une charge des dragons de Würzburg. Mais l'intervention de la cavalerie a donné à Wimpffen le temps de reformer son infanterie et de rétablir le combat, qui se prolonge jusqu'à la nuit.

Au sud de La Duchère, Digeon et Beurmann, renforcés par le 13ᵉ régiment de cuirassiers et une demi-batterie, continuaient à tenir bon malgré les dangers que faisait courir à leur droite le mouvement du prince de Wied-Runkel qui, débordant leur droite par Écully, cherchait à se relier du côté de La Duchère aux colonnes de Bianchi et de Wimpffen. La position de Beurmann et de Digeon s'aggravait à tout instant. Leur artillerie et leur infanterie n'avaient plus ni munitions ni cartouches, et le prince de Wied, dont la gauche communiquait maintenant par Écully avec Bianchi, se prolongeait de plus en plus sur leur flanc droit, tandis que l'extrême droite du prince, gagnant du terrain vers le sud dans la direction de la hauteur de La Campagne, se préparait à les envelopper. La nuit commençait à tomber. Il fallait à tout prix se dégager et arrêter les Autrichiens qui venaient de pousser en avant deux de leurs batteries et de leur faire prendre position à La Grange-Blanche. Pendant que trois escadrons du 12e hussards culbutaient sur la route de Clermont les bataillons du régiment d'infanterie Hiller, qui s'y étaient déployés en tirailleurs, deux escadrons du 13e régiment de cuirassiers se jetaient à droite sur une des deux batteries autrichiennes. Débouchant à l'improviste d'un pli de terrain, les cuirassiers taillèrent en pièces les soutiens de cette batterie et sabrèrent les canonniers sur leurs pièces. Leur apparition avait été si soudaine, si imprévue, qu'ils auraient réussi à ramener ces pièces si le colonel baron von Hammerstein, réunissant à la hâte quelques pelotons de hussards de la légion allemande et un escadron des hussards de l'Empereur, ne s'était précipité sur eux et ne les avait contraints à se replier sur leur infanterie. Ces deux charges, le retour offensif d'Augereau sur La Duchère et Les Roches-Cardon, la résistance acharnée de Digeon et de Beurmann, empêchèrent (les *Tagesbegebenheiten* sont obligées de le reconnaître) le prince héritier de Hesse-Hombourg de s'emparer le jour même de Lyon.

Quelques troupes légères poussèrent seules jusqu'à Vaise. Le gros de l'armée du Sud bivouaqua au pied des hauteurs depuis La Duchère et Écully jusqu'à Tassin.

La bataille de Limonest avait d'ailleurs coûté pas mal de monde aux troupes autrichiennes dont les pertes s'élevèrent pour la seule journée du 20 mars à 1432 hommes [1].

Opérations du comte Ignace Hardegg et du prince de Cobourg. — Sur la rive gauche de la Saône le comte Ignace Hardegg, qui s'était porté de Meximieux sur Miribel qu'oc-

---

[1] STÄRKE, Eintheilung und Tagesbegebenheiten der Haupt-Armee im Monate März. (*K. K. Kriegs Archiv.*, III, 1.) — Prince héritier de Hesse-Hombourg, relation des combats livrés pendant la marche de l'armée du Sud sur Lyon. (*Ibid.*, III, 312.) — Relation des combats livrés par la 2e colonne de l'armée du Sud les 18 et 20 mars. (*Ibid.*, III, 373.) — Historique du régiment de dragons autrichiens, n° 4 (en 1814, régiment de Würzburg) (*Oesterreichische militärische Zeitschrift*, 1838, 312-316). — Episodes du combat de Limonest (*Ibid.*, 1845, IV, 75), et Rapport d'Augereau au Ministre de la guerre sur le combat de Limonest, Vienne, 21 mars. (*Archives de la guerre.*)

cupait encore la brigade Bardet, ne jugea pas nécessaire de s'engager contre elle et se borna à l'amuser par des démonstrations. Le feld-maréchal lieutenant pensait, en effet, que le général français abandonnerait sa position dès qu'il se saurait menacé sur ses derrières par la colonne du général-major prince de Cobourg, qui avait couché à Neuville-l'Archevêque (Neuville-sur-Saône) et avait reçu de Hardegg l'ordre de longer la rive gauche de la Saône et de déloger le parti français de Caluire. Mais cette opération ne produisit pas les résultats espérés par Hardegg. Le général Bardet avait eu le soin de renforcer le poste de Caluire de deux bataillons qui ramenèrent le prince de Cobourg sur la route de Neuville avec tant de vivacité qu'il devint nécessaire de le faire dégager par un bataillon du régiment du banat allemand et deux escadrons de hussards de Hesse-Hombourg. Ces renforts, débouchant sur le flanc droit des bataillons français, les obligèrent à s'arrêter [1]. Le général Bardet évacua toutefois Miribel et Caluire à la nuit et se replia sur Lyon.

Le colonel Simony passe le Rhône à la nage avec les hussards de Hesse-Hombourg. — Le feld-maréchal lieutenant Hardegg occupa Miribel après le départ de Bardet et, se conformant aux ordres du commandant en chef de l'armée du Sud qui lui avait prescrit de s'attacher aux talons des Français lorsqu'ils quitteraient Lyon, il réussit à jeter sur la rive gauche du Rhône quelques escadrons de hussards de Hesse-Hombourg qui, conduits par le colonel Simony, passèrent le fleuve à la nage en amont de Miribel, poussèrent dans la nuit jusqu'au delà de Meyzieu et s'engagèrent sur les routes de Lyon à Grenoble et Chambéry [2].

L'armée d'Augereau évacue Lyon dans la nuit du 20 au 21 mars et se replie sur Vienne. — Rentré à Lyon, afin de savoir si la ville était disposée à se défendre, le maréchal avait,

---

[1] Stärke, Eintheilung und Tagesbegebenheiten der Haupt-Armee im Monate März. (*K. K. Kriegs Archiv.*, III, 1.)
[2] Stärke, Eintheilung und Tagesbegebenheiten der Haupt-Armee im Monate März (*K. K. Kriegs Archiv.*, III, 1), et prince héritier de Hesse-Hombourg, relation des combats livrés par l'armée du Sud pendant sa marche sur Lyon (*Ibid.*, III, 312).

sans perdre une minute, convoqué un conseil composé du sénateur Chaptal, du comte de Bondy, préfet du Rhône, et du maire. La déclaration du maire qui le supplia d'épargner à la population les calamités inévitables d'une résistance, d'ailleurs inutile, le manque d'armes à distribuer à la garde nationale, la pénurie des vivres, l'impossibilité de résister avec 10,000 hommes de troupes battues et découragées à une armée de plus de 40,000 hommes, maîtresse des hauteurs et du confluent du Rhône et de la Saône, décidèrent Augereau, qui ne voulait pas se laisser enfermer, à donner le soir même l'ordre d'évacuer Lyon pour se replier par la rive gauche du Rhône sur la ligne de l'Isère, afin de « pouvoir se porter, ou sur Genève par la Savoie, ou sur Le Pont-Saint-Esprit [1] ».

A minuit, les bagages et l'artillerie traversèrent Lyon et s'engagèrent sur la route de Vienne, suivis par les divisions Pannetier et Musnier, derrière lesquelles venaient l'infanterie du général Beurmann et la cavalerie du général Digeon. La division du général Bardet forma l'arrière-garde et commença son mouvement à une heure du matin. A 4 heures du matin, les dernières troupes françaises avaient quitté Lyon [2].

21 mars. — Occupation de Lyon par l'armée autrichienne du Sud. — Positions des corps autrichiens. — Dès 3 heures du matin, le prince héritier de Hesse-Hombourg, qui s'était installé pour la nuit à la maison du Puits-d'Or, était prévenu par ses avant-postes du départ des postes français qui s'étaient tenus jusque-là du côté de La Campagne ainsi que de la retraite d'Augereau, et adressait au généralissime la dépêche suivante : « L'ennemi qui s'était replié d'abord sur les hauteurs en avant de Lyon, a évacué cette ville pendant la nuit. Je le fais poursuivre [3]. »

Quelques heures plus tard les magistrats de Lyon apportaient au prince les clefs d'or de la ville que l'on envoya à l'empereur d'Autriche. Vers midi, l'armée du Sud entrait à Lyon.

---

[1] Augereau au Ministre, Vienne, 21 mars. (*Archives de la guerre.*)
[2] Augereau. Lyon, Ordres de mouvement, 20 mars, soir. (*Ibid.*)
[3] Prince héritier de Hesse-Hombourg au prince de Schwarzenberg. Maison du Puits-d'Or, 21 mars, 3 heures du matin. (*K. K. Kriegs Archiv.*, III, 384.)

Mais, au lieu de pousser vivement Augereau, de tirer parti d'avantages qu'il devait en grande partie aux fautes et aux lenteurs de son adversaire, d'achever l'anéantissement et la dispersion des troupes françaises en ne leur laissant ni trêve ni répit, le prince héritier de Hesse-Hombourg se contenta d'envoyer sur la rive gauche du Rhône la division du feld-maréchal lieutenant Lederer, qui s'arrêta à Saint-Symphorien-d'Ozon, à mi-chemin entre Lyon et Vienne. Le corps du prince Philippe de Hesse-Hombourg, les divisions Ignace Hardegg et Wimpffen occupèrent Lyon, à l'exception de l'avant-garde de cette dernière qui prit position en avant de La Guillotière.

Le prince de Cobourg resta à Caluire.

Deux des divisions de l'armée du Sud demeurèrent sur la rive droite de la Saône, l'ancienne division de Bianchi entre Écully et Tassin et celle du prince de Wied-Runkel a Francheville. Pour se faire pardonner ce temps d'arrêt inexplicable, le commandant de l'armée du Sud informait Schwarzenberg « que l'ennemi se repliait vivement sur Vienne, qu'il porterait le comte Hardegg sur Chambéry par la route de Bourgoin et qu'il avait fait partir immédiatement des renforts dans la direction de Nantua, afin de dégager le comte Bubna et de se mettre en communication avec lui [1] ».

Derniers mouvements offensifs de Marchand devant Genève. — Cette dernière précaution était assurément superflue : il était, en effet, aisé de prévoir que l'évacuation de Lyon aurait forcément pour corollaire la retraite du général Marchand. Suppléant à la faiblesse de ses troupes par une infatigable activité, ce général, afin de stimuler et de soutenir le soulèvement national dans le pays de Gex, avait envoyé dans la journée du 21 une petite colonne partie du fort de L'Écluse, d'abord jusqu'à Farges, puis jusqu'à Saint-Jean-de-Gonville. Mais 36 heures plus tard Marchand, informé des événements de Lyon, était lui aussi obligé de songer à la retraite [2].

---

[1] Prince héritier de Hesse-Hombourg au prince de Schwarzenberg, Lyon, 21 mars (*K. K. Kriegs Archiv.*, III, 385); prince héritier de Hesse-Hombourg, relation des combats livrés par l'armée du Sud pendant sa marche sur Lyon (*Ibid.*, III, 312); Stärke, Eintheilung und Tagesbegebenheiten der Haupt-Armee im Monate März (*Ibid.*, III, 1).

[2] Le 21 mars, à 9 heures du soir, le comte de Saint-Vallier, écrivant de

Positions de l'armée d'Augereau le 21 mars au soir. — Ordres de mouvement pour le 22 mars. — Le 21 mars au soir, les troupes d'Augereau occupaient les positions suivantes : les divisions Musnier et Pannetier, couvertes par le 4e hussards posté au hameau des Pins, au nord de Vienne, à peu de distance de la route de Saint-Symphorien-d'Ozon ; l'infanterie venant de Catalogne et le 13e cuirassiers à Vienne ; la division Bardet et le 12e hussards au sud de Vienne, sur la route de Valence, dans les environs d'Auberive ; la brigade de gardes nationales, les gardes d'honneur et les gendarmes étaient en marche sur Le Péage-de-Roussillon.

Le lendemain, la division Bardet et le 12e hussards devaient aller d'Auberive à Saint-Rambert-d'Albon et à Saint-Vallier ; la division Musnier au Péage-de-Roussillon avec le quartier général ; la division Pannetier à Auberive ; la brigade de gardes nationales du général Rémond à Tain. Le général Digeon, formant l'arrière-garde avec la division de Catalogne, le 4e hussards et le 13e cuirassiers, restait en position à Vienne [1].

Considérations sur les manœuvres et les lenteurs d'Augereau. — Avant de suivre le duc de Castiglione dans sa retraite sur Valence, il est indispensable d'insister sur un fait essentiel. Au moment où Augereau évacuait Lyon, l'Empereur, comptant sur la coopération de l'armée de Lyon, attachant une importance capitale à l'effet de la diversion qu'elle devait opérer sur les derrières et la gauche de la grande armée alliée, s'impatientait et s'inquiétait du silence du maréchal. Sans nouvelles de l'armée de Lyon depuis la réception de la dépêche du 12, de Villefranche, dans laquelle le duc de Castiglione annonçait qu'après avoir poussé jusqu'aux faubourgs de Mâcon, le général Musnier avait dû revenir à Saint-Georges, mais qu'il comptait reprendre le

---

Grenoble à Marchand pour lui confirmer la retraite de l'armée sur Vienne, l'informait de la présence sur ce point d'Augereau, du cardinal Fesch, de Chaptal, du comte de Bondy, et ajoutait : « Qu'allez-vous faire dans ces circonstances ? S'il m'est permis de vous donner mon opinion, je vous conseillerai de venir en personne à Grenoble, d'amener quelques troupes pour couvrir Grenoble du côté de Lyon. Vous pourrez passer par Saint-Genix et Les Echelles pour toucher sur Bourgoin, pendant que le général Dessaix se retirerait par Chambéry. » (*Archives de la guerre.*)

[1] Augereau, Ordre de mouvement pour le 22, Vienne, 21 mars. (*Ibid.*)

lendemain son mouvement offensif, Clarke[1] avait cru nécessaire de rappeler une fois de plus au maréchal les volontés de l'Empereur et d'insister à nouveau sur l'utilité et l'importance d'une diversion qu'Augereau était depuis longtemps déjà dans l'impossibilité d'entreprendre.

Le maréchal n'ayant pas jugé opportun de donner signe de vie pendant la période comprise entre le 12 et le 18 mars, ni Clarke ni l'Empereur n'avaient donc la moindre idée de la tournure prise par les affaires sur la Saône. Les lenteurs et les fautes du duc de Castiglione avaient privé l'Empereur du point d'appui sur lequel il comptait pour opérer avec plus de chances de succès sur les lignes d'opérations de la grande armée. Le silence d'Augereau, en partie motivé par ses échecs, allait amener des catastrophes, et l'on peut, non sans raison, prétendre que l'Empereur aurait vraisemblablement renoncé à livrer la bataille d'Arcis et à se diriger ensuite sur Vitry et Saint-Dizier, si Augereau l'avait tenu au courant des échecs essuyés par son armée. Dans ces conditions, il est assez naturel que le Ministre de la guerre ait pris en sérieuse considération la lettre anonyme, partie de Lyon le 19 mars, lettre qu'il reçut au plus tard le 22 ou le 23, puisque la note rédigée à ce propos par Dupont de Vieussseux fut, comme nous l'avons dit plus haut, présentée à Clarke le 24. On comprendra également qu'en raison des circonstances, il ait donné l'ordre d'établir d'urgence un rapport résumant la conduite du maréchal.

---

[1] « Je suis sans nouvelles de vous depuis le 12, écrivait Clarke à Augereau le 21 mars, et je suis peiné de n'avoir aucun compte à rendre à Sa Majesté de la suite des importantes opérations dont vous êtes chargé. L'Empereur en espère de grands résultats et doit éprouver à cet égard une très juste impatience... » Et le Ministre après avoir en quelques lignes exposé à Augereau les mouvements de l'Empereur sur Méry, la marche d'Allix et de Souham sur la gauche de la Grande Armée, après lui avoir annoncé l'entrée d'Allix à Sens, ajoutait : « Une bonne et forte diversion de votre part viendrait fort à propos, et je ne saurais assez vous rappeler qu'elle doit avoir une influence décisive sur les opérations de la Grande Armée. Sa Majesté en est persuadée et se repose avec confiance sur votre zèle, votre dévouement et votre activité pour la seconder convenablement... Sa Majesté vous a laissé le choix des dispositions et je me suis abstenu de vous donner aucune instruction relative à vos mouvements..... Mais tous les moments sont précieux : le moindre retard peut avoir des suites incalculables et les plus justes combinaisons resteraient sans résultat si elles n'étaient exécutées avec toute la célérité, l'activité et l'énergie que les circonstances exigent impérieusement de vous. » (*Archives de la guerre.*)

Ce rapport, qu'il trouva trop violent dans la forme pour l'envoyer à l'Empereur, fut annulé, mais nous le reproduisons textuellement, parce qu'il contient, sous une forme concise, l'exposé, la critique et la condamnation de toutes les fautes commises par le duc de Castiglione, depuis le commencement de ses opérations jusqu'à l'évacuation de Lyon, jusqu'à la retraite sur Valence, jusqu'aux mouvements exécutés sur son ordre le 21 mars[1] :

« J'ai eu l'honneur de faire remettre à Votre Majesté une lettre du duc de Castiglione, en date du 18 mars..... Sans entrer dans l'examen approfondi des dispositions, on appelle l'attention de Sa Majesté sur les lenteurs avec lesquelles le Maréchal a agi dans le principe, malgré des ordres pressants et réitérés. Ordre du 12 février de commencer de suite les opérations, renouvelé le 13. Le 16 février, on lui écrit qu'il n'y a pas un moment à perdre. Le 20, nouvel ordre de sortir de Lyon et de marcher à l'ennemi, réitéré le 21. Le 22, on lui donne l'ordre formel de sortir de Lyon douze heures après la réception de la lettre. Les 23, 26 et 28 février, on renouvelle les ordres, on l'engage à mettre dans leur exécution le zèle, l'activité et l'énergie que les circonstances rendaient si nécessaires. Après avoir reçu 8 dépêches consécutives, le Maréchal prend enfin le parti de bouger et, le 2 mars, de Lons-le-Saunier, il rend compte des opérations commencées le 28 février.

« Voilà donc un retard de 15 jours pendant lesquels on a fait sur les deux rives de la Saône quelques mouvements insignifiants qui ont donné l'éveil à l'ennemi et l'ont décidé à envoyer Bianchi sur Chalon. Le Maréchal se croit alors forcé de rappeler les

---

[1] Rapport (*non envoyé*) à Sa Majesté sur les manœuvres et les lenteurs d'Augereau, Paris, 25 mars. (*Archives de la guerre.*)
Il résulte de la comparaison entre cette pièce et la dépêche du Ministre à Augereau, en date du 21 mars, ainsi que de la correspondance même d'Augereau, que le maréchal jugea inutile de rendre le moindre compte de ses opérations pendant la période si pleine de graves événements qui s'écoula du 12 au 18 mars. Clarke, ne voulant pas transmettre ce rapport qu'il trouva trop violent, ordonna à Dupont de Vieusseux d'en modifier la forme. Il adressa cette pièce le 26 mars à l'Empereur et fit partir le 27 mars le colonel Balthazar pour l'armée de Lyon. Les événements ne permirent plus à Napoléon de prendre à l'égard d'Augereau des mesures qui auraient été d'ailleurs trop tardives et n'auraient pu rétablir une situation désespérée.

troupes en marche sur Genève et de revenir sur Lyon. Dans sa lettre du 9 mars, il explique qu'il s'est décidé à repasser par Lyon pour prendre l'ennemi à revers, pendant que le général Bardet fera une fausse attaque sur Mâcon. Mais, à partir de ce moment, il n'est plus question de l'attaque de Mâcon. L'ennemi reste maître de cette ville et du pont sur la Saône. Il tient l'armée française divisée et peut agir à son gré, sur la rive qui lui convient le mieux, tandis que le Maréchal est obligé de passer par Lyon pour se porter d'une rive sur l'autre. Il eût suffi de garder le pont de Mâcon en force, lors de la première attaque, ou de détruire ce pont quand on abandonna la ville, pour éviter à notre armée un grand détour et obliger l'adversaire à se concentrer en entier sur l'une des rives de la Saône, ce qui permettait au Maréchal d'agir contre lui avec la totalité de ses forces, sans l'obliger à se diviser et à faire dépendre toutes ses opérations du degré de résistance du général Bardet à Miribel. Le Maréchal abandonne ensuite Lyon pour se porter sur Pont-Saint-Esprit, à 50 lieues en arrière, laissant à l'ennemi les 7e et 19e divisions militaires. »

Les critiques du ministre de la guerre étaient assurément fondées ; mais Clarke n'était pas lui-même à l'abri de tout reproche. Il eût dû, dès les derniers jours de février, au plus tard dès le commencement de mars, appeler l'attention de l'Empereur sur les conséquences fatales des lenteurs d'Augereau, sur les suites inévitables des fausses manœuvres du Maréchal. Au moment où il se décida à écrire à l'Empereur, le mal était fait et il était trop tard pour pouvoir y porter remède.

22 mars. — Mouvements et positions des armées française et autrichienne du Sud. — Pendant que, grâce au temps d'arrêt inexplicable qui se produisit dans les opérations de l'armée autrichienne du Sud, grâce à l'absence de toute poursuite sérieuse, les troupes françaises continuaient sans encombre leur retraite sur Valence, les deux généraux en chef commettaient simultanément faute sur faute.

Complètement démoralisé par les échecs qu'il venait d'éprouver, Augereau, loin de profiter du répit inespéré que lui laissait son adversaire, loin d'en tirer parti pour se concentrer entre Valence et Grenoble, s'entêta à avoir recours aux procédés qui lui avaient si mal réussi jusque-là. De plus en plus convaincu que les Autrichiens chercheraient à opérer leur jonction avec l'armée de Wellington, il résolut d'éparpiller ses divisions entre Valence et Le Pont-Saint-Esprit, afin d'être en mesure de se porter selon les événements, soit sur le Dauphiné, soit sur la rive droite du Rhône.

De son côté, le commandant de l'armée autrichienne du Sud n'avait pas compris l'importance capitale de la possession de Lyon et paraît s'être fait une idée absolument fausse d'une situation que tout général lui aurait enviée. Au lieu de continuer à suivre Augereau, de l'accabler sous le poids de sa supériorité numérique, non content de lui laisser prendre une avance considérable, le prince héritier de Hesse Hombourg, renonçant à appliquer le grand principe de la réunion des forces sur le théâtre principal des opérations, semble avoir voulu faire traîner la guerre en longueur et s'être complu à disséminer inutilement ses forces. Sur sa gauche, il se préoccupe outre mesure de la situation de Bubna qui a reçu des renforts et que les succès de l'armée du Sud ont d'ailleurs dégagé. Sur sa droite, il va inutilement détacher une brigade entière dans le Forez afin de chasser des bords de la Loire les partisans de Damas. Enfin, les bandes armées du Charolais vont devenir pour lui un objet de constante préoccupation, détourner son attention des opérations principales et lui inspirer une série de fausses manœuvres.

Après avoir, comme nous l'avons dit, maintenu toute son armée sur les positions autour de Lyon, le commandant de l'armée autrichienne du Sud, bien que, s'il faut en croire les *Tagesbegebenheiten*, « il se proposât de détruire l'armée d'Augereau », n'osa pas prendre une résolution définitive, et le 22 mars le Ier corps d'armée resta tout entier immobile sur ses positions de la veille. Le prince de Cobourg, dont on renforça la brigade d'un bataillon tiré de la division du prince de Wied-Runkel, reçut seul l'ordre de partir pour Saint-Etienne, de s'emparer de la manufacture d'armes, de pousser vers la Loire et de pacifier le pays en dispersant les partisans de Damas [1].

Sur la rive gauche du Rhône, Wimpffen s'avança de Lyon

---

[1] STÄRKE, Eintheilung und Tagesbegebenheiten der Haupt-Armee im Monate März. (*K. K. Kriegs Archiv.*, III, 1.)

jusqu'à Feyzin, se rapprochant ainsi de la division Lederer maintenue à Saint-Symphorien-d'Ozon, et détacha sur sa gauche une partie de sa division qui s'engagea sur la route de Grenoble. Enfin, comme on tenait par-dessus tout à donner la main à Bubna, à couper la retraite aux troupes du général Marchand, à désarmer les paysans, on ordonna au comte Ignace Hardegg de se porter sur Grenoble, en passant par Bourgoin et La Tour-du-Pin[1].

Mesures prises par Bubna et par Marchand devant Genève. — Mouvements de leurs troupes. — Informé du mouvement d'Augereau sur Valence, le général Marchand avait dû se retirer derrière l'Arve dans la nuit du 21 au 22 mars et prendre les mesures nécessaires pour assurer la retraite de ses troupes. Rappelant à lui la reconnaissance qu'il avait poussée sur la route de Gex, il consacra une partie de la journée du 22 à l'évacuation du fort de L'Ecluse et à la destruction du pont de Seyssel. Le 22 au soir, il donnait l'ordre définitif de battre en retraite sur deux colonnes. L'une de ces colonnes prit avec lui la route de Frangy à Rumilly; l'autre, conduite par le général Serrant, qui venait de remplacer le général Dessaix malade et dans l'impossibilité de continuer à exercer un commandement actif, suivit la route d'Annecy[2]. Les deux colonnes devaient se rejoindre au sud d'Albens, à la croisée des routes menant de Rumilly et d'Annecy à Chambéry.

Bubna, dont les communications avec l'armée du sud venaient d'être rétablies par l'arrivée à Nantua du détachement du colonel comte Leiningen, déjà sur le point de se diriger par Belley sur Pierre-Châtel, disposait à ce moment, grâce aux renforts successifs qui lui étaient parvenus, de 17 bataillons, 26 escadrons et 30 canons représentant un effectif total d'environ 13,000 hommes. Complètement rassuré sur le sort de Genève, il résolut de ne laisser dans cette ville que le feld-maréchal lieutenant baron Greth avec trois bataillons, et procéda aussitôt à l'organisation

---

[1] Stärke, Eintheilung und Tagesbegebenheiten der Haupt-Armee im Monate März. (*Ibid.*)

[2] Général Dessaix au général Marchand, Carouge, 22 mars. (*Archives de la guerre.*)

des colonnes qui devaient poursuivre Marchand et Serrant. Les généraux Zechmeister et Klopstein, franchissant l'Arve, étaient chargés de suivre la colonne de Serrant[1] sur la route d'Annecy, pendant que Klebelsberg prendrait avec la brigade Bentheim la route de Rumilly. Enfin, la brigade Luxem avait reçu une mission spéciale. Elle était chargée, d'abord, de mettre une garnison au fort de L'Ecluse, puis de rétablir le pont de Seyssel et d'y passer le Rhône. Cette brigade devait ensuite rejoindre et renforcer la colonne de Klebelsberg[2].

23 mars. — Retraite de l'armée d'Augereau sur Valence. — Pendant ce temps, Augereau continuait sa retraite sur Valence, sans reprendre pied nulle part, sans se préoccuper de ce qui se passait en Savoie, sans s'inquiéter du sort des troupes de Marchand et de Serrant. Conformément aux ordres qu'il envoya le 22 de Saint-Vallier, ses deux premiers échelons, les divisions Bardet et Musnier et le 12e hussards, se portèrent, le lendemain, l'un de Saint-Vallier et de Saint-Rambert-d'Albon sur Valence ; l'autre du Péage-de-Roussillon sur Saint-Vallier. Les troupes d'Espagne, le 13e cuirassiers et le 4e hussards évacuèrent Vienne pour se replier sur Le Péage-de-Roussillon et ne laissèrent sur les hauteurs d'Auberive qu'une faible arrière-garde chargée d'observer le pont de la Varèze et de couvrir la retraite de la division Pannetier pendant sa marche d'Auberive sur Saint-Rambert[3].

Mais, avant de quitter Saint-Vallier, le duc de Castiglione, plus indécis, plus hésitant que jamais, avait cru utile de faire connaître à nouveau au ministre[4] qu'il allait prendre provisoirement la ligne de l'Isère et établir son quartier général à Valence. Il priait en même temps le ministre de lui faire savoir « si Sa Majesté désirait le voir continuer à garder cette ligne et y attendre l'attaque de l'ennemi venant de Lyon, ou s'il devait se porter en

---

[1] Le général Dessaix, malade, avait, par une lettre de Carouge le 22 mars, prévenu le général Marchand qu'il se retirait à Montmélian pour rétablir sa santé et transmettait les ordres de retraite sur Rumilly et Annecy au général Serrant. (*Archives de la guerre.*)

[2] Stärke, Eintheilung und Tagesbegebenheiten der Haupt-Armee im Monate März. (*K. K. Kriegs Archiv.*, III, 1.)

[3] Augereau, Ordre de mouvement pour le 23 mars, Saint-Vallier, 22 mars. (*Archives de la guerre.*)

[4] Augereau au Ministre, Saint-Vallier, 22 mars. (*Ibid.*)

Savoie pour opérer sa jonction avec les troupes du général Marchand et reprendre Genève, ou bien s'il devait (et ce dernier parti lui semblait le meilleur) passer le Rhône au Pont-Saint-Esprit et se porter sur Toulouse contre l'armée de Wellington ».

On pourrait, au premier abord, s'étonner de voir le Maréchal qui, depuis le commencement de la campagne, n'avait tenu aucun compte des ordres pressants et réitérés qu'on lui avait envoyés, se décider tout à coup à demander des instructions. D'après les termes mêmes dont il se servait au début de cette dépêche, on devrait croire qu'il avait pris la résolution de s'arrêter à Valence, d'y concentrer son armée et d'y tenir bon jusqu'à l'arrivée des ordres dont il semblait demander l'envoi. Il suffit de lire la dépêche jusqu'au bout pour voir qu'il n'en était rien et que, cherchant uniquement à échapper à son adversaire, Augereau, bien décidé à continuer sa retraite, ne cherchait plus qu'un prétexte pour donner un semblant de raison à des mouvements auxquels il était d'ores et déjà décidé. Ce prétexte, une lettre interceptée le lui avait déjà fourni au moment où il écrivait au ministre de la guerre, et ce fut même probablement pour cette raison qu'il termina sa dépêche en disant au duc de Feltre : « En attendant les ordres, je vais faire occuper Le Pont-Saint-Esprit, puisque l'ennemi se propose, d'après la lettre interceptée, de faire sa jonction avec Wellington[1]. »

Cette jonction problématique, et en tout cas lointaine, de Wellington et de l'armée du Sud, préoccupait Augereau bien plus que le sort de Marchand et de Serrant, bien plus que les mouvements du prince héritier de Hesse-Hombourg. Quoiqu'on lui eût signalé, à ce moment, l'apparition de quelques hussards autrichiens aux environs de La Tour-du-Pin, quoique la lenteur et la timidité de la poursuite eussent dû l'amener à penser que son adversaire avait vraisemblablement détaché une partie de son armée pour couper la retraite aux troupes se retirant des environs de Genève, il n'écrivit à Marchand que pour lui renouveler l'ordre de lui envoyer le général Vedel et l'artillerie venant d'Italie qu'on attendait à Chambéry[2].

---

[1] Augereau au Ministre de la guerre, Péage de Roussillon, 22 mars (*Archives de la guerre.*)
[2] Augereau au général Marchand, Saint-Vallier, 23 mars. (*Ibid.*)

Pendant ce temps, Marchand et Serrant accéléraient leur retraite. Ils coupaient et brûlaient le pont de Seyssel[1], et l'avant-garde du général Marchand, après avoir quitté Rumilly le 23 au matin, se dirigeait sur Aix-les-Bains d'où elle devait repartir le 24, à 5 heures du matin, pour se porter sur Les Echelles. Tous les détachements que le général Marchand avait dû faire pendant les derniers jours du blocus de Genève, avaient néanmoins réussi à rejoindre sa colonne, à l'exception de celui de Saint-Rambert qui reçut l'ordre de se retirer par Pierre-Châtel[2].

Marche des corps de l'armée autrichienne du Sud sur la rive gauche du Rhône. — L'avant-garde de l'armée autrichienne du Sud (la division Lederer) n'avait pas mis moins de deux jours pour aller de Lyon à Vienne. Elle n'entra, par suite, dans cette ville que longtemps après le départ des dernières troupes du général Digeon et ne poussa pas plus loin. La division Wimpffen, qui, seule, avait reçu l'ordre de suivre le mouvement de cette avant-garde et devait éventuellement lui servir de soutien, s'avança de 10 kilomètres environ et se porta de Feyzin jusqu'à Saint-Maurice, à moitié chemin entre Saint-Symphorien-d'Ozon et Vienne. Le comte Ignace Hardegg poussa sur la route de Bourgoin jusqu'à La Verpillière. Les deux autres divisions du Ier corps et le corps du prince Philippe de Hesse-Hombourg continuèrent à rester immobiles sur leurs positions[3].

Mouvement du prince de Cobourg sur Saint-Étienne, Feurs et Roanne. — Afin de se mettre à l'abri des tentatives qu'il redoutait de la part des partisans, le prince de Cobourg, qu'on avait chargé de s'emparer de Saint-Étienne, avait dû envoyer sur sa droite une partie de son monde. Le major Falk, auquel il avait confié cette mission, s'était dirigé sur Feurs et avait ordre de descendre le cours de la Loire jusqu'à Roanne. L'avant-garde de la brigade du prince poussa jusqu'à Saint-Étienne le 23 mars; mais sur la demande du maire, qui craignait

---

[1] Colonel Cubières au général Marchand, Rumilly, 23 mars. (*Archives de la guerre.*)

[2] Colonel Cubières au général Marchand, Rumilly, 23 mars. (*Ibid.*)

[3] Stärke, Eintheilung und Tagesbegebenheiten der Haupt-Armee im Monate März. (*K. K. Kriegs Archiv.*, III, 1.)

un soulèvement de la population de la ville tant qu'elle ne serait pas occupée par un corps d'un effectif respectable, le prince n'y entra que le lendemain 24 avec le gros de sa brigade. Informé de l'existence d'un rassemblement dont on évaluait la force à 2,000 hommes et avec lequel Damas se proposait de marcher de Montbrison sur Saint-Étienne, le prince de Cobourg envoya le jour même son avant-garde jusqu'à Saint-Priest et lui donna l'ordre de pousser jusqu'à la Loire dans la direction de Saint-Rambert [1].

Inquiétudes du prince héritier de Hesse-Hombourg pour ses derrières. — Affaire de Lucenay-l'Evêque. — La victoire de Limonest et l'occupation de Lyon semblent d'ailleurs avoir marqué pour l'armée autrichienne du Sud la fin d'une période d'opérations rationnelles, intelligemment combinées, habilement et énergiquement conduites. Bien que la faiblesse de son adversaire ne pût laisser subsister dans l'esprit du prince héritier de Hesse-Hombourg aucun doute sur l'issue de la campagne, du moins en ce qui le concernait directement, bien qu'il eût dû être complètement rassuré par la tournure de plus en plus favorable prise par les affaires des Alliés et par les nouvelles qui lui venaient du grand quartier général, comme s'il eût pressenti et deviné les inquiétudes que Schwarzenberg avait eu jusqu'à un certain point le droit de concevoir pendant quelques jours, le commandant de l'armée du Sud éprouva presque au même moment les mêmes appréhensions que le généralissime. Négligeant l'armée qu'il vient de battre, le prince héritier de Hesse-Hombourg, une fois arrivé à Lyon, semble s'être presque exclusivement préoccupé de son flanc droit que couvrait un cours d'eau aussi important, aussi difficile à franchir que le Rhône; il s'alarme de la présence de quelques partisans entre la rive droite de ce fleuve et la Loire; il s'inquiète, outre mesure, de la protection de ses derrières pour lesquels il n'avait cependant rien à craindre, de la

---

[1] Le prince de Cobourg au prince héritier de Hesse-Hombourg, Saint-Etienne, 24 mars (*K. K. Kriegs Archiv.*, III, 471 a), et comte de Montholon au Ministre de la guerre, Saint-Bonnet, 24 mars (*Archives de la guerre*). Dans cette dépêche, Montholon annonce au Ministre que la désertion de plus de la moitié des gardes nationaux, dès que l'on fit battre la générale, l'a obligé à évacuer Saint-Etienne et à battre en retraite sur les montagnes du Forez.

sûreté de ses communications avec la grande armée que, malgré leur soif de vengeance, malgré leur patriotisme ardent, quelques bandes de paysans armés ne pouvaient menacer sérieusement.

Toujours est-il que pendant son séjour à Lyon, comme pendant les journées qui suivirent son départ de cette ville, le prince s'occupa bien moins des mouvements d'Augereau, de la direction suivie par l'armée française en retraite, de la marche des colonnes de Klebelsberg et de Zechmeister sur la Savoie et le Dauphiné, que des mesures à prendre pour en finir du côté du Forez avec les partisans de Damas, que des moyens à adopter pour disperser les bandes du Charolais et assurer la tranquillité sur les routes menant à Dijon. La prolongation anormale de l'arrêt du gros de l'armée autrichienne du Sud autour de Lyon, les directions divergentes données aux divisions qu'il porta en avant avec une lenteur inexplicable, l'hésitation du prince héritier de Hesse-Hombourg à s'engager sur la route de Valence, le détachement du prince de Cobourg sur Saint-Étienne et la vallée de la Loire, l'envoi de colonnes volantes dans le Charolais vers Autun et Semur, n'eurent d'autre cause déterminante que des appréhensions incompréhensibles surtout en un pareil moment, que des craintes excusables, peut-être chez le généralissime, mais inadmissibles de la part du commandant d'une armée victorieuse, supérieure en nombre, et à laquelle on avait donné un objectif défini et attribué un théâtre de guerre nettement déterminé.

Un simple coup d'œil jeté sur la correspondance du commandant de l'armée autrichiennne du Sud permettra d'ailleurs de se rendre compte de l'état d'esprit du prince héritier de Hesse-Hombourg, et de l'importance exagérée qu'il attribua aux dernières convulsions du soulèvement national.

Dans une longue dépêche qu'il adressa le 27 mars de Vienne au généralissime, et sur laquelle nous aurons à revenir ultérieurement à propos des opérations des généraux Zechmeister et Ignace Hardegg, il insiste surtout sur ce qui se passe entre le Rhône et la Loire et plus au nord, en Bourgogne. « Mes détachements de Charolles, Autun et Feurs me disent que l'ennemi est encore à Digoin et à Roanne et qu'il y a à Moulins 10,000 hommes sous les ordres du général Vialard qui envoie des partis sur nos communications. Il y a en outre dans les bois autour d'Autun de nombreuses bandes de paysans armés conduits et commandés par des officiers [1]. » Puis faisant allusion à l'affaire de Lucenay-l'Evêque, à l'embuscade de Serrières où les paysans armés avaient assommé un caporal et quatre hommes, il terminait cette dépêche en disant : « Tout cela, joint à la nécessité de laisser une assez forte garnison à Lyon, gêne ma marche vers l'Isère [1]. »

En raison même de l'importance que le commandant d'une armée dont l'effectif, en y comprenant les troupes de Bubna, s'élevait à plus de 60,000 hommes, attribuait aux événements qui s'étaient déroulés à Lucenay-l'Evêque et à Autun, nous croyons devoir reproduire le rapport [2] même qui alarma à ce point le prince héritier de Hesse-Hombourg.

« J'ai fait occuper Autun le 23 mars, écrivait le major Barthos au colonel Illesy, par les vélites du régiment de hussards Archiduc Ferdinand, avec l'ordre de surveiller la route de Paris à Lyon par Moulins et de chercher à se relier par Auxerre avec le prince Maurice Liechtenstein. J'envoyai en même temps un demi-escadron avec le capitaine Ferentzy sur la route de Paris. Ce détachement est arrivé de nuit à Lucenay-l'Evêque et a été accueilli par une salve de coups de fusil qui, partant d'un fossé à peu de distance d'un moulin, lui tuèrent 7 hommes et 6 chevaux et blessèrent 3 hommes et 2 chevaux. Le capitaine Ferentzy ajoute qu'il a été suivi à coups de fusil, partant des côtés de la route d'Autun à Dijon par Arnay-le-Duc, jusqu'à peu de distance du camp. Pour cette raison le détachement tout entier évacua Autun et se replia sur Couches, occupant Saint-Emiland avec un demi-escadron et La Selle avec un autre demi-escadron qui envoya des patrouilles vers Autun et des avant-postes sur la route d'Autun à Cluny.

« Le 24 mars, le lieutenant von Hamann alla en patrouille vers Autun avec un peloton. A la sortie du défilé de Cluny [3] il fut

---

[1] Prince héritier de Hesse-Hombourg au prince de Schwarzenberg, Vienne, 27 mars. (*K. K. Kriegs Archiv.*, III, 471.)

[2] Le rapport du major Barthos est daté du 1ᵉʳ avril; mais avant de l'adresser à son colonel, le major avait informé directement, et le jour même, le quartier général de l'armée du Sud de l'affaire de Lucenay-l'Evêque.

[3] Il s'agit ici, ou du débouché de la route d'Autun à Mâcon par Cluny qui traverse sur ce point la forêt royale de Planoise et se déroule entre les hau-

côtoyé par une trentaine d'hommes armés qui tirèrent sur sa troupe, le blessèrent gravement, lui tuèrent 1 homme et 3 chevaux et lui blessèrent 6 hommes et 9 chevaux. L'ennemi, enhardi par les résultats de son tir, se montra en nombre près de Couches et menaça mes avant-postes. En raison même de la configuration et de la nature du terrain je ramenai tout mon détachement sur une hauteur d'où je pouvais charger les paysans s'ils avaient fait mine de se porter contre moi. J'ai immédiatement donné connaissance de ces faits au lieutenant-colonel comte de Blankenstein en le priant d'en informer le quartier général de l'armée du Sud.

« J'appris en outre que, dans la nuit, 300 paysans armés s'étaient portés sur Bourgneuf (le Bourgneuf de Chalon). J'y envoyai un capitaine, 20 chevaux et une section d'infanterie. On avait réussi à prendre un paysan armé ; mais il a été presque aussitôt délivré par ses camarades..... [1] »

24 mars. — Le prince héritier de Hesse-Hombourg établit son quartier-général à Vienne. — Mouvements des troupes de l'armée autrichienne du Sud. — Pendant ce temps, le prince héritier de Hesse-Hombourg s'était décidé à transférer son quartier général à Vienne et à pousser son avant-garde (feld-maréchal lieutenant Lederer) jusqu'au Péage-de-Rousillon et à Saint-Rambert d'Albon. A sa gauche la division Ignace Hardegg, venant de La Verpillière à Eyzin-Pinet et Saint-Marcel, atteignait la route de Vienne à Grenoble. Enfin, les troupes légères placées sous les ordres du général Gall, s'établissant en avant-postes à Cour et Buis et à Beaurepaire d'Isère à la même hauteur que l'avant-garde de Lederer, surveillaient les routes menant d'une part de Vienne, de l'autre de Saint-Rambert à Grenoble.

Le Ier corps remplaça la division Wimpffen à Saint-Maurice et le prince Philippe de Hesse-Hombourg, qu'on ne se décida pas encore à porter en avant, reçut l'ordre de préparer le mouvement

---

teurs couvertes à l'ouest par cette forêt, à l'est par les bois de Monchauvoise, ou *plus probablement* du défilé dans lequel s'engage la route d'Autun à Chalon-sur-Saône et qui est bordé au nord par le bois de la Feuillie, au sud par celui de Monchauvoise.

[1] Major Barthos au colonel Illesy, commandant le régiment de Palatinal-Huszaren, Autun, 1er avril. (*K. K. Kriegs Archiv.*, IV, ad. 307.)

de son corps sur Saint-Symphorien-d'Ozon et de laisser après son départ la division du prince de Wied-Runkel en garnison à Lyon.

Sur la rive droite du Rhône, le prince de Cobourg, qui venait d'occuper Saint-Etienne[1], devait se reporter sur Annonay afin d'être en mesure de s'opposer aux mouvements éventuels qu'on redoutait de la part d'Augereau, aux entreprises des troupes qu'on craignait de voir se porter par Tournon contre Annonay et de là vers la Loire.

Mouvements et positions des troupes d'Augereau. — Ces craintes n'avaient d'ailleurs aucun fondement. Dès son arrivée à Valence, le 23 mars, le Maréchal s'était, en effet, borné à donner l'ordre au général Rémond de cantonner sa brigade (gendarmerie et gardes nationales) dans un rayon d'une lieue sur les côtés et en avant de la route de Montélimar. Il avait en même temps prescrit au général Poncet, commandant la 19e division militaire de partir pour Le Puy en emmenant avec lui toutes ses troupes, à l'exception de la gendarmerie du Rhône[2].

Le lendemain 24, la division Bardet et le 12e hussards avaient fait séjour à Valence, à l'exception de deux bataillons et d'un escadron chargés de reprendre sur la route de Montélimar les cantonnements de la brigade Rémond que le Maréchal avait envoyée, avec les gros bagages et le petit dépôt, à Loriol, à une journée de marche de Montélimar.

La division Musnier était venue coucher à Valence. La division Pannetier avait poussé jusqu'à Tain et occupé Tournon, sur la rive droite du Rhône, gardant fortement les bacs qui assuraient

---

[1] Le comte de Montholon en rendant compte au Ministre de la guerre de l'occupation de Saint-Etienne, insistait sur le mauvais esprit des gardes nationaux. « En entendant battre la générale, écrivait-il le 24 mars de Saint-Bonnet-le-Château où il s'était retiré, 570 gardes nationaux sur 1000 à 1100 ont déserté. J'avais donné ordre à M. de Damas de prendre position à La Fouillouse pour couvrir Saint-Etienne de concert avec les bataillons d'ouvriers. Je voulais occuper moi-même les hauteurs avec les conscrits et la garnison de Montbrison. Je croyais le maréchal à Vienne. Mais à la nouvelle que l'ennemi marchait en trois colonnes sur Saint-Etienne et passait la Loire à Feurs, j'ai dû me replier sur les montagnes du Forez afin de m'y organiser. » (*Archives de la guerre.*)

[2] Augereau, Ordres au général Rémond, et Augereau au général Poncet, Valence, 23 mars. (Correspondance d'Augereau; *Archives de la guerre.*)

la communication entre les deux rives. Les troupes d'Espagne, avec le 4ᵉ hussards et le 13ᵉ cuirassiers avaient quitté Le Péage-de-Roussillon pour s'arrêter à Saint-Vallier [1].

Ces différents mouvements étaient encore en voie d'exécution lorsque le Maréchal reçut l'ordre de renvoyer, en poste, à Libourne, la colonne du général Beurmann. Obligé d'obéir, croyant désormais tout irrévocablement perdu, il dut néanmoins se conformer, cette fois, sans perdre une minute, aux ordres formels qu'il venait de recevoir. Pendant qu'il faisait partir de Valence le général Ordonneau, chargé de prendre le commandement de l'infanterie du général Digeon en remplacement du général Beurmann, il faisait savoir au général Beurmann qu'il devrait commencer son mouvement le lendemain 25 et que sa colonne, composée des 79ᵉ, 112ᵉ et 115ᵉ régiments d'infanterie, partant de Saint-Vallier, passerait par Annonay, Le Puy et Clermont-Ferrand où elle prendrait les relais qui lui étaient préparés. Il prescrivit en outre au général Digeon de couvrir le passage du Rhône pendant le mouvement de la colonne du général Beurmann et de se replier ensuite de Saint-Vallier sur Valence, en laissant, à son passage à Tain, le 4ᵉ régiment de hussards à la disposition du général Pannetier qui l'affecterait au service des avant-postes.

Enfin, il ordonna au général Pannetier de rappeler les troupes cantonnées à Tournon et aux environs, et de s'étendre sur la rive gauche du Rhône et la rive droite de l'Isère jusqu'à Romans [2].

Retraite des généraux Marchand et Serrant. — L'envoi sur Libourne de la colonne du général Beurmann, motivé par l'entrée des Anglais à Bordeaux, n'était assurément pas de nature à redonner à Augereau cette ancienne vigueur sur laquelle l'Empereur avait eu le tort de compter, à lui rendre la confiance en soi sans laquelle un général est incapable de mener à bien les opérations dont il est chargé. Désespérant plus que jamais de la situation, découragé et mécontent, le Maréchal n'essaya même

---

[1] Augereau, Ordres de mouvement pour le 24 mars. (*Archives de la guerre.*)
[2] Ordres aux généraux Ordonneau, Beurmann, Digeon et Pannetier, Valence, 24 mars. (Correspondance d'Augereau; *Archives de la guerre.*)

pas de porter secours aux troupes de Marchand et de Serrant en train d'exécuter leur pénible et difficile retraite sur Rumilly et Annecy. La position de ces deux généraux était d'autant plus critique qu'en raison même de leur mouvement rétrograde, de la faiblesse de leurs troupes, ils avaient dû laisser libres les passages qui, par les monts de Bauges, conduisent à l'Isère et s'exposer ainsi au danger d'être coupés du pont de Montmélian.

25 mars. — Combat d'Alby. — Serré de près et talonné par les Autrichiens, le général Marchand, afin de se donner de l'air et d'assurer sa retraite sur Grenoble, donna l'ordre au général Serrant de s'arrêter à l'est d'Alby, de prendre position sur la rive droite du Chéran et d'attaquer la colonne de Zechmeister dont il menacerait de son côté la droite en venant de Rumilly.

Dès 3 heures du matin l'avant-garde de Serrant abordait les avant-postes autrichiens; à 8 heures du matin la tête de la colonne autrichienne, vivement poussée par les Français, se mettait en retraite vers Annecy.

« Arrivé devant Annecy, écrivait le général Serrant au général Marchand [1], j'y ai trouvé le baron de Zechmeister en position avec 4,000 hommes, 400 chevaux et 8 canons. Un combat sanglant s'est engagé. J'ai tourné les forces ennemies deux fois plus fortes que moi. L'ennemi a été culbuté. Je lui ai pris une centaine d'hommes. Il a rassemblé ses forces en dehors de la ville et a tenté plusieurs charges. La ville est très endommagée. L'ennemi a pris position derrière le pont de Brugny où je l'observe. Une forte colonne a été coupée. Je travaille à la prendre ». Dans un deuxième rapport, le général Serrant annonçait au général Marchand qu'il avait réussi à prendre ou à noyer cette colonne, que ses troupes après avoir passé le Fier à gué, « en ayant de l'eau jusqu'à la poitrine, avaient poursuivi les Autrichiens jusqu'au pont de la Caille [2]. »

Zechmeister, complètement battu, se retira derrière les Usses et alla s'établir, le 25 au soir, à Cruseilles [3].

---

[1] Général Serrant au général Marchand, Annecy, 25 mars, 3 heures après-midi. (*Archives de la guerre.*)

[2] Général Serrant au général Marchand, Annecy, 26 mars. (*Ibid.*)

[3] STÄRKE, Eintheilung und Tagesbegebenheiten der Haupt-Armee im Mo-

Malgré ce brillant succès, Marchand se trouvait dans l'impossibilité de poursuivre plus loin ses avantages et de songer à reprendre l'offensive. Il avait obtenu les résultats qu'il pouvait désirer et donné aux colonnes qui l'avaient poursuivi jusque-là une leçon qui allait lui procurer quelque répit. Grâce à ce succès le général Marchand avait désormais la possibilité d'achever sans trop d'encombre une retraite qu'il importait d'autant plus de continuer sans retard que le détachement du colonel Leiningen marchait de Nantua sur Belley et Pierre-Châtel, dont la garnison ne se composait que d'une poignée d'hommes et qu'on lui signalait le mouvement de la division Hardegg sur Bourgoin. Dans ces conditions, on aurait tout compromis en essayant de tenir à Annecy et à Rumilly, et le général Marchand envoya en conséquence, le 25 au soir, au général Serrant l'ordre de suivre dès le lendemain son mouvement de retraite sur Chambéry.

Positions et mouvements de l'armée autrichienne du Sud. — Le prince héritier de Hesse-Hombourg, informé par Bubna de la marche des colonnes de Klebelsberg et de Zechmeister et de la retraite des troupes françaises, qui ne pouvaient se porter que sur Grenoble, résolut de son côté de faciliter les opérations des généraux chargés de les poursuivre en menaçant les flancs et les derrières des généraux Marchand et Serrant et en cherchant à leur couper les routes aboutissant à la vallée de l'Isère. Il prescrivit en conséquence au comte Ignace Hardegg de pousser dans la journée du 25 jusqu'à Bourgoin et de continuer ensuite sa marche sur Chambéry en passant par La Tour-du-Pin. Wimpffen, chargé de couper les communications entre Grenoble et Valence et d'interdire à l'ennemi la route menant de Valence à Grenoble, par la rive droite de l'Isère, reçut l'ordre de quitter Eyzin-Pinet et Saint-Marcel et de s'engager immédiatement sur la route de Rives. Son avant-garde, poussée la veille à Cour et Buis et à Beaurepaire-d'Isère, y resta provisoirement.

Les autres corps de l'armée du Sud demeurèrent d'ailleurs, le 25 et le 26 mars, sur les positions qu'ils occupaient, s'échelonnant sur le vaste espace compris entre Saint-Rambert d'Albon, Le

---

nate März (*K. K. Kriegs Archiv.*, III, 1), et Tagebuch des Generals Baron Zechmeister.

Péage-de-Roussillon, Saint-Maurice, Chuzelles, Saint-Symphorien-d'Ozon et Lyon [1].

Raid du capitaine Kleindienst dans les départements du Rhône, de la Loire et de la Haute-Loire. — Sur la rive droite du Rhône le prince de Cobourg était resté avec une brigade à Saint-Étienne [2]; mais le capitaine Kleindienst avait reçu la veille au soir l'ordre de quitter Vienne avec un escadron de dragons et d'exécuter avec ses cavaliers un raid dans les départements situés sur la rive droite du Rhône. Afin de lui faciliter les opérations qu'il allait entreprendre dans un terrain aussi accidenté et, par conséquent, aussi peu favorable à l'action de la cavalerie, on lui adjoignit une compagnie du régiment d'infanterie Prince-de-Ligne. Tout en surveillant plus particulièrement la région comprise entre Annonay et Montfaucon-du-Velay, Kleindienst devait rester relié avec le prince de Cobourg posté à Saint-Étienne.

Le capitaine Kleindienst parcourut avec son petit détachement les départements du Rhône et de la Loire, ainsi qu'une partie de la Haute-Loire, dispersa les rassemblements armés et les bandes sur le point de se former, empêcha le départ des conscrits, chassa devant lui les gendarmes et les émissaires, et remit en liberté nombre de prisonniers alliés. Malgré toutes les difficultés résultant de la configuration du terrain, il réussit à rester presque constamment en communication, tant avec le prince de Cobourg qu'avec Bianchi [3].

Mouvements et opérations des troupes d'Augereau. — Les mouvements exécutés par les troupes d'Augereau pendant la journée du 25 ne présentent qu'un intérêt insignifiant. Le Maréchal paraît n'avoir même pas songé à la possibilité d'un mouvement des Autrichiens sur Grenoble puisque, non content

---

[1] STÄRKE, Eintheilung und Tagesbegebenheiten der Haupt-Armee im Monate März. (*K. K. Kriegs Archiv.*, III, 1.)

[2] STÄRKE, Eintheilung und Tagesbegebenheiten der Haupt-Armee im Monate März (*K. K. Kriegs Archiv.*, III, 1), et *Oesterreichische Militärische Zeitschrift*, 1839, III, 51-53.

[3] STÄRKE, Eintheilung und Tagesbegebenheiten der Haupt-Armee im Monate März. (*K. K. Kriegs Archiv.*, III, 1.)

de faire continuer aux gardes nationaux du général Rémond leur marche de Loriol à Montélimar, d'envoyer les bagages à Valréas et à Bollène, les grands dépôts à Orange, il ordonna au général Musnier de partir pour Loriol, de s'établir sur la rive gauche de la Drôme, de ne laisser en avant-postes sur la rive droite de cette rivière que le 12ᵉ hussards à Livron, Allex, Eurre et Montoison, et un escadron du 1ᵉʳ hussards un peu plus en avant, à Étoile, sur les bords de la Véoure. Il maintenait, il est vrai, la division Pannetier et le 4ᵉ hussards à Tain et à Romans, mais il se gardait bien de pousser du monde dans la vallée de l'Isère et croyait avoir beaucoup fait en ordonnant au général Bardet « de faire rentrer à Valence les deux bataillons détachés au sud de cette ville et d'envoyer au pont de l'Isère, à deux lieues de Valence, sur la route de Tain, une compagnie de voltigeurs qui devait détacher quelques hommes au bac de Châteauneuf-d'Isère [1] ». La position d'Augereau était d'ailleurs parfaitement connue des Alliés, et l'on peut lire à cette date la phrase suivante dans les *Tagesbegebenheiten* : « Le maréchal Augereau s'est replié derrière l'Isère. Son arrière-garde est entre le Rhône et l'Isère, à Tain [2]. »

26 mars. — Immobilité d'Augereau à Valence. — Évacuation d'Annecy et de Rumilly. — Retraite de Marchand sur Chambéry. — Rien ne put faire sortir Augereau de sa torpeur, de sa quiétude et de son indifférence. Il continua à rester, le 26 mars, immobile, inerte à Valence.

Sans même se douter des mouvements qui s'opéraient sur Chambéry et sur Grenoble, il avait fait revenir de Tain sur Romans le général Ordonneau avec le 116ᵉ de ligne, un bataillon du 32ᵉ et une partie du 4ᵉ hussards, au moment même où le prince de Hesse-Hombourg, avant de remettre ses troupes en mouvement, faisait reconnaître par sa cavalerie les positions françaises de Tain et de Romans [3]. Le danger n'en était cepen-

---

[1] Augereau aux généraux Rémond, Musnier, Pannetier et Bardet, Valence, 25 mars. (Correspondance d'Augereau ; *Archives de la guerre*.)

[2] STARKE, Eintheilung und Tagesbegebenheiten der Haupt-Arme im Monate März. (*K. K. Kriegs Archiv.*, III, 1.)

[3] STARKE, Eintheilung und Tagesbegebenheiten der Haupt-Armée im Monate März (*K. K. Kriegs Archiv.*, III, 1), et Augereau au général Ordonneau, Valence, 26 mars (*Archives de la guerre*).

dant ni moins sérieux, ni moins imminent. De Voiron, où il venait de s'établir sur l'ordre du général Marchand et d'où il avait envoyé un bataillon d'infanterie à Rives, poussé quelques pelotons de cavalerie à Moirans et où il avait été rejoint par le détachement qui avait évacué Pont-de-Beauvoisin, le colonel Cubières avait signalé au général Marchand l'apparition dans ces parages des coureurs autrichiens que les coups de feu de ses avant-postes avaient obligés à se replier. Il avait annoncé en outre l'entrée de l'avant-garde autrichienne à La Tour-du-Pin, que la cavalerie d'Ignace Hardegg avait occupé à 9 heures du matin [1].

Menacé dans le courant de la journée du 26 par une colonne autrichienne qui avait passé le Guiers à Saint-Genix, par une deuxième colonne qui se disposait à traverser cette rivière plus en amont et qui cherchait un gué du côté d'Avaux, prévenu par ses avant-postes de l'apparition de la cavalerie d'Hardegg sur la route des Abrets, le général Lafosse avait regagné en toute hâte et par une marche de nuit Pont-de-Beauvoisin qu'il se déclarait d'ailleurs « incapable de tenir longtemps avec des troupes comme celles qu'il commandait et qui, de plus, manquaient de vivres [2] ».

Marchand n'avait pas eu du reste besoin des avertissements de ses lieutenants pour se rendre un compte exact de la situation. Dès le 26 au matin, il avait quitté Rumilly, envoyé à Serrant l'ordre d'évacuer Annecy et de le rejoindre à Chambéry où les deux généraux arrivèrent sans encombre le 27 [3].

Mouvements et positions de Klebelsberg et de Zechmeister. — Les colonnes autrichiennes de Bubna reprirent aussitôt leur marche en avant et, le 26 au soir, Klebelsberg occupait Rumilly et Zechmeister rentrait à Annecy [4], pendant que le

---

[1] Colonel Cubières au général Marchand, Voiron, 26 mars. (*Archives de la guerre.*)
[2] Général Lafosse au général Marchand, Pont-de-Beauvoisin, 27 mars. (*Ibid.*)
[3] Prince héritier de Hesse-Hombourg au prince de Schwarzenberg, Vienne, 27 mars. (*K. K. Kriegs Archiv.*, III, 471.)
[4] Prince héritier de Hesse-Hombourg au prince de Schwarzenberg, Vienne, 27 mars. (*K. K. Kriegs Archiv.*, III, 471.)

général Luxem passait avec sa brigade sur la rive gauche du Rhône à Seyssel et que le colonel Leiningen, continuant sa marche sur la rive droite du fleuve, s'approchait de Belley.

A l'exception des divisions Wimpffen et Ignace Hardegg qui avaient quelque peu accentué leur mouvement dans la direction de Grenoble et de Chambéry, le gros de l'armée du Sud n'avait pas bougé.

Retraite des Français sur Montbrison. — Affaire de Saint-Symphorien-de-Lay. — Sur la rive gauche de la Loire, les quelques troupes françaises que le comte de Montholon avait rassemblées du côté de Saint-Bonnet-le-Château, réduites à l'impuissance par le manque de munitions et surtout par la désertion des gardes nationaux, avaient dû abandonner Montbrison. Le comte de Montholon signalait d'ailleurs la présence de troupes autrichiennes s'échelonnant de Roanne jusqu'à Saint-Rambert. Une tentative, faite par les partisans de Damas, leur avait permis de réoccuper pendant quelques heures Montbrison qu'ils avaient dû ensuite abandonner à la cavalerie autrichienne venue de Sury. Dans la nuit du 26 au 27, Montholon avait, il est vrai, fait surprendre le poste de dragons autrichiens de Sury, lui avait mis une trentaine d'hommes hors de combat et en avait enlevé 12, dont un officier; mais le poste français de Saint-Marcellin, forcé par la cavalerie autrichienne, avait été obligé de se retirer sur Périgueux et de se rapprocher de Saint-Bonnet-le-Château [1].

Enfin plus au nord, une bande de paysans armés, prévenue de la présence à Saint-Symphorien-de-Lay d'un poste de 60 hussards dont les reconnaissances venaient journellement presque jusqu'au faubourg de Roanne, partit le 26, à 11 heures du soir, de Roanne.

Prenant par la montagne, passant par Regny et Lay, elle déboucha, à 4 heures du matin, sur le grand chemin de Tarare à Saint-Symphorien-de-Lay, et bien que les hussards eussent été renforcés dans la nuit par une compagnie d'infanterie, les paysans n'en réussirent pas moins à les chasser du village et à les obliger à se retirer sur La Roche. Renforcés par 400 hommes,

---

[1] Comte de Montholon au Ministre de la guerre, Saint-Bonnet-le-Château, 27 mars. (*Archives de la guerre*.)

les hussards revinrent occuper Saint-Symphorien-de-Lay, le 29, et tentèrent, le 30, un coup de main sur Roanne qui fut déjoué par la vigilance des troupes cantonales [1].

27 mars. — Mouvement du gros de l'armée autrichienne du Sud vers l'Isère. — Renseigné sur la position et éclairé sur les projets d'Augereau par la reconnaissance de la veille, le prince héritier de Hesse-Hombourg, tout en prévenant le généralissime qu'il ne pourrait commencer des opérations sérieuses sur l'Isère que lorsque les troupes de Bubna se seraient rapprochées de son armée, se décida néanmoins à faire exécuter quelques mouvements préparatoires au gros de ses forces. Son avant-garde, sous les ordres de Lederer, s'échelonna entre Saint-Vallier et Tain. Le Ier corps alla s'établir au Péage-de-Roussillon et à Saint-Rambert, et le corps du prince Philippe de Hesse-Hombourg vint à Vienne [2]. Toujours préoccupé de ce qui se passait sur ses derrières, avisé de la translation du quartier général de l'empereur d'Autriche de Bar-sur-Aube à Dijon, de l'arrivée de ce souverain dans cette dernière ville, informé des progrès que faisait de tous côtés le soulèvement national auquel la nouvelle de la marche de Napoléon sur Chaumont semblait devoir faire prendre des proportions inquiétantes, sachant par les rapports du prince Aloïs Liechtenstein que cet officier général, qui se proposait de pousser des partis à gauche jusqu'à Champlitte, à droite au delà de Vesoul, avait jugé prudent de mettre Salins en état de défense, le commandant de l'armée du Sud informait Schwarzenberg du départ de deux régiments de grosse cavalerie qu'il avait envoyés, avec le général Kuttalek, à Dijon avec l'ordre de protéger le quartier général de l'empereur d'Autriche et de rejoindre ensuite la grande armée lorsqu'on n'aurait plus de craintes pour Dijon [3].

Le commandant de l'armée du Sud était d'ailleurs parfaite-

---

[1] Faure, commandant des troupes cantonales de Roanne, au Ministre de la guerre, Roanne, 30 mars. (*Archives de la guerre.*)
[2] Prince héritier de Hesse-Hombourg au prince de Schwarzenberg, Vienne, 27 mars. (*K. K. Kriegs Archiv.*, III, 471.)
[3] Prince héritier de Hesse-Hombourg au prince de Schwarzenberg, Vienne, 27 mars. (*K. K. Kriegs Archiv.*, III, 471.)

ment au courant de tout ce qui se passait dans l'armée d'Augereau et, dans cette même dépêche[1], en annonçant au généralissime que le Maréchal avait été renforcé, le 20 mars, par les 115e et 116e régiments de ligne, le 25 par le 102e, il lui signalait, sans connaître, il est vrai, le véritable motif de ce mouvement, l'envoi sur la rive droite du Rhône à Tournon, « des 79e, 115e et 60e régiments de ligne avec de l'artillerie et un peu de cavalerie »[2].

Mouvements des divisions Wimpffen et Hardegg. — Les généraux Marchand et Serrant continuent leur retraite sur Grenoble et évacuent Chambéry. — A sa gauche la division Wimpffen poussa jusqu'à Arzay et son avant-garde alla jusqu'à La Côte-Saint-André, d'où elle devait envoyer des coureurs vers La Frette, Le Grand-Lemps et dans la direction de Rives.

La division du comte Ignace Hardegg, qui continuait à se diriger sur Chambéry par la route du Pont-de-Beauvoisin et des Échelles, était arrivée aux Abrets à l'intersection des routes menant d'un côté à Chambéry, par Le Pont-de-Beauvoisin (route de Lyon à Chambéry), de l'autre à Grenoble, par Chirens et Voiron (route de Bourg à Grenoble). Elle menaçait d'autant plus sérieusement le flanc de Marchand et sa ligne de retraite sur Grenoble que les troupes légères avaient poussé jusqu'au Pont-de-Beauvoisin[3] et faisaient mine de s'engager sur la route de Voiron, et que le détachement du général Lafosse, obligé de quitter Le Pont-de-Beauvoisin, avait dû se replier sur Saint-Geoire et Chirens[4]. La position du général Marchand était d'autant plus critique que le major comte Gatterburg, chargé par Hardegg de le mettre en communication avec la colonne du feld-maréchal lieutenant Klebelsberg, était venu s'établir dans l'après-midi du 27 à Mont-

---

[1] Prince héritier de Hesse-Hombourg au prince de Schwarzenberg, Vienne, 27 mars. (*K. K. Kriegs Archiv.*, III, 471.)

[2] Le 60e régiment de ligne ne faisait pas partie de la colonne du général Beurmann à laquelle appartenait en revanche le 112e.

[3] Stärke, Eintheilung und Tagesbegebenheiten der Haupt-Armee im Monate März (*K. K. Kriegs Archiv.*, III, 1), et prince héritier de Hesse-Hombourg au prince de Schwarzenberg, Vienne, 27 mars (*Ibid.*, III, 471).

[4] Général Lafosse au général Marchand, Pont-de-Beauvoisin, 27 mars. (*Archives de la guerre.*)

ferrat avec deux compagnies d'infanterie du Banat allemand et un escadron de hussards de Hesse-Hombourg et que ses coureurs s'étendaient vers Saint-Geoire, Chirens et Le Grand-Lemps.

En présence de ces mouvements il devenait impossible de conserver Chambéry, que le général Marchand se décida à évacuer. Pendant qu'il prescrivait au colonel Cubières de tenir bon à Voiron, qu'il donnait l'ordre d'envoyer du monde à la Grande-Chartreuse et de retrancher le défilé resserré que traverse à quelques kilomètres de Grenoble, à hauteur des Combes, la chaussée de Voreppe, il s'engageait sur la route des Échelles et faisait prendre au général Serrant celle de Montmélian.

« Les troupes de Klebelsberg et de Zechmeister sont à Rumilly et à Annecy, ainsi s'expriment les *Tagesbegebenheiten*[1], et le colonel Leiningen continue sa marche sur Belley. » Le même jour le prince héritier de Hesse-Hombourg mandait au généralissime[1] que le général Zechmeister[2] suivait l'ennemi, tenait ses avant-postes sur le Fier et avait ordre d'aller par Annecy et Conflans dans la vallée de la haute Isère. « Si l'ennemi se replie sur Grenoble, disait encore le commandant de l'armée du Sud, le général Zechmeister occupera le pont de Montmélian. L'ennemi en retraite paraît en effet vouloir se concentrer à Grenoble et à Valence »[3].

Augereau se concentre à Valence et fait détruire les passages de l'Isère. — Pour la première fois depuis son arrivée à Valence, Augereau songea à s'occuper du sort des troupes venant de Genève et à mettre le général Marchand au courant des événements et de ses projets. Rompant enfin un silence qu'il avait démesurément prolongé, il n'adressa pas moins de deux dépêches à Marchand. Dans la première il se décidait à l'informer de la marche sur Bourgoin d'une forte colonne autrichienne (division Ignace Hardegg) qui lui paraissait destinée à attaquer Grenoble. « L'ennemi, disait-il, doit chercher à vous couper et à être maître de ce point important avant de continuer ses opérations

---

[1] STÄRKE, Eintheilung und Tagesbegebenheiten der Haupt-Armee im Monate März. (*K. K. Kriegs Archiv.*, III, 1.)
[2] Tagebuch des Generals Baron Zechmeister.
[3] Prince héritier de Hesse-Hombourg au prince de Schwarzenberg, Vienne, 27 mars. (*K. K. Kriegs Archiv.*, III, 471.)

sur moi. Couvrez donc Grenoble. Si la ligne de l'Isère était forcée, je me retirerais sur Le Pont-Saint-Esprit et vous devriez chercher à vous y réunir à moi. » Un peu plus tard, quand il eut été informé par le général Pannetier de la présence des Autrichiens dans les grandes plaines de Saint-Rambert, quand ce général lui eut rendu compte « que les Autrichiens faisaient des mouvements sur leur gauche vers Grenoble », il écrivait à nouveau à Marchand : « Il vous sera donc difficile de vous joindre à moi. En cas de retraite par Romans, prenez la grande route de Grenoble à Marseille jusqu'à Serres et de là celle d'Orange par Rozans et Vaison » [1]. Ainsi, loin de s'occuper de l'organisation de la défense de la ligne de l'Isère, de combiner son action avec celle de Marchand, de lui indiquer les traits principaux des opérations qu'il convenait d'entreprendre pour essayer au moins de ralentir la marche des Autrichiens, le Maréchal persévérait plus que jamais dans son idée de retraite sur Pont-Saint-Esprit et de passage sur la rive droite du Rhône.

Le même jour, d'ailleurs, il ordonnait au général Rémond de partir de suite pour Pont-Saint-Esprit, de coucher le 28 à Pierrelatte et le 29 à Pont-Saint-Esprit, « d'y occuper la tête de pont et de placer un ou deux bataillons au bourg Saint-Andéol pour *observer ce qui peut venir du Vivarais*[2]. » Comme on le voit, le Maréchal redoutait l'apparition des Anglais de Wellington sur la rive droite du Rhône à peu près autant que celle des Autrichiens sur la rive gauche de l'Isère.

Du reste, il cherche avant tout à se dérober par la retraite à l'étreinte des troupes du prince héritier de Hesse-Hombourg. Il fait rentrer à Valence la division Bardet et, décidé à ramener tout son monde sur la rive gauche de l'Isère, il écrit encore au général Pannetier : « Puisque vous pouvez être tourné par votre droite et que votre position n'est pas tenable, réunissez vos postes et détachements, quittez Tain et passez cette nuit sur la rive gauche de l'Isère. Détruisez les ponts, bacs et bateaux, et exécutez ce mouvement la nuit et dans le plus grand silence. Vous vous mettrez en bataille derrière l'Isère et vous enverrez des partis de

---

[1] Augereau au général Marchand, Valence, 27 mars. (Correspondance d'Augereau ; *Archives de la guerre*.)
[2] Augereau au général Rémond, Valence, 27 mars. (*Id. in ibid.*)

cavalerie le long de la rive. Le général Ordonneau fera sauter le pont de Romans. Il laissera quelques hommes dans la ville et sur la rive gauche (bourg du Péage), afin d'observer, le 28, les mouvements de l'ennemi, et se retirera sur Alixan [1]. »

Lettre de Clarke à Augereau. — Mission du colonel Baltazar. — Au moment où le duc de Castiglione se disposait ainsi à continuer son mouvement sur Pont-Saint-Esprit, Clarke faisait partir de Paris son aide de camp, le colonel Baltazar, porteur d'une lettre dans laquelle le Ministre, pénétrant les intentions du maréchal, lui rappelait une fois de plus le rôle que l'Empereur avait assigné à l'armée de Lyon, la mission que les fautes et les lenteurs de son chef l'avaient empêchée de remplir. « Sa Majesté, écrivait Clarke [2], n'aura pu apprendre qu'avec beaucoup de peine et d'étonnement la malheureuse issue des affaires. Je me bornerai à rappeler à Votre Excellence que l'intention de Sa Majesté en rassemblant un corps d'armée à Lyon, a toujours été de *couvrir le Midi de la France et que ce serait agir en sens contraire si, non content d'avoir abandonné Lyon, vous vouliez encore vous retirer jusqu'à Pont-Saint-Esprit*, comme vous en avez manifesté le projet. Je ne puis donc trop fortement insister sur la nécessité de ne pas céder de terrain à l'ennemi autrement que pied à pied et en le lui faisant acheter aussi cher que possible.......

« Le porteur de cette lettre est le colonel Baltazar, mon aide de camp, qui est chargé de se rendre au quartier général de Votre Excellence et d'y rester jusqu'à nouvel ordre. Cet officier supérieur suppléera, par sa correspondance, aux détails que vous ne pourriez me donner. »

28 mars. — Mouvements de l'armée autrichienne du Sud. — Affaire de Chirens. — L'armée autrichienne du Sud continuait pendant ce temps, mais avec une lenteur méthodique, son mouvement vers l'Isère. Lederer, arrivé à Tain avec l'avant-garde, envoya aussitôt sur son front et plus particulièrement sur

---

[1] Augereau au général Pannetier, Valence, 27 mars. (Correspondance d'Augereau ; *Archives de la guerre*.)

[2] Ministre de la guerre à Augereau, Paris, 27 mars. (*Archives de la guerre*.)

sa gauche, dans la direction de Saint-Donat, des partis qui ne trouvèrent plus rien devant eux. Les troupes françaises, en se repliant, avaient brûlé le pont de l'Isère et fait sauter quelques arches du pont de pierre de Romans. Il ne restait plus à Romans qu'une arrière-garde chargée, en se retirant, de brûler la passerelle établie sur les restes du pont, qu'un bataillon d'infanterie et un peloton de cavalerie postés au Péage-de-Pisançon[1].

Le gros de l'armée du Sud ne fit que peu de chemin. Wimpffen s'avança d'Arzay, de Champier et de La Côte-Saint-André jusqu'à La Frette, à la croisée des routes menant à Rives et à Voiron. Il avait ordre de combiner ses opérations avec le comte Ignace Hardegg, d'enlever avec lui Moirans et de couper ainsi les communications entre Grenoble et Valence.

Le comte Hardegg avait, en conséquence, dépassé Les Abrets, arrêté sa division à Montferrat et poussé sur Chirens le détachement du major Gatterburg. Le major autrichien venait à peine d'occuper ce point lorsqu'il fut attaqué par une colonne française venant de Voiron et chargée par le colonel Cubières de reprendre ce poste. Le major Gatterburg essaya de se maintenir à Chirens, mais il ne tarda pas à en être chassé et rejeté sur le gros de sa division.

Le gros de la colonne du feld-maréchal lieutenant Klebelsberg avait atteint Aix, et son avant-garde s'arrêta aux portes de Chambéry. Plus à gauche, Zechmeister envoyait d'Annecy par Faverges et le col de Tamié, des partis vers la haute Isère et Conflans.

Marchand continuait sa retraite en se dirigeant par Les Échelles sur Fort-Barraux, tandis que la colonne de Serrant se repliait sur Montmélian[2].

29 mars. — Lettre d'Augereau à Clarke. — L'envoi du

---

[1] Le général Vedel prit ce jour-là le commandement de la 2ᵉ division. Le général Pannetier, désigné pour prendre le commandement d'une brigade de la division Bardet, était tombé malade et avait été remplacé par le général Dupuy.

[2] STARKE, Eintheilung und Tagesbegebenheiten der Haupt-Armee im Monate März (*K. K. Kriegs Archiv.*, I,1); Prince heritier de Hesse-Hombourg au prince de Schwarzenberg, Rives, 11 avril (*Ibid.*, IV, 93), et Tagebuch des K. K. Generals baron Zechmeister (*Oesterreichische militarische Zeitschrift*, 1846).

colonel Baltazar, quoique trop tardif pour pouvoir amener des résultats utiles, était cependant d'autant plus nécessaire qu'Augereau continuait à s'abuser ou affectait du moins de s'abuser sur la gravité de la situation. Le maréchal comprenait si peu l'importance du rôle qu'aurait dû jouer son armée, il croyait avoir si bien rempli la mission que l'Empereur avait eu le tort de lui confier, qu'il ne craignit pas de répondre de la façon suivante, à la date du 29 mars, à la lettre pleine de reproches mérités que Clarke lui avait adressée le 21 :

« Votre Excellence, lui disait-il[1], me parle dans ses lettres d'une diversion à faire sur les flancs de l'ennemi. *Certes, cette diversion a été faite et a eu tous les résultats que l'Empereur en attendait*, puisque deux divisions formant le Ier corps de l'armée autrichienne du prince de Schwarzenberg ont été détachées en *poste* (?), sous les ordres du général Bianchi, pour se porter contre moi ; qu'une armée de réserve, formée à Schaffouse, et tout ce que l'ennemi avait épars dans la Franche-Comté, la Bourgogne et la Bresse s'y est joint, et que j'ai maintenant la certitude que j'avais, à la bataille du 20, 60 à 70,000 hommes en tête.

« Vous me recommandez, Monsieur le duc, de mettre de l'*activité*, du *zèle* et de l'*énergie* dans mes opérations. Certes, *je crois avoir surpassé tout ce qu'on pouvait attendre de moi*, depuis que je suis à la tête de ma faible armée. Il fallait avoir une constance inébranlable pour résister avec 14,000 hommes toute la journée du 20, contre une armée de 60,000 hommes, lui avoir même enlevé 6 pièces de canon, beaucoup de prisonniers, conservé mon champ de bataille et empêché l'entrée de vive force à Lyon. Et remarquez, Monsieur le duc, que pendant ce temps j'étais tourné par 10,000 hommes d'infanterie et 4,000 chevaux qui attaquaient le général Bardet que j'avais placé avec 3,000 hommes seulement pour défendre l'entrée de Lyon, sur la rive gauche du Rhône. D'après le rapport des prisonniers, des parlementaires et des personnes venues de Lyon, l'ennemi me donnait au moins 30,000 hommes, et il est certain que je n'en avais que 14,000 sur ce point, puisque les colonnes d'Espagne ont, par une fatalité, retardé d'un jour leur marche.

---

[1] Augereau au Ministre de la guerre, Valence, 29 mars. (Correspondance d'Augereau ; *Archives de la guerre*.)

« Le départ subit de 6,000 hommes de ces mêmes troupes pour la Dordogne, me laisse toujours dans le même état de faiblesse, et l'armée ennemie se renforce chaque jour. Il lui est encore arrivé une nuée de troupes légères qui étaient en route depuis sept mois, telles que *Croates, Monténégrins, Manteaux-Rouges*, etc., etc.

« Je tiens toujours la ligne de l'Isère et je défendrai pied à pied le terrain. Je ferai (comme j'ai déjà eu l'honneur de le mander à Votre Excellence et à l'Empereur lui-même) tout ce qui sera humainement possible pour la gloire de nos armes et les intérêts de l'Empereur et de la patrie; mais j'ai toujours l'opinion que l'ennemi a des projets sur le Midi de la France et que son plan se lie avec celui de Wellington.

« Dans cet état de choses, j'attends les ordres de l'Empereur que j'ai sollicités par une lettre à Votre Excellence, du 24 mars. Et, à cette occasion, je remarque qu'Elle me dit dans sa lettre à laquelle j'ai l'honneur de répondre, qu'*Elle s'est toujours abstenue de me donner aucune direction dans mes mouvements*, et cependant Elle voudra bien se rappeler que, par ses dépêches des 25 et 28 février, Elle me prescrivait formellement, de la part de l'Empereur, *de reprendre Genève, d'entrer dans le pays de Vaud et de faire lever le siège de Besançon*. C'est en obéissant à ces ordres et lorsqu'une partie de mon armée était devant Genève et à la porte du pays de Vaud et l'autre à Arbois et Poligny, que recueillant différents renseignements, *je parvins, presque par inspiration, à deviner le plan de l'ennemi, la formation de la nouvelle armée dirigée contre Lyon, et que je me décidai à me porter rapidement sur la rive droite de la Saône, mouvement dont l'événement a parfaitement justifié l'utilité et qui coïncidait entièrement avec celui de l'ennemi qui débouchait de Mâcon, mais avec des forces triples des miennes, le même jour où j'arrivais à Villefranche*.

« Je ne saurais trop insister, Monsieur le Duc, sur les faits et les événements pour établir d'une manière bien distincte la suite et la conséquence de mes opérations que je prie Votre Excellence de faire connaître à l'Empereur en mettant cette lettre sous ses yeux.

« La division Marchand, menacée par une forte colonne ennemie qui se portait sur ses communications avec Grenoble, a dû évacuer Chambéry et prendre aussi la ligne de l'Isère. »

Une pareille lettre se passe de commentaires. Il serait d'ailleurs d'autant plus oiseux de faire ressortir les contradictions, les inexactitudes volontaires, les exagérations contenues dans cette dépêche que, dans le préambule de sa lettre, le maréchal a prononcé lui-même sa condamnation lorsque, en essayant de justifier son silence, il disait à Clarke : « *Les armées, ayant resté du 12 au 17 dans les mêmes positions*, et bien loin de pouvoir prendre l'offensive contre des forces triples des miennes, je n'avais rien à mander à Votre Excellence jusqu'aux combats des 17, 18 et 20 de ce mois ».

Combats de Chirens et de Voiron. — Comme le font remarquer très justement les *Tagesbegebenheiten* à la date du 29 mars[1], l'armée autrichienne du Sud, s'étendant du Simplon jusqu'à Saint-Etienne, était par trop disséminée pour pouvoir opérer utilement. Le prince héritier de Hesse-Hombourg avait reconnu, mais trop tard, la faute qu'il avait commise. Dans l'impossibilité de modifier rationnellement la position de ses troupes, n'osant accentuer son mouvement de descente vers l'Isère dans la crainte d'augmenter la distance qui le séparait du prince de Cobourg, sur le sort duquel il n'était rien moins que rassuré, il se voyait contraint à n'agir pour le moment que par sa gauche.

Se conformant aux ordres qu'il avait reçus et s'attendant à être soutenu efficacement sur sa droite par le feld-maréchal lieutenant Wimpffen, le comte Ignace Hardegg, bien qu'affaibli par les nombreux détachements qu'il avait été obligé de faire et ne disposant plus que de 600 à 700 hommes d'infanterie, attaqua et enleva, le 29 mars, à 11 heures du matin, le poste français de Chirens dont il rejeta les défenseurs sur Voiron. Rejoint à ce moment par le lieutenant-colonel baron Häring, que Wimpffen avait fait partir des environs d'Apprieu avec un bataillon d'infanterie et une compagnie de chasseurs, sachant que la division de Wimpffen, arrivée au Grand-Lemps, se trouvait à portée et pouvait soutenir son mouvement, Hardegg résolut de pousser sur Voiron et d'en chasser les Français. Mais le colonel Cubières s'était, de son côté, porté à la rencontre des Autrichiens et s'était

---

[1] STARKE, Eintheilung und Tagesbegebenheiten der Haupt-Armee im Monate März. (*K. K. Kriegs Archiv.*, III, 1.)

établi sur une bonne position commandant la route de Chirens. Malgré tous ses efforts, Hardegg, abandonné à lui-même, ne put parvenir à l'en déloger et ne réussit qu'à traîner le combat en longueur jusqu'au soir. Le colonel Cubières, auquel on avait signalé la marche de Wimpffen sur Rives, ne quitta sa position que dans la nuit et se replia, sur l'ordre de Marchand, sur Voreppe en passant par La Buisse, pendant que, de son côté, Hardegg retournait à Chirens [1].

Hardegg s'était relié, pendant ce temps, avec Klebelsberg dont le gros occupait Chambéry. L'avant-garde de Klebelsberg avait poussé, par Saint-Joire et Les Marches, vers Montmélian dont ses coureurs lui signalèrent l'évacuation. L'avant-garde de Zechmester surveillait la vallée de la haute Isère depuis Saint-Jean-de-la-Porte jusqu'à Conflans [2].

30 mars. — Inquiétude causée par les progrès du soulèvement national. — Mesures prises par le prince de Hesse-Hombourg et par Duka. — La division Hardegg va renforcer le prince de Cobourg sur la rive droite du Rhône. — Informées le 30 mars au matin du mouvement rétrograde du colonel Cubières, les deux colonnes autrichiennes reprirent aussitôt leur marche et vinrent s'établir, celle de Wimpffen à Moirans et celle d'Ignace Hardegg à Voiron [3].

Dans l'intervalle, le prince héritier de Hesse-Hombourg avait reçu, tant du prince de Cobourg que du feldzeugmeister Duka et du lieutenant-colonel comte Blankenstein, des nouvelles inquiétantes. Le soulèvement national semblait prendre des proportions de plus en plus considérables sur la rive droite du Rhône, sur les deux rives de la Loire et dans toute la région comprise entre Dijon et Lyon. Les paysans armés, les partisans de Damas devenaient de plus en plus entreprenants sur la rive gauche de la Loire, depuis Roanne et Montbrison jusque dans la vallée de

---

[1] Prince héritier de Hesse-Hombourg au prince de Schwarzenberg, Rives, 11 avril (*K. K. Kriegs Archiv.*, IV, 93), et Stärke, Eintheilung und Tagesbegebenheiten der Haupt-Armée im Monate März (*K. K. Kriegs Archiv.*, III, 1).

[2] Stärke, Eintheilung und Tagesbegebenheiten der Haupt-Armee im Monate März (*Ibid.*, III, 1), et Tagebuch des K. K. Generals baron Zechmeister (*Oesterreichische militärische Zeitschrift*, 1846).

[3] Stärke, Eintheilung und Tagesbegebenheiten der Haupt-Armee im Monate März. (*K. K. Kriegs Archiv.*, III, 1.)

l'Ance, sur la rive droite de ce fleuve, jusque vers Annonay[1]. Le prince de Cobourg était immobilisé à Saint-Etienne et avait peine à faire face à des attaques incessantes dirigées de tous côtés contre ses postes, ainsi qu'aux coups de main entrepris contre ses détachements.

Dans la vallée de la Saône, la situation était encore moins rassurante. Le major Barthos, qui était venu s'établir à Chalon avec ses hussards, écrivait en effet au lieutenant-colonel comte de Blankenstein, de l'état-major de l'armée du Sud, laissé à Dijon par le prince héritier de Hesse-Hombourg, que « plusieurs centaines de paysans armés inquiétaient ses détachements de cavalerie du côté d'Autun, les attaquaient et les avaient obligés à rétrograder ». A la date du 29 mars, il ajoutait : « Ils s'avancent aujourd'hui en plus grand nombre et sont déjà sur les hauteurs de Couches-les-Mines. Dans la nuit du 28 au 29, ils ont envoyé des patrouilles jusqu'à Nolay. Comme ils semblent vouloir se jeter sur la route de Dijon à Lyon, je m'empresse de vous en informer afin que vous puissiez prendre les mesures nécessaires »[2].

Le feldzeugmeister Duka, prévenu par Blankenstein, avait aussitôt pris ses dispositions et, en attendant l'arrivée de la brigade de cuirassiers du général Kuttalek, il avait adressé au colonel Illesy la dépêche suivante : « Pour disperser les bandes armées qui, de Semur et d'Autun, interceptent et inquiètent les communications entre Dijon et l'armée du Sud du côté de Chalon et de Beaune, j'envoie aujourd'hui, à Nuits, un bataillon d'infanterie wurtembergeoise et une compagnie de francs-tireurs. Vous vous joindrez à cette infanterie avec trois escadrons de votre régiment et vous agirez de concert avec elle. Cette colonne sera rejointe par les escadrons du régiment de hussards Archiduc-Ferdinand, du major Barthos posté à Chalon-sur-Saône. Ne maltraitez pas les paysans sans armes ; mais *fusillez tout ce qui sera*

---

[1] Le général Poncet, commandant la 19ᵉ division militaire, écrivant à peu près au même moment au Ministre (Le Puy, 31 mars) et, lui rendant compte de quelques petites escarmouches qui avaient eu lieu du côté d'Annonay, disait : « Il n'y a rien d'organisé ici pour la défense et nous n'avons que 200 livres de plomb pour faire des balles. » (*Archives de la guerre.*)

[2] Major Barthos (du 3ᵉ régiment de hussards) au lieutenant-colonel comte de Blankenstein à Dijon, Chalon-sur-Saône, 29 mars. (*K. K. Kriegs Archiv.*, III, 488.)

pris les armes à la main. Brûlez, s'il le faut, quelques maisons, prenez et détruisez les armes et menacez de brûler quelques villages »[1].

De son côté, le prince héritier de Hesse-Hombourg avait jugé à propos de soutenir le prince de Cobourg ; mais, au lieu de lui envoyer des troupes tirées du corps du prince Philippe de Hesse-Hombourg, qui se tenait à Vienne et qui aurait pu arriver plus rapidement du côté de Saint-Etienne, il aima mieux avoir recours à la division Hardegg[2], postée à son extrême gauche, bien qu'elle eût pris le contact de l'ennemi, qu'elle fût parvenue à correspondre avec Klebelsberg et qu'elle eût de longues marches à faire pour revenir sur la rive droite du Rhône.

Positions des généraux Marchand et Dessaix. — Cet affaiblissement inexplicable de l'aile gauche de l'armée du Sud n'était pas fait pour faciliter les opérations et la marche des colonnes des généraux Klebelsberg et Zechmeister. Heureusement pour le prince héritier de Hesse-Hombourg, les généraux français disposaient de forces trop peu considérables pour pouvoir profiter de cette faute. La colonne du général Serrant, dont le général Dessaix avait repris le commandement, avait dû repasser sur la rive gauche de l'Isère après avoir détruit une arche du pont de Montmélian[3]. Elle avait pris position à La Chavanne, en

---

[1] Feldzeugmeister Duka au colonel Illesy, commandant le régiment de hussards Palatinal, Dijon, 30 mars, 9 h. 1/2 matin. (*K. K. Kriegs Archiv.*, III, 488.)

[2] Darstellung der Kriegsereignisse im südlichen Frankreich (*Oesterreichische militärische Zeitschrift*, 1821, III).

[3] « Le temps m'a manqué, écrivait le général Dessaix, de La Chavanne, le 30 mars, pour détruire l'autre arche du pont de Montmélian, et j'ai eu beaucoup de peine à barricader la coupure. Il serait difficile de détruire l'autre arche. L'ennemi occupe les maisons et tire sur tout ce qui se montre sur le pont. D'ailleurs, il faut 5 pièces de bois de 55 pieds de longueur pour rétablir l'arche détruite, et il n'en existe, ni à Montmélian, ni dans les environs. L'ennemi ne pourra donc pas le réparer de sitôt.

« Le 11e ira à Barraux dès que le 8e léger sera ici. J'ai envoyé à Pontcharra le bataillon du 112e ; il fournit une compagnie aux Mollettes pour garder quelques gués et se relier avec La Chavanne. Je fais surveiller toute la ligne d'Aiguebellette à Conflans où je placerai un bataillon, mais je crains que l'ennemi n'occupe cette position intéressante avant nous, car je crains que les troupes qui nous sont adressées n'aient éprouvé du retard. » (*Archives de la guerre*.)

face de Montmélian, tandis que le général Marchand gardait la route de Voreppe à Grenoble.

Aussi, bien qu'il eût connaissance de la faiblesse des troupes françaises qui défendaient la vallée du Grésivaudan et celle de l'Isère et bien que le colonel Leiningen fût arrivé devant Pierre-Châtel, le prince héritier de Hesse-Hombourg jugea cependant nécessaire de faire soutenir Wimpffen et donna à une partie du corps du prince Philippe de Hesse-Hombourg l'ordre de renforcer sa gauche et de se diriger de Vienne sur Rives. En somme, le prince héritier de Hesse-Hombourg continuait à rester immobile sur ses positions et semblait décidé à ne se reporter en avant, avec le gros de l'armée autrichienne du Sud, que lorsque Augereau aurait accentué sa retraite dans la direction de Montélimar et de Pont-Saint-Esprit.

Affaire de Saint-Donat. — Le général Ordonneau, dont l'arrière-garde occupait encore Romans et Bourg-de-Péage, profita de l'inaction des Autrichiens pour tenter contre le détachement de cavalerie que Lederer avait envoyé à Saint-Donat, un coup de main qui réussit parfaitement. La reconnaissance française, surprenant les cavaliers autrichiens, pénétra dans le village sans avoir été découverte, sabra tout ce qui essaya de résister et rejoignit sans avoir été inquiétée les avant-postes d'Ordonneau, ramenant avec elle 5 officiers, une centaine d'hommes et 64 chevaux[1].

31 mars. — Marche des réserves autrichiennes sur Rives. — Détachement du lieutenant-colonel Döra sur Saint-Laurent-du-Pont. — La journée du 31 mars se passa de part et d'autre sans incident intéressant. Le prince héritier de Hesse-Hombourg, voyant que les Français persistaient à rester sur leurs positions, d'une part à Voreppe, de l'autre entre Romans et Valence, se disposa à attaquer simultanément ces deux points, dès que les troupes du prince Philippe de Hesse-Hombourg seraient arrivées à Rives et se trouveraient en mesure de soutenir la division Wimpffen, et dès que Bianchi auraient rejoint Lederer.

---

[1] Augereau au Ministre, Valence, 1er avril (Correspondance d'Augereau, *Archives de la guerre*), et Darstellung der Kriegsereignisse im südlichen Frankreich (*Oesterreichische militarische Zeitschrift*, 1821, III).

Pendant que le Ier corps et le corps du prince Philippe exécutaient lentement et méthodiquement ces mouvements, Klebelsberg se bornait à faire partir des Echelles le lieutenant-colonel Döra qui, avec huit compagnies d'infanterie, un escadron de hussards de l'Empereur et 2 canons, vint s'établir à Saint-Laurent-du-Pont avec ordre d'inquiéter les postes français de la Grande-Chartreuse[1].

Augereau, de son côté, persistait à rester sur une défensive passive et à attendre les événements, sans profiter des occasions favorables pour remonter le moral de ses troupes, sans chercher même à contrarier ou à deviner les projets de son adversaire. Bien que, comme nous l'avons dit plus haut, il eût écrit le 29 au Ministre de la guerre pour lui dire qu'il tenait toujours la ligne de l'Isère, qu'il défendrait le terrain pied à pied et qu'il ferait « tout ce qui serait possible pour la gloire de nos armes et les intérêts de Sa Majesté »[2], il tenait un tout autre langage à son quartier général et n'avait en aucune façon renoncé à ses projets de retraite sur le Midi.

« Votre Altesse Impériale a dû être informée de l'occupation de Lyon », écrivait le général Vedel au vice-roi d'Italie, dans une lettre[3] dont les termes ne laissent planer le moindre doute, ni sur les intentions du duc de Castiglione, ni sur le peu de considération dont il jouissait dans son armée, ni sur le peu de confiance qu'il inspirait aux généraux sous ses ordres. « Le Maréchal s'est retiré sur Valence et a pris momentanément position derrière l'Isère. Il veut se retirer à Pont-Saint-Esprit et m'a donné l'ordre de me réunir à lui. Le mont Cenis serait alors à découvert et votre armée pourrait être prise à dos. *A moins d'y être forcé par l'ennemi, je n'exécuterai pas cet ordre et je prie Votre Altesse Impériale de m'envoyer des instructions* ».

1er avril. — Augereau ignore les mouvements des Autrichiens. — En raison même de l'attitude absolument passive dans laquelle il s'était complu depuis son arrivée à Valence, le

---

[1] Stärke, Eintheilung und Tagesbegebenheiten der Haupt-Armee im Monate März. (*K. K. Kriegs Archiv.*, III, 1.)

[2] Augereau au Ministre de la guerre, Valence, 29 mars. (Correspondance d'Augereau, *Archives de la guerre.*)

[3] Général Vedel au vice-roi d'Italie, Grenoble, 31 mars. (*Ibid.*)

duc de Castiglione ignorait complètement ce qui se préparait contre lui. Le 1er avril, pendant que le prince héritier de Hesse-Hombourg faisait serrer le Ier corps d'armée sur sa division de tête, pendant que le prince Philippe de Hesse-Hombourg se portait par La Côte-Saint-André sur Rives, le maréchal paraissait disposé à ajouter foi à une rumeur ridicule.

« On dit, écrivait-il au général Ordonneau[1], que le prince héritier de Hesse-Hombourg a quitté Vienne pour retourner à Lyon dont la garnison aurait été diminuée. Faites vérifier ces nouvelles. Ce mouvement pourrait être causé par la marche de l'Empereur sur Chaumont. »

Nouvelle lettre d'Augereau à Clarke. — D'ailleurs, plus préoccupé du choix des arguments spécieux qui justifiaient à ses yeux sa conduite, que de la nécessité de chercher à porter remède à une situation aggravée par ses fautes, compromise par ses lenteurs, sa mollesse et son incurie, le duc de Castiglione, auquel le colonel Baltazar venait de remettre la lettre écrite le 27 par Clarke, perdait une fois de plus son temps à protester contre le mécontentement bien naturel de Napoléon et contre les critiques que le duc de Feltre lui avait adressées au nom de l'Empereur.

« Sa Majesté, lui écrivait-il de Valence le 1er avril[2], connaît mieux que personne l'influence qu'a eue sur ses opérations la grande diversion qui a été faite par moi et l'heureux résultat qu'elle a produit en affaiblissant l'armée du prince de Schwarzenberg qu'elle avait en tête. Elle aura donc appris *avec douleur sans doute, mais sans étonnement,* l'évacuation de Lyon qui n'a été abandonné que pied à pied et après une résistance des plus opiniâtres de 14,000 combattants contre 60,000, fait d'armes qui couvre l'armée de Lyon de gloire. Ce n'est donc pas de gaieté de cœur, comme Votre Excellence paraît le croire par l'expression pénible : *Non content d'avoir abandonné Lyon*, mais par la conviction de l'inutilité de mes efforts pour défendre cette ville contre une armée quadruple de la mienne... que je me suis décidé à l'évacuer.

---

[1] Augereau au général Ordonneau, Valence, 1er avril. (Correspondance d'Augereau. (*Archives de la guerre.*)
[2] Augereau au Ministre de la guerre, Valence, 1er avril. (*Id. in ibid.*)

« Votre Excellence paraît étonnée que j'aie présenté comme probable ma retraite sur Pont-Saint-Esprit. C'est cependant, à mon avis, toutefois en défendant le terrain pied à pied, l'opération la plus militaire pour couvrir, suivant les intentions de l'Empereur, le midi de la France. Car, jusqu'à ce moment, la supériorité numérique de l'ennemi étant toujours la même, il n'y a aucune possibilité de se porter sur Lyon, si l'Empereur n'envoie pas, pour faire diversion, une armée sur Mâcon et sur Roanne par le Bourbonnais. Un mouvement sur Lyon me ferait couper et me laisserait sans retraite. En tenant au contraire la position que j'occupe maintenant, si toutefois je puis y vivre, je suis maître de mes mouvements, je couvre le Midi et je puis me jeter à volonté sur Montpellier, Nîmes, Marseille et Toulon qui ne tarderont pas à être menacés d'après les nouveaux projets de Wellington.

« L'ennemi fait beaucoup de marches et de contre-marches depuis deux jours. Il semble préparer une opération. Je fais faire de mon côté des reconnaissances multipliées pour tâcher de deviner et de prévenir ses desseins. »

Résumé des mesures prises contre le soulèvement national et des dernières opérations des partisans et des paysans armés. — Avant d'examiner les opérations auxquelles la vallée de l'Isère allait servir de théâtre jusqu'à la conclusion de l'armistice, nous croyons utile de résumer ici les mesures prises par les Alliés pour en finir avec les partisans, pour ramener la sécurité sur leurs lignes de communications et d'enregistrer les dernières escarmouches, les derniers coups de main des paysans armés.

Du côté de Dijon, le colonel Illesy, arrivé de Beaune à Autun le 1er avril, y avait été rejoint par le major Barthos, venant de Chalon et de Couches, ainsi que par un autre détachement venant des environs de Montcenis. Malgré la présence de ces troupes à Autun, un des postes de correspondance, fourni par les vélites des hussards Archiduc-Ferdinand et que le major Barthos avait établi sur la route de Chalon à Autun, n'en avait pas moins été attaqué et massacré par les paysans, et le colonel avait dû charger un peloton de hussards et une section d'infanterie de rétablir cette communication, de reprendre ce poste et de châtier les habitants [1].

---

[1] Colonel Illesy au feldzeugmeister Duka, Autun, 1er avril, 8 heures soir, et Autun, 2 avril. (*K. K. Kriegs Archiv.*, IV, 307, et IV, 318.)

A Autun même, il avait réussi à savoir, par les indiscrétions du maire, « qu'un certain M. de Place (nous employons ici les termes mêmes dont le colonel se servait dans son rapport), qui possède ici le château de Saint-Martin, était en expédition avec les paysans armés » [1]. Le colonel Illesy chargea, dès le lendemain 2 avril, une compagnie d'infanterie wurtembergeoise et un demi-escadron de hussards Archiduc-Ferdinand de brûler et de raser le château.

Informé également par le maire d'Autun de la présence de paysans armés à Chissey en Morvand, le colonel envoya sur ce point deux compagnies d'infanterie et deux pelotons de cavalerie qui ne trouvèrent plus personne et mirent sur son ordre le feu à un moulin et à quelques maisons [2]. Mais, comme le colonel le reconnaissait lui-même, ces mesures ne donnèrent que des résultats insignifiants. « Les bandes de paysans armés ne tiennent pas à notre approche, écrivait le colonel Illesy. Elles se dispersent dans les bois et se reforment après notre départ. Pour les atteindre dans cette région accidentée et couverte de bois, il faudrait agir avec des colonnes volantes d'infanterie légère. Je vais néanmoins faire battre les bois et vous prie de m'envoyer quelques compagnies que je laisserai en garnison ici et auxquelles je donnerai l'ordre d'opérer contre ces brigands... Je fais prévenir les familles dont les enfants se sont joints aux bandes armées que, s'ils ne sont pas rentrés dans 48 heures, je confisquerai leurs terres et je brûlerai leurs maisons » [2].

Le feldzeugmeister Duka ne jugea toutefois pas utile d'envoyer au colonel l'infanterie ce qu'il lui demandait. « Il faut punir sévèrement et faire battre tout le pays », lui écrivait-il [3].

Mais les menaces, l'intimidation, les répressions violentes, l'exécution même des paysans pris les armes à la main ne servirent à rien, et les bandes armées continuèrent leurs coups de main, non seulement jusqu'à la cessation des hostilités, mais quelque temps après la conclusion de l'armistice. Mis hors la loi,

---

[1] Colonel Illesy au feldzeugmeister Duka, Autun, 1er avril, 8 heures soir, et Autun, 3 avril. (*Ibid.*, IV, 307, et IV, *ad* 324.)

[2] Colonel Illesy au feldzeugmeister Duka, Autun, 1er avril, 8 heures soir. (*K. K. Kriegs Archiv.*, IV, 307.)

[3] Feldzeugmeister Duka au colonel Illesy, Dijon, 3 avril. (*Ibid.*, IV, *ad* 318.)

les paysans refusèrent de reconnaître les traités et ne renoncèrent à leurs entreprises que lorsque leur rage se fut calmée, que lorsque leur soif de vengeance fut assouvie.

A l'ouest et au sud de Lyon, dans toute la région comprise entre la Saône, le Rhône et la Loire, le soulèvement national s'était manifesté plus lentement et plus tardivement et, bien qu'il n'eût pu ni se généraliser, ni s'organiser aussi fortement qu'en Bourgogne et dans le Charolais, il n'en avait pas moins poussé de fortes racines dans les populations. Le 2 avril, le général Poncet, annonçant au Ministre l'arrivée à Saint-Étienne des renforts envoyés au prince de Cobourg, lui signalait la marche en avant des éclaireurs autrichiens et lui faisait savoir qu'il avait ordonné au comte de Montholon, qu'il trouvait trop éloigné de la Loire, de se rapprocher de ce fleuve et de prendre la direction de Feurs [1].

Le lendemain, 3 avril, les partisans, sachant que les Autrichiens jetaient un pont de bateaux à Feurs et envoyaient de là des partis sur Roanne, attaquaient les Autrichiens à trois quarts de lieue de Feurs, les repoussaient et détruisaient le pont [2]. Mais l'arrivée des renforts autrichiens ne tarda pas à mettre un terme aux progrès des partisans. Le 10 avril, les Autrichiens, qui avaient débouché de Saint-Étienne et passé la Loire près de Saint-Rambert, s'emparaient de Montbrison. Une autre de leurs colonnes menaçait Roanne [3], brisait dans ces parages les dernières velléités de résistance et obligeait les partisans et les paysans armés à se disperser.

2 avril. — Affaire de nuit à Clérieux. — Les rapports parvenus à Augereau dans l'après-midi et la soirée du 1er avril avaient appelé l'attention du maréchal sur les mouvements préparatoires du prince héritier de Hesse-Hombourg, et lui avaient tout particulièrement signalé la marche du Ier corps qui se rapprochait progressivement de Tain. Le maréchal était toutefois loin de penser que son adversaire se disposait à lui enlever le lendemain Romans

---

[1] Général Poncet au Ministre de la guerre, Le Puy, 2 avril. (*Archives de la guerre.*)
[2] Général Poncet au Ministre de la guerre, Le Puy, 6 avril. (*Ibid.*)
[3] Général Poncet au Ministre de la guerre, Le Puy, 11 avril. (*Ibid.*)

et à le chasser de la rive droite de l'Isère. Il croyait d'autant moins à la probabilité, à l'imminence d'une attaque dirigée sur ce point qu'une des reconnaissances du général Ordonneau, informée de l'arrivée à Clérieux d'un détachement autrichien, l'avait obligé à abandonner ce poste après un engagement de peu de durée, et s'était emparée de ses bagages et d'un certain nombre de prisonniers [1].

Combat de Romans. — Rassuré de ce côté, Augereau avait néanmoins reconnu la nécessité de couvrir sa droite en gardant les passages de l'Isère en amont de Romans. Voulant s'assurer la possibilité de surveiller les mouvements que les Autrichiens pourraient songer à entreprendre dans la direction de Grenoble, tout en l'amusant entre Tain et Romans, le 1er avril au soir, le maréchal avait ordonné au général Estève de quitter Valence à 4 heures du matin et d'aller relever à Romans le général Ordonneau, qui « devait remonter l'Isère jusqu'à Saint-Nazaire-en-Royans et pousser des partis au petit village de La Rivière et à la fonderie de Saint-Gervais, afin de s'opposer au passage de l'ennemi sur ces points et de faire diversion à ses projets sur Grenoble [2] ».

Pendant que le général Estève exécutait ces ordres et reprenait les positions d'Ordonneau à Romans, le prince héritier de Hesse-Hombourg, croyant encore à la présence de forces relativement considérables sur la rive droite de l'Isère, s'attendant par suite à voir Augereau lui disputer opiniâtrement le passage de la rivière, avait prescrit à Bianchi de rallier à Tain la division Lederer et de se porter contre Romans à la tête des deux divisions du Ier corps. Arrivé à Tain dans les premières heures de la matinée, Bianchi avait immédiatement renforcé Lederer de trois bataillons d'infanterie (un du régiment Jérôme Colloredo, les deux autres du régiment Esterhazy) et lui avait donné l'ordre d'enlever Romans. A 2 heures de l'après-midi, sa tête de colonne fut arrêtée à peu de distance de Romans par le feu des Français solidement établis en

---

[1] Augereau au Ministre, Valence, 3 avril. (Correspondance d'Augereau, (*Archives de la guerre*.)

[2] Augereau au général Vedel, commandant la 2e division, et au général Ordonneau, Valence, 1er avril, Ordres pour le 2 avril. (*Ibid.*)

avant de la ville, dans le couvent des Capucins ainsi que dans les maisons et les jardins qui l'avoisinaient. Bianchi, accouru sur le lieu du combat au bruit de la fusillade et rejoint un peu plus tard par le prince héritier de Hesse-Hombourg, ordonna aussitôt aux trois bataillons d'infanterie, qui avaient formé pendant la marche un échelon intermédiaire entre la division de Lederer et les troupes de Bakony et de Quallenberg, de renforcer les attaques de front de l'avant-garde contre le couvent des Capucins et de donner l'assaut à cette position, dès que les deux autres colonnes détachées de l'avant-garde et chargées, l'une de contourner Romans par le nord, l'autre de se diriger au sud de la route de Tain vers l'Isère et de menacer le pont, auraient achevé leur mouvement.

Bien qu'il se fût rendu un compte exact des intentions des Autrichiens, du danger auquel leur mouvement exposait ses troupes, d'ailleurs très inférieures en nombre, le général Estève ne se décida à la retraite que sur un ordre formel d'Augereau. Le maréchal lui avait en effet mandé que, « n'ayant pas l'intention d'occuper et de conserver Romans qu'il considérait comme se trouvant hors de sa ligne, il lui ordonnait, s'il ne pouvait s'y maintenir qu'en se battant avec opiniâtreté, de se retirer sur la rive gauche de l'Isère en coupant le pont derrière lui [1]. Le général Estève exécuta sa retraite lentement, par échelon et en bon ordre. Il commença par évacuer le couvent des Capucins et rentra dans Romans où il se défendit énergiquement, exécutant à tout instant des retours offensifs qui, en retardant la marche des Autrichiens, lui permirent de ramener sur la rive gauche ses troupes, dans les rangs desquelles il avait réussi à maintenir l'ordre le plus parfait et de brûler la passerelle avant l'arrivée des régiments de Bianchi [2].

Positions des deux armées le 2 avril au soir. — Maître de

---

[1] Augereau au général Estève, Valence, 2 avril. (Correspondance d'Augereau; *Archives de la guerre.*)

[2] Augereau au Ministre, Valence, 3 avril (Correspondance d'Augereau; *Archives de la guerre*); Prince héritier de Hesse-Hombourg au prince de Schwarzenberg, Rives, 11 avril (*K. K. Kriegs Archiv.*, IV, 93), et Darstellung der Kriegsereignisse im südlichen Frankreich). (*Oesterreichische militärische Zeitschrift*, 1821, III).

Romans, du seul point qu'Augereau avait conservé sur la rive droite de l'Isère, mais plus décidé que jamais à rester sur la défensive jusqu'à ce que les colonnes de Klebelsberg et de Zechmeister eussent accentué leur mouvement sur Grenoble et menacé sérieusement cette ville, le commandant de l'armée autrichienne du Sud fit rentrer la plus grande partie des troupes du Ier corps dans leurs anciens cantonnements entre Tain et Saint-Vallier. La division Lederer fut seule chargée de garder Romans et de fournir des postes de surveillance depuis le confluent de l'Isère et du Rhône jusqu'aux environs du village de La Rivière, près du point où la route de Valence à Genève aboutit à la rive droite de l'Isère.

Le 2 avril au soir, les troupes françaises occupaient autour de Valence les positions suivantes : le général Estève s'était établi à Péage-de-Romans (aujourd'hui Bourg-de-Péage). Le général Gudin gardait avec sa brigade la rive gauche de la rivière, en face du pont détruit de l'Isère, et fournissait des postes depuis le Rhône jusqu'aux environs de Péage-de-Romans[1].

Le combat de Romans marque, à proprement parler, la fin des opérations militaires sur la basse Isère. A partir de ce moment et jusqu'à la conclusion de l'armistice, on resta de part et d'autre sur la défensive dans ces parages et, comme nous aurons lieu de le dire, on se borna à s'observer et à surveiller le cours de la rivière.

Combat de Voreppe. — Le mouvement du Ier corps d'armée sur Romans avait coïncidé avec une opération, dirigée par le feld-maréchal lieutenant Wimpffen, contre la position occupée par le colonel Cubières à Voreppe. Le colonel avait posté sa droite sur les hauteurs qui commandent les routes de Saint-Laurent-du-Pont et de Voiron ; son centre était chargé de la défense du défilé de Voreppe et sa gauche, s'appuyant sur l'Isère, était flanquée par un détachement qui, établi sur la rive gauche de la rivière entre Saint-Quentin et le bec de l'Échaillon, surveillait les débouchés de Voiron et de Moirans.

Le feld-maréchal lieutenant Wimpffen, assez exactement renseigné par ses reconnaissances, résolut de déborder la droite

---

[1] Augereau au général Gudin, Valence, 2 avril. (Correspondance d'Augereau ; *Archives de la guerre*.)

française par la montagne et d'obliger ainsi leur gauche et leur centre à abandonner des positions dont l'attaque de front lui aurait coûté trop d'efforts et trop de monde. Il se porta contre Voreppe en quatre colonnes : la colonne de droite, longeant l'Isère, avait pour mission de contrecarrer l'action du poste français de la rive gauche et de menacer Voreppe par le sud ; la deuxième colonne, marchant à la même hauteur que la première, mais par les routes de Moirans et de Voiron, qui se rejoignent à la Crue de Moirans à 1500 mètres environ de Voreppe, devait attaquer la position du colonel Cubières du côté de l'ouest ; la troisième colonne, suivant la route de Voiron jusqu'à la Buisse, avait ordre de garnir les hauteurs et de s'avancer sur le plateau du Grand Bois qui domine Voreppe, pendant que la quatrième colonne (colonne de gauche), se jetant à gauche à partir de Coublevie et traversant le massif montagneux, déboucherait entre Saint-Julien-de-Ratz et Pommiers-près-Voreppe et prendrait à revers les lignes du colonel Cubières. Wimpffen avait, en outre, prescrit au lieutenant-colonel Döra, qui formait son extrême-gauche à Saint-Laurent-du-Pont, de faciliter la marche de sa quatrième colonne en détournant l'attention des troupes françaises de la Grande-Chartreuse.

Retardées dans leur marche par les obstacles naturels qu'elles avaient à surmonter, arrêtées à tout instant devant des abatis et des coupures derrière lesquels les postes français tenaient bon et qu'ils ne quittaient que pour se reporter derrière d'autres abris, les troisième et quatrième colonnes ne purent s'avancer qu'avec une extrême lenteur et n'opérèrent leur jonction aux environs de Pommiers qu'à la nuit close, vers 8 heures du soir, alors que la droite française avait déjà reçu du colonel Cubières l'ordre de se rabattre sur lui et de suivre son mouvement de retraite. Dès qu'il eut été informé des difficultés qui s'opposaient à l'exécution du mouvement tournant sur lequel il avait compté, Wimpffen avait fait attaquer Voreppe par ses deux premières colonnes. Après un combat assez vif, qui dura plusieurs heures et coûta environ 300 hommes aux Autrichiens, le colonel Cubières évacua Voreppe en abandonnant une pièce démontée, et se replia dans l'ordre le plus parfait sur la position retranchée des Combes [1].

---

[1] Prince héritier de Hesse-Hombourg au prince de Schwarzenberg, Rives,

L'extrême dispersion des troupes autrichiennes répandues sur un front démesurément étendu, le manque de cohésion et de coordination des mouvements, conséquence naturelle de cette dissémination, l'immobilité du gros de l'armée du Sud, sa rentrée sur ses anciennes positions après l'affaire de Romans, l'envoi de la division Ignace Hardegg sur la rive droite du Rhône, la distance qui séparait encore Wimpffen de l'échelon de tête du corps du prince Philippe de Hesse-Hombourg, la lenteur forcée de la marche des colonnes de Klebelsberg et de Zechmeister, la difficulté de communiquer rapidement et sûrement avec ces généraux, enfin la force réelle de la position défensive sur laquelle le colonel Cubières s'était replié, mettaient Wimpffen dans l'impossibilité de continuer l'offensive et l'obligèrent à renoncer à une attaque de vive force contre les Combes, attaque qui n'avait de chances de réussir, que lorsque Klebelsberg et Zechmeister se seraient rendus maîtres de la vallée du Grésivaudan et auraient obligé les troupes françaises de la haute Isère, soit à se replier sur Grenoble, soit à se jeter dans la Maurienne. La présence de la division Wimpffen à Voreppe avait toutefois une signification et une importance réelles. L'occupation de ce point coupait la route de Grenoble à Valence par la vallée de l'Isère et rendait les communications entre Marchand et Augereau tellement longues et tellement difficiles, qu'à partir de ce moment l'armée française du Sud était, à proprement parler, coupée en deux.

3-4 avril. — Positions de Wimpffen et des troupes françaises. — Le feld-maréchal lieutenant Wimpffen vint s'établir, le

---

11 avril (*K. K. Kriegs Archiv.*, IV, 93); Darstellung der Kriegsereignisse im südlichen Frankreich (*Oesterreichische militärische Zeitschrift*, 1845, III, 278).

Le colonel Baltazar, arrivé à Valence, écrivait à la date du 2 avril au Ministre de la guerre : « Augereau a avec lui les divisions Musnier et Bardet, et celle du général Pannetier, dont le général Vedel a pris le commandement, et la cavalerie du général Digeon. Les gardes nationales occupent le Pont-Saint-Esprit. Le général Marchand, avec les troupes de Dessaix et la première colonne d'Italie, a l'ordre de se retirer par Grenoble et doit se mettre en ligne derrière l'Isère... ...Il a eu à Voreppe un engagement indécis avec l'ennemi. L'ennemi s'est présenté aujourd'hui devant Romans avec 6,000 hommes, dont 2,000 chevaux, et nous avons dû repasser sur la rive gauche de l'Isère. » (*Archives de la guerre.*)

3 avril, à hauteur du Chevallon, à 3 kilomètres environ au sud de Voreppe, et à trois petites lieues des positions françaises des Combes. La brigade Gall, qu'il avait envoyée au début de sa marche du côté de Beaurepaire et de La Côte-Saint-André et qui l'avait rejoint depuis peu de temps, occupa sur son ordre Moirans et Tullins afin de couvrir ses communications jusqu'à l'arrivée des troupes du prince Philippe de Hesse-Hombourg.

Du côté de Valence, Augereau avait fait soutenir le général Vedel par deux bataillons de la division Bardet envoyés de Valence à Bourg-de-Péage et par la brigade Ordonneau à laquelle on avait prescrit d'obliquer à droite pour se rapprocher de la brigade Estève. Le maréchal avait également ordonné au général Musnier de faire revenir, le jour même, de Loriol sur Valence, la brigade Pouchelon, mais de continuer néanmoins à garder solidement le poste de La Voulte sur la rive droite du Rhône[1].

Sans nouvelles du général Marchand, il invitait, le 3 au soir, le général Vedel à essayer de communiquer avec Grenoble et, bien qu'il se trouvât depuis près de trois semaines engagé contre le prince héritier de Hesse-Hombourg, le maréchal était tellement mal renseigné sur les moyens et les ressources de son adversaire qu'il écrivait à Vedel : « Je ne pense pas que l'ennemi tente un passage de rivière ; mais j'aurais besoin de savoir s'il possède un équipage de pont »[2].

On resta, de part et d'autre, sur les deux rives de l'Isère depuis Grenoble jusqu'au Rhône, dans l'immobilité la plus absolue pendant la journée du 4 avril.

5 avril. — Arrivée du corps du prince Philippe de Hesse-Hombourg à Rives. — Le prince Philippe de Hesse-Hombourg continua, seul et sans se presser, son mouvement et arriva le 5 avril à Rives avec le commandant en chef de l'armée autrichienne du Sud. A ce moment, les Français n'occupaient plus sur la rive droite de l'Isère que la forte position des Combes, la

---

[1] Augereau au général Vedel, au Péage-de-Romans ; au général Musnier, à Loriol ; au général Bardet, à Valence ; au général Ordonneau, à Saint-Nazaire, Valence, 3 avril. (Correspondance d'Augereau ; *Archives de la guerre*.)

[2] Augereau au général Vedel, Valence, 3 avril, 7 heures soir. (*Ibid.*)

Grande-Chartreuse et Fort-Barraux. Après avoir détruit les ponts et les moyens de passage, Marchand et Dessaix concentraient toutes leurs ressources à La Chavanne.

Malgré l'inaction de l'armée autrichienne du Sud, Augereau était décidé à ne plus rien tenter et, ainsi que le colonel Baltazar le disait dans sa lettre du 4 : « Il ne faut pas d'ici assez longtemps espérer voir cette armée reprendre l'offensive[1]. »

5-6 avril. — Correspondance d'Augereau avec les généraux placés sous ses ordres. — Comme s'il eût assisté en spectateur indifférent à tout ce qui se passait autour de lui, le duc de Castiglione se désintéressa de plus en plus du commandement et du sort de son armée. Écrivant le 5 avril à Marchand[2], il se plaignait de n'avoir pas reçu de ses nouvelles depuis 10 jours et lui rappelait qu'il lui avait signalé le mouvement des colonnes autrichiennes marchant par Bourgoin et La Tour-du-Pin et qu'il lui avait prescrit de se replier sur lui. Il lui annonçait que les communications n'étaient plus possibles que par la rive gauche de l'Isère. Mais, pas plus cette fois que les autres, il ne lui exposa ses idées sur la situation, il ne lui envoya des ordres et des instructions. Le lendemain cependant, il se décida à lui faire savoir « qu'il avait donné au général Ordonneau des instruction pour se *relier avec lui sans trop s'étendre et avec ordre de se lier* à gauche avec la division Vedel »[3].

Une faible brigade devait donc, dans l'esprit du duc de Castiglione, suffire pour garder toute la rive gauche de l'Isère, pour tenir et surveiller une ligne formant saillant vers le nord, s'infléchissant ensuite vers le sud et dont les côtés ne mesurent pas moins de 56 kilomètres de développement depuis Saint-Nazaire en Royans jusqu'au confluent du Drac. Le maréchal s'illusionnait tellement qu'il ne craignait pas d'ajouter ces phrases significatives : « Mon système d'opérations est établi sur la défense de la ligne de l'Isère... Votre division (la 4e de mon armée) est destinée à couvrir Grenoble et la haute Isère. Si vous êtes forcé,

---

[1] Colonel Baltazar au Ministre de la guerre, Valence, 4 avril. (*Archives de la guerre.*)

[2] Augereau au général Marchand, Valence, 5 avril. (Correspondance d'Augereau, *Archives de la guerre.*)

[3] Augereau au général Marchand, Valence, 6 avril. (*Ibid.*)

vous avez votre retraite assurée par la rive gauche en vous appuyant au général Ordonneau »[1].

Le mouvement de la brigade Ordonneau avait d'ailleurs bien moins pour objet de se relier au général Marchand, comme le maréchal essayait de le lui faire croire, que de chercher à savoir, en prolongeant la droite du général Vedel, s'il était vrai que « les Autrichiens se fussent décidés à faire filer du monde sur Romans »[2].

7 avril. — Mouvements des troupes françaises sur la basse Isère et vers Grenoble. — Quelques heures plus tard, le maréchal savait à quoi s'en tenir et, comme les Autrichiens avaient exécuté une partie de leur mouvement sous les yeux mêmes des avant-postes français de la rive gauche, dans le courant de la journée du 7 avril Augereau était en mesure d'informer Marchand qu'une colonne de 1500 à 1800 hommes et 5 canons était partie de Romans pour remonter l'Isère et qu'elle avait été remplacée par d'autres troupes venant de Clérieux[3].

Dès ce moment, en effet, le doute était impossible. Il était évident que l'armée autrichienne du Sud se disposait à exécuter un mouvement de concentration sur sa gauche, qu'elle se préparait à attaquer Grenoble et qu'elle ne songeait nullement à menacer Valence. Il semblait, par suite, logique et naturel de faire soutenir immédiatement la division Vedel, de renforcer les postes en amont de Bourg-de-Péage par les divisions Bardet, Musnier et Digeon et de réduire l'effectif des troupes employées en aval et affectées à la surveillance de la basse Isère jusqu'à son confluent avec le Rhône.

Le maréchal n'osa cependant pas prendre un parti aussi rationnel. Craignant de découvrir Valence, il ordonna au général Bardet « de réunir, le lendemain 8 avril, sa division tout entière, à l'exception des trois bataillons détachés avec le général Ordonneau, au pont brûlé de l'Isère et d'y relever la brigade Gudin qui devait rejoindre Vedel à Péage-de-Romans (Bourg-de-

---

[1] Augereau au général Marchand, Valence, 6 avril. (Correspondance d'Augereau, *Archives de la guerre*.)
[2] Augereau au général Vedel, Valence, 6 avril. (*Ibid.*)
[3] Augereau au général Marchand, Valence, 7 avril. (*Ibid.*)

Péage) ». En agissant de la sorte, le maréchal ne renforçait en aucune façon Vedel, puisqu'il ordonnait en même temps aux deux bataillons de Bardet, établis jusque-là à Bourg-de-Péage, de rallier leur division au pont brûlé aussitôt après l'arrivée de la brigade Gudin. En revanche, au lieu d'une brigade, il allait désormais avoir une division presque entière à l'extrême gauche de ses lignes [1].

8 avril. — Mouvements des troupes autrichiennes sur la rive droite de l'Isère. — Le prince héritier de Hesse-Hombourg, arrivé, comme nous l'avons dit plus haut, le 5 avril à Rives, où il avait établi son quartier général, avait de son côté renoncé à attendre les résultats que devaient produire l'intervention des colonnes venant de Genève, l'apparition et la marche de Klebelsberg et de Zechmeister en avant de Montmélian, leurs progrès dans la vallée du Grésivaudan et leur passage sur la rive gauche de l'Isère. Il avait, en conséquence, pris la résolution de porter sur Grenoble la division Wimpffen et le corps du prince Philippe de Hesse-Hombourg et donné au Ier corps (Bianchi) l'ordre de se rapprocher de lui en remontant la rive droite de l'Isère.

C'était d'ailleurs à ce mouvement qui avait motivé les instructions envoyées aux généraux Vedel et Bardet le 7 avril, que le maréchal faisait allusion dans sa lettre au Ministre, en date du 8 :

« Ma position est toujours telle que je l'ai fait connaître à Votre Excellence par ma lettre du 3, écrivait-il à Clarke [2]. Depuis cette époque, l'ennemi *paraît* faire un mouvement sur sa gauche et menacer Grenoble. Je fais appuyer le général Marchand qui couvre cette ville et la haute Isère [3]. J'ai appris par une lettre du duc de Bassano au préfet de la Drôme, l'occupation de Paris et l'arrivée de Sa Majesté à Essonnes. »

---

[1] Augereau au général Bardet et au général Vedel, Ordres de mouvement pour le 8 avril, Valence, 7 avril. (Correspondance d'Augereau; *Archives de la guerre.*)

[2] Augereau au Ministre de la guerre, Valence, 8 avril. (*Ibid.*)

[3] Les renforts, dont Augereau parle ici au Ministre, ne se composaient que de la faible brigade du général Ordonneau.

En terminant, le maréchal demandait à la fois des nouvelles et des instructions. Il semble d'ailleurs qu'il comptait bien peu sur une réponse, puisque, le jour même, il consentait à recevoir un parlementaire autrichien, à Saint-Marcel-lès-Valence sur la route de Valence à Romans [1].

Concentration des troupes de Klebelsberg et de Zechmeister en amont de Montmélian. — Zechmeister passe l'Isère à Conflans. — Il aurait été cependant d'autant plus nécessaire de soutenir le général Marchand que sa position s'aggravait de jour en jour. Les colonnes de Klebelsberg et de Zechmeister, que nous avons laissées le 29 mars à Chambéry et à Annecy, bordaient maintenant la rive droite de l'Isère en amont de Montmélian et venaient, sur l'ordre de Bubna, arrivé de sa personne à Chambéry, de se concentrer entre Saint-Pierre-d'Albigny et Freterive. La hauteur des eaux grossies par la fonte des neiges, la rapidité du courant, le manque de moyens suffisants, avaient fait échouer toutes leurs tentatives de passage, tant à Montmélian même que du côté de Freterive, et avaient empêché les généraux autrichiens d'inquiéter la position des Français à La Chavanne. Mais, le 8 avril, Zechmeister, qui avait réussi à faire construire un certain nombre de radeaux, parvint à traverser l'Isère en amont de Conflans et à jeter sur la rive droite de l'Arc trois bataillons, une demi-batterie d'artillerie et deux escadrons.

Il détachait en même temps trois compagnies d'infanterie sur Moutiers et la haute Isère. Leur chef, le lieutenant-colonel Wahler, devait, en passant par Saint-Martin-de-Belleville, gagner par la montagne la vallée de l'Arc dans les environs de Saint-Michel, barrer la route du mont Cenis et prendre à revers les troupes françaises qui se repliaient d'Aiguebelle.

9 avril. — Combat de Bonvillaret. — Le lendemain, 9 avril, le gros des troupes de Zechmeister attaquait le détachement français posté à Bonvillaret, l'obligeait à repasser sur la rive gauche de l'Arc, sans parvenir toutefois à l'empêcher de couper

---

[1] Augereau au général Vedel. (Correspondance d'Augereau; *Archives de la guerre.*)

derrière lui le pont d'Aiguebelle, et s'établissait sur l'éperon d'Aiton [1].

Klebelsberg avait été moins heureux que Zechmeister. La rapidité du courant, la vigilance et l'activité du général Serrant avaient déjoué toutes ses tentatives de passage à Freterive et contrarié les travaux de réfection du pont de Montmélian.

Le prince héritier de Hesse-Hombourg envoie à son armée en marche sur Grenoble l'ordre de s'arrêter. — Le même jour, tandis qu'Augereau ne songeait qu'à envoyer de Valence à Saint-Péray, sur la rive droite du Rhône, une compagnie de voltigeurs de la brigade Pouchelon [2], qu'il avait rappelée de Loriol, qu'à prescrire à cette compagnie de se replier si elle y était contrainte sur La Voulte, où le général Musnier avait un bataillon, le prince héritier de Hesse-Hombourg, lassé d'attendre la coopération de Bubna, avait donné à Wimpffen et au prince Philippe de Hesse, l'ordre de se porter par Cornillon et Saint-Égrève contre les Combes. Les troupes autrichiennes avaient déjà commencé leur mouvement, lorsque le prince héritier de Hesse-Hombourg reçut l'avis officiel des événements de Paris et d'Essonnes, de la constitution du Gouvernement provisoire et de la signature de l'armistice. Arrêtant aussitôt ses colonnes, il les fit rentrer sur leurs anciennes positions.

10 avril. — Derniers ordres d'Augereau. — A ce moment, ni Augereau, ni Bubna, ni Marchand, ni Klebelsberg, ni Serrant, ni Zechmeister ne savaient encore rien de la cessation des hostilités. Aussi le commandant de l'armée autrichienne du Sud, connaissant le caractère de son adversaire, se garda bien de lui communiquer de suite ces graves et importantes nouvelles. Il est certain, en effet, que le duc de Castiglione et Marchand ignoraient complètement, le 10 avril, les motifs de l'arrêt subit du mouvement de Wimpffen, puisque, répondant à la lettre dans laquelle Marchand lui rendait compte de l'impossibilité de laisser

---

[1] Kriegsereignisse in Savoyen; Tagebuch der K. K. Generals baron Zechmeister. (*Oesterreichische militarische Zeitschrift*. 1846).

[2] Augereau au général Pouchelon, Valence, 9 avril. (Correspondance d'Augereau; *Archives de la guerre*.)

une garnison à Grenoble [1], le maréchal autorisait ce général à évacuer cette ville dans le cas où il y serait forcé. Il ajoutait que les généraux Vedel et Ordonneau lui signalaient la présence et la concentration de 10,000 Autrichiens à Saint-Paul-lès-Romans et s'attendaient à être attaqués d'un moment à l'autre. Le maréchal terminait sa dépêche en disant « qu'il *était sans nouvelles de Paris* et qu'il croyait Sa Majesté sur la Loire, vers Blois [2] ».

Les derniers ordres que le maréchal fit parvenir au général Vedel étaient d'ailleurs conçus dans des termes analogues : « L'ennemi, lui écrivait-il, toujours à la date du 10, paraît vouloir attaquer Grenoble. Il fera sans doute une diversion sur vous. Tenez-vous sur vos gardes »[3].

11 avril. — Dernières opérations militaires en Dauphiné et en Savoie. — Poursuivant un but qu'il n'est que trop facile de deviner, le prince héritier de Hesse-Hombourg s'était naturellement abstenu de porter à la connaissance de Bubna, de Klebelsberg et de Zechmeister, les nouvelles qu'il venait de recevoir du grand quartier général. Il savait que ces généraux n'avaient devant eux qu'une poignée d'hommes. Il ne risquait, par suite, rien en les laissant continuer leurs opérations sur la haute Isère et, de plus, il avait tout intérêt à leur procurer les moyens et à leur laisser le temps de prendre pied sur la rive gauche de l'Isère, à leur ménager la possibilité de contraindre les Français à évacuer Grenoble, et à se réserver ensuite les avantages résultant de la prise et de la possession de cette grande ville.

Passage de l'Isère par Bubna et de l'Arc par Zechmeister. — Mouvements de Zechmeister sur Saint-Jean-de-Maurienne. — Ce fut en effet le 11 avril seulement que les troupes

---

[1] Général Marchand à Augereau, Grenoble, 9 avril. (*Archives de la guerre.*)

[2] Augereau au général Marchand, Valence, 10 avril. (Correspondance d'Augereau ; *Archives de la guerre.*) Augereau s'était si peu préoccupé de l'organisation de la défense du Dauphiné, qu'il n'avait pas songé à faire approvisionner Grenoble et n'avait aucune notion de l'absence de toute espèce de ressources en fait de vivres et de munitions dans cette ville.

[3] Augereau au général Vedel, Valence, 10 avril. (Correspondance d'Augereau ; *Archives de la guerre.*)

autrichiennes de Klebelsberg et de Zechmeister s'établirent sur la rive gauche de l'Isère. Pendant les journées des 9 et 10 avril, le général Serrant avait réussi, non sans peine, à arrêter Klebelsberg, à l'empêcher d'achever le pont de Montmélian et d'attaquer La Chavanne. Mais, le 11 au matin, Bubna, renonçant à forcer le passage à Montmélian même, fit passer le gros de ses forces sur le pont qu'on venait d'achever à Fréterive et se dirigea contre La Chavanne. Grâce à ce mouvement qui détourna l'attention des Français et les obligea à diviser leurs forces déjà extrêmement réduites, le général-major comte Bentheim parvint enfin à terminer la réfection du pont de Montmélian et à pousser droit sur La Chavanne pendant que Zechmeister franchissait l'Arc à Aiguebelle.

Menacé à la fois sur son front et sur sa droite, reconnaissant l'impossibilité de se maintenir plus longtemps à La Chavanne, le général Serrant alla prendre position à Pontcharra. Le général Dessaix s'était, de son côté, replié avec deux bataillons sur Saint-Jean-de-Maurienne et avait été suivi de loin par Zechmeister. Ce général, chargé d'observer la vallée de l'Arc et de surveiller les mouvements des Français, arrêta le gros de sa brigade à Aiguebelle et poussa sur La Chambre et Pontamafrey des partis qui s'avancèrent ensuite jusqu'à quelques kilomètres de Saint-Jean-de-Maurienne[1] et se replièrent le lendemain, dès qu'ils eurent avis de la suspension d'armes que Bubna signa le 11 au soir avec Serrant[2].

12 avril. — Affaire de la Grande-Chartreuse. — Suspension d'armes. — Le lendemain 12 avril, pendant qu'on réglait à Valence les conditions de la suspension d'armes, aux termes de laquelle chaque parti gardait les positions qu'il occupait à ce moment jusqu'au retour d'un officier, le major Debeau, envoyé par Augereau à Talleyrand[3], les postes, que Marchand, ignorant l'ouverture des négociations, avait établis à la Grande-Chartreuse,

---

[1] Darstellung der Kriegsereignisse im Südlichen Frankreiche. (Oesterreichische Militärische Zeitschrift, 1821, III.) Kriegsereignisse in Savoyen. Tagebuch der K. K. Generals baron Zechmeister. (Ibid., 1846.)

[2] Bubna à Marchand, Chambéry, 12 avril 1814 (*Archives de la guerre*) et général Serrant, ordre du jour du 12 avril. (*Ibid.*)

[3] Augereau à Talleyrand, Valence, 12 avril. (*Ibid.*)

attaquèrent les avant-postes autrichiens, les chassèrent de leurs positions et leur enlevèrent quelques prisonniers.

13-24 avril. — Attitude d'Augereau. — Caractère de ses relations avec le prince héritier de Hesse-Hombourg. — Les hostilités étaient désormais terminées. Comme Maison et Carnot, comme Soult et Suchet, le maréchal Augereau n'avait plus qu'à attendre le résultat des négociations engagées à Paris et les ordres du gouvernement. Plus qu'aucun de ses compagnons d'armes, le duc de Castiglione aurait dû comprendre que, pour se faire pardonner ses fautes, il devait s'abstenir désormais de toute action personnelle, n'intervenir que dans des cas exceptionnels et user uniquement de sa situation, de son grade, pour défendre les intérêts de son armée, des populations et de son pays. La ligne de conduite qu'il avait à suivre lui était toute tracée par les événements. Se confinant dans ses devoirs militaires, évitant soigneusement toute manifestation politique, s'occupant uniquement de maintenir la discipline dans les corps sous ses ordres, il n'avait qu'à apporter une extrême mesure, une sage réserve dans ses rapports avec le commandant de l'armée autrichienne du Sud, qu'à opposer aux réclamations et aux prétentions, naturelles de la part d'un vainqueur, l'attitude pleine de dignité, de correction et de fermeté qui seule convient aux vaincus. Mais, trop hautain et trop arrogant pour accepter des conseils ou pour demander des avis, le maréchal, au lieu d'attendre les communications venant du quartier général du prince héritier de Hesse-Hombourg, compromit sa situation dès le jour même de la signature de l'armistice en demandant à son ancien adversaire d'en prolonger la durée jusqu'au retour de l'officier qu'il avait envoyé en courrier [1].

Le commandant de l'armée autrichienne du Sud se hâta de tirer parti d'une démarche aussi inutile qu'intempestive. Il s'empressa de consentir à une suspension d'armes indéfinie, en réservant toutefois à chacun des deux partis la possibilité de la dénoncer à tout instant et en fixant à 6 jours le délai qui devait s'écouler entre la notification de la dénonciation et la reprise des

---

[1] Augereau au prince héritier de Hesse-Hombourg, Valence, 12 avril. (Correspondance d'Augereau; *Archives de la guerre*.)

hostilités. En agissant de la sorte, le prince ne s'engageait à rien, il n'outrepassait pas ses pouvoirs ; mais la générosité et la condescendance apparentes, dont il venait de faire preuve, lui fournissaient désormais le moyen, non seulement de continuer avec Augereau une correspondance qu'il lui aurait été difficile d'engager, mais de demander et d'obtenir des avantages que la faiblesse, l'inconséquence et la vanité du maréchal lui laissaient entrevoir. L'affaire de la Grande-Chartreuse arriva d'ailleurs très à propos pour lui permettre de sonder le terrain et d'envoyer à Augereau un de ses officiers, chargé bien moins de protester contre un de ces incidents sans importance et sans gravité qui se produisent presque inévitablement au moment de la cessation des hostilités que de s'assurer par lui-même des dispositions et de l'état d'esprit du maréchal. Les résultats de cette démarche dépassèrent les espérances du commandant de l'armée du Sud. Augereau combla le major prince Auersperg d'égards et de prévenances exagérés.

Après s'être longuement entretenu avec lui, il lui remit une lettre dans laquelle il reconnaissait l'exactitude du fait, exprimait ses regrets, au sujet de l'affaire de la Grande-Chartreuse et du fort Barraux, dans des termes qu'on ne pouvait s'attendre à trouver dans la bouche d'un maréchal de l'Empire, et faisait savoir au général en chef autrichien qu'il prescrivait à Marchand « de rendre immédiatement le terrain et les prisonniers et de donner au général Dessaix l'ordre de s'abstenir de toute hostilité »[1].

A ce moment, le maréchal hésitait encore ; ignorant la tournure prise par les événements, et craignant de se compromettre, il cherchait encore la voie qui pouvait le mieux satisfaire son ambition. Son attente n'allait pas être longue. Dès le lendemain 15, le maréchal avait pris son parti. Il savait ce qui s'était passé à Fontainebleau et pouvait désormais agir en connaissance de cause. Aussi, dans une lettre qu'il écrivait à Masséna[2], il

---

[1] Augereau au prince héritier de Hesse-Hombourg et au général Marchand, Valence, 14 avril. (Correspondance d'Augereau ; *Archives de la guerre.*)
[2] Augereau à Masséna, Valence, 15 avril. (*Ibid.*) Dans cette lettre, Augereau disait encore à Masséna : « Il me tarde de connaître ta résolution qui, je crois, n'est pas douteuse. »

n'hésitait pas à lui dire : « BONAPARTE a signé son abdication pure et simple. Il est relégué à l'île d'Elbe ».

Dès lors, rompant avec son passé, ne s'occupant plus que de son avenir, ne songeant qu'à ses intérêts personnels, il chercha exclusivement à se concilier les bonnes grâces des vainqueurs, qu'à se créer, par son ingratitude envers Napoléon, par l'explosion bruyante de ses sentiments royalistes, par ses rigueurs contre les officiers et soldats qui ne partageaient pas son zèle et son enthousiasme de néophyte, des titres peu honorables à la reconnaissance du nouveau gouvernement.

Non content d'abandonner avec éclat le souverain auquel il devait son bâton de maréchal, ses titres, ses dotations et le commandement en chef de l'armée de Lyon, le duc de Castiglione, aveuglé par l'ambition, oublia même ce qu'il devait à son pays.

Le 17 avril, lorsqu'il reçut communication de la convention qui fixait la ligne de démarcation entre les deux armées, il n'hésita pas à écrire au prince héritier de Hesse-Hombourg[1] pour lui dire que « *malgré le sens douteux du texte de la convention :* « A partir du département du Rhône, la ligne suivra la frontière « du département de l'Isère jusqu'au mont Cenis, » *il lui donnera l'interprétation la plus favorable aux Alliés et fera évacuer Grenoble le 21.* » Enfin, pour marquer plus complètement la gravité de la résolution qu'il avait eu le triste courage de prendre, la portée du sacrifice auquel il avait consenti de son plein gré, pour mieux faire valoir la grandeur du service qu'il avait bénévolement rendu aux Alliés, il ne craignit pas d'ajouter, *qu'il se réservait, si cet article était interprété autrement, d'espérer que les Alliés évacueraient de suite Grenoble*[2].

Voici d'ailleurs le texte exact de la lettre qu'un maréchal de France ne rougissait pas d'écrire à son adversaire de la veille :

Valence, 17 avril. — « Prince, j'ai reçu la lettre que Votre Altesse m'a fait l'honneur de m'écrire, qui m'a été remise par M. le feld-maréchal baron de Wimpffen et à laquelle était jointe copie de l'armistice conclu entre l'armée française et les puissances alliées.

---

[1] Augereau au prince héritier de Hesse-Hombourg, Valence, 17 avril. (Correspondance d'Augereau ; *Archives de la guerre.*)
[2] *Ibid. in id.*

« Une difficulté se présente. Cette convention porte que, du département du Rhône, la ligne suivra la frontière du département de l'Isère jusqu'au mont Cenis.

« D'après le sens littéral de cet article, il est évident que, la ligne la plus droite du Rhône au mont Cenis étant par Bourgoin et La Tour-du-Pin, les commissaires ont certainement voulu désigner la frontière extérieure du département de l'Isère ; car, si le département de l'Isère eût dû être compris en dedans de la ligne de l'armée autrichienne, ce département eût été porté à la suite de celui du Rhône dans le tableau de ceux qui sont affectés aux cantonnements des troupes alliées. En conséquence, je crois, Prince, que cet article est susceptible d'interprétation par les commissaires respectifs qui sont annoncés devoir être nommés pour l'exécution de cette convention. Néanmoins, d'après l'ordre de dislocation des armées alliées que m'a montré M. le feld-maréchal lieutenant baron de Wimpffen, il paraît que le département de l'Isère est compris dans ceux qui sont affectés aux cantonnements de l'armée du Sud. Voulant faire tout ce qui dépendrait de moi pour les intérêts mutuels, *je consens à donner à l'article douteux l'interprétation la plus favorable aux Alliés.* En conséquence, je vais donner l'ordre au général Marchand d'évacuer Grenoble le 21 de ce mois. Ce délai est indispensable pour préparer le mouvement des troupes, dont partie devra nécessairement venir dans la Drôme par la grande route de Grenoble à Valence sur la rive droite de l'Isère.

« Il est bien entendu, et la loyauté de Votre Altesse m'en est un sûr garant, que, si l'article en litige était postérieurement interprété en faveur de l'armée française, les troupes alliées évacueraient immédiatement Grenoble. Il est de plus, je crois, superflu d'ajouter que l'occupation de cette ville étant amicale et paisible, les établissements et magasins de l'État resteront entre les mains de l'administration française et qu'elle n'éprouvera aucune des charges des pays conquis. C'est sur ces bases que j'autorise le général Marchand à traiter de l'évacuation avec tel commissaire qu'il plaira à Votre Altesse de nommer. J'espère qu'Elle verra dans cette concession le désir sincère que j'ai d'aplanir toute difficulté et la confiance que j'ai en sa loyauté. »

Mais les paroles et les écrits ne suffisaient déjà plus au maréchal. Il crut nécessaire de mettre, par des actes, le comble à ses faiblesses et à ses coupables concessions. Le même jour, il informait Marchand que l'armistice cédait l'Isère aux Autrichiens, et lui ordonnait d'évacuer Grenoble et de venir dans la Drôme après avoir réglé les détails de l'évacuation avec le général Bubna qui devait le remplacer à Grenoble [1]. Le même jour encore, il sommait les officiers de la division Bardet et de la brigade Ordonneau qui, indignés par la proclamation que le maréchal avait adressée la veille à son armée, n'avaient pas adhéré au nouveau gouvernement, de donner leur démission. Il les prévenait qu'en cas de refus il les mettrait en réforme sans traitement et leur ferait quitter l'armée [2]. Malgré ces menaces, généraux, officiers et soldats, exaspérés par l'attitude incompréhensible du maréchal, se refusèrent à suivre l'exemple de leur chef, à renier leur ancien souverain, à livrer à leurs ennemis de la veille le territoire qu'ils occupaient et qu'on n'avait pu leur arracher par la force.

Bien que le maréchal s'efforçât de démontrer à Marchand et à Dessaix que « l'occupation se faisait afin de rendre les honneurs à l'Empereur » [3], Marchand s'entêtait à rester à Grenoble et l'armée continuait à porter la cocarde tricolore, à proclamer hautement son attachement et son amour pour l'Empereur. Enfin, quelque discipliné qu'il fût, le général Marchand ne se décida à obéir que lors de la réception d'un second ordre, plus formel encore que le premier, lui enjoignant « de remettre le 24 au plus tard le fort Barraux aux Autrichiens, d'évacuer Grenoble et le département de l'Isère, de cantonner sa division moitié dans les Hautes-Alpes, moitié dans la Drôme et de contraindre le général Dessaix à évacuer sur-le-champ le département du Mont-Blanc et à réunir ses troupes à celles de Marchand » [4].

De plus en plus aveuglé par ses préoccupations ambitieuses, ayant complètement perdu la notion du devoir et le sentiment de sa dignité personnelle, Augereau ne s'était même pas aperçu que son attitude obséquieuse à l'égard des Alliés, ses condescen-

---

[1] Augereau au général Marchand, Valence, 17 avril. (*Archives de la guerre.*)
[2] Correspondance d'Augereau, 17 avril. (*Ibid.*)
[3] Note du général Marchand sur l'occupation de l'Isère et la remise du fort Barraux aux Autrichiens, 13-23 avril. (*Archives de la guerre.*)
[4] Augereau au général Marchand, Valence, 27 avril. (*Archives de la guerre.*)

dances déplacées, son manque de patriotisme, ses protestations de dévouement au nouvel ordre de choses, trop bruyantes pour être désintéressées, trop soudaines pour paraître sincères, lui avaient fait perdre le peu d'autorité qu'il exerçait encore sur ses troupes et ne lui avaient valu, ni les moindres égards, ni les plus légères concessions de la part du prince héritier de Hesse-Hombourg. Tout entier au but essentiellement égoïste qu'il poursuivait, il n'avait même pas compris que, plus il mettrait d'empressement à céder aux exigences des Alliés, moins il les trouverait disposés à faire droit à ses réclamations. Le 22 avril, lorsqu'il s'aperçut enfin de l'inutilité de ses avances, il était trop tard pour changer de ton. Bien que le maréchal n'eût pas manqué d'exposer au prince héritier de Hesse-Hombourg les causes du retard apporté à l'évacuation de Grenoble, bien qu'il eût eu le soin de lui promettre que cette place lui serait remise le 24 avril au plus tard, le feld-maréchal lieutenant Wimpffen n'en avait pas moins continué à s'avancer du côté de Grenoble et y avait agi en ennemi. D'un autre côté, et par cela même qu'Augereau avait consenti de son plein gré, et sans même y être invité, à céder l'Isère aux Alliés, le prince de Cobourg avait élevé et maintenu la prétention de rester dans la Haute-Loire, en opposition avec le texte même de la convention qui obligeait les Alliés à évacuer les départements situés sur la rive droite du Rhône. Enfin, quoique l'armistice eût été signé à Valence le 12 avril, quoique les troupes alliées eussent été informées bien avant cette date de la cessation des hostilités, le comte Ignace Hardegg s'était emparé de Clermont le 14, s'y était établi et ne paraissait nullement disposé à quitter cette ville [1]. Le 23 avril le maréchal essaya de protester timidement dans une lettre au prince héritier de Hesse-Hombourg contre ces violations flagrantes de la convention [1].

24 avril. — Entrevue de l'Empereur et d'Augereau. — L'attitude du maréchal pendant le voyage de l'Empereur, lors-

---

[1] Augereau au prince héritier de Hesse-Hombourg et au général Marchand, Valence, 23 avril. (*Archives de la guerre*; correspondance d'Augereau.) Dans cette lettre, Augereau a soin d'insister à nouveau sur sa condescendance à l'égard des Alliés : « De ma part, écrit-il, toutes les conditions de l'armistice sont remplies, même celles dont les articles présentaient un sens douteux et auxquelles j'ai donné l'interprétation la plus favorable aux troupes alliées. »

qu'il traversa le 14 avril la région occupée par les troupes de l'armée de Lyon, est tellement incompréhensible, tellement attristante, tellement pleine de contradictions, qu'on ne peut se l'expliquer que par la faiblesse de caractère d'Augereau, par un retour à la raison, par un réveil de sens moral, par l'explosion des regrets tardifs et stériles que lui causait l'inutilité de ses compromissions, par la manifestation soudaine des remords de sa conscience, à la vue de l'infortune même du grand homme qui avait tant fait pour lui et qu'il n'avait pas hésité à abandonner, du grand homme aux bienfaits duquel il avait répondu par la plus noire ingratitude, par l'égoïsme le plus coupable, et dont sa désobéissance et ses lenteurs, sa mollesse et son insuffisance avaient, sinon causé, du moins facilité et accéléré la chute.

« Le 24 avril, c'est ainsi que s'expriment les *Commentaires de Napoléon*[1], on traversa Saint-Vallier et Tain. A moitié chemin de Tain à l'Isère, une voiture à six chevaux avec deux courriers s'arrêta. Le maréchal Augereau, se rendant à Paris, en descendit avec trois aides de camp et demanda à parler à l'Empereur. Sa Majesté descendit de voiture et l'écouta une demi-heure. Les commissaires, les officiers de la suite étaient aussi descendus de voiture et formaient un groupe à 60 pas de distance. L'Empereur reprocha à Augereau la lenteur de ses opérations, sa négligence et son abandon de Lyon avec une si belle armée. Le général balbutia, pâlit, se défendit mal. Il se récria beaucoup sur la tournure que les affaires avaient prise; dit qu'il avait espéré la régence; qu'il était impossible pour tout soldat qui avait de l'honneur, pour tout Français qui aimait son pays, de se voir sous ce sceptre de plomb; qu'il allait se retirer à la campagne jusqu'à ce qu'un nouvel ordre de choses, qui ne pouvait tarder à avoir lieu, fît renaître le parti national. L'Empereur remarqua l'embarras de la contenance du maréchal Augereau[2].

---

[1] *L'île d'Elbe et les Cents-Jours; Commentaires de Napoléon.*

[2] On a souvent prétendu, et non sans raison parfois, que Napoléon avait cherché dans ses *Commentaires* à justifier ses actes, à expliquer ses fautes, ses erreurs, en rejetant la responsabilité sur ses lieutenants, en sacrifiant l'histoire à la légende. Le passage des *Commentaires* que nous venons de citer est cependant bien moins sévère pour le maréchal Augereau que le récit fait par le comte de Waldburg-Truchsess, le commissaire prussien qui accompagnait

Au moment de remonter en voiture, le maréchal, les larmes aux yeux, demanda la permission d'embrasser l'Empereur. Sa Majesté ignorait encore ses derniers sentiments et ne refusa pas cette faveur à un ancien compagnon d'armes.

« On descendit de voiture à un quart de lieue de l'Isère. Le général Koller[1] s'approcha alors de l'Empereur et lui dit à part : « Je viens de voir une scène bien extraordinaire. — Pourquoi ? « C'est un vieux soldat, lui dit l'Empereur, il a vieilli vingt ans « sous mes ordres, il n'a plus la même ardeur ; d'ailleurs, il a eu « des moyens militaires, mais jamais de génie, ni d'éducation. « — Vous me surprenez, dit le général Koller. Vous avez été « trahi par Augereau ; il y a quinze jours qu'il a fait un traité « avec nous. Ses mouvements étaient des simulacres et vous « ignorez même sa proclamation. On me l'a remise hier à Lyon et « la voilà. »

« L'empereur ne dissimula pas son indignation en voyant

Napoléon, récit qui diffère d'ailleurs sensiblement de celui qu'on trouve dans les *Commentaires*.

« Le 24 avril, vers midi, écrit le comte de *Waldburg-Truchsess*, dans sa *Nouvelle relation de l'itinéraire de Napoléon de Fontainebleau à l'île d'Elbe*, nous rencontrâmes le maréchal Augereau près de Valence. L'Empereur et le maréchal descendirent de voiture. Napoléon ôta son chapeau et tendit les bras à Augereau qui l'embrassa, mais sans le saluer. « Où vas-tu comme ça, lui dit l'Empereur en le prenant par le bras, tu vas à la Loire? » Augereau répondit que pour le moment il allait à Lyon. Ils marchèrent près d'un quart d'heure ensemble en suivant la route de Valence. Je sais de bonne source le résultat de cet entretien. L'Empereur fit au maréchal des reproches sur sa conduite envers lui et lui dit : « Ta proclamation est bête. Pourquoi des injures contre moi, il fallait simplement dire : *Le vœu de la nation s'étant prononcé en faveur d'un nouveau souverain, le devoir de l'armée est de s'y conformer. Vive le Roi! Vive Louis XVIII!* »

« Augereau se mit alors à tutoyer Bonaparte et lui fit à son tour d'amers reproches sur son insatiable ambition à laquelle il avait tout sacrifié, même le bonheur de la France entière. Ce discours fatiguant Napoléon, il se tourna avec brusquerie du côté du maréchal, l'embrassa, lui ôta encore son chapeau et se jeta dans sa voiture.

« Augereau, les mains derrière le dos, ne dérangea pas sa casquette de dessus sa tête et seulement lorsque l'Empereur fut remonté dans sa voiture, il lui fit un geste méprisant de la main en lui disant adieu. En s'en retournant, il adressa un salut très gracieux aux commissaires. »

[1] Le général Koller, auquel on avait adjoint le major comte Clam-Martinitz, accompagnait l'Empereur en qualité de commissaire autrichien. Les autres commissaires étaient, pour la Russie le général Schouwaloff, pour la Prusse le comte de Waldburg-Truchsess, et pour l'Angleterre le général Campbell.

cette proclamation signée de ce même homme qui venait de lui tenir des discours si différents. »

Proclamation d'Augereau à son armée. — L'homme qui aurait pu si aisément éviter de se rencontrer avec le chef qu'il avait si mal servi, l'homme qui avait dû son maintien à la tête de l'armée du Rhône à la réelle amitié que l'Empereur conservait malgré tout à son compagnon d'armes de l'armée d'Italie [1], l'homme qui avait cru pouvoir laver avec quelques larmes, d'une sincérité douteuse, la honte de son inexplicable conduite, était le même qui, huit jours auparavant, avait eu le triste courage d'adresser à ses troupes, la proclamation suivante [2] :

Soldats !

« Le Sénat, interprète de la Volonté nationale lassée du joug tyrannique de Napoléon Bonaparte, a prononcé, le 2 avril, sa déchéance et celle de sa famille.

« Une nouvelle Constitution monarchique, forte et libérale, et un descendant de nos anciens Rois remplacent Bonaparte et son despotisme. Vos grades, vos honneurs et vos distinctions vous sont assurés.

---

[1] Pendant le cours de la campagne, l'Empereur avait plus d'une fois songé à relever Augereau d'un commandement que pouvait seul exercer avec utilité un général ambitieux, mais énergique, discipliné et prêt à tout risquer pour exécuter les ordres de son chef et à braver tous les dangers pour atteindre le but qui lui était si clairement indiqué. Tout en reconnaissant, le 14 mars par exemple (lettre à Clarke; Correspondance n° 21,482), qu'Augereau n'avait plus ni l'énergie, ni la confiance nécessaires pour mener à bien les importantes opérations dont il était chargé, il semble que l'Empereur ait reculé devant une mesure cependant indispensable, que son amitié pour Augereau l'ait empêché au dernier moment de donner un ordre formel au Ministre de la guerre.

L'Empereur regretta plus tard la faute qu'il avait commise : « Augereau, c'est ainsi qu'il le juge lui-même en écrivant à Sainte-Hélène ses notes sur la campagne d'Italie, était incapable de se conduire. Il n'avait pas d'instruction, pas d'étendue dans l'esprit, pas d'éducation. Il maintenait l'ordre et la discipline parmi ses soldats ; il en était aimé. Ses attaques étaient régulières et faites avec ordre. Il divisait bien ses colonnes, plaçait bien ses réserves, se battait avec intrépidité. Mais tout cela ne durait qu'un jour. Vainqueur ou vaincu, il était le plus souvent découragé le soir, que cela tînt, soit à la nature de son caractère, soit au peu de calcul et de pénétration de son esprit. »

[2] Proclamation d'Augereau à son armée, Valence, 16 avril. (Correspondance d'Augereau ; *Archives de la guerre*.)

« Le Corps législatif, les grands dignitaires, les maréchaux, les généraux et tous les corps de la Grande armée ont adhéré aux décrets du Sénat et Bonaparte lui-même a, par un acte, daté de Fontainebleau le 11 avril, abdiqué pour lui et ses héritiers les trônes de France et d'Italie.

« Soldats ! vous êtes déliés de vos serments ; vous l'êtes par la nation en qui réside la souveraineté ; vous l'êtes encore, s'il était nécessaire, par l'abdication même d'un homme qui, après avoir sacrifié des milliers de victimes à sa cruelle ambition, n'a pas su mourir en soldat.

« La Nation appelle Louis XVIII sur le trône. Né Français, il sera fier de votre gloire et s'entourera avec orgueil de vos chefs. Fils d'Henri IV, il en aura le cœur : il aimera le peuple et le soldat.

« Jurons donc fidélité à Louis XVIII et à la Constitution qui nous le présente. Arborons la couleur vraiment française qui fait disparaître tout emblème d'une révolution qui est finie, et bientôt vous trouverez dans la reconnaissance de votre Roi et de votre patrie une juste récompense de vos nobles travaux.

« Au quartier général de Valence, le 16 avril 1814. »

L'armée comprit son devoir mieux que le duc de Castiglione[1]. Loin de suivre l'exemple honteux que ne craignait pas de lui

---

[1] Le soir même du jour où il eut avec l'Empereur cette dernière entrevue, Augereau reçut à 9 heures le rapport suivant de l'officier chargé de lui rendre compte des incidents du voyage de l'Empereur, de lui faire connaître les sentiments manifestés par l'armée sur le passage de Napoléon.

« J'ai attendu le retour de l'officier que j'avais envoyé à Loriol pour rendre compte à Votre Excellence du passage de l'Empereur. Après avoir passé l'Isère, Sa Majesté a été accueillie par les soldats de garde au Pont-Brûlé, par les cris de « Vive l'Empereur ! »

« A Valence il ne s'est pas arrêté, comme on l'avait annoncé, pour déjeuner. Il a traversé rapidement le faubourg. Les grenadiers du quartier général, les hussards de l'escorte de Votre Excellence et la compagnie de chasseurs autrichiens lui ont rendu les honneurs militaires. Le peuple et les soldats ont été calmes et pas un cri ne s'est élevé. Il a montré de l'émotion en voyant les grenadiers français et les a salués avec attendrissement. Plusieurs d'entre eux (et ce n'est pas une exagération) versaient des larmes. J'ai éprouvé moi-même un serrement de cœur dont je ne suis pas encore revenu.

« Il a changé de chevaux hors de la ville sur la route de Loriol. Là, plusieurs soldats isolés ont crié « Vive l'Empereur ! » — « Mes amis, leur a-t-il « dit, je ne suis plus votre Empereur, c'est Vive Louis XVIII qu'il faut crier.

donner un maréchal de l'Empire, un homme qui reniait d'un trait de plume un passé glorieux, qui sacrifiait son honneur d'homme et de soldat à ses visées ambitieuses, elle resta fidèle à son Empereur déchu et exilé. Prête à se grouper au premier signal autour du chef dont les fautes et les malheurs n'avaient pu diminuer le prestige, elle ne se résigna que difficilement à refouler au fond de son cœur les sentiments inébranlables de vénération, de dévouement et d'amour qu'elle avait voués au grand capitaine dont le nom avait rempli le monde et dont le génie et les victoires avaient fait flotter le drapeau tricolore sur les capitales de l'Europe vaincue, frémissante et stupéfaite.

« — Vous serez toujours notre Empereur, » a répondu un voltigeur du 67ᵉ régiment en s'élançant à la portière et en lui pressant la main. Il a porté la sienne sur ses yeux et a dit au général Bertrand : « Ce brave homme me « fait du mal. »

« Entre La Paillasse et Loriol, les voitures ont rencontré la brigade Ordonneau. Les régiments ont fait front et lui ont rendu les honneurs militaires. Des soldats en faible minorité ont crié : « Vive l'Empereur! » Il a appelé le général Ordonneau et a causé quelques instants avec lui. Apercevant le colonel Teulet du 67ᵉ, il a dit : « Ce colonel sort de ma garde, » et s'est entretenu avec lui.

« Arrivé à Loriol, il a été environné par les cuirassiers de la 1ʳᵉ division qui n'en part que demain. Un d'eux lui a dit :

« S'il y avait 20,000 hommes comme moi, nous vous enlèverions et vous remettrions à notre tête. Ce ne sont pas vos soldats qui vous ont trahi. Ce sont vos généraux. »

« Il a eu un mouvement convulsif que le général Bertrand a calmé en lui serrant le bras.

« Il est parti de Loriol avec le projet de se reposer à Montélimar. Il paraît craindre de passer à Avignon et à Aix.

« L'escorte de vos hussards l'a quitté à Loriol. »

Valence, 24 avril, 9 heures du soir. (*Archives de la guerre.*)

LISTE DES OUVRAGES ET DOCUMENTS CONSULTÉS

Abaza (R.-V.). Kratkaia Istoria 7vo Grenaderskovo Samogitskovo General Adioutanta Grafa Totlebena Polka. (Historique résumé du 7ᵉ régiment de grenadiers de Samogitie, régiment du général aide de camp comte Totleben.)

Albert (F. von). Regimentsgeschichte des 4 Niederschlesischen Infanterie Regiments nº 51 (früher Musketiere und Füsiliere). (Historique du 4ᵉ régiment de la basse Silésie nº 51, autrefois régiment de mousquetiers et de fusiliers.)

Alexander I i evo Spodvijniki. (Alexandre 1ᵉʳ et ses compagnons d'armes.)

Alexander (Der Kaiser) und seine Gefährten in den Jahren 1812, 1813, 1814 and 1815. (L'empereur et ses compagnons pendant les années 1812, 1813, 1814 et 1815.)

Allgemeine Militär Zeitung (Darmstadt) année 1830. (Journal militaire universel de Darmstadt.)

Allix (lieutenant général). Souvenirs politiques et militaires.

Amon von Treuenfest (Gustav-Ritter von). Geschichte des K. K. 8 Huszaren Regiments, Alexander, Freiherr von Koller, von seiner Errichtung, 1696 bis, 1880. (Historique du 8ᵉ régiment impérial et royal de hussards, Alexandre baron de Koller, depuis sa création en 1696 jusqu'en 1880.)

Amon von Treuenfest (Gustav-Ritter von). Geschichte des K. K. 11 Huszaren Regiments Herzog Alexander von Würtemberg (1762-1850 Szekler Grenz Huszaren). (Historique du 11ᵉ régiment impérial et royal de hussards duc Alexandre de Wurtemberg. — Hussards de Szekler. — Confins militaires de 1762 à 1850.)

Amon von Treuenfest (Gustav-Ritter von). Geschichte des K. K. 12 Huszaren Regiments (1800-1850 Palatinal, 1850-1875 Graf Haller, 1875 von Fratricsevics). (Historique du 12ᵉ régiment impérial et royal de hussards. — Régiment Palatinal de 1800 à 1850, comte Haller de 1850 à 1875, von Fratricsevics en 1875.)

Archiv für œsterreichische Geschichte (Band 77). Archives servant à l'histoire d'Autriche (77ᵉ volume).

Ardenne (A. Freiherr von). Geschichte des Zietenschen Husaren Regiments. (Historique du régiment de hussards de Zieten.)

Ardenne (A. Freiherr von). Bergische Lanziers. — Westfälische Husaren nº 11. (Lanciers de Berg. — Hussards de Westphalie nº 11.)

Asbrandt (Hauptmann, Victor, genannt von Porbeck). Geschichte des Garde Fuss Artillerie Regiments, seiner Stammtruppentheile und Stämme. (Historique du régiment d'artillerie à pied de la garde et des corps et unités qui ont servi à sa formation.)

Auszüge aus einem Tagebuche von den Feldzügen, 1813, 1814 und 1815

(Militair Wochenblatt, 1820). (Extraits d'un journal des campagnes de 1813, 1814 et 1815. — Journal militaire hebdomadaire, 1820.)

Avemann-Leta (Oberlieutenant F. von). Geschichte des öesterreichischen Dragoner Regiments Riesch n° 6 in den Feldzügen, 1813-1814. (Historique du régiment de dragons autrichiens n° 6 Riesch pendant les campagnes de 1813-1814.)

Baerensprung (Bernhard von). Geschichte des westpreussischen Kürassier Regiments n° 5, von seiner Stiftung bis zur Gegenwart (1717-1877). (Historique du régiment de cuirassiers de la Prusse occidentale n° 5, depuis sa création jusqu'à nos jours (1717-1877.)

Bagensky (Major von). Regimentsbuch des Grenadiers Regiments König Friedrich Wilhelm IV (1. Pomm n° 2, von 1679-1871). (Livre d'or du régiment de grenadiers Roi Frédéric-Guillaume IV. 1er de Poméranie n° 2, de 1679 à 1871.)

Bagensky (Major von). Geschichte des 9ten Königlich-preussischen Infanterie Regiments, genannt Kolberg. (Historique du 9° régiment d'infanterie royale prussienne, dit régiment de Colberg.)

Bancalari. Feldmarschall Graf Radetzky als Kriegsheld und Heerführer mit besonderer Berücksichtigung seiner Wirksamkeit an den Befreiungs-Kriegen 1813-1815 und seines Einflusses auf das moderne Kriegswesen. (Le feldmaréchal comte Radetzky, avec des considérations spéciales sur son rôle pendant les guerres de l'Indépendance, de 1813 à 1815, et son influence sur la guerre moderne.)

Bangold (Général de). Observations sur la défense de la ville de Sens en 1814.

Barsevich (Hauptmann von). Geschichte des gross-herzoglichen badischen Leib-Grenadier Regiments 1803-1871. (Historique du régiment grand-ducal badois des grenadiers du corps.)

Bassano (Duc de). Souvenirs intimes de la Révolution et de l'Empire.

Baudach. Das 8te Pommersche Infanterie-Regiment n° 61, seit seiner Entstehung bis Ende 1873. (Le 8° régiment d'infanterie de Poméranie n° 61, depuis sa création jusqu'à la fin de 1873.)

Baumann (Oberstlieutenant Karl). Geschichte des K. K. Huszaren Regiments n° 1. Kaiser Ferdinand, nach den Quellen des K. K. Kriegs Archivs verfasst (Oesterreichische Militärische Zeitschrift 1845). (Historique du régiment impérial et royal de hussards n° 1. Empereur Ferdinand, d'après les documents des archives impériales et royales de la guerre. — Revue militaire autrichienne, 1845.)

Becht. Feldzüge 1814 and 1815 der badischen Truppen. (Campagnes des troupes badoises en 1814 et 1815.)

Becker. Geschichte des 2ten badischen Grenadier Regiments Kaiser Wilhelm n° 110. (Historique du 2° régiment de grenadiers badois Empereur Guillaume n° 110.)

Becker und Pauly. Geschichte des 2ten Ostpreussischen Grenadier Regiments n° 3, von 1685 bis 1855. (Historique du 2° régiment de grenadiers de la Prusse orientale n° 3, de 1685 à 1855.)

BEITRAG zu der Geschichte der Feldzüge in Frankreich in besonderer Beziehung auf das Commando des Kronprinzen von Würtemberg, herausgegeben von den Offizieren des Königlich Würtembergischen Generalstabes. (Campagnes de France. Notes relatives au commandement exercé par le prince royal de Wurtemberg, publiées par les officiers de l'état-major royal wurtembergeois.)

BEITRÄGE zur Kriegsgeschichte der Feldzüge, 1813-1814, von einem Offiziere der alliirten Armee. (Notes relatives à l'histoire des campagnes de 1813 et 1814, par un officier des armées alliées.)

BEITZKE. Aus dem Leben des Königlich-preussischen General-Lieutenants Friedrich von Sohr. (Vie du général-lieutenant prussien Frédéric von Sohr.)

BEITZKE (Major H.). Geschichte der deutschen Freiheitskriege in den Jahren 1813 and 1814. (Histoire des guerres d'indépendance de l'Allemagne pendant les années 1813 et 1814.)

BELLIARD (Lieutenant général comte). Mémoires.

BENKENDORF (Général comte). Des Cosaques et de leur utilité à la guerre.

BENKENDORF (Général comte). Mémoires.

BENOIT (Capitaine). Historique des opérations du général Compans. (Manuscrit.)

BERL; Geschichte des Königlich-bayerischen 4ten Jäger Bataillons, 1795-1875. (Historique du 4e bataillon de chasseurs bavarois, 1795-1875.)

BERNHARDI (Th. von). Denkwürdigkeiten aus dem Leben des Kaiserlich russischen Generals der Infanterie Carl Friedrich Grafen von Toll. (Faits mémorables de la vie du général d'infanterie russe Charles Frédéric comte de Toll.)

BERTHAUT (Général). Principes de stratégie.

BERTHIER (Maréchal, prince de Wagram). Lettres et ordres. — Registres de correspondance. (Archives de la guerre.)

BESSER (von). Geschichte des Garde-Schützen Bataillons während der ersten 75 Jahre seines Bestehens, 1813-1888. (Historique du bataillon de *Schützen* [tirailleurs] de la garde pendant les 75 premières années de son existence.)

BEUTNER (Hauptmann). Die Königliche Preussische Garde Artillerie, insbesondere Geschichte des 1ten Garde Feldartillerie Regiments and des 2ten Garde Feldartillerie Regiments. (L'artillerie de la garde royale prussienne, et plus particulièrement historique des 1er et 2e régiments d'artillerie de campagne de la garde.)

BISMARCK (General-lieutenant Friedrich Wilhelm Graf von). Aufzeichnungen. (Mémoires.)

BLANCHARD. Histoire des sièges, batailles et combats des Français depuis 1792 jusqu'à 1815.

BLOMBERG (Freiherr von) und LECSZINSKY. Geschichte des 6ten westphälischen Infanterie Regiments n° 55 von seiner Errichtung bis zum 2ten September 1877. (Historique du 6e régiment d'infanterie de Westphalie n° 55 depuis sa création jusqu'au 2 septembre 1877.)

BOCK VON WÜLFINGEN (Lieutenant). General von Katzler. Eine Lebensbeschreibung. (Le général von Katzler. — Biographie.)

Boddion (Rittmeister Hugo von). Die Mecklemburgischen freiwilligen Jäger-Regimenter. Denkwürdigkeiten aus den Jahren 1813-1814. (Les régiments de chasseurs volontaires Mecklembourgeois. — Faits mémorables des années 1813-1814.)

Bogdanovitch (Général-lieutenant). Histoire de la campagne de France en 1814 et de la chute de Napoléon. (Ouvrage publié en russe et traduit en allemand.)

Boguslawski (Stabs-Capitan L.). Istoria Apcheronskovo Polka. (Historique du régiment d'Apchéron.)

Boik (Major). Die Stunde der Entscheidung im Hauptquartiere des Schlesischen Heeres vor dem Beginn der unglücklichen Kämpfe im Februar 1814. (L'heure des grandes décisions au quartier général de l'armée de Silésie avant les combats malheureux du mois de février 1814.)

Bonie (Général). La cavalerie au combat.

Bosse (General-lieutenant von). Geschichte des Königlich Preussischen 23ten Infanterie Regiments von seiner Stiftung im Jahre 1813 und dem Ausmarsche ins Feld bis zum Jahre 1819 der Rückkehr in die Friedengarnisonen Neisse, Cosel und Frankenstein. (Historique du 23e régiment d'infanterie prussienne depuis sa création en 1813, son départ pour la campagne jusqu'à son retour dans ses garnisons du temps de paix à Neisse, Cosel et Frankenstein en 1819.)

Bothe (C.), Geschichte des Thüringischen Ulanen Regiments n° 6. (Historique du régiment de uhlans de Thuringe n° 6.)

Bourrienne. Mémoires sur Napoléon, le Directoire, le Consulat, l'Empire et la Restauration.

Bourrienne et ses erreurs volontaires ou involontaires.

Boyer (Chef de bataillon). Journal historique de la division Boyer de Rebeval (Archives de la guerre).

Brand (Theodor). Der Befreiungskrieg von 1813, 1814 und 1815. (La guerre d'indépendance, 1812, 1814 et 1815.)

Bredow (von), Geschichte des 2ten Rheinischen Husaren Regiments n° 9. (Historique du 2e régiment de hussards rhenans n° 9.)

Brinner (K. K. Hauptmann W.). Geschichte der K. K. Pionnier Regiments in Verbindung mit einer Geschichte des Kriegsbrückenwesens in Oesterreich. (Historique du régiment impérial et royal des pionniers joint à l'histoire du service des ponts militaires en Autriche.)

Brock (L.). 200 Jahre der Geschichte eines Preussischen Reiter Regiments. Zur Feier des 200 jährigen Bestehens des Königs Leib-Kürassier Regiments (Schlesisches Kürassier Regiments n° 1). (200 ans de l'histoire d'un régiment de cavalerie prussienne. A l'occasion du 200e anniversaire de l'existence du régiment de cuirassiers du roi [régiment de cuirassiers de Silésie n° 1].)

Broglie (Duc de). Discours prononcé par le duc de Broglie à l'occasion du décès de M. le maréchal marquis Maison.

Baumann (Friedrich). Ehrentage and Ehrennahmen des Königlich-bayerischen 4ten Chevau-légers Regiments König. (Fastes du 4e régiment bavarois de chevau-légers. Régiment du roi.)

Bucher (Oberstlieutenant L.-F.). Der Feldzug des 3ten Deutschen Armee-Corps in Flandern im Befreiungskriege des Jahres 1814 mit Benützung der amtlichen Quellen des Kriegs-Archivs bearbeitet. (La campagne du 3e corps d'armée allemand en Flandre pendant la guerre d'Indépendance de 1814, d'après les documents officiels des Archives de la guerre.)

Bülow von Dennewitz (General Graf) in den Feldzügen 1813 and 1814, von einem preussischen Officier. (Le général comte Bülow von Dennewitz dans les campagnes de 1813 et 1814, par un officier prussien.)

Burghersh (Lord. — Earl of Westmoreland). Memoirs of the Operations of the Allied Armies under prince Schwarzenberg and Marschall Blücher during the latter end of 1813 and the year 1814. (Mémoires sur les opérations des armées alliées sous les ordres du prince de Schwarzenberg et du maréchal Blücher pendant les deux derniers mois de l'année 1813 et l'année 1814.)

Buxbaum (Seconde-lieutenant). Geschichte des 3ten Chevau-légers Regiments Herzog Maximilian (1724-1884). (Historique du 3e régiment de chevau-légers, duc Maximilien.)

Buxbaum (Rittmeister). Biographische Denkmale Bayerischer Reiterführer. — Carl Friedrich Freiherr von Diez. (Biographies de chefs de la cavalerie bavaroise. — Charles Frédéric, baron de Diez.)

Cavallerie (Die) der Jetzeit, ihre Bedeutung, ihr Gebrauch und Stärkeverhältniss zu den anderen Waffen. Erläutert durch die Kriegsgeschichte der letzten 100 Jahre vom Beginn des Siebenjährigen Kriegs bis zum Krim-Kriege 1855-1856 und dem Kriege in Ober Italien im Jahre 1859, von Oberstlieutenant... La cavalerie de nos jours, son importance, son emploi et ses effectifs par rapport aux autres armes, mis en lumière par l'histoire des guerres des cent dernières années, depuis le commencement de la guerre de Sept ans jusqu'à la guerre de Crimée, 1855-1856, et la campagne d'Italie de 1859; par le lieutenant-colonel .....)

Casse (A. du). Mémoires du roi Joseph.

Casse (A. du). Précis historique de l'armée du Rhône.

Castlereagh (Lord). Correspondance.

Chasseriaux (Adjudant-commandant). Journal historique du 5e corps de cavalerie. (Manuscrit.)

Chatoff (Général-lieutenant). Journal des opérations des Russes et de leurs alliés pendant les campagnes de 1812, 1813 et 1814.

Chavroff (Capitan). Kratkaia Istoria 11vo Grenaderskovo Fanagoriiskovo generalissimousa Kniazia Souvorova Polka. (Historique résumé du 11e régiment de grenadiers de Fanagorie, régiment du généralissime prince Souvoroff.)

Clausewitz (General Carl von). Hinterlassene Papiere des Generals Carl von Clausewitz über Krieg und Kriegführung. (Papiers laissés par le général Charles von Clausewitz sur la guerre et la conduite de la guerre.)

Clausewitz (General Carl von). Historische Materialen zur Strategie. — Ueber den Feldzug 1814. (Matériaux historiques relatifs à la stratégie. — Campagne de 1814.)

Clausewitz (General Carl von). Critique stratégique de la campagne de France en 1814.

COCHENHAUSEN (Hauptmann von). Geschichte des hessischen Feld-Artillerie Regiments n° 11 und seiner Stammtruppentheile. (Historique du régiment hessois d'artillerie de campagne n° 11 et des unités qui ont servi à sa formation.)

COLOMB (von). Aus dem Tagebuche des Rittmeisters von Colomb. — Streifzüge 1813 und 1814. (Journal du capitaine von Colomb. Raids de 1813 et 1814.)

COLOMB (General-lieutenant von). Beiträge zur Geschichte der preussischen Cavallerie seit 1808. (Notes pour servir à l'histoire de la cavalerie prussienne depuis 1808.)

COLOMB (Von). Blücher in Briefen aus den Feldzügen 1813-1815. (Blücher, d'après ses lettres écrites pendant les campagnes de 1813 à 1815.)

COMMANDO (Das) des Kronprinzen von Württemberg in den Feldzügen von 1814-1815 gegen Frankreich, nach amtlichen Quellen herausgegeben von den Offizieren des Königlichen Württembergischen General Quartier-meister Stabes. (Le commandement du prince royal de Wurtemberg pendant les campagnes de 1814 et 1815 contre la France, publié d'après les documents officiels par les officiers de l'état-major du quartier-maître général wurtembergeois.)

CONRADY (Premier Lieutenant E. von) Geschichte des Königlich Preussischen 6ten Infanterie Regiments von seiner Stiftung im Jahre 1773 bis zum Jahre 1856. Nach den im Geheimen Staats-Archive und in den Archiven des Königlichen Kriegsministerii, des General Stabes und des Regiments selbst enthaltenen Quellen bearbeitet. (Historique du 6e régiment d'infanterie prussienne depuis sa création en 1778 jusqu'à l'année 1856. — D'après les documents existant aux Archives secrètes de l'Etat, aux Archives du Ministère royal de la guerre, de l'état-major et les papiers du régiment.)

CRUSIUS (A.). Der Winterfeldzug in Holland, Brabant and Flandern. Eine Episode aus dem Befreiungs Kriege 1813-1814. (La campagne d'hiver en Hollande, dans le Brabant et en Flandre. — Episode de la guerre de l'Indépendance de 1813-1814.)

DAMITZ (Major von). Geschichte des Feldzuges von 1814 in dem östlichen und nördlichen Frankreich bis zur Einnahme von Paris. (Histoire de la campagne de 1814 dans l'Est et le Nord de la France jusqu'à la prise de Paris.)

DARSTELLUNG des Feldzuges der Verbündeten gegen Napoleon im Jahre 1814 bis zur Eroberung von Paris. (Exposé de la campagne des Alliés contre Napoléon en 1814 jusqu'à la prise de Paris.)

DAVIDOFF (Général D.). Essai sur la guerre de partisans.

DEDEKIND (K. K. Oberlieutenant). Geschichte des K. K. Kaiser Franz Josef I. Dragoner Regiments N° 11 von seiner Errichtung 20 Dezember 1688 bis Mai 1879. (Historique du régiment impérial et royal de dragons n° 11, Empereur-François-Joseph 1er, depuis sa création le 20 décembre 1688 jusqu'au mois de mai 1879.)

DEINES (Ad. von). Das Königs Husaren Regiment (1. Rheinisches) N° 7 von der Formation des Stammregiments bis zur Gegenwart. (Le régiment de hussards du Rhin n° 7 (1er rhénan), depuis la formation du régiment jusqu'à nos jours.)

DENKH (K. K. Hauptmann). Kriegszenen gesammelt von. (Oesterreichische

Militärische Zeitschrift). (Scènes de guerre réunies par le capitaine Denkh. — *Revue militaire autrichienne*.)

DENKWÜRDIGKEITEN des Mecklemburg-Strelitzischen Husaren Regiments in den Jahren des Befreiung-Kampfes 1813-1815 nach dem Tagebuche eines alten Husaren und authentischen Quellen niedergeschrieben. (Faits mémorables accomplis par le régiment de hussards de Mecklembourg-Strelitz pendant les guerres d'indépendance de 1813 à 1815, d'après le Journal d'un vieux hussard et des documents officiels.)

DENKWÜRDIGKEITEN für Kriegskunst and Kriegswissenschaft. Heft 6. (Faits mémorables relatifs à l'art et à la science militaires. — 6ᵉ Livraison.)

DENKWÜRDIGKEITEN eines Livländers. (Souvenirs d'un Livonien. — Journal du chef de partisans Löwenstern.)

DERRÉCAGAIX (Général). La guerre moderne.

DIEKHOFF (Colonel, aide de camp du grand-duc Constantin). Notes sur la capitulation de Paris. (Archives du dépôt topographique et militaire de Saint-Pétersbourg, nº 47353.)

DORING (Hauptmann von). Geschichte des 7ᵗᵉⁿ Thüringischen Infanterie-Regiments Nº 96. (Historique du 7ᵉ régiment d'infanterie de Thuringe, nº 96.)

DROYSEN. (J. G.). Das Leben des Feldmarschalls Grafen York von Wartenburg. (La vie du feld-maréchal comte York de Wartenburg.)

DROYSEN (J.-G.). Vorlesungen über die Freiheits Kriege. (Conférences sur les guerres de l'Indépendance.)

DUNCKER. Aus der Zeit Friedrichs des Grossen und Friedrich Wilhelm III. (Souvenirs du temps de Frédéric le Grand et de Frédéric-Guillaume III.)

DZIENGEL (Rittmeister von). Geschichte des Königlich preussischen 2ᵗᵉⁿ Ulanen Regiments. (Historique du 2ᵉ régiment de uhlans prussiens.)

DZIENGEL (Rittmeister von) und BERNHARDI (von). Geschichte des Ulanen Regiments Nº 1 von 1745 bis 1860. (Historique du régiment de uhlans prussiens nº 1, de 1745 à 1860.)

EBERSTEIN (Lieutenant baron von). Tagebuch vom 5ᵗᵉⁿ Reserve Infanterie Regiment. (Journal du 5ᵉ régiment d'infanterie de réserve.)

EGGER VON EGGSTEIN. (K. K. Major F.) Geschichte des K. K. vierten Huszaren Regiments Alexander Cezarewitch, Grossfürst und Thronfolger von Russland. (Historique du 4ᵉ régiment impérial et royal de hussards Tzarevitch Alexandre, grand-duc héritier de Russie.)

ELETZ. Istoria Leibgvardii Grodnenskovo Goussarskovo Polka. (Historique du régiment de la garde impériale des hussards de Grodno.)

EMANUEL (Général). Journal des opérations de son corps au delà du Rhin. (Archives impériales de Saint-Pétersbourg.)

ERINNERUNGEN an den General der Infanterie Erasmus Grafen von Deroy, von einem alten Soldaten. (Souvenirs du général d'infanterie Erasme, comte de Deroy, par un vieux soldat.)

ERINNERUNGEN aus dem Leben des Kaiserlich Russischen General-Lieutenant Johann von Blaramberg nach dessen Tagebüchern 1811-1871. (Souvenirs tirés de la vie du général-lieutenant russe Jean de Blaramberg, d'après ses journaux, 1811 à 1871.)

ERINNERUNGEN aus den deutschen Befreiungs Kriegen. (Souvenirs des guerres de l'indépendance de l'Allemagne.)

ERINNERUNGEN eines preussischen Offiziers aus den Jahren, 1813, 1814, 1815. (Souvenirs d'un officier prussien. Années 1813, 1814, 1815.)

ERINNERUNGSBUCH für Alle welche in den Jahren 1813, 1814, 1815, theilgenommen haben an dem heiligen Kampfe um Selbständigkeit und Freiheit. (Mémorial destiné à tous ceux qui ont pris part en 1813, 1814 et 1815 à la sainte lutte pour l'indépendance et la liberté.)

ERNOUF. Maret, duc de Bassano.

ERSTÜRMUNG (Die) von Romans am 2ten april 1814. (La prise d'assaut de Romans, le 2 avril 1814.)

ETZEL (Von). Das Kaiser Alexander Garde Grenadier Regiment. (Le régiment de grenadiers de la garde Empereur-Alexandre.)

FABRICIUS (Oberst-lieutenant. Der Parteigänger Hellwig und seine Streifzüge im Kriegsgeschichtlichen Zusammenhange betrachtet. — Ein Beitrag zur Geschichte des Kleinen Krieges in den Jahren 1792-1814. (Le partisan Hellwig et ses raids considérés au point de vue de l'histoire militaire et de la petite guerre pendant les années 1792-1814.)

FABVIER (Colonel). Journal des opérations du 6e corps pendant la campagne de France en 1814.

FAIN (Baron). Manuscrit de 1814.

FELDAKTEN aus dem Archiv des Kriegs ministeriums und aus dem Archiv Conservatoriums von Ober Bayern in München. (Documents militaires du Ministère de la guerre et des Archives de la haute Bavière, à Munich.)

FELDZÜGE der Württemberger in den Jahren 1812-1815. (Campagnes des Wurtembergeois pendant les années 1812 à 1815.)

FELDZÜGE der Sachsen in den Jahren 1812, 1813 und 1814. (Campagnes des Saxons pendant les années 1812, 1813 et 1814.)

FIEFFÉ (E.). Histoire des troupes étrangères au service de France.

FINCKH (Von). Geschichte des Oldenburgischen Infanterie Regiments N° 91, vormals grossherzoglichen Oldenburgischen Infanterie Regiments von seiner Errichtung zur Gegenwart (1812-1880). (Historique du régiment d'infanterie d'Oldenburg, n° 91 (ancien régiment grand-ducal oldenbourgeois), depuis sa création jusqu'à nos jours (1812-1880).

FLEURY (Edouard). Histoire de l'invasion de 1814 dans les départements du Nord-Est de la France.

FÖRSTER. Geschichte der Befreiungs Kriege 1813, 1814 and 1815. (Histoire des guerres de l'Indépendance, 1813, 1814 et 1815.)

FÖRSTER. Geschichte des Königlich-preussischen 1ten Kürassier-Regiments von dessen Errichtung bis auf unsere Zeit. 1674-1843. (Historique du 1er régiment prussien de cuirassiers depuis sa création jusqu'à nos jours (1674-1843.)

FOUCHÉ (Duc d'Otrante). Mémoires de la vie publique de.

FOURNIER. Napoleon I. Eine Biographie. (Napoléon Ier. Une biographie.)

FRANÇOIS (L. von). Geschichte der preussischen Befreiungs Kriege in den Jahren

1813 bis 1815. (Histoire des guerres d'affranchissement de la Prusse pendant les années 1813 à 1815.)

Franquemont (Général comte de). Journal d'opérations de la campagne de 1814.

Fransecky (Von). Geschichte des 3ten Westfälischen Infanterie Regiments N° 16. (Historique du 3° régiment d'infanterie de Westphalie n° 16.)

Friant (Général comte). Vie militaire du général comte Friant.

Friccius (D. Carl, General Auditeur der Armee). Geschichte des Krieges in den Jahren 1813-1814 milt besonderer Rücksicht auf Ost-Preussen und das Königsbergsche Landwehrbataillon. (Histoire de la guerre en 1813 et 1814 et plus particulièrement de tout ce qui a trait à la Prusse orientale et au bataillon de landwehr de Königsberg.)

Fröling (Capitän). Geschichte des dritten Kurmärkischen Landwehr Infanterie und Kavallerie Regiments. (Historique du 3° régiment d'infanterie et de cavalerie de landwehr de la Marche électorale.)

G... (J.). (Feldmarschall-lieutenant Galli..a.) Armeeleitung und Truppenführung in ihren Wechselbeziehungen. Erläutert druch die Operationen der alliirten Haupt-Armee in der Epoche von 22ten Februar bis 22ten Marz in Frankreich. (Le commandement de l'armée et la conduite des troupes dans leurs rapports réciproques, expliqué par les opérations de la Grande Armée alliée en France pendant la période du 22 février au 22 mars 1814.)

A. G. (Ancien élève de l'Ecole polytechnique). Maximes de Napoléon.

Galitzine (Prince). O Partizanskich Dieïstviach ve bolschich rasmierach. (Des grandes opérations de partisans.)

Gaffarel (Paul). Dijon et l'occupation autrichienne en 1814.

Garrelts (Major Gerh. Andr. v.). Die Ostfriesen im Deutschen Befreiungs Kriege. — Geschichte des ehemaligen dritten Westphälischen Ostfriesischen Landwehr Infanterie Regiments, der freiwilligen Jäger, der Cavallerie und Reserve Bataillons seit ihrer Enstehung bis zur Auflösung in den Kriegsjahren 1813-1815, nebst einer allgemeinen Uebersicht der Kriegsereignisse dieser Zeit. (Les Frisons orientaux pendant la guerre d'Indépendance de l'Allemagne. — Histoire de l'ancien 3° régiment d'infanterie de landwehr de Westphalie, de la Frise orientale, des chasseurs volontaires, de la cavalerie et du bataillon de réserve, depuis leur formation jusqu'à leur licenciement pendant les campagnes de 1813 à 1815 avec un aperçu général des événements militaires de cette époque.)

Gebler (Feld-Marschall-Lieutenant W. von). Denkwürdigkeiten aus dem Leben des Feld-Marschalls Landgrafen Philipp zu Hessen-Homburg mit Benützung der oesterreichischen Original Quellen dargestellt. (Faits mémorables de la vie du feld-maréchal landgrave Philippe de Hesse-Hombourg, d'après les documents officiels autrichiens.)

Gedenkplätter für das K. K. Dragoner Regiment Feldmarschall Erzherzog Albrecht N° 4. (Mémorial du régiment impérial et royal de dragons n° 4, Archiduc-......ert.)

Geissler. Geschichte des Königlich-bayerischen 16ten Infanterie Regiments und seiner Stamm-Abtheilungen des 2ten, 7ten und 9ten Jäger Bataillons, 1813-1888. (Historique du 16° régiment d'infanterie bavaroise et des corps qui ont servi à sa formation, les 2°, 7° et 9° bataillons de chasseurs, 1813-1888.)

GENTZ. Geschichte des 8ten Brandenburgischen Infanterie Regiments N° 64, Prinz Friedrich Karl von Preussen von der Errichtung des Regiments bis zum Jahre 1873. (Historique du 8e régiment d'infanterie de Brandebourg n° 64, Prince-Frédéric-Charles de Prusse, depuis la création du régiment jusqu'à l'année 1873.)

GERINGER (Oberst von). Szenen aus der Geschichte des K. K. Huszaren Regiments Szekler N° 12. Aus dem Tagebuche des Obersten. (Scènes tirées de l'histoire du régiment impérial et royal de hussards n° 12 Szekler. — Extraits du Journal du colonel.)

GERNETH (Major) et KLIESSLING (Premier-lieutenant). Geschichte des 5ten Königlichen-bayerischen Infanterie Regiments Grossherzog von Hessen, 1722-1887. (Historique du 5e régiment d'infanterie bavaroise, Grand-duc-de-Hesse, 1722-1887.)

GERSCHELMANN (Colonel). Partizanskaïa Voïna. (La guerre de partisans.)

GESCHICHTE der Kriege in Europa seit dem Jahre 1792 als Folge der Staatsveränderung in Frankreich unter Ludwig XVI. Bände, 12-13. (Histoire des guerres en Europe depuis l'année 1792 considérées comme conséquence de la Révolution française sous Louis XVI, tomes 12 et 13.)

GESCHICHTE des Königlich preussischen 7ten Infanterie Regiment von seiner Stiftung in Jahre 1797 bis zum Juli 1854 nach dem hinterlassenen Manuscript des Hauptmanns G. von Salisch und den im Regiments Archive niedergelegten Materialen. (Historique du 7e régiment d'infanterie prussienne, depuis sa création en 1797 jusqu'au mois de juillet 1854, d'après le manuscrit laissé par le capitaine G. von Salisch et les documents existant dans les archives du régiment.)

GESCHICHTE des Königlich-preussischen 18ten Infanterie Regiments von 1813 bis 1847. (Historique du 18e régiment d'infanterie prussienne de 1813 à 1847.)

GESCHICHTE des 1ten Oberschlesischen Infanterie Regiments N° 22 seit seiner Gründung bis zur Gegenwart bearbeitet von mehreren Offizieren des Regiments. (Historique du 1er régiment d'infanterie de la haute Silésie n° 22, depuis sa création jusqu'à nos jours, par un groupe d'officiers du régiment.)

GESCHICHTE des Magdeburgischen Husaren Regiments N° 10, zusammengestellt bei Gelegenheit des 50 jährigen Bestehens desselben am 19ten November 1863. (Historique du régiment de hussards n° 10, rédigé à l'occasion du 50e anniversaire de l'existence du régiment. — 19 novembre 1863.)

GESCHICHTE des K. K. 52ten Linien Infanterie Regiments Erzherzog Franz Carl. (Historique du 52e régiment impérial et royal d'infanterie, Archiduc-François-Charles.)

GESCHICHTE des K. K. Oesterreichischen 7ten Linien Infanterie Regiments Grossherzog von Toscana. (Historique du 7e régiment impérial et royal d'infanterie, Grand-duc-de-Toscane.)

GESCHICHTE des K. K. Infanterie Regiments Leopold II, König der Belgier N° 27 von dessen Errichtung 1662 bis 1882. Im Auftrage des Regiments bearbeitet nach den Acten des K. K. Kriegs Archiv und sonstigen amtlichen Quellen. (Historique du régiment impérial et royal d'infanterie n° 27, Léopold II, roi des Belges. — Rédigé par ordre du régiment, d'après les documents des Archives impériales et royales de la guerre et autres documents officiels.)

GESCHICHTE des Königlich-bayerischen Infanterie Leib-regiments von seiner

Errichtung bis 1ten October 1891. (Historique du régiment d'infanterie bavaroise — Régiment du corps — depuis sa création jusqu'au 1er octobre 1891.)

Geschichte der Jäger Schwadron des 2 ten Leib-Husaren Regiments in den Feldzügen 1813-1814. (Historique de l'escadron de chasseurs du 2e régiment de hussards du corps pendant les campagnes de 1813 et 1814. — (Fait partie de l'historique des 1er et 2e régiments de hussards du corps.)

Geschichte des 2ten Leib-Husaren Regiments No 2 von 1741 bis 1886. (Historique du 2e régiment de hussards du corps n° 2, de 1741 à 1886.)

Geschichte des 1ten Westfälischen Husaren Regiments n° 8. (Historique du 1er régiment de hussards de Westphalie, n° 8.)

Geschichte des 3ten Westfälischen Infanterie Regiments N° 16, bearbeitet von Offizieren des Regiments. (Historique du 3e régiment d'infanterie de Westphalie n° 16, rédigé par les officiers du régiment.)

Geschichte des K. K. 42ten Linien Infanterie Regiments Herzog von Wellington nach den von dem Regiments-Kommando eingesendeten Materialen und den Feldakten des K. K. Kriegs Archives bearbeitet. (Historique du 42e régiment impérial et royal d'infanterie, Duc-de-Wellington, d'après des pièces communiquees par le commandement du régiment et les documents des Archives impériales et royales de la guerre.)

Geschichte des Lützowschen Freikorps. (Historique du corps franc de Lützow.)

Geschichte des 3ten Württembergischen Infanterie Regiments N° 121, 1716-1891. (Historique du 3e régiment d'infanterie wurtembergeoise n° 121, de 1716 à 1891.)

Geschichte und Thaten des Königlich-bayerischen 2ten Chevau-légers Regiment Fürst von Thurn und Taxis von 1792 bis 1816. (Historique et faits d'armes du 2e régiment de chevau-légers bavarois Prince-de-Thurn-et-Taxis, de 1792 à 1816.)

Geschichte des 7ten bayerischen Chevau légers Regiments Prinz Carl (im Jahre 1813), 1ten Cuirassiers Regiments Prinz Carl (in Jahre 1815) bis zur Vereinigung desselben mit dem Garde du Corps Regiment im Jahre 1825. (Autographie.) (Historique du 7e régiment de chevau-légers bavarois Prince-Charles (en 1813), 1er régiment de cuirassiers Prince-Charles (en 1815) jusqu'à sa fusion avec le régiment des gardes du corps en 1825. — Autographie.)

Giraud. Campagne de Paris en 1814.

Godolinsky (P. P.), Kratkii Otcherk Istorii 3vo Dragounskovo Soumskovo Evo Koroleffskovo Vissotschetsva Nasliedniovo Printza Datskovo Polka. (Historique résumé du 3e régiment de dragons de Soumy, régiment de S. A. R. le prince royal de Danemark.)

Gohier (Président du Directoire au 18 brumaire). Mémoires de Gohier. — Mémoires des Contemporains pour servir à l'histoire de France et principalement à celle de la Révolution et de l'Empire.)

Goltz. Geschichte des dritten Ulanen Regiments. (Historique du 3e régiment de uhlans.)

Govieff Capitan). Istoria Pskoffskovo Piékhotnovo General Feld-Marschalla Koutousoffa Smolenskovo Polka (1700-1881). (Historique du régiment d'infanterie de Pskoff, régiment du feld-maréchal général Koutousoff-Smolenski.)

GOURGAUD et MONTHOLON (Généraux). Mémoires pour servir à l'Histoire de France sous Napoléon, écrits à Sainte-Hélène.

GRIESINGER. Geschichte des Ulanen Regiments König Karl (1ten Würtembergischen) N° 19 von seiner Gründung 1683 bis zur Gegenwart. (Historique du régiment de uhlans Roi-Charles n° 19 (1er wurtembergeois), depuis sa creation en 1683 jusqu'à nos jours.)

GROTCHKE (Wachtmeister). Die Jäger Schwadron des 2ten Leibhusaren Regiments in den Feldzügen 1813-1814. (L'escadron de chasseurs du 2e régiment de hussards du corps pendant les campagnes de 1813-1814.)

GROUCHY. Mémoires du maréchal de Grouchy.

GUERRE (J.). Les campagnes de Lyon en 1814 et 1815.

GURETZKY-CORNITZ (H. von). Geschichte des 1ten Brandenburgischen Ulanen Regiments, Kaiser von Russland N° 3, vom Jahre 1809 bis 1859. (Historique du 1er régiment de uhlans de Brandebourg n° 3, Empereur-de-Russie, depuis l'année 1809 jusqu'à 1859.)

HAGEN (Premier-lieutenant von). Geschichte des Neumärkischen Dragoner Regiments N° 3. (Historique du régiment de dragons de la Nouvelle-Marche n° 3)

HANNOVERSCHES MILITÄRISCHES JOURNAL. (Jahrgang 1832.) (Journal militaire hanovrien. Année 1832.)

HARDENBERG's Leben und Wirken. (La vie et les actes de Hardenberg.)

HARKORT (F. von). Die Zeiten des 1ten Westfälischen (16ten) Landwehr Regiments. (Les fastes du 1er régiment de Westphalie n° 16.)

HÄUSSER. Deutsche Geschichte. (Histoire d'Allemagne.)

HAUWALD (Stabs-Capitan). Istoria Leïb-Gvardii Pavloffskovo Polka, 1726-1850. (Historique du régiment de la garde impériale Pavloffsky, 1726-1850.)

HEILMANN (Général-major). Le feld-maréchal prince Wrede.

HELFERT. Kaiser Franz und die europäischen Befreiungs Kriege gegen Napoleon. (L'empereur François et les guerres d'indépendance de l'Europe contre Napoléon.)

HELFERT. Marie-Louise, Erzherzogin von Oesterreich, Kaiserin der Franzosen. (Marie-Louise, archiduchesse d'Autriche, impératrice des Français.)

HELLDORFF (General-major zu D. Freiherr von). Aus dem Leben des Kaiserlich-Russischen Generals der Infanterie Prinz Eugen von Würtemberg, aus dessen eigenhändigen Aufzeichnungen sowie aus dem schriftlichen Nachlasse seiner Adjutanten gesammelt und herausgezogen. (Extraits de la vie du général d'infanterie russe prince Eugène de Wurtemberg, tirés des notes manuscrites du prince et des papiers laissés par ses aides de camp.)

HENKCEL VON DONNERSMARCK (Königlich Preussicher General-Lieutenant Graf). Erinnerungen aus meinem Leben. (Souvenirs de ma vie.)

HENNET (L.). La garde nationale mobilisée de Seine-et-Oise en 1814.

HERBEL. Izioumskii Goussarskii Polk ve voïnach 1812, 1813 i 1814 godoff.— Epizod iz istorii polka. (Le régiment de hussards d'Izioum pendant les campagnes des années 1812, 1813 et 1814. — Episode tiré de l'histoire du régiment.)

Hervé (Edouard). La campagne de France. (*Revue contemporaine*, tome XIV.)

Herrwarth von Bittenfeld (Premier-Lieutenant Hans.) Geschichte des Königlich-preussischen 2ten Garde Regiments zu Fuss. (Historique du 2e régiment à pied de la garde royale prussienne.)

Heym. Geschichte des reitenden Feldjäger Corps während der ersten 150 Jahre seines Bestehens, 1740-1890. (Historique du corps des chasseurs à cheval de campagne pendant les 150 premières années de son existence, 1740-1890.)

Heyne (C. von). Geschichte des 5ten Thüringischen Infanterie Regiments N° 94, Grossherzog von Sachsen, vormals grossherzogliches sachsisches Bundes Contingentes und seiner Stämme. (Historique du 5e régiment d'infanterie de Thuringe n° 94, Grand-duc-de-Saxe (ancien contingent fédéral grand-ducal saxon et troupes servant à le former.)

Hiller (Oberst F. von). Geschichte des Feldzuges 1814 gegen Frankreich unter besonderer Berücksichtigung der Antheilnahme der Königlich württembergischen Truppen. (Histoire de la campagne de 1814 contre la France et plus particulièrement de la part prise à cette campagne par les troupes wurtembergeoises.)

Hodenberg (Oberst, Freiherr von). Das Königliche Sächsische Leibgrenadier Regiment N° 100 in seinen hervorstehenden Erlebnissen und Thaten. (Le régiment saxon de grenadiers du corps n° 100. — Ses fastes et faits mémorables.)

Hoffmann (von). Tagebuch des zweiten Russischen Corps in den Feldzügen 1812, 1813-1814. (Journal du 2e corps russe pendant les campagnes de 1812, 1813 et 1814.)

Hofmann Chappuis (Albert von). Die nachgelassene Correspondenz zwischen dem Herzog Eugen von Würtemberg und dem Chef seines Stabes während die Kriegs jahre 1813 und 1814, dem damaligen Obersten in russischem Dienste und späterhin General in preussischen Diensten von Hoffmann. (Correspondance du duc Eugène de Wurtemberg avec son chef d'état-major pendant les années 1813 et 1814, le colonel russe von Hoffmann, devenu plus tard général au service de la Prusse.)

Holtzendorf (General-Lieutenant von). Beiträge zur Biographie des Generals Freiherrn von Thielmann und zur Geschichte der jüngstvorgangenen Zeit. (Notes pouvant servir à la biographie du général baron de Thielmann et à l'histoire des événements les plus récents.)

Horn (Hauptmann von). Geschichte des Königlich-preussischen Leib-Infanterie Regiments. (Historique du régiment d'infanterie prussienne du corps.)

Horsetzky (K. K. Oberst A. von). Die wichtigsten Feldzüge der letzten 100 Jahre. (Les principales campagnes des 100 dernières années.)

Humbert (F.). L'invasion. — 1814 en Seine-et-Marne.

Hutter. Das Königliche bayerische 1te Chevau-legers Regiment, Kaiser Alexander von Russland, 1682-1882. (Le 1er régiment de chevau-légers bavarois Empereur-Alexandre-de-Russie, 1682-1882.)

Istoria Kavallergardskovo Polka. (Historique du régiment des chevaliers-gardes.)

Istoria Leib-Gvardii Kazatchiovo Evo Velitchestva Polka. (Historique du régiment de cosaques de la garde impériale, régiment de S. M. l'Empereur.)

JAGWITZ (Major F. von). Geschichte des Lützow'schen Freikorps. (Historique du corps franc de Lützow.)

JOMINI. Vie politique et militaire de Napoléon.

JOMINI. Extraits des Souvenirs inédits du général Jomini.

JONER-TETTENWEIS (Oberst Graf von). Geschichte des Königlich bayerischen 10ten Infanterie Regiments Prinz Ludwig. (Historique du 10e régiment d'infanterie bavaroise Prince-Louis.)

JOSEPH NAPOLÉON. Correspondance.

JOURNAL der Märsche, Stellungen und Operationen der Reserve cavallerie Division des Iten Armee corps unter Befehl des Herrn General major von Jürgass. (Journal des marches, positions et opérations du 1er corps d'armée (prussien), sous les ordres du général major de Jurgass.

JOURNAL der Märsche, Stellungen und Operationen des Detachements unter Befehl des Obersten Grafen Henckel von Donnersmark vom Uebergange über den Rhein bis zur Affaire von la Chaussée und Einnahme von Châlons sur Marne im Januar 1814. (Journal des marches, positions et opérations du détachement sous les ordres du colonel comte Henckel de Donnersmarck, depuis le passage du Rhin jusqu'à l'affaire de La Chaussée et la prise de Châlons-sur-Marne.)

JOURNAL des opérations, tenu et signé par le prince WOLKONSKY.

JOURNAL des opérations du corps du prince EUGÈNE DE WURTEMBERG (2e corps russe). (Archives du dépôt topographique et militaire de Saint-Pétersbourg, no 47344.)

JOURNAL des opérations des armées impériales russes et alliées depuis la prise de Thorn jusqu'à la capitulation de Paris.

JOURNAL des opérations de guerre signé par BARCLAY DE TOLLY. (Archives du dépôt topographique et militaire de Saint-Pétersbourg, no 29188.)

JOURNAL du 6e corps russe (général Stscherbatoff) pendant les années 1812, 1813 et 1814.

JOUNAL du corps d'armée sous les ordres du général comte LANGERON. (Archives du dépôt topographique et militaire de Saint-Pétersbourg, nos 15236 et 29103.)

JOURNAL du corps d'armée sous les ordres du général SACKEN. (Archives du dépôt topographique et militaire de Saint-Pétersbourg, nos 16643 et 44585.)

JOURNAL d'opérations du général NIKITIN. (Archives du dépôt topographique et militaire de Saint-Pétersbourg.)

JOURNAL d'opérations signé par le général WORONZOFF. (Archives du dépôt topographique et militaire de Saint-Pétersbourg.)

JOURNAL GÉNÉRAL des pièces et rapports reçus pendant la campagne de 1814. (Archives impériales de Saint-Pétersbourg, no 29121.)

JOURNAL GÉNÉRAL des ordres et pièces expédiés pendant la campagne de 1814. (Archives impériales de Saint-Pétersbourg, no 29190.)

JOURNAL des opérations du général KAPSEWITCH. (Archives du dépôt topographique et militaire de Saint-Pétersbourg, no 32367.)

JOURNAL du général POLTORATZKY. (Archives du dépôt militaire et topographique de Saint-Pétersbourg.)

JOURNAL du général-lieutenant prince STSCHERBATOFF. (Archives du dépôt militaire et topographique de Saint-Pétersbourg, n° 44585.)

JOURNAL de marche du 1er régiment de dragons de Lithuanie.

JOURNAL de marche du 1er régiment de dragons de la Prusse occidentale.

JOURNAUX, RAPPORTS, NOTES, ORDRES et LETTRES de Blücher, Barclay de Tolly, Wittgenstein, Winzingerode, prince Wolkonsky, prince Woronzoff, Sacken, Gneisenau, Toll, Tettenborn, Tchernitcheff, Kaïssaroff, Seslavin, Thurn et Taxis, comte Baillet de Latour, Diebitsch, Langeron, prince Schwarzenberg, Platoff, prince royal de Suède, comte Wallmoden-Gimborn, baron de Thielmann, York, Bulow, prince Maurice Liechtenstein, comte Thurn, etc., etc.

JOURNAL DE L'ARMÉE.

JOURNAL DES ARMES SPÉCIALES.

JOURNAL DES SCIENCES MILITAIRES.

JOURNAL D'OPÉRATIONS du corps de cavalerie sous les ordres du général EMANUEL au delà du Rhin. (Archives du dépôt militaire et topographique de Saint-Pétersbourg, n° 47353.)

JOURNAL DES DÉBATS.

JOURNAL HISTORIQUE du corps volant entre Seine et Marne aux ordres du général VINCENT, par un officier des gardes d'honneur. (*Manuscrit.*)

JURGASS (Général major von). Rapports sur les combats de Montmirail et de Château-Thierry.

KAEHLER. Die Preussische Reiterei von 1806 bis 1876 in ihrer inneren Entwickelung aus authentischen Aktenstücken dargestellt. (La cavalerie prussienne de 1806 à 1876, son développement intérieur, d'après des documents officiels.)

KEIM (A.). Geschichte des 4ten grossherzoglichen hessischen Infanterie Regiments (Prinz Carl), n° 118, 1699-1878. (Historique du 4° régiment d'infanterie Grand-ducale hessoise n° 118, Prince-Charles, 1699-1878.)

KEYSERLING (Oberst Archibald Graf von). Aus der Kriegs Zeit. Erinnerungen 2ter Theil. (Souvenirs du temps de la guerre. 2° partie.)

KHRAPOWITZKY (Conseiller d'Etat). Notes sur le combat de Montmartre. (Archives du dépôt militaire et topographique de Saint-Pétersbourg, n° 47355.)

KLEIST (Rittmeister G. von). Das Leben des General-Feldmarschalls Grafen Kleist von Nollendorf. (La vie du général feld-maréchal comte Kleist de Nollendorf.)

KNESEBECK (E. von dem). Eine diplomatische Trilogie. Aus dem Leben Carl Friedrichs von dem Knesebeck. (Une trilogie diplomatique. — Episode de la vie de Charles-Frédéric du Knesebeck.)

KNOEDEL-DOBERITZ (Von). Die ersten 60 Jahren des 2ten Garde Ulanen Regiments. (Les 60 premières années du 2° régiment de uhlans de la garde.)

KOBLINSKY (Von). Aufzeichnungen aus der Geschichte des Altmärkischen Ulanen Régiments N° 16. (Faits mémorables tirés de l'historique du régiment de uhlans de la Vieille-Marche, n° 16.)

KOCH (Chef de bataillon). Mémoires pour servir à l'histoire de la campagne de 1814.

Kosch. Geschichte des Hohenzollernschen Fusilier Regiments n° 40. Nach den Akten und Kriegstagebüchern des Regiments bearbeitet. (Historique du régiment de fusiliers Hohenzollern n° 40, d'après les documents et les journaux de marche du régiment.)

Kraatz-Koschlau (M. T. von). Geschichte des 1ten Brandenburgischen Dragoner Regiments N° 2. (Historique du 1er régiment de dragons de Brandebourg n° 2.)

Krasowsky (Général). Mémoire sur la bataille de Craonne. (Archives du dépôt topographique et militaire de Saint-Pétersbourg, n° 47383.)

Krestoffsky (Lieutenant). Istoria Leibgvardii Oulanskovo Evo Vélitchestva Polka. (Historique du régiment de uhlans de la garde impériale, régiment de Sa Majesté l'Empereur.)

Kretschmar (Von). Geschichte der Kurfürstlichen und Königlich-Sächsischen Feld Artillerie von 1620 bis 1820. (Histoire de l'artillerie saxonne (artillerie de l'Electeur, puis artillerie royale) de 1620 à 1820.)

Kriegsgeschichtliche Einzelschriften, herausgegeben vom Grossen General-Stabe. (Monographies d'histoire militaire publiées par le grand état-major général. Livraisons 5, 6, 12 et 13.)

Kriegsszenen von Erzherzog Johann Dragoner Regiment in den Feldzügen 1813-1814. (Faits de guerre du régiment de dragons Archiduc-Jean pendant les campagnes de 1813-1814.)

Krones. Zur Geschichte Oesterreichs im Zeitalter der französischen Kriege and der Restauration. (Documents relatifs à l'histoire d'Autriche à l'époque des guerres contre la France et de la Restauration.)

L... (K. von). Lützow's Freikorps in den Jahren 1813-1814 gegenüber der in die Preussischen Jahrbüchern herausgegeben von H. von Treitschke auf genommenen Darstellung von A. *Koberstein*. (Le corps franc de Lützow pendant les années 1813-1814. Réponse au récit de A. Koberstein publié dans les *Jahrbücher* prussiens de Treitschke.)

Labaume. Histoire de la chute de l'empire de Napoléon.

Laborde. Napoléon et sa garde. Relation du voyage de Fontainebleau à l'île d'Elbe.

Lajetchnikoff. Pokhodnia Zapiski. (Notes de campagne.)

Lange. Geschichte der Preussischen Landwehr. (Histoire de la landwehr prussienne.)

Langeron (Général comte de). Mémoires. (Archives du Ministère des Affaires étrangères, Saint-Pétersbourg.)

Lanzac de Laborie. La domination française en Belgique. (Directoire. — Consulat. — Empire, 1795-1814.)

Las Cases. Mémorial de Sainte-Hélène.

Lebensbilder aus dem Befreiungs Kriege. (Scènes de la vie au temps de la guerre d'Indépendance.)

Lebert. Souvenirs de 1813-1814. (Extraits de la *Revue d'Alsace*.)

Lecomte (Colonel). Précis politique et militaire des campagnes de 1812-1814, par Jomini, publié par le colonel Lecomte.

Leczynski (Hauptmann R. von). 50 Jahre Geschichte des Königlich-Preussischen 2ten Posenschen Infanterie Regiments N° 19, 1813-1863. (50 ans de l'histoire du 2° régiment d'infanterie de Posen n° 59, 1813-1863.)

Lefebvre. Histoire des cabinets de l'Europe, 1800-1815.

Legrand (Colonel). Relation de la surprise de Berg-op-Zoom les 8 et 9 mars 1814.

Leiler (Hauptmann A.). Geschichte des K. K. Infanterie Regiments Erzherzog Rainer N° 59, seit seiner Errichtung 1682. (Historique du régiment d'infanterie impériale et royale n° 59, Archiduc-Régnier, depuis sa création en 1682.)

Lerchenfeld. Geschichte von Bayern unter König Maximilian-Joseph. (Histoire de la Bavière sous le règne du roi Maximilien-Joseph.)

Lippe-Weissenfels (Rittmeister a. D. Ernst Graf zur). Geschichte des Königlich-preussischen 6ten Husaren Regiments (ehedem 2ten Schlesischen). (Historique du 6° régiment de hussards prussiens, ancien 2° régiment de hussards de Silésie.)

Liskenne (Ch.) et Sauvan. Bibliothèque historique et militaire.

Londonderry (Marquis of). History of the war in Germany and in France. (Histoire de la guerre en Allemagne et en France.)

Lüdinghausen, genannt Wolff (Major Otto, Freiherr von). Geschichte des Königlich-Preussischen 2ten Garde Regiments zu Fuss, 1813-1882. (Historique du 2° régiment à pied de la garde royale prussienne, 1813-1882.)

Macdonald (Maréchal, duc de Tarente). Souvenirs.

Mack (Major von). Geschichte des Königlich-preussischen 2ten Infanterie Regiments (genannt Königs Regiment) seit dessen Stiftung im Jahre 1677 bis zum 3 December 1840. (Historique du 2° régiment d'infanterie prussienne, régiment du Roi, depuis sa création en 1677 jusqu'au 3 décembre 1840.)

Mackeusen (Major). Geschichte des 1ten Leibhusaren Regiments N° 1 und des 2ten Leibhusaren Regiments N° 2 Kaiserin. (Historique du 1er régiment de hussards du corps n° 1 et du 2° régiment de hussards du corps n° 2, régiment de l'Impératrice.)

Maïeffsky (Colonel). Zapiski. (Mémoires.)

Malinowsky (Von) und Bonin (von). Geschichte der brandenburgisch-preussischen Artillerie. (Histoire de l'artillerie brandebourgeoise et prussienne.)

Manzéi (Colonel). Istoria Leïb-gvardii goussarskovo Evo Vélitchestva Polka, 1775-1875. (Historique du régiment de hussards de la garde impériale, régiment de Sa Majesté l'Empereur, 1775-1875.)

Marbot (Général baron de). Mémoires.

Marchand (Général comte). Journal historique des événements militaires qui ont eu lieu dans la 7° division militaire. (Manuscrit.)

Marmont (Maréchal, duc de Raguse). Mémoires.

Martens (Oberst Karl von). Denkwürdigkeiten aus dem kriegerischen und politischen Leben eines alten Offiziers. — Ein Beitrag zur Geschichte der letzten 40 Jahre. (Faits mémorables de la vie politique et militaire d'un vieil officier. — Pour servir à l'histoire des 40 dernières années.)

Martens. Recueil des traités et conventions conclus par la Russie.

Marx (Oberstlieutenant Anton). Die Einnahme von Moret am 15ten Februar 1814. (La prise de Moret, le 15 février 1814.)

Maulmont (Général de). Journal de la division Leval. (Archives de la guerre.)

Mebes. Briefe aus den Feldzügen, 1813-1814. (Lettres écrites pendant les campagnes de 1813-1814.)

Mémoires tirés des papiers d'un homme d'Etat.

Meneval (Baron). Napoléon et Marie-Louise.

Meneval (Baron). Mémoires pour servir à l'histoire de Napoléon Ier.

Metternich (Prince de). Mémoires.

Metternich. Oesterreich's Theilnahme an den Befreiungs Kriegen. (Part prise par l'Autriche aux guerres d'indépendance.)

Aus Metternich's hinterlassenen Papieren. (Extraits tirés des papiers laissés par le prince de Metternich.)

Meyerinck (H. von). Das Königlich-Preussische Garde Husaren Regiment und seine Abstammung von der Garde Normal Husaren Schwadron des leichten Garde Cavallerie Regiments und dem ostpreussischen National Cavallerie Regiment, 1811-1869. (Le régiment de hussards de la garde royale prussienne. Sa formation à l'aide de l'escadron normal de hussards de la garde et du régiment de cavalerie nationale de la Prusse orientale, 1811-1869).

Mikhailoffsky-Danilewski (Général). Histoire de la campagne de France en 1814.

Mikhailoffski-Danilewsky (Général-Lieutenant). *Zapiski* (Mémoires publiés par l'*Istoritchesky-Viestnik*, Revue historique).

Militärische Blätter. (Feuilles militaires.)

Militärisches Taschenbuch (5ter Jahrgang. (Agenda militaire, 5e année).

Militärische Mittheilungen von Xylander und Kretschmer. (Communications militaires de Xylander et Kretschmer.)

Militärische Jahrbücher, 1833. (Annales militaires, 1833.)

Militair Wochenblatt. (Journal hebdomadaire militaire depuis 1816.)

Militair Wochenblatt. (Beihefte zum.) (Annexes au journal hebdomadaire militaire).

Minutoli (General-Lieutenant). Beiträge zu einer künftigen Biographie Friedrich Wilhelm III. (Documents pouvant servir à la rédaction d'une biographie de Frédéric-Guillaume III.)

Miot de Mélito (Comte). Mémoires.

Mischke. Geschichte des Königlich-preussischen 13ten Infanterie Regiments, von 1813 bis 1838. (Historique du 13e régiment d'infanterie prussienne, de 1813 à 1838).

Mittheilungen des K. K. Kriegs-Archivs, 1884-1887. (Communications des Archives impériales et royales de la guerre, 1884-1887.)

Moniteur universel de l'Empire français. Année 1814.

Monteton (Freiherr von) Geschichte des Königlich-preussischen 6ten Kürassier-Regiments. (Historique du 6e régiment de cuirassiers prussiens.)

Mueller (von). Geschichte des Grenadier-Regiment Prinz Carl von Preussen (2ten Brandenburgischen), n° 12. 1813-1875. (Historique du régiment de grenadiers Prince-Charles de Prusse (2e du Brandebourg), n° 12, 1813-1875.)

Muff und Wencker (Hauptleute). Geschichte des Grenadier-Regiments König Karl (5ten Württembergischen), n° 123. (Historique du régiment des grenadiers Roi-Charles (5e Wurtembergeois), n° 123.)

Müffling (C. von W.). Betrachtungen über die grossen Operationen und Schlachten der Feldzüge, 1813-1814. (Considérations sur les grandes opérations et batailles des campagnes de 1813-1814.)

Müffling (C. von W.). Aus Meinem Leben. (Extraits de l'histoire de ma vie.)

Müffling (C. von W.). Zur Kriegsgeschichte der Jahre, 1813-1814. Die Feldzüge der Schlesischen Armee unter Feldmarschall Blücher von der Beendigung des Waffenstillstandes bis zur Eroberung von Paris. (Documents relatifs à l'histoire militaire des années 1813-1814. — Les campagnes de l'armée de Silésie, sous les ordres du feld-maréchal Blücher, depuis la fin de l'armistice jusqu'à la prise de Paris.)

Münnich. Geschichte des 1ten Nieder-Schlesischen Infanterie Regiments n° 46, von der Errichtung des Regiments bis zum Jahre 1882. (Historique du 1er régiment d'infanterie de la basse Silésie, n° 46, depuis la création du régiment jusqu'à l'année 1882.)

Napoléon Ier. Correspondance.

Napoléon Ier. Commentaires.

Niethammer (Major von). Geschichte des Grenadier-Regiments Königin Olga (1ten Württembergischen) N° 119. (Historique du régiment de grenadiers Reine-Olga (1er Wurtembergeois) n° 119.

Nikitin (Général comte). Mémoires sur les batailles de Brienne, La Rothière et Craonne. (Archives du dépôt topographique et militaire de Saint-Pétersbourg, n° 47553.)

Nippold. Erinnerungen aus dem Leben des Feld-Marschalls H. von Boyen. (Souvenirs tirés de la vie du feld-maréchal H. von Boyen.)

Nollet (Jules). Histoire de Nicolas-Charles Oudinot, maréchal de l'Empire et duc de Reggio.

Nostitz (General der Kavalierie, Graf von) *Tagebuch* (Kriegsgeschichtliche Einzelschriften herausgegeben vom Grossen General Stabe). (Journal. Monographies d'histoire militaire, publiées par le grand état-major.)

Nouvelles officielles de la Grande Armée. Campagnes de 1813-1814.

Oelsnitz (Hauptmann von der). Geschichte des ersten Königlich-preussischen Infanterie Regiments seit seiner Stiftung im Jahre 1619 bis zur Gegenwart. (Historique du 1er régiment d'infanterie prussienne, depuis sa création, en 1619, jusqu'à nos jours.)

Oesterreichische Militärische Zeitschrift (Streffleur's). Revue militaire autrichienne.)

Ollech (von). C. F. W. von Reyher, General der Kavallerie und Chef des Generalstabes der Armee. Ein Beitrag zur Geschichte der Armee mit Bezug auf die Befreiungskriege 1813, 1814, 1815. (C. F. W. von Reyher, général de cavalerie et chef d'état-major général de l'armée. Étude pour servir à l'histoire de l'armée pendant les guerres de l'Indépendance de 1813, 1814, 1815.)

OLVENSTEDT. Geschichte des deutschen Freiheitskampfes in dem Jahren 1813-1814 und 1815. (Histoire de la guerre de l'indépendance allemande pendant les années 1813-1814 et 1815.)

ONCKEN (W.). Oesterreich und Preussen im Befreiungskriege. (L'Autriche et la Prusse pendant la guerre de l'Indépendance.)

ORDRES DE BATAILLE des armées alliées et ÉTATS DE SITUATION des armées alliées (Archives du dépôt topographique et militaire de Saint-Pétersbourg).

ORLOFF (F.). Otcherk Istorii Sankt-Petersbourgskovo Grenaderskovo Korola Friederikha-Wilhelma III Polka, 1726-1880. (Historique du régiment de grenadiers de Saint-Pétersbourg, régiment du Roi-Frédéric-Guillaume III, 1726-1880.)

ORLOFF (Colonel comte Michel). Kapitoulatzia Parisa. (Capitulation de Paris. Archives du dépôt topographique et militaire de Saint-Pétersbourg, n° 47346, et *Rousskaïa Starina* (Antiquités russes). Livraison de 1877.)

ORLOP (Rittmeister). Geschichte des Kürassier-Regiments Graf Wrangel (Ost-Preussiches) N° 3. (Historique du régiment de cuirassiers de la Prusse-orientale Comte-Wrangel, n° 3.)

OUDINOT (Maréchal, duc de Reggio). Récits de guerre et de foyer.

OURBAN (J.-E.). Kratkaïa Istoria 6vo Grenaderskovo Tauritcheskovo Evo Imperatorskovo Vissotchestva Velikovo Kniazia Mikhaïla Nikolaïevitcha Polka. (Historique résumé du 6e régiment de grenadiers de Tauride, régiment de S. A. I. le grand-duc Michel Nicolaïevitch.)

P..... Kriegszenen aus der Geschichte des 48 Infanterie-Regiments Baron Gollner in den Feldzügen 1813-1814. (Scènes de guerre tirées de l'historique du 48e régiment d'infanterie Baron-Gollner, pendant les campagnes de 1813-1814.

PAJOL (Général comte). Pajol, général en chef.

PAJOL (Général comte). Journal historique du corps provisoire aux ordres du comte Pajol. (Manuscrit.)

PALMBERGER (R.). Geschichte des Königlich-bayerischen 6ten Chevau-légers Regiment Grossfürst Konstantin Nikolaïewitch. (Historique du 6e régiment de chevau-légers bavarois Grand-duc-Constantin-Nicolaïevitch.)

PAPIERE des Feldmarschalls Fürsten Wrede. (Papiers du feld-maréchal prince Wrede. Archives bavaroises.)

PASCAL (A.). Études historiques et critiques, au point de vue de l'art de la guerre, sur les généraux français.

PASQUIER (Chancelier). Mémoires.

PAULY (Hauptmann) und BECKER (Premier-lieutenant). Geschichte des 2ten Ostpreussischen Grenadier-Regiments N° 3. (Historique du 2e régiment de grenadiers de la Prusse orientale, n° 3.)

PELET (Général). Agenda. (Archives de la guerre.)

Perrot. Itinéraire général de Napoléon. Chronologie du Consulat et de l'Empire.

Pertz. Das Leben des Ministers Freiherrn von Stein. (La Vie du ministre baron de Stein.)

Pertz-Delbruck. Das Leben des Feld-Marschalls Grafen Neithardt von Gneisenau. (La vie du feld-maréchal comte Neithardt de Gneisenau.)

Pétiet (Auguste). Journal historique de la division de cavalerie légère du 5ᵉ corps de cavalerie pendant la campagne de France, en 1814.

Pétiet (Général baron Auguste). Souvenirs militaires de l'histoire contemporaine.

Peyrusse (Baron). Mémorial et Archives (1809-1815).

Pfau (Hauptmann). Kriegszenen aus der Geschichte des K. K. 4ten Dragoner-Regiments Grossherzog von Toscana. (Scènes de guerre tirées de l'historique du 4ᵉ régiment impérial et royal de dragons Grand-duc-de-Toscane.)

Pfau (Hauptmann). Anecdoten aus den Feldzügen 1813-1814. (Anecdotes des campagnes de 1813-1814.)

Pfeffer (Hauptmann). Abriss der Geschichte des Königlichen Bayerischen 15ten Infanterie-Regiments König Albert von Sachsen von 1722 bis 1889. (Essai d'historique du 15ᵉ régiment d'infanterie bavaroise Albert Roi de Saxe, de 1722 à 1889.)

Pfisten (Major). Das Infanterie-Regiment Kaiser Wilhelm Nº 120 (2tes Württembergisches.) (Le régiment d'infanterie Empereur-Guillaume Nº 120 (2ᵉ Wurtembergeois.)

Philippart (John). Campaign in Germany and France from the expiration of the Armistice to the period of the Abdication of the Throne of France by Napoléon Bonaparte. (Campagne d'Allemagne et de France depuis la fin de l'armistice jusqu'à l'abdication de Napoléon Bonaparte.)

Pierron (général). Méthodes de guerre.

Pillersdorf (Hauptmann Freiherr von). Das K. K. 5te Infanterie-Regiment Fürst Jablinowski und die Kriege seiner Zeit. (Le 5ᵉ régiment impérial et royal d'infanterie Prince-Jablinowski et les guerres de son temps.)

Platen (H. von). Gottlieb Wilhelm von Platen, Königlicher preussischer General-Major. Ein Lebensbild aus den Freiheits Kriegen zusammengesetz von. (Militär-Wochenblatt 1882. Beiheft 6.) (Gottliebe-Guillaume de Platen, général major prussien. Une biographie du temps de la guerre d'indépendance.)

Plotho (Oberst-lieutenant von). Der Krieg in Deutschland und in Frankreich in den Jahren 1813, 1814, 1815. (La guerre en Allemagne et en France pendant les années 1813, 1814 et 1815.)

Pons de l'Hérault. Congrès de Châtillon.

Pons de l'Hérault. Bataille et capitulation de Paris.

Pontécoulant (Comte de). (Souvenirs historiques et parlementaires.)

Potto (Capitaine). Istoria Novo-Rossiiskovo Dragounskovo Polka, 1803-1865. (Historique de régiment de dragons de la Nouvelle-Russie, de 1803 à 1865.)

Pougiat. L'invasion des armées étrangères dans le département de l'Aube en 1814 et en 1815.)

Prittwitz (W. von) und Viebahn (Lieutenants). Geschichte des Königlich-preussischen Kaiser Alexander Grenadier Regiments N° 1, und seiner Stammtruppen. (Historique du régiment de grenadiers prussiens Empereur-Alexandre n° 1, et des corps qui ont servi à sa formation.)

Probst (F. P. von). Geschichte des Königlich-preussischen 2ten Dragoner-Regiments. (Historique du 2° régiment de dragons prussiens.)

Prokesch (Freiher A. von). Denkwürdigkeiten aus dem Leben des Feldmarschalls Fürsten Carl von Schwarzenberg. (Faits mémorables de la vie du feld-maréchal prince Charles de Schwarzenberg.)

Prusse (Prince Auguste de). Rapports sur le combat de Fromentières et d'Etoges, sur la part prise par les 9ᵉ et 10ᵉ brigades à la bataille de Laon.)

Puttkammer. Geschichte des Kaiser Franz Grenadier-Regiments N° 2 im Auftrage des Regiments zusammengestellt. (Historique du 2° régiment de grenadiers Empereur-François, rédigé par ordre du régiment.)

Quistorp (B. von). Die Kaiserlicn russisch-deutsche Legion. (La légion impériale russe-allemande.)

Radetzky (der K. K. œsterreichische Feldmarschall Graf). Eine biographische Skizze von einem œsterreichischen Veteranen. (Radetzky. Esquisse historique, par un vétéran autrichien.)

Radetzky. Denkschriften militär-politischen Inhalts aus dem handschriftlichen Nachlass des K. K. œsterreichischen Feld-Marschalls Grafen Radetzky. (Mémoires ayant trait à des sujets militaires et politiques, tirés des manuscrits laissés par le feld-maréchal comte Radatsky.)

Rahden (Baron Wilhelm von). Wanderungen eines alten Soldaten. (Pérégrinations d'un vieux soldat.)

Raith (Oberst-lieutenant) und Ball (Premier-lieutenant). Kurze Geschichte des Königlich-bayerischen 3ten Infanterie Regiments Prinz Karl von Bayern. (Historique résumé du 3° régiment d'infanterie bavaroise Prince-Charles-de-Bavière.)

Ranke. Denkwürdigkeiten des Staats-Kanzlers Fürsten von Hardenberg. (Mémoires du chancelier d'Etat prince de Hardenberg.)

Rapports du général Narischkine au général Winzingerode. (Archives du dépôt topographique et militaire de Saint-Pétersbourg, n° 29123.)

Rapports du général Tchernitcheff au général Winzingerode. (Archives du dépôt topographique et militaire de Saint-Pétersbourg, n° 29119.)

Rau (F.) Geschichte des 1ten Badischen Leib-Dragoner Regiments N° 20, und dessen Stamm-Regiment des Badischen Dragoner Regiments von Freystadt von 1803 bis zur Gegenwart. (Historique du 1ᵉʳ régiment de dragons badois, Régiment du corps n° 20, et de son régiment d'origine, dragons badois de Freystadt, depuis 1803 jusqu'à nos jours.)

Rau und Hänel von Cronenthal. Der Krieg der Verbündeten gegen Frankreich in den Jahren 1813, 1814 und 1815. (La guerre des Alliés contre la France pendant les années 1813, 1814 et 1815.)

Räuffer (Premier-lieutenant). Geschichte des Königlich-bayerischen 9ten Infanterie Regiments Wrede. (Historique du 9° régiment d'infanterie bavaroise Wrede.)

Rauschnick (D^r). Marschall Vorwärts.

Ravenstein. Geschichte des 2ten Preussischen Kürassier Regiments. (Historique du 2° régiment de cuirassiers prussiens.)

Reibnitz (Freiherr von). Mittheilungen aus den ersten fünfzig Jahren des Westfälischen Fusilier Regiments n° 37. (Souvenirs des 50 premières années du régiment de fusiliers de Westphalie n° 37.)

Reinhard (Hauptmann C. von). Geschichte des Königlich-preussischen ersten Garde Regiments zu Fuss zurückgeführt auf die historische Abstammung des Regiments vom 1ten Bataillon Leibgarde, dem Regiment Garde und dem Grenadier-Garde Bataillon (1746-1857). Im Auftrage des Regiments verfasst. (Historique du 1er régiment à pied de la garde royale prussienne, en remontant aux origines mêmes du régiment, le 1er régiment de la garde du corps, le régiment de la garde et le bataillon de grenadiers de la garde (1746-1857). (Rédigé par ordre du régiment.)

Reiter-Regimenter (Die) der Kaiserlich-Königlichen œsterreichischen Armee. Historische Skizzen, chronologisch geordnete Bruchstücke, Regimenterweise bearbeitet von einem ehemaligen Cavalerie Offizier (Graf von Thürheim.) (Les régiments de cavalerie de l'armée impériale et royale autrichienne. — Esquisses historiques. Fragments classés par ordre chronologique et par régiment, par un ancien régiment de cavalerie (comte de Thürheim).

Relationen der Schlachten und Gefechte welche die Reserve cavallerie des 1ten Armee Corps unter dem Befehl des Generals-majors von Jürgass seit dem Waffenstillstande bis zur Einnahme von Paris gehabt haben. (Relation des batailles et combats auxquels la cavalerie de réserve du Ier corps d'armée (prussien), sous les ordres du général-major von Jürgass, a pris part depuis l'armistice jusqu'à la prise de Paris.

Reminiscenzen aus den Kriegsereignissen des 2ten Leibhusaren Regiments in den Feldzügen 1813 and 1814. (Souvenirs des faits de guerre du 2° régiment de hussards du corps pendant les campagnes de 1813 et 1814.)

Rengarten (J.). Istoria Leibgvardii Sapernovo Bataillona. (Histoire du bataillon de sapeurs de la garde impériale russe.)

Renouard (Hauptmann C.). Die Kurhessen im Feldzuge 1814. Ein Beitrag zur Hessischen Kriegsgeschicte. Nach handschriftlichen Originalien und anderen Quellen bearbeitet. (Les Hessois (Hesse-Electorale) pendant la campagne de 1814. Notes pour servir à l'histoire militaire hessoise. D'après des manuscrits originaux et d'autres documents.)

Rentzell (Hauptmann von). Geschichte des Gardes Jäger Bataillons (1808-1888.) Historique du bataillon de chasseurs de la garde (1808-1888).

Rentzell (Premier lieutenant von). Geschichte des Ostpreussischen Jäger-Bataillons N° 1. (Historique du bataillon de chasseurs de la Prusse orientale, n° 1.)

Richter. Geschichte des deutschen Freiheits-Krieges von Jahre 1813 bis zum Jahre 1815. (Historique de la guerre d'indépendance allemande, de 1813 à 1815.)

Riedel (W.). Karl Philipp von Wrede, Fürst und Feld-Marschall. (Charles-Philippe de Wrede, prince et feld-maréchal.)

Rodionoff (Capitan). Kratkaïa Kronika boïevich Pokhodoff, dieïstvii i otlitchii 27vo Piékhotnovo Vitebskovo Polka so dnia sformirwania evo. (Chronique résumée des campagnes, opérations et faits d'armes du 27e régiment d'infanterie de Vitebsk, depuis sa création.)

Roessler (A. von). Geschichte des Königlich-preussischen 1ten Nassauischen Infanterie Regiments n° 87 und seines Stammes des herzoglichen Nassauischen Infanterie Regiments, 1809-1874. (Historique du 1er régiment royal prussien d'infanterie de Nassau n° 87, et de son corps d'origine, le régiment d'infanterie grand-ducal de Nassau, de 1809 à 1874.)

Roguet (Général comte). Journal historique de la 3e division de tirailleurs. (Manuscrit. Archives de la guerre.)

Rohr (Major von). Geschichte des 6ten Garde Dragoner Regiments. (Historique du 1er régiment de dragons de la garde.)

Rovigo (Duc de). Mémoires.

Roux (A.). L'invasion de la Savoie et du Dauphiné en 1813 et 1814.

Rüstow (W.). L'art militaire au XIXe siècle. Stratégie. Histoire militaire.

S..... (Ad.). (General-Lieutenant Schlusser). Geschichte des Lützow'schen Freikorps. (Histoire du corps franc de Lützow.)

Saint-Charles (Chef de bataillon). Journal de la division Christiani (Archives de la guerre.)

Salisch. Geschichte des Königlich-preussischen 7ten Infanterie Regiments von 1797 bis 1854. (Historique du 7e régiment d'infanterie prussienne de 1797 à 1854.)

Schack (Major von). Tagebuch des Iten Armee-Corps während des Feldzuges 1814. (Journal du 1er corps d'armée (prussien) pendant la campagne de 1814.)

Schels (Oberstlieutenant J.-B.). Der Zug der Alliirten nach der Champagne in Jänner 1814. (La marche des Alliés sur la Champagne en janvier 1814.)

Schels (Oberstlieutenant J.-B.). Der Krieg der von dem grossherzoglich-badenschen General-Lieutenant Grafen Wilhelm von Hochberg befehligten Truppen gegen die Festungen Strasburg, Fort Kehl, Landau, Pfalzburg, Bitsch, Petite-Pierre und Lichtenberg im Jahre 1814. Nach dessen Tagebuche. (Opérations des troupes sous les ordres du général-lieutenant badois comte Guillaume de Hochberg (Margrave Guillaume de Bade), contre les places de Strasbourg, Kehl, Landau, Phalsbourg, Bitche, Petite-Pierre et Lichtenberg en 1814. D'après le journal de ce général.)

Schels (Oberstlieutenant J.-B.). Die Bestürmung von Bergen-op-Zoom in der Nacht vom 8-9 März 1814. (L'assaut de Berg-op-Zoom dans la nuit du 8 au 9 mars 1814.)

Schels (Oberstlieutenant J.-B.). Des Oberst baron Geismar Streifzug in Belgien und in Frankreich im Februar und März 1814. (Le raid du colonel baron Geismar en février et mars 1814.)

Schels (K. K. major J.-B.). Die Eroberung von Herzogenbusch am 25 Jänner 1814. (La prise de Bois-le-Duc le 25 janvier 1814.)

Schels (Oberslieutenant J.-B.). Die Gefechte bei Troyes vom 3-7 Februar 1814. (Les combats livrés près de Troyes du 3 au 7 février 1814.)

Schels (Oberstlieutenant J.-B.). Die Gefechte der Haupt-Armee an der Seine und Yonne vom 8 bis 13 Februar 1814. (Les combats livrés par la grande armée alliée sur la Seine et sur l'Yonne du 8 au 13 février 1814.)

Schels (Oberstlieutenant J.-B.). Die Gefechte der Alliirten Haupt-Armee an der Seine vom 14 bis 17 Februar 1814. (Les combats livrés par la grande armée alliée sur la Seine du 14 au 17 février 1814.)

Schels (Oberstlieutenant J.-B.). Das Treffen bei Montereau am 18ten Februar 1814. (La bataille de Montereau, 18 février 1814.)

Schels (Oberstlieutenant J.-B.). Die Gefechte um Troyes, 19-25 Februar 1814. (Les combats livrés autour de Troyes, 19-25 février 1814.)

Schels (Oberstlieutenant J.-B.). Kriegszenen als Beispiele des Felddienstes. (Scènes de guerre servant d'exemples pour le service en campagne.)

Schels (Oberstlieutenant J.-B.). Biographie des Grafen Johann Nepomuk von Nostitz-Rhieneck, K. K. Feldmarschall-Lieutenant. (Biographie du comte Jean-Népomucène de Nostilz-Rhieneck, feld-maréchal lieutenant impérial et royal.)

Schels (Oberstlieutenant J.-B.). Die Schlacht bei Brienne am 1ten and 2ten Februar 1814. (La bataille de Brienne, 1er et 2 février 1814.)

Schels (Oberstlieutenant J.-B.). Der Marsch der Alliirten über den Rhein. (Le passage du Rhin par les Alliés.)

Schels (Oberstlieutenant J.-B.). Die Blockade von Besançon und Auxonne, dann jene von Neu-Breisach und Schlestadt. (Les blocus de Besançon, d'Auxonne, de Neuf-Brisach et de Schlestadt.)

Schels (Oberslieutenant J.-B.). Die Schlacht von Bar-sur-Aube am 27ten Februar 1814. (La bataille de Bar-sur-Aube, le 27 février 1814.)

Schels (Oberstlieutenant J.-B.). Die Operationem der Verbündeten Heere gegen Paris im Monate März 1814. (Les opérations des armées alliées contre Paris pendant le mois de mars 1814.)

Scherr. Blücher, Seine Zeit und sein Leben. (Blücher, son époque et sa vie.)

Schimpff (G.). Geschichte des Königlich-Sächsischen Garde-Reiter Regiments. (Historique du régiment de reitres de la garde royale saxonne.)

Schlacht (Die) von Brienne und la Rothière, am 29, 30, 31 Januar und 1ten Februar 1814. (La bataille de Brienne et de La Rothière, 29, 30, 31 janvier et 1er février 1814.)

Schmidt (Oberstlieutenant Paul von). Das 3te Pommersche Infanterie Regiment N° 14 von seiner Gründung bis zum Jahre 1888. Auf Grund der Vorarbeiten des Generals der Infanterie von Verdy du Vernois, des Premier lieutenants Werner und anderer Offiziere. (Le 3e régiment d'infanterie de Poméranie n° 14 depuis sa création jusqu'en 1888. D'après les travaux préparatoires du général d'infanterie de Verdy du Vernois, du premier-lieutenant Werner et d'autres officiers.)

Schmedes (Hauptmann). Geschichte des K. K. 28ten Infanterie Regiments, Feldzeugmeister von Benedek. (Historique du 28e régiment d'infanterie impériale et royale, feldzeugmestre de Benedek.)

Schneidawind (Dr F.-J.-A.). Prinz Wilhelm von Preussen in den Kriegen seiner Zeit. (Le prince Guillaume de Prusse dans les guerres de son temps.)

Schneidawind (Dr F.-J.-A.). Feld-Marschall Graf Radetzky. Sein Kriegerisches Leben und seine Feldzüge vom Jahre 1784-1850. (Le feld-maréchal comte Radetzky. Sa vie militaire et ses campagnes de 1784 à 1850.)

Schneider (Dr). Husarengeschichten aus der Geschichte des Blücherschen Husaren Regiments. (Histoires de hussards tirées de l'historique du régiment de hussards de Blücher.)

Schoell. Histoire abrégée des traités de Paris.

Schönberg (Major von). Geschichte des Königlich-Sächsischen 7ten Infanterie Regiments Prinz Georg. N° 107. (Historique du 7e régiment d'infanterie royale saxonne Prince-Georges n° 107.)

Schöning (Kurd Wolfgang von). Historisch-biographische Nachrichten zur Geschichte der Brandenburgischen Preussischen Artillerie. Aus den Original-Rapporten zusammengestellt. (Documents historiques et biographiques se rapportant à l'histoire de l'artillerie brandebourgeoise et prussienne, d'après des rapports originaux.)

Schöning (Kurd Wolfgang von). Geschichte des preussischen 3ten Dragoner Regiments und derjenigen Dragoner Regimenter aus welchen dasselbe bei der Reorganisation der Armee in Jahre 1807 hervorgegangen ist. (Historique du 3e régiment de dragons prussiens et des régiments de dragons qui ont servi à sa constitution lors de la réorganisation de l'armée en 1807.)

Schöning (Kurd Wolfgang von). Geschichte des Regiments Garde du Corps zu seinem hundertjährigen Jubelfeste. (Historique du régiment des gardes du corps, rédigé à l'occasion du centième anniversaire de l'existence de ce régiment.)

Schöning (Kurd Wolfgang von). Geschichte des Königlich-preussischen 5ten Husaren Regiments. (Historique du 5e régiment de hussards prussiens.)

Schreiber (Hauptmann). Geschichte des Infanterie-Regiments von Borcke (4. Pommerschen) N° 21 von 1813 bis 1889. (Historique du régiment d'infanterie von Borcke (4e de Poméranie) n° 21, de 1813 jusqu'en 1889.)

Schüler. Geschichte des Schwarzburg-Rudolstädtischen Contingentes in den Kriegsjahren von 1807 bis 1815. (Histoire du contingent de Schwarzburg-Rudolstadt pendant les campagnes de 1807 à 1815.)

Schulz (Oberst G.-C.). Geschichte der Kriege in Europa seit dem Jahre 1792. (Histoire des guerres en Europe depuis l'année 1792.)

Schweppe. Geschichte des Oldenburgischen Dragoner-Regiments N° 19 (ehemaligen grossherzoglich-Oldenburgischen Dragoner-Regiments. (Historique du régiment de dragons d'Oldenburg N° 19, ancien régiment de dragons du grand-duché d'Oldenbourg.)

Seefried auf Buttenheim (Freiherr L.). Geschichte des Königlich-bayerischen Chevau-légers Regiments Kaiser Alexander zum 200 jährigen Jubiläum des Regiments. (Historique du régiment de chevau-légers bavarois Empereur-Alexandre, à l'occasion du 200e anniversaire de son existence.)

Ségur (Général comte de). Mémoires.

Ségur (Général comte de). Du Rhin à Fontainebleau, 1813-1815.

Sohr (General-lieutenant von). Erinnerungen und Gedanken eines alten Huszaren-Offiziers (Militair Wochenblatt, 1846). (Souvenirs et pensées d'un vieil officier de hussards (Journal militaire hebdomadaire, 1846).

Spectateur militaire.

Sporschill (Joh.). Die Freiheitskriege der Deutschen in den Jahren 1813, 1814, 1815. (Les guerres d'indépendance des Allemands pendant les années 1813, 1814, 1815.)

STAPP. Geschichte des Königlich-bayerischen 4ten Infanterie Regiments König Karl von Württemberg von 1706 bis 1881. (Historique du 4⁰ régiment d'infanterie bavaroise Roi Charles de Wurttemberg, de 1706 à 1881.)

STARKLOFF (Rittmeister). Geschichte des Königlich-württembergischen 2ten Reiter Regiments, ehemaligen Jäger Regiments zu Pferde Herzog Louis. (Historique du 2⁰ régiment de reitres wurtembergeois, ancien régiment de chasseurs à cheval Duc-Louis).

STARKLOFF (Rittmeister). Geschichte des Königlich-wüttembergischen 4ten Reiter Regiments Königin Olga. (Historique du 4⁰ régiment de reitres wurtembergeois Reine-Olga.)

STAUDINGER (Karl). Das Königlich-bayerische 4ten Infanterie Regiment Kronprinz, 1682-1882. (Le 4⁰ régiment d'infanterie bavaroise Prince-Royal, 1682-1882.)

STAWITSKY (Hauptmann). Geschichte des Königlich-preussischen 25ten Infanterie Regiments und seines Stammes, der Infanterie des Lützow'schen Freikorps. Mit Benützung amtlicher Quellen bearbeitet. (Historique du 25⁰ régiment d'infanterie prussienne et de son corps d'origine, l'infanterie du corps franc de Lützow, d'après des documents officiels.)

STEENACKERS. L'invasion dans le département de la Haute-Marne.

STERN. Abhandlungen und Aktenstücke zur Geschichte der preussischen Reformzeit, 1807-1815. (Observations et documents relatifs à l'histoire de l'époque de la réforme prussienne, 1807-1815.)

STRANDMANN (Général). Mémoires sur le combat de Sommepuis. (Archives du dépôt topographique et militaire de Saint-Pétersbourg, n⁰ 47353.)

STRANTZ (Major F. von). Uebersicht der Kriegsbegebenheiten der Alliirten Haupt-Armee bei Eröffnung des Feldzuges 1814, dessen detachirten Korps und Gefechte bei Lyon und Genf ins besondere. (Aperçu des opérations de la grande armée alliée au début de la campagne de 1814, de ses corps détachés, et plus particulièrement des combats livrés du côté de Lyon et de Genève.)

STRANTZ (Major F. von). Das Treffen bei Montereau und der Rückzug der Alliirten. (La bataille de Montereau et la retraite des Alliés.)

STRAPP (Hauptmann). Geschichte des Königlich-bayerischen 4ten Infanterie Regiments. (Historique du 4⁰ régiment d'infanterie bavaroise.)

STROBL (Ferdinand. Eder von Ravelsberg, K. K. Oberlieutenant). Geschichte des K. K. 12ten Dragoner Regiments von seiner Errichtung bis zur Gegenwart, 1798-1890. (Historique du 12⁰ régiment impérial et royal de dragons, depuis sa création jusqu'à nos jours, 1798-1890.)

STROTHA (General-lieutenant von). Zur Geschichte der Königlich-preussischen dritten Artillerie-Brigade bis zum Jahre 1829. (Historique de la 3⁰ brigade d'artillerie prussienne jusqu'à l'année 1829.)

STROTHA (General-lieutenant von). Die Königlich-preussische reitende Feld-Artillerie vom Jahre 1759 bis 1816. (L'artillerie de campagne prussienne à cheval, depuis 1759 jusqu'à 1816.)

STUCKRAD (Hauptmann von). Geschichte des 4ten Magdeburgischen Infanterie Regiments N⁰ 26, 1813-1888. (Historique du 4⁰ régiment d'infanterie de Magdebourg, n⁰ 26, 1813-1888.)

STUMPFF (Lieutenant). Tagebuch vom 3ten Ostpreussischen Landwehr Infanterie Regiment. (Journal du 3⁰ régiment de landwehr de la Prusse orientale.)

STUHR (P. P. Professor an der Kön. Friedrich-Wilhelm Universität zu Berlin.) Die drei letzten Feldzüge gegen Napoleon. (Les trois dernières campagnes contre Napoléon.)

SÜSSMILCH (Oberst-lieutenant, genannt HÖRNIG). Geschichte des 2ten Königlich-Sächsischen Husaren Regiments, Kronprinz Friedrich Wilhelm von Preussen N° 19. (Historique du 2e régiment de hussards saxons Prince-Royal-Frédéric-Guillaume-de-Prusse, n° 19.)

SZENEN aus der Geschichte des K. K. Huszaren Regiments König von Württemberg, vorher Blankenstein Huszaren. (Scènes tirées de l'histoire du régiment impérial et royal de hussards Roi de Wurtemberg, ancien hussards de Blankenstein.)

SZENEN aus der Geschichte des K. K. Huszaren Regiments Erzherzog Ferdinand N° 3. (Scènes tirées de l'histoire du régiment impérial et royal de hussards Archiduc-Ferdinand, n° 3.)

TAGEBUCH des Königlich-preussischen 1ten Dragoner Regiments (Litthauischen) aus den Kriegsjahren 1813-1814. (Journal du 1er régiment de dragons prussiens (dragons de Lithuanie), pendant les campagnes de 1813-1814.)

TAGEBUCH des Königlich-preussischen 4ten Kürassier Regiments (Schlesischen, ehemaliges 1tes westpreussisches Dragoner Regiment) aus den Kriegs Jahren 1813-1814. (Journal du 4e régiment de cuirassiers prussiens (cuirassiers de Silésie, ancien 1er régiment de dragons de la Prusse occidentale), pendant les campagnes de 1813-1814.)

TAGEBÜCHER aus den Feldzügen der Württemberger unter der Regierung des König Friedrichs. (Journaux des campagnes des Wurtembourgeois sous le règne du roi Frédéric.)

THEIMER (A.). Geschichte des K. K. 7ten Uhlanen-Regiments Erzherzog Karl Ludwig von seiner Errichtung, 1758 bis Ende 1868. (Historique du 7e régiment impérial et royal de uhlans Archiduc-Charles-Louis, depuis sa création en 1758, jusqu'à la fin de 1868.)

THIELEN (Major von). Der Uebergang über den Rhein der Verbündeten Haupt-Armee unter dem Oberbefehle des Feldmarschalls Fürsten Karl von Schwarzenberg am 21ten December 1813, nebst einem Berichte über die Ereignisse bis zum 2ten Februar 1814 in Frankreich. (Le passage du Rhin par la grande armée alliée, sous les ordres du feld-maréchal prince Charles de Schwarzenberg, le 21 décembre 1813, suivi d'un rapport sur les événements qui se sont passés en France jusqu'au 2 février 1814.)

THIELEN (Major von). Der Feldzug der verbündeten Herre Europa's in Frankreich unter dem Oberbefehle des K. K. Feldmarschalls Fürsten Karl zu Schwarzemberg. Nach Authentischen Oesterreichischen Quellen dargestellt. (La campagne de France des armées coalisées de l'Europe, sous les ordres du feld-maréchal prince Charles de Schwarzenberg, d'après des documents officiels autrichiens.)

THIELEN (Major von). Erinnerungen aus dem Kriegerleben eines 82 jährigen Veteranen der Œsterreichischen Armee mit besonderer Bezugnahme auf die Feldzüge der Jahre 1805, 1809, 1813, 1814 und 1815. (Souvenirs de la vie militaire d'un vétéran autrichien de 82 ans, et plus particulièrement des campagnes de 1805, 1809, 1813, 1814 et 1815.)

THIELEN (Major von). Die Schlacht von Bar-sur-Aube am 27ten Februar 1814 nach den œsterreichischen Originalquellen von einem Augenzeugen. (La bataille de Bar-sur-Aube, le 27 février 1814, d'après les documents originaux autrichiens, par un témoin oculaire.)

THIELEN (Von) Geschichte des Magdeburgischen Husaren Regiments N° 10 (1813-1888). (Historique du régiment de hussards de Magdebourg, n° 10, 1813-1888.)

THIEME. Geschichte des Pommerschen Füsilier Regiments n° 34 nebst geschichtliche Mittheilungen über das Königlich-Schwedische Leibregiment Königin. (Historique du régiment de fusiliers de Poméranie, n° 34, avec des communications relatives au régiment suédois du corps, Régiment-de-la-Reine.)

THIERS. Histoire du Consulat et de l'Empire.

THURN UND TAXIS (Kön. bayerischer Major, Fürst von). Tagebuch des bayerischen Majors Fürsten Taxis vom Feldzuge 1812, 1813, 1814, hauptsächlich die bayerische Armee betreffend (Autographie K. K. Kriegs Archiv.). (Journal du major bavarois prince Taxis, pendant les campagnes de 1812, 1813 et 1814, se rapportant plus particulièrement à l'armée bavaroise. (Autographie. Archives impériales et royales de la guerre.)

TISZKA (Rittmeister). Geschichte des Königlich-preussischen 1ten Dragoner Regiments von 1717 ab. (Historique du 1er régiment de dragons prussiens depuis 1717.)

TOMASCHEK (Rittmeister, Freiherr von). Das K. und K. Dragoner Regiment N° 8 Montecuccoli. (Le 8° régiment impérial et royal de dragons, régiment de Montecuccoli.)

VALENTINI (General-Lieutenant. Freiherr von). Die Lehre vom Grossen Kriege. (La leçon de la grande guerre.)

VALETTE (Comte de La). Mémoires et souvenirs.

VAN ZUYLEN VAN NYVELDT (Adjudant-commandant). Journal de la division Ricard. (Archives de la guerre.)

VARNHAGEN VON DER ENSE. Das Leben des Generalen Grafen Bülow von Dennewitz. (La vie du général comte Bülow de Dennewitz.)

VARNHAGEN VON DER ENSE. Geschichte der Kriegszüge des Generals Tettenborn während der Jahre 1813-1814. (Historique des pointes et coups de main du général Tettenborn pendant les années 1813-1814.)

VARNHAGEN VON DER ENSE. Das Leben des Fürsten Blücher von Wahlstadt. (La vie du prince Blücher de Wahlstadt.)

VAUDONCOURT (Général Guillaume de). Histoire de la guerre soutenue par les Français en 1814.

VENTURINI (Carl). Russlands und Deutschlands Befreiungs Kriege von der Französischen Herrschaft unter Napoleon Bonaparte in 1812-1815. (Les guerres d'affranchissement de l'Allemagne et de la Russie contre la domination française de Napoléon Bonaparte en 1812-1815.)

VICTOIRES ET CONQUÊTES, désastres, revers et guerres civiles des Français, par une Société de militaires et de gens de lettres.

VITROLLES. Mémoires.

VÖLDERNDORF (Freiherr E. von). Rückerinnerungen an die Jahre 1813 und 1814. (Souvenirs rétrospectifs des années 1813 et 1814.)

VÖLDERNDORF und WARADEIN. Kriegsgeschichte der Bayern unter König Maximilian Josef I. (Histoire militaire des Bavarois sous le roi Maximilien Joseph 1er.)

VOSSISCHE ZEITUNG. (*Gazette de Voss*, année 1814.)

WAGNER. Plans de combats et batailles livrés par l'armée prussienne pendant les campagnes de 1813, 1814 et 1815.

WALDBURG-TRUCHSESS. Nouvelle relation de l'itinéraire de Napoléon, de Fontainebleau à l'île d'Elbe.

WECHMAR (Rittmeister, Freiherr von). Braune Husaren. (Les hussards bruns.)

WEDELL (Hauptmann von). Geschichte des Königlich Preussischen 18ten Infanterie Regiments. (Historique du 18e régiment d'infanterie prussienne.)

WEIGELSPERG (Hauptmann). Darstellung der Kriegsereignisse im südlichen Frankreich im Jahre 1814. (Description des événements militaires dans le sud de la France dans l'année 1814.)

WEINGARTEN (Hauptmann A. von). Geschichte des Armee-Korps unter den Befehlen des General-Lieutenants Grafen von Wallmoden-Gimborn an der Nieder-Elbe und in den Niederlanden vom April 1813 bis zum Mai 1814. (Histoire du corps d'armée sous les ordres du général-lieutenant comte de Wallmoden-Gimborn sur la basse Elbe et dans les Pays-Bas, depuis le mois d'avril 1813 jusqu'au mois de mai 1814.)

WEINGARTEN (Hauptmann A. von). Geschichte des Lützow'schen Frei Korps. (Historique du corps franc de Lützow.)

WEISSENBACH (Major Strack von). Geschichte der Königlich-württembergischen Artillerie. (Historique de l'artillerie wurtembergeoise.)

WELDEN. Der Krieg der Oesterreicher gegen die Franzosen in den Jahren 1813-1814. (La guerre des Autrichiens contre les Français pendant les années 1813 et 1814.)

WÉLIAMINOFF-SERNOFF (Capitaine). Journal d'opérations des armées alliées depuis le passage du Rhin jusqu'à leur sortie de France en 1814. (Archives du dépôt topographique et militaire de Saint-Pétersbourg. Manuscrit.)

WESTMORELAND (Earl of). Memoirs of the operations during the latter End of 1813 and the year 1814. (Mémoires sur les opérations pendant les derniers mois de 1813 et l'année 1814.)

WIDDERN (Oberst. G. Cardinal von). Der Rhein und die Rhein-Feldzüge. (Le Rhin et les campagnes du Rhin.)

WIDDERN (Oberst. G. Cardinal von). Das Gefecht an Flussübergängen und der Kampf an Fluss-linien. (Le passage des rivières et la défense des lignes fluviales.)

WIDDERN (Oberst. G. Cardinal von). Das Nachtgefecht im Feld und Belagerungs Kriege. (Le combat de nuit dans la guerre de campagne et de siège.)

WIGGER (F.). Feldmarschall Fürst Blücher von Wahlstadt. (Le feld-maréchal prince Blücher de Wahlstadt.)

WILHELM VON BADEN. Denkwürdigkeiten des Generals der Infanterie Markgrafen Wilhelm von Baden aus den Feldzügen 1809-1815. Nach dessen hinterlassenen Aufzeichnungen, herausgegeben vom General-Lieutenant A. D. Freiherrn Röder von Diersburg. (Faits mémorables de la vie du général d'infanterie Margrave Guillaume de Bade. Campagnes de 1809 à 1815. Publiés d'après les notes qu'il a laissées, par le général-lieutenant baron Röder de Diersburg.)

WILSON (General sir Robert). Private diary of travels, personal services and public events during mission and employment with the European armies in the campaigns of 1812, 1813, 1814. (Journal privé des voyages, services personnels et événements publics pendant la mission qu'il a remplie auprès des armées européennes au cours des campagnes de 1812, 1813 et 1814.)

WOLLZOGEN (Colonel). Mémoires.

WORONOFF et BOUTOFFSKII. Istoria Leibgvardii Pavloffskovo Polka. (Histoire du régiment Pavloffski de la garde impériale.)

WRANGEL (Rittmeister Freiherr von). Geschichte des Königlich-preussischen 2ten Hessischen Husaren Regiments N° 14 und seiner Hessischen Stammtruppen, 1706-1886. (Historique du régiment prussien de hussards n° 14 (2° de hussards hessois) et des troupes hessoises qui ont servi à sa formation.)

WURTEMBERG (Général d'infanterie Prince Eugène de). Mémoires.

WÜRTEMBERG (Général d'infanterie prince Eugène de). Extraits de mon Journal militaire des campagnes de 1813-1814. (Archives du dépôt topographique et militaire de Saint-Pétersbourg. *Manuscrit*.)

WÜRTTEMBERGISCHE (Das 4e). Infanterie Regiment in den Feldzügen von 1806 bis 1870-1871. (Le 4° régiment d'infanterie wurtembergeoise dans les campagnes depuis 1806 jusqu'à 1870-1871.)

YORK VON WARTENBURG (Hauptmann Graf). Napoleon als Feldherr. (Napoléon, général en chef.)

ZANTHIER (Premier-lieutenant von). Geschichte des Kürassier Regiments Herzog Friedrich Eugen von Württemberg (Westpreussisches) N° 5 seit seiner Errichtung am 1. mai 1717 bis zur Gegenwart. (Historique du régiment de cuirassiers Duc-Frédéric-Eugène-de-Würtemberg (cuirassiers de la Prusse occidentale), n° 5, depuis sa création, le 1er mai 1717, jusqu'à nos jours.

ZECHMEISTER (K. K. General baron). Tagebuch der Kriegsereignisse 1814 in Savoyen. (Journal des événements militaires en Savoie, en 1814.)

ZEITSCHRIFT für Kunst, Wissenschaft und Geschichte des Krieges. (Revue d'art, de science et d'histoire militaire.)

ZIEGLER (von). Das Königlich-preussische 17te Infanterie Regiment. (Le 17° régiment d'infanterie prussienne.)

ZIMMERMANN (Dr W.) Die Befreiungs-Kämpfe der Deutschen gegen Napoleon. (Les guerres d'indépendance des Allemands contre Napoléon.)

ZIMMERMANN. Geschichte des 1ten grossherzoglichen hessischen Dragoner Regiments (Garde Dragoner Regiments), N° 23. (Historique du 1er régiment grand-ducal hessois de dragons, n° 23 (régiment de dragons de la garde).

ZUR GESCHICHTE des ehemaligen Ostpreussischen National Kavallerie Regiments in den Feldzügen von 1813-1814. — Mittheilungen aus den Tagebüchern and Erinnerungen eines Freiwilligen. (Notes pouvant servir à l'historique de l'ancien régiment de cavalerie nationale de la Prusse orientale, pendant les campagnes de 1813 et 1814. Tirées des journaux et souvenirs d'un volontaire.)

ZYCHLINSKY (Major F. von). Geschichte des Königlich-preussischen 24ten Infanterie Regiments, 1813-1838. (Historique du 24e régiment d'infanterie prussienne, de 1813 à 1838.)

ERRATA ET ADDENDA

Tome I :

Page 79, ligne, au lieu de : *avait fait partir de*, lire : AVAIT VOULU FAIRE VENIR A.

Tome II :

Page 287, 16ᵉ ligne, au lieu de : *17 mars*, lire : **17** FÉVRIER.

Tome IV :

Page 13, 15ᵉ ligne, au lieu de : *conourné*, lire : CONTOURNÉ.

Page 14, 4ᵉ ligne, au lieu de : *leur*, lire : LA.

Page 20, 3ᵉ ligne, au lieu de : *souciant*, lire : SOUCIAIT.

Page 26, note, 19ᵉ ligne, à partir du bas de la page, au lieu de : *interpel'é*, lire : INTERPELLER.

Page 38, 18ᵉ ligne, au lieu de : *Sézanne*, lire : ÉTOGES.

Page 39, 17ᵉ ligne, au lieu : *dun*, lire : D'UN.

Page 42, 2ᵉ ligne, au lieu de : *avant garde*, lire : AVANT-GARDE.

Page 44, 7ᵉ ligne, après *secondaire*, ajouter : ,.

Page 45, 13ᵉ ligne, au lieu de : *restait*, lire : RESTAIENT.

Page 52, 9ᵉ et 10ᵉ lignes, à partir du bas de la page, mettre après les mots : *aux Français*, les mots : EN PASSANT SANS SE MONTRER PAR LES BOIS DU GRAND-JARD ET LA FORÊT DU VAL.

Page 66, 10ᵉ ligne, au lieu de : *laquelle*, lire : LEQUEL.

Page 85, 4ᵉ et 5ᵉ lignes, au lieu de : *Triport*, lire : TRILPORT.

Page 100, note 2, 4ᵉ ligne, à partir du bas de la page, au lieu de : *Le soir*, lire : CE SOIR.

Page 110, 15ᵉ ligne, à partir du bas de la page, entre les mots : *ayant mission*, intercaler le mot POUR.

Page 111, 2ᵉ ligne, avant le mot : *remettre*, ajouter le mot : DE.

Page 114, 1ʳᵉ ligne, après *entièrement*, au lieu de 2, mettre : **1**.

Page 117, 8ᵉ ligne, au lieu de : *poussait*, lire : POUSSANT.

Page 130, note, 4ᵉ ligne, à partir du bas de la page, au lieu de : *21*, lire : **24**.

Page 131, note, 7ᵉ ligne, à partir du bas de la page, au lieu de : *propice*, lire : PROPRE.

Page 132, note 6, 2ᵉ ligne, à partir du bas de la page, au lieu de : *20 mars*, lire : **29** MARS.

Page 139, 12ᵉ ligne, après le mot : *lointain*, supprimer : ,.

Page 147, 8ᵉ et 9ᵉ lignes, au lieu de : *ministres*, lire : MINISTRES.

Page 149, note 2, 2ᵉ ligne, à partir du bas de la page, au lieu de : *Enizelschriften*, lire : EINZELSCHRIFTEN.

Page 160, 5ᵉ ligne, à partir du bas de la page, au lieu de : *d'autre part*, lire : EN TOUT ÉTAT DE CAUSE.

Page 162, 15ᵉ ligne, à partir du bas de la page, au lieu de : *IIᵉ*, lire : **2ᵉ**.

Page 182, 9ᵉ ligne, après le mot *replier*, au lieu de : :, mettre : ,.

Page 196, note, 3ᵉ ligne, à partir du bas de la page, au lieu de : *Beitrâge*, lire : BEITRÄGE.
Page 201, 9ᵉ ligne, après le mot : *artillerie*, ajouter : ,.
Page 213, 4ᵉ ligne, après le mot : *Français*, mettre : ,.
Page 218, 5ᵉ ligne, à partir du bas de la page, après *II*ᵒ, ajouter le mot : CORPS.
Page 231, 8ᵉ ligne, à partir du bas de la page, au lieu de : *précaution*, lire : PRÉCAUTIONS.
Page 240, 2ᵉ ligne, supprimer le mot *et*, et le remplacer par ,.
Page 246, 17ᵉ ligne, au lieu de : *reculent*, lire : SE RETIRENT.
Page 249, 11ᵉ ligne, à partir du bas de la page, au lieu de : *immédiatement*, lire : SUR L'HEURE.
Page 262, 3ᵉ ligne, au lieu de : *le jardin*, lire : LES JARDINS.
Page 288, 10ᵉ ligne, à partir du bas de la page, au lieu de : *Tournai*, mettre : TOURNAY.
Page 290, 19ᵉ ligne, au lieu de : *Tournai*, mettre : TOURNAY.
Page 291, 12ᵉ ligne, même correction.
Page 291, note 1, au lieu de : *Courtray*, mettre : COURTRAI.
Page 297, note 2, 3ᵉ ligne, à partir du bas de la page, entre les mots : *cette* et *dépêche*, intercaler le mot : MÊME.
Page 301, note 1, 7ᵉ ligne, à partir du bas de la page, au lieu de : *pont*, lire : FRONT.
Page 303, 10ᵉ ligne, à partir du bas de la page, après le mot *officiers*, au lieu de : ;, mettre : ,.
Page 306, 13ᵉ ligne, à partir du bas de la page, au lieu de : *un*, lire : UNE.
Page 310, note 1, 3ᵉ ligne, au lieu de : *dors*, lire : DONT.
Page 337, 7ᵉ ligne, à partir du bas de la page, au lieu de : *i*, lire : IL.
Page 361, 6ᵉ ligne, au lieu de : *peut être*, lire : PEUT-ÊTRE.
Page 366, 2ᵉ ligne de la note, au lieu de : *militarische*, lire : MILITÄRISCHE.
Page 385, 1ʳᵉ ligne, au lieu de : *Würzsburg*, lire : WÜRZBURG.
Page 394, note, au lieu de : *Tagesbegebenheiter*, lire : TAGESBEGEBENHEITEN.
Page 395, 6ᵉ ligne, à partir du bas de la page, après : *l'ennemi*, ajouter : ,.
Page 398, 13ᵉ ligne, au lieu d'*échecs*, lire : DÉFAITES.
Page 401, 17ᵉ ligne, au lieu de : *forces*, lire : TROUPES.
Page 412, 6ᵉ ligne, au lieu de : *de*, lire : DES.
Page 413, 11ᵉ ligne, à partir du bas de la page, au lieu de : *sa*, lire : LA.
Page 430, note, dernière ligne, au lieu de : *militarische*, lire : MILITÄRISCHE.
Page 435, 16ᵉ ligne, au lieu de : *attaquaient les Autrichiens*, lire : LES ATTAQUAIENT.
Page 439, 1ʳᵉ et 2ᵉ lignes, au lieu de : *leur gauche et leur centre*, lire : LA GAUCHE ET LE CENTRE DES FRANÇAIS.
Page 446, note 1, 1ʳᵉ ligne, au lieu de : *der*, lire : DES.
Page 448, note, 3ᵉ ligne, au lieu de : *der*, lire : DES.
Page 458, note 1, 1ʳᵉ ligne, au lieu de : *cette*, lire : UNE.
Page 464, 15ᵉ ligne, à partir du bas de la page, au lieu de : *der*, lire : DES.
Page 465, 7ᵉ ligne, au lieu de : *Officier*, lire : OFFIZIER.
Page 469, 21ᵉ ligne, à partir du bas de la page, au lieu de : *Westphälischen*, lire : WESTFÄLISCHEN.
Page 478, 19ᵉ ligne, à partir du bas de la page, au lieu de : *Militärisches*, lire : MILITÄRISCHES.
Page 480, 19ᵉ ligne, à partir du bas de la page, après *18*, ajouter : 700.

TABLE DES MATIÈRES

CHAPITRE XVIII.

OPÉRATIONS DES ARMÉES ALLIÉES DEPUIS LE 25 MARS 1814 AU MATIN JUSQU'A LA FIN DE LA CAMPAGNE.

Fère-Champenoise, Saint-Dizier, Paris.

	Pages.
25 MARS 1814. Rapport du prince de Schwarzenberg à l'empereur d'Autriche.	1
Marche des corps placés sous les ordres du prince royal de Wurtemberg. — Premier combat de Fère-Champenoise.	2
Le prince royal de Wurtemberg entend le canon sur ses derrières et s'arrête.	14
Dernier retour offensif de la cavalerie française. — Retraite des maréchaux sur Allemant.	15
Deuxième combat de Fère-Champenoise. — Destruction des divisions Pacthod et Amey.	17
Considérations sur le double combat de Fère-Champenoise.	31
Mouvements des IIIe, IVe, V^e et VIe corps et positions des différents corps de la grande armée alliée le 25 mars au soir.	34
Positions des corps russes de l'armée de Silésie le 25 mars au soir.	36
Marche des Ier et IIe corps prussiens sur Montmirail. — Mouvement de la cavalerie de Zieten sur Etoges et Fère-Champenoise.	36
Le général Compans évacue Sézanne dans la nuit du 25 au 26 mars.	40
Bülow devant Soissons. — Mouvements contre Compiègne.	40
Opérations de la division légère du prince Maurice Liechtenstein. — Mouvements du général Allix.	40
Mouvements de Winzingerode. — Hésitation de l'Empereur.	41
Combats de Valcourt et d'Humbécourt.	45
Ordres de l'Empereur pour la journée du 26 mars.	48
26 MARS 1814. Combat de Saint-Dizier. — Affaires de cavalerie sur la rive gauche de la Marne.	50
Positions des troupes de Winzingerode le 26 mars à midi.	54
L'armée française passe sur la rive droite de la Marne.	55
Tettenborn se replie sur Vitry.	57
Prise de Saint-Dizier. — Retraite de Winzingerode sur Bar-le-Duc.	57
Mouvements de Tchernitcheff vers la Voire.	59
Position de l'Empereur le 26 au soir. — Ses ordres pour la journée du 27.	60

	Pages.
Ordres de Schwarzenberg pour la journée du 26 mars.........	63
Combat de nuit de Sezanne.............................	64
Marche des maréchaux sur La Ferté-Gaucher................	68
Mouvements de l'avant-garde de la grande armée............	69
Marche du Ier et IIe corps prussiens sur La Ferté-Gaucher.....	70
Retraite du général Compans sur Coulommiers. — Combat de Chailly...	70
Combat de La Ferté-Gaucher. — Retraite de Mortier sur Provins.	72
Mouvements de la cavalerie du prince royal de Wurtemberg. — Combat de Moutils. — Retraite de Marmont sur Provins....	75
Positions des corps alliés de première ligne le 26 mars au soir..	77
Mouvements et positions du IIIe corps des gardes et réserves...	78
Mouvements de Seslavin et de Kaïssaroff. — Mouvements et positions des corps russes de l'armée de Silésie..............	78
Inaction de Bülow devant Soissons.......................	80
Observations sur les mouvements des maréchaux et des généraux alliés pendant la journée du 26 mars.................	80
27 MARS 1814. Ordres de Schwarzenberg, de Blücher et d'York.....	83
Combat de Trilport. — Compans évacue Meaux.............	85
Mouvements et positions des corps de l'armée de Silésie.......	88
Bombardement de Soissons. — Mouvements des partisans de Geismar...	89
Mouvements des corps de la grande armée alliée. — Marche de la cavalerie des IVe et VIe corps sur Coulommiers. — Ilowaïsky devant Provins. — Position de cette cavalerie le 27 mars au soir..	89
Marche et positions des IIIe et V^e corps, des gardes et réserves..	91
Conseil de guerre de Tréfols...........................	92
Marche de Napoléon sur Vitry..........................	93
Nouvelles reçues par l'Empereur devant Vitry. — Conseil de guerre de Marolles.................................	94
Mouvements d'Oudinot et de Durutte.....................	97
Affaire des paysans armés contre la colonne du prince Biron de Courlande à la Parosche.............................	98
Opérations de la cavalerie de Piré sur Langres..............	99
Mesures prises par les Alliés pour protéger leurs derrières......	100
28 MARS 1814. Mouvements et positions de l'armée de Napoléon.....	102
Craintes des Alliés pour Langres.........................	105
Affaire des paysans armés à Fayl-Billot...................	106
Winzingerode retourne à Saint-Dizier.....................	107
Observations sur la position des armées alliées et sur les ordres de mouvement de Schwarzenberg pour la journée du 28 mars.	108
Mouvements et positions du VIe corps et des gardes et réserves...	110
Mouvements et positions des IIIe et IVe corps.............	111
Position et mouvement du Ve corps.....................	112
Considérations sur les mouvements de la grande armée alliée...	112
Retraite des maréchaux................................	113
Marche des colonnes de l'armée de Silésie. — Combats de Claye et de Ville-Parisis..................................	114
Positions de l'armée de Silésie le 28 mars au soir............	119
Situation à Paris. — Conseil de guerre du 28 mars...........	119
29 MARS 1814. Insuffisance des mesures de défense prises à Paris. — Causes de cette insuffisance............................	121

	Pages.
Ordres de mouvement de Schwarzenberg.	133
Premier et deuxième ordres de mouvement de l'armée de Silésie.	134
Retards éprouvés par les colonnes de la grande armée alliée.	136
Les souverains et le généralissime passent en route la revue des corps de l'armée de Silésie.	138
Mouvements des corps de l'armée de Silésie et troisième disposition.	139
Envoi d'un parlementaire russe aux avant-postes du général Vincent.	139
Combats de Bondy, du Bourget et d'Aubervilliers.	140
Positions des corps alliés de première ligne le 29 mars au soir.	141
Positions des généraux Compans et Ornano, des maréchaux Marmont et Mortier le 29 mars au soir.	142
Mouvements de l'armée de l'Empereur.	143
Dispositions générales pour la défense de Paris.	146
Inquiétude des souverains. — Conseil de guerre de Bondy.	147
Dispositions générales et ordres de détail pour l'attaque de Paris.	150
30 MARS 1814. Effectifs. — Ordres de bataille et positions des troupes de l'attaque et de la défense le 30 mars au matin.	153
Observations sur la situation des troupes de l'attaque et de la défense le 30 mars à 6 heures du matin.	159
Combats de Pantin et de Romainville.	161
Entrée en ligne des premières troupes de l'armée de Silésie.	165
Entrée en ligne des grenadiers russes et de la brigade de la garde prussienne.	166
Prise de Montreuil par la division Mezentzoff et une division de grenadiers russes.	167
Le prince Eugène de Wurtemberg attaque les Prés-Saint-Gervais et le parc des Bruyères.	168
Continuation du combat de Pantin.	170
L'armée de Silésie entre en ligne un peu après 11 heures du matin.	172
La brigade la garde prussienne essaye pour la deuxième fois de déboucher de Pantin. — Prise des Maisonnettes.	175
Cessation momentanée du combat. — Position des troupes alliées un peu après 1 heure.	178
Attitude du roi Joseph.	178
Arrivée de Peyre à Montmartre.	179
Le roi Joseph quitte Paris et autorise les maréchaux à capituler.	180
Entrée en ligne de l'aile gauche des Alliés sous les ordres du prince royal de Wurtemberg. — Combat et prise de Saint-Maur et de Charenton.	181
Marche du IIIe corps.	184
Les Alliés reprennent l'offensive au centre et enlèvent Malassise, Bagnolet, Charonne et le parc des Bruyères.	185
Prise de la batterie des Prés-Saint-Gervais par les Prussiens.	188
Dispositions pour l'attaque générale sur le centre.	189
Attaque et prise de Ménilmontant, des Prés-Saint-Gervais, des Maisonnettes, des buttes Beauregard et Chaumont.	190
Mouvement de la cavalerie de Pahlen. — Charge des uhlans de Tchougouïeff contre l'artillerie du major Evain.	192
Marmont envoie des parlementaires aux Alliés.	194
Défense de Belleville.	194

Opérations de l'aile droite des armées alliées. — Retour offensif de Mortier en avant de La Villette. — Attaque et prise de La Villette......... 195
Prise de La Chapelle et mouvement du IIe corps prussien sur la butte des Cinq-Moulins......... 198
Mouvements et opérations de la colonne de droite des Alliés. — Marche de Langeron sur Montmartre. — Prise de la butte... 199
Combat de la barrière de Clichy......... 202
Derniers coups de feu tirés à Saint-Denis et à la barrière de l'Étoile......... 202
Négociations. — Armistice......... 203
Suspension des pourparlers et des négociations le 30 mars à 8 heures du soir......... 207
Ordres donnés par Schwarzenberg le 30 mars à 6 heures du soir. 208
Positions des corps de Wrede et de Sacken......... 210
Disposition provisoire du généralissime pour le 31 mars....... 210
Observations sur la bataille de Paris......... 212
Signature de la capitulation......... 213
Position des corps de Marmont et de Mortier le 30 mars au soir. 216
Mouvements de l'armée de l'Empereur pendant la journée du 30 mars......... 217
Positions des corps de l'Empereur le 30 mars au soir......... 218
Arrivée de l'Empereur à la Cour-de-France......... 219

31 MARS 1814. L'Empereur de Russie reçoit à Bondy la députation de Paris et le duc de Vicence......... 220
    Ordres de Schwarzenberg......... 221
    Entrée des souverains alliés à Paris......... 222
    Conférence à l'hôtel Talleyrand et proclamation des Alliés..... 223
    Mouvements et positions des corps alliés restés hors Paris..... 224
    Mouvements de la cavalerie d'Emanuel et de Pahlen.......... 224
    Mouvements des IVe et IIIe corps......... 226
    Mouvements du Ve corps. — Positions du corps de Sacken et des corps de l'armée de Silésie......... 226
    Positions des troupes françaises autour de Paris......... 228
    Mouvements et positions de Ney, Souham et Maurin......... 228
    Mouvements de Kaïssaroff et de Seslavin. — Renseignements envoyés par ces généraux......... 229
    Mouvements de Macdonald et des corps sous ses ordres........ 230
    Mouvements de Winzingerode, Tettenborn et Tchernitcheff. — Evénements sur les derrières des Alliés pendant les journées des 29, 30 et 31 mars. — Ordres de Duka. — Opérations du prince Maurice de Liechtenstein......... 231
    Opérations du IIIe corps prussien contre Soissons......... 237
    Mouvements du corps volant de Geismar du 29 au 31 mars. — Affaire de Venette et tentative sur Compiègne......... 237

1er AVRIL 1814. Immobilité presque complète des armées alliées pendant la journée du 1er avril......... 239
    Mouvements de la cavalerie de Pahlen, d'Ilowaïsky XII et d'Emanuel......... 240
    Ordres de Napoléon à Marmont et à Mortier......... 242
    Ordres donnés à Macdonald. — Mouvements des corps de Ney, Macdonald et Oudinot......... 243
    Biron lève le siège de Verdun et vient s'établir à Bernecourt.... 244

Attaque de Compiègne par la brigade Krafft et le corps volant de Geismar... 247
Combat de Gondreville et de Crépy-en-Valois............ 247
RIL 1814. L'Empereur réorganise son armée. — Positions des différents corps.. 248
Mouvements des armées alliées. — Ordres de Schwarzenberg... 251
Arrivée de Caulaincourt à Fontainebleau................ 256
RIL 1814. Ordres de Schwarzenberg et de Barclay de Tolly. — Positions et mouvements des armées alliées............. 257
Derniers mouvements du corps volant de Geismar........ 261
Mouvements et positions des corps français.............. 263
Négociations avec Marmont............................. 265
RIL 1814. Ordres de Schwarzenberg et de Barclay de Tolly.... 267
L'Empereur remet à Caulaincourt, Ney et Macdonald son abdication en faveur du roi de Rome........................ 270
Mouvements de la cavalerie alliée et des corps détachés.... 271
Affaire de Melun....................................... 273
Départ des maréchaux et de Caulaincourt pour Paris. — Défection du 6ᵉ corps..................................... 274
RIL 1814. Ordres de Schwarzenberg...................... 278
Premières mesures prises par l'Empereur dans la nuit du 4 au 5 avril... 278
Position des troupes alliées de première ligne............ 280
L'Empereur donne le 5 avril au soir l'ordre de se replier vers la Loire.. 281
Retour des plénipotentiaires à Fontainebleau............. 281
RIL 1814. Armistice de quarante-huit heures. — Proclamation de Louis XVIII. — L'Empereur consent à abdiquer............ 282
Dernières sorties de la garnison de Soissons. — Dernières opérations des paysans dans l'Est............................ 282

CHAPITRE XIX.

OPÉRATIONS EN BELGIQUE ET DANS LE NORD DE LA FRANCE DEPUIS LE 3 MARS JUSQU'A LA CESSATION DES HOSTILITÉS.

ARS 1814. Mesures prises par le duc de Saxe-Weimar........ 288
Combat d'Audenarde................................... 288
Retraite de Maison sur Courtrai. — Le colonel von Hobe évacue Audenarde dans la nuit du 5 au 6 mars................. 291
Ordres donnés par le duc de Saxe-Weimar au général von Borstell.. 291
ARS 1814. Démonstration contre Courtrai................. 291
Maison se replie d'Audenarde sur Courtrai............... 292
ARS 1814. Combat de Courtrai........................... 293
Dispositions prises par le duc de Saxe-Weimar........... 294
ARS 1814. Evacuation de Courtrai par Maison............. 295
Observations sur les opérations de Maison............... 295
Occupation de Courtrai et de Menin. — Positions des troupes du duc de Saxe-Weimar le 8 mars au soir.................. 297
Sorties des garnisons d'Anvers, de Condé, Maubeuge, Philippeville et Ostende...................................... 298

	Pages.
9-11 MARS 1814. Positions du duc de Saxe-Weimar. — Mesures prises par Maison.	303
Affaires de Quiévrain, Solre-le-Château et Vieux-Reng.	305
12-15 MARS 1814. Pointe de la garnison française d'Ostende sur Bruges.	307
Renseignements et renforts reçus par le duc de Saxe-Weimar...	307
Reconnaissance de Schönburg et d'Hellwig sur Lannoy et Tourcoing.	308
16 MARS 1814. Positions de l'armée du duc de Saxe-Weimar après l'arrivée des renforts. — Répartition des troupes chargées d'opérer contre Maubeuge.	309
Situation de Maison.	311
17-18 MARS 1814. Sortie de la garnison d'Anvers. — Mouvement de Lecoq vers Maubeuge.	312
19-24 MARS 1814. Siège de Maubeuge.	313
19 MARS 1814. Situation de Maison. — Mécontentement du prince royal de Suède.	316
21 MARS 1814. Reconnaissance offensive de Thielmann sur Lille. — Combat de Bouvines.	320
Sortie de la garnison d'Anvers.	322
23-24 MARS 1814. Préparatifs de Maison.—Sortie de la garnison d'Anvers.	322
25 MARS 1814. Maison enlève Menin et Courtrai. — Fausses mesures prises par le duc de Saxe-Weimar et par Thielmann.	323
26 MARS 1814. Occupation de Gand et mouvements vers Anvers.	324
Mouvement de Thielmann sur Courtrai.	326
27 MARS 1814. Thielmann rentre à Courtrai.	327
Indécision et craintes du duc de Saxe-Weimar.	327
Premières mesures prises par le duc de Saxe-Weimar.	328
28 MARS 1814. Maison communique avec Anvers. — Arrivée à Gand de la division Roguet.	330
Positions des corps alliés.	330
29 MARS 1814. Départ de la division Borstell. — Positions nouvelles occupées par la division Lecoq.	332
Indécisions et fautes des généraux alliés. — Résolution prise par Maison.	332
30 MARS 1814. Le duc de Saxe-Weimar à Assche. — Ordres formels envoyés à Thielmann.	335
Marche de Maison de Gand sur Courtrai. — Positions de ses troupes le 30 mars au soir.	335
Mouvements de Walmoden et de Thielmann.	336
31 MARS 1814. Combats de Courtrai et de Zweveghem.	337
Tentative de Maison sur Tournay.	339
1er AVRIL 1814. Maison rentre à Lille. — Conséquences de ses opérations sur Gand.	340
Répartition nouvelle du IIIe corps fédéral.	341
1-3 AVRIL 1814. Positions des troupes du duc de Saxe-Weimar.	341
4 AVRIL 1814. Mouvement de Maison sur Valenciennes.	342
5-6 AVRIL 1814. Mesures prises par le duc de Saxe-Weimar. — Maison retourne à Lille.	343
7 AVRIL 1814. Dernières opérations en Flandre.	344
9 AVRIL 1814. Suspension d'armes. — Dernière sortie de la garnison d'Anvers. — Réponse de Carnot à Bernadotte.	345
12 AVRIL 1814. Armistice de Pont-à-Tressin.	345
Considérations générales sur l'attitude et la conduite de Maison.	346

CHAPITRE XX.

OPÉRATIONS DE L'ARMÉE AUTRICHIENNE DU SUD, DU 3 MARS 1814 JUSQU'A LA FIN DE LA CAMPAGNE.

	Pages.
3 mars 1814. Positions, mouvements et situation générale des armées française et autrichienne................................	349
4 mars 1814. Augereau se prépare à marcher sur Besançon et rappelle à lui les troupes des généraux Musnier, Bardet et Pouchelon.....	352
Mouvements de Bianchi................................	353
Combat de Poligny................................	353
5 mars 1814. Augereau renonce au mouvement sur la Franche-Comté et se replie sur Lyon................................	354
Influence des résolutions d'Augereau sur la situation devant Genève................................	355
Mouvements des troupes du prince héritier de Hesse-Hombourg.	356
Mouvements et positions du 1er corps autrichien (Bianchi).....	357
6-7 mars 1814. Immobilité des troupes de Bianchi. — Organisation de l'armée autrichienne du Sud.................	358
Mouvements et positions d'Augereau.................	358
7 mars 1814. Premiers mouvements de Bianchi.................	359
8 mars 1814. Augereau continue sa marche sur Lyon............	360
Bianchi renseigné sur la marche d'Augereau. — Affaire de Crèches. — Scheither rejeté sur Mâcon.................	361
Mouvement des colonnes autrichiennes de Bianchi. — Opérations de Bubna.................	362
9 mars 1814. Augereau à Lyon. — Marche de Bianchi sur Mâcon...	362
10 mars 1814. Mouvement des troupes d'Augereau sur les deux rives de la Saône.................	363
Mouvement des troupes autrichiennes. — Affaire de Bourg. — Escarmouche de Fleyriat.................	364
11 mars 1814. Combat de Mâcon.................	365
12 mars 1814. Bianchi concentre son armée autour de Mâcon.......	372
Positions d'Augereau en avant de Villefranche. — Evacuation de Bourg.................	373
Positions des troupes autrichiennes sur la rive gauche de la Saône.................	373
13 mars 1814. Conseil de guerre de Saint-Trivier. — Positions de l'armée autrichienne du Sud.................	374
Positions d'Augereau et reconnaissance de Saint-Symphorien-d'Ancelles.................	375
14 mars 1814. Rétablissement des communications des Alliés avec Genève. — Mouvement rétrograde des troupes de Marchand......	375
Marche de la colonne du prince Philippe de Hesse-Hombourg...	376
15 mars 1814. Jonction des deux colonnes de l'armée autrichienne du Sud.................	377
Marche du 1er corps d'armée sur Saint-Symphorien-d'Ancelles...	377
16 mars 1814. Mouvements des divisions Wimpffen et Hardegg et de la brigade Cobourg.................	377
Positions d'Augereau, de Bardet et de Marchand.................	378
17 mars 1814. Combat de Belleville.................	379
Positions des deux armées le 17 mars au soir.................	380
Retraite du général Bardet sur Miribel.................	381

	Pages.
18 mars 1814. Combat de Saint-Georges.	382
Position de l'armée du Sud le 18 mars au soir.	386
Affaires contre les paysans armés.	386
19 mars 1814. Mouvements des corps du prince héritier de Hesse-Hombourg.	387
Augereau modifie la position de ses divisions.	387
Positions et mouvements des troupes autrichiennes sur la rive gauche de la Saône.	388
Bombardement du fort de l'Ecluse. — Affaires contre les paysans armés du côté de Nantua.	389
20 mars 1814. Dispositions du prince héritier de Hesse-Hombourg.	389
Bataille de Limonest.	390
Opérations du comte Ignace Hardegg et du prince de Cobourg.	393
Le colonel Simony passe le Rhône à la nage avec les hussards de Hesse-Hombourg.	394
L'armée d'Augereau évacue Lyon dans la nuit du 20 au 21 mars, et se replie sur Vienne.	394
21 mars 1814. Occupation de Lyon par l'armée autrichienne du Sud. — Positions des corps autrichiens.	395
Derniers mouvements offensifs de Marchand devant Genève.	396
Positions de l'armée d'Augereau le 21 mars au soir. — Ordres de mouvement pour le 22 mars.	397
Considérations sur les manœuvres et les lenteurs d'Augereau.	397
22 mars 1814. Mouvements et positions des armées française et autrichienne du Sud.	400
Mesures prises par Bubna et par Marchand devant Genève. — Mouvements de leurs troupes.	402
23 mars 1814. Retraite de l'armée d'Augereau sur Valence.	403
Marche des corps de l'armée autrichienne du Sud sur la rive gauche du Rhône.	405
Mouvement du prince de Cobourg sur Saint-Etienne, Feurs et Roanne.	405
Inquiétudes du prince héritier de Hesse-Hombourg pour ses derrières. — Affaire de Lucenay-l'Evêque.	406
24 mars 1814. Le prince héritier de Hesse-Hombourg établit son quartier général à Vienne. — Mouvements des troupes de l'armée autrichienne du Sud.	409
Mouvements et positions des troupes d'Augereau.	410
Retraite des généraux Marchand et Serrant.	411
25 mars 1814. Combat d'Alby.	412
Positions et mouvements de l'armée autrichienne du Sud.	413
Raid du capitaine Kleindienst dans les départements du Rhône, de la Loire et de la Haute-Loire.	414
Mouvements et opérations des troupes d'Augereau.	414
26 mars 1814. Immobilité d'Augereau à Valence. — Evacuation d'Annecy et de Rumilly. — Retraite de Marchand sur Chambéry.	415
Mouvements et positions de Klebelsberg et de Zechmeister.	416
Retraite des Français sur Montbrison. — Affaire de Saint-Symphorien-de-Lay.	417
27 mars 1814. Mouvement du gros de l'armée autrichienne du Sud vers l'Isère.	418
Mouvements des divisions Wimpffen et Hardegg. — Les généraux Marchand et Serrant continuent leur retraite sur Grenoble et évacuent Chambéry.	419

	Pages.
Augereau se concentre à Valence et fait détruire les passages de l'Isère.	420
Lettre de Clarke à Augereau. — Mission du colonel Baltazar.	422
28 mars 1814. Mouvements de l'armée autrichienne du Sud. — Affaire de Chirens.	422
29 mars 1814. Lettre d'Augereau à Clarke.	423
Combats de Chirens et de Voiron.	426
30 mars 1814. Inquiétude causée par les progrès du soulèvement national. — Mesures prises par le prince de Hesse-Hombourg et par Duka. — La division Hardegg va renforcer le prince de Cobourg sur la rive droite du Rhône.	427
Positions des généraux Marchand et Dessaix.	429
Affaire de Saint-Donat.	430
31 mars 1814. Marches des réserves autrichiennes sur Rives. — Détachement du lieutenant-colonel Döra sur Saint-Laurent-du-Pont.	430
1er avril 1814. Augereau ignore les mouvements des Autrichiens.	431
Nouvelle lettre d'Augereau à Clarke.	432
Résumé des mesures prises contre le soulèvement national, et des dernières opérations des partisans et des paysans armés.	433
2 avril 1814. Affaire de nuit à Clérieux.	435
Combat de Romans.	436
Positions des deux armées le 2 avril au soir.	437
Combat de Voreppe.	438
3-4 avril 1814. Positions de Wimpffen et des troupes françaises.	440
5 avril 1814. Arrivée du corps du prince Philippe de Hesse-Hombourg à Rives.	441
5-6 avril 1814. Correspondance d'Augereau avec les généraux placés sous ses ordres.	442
7 avril 1814. Mouvements des troupes françaises sur la basse Isère et vers Grenoble.	443
8 avril 1814. Mouvements des troupes autrichiennes sur la rive droite de l'Isère.	444
Concentration des troupes de Klebelsberg et de Zechmeister en amont de Montmélian. — Zechmeister passe l'Isère à Conflans.	445
9 avril 1814. Combat de Bonvillaret.	445
Le prince héritier de Hesse-Hombourg envoie à son armée en marche sur Grenoble l'ordre de s'arrêter.	446
10 avril 1814. Derniers ordres d'Augereau.	446
11 avril 1814. Dernières opérations militaires en Dauphiné et en Savoie.	447
Passage de l'Isère par Bubna, et de l'Arc par Zechmeister. — Mouvements de Zechmeister sur Saint-Jean-de-Maurienne.	447
12 avril 1814. Affaire de la Grande-Chartreuse. — Suspension d'armes.	448
13-24 avril 1814. Attitude d'Augereau. — Caractère de ses relations avec le prince héritier de Hesse-Hombourg.	449
24 avril 1814. Entrevue de l'Empereur et d'Augereau.	454
Proclamation d'Augereau à son armée.	457
LISTE DES OUVRAGES ET DOCUMENTS CONSULTÉS.	461
ERRATA ET ADDENDA.	493

www.ingramcontent.com/pod-product-compliance
Lightning Source LLC
Chambersburg PA
CBHW050556230426
43670CB00009B/1148